高等学校金融学系列教材

21世纪

FINANCE

金融市场学

（第二版）

JINRONG SHICHANGXUE

主　编　杜金富

中国金融出版社

责任编辑：王效端　张　超　赵雪芳
责任校对：张志文
责任印制：陈晓川

图书在版编目（CIP）数据

金融市场学（Jinrong Shichangxue）／杜金富主编．—2 版．—北京：中国金融出版社，2013.3

21 世纪高等学校金融学系列教材

ISBN 978 - 7 - 5049 - 6749 - 7

Ⅰ．①金…　Ⅱ．①杜…　Ⅲ．①金融市场—经济理论—高等学校—教材
Ⅳ．①F830.9

中国版本图书馆 CIP 数据核字（2013）第 015048 号

出版
发行　中国金融出版社

社址　北京市丰台区益泽路 2 号
市场开发部　（010）63266347，63805472，63439533（传真）
网 上 书 店　http://www.chinafph.com
　　　　　　　（010）63286832，63365686（传真）
读者服务部　（010）66070833，62568380
邮编　100071
经销　新华书店
印刷　北京松源印刷有限公司
装订　平阳装订厂
尺寸　185 毫米×260 毫米
印张　26.5
字数　586 千
版次　2007 年 5 月第 1 版　2013 年 3 月第 2 版
印次　2013 年 3 月第 1 次印刷
定价　48.00 元
ISBN 978 - 7 - 5049 - 6749 - 7/F. 6309
如出现印装错误本社负责调换　联系电话（010）63263947
编辑部邮箱：jiaocaibu@yahoo.com.cn

第二版前言

《金融市场学》（第二版）是一本介绍金融市场基础知识的入门教程。依据这一定位，我们在编写中继续坚持理论与实务相结合、定性与定量相结合、国际惯例与中国实际相结合的原则，力求向初学者提供一个系统完整而又简洁明了的金融市场学最新知识框架。2007 年 5 月《金融市场学》第一版由金融出版社出版之后，获得了较好的市场反映。考虑到过去五六年间中国金融市场的发展，汲取近来出版的一些国外金融市场教材的新知识，我们对《金融市场学》第一版进行了修订。修订主要体现在以下方面：

一是丰富逻辑结构，对金融市场学体系的介绍更为系统完整。考虑到黄金交易市场是金融市场的一部分，并且当前我国黄金交易市场发展较快，增加了第八章"黄金市场"。在教材的最后部分增加第十五章"金融市场风险与金融市场监管"，在第十一章"金融衍生工具市场"中增加商品期货市场的相关内容。增补后的章节结构，能够更好地体现本书集金融资产、金融机构、金融市场（工具）与金融监管于一体的特征。

二是在基本原理与相关理论部分，补充学界最新进展。在第一章导论中，结合 2007 年国际金融危机后国际金融市场的发展动向，增加金融市场发展趋势的内容。在第三章"利率水平与证券价格"中，介绍了理性预期理论以充实利率决定理论的发展脉络，并增加利率风险结构的内容，与利率期限结构并列为一节介绍。在第四章"金融市场与资产价格"中增加了套利定价理论。

三是充实了近年来中国金融市场发展的实务。除在第二章中更新中国资金流量表之外，在"货币市场"增加"回购协议市场"一节，以体现我国票据回购市场的迅速发展；在"债券市场"介绍了中国政府债券和企业债券市场；在"股票市场"中，专辟一节介绍二板市场；在"资产证券化"一章中，增加资产证券化在中国的进展。

我们设想的本教程的读者对经济学基础知识、货币银行学基础知识预先有所了解。学完本书以后，可以为对金融市场学有兴趣的读者进一步学习其他更具技术性的课程，如投资学、金融工程、金融衍生工具、固定收益证券、金融风险管理等奠定基础。

本教程的修订由主编杜金富研究员设计体系并统稿。具体分工为：杜金富修订第一章到第三章；中投公司的周郑修订第四章；对外经贸大学王茂斌副教授修订第五章，编写第十五章；中国人民大学宋玮副教授修订第六章、第十章；中南财经政法大学徐晟副教授修订第七章、第十一章；上海黄金交易所黄凌燕编写第八章；中央财经大学郭田勇教授修订第九章和第十三章；中国人民银行王毅研究员修订第十二章；内蒙古财经大学李广学教授修订第十四章；陈少敏和刘雯协助做了资料收集和整理工作。另外，西南财经大学的刘阳副教授参与了本书第一版第七章的撰写。

　　中国经济的快速发展为中国金融市场的发展提供了广阔空间。中国金融市场体系的丰富，金融工具和产品的创新发展，为编撰《金融市场学》提供了丰富的素材与源泉，但也增加了一本基础性的《金融市场学》内容取舍的难度。我们相信，随着金融市场理论与实务的动态演变，本教材也需要不断更新完善，欢迎读者对本书提出批评和建议。

编者
2013 年 3 月

第一版前言

近年来，随着我国金融市场的发展，有关金融市场学方面的教材出版较多，各具特色：从来源看，既有国内编写的，也有翻译国外的；从内容的侧重点看，有的侧重于理论，有的侧重于实务，有的侧重定性方面的研究，有的侧重定量方面的分析；从内容的构成看，除了基础知识外，有的延伸到投资学方面，有的延伸到货币银行学，有的甚至按市场工具出版不同内容的教材；从内容的深浅程度看，有的只介绍入门知识，有的介绍较为深厚的基础知识，有的内容较为复杂，包括了金融工程和投资学等方面技术性很强的知识。本教材的主要特点是理论与实务相结合、定性与定量相结合，国内做法和国际惯例相结合，向学生介绍最新的金融市场方面的基础知识，为其学习其他课程，如投资学、金融工程、金融衍生工具、企业财务管理、金融风险管理等课程打基础。

本教材由杜金富主编、设计体系、统稿并编写第一章、第二章、第三章；周郑编写第四章；余明编写第五章；宋玮编写第六章、第九章；刘阳编写第七章、第十章；郭田勇编写第八章、第十二章；王毅编写第十一章；李广学编写第十三章。

欢迎读者对本书提出批评和建议 。

编者
2007 年 4 月

目 录

第一章　导论/1

　第一节　金融市场概述/1

　　一、经济运行与金融市场/1

　　二、储蓄、投资与金融市场/2

　　三、金融市场的定义/3

　　四、金融市场功能/5

　第二节　金融市场的要素/6

　　一、金融市场主体/7

　　二、金融市场工具/8

　　三、金融市场媒体/9

　　四、金融市场组织方式/11

　第三节　金融市场的结构/12

　　一、货币市场和资本市场/12

　　二、初级市场和次级市场/13

　　三、公开市场、议价市场、店头市场和

　　　第四市场/13

　　四、现货市场、期货市场和期权市场/14

　第四节　金融市场的形成和发展/14

　　一、金融市场的形成/14

　　二、金融市场的发展/15

　　三、旧中国金融市场的产生与发展/16

　　四、新中国的金融市场/17

　　五、金融市场的发展趋势/17

　【本章小结】/19

　【本章重要概念】/20

　【思考题】/20

　【本章参考书】/20

第二章　金融资产与资金流动/21

　第一节　金融资产概述/21

　　一、金融资产的定义/21

　　二、金融资产的要素/23

　　三、金融资产的性质及作用/25

　第二节　金融资产的创造/27

　　一、其他金融资产的创造/27

　　二、货币资产的创造/30

　第三节　简单的资金流动分析/32

　　一、部门资金平衡表/32

　　二、储蓄、投资与资金流动/34

　第四节　资金流量的核算/36

　　一、资金流量核算的起源与发展/36

　　二、资金流量核算的对象和范围/36

　　三、资金流量表的交易分类/38

　　四、资金流量表的部门分类/39

　　五、资金流量表的表式、记账方法和

　　　主要平衡关系/42

　　六、资金流量表与金融资产/43

　【本章小结】/44

　【本章重要概念】/44

　【思考题】/45

　【本章参考书】/45

第三章　利率水平与证券价格/46

　第一节　利率与利率水平/46

一、利息与利率/46

二、利率水平的决定：利率理论/47

三、利率的几种主要形式/50

第二节 终值、现值和年金/53

一、终值、现值/54

二、总现值、净现值和内部收益率/56

三、年金/59

第三节 利率期限结构与风险结构/62

一、利率期限结构/62

二、利率风险结构/64

第四节 利率与证券价格/67

一、利率与金融资产价格的计量单位/68

二、证券收益率的度量/68

三、利率（收益率）与证券价格的关系/69

【本章小结】/71

【本章重要概念】/72

【思考题】/72

【本章参考书】/72

第四章 金融市场与资产价格/74

第一节 收益、风险与理性投资者/74

一、收益及其度量/74

二、风险及其度量/78

三、理性投资者的收益—风险偏好/82

第二节 资产定价模型与套利定价理论/83

一、投资组合理论/83

二、资本资产定价模型/89

三、因子模型/93

四、套利定价理论/94

第三节 有效市场与行为金融理论/98

一、有效市场理论/98

二、行为金融理论/101

【本章小结】/103

【本章重要概念】/104

【思考题】/104

【本章参考书】/104

第五章 金融市场组织与结构/106

第一节 金融市场参与主体/106

一、金融市场参与主体的作用及分类/106

二、金融市场经营性中介机构/107

三、金融市场服务性中介机构/109

四、金融市场交易结算机构/111

五、主要的机构投资者/112

第二节 初级市场/113

一、初级市场的概念及分类/114

二、初级市场的构成/114

三、初级市场管理/116

第三节 次级市场/119

一、次级市场的主要功能及基本
交易形式/119

二、交易制度/122

三、结算制度/125

【本章小结】/128

【本章重要概念】/129

【思考题】/129

【本章参考书】/129

第六章 货币市场/131

第一节 货币市场概述/131

一、货币市场定义及特点/131

二、货币市场的参加者和货币市场工具/133

三、中央银行与货币市场/133

第二节 同业拆借市场/135

一、同业拆借市场的概念及特点/135

二、同业拆借市场的形成及发展/136

三、同业拆借市场的参与者/139

四、同业拆借市场的分类/140

五、同业拆借市场的支付工具和利率/141

　　六、同业拆借市场的操作/142

　　七、各国同业拆借市场的比较/144

　第三节　票据市场/146

　　一、票据概述/146

　　二、商业票据市场/149

　　三、银行承兑汇票市场/152

　　四、可转让大额定期存单市场/156

　第四节　回购协议市场/159

　　一、回购协议市场的概念及特点/159

　　二、回购协议市场的形成及发展/160

　　三、回购协议市场的参与者/161

　　四、回购协议的基本要素/162

　　五、回购协议市场的交易及风险/164

　【专栏6-1】上海银行间同业拆放利率

　　　　　　（Shibor）/145

　【本章小结】/165

　【本章重要概念】/167

　【思考题】/167

　【本章参考书】/167

第七章　外汇市场/168

　第一节　外汇市场概述/168

　　一、外汇的定义/168

　　二、外汇市场的定义/169

　　三、外汇市场的要素构成/169

　　四、外汇市场的划分/171

　　五、外汇市场的功能/172

　　六、世界主要的外汇市场/173

　第二节　外汇市场中的汇率/174

　　一、汇率及其决定/174

　　二、汇率的报价方式/182

　　三、汇率的种类/183

　第三节　外汇交易/189

　　一、外汇交易的层次/189

　　二、外汇交易方式/191

　【专栏7-1】国际金融市场的热钱

　　　　　　流动/181

　【专栏7-2】人民币汇率的形成/190

　【本章小结】/197

　【本章重要概念】/198

　【思考题】/198

　【本章参考书】/199

第八章　黄金市场/200

　第一节　黄金市场概述/200

　　一、黄金及其属性/200

　　二、黄金市场的形成和发展/202

　第二节　黄金市场的交易/203

　　一、市场交易主体/203

　　二、市场的交易方式和交易品种/203

　　三、国际黄金市场/213

　第三节　中国黄金市场/215

　　一、新中国黄金市场发展情况/215

　　二、中国黄金市场概况/215

　　三、中国黄金市场交易品种简介/216

　【专栏8-1】黄金ETF/212

　【本章小结】/218

　【本章重要概念】/218

　【思考题】/218

　【本章参考书】/219

第九章　债券市场/220

　第一节　债券市场概述/220

　　一、债券的含义与特征/220

　　二、债券的种类/221

　第二节　债券市场的交易/225

　　一、债券的发行市场/225

　　二、债券的流通市场/229

　第三节　债券估价和债券收益/233

一、债券估价/233
二、债券的收益率/238
第四节 中国政府债券和企业债券市场/240
一、中国政府债券市场概况/240
二、中国企业债券市场概况/242
【专栏9-1】三峡债券的发行/223
【本章小结】/243
【本章重要概念】/244
【思考题】/244
【本章参考书】/244

第十章 股票市场/245
第一节 股票概述/245
一、股票的概念/245
二、股票的特点/246
三、股票的种类/246
四、普通股股票/247
五、优先股股票/248
第二节 股票的发行市场/250
一、股票发行的种类/250
二、股票发行的审批或注册/251
三、股票发行价格/251
四、股票发行方式/252
五、股票承销方式/253
六、股票上市/254
第三节 股票的流通市场/255
一、股票流通市场的作用/256
二、股票流通市场的组织形式/256
三、股票流通市场的交易方式/257
四、股票流通市场的场外交易活动/257
五、股票交易过程/258
第四节 股票市场价格与收益/263
一、股票的价值/263
二、影响股票价格的主要因素/264

三、股票价格指数/268
四、股票的收益率/272
第五节 二板市场/274
一、二板市场的概念与分类/274
二、二板市场的特点/276
三、二板市场的保荐人制度/277
四、二板市场的做市商制度/278
【专栏10-1】我国创业板市场的诞生与
　　　　　发展/275
【本章小结】/279
【本章重要概念】/280
【思考题】/280
【本章参考书】/280

第十一章 金融衍生工具市场/282
第一节 金融衍生工具概述/282
一、金融衍生工具的概念和特征/282
二、金融衍生工具的产生和发展/284
三、金融衍生工具市场的参与者/286
四、金融衍生工具的种类和功能/286
第二节 金融远期市场/289
一、金融远期市场概述/289
二、远期利率协议/291
第三节 金融期货市场/293
一、金融期货市场概述/293
二、外汇期货市场/298
三、利率期货市场/300
四、股指期货市场/301
第四节 金融期权市场/303
一、金融期权市场概述/303
二、金融期权的交易/305
三、金融期权的种类/306
四、金融期权的损益/308
第五节 金融互换市场/310

一、金融互换市场概述/310

二、货币互换和利率互换/310

三、金融互换的功能/312

【专栏11-1】金融衍生工具投资风险
大事件/283

【专栏11-2】具有里程碑意义的衍生
工具创新/285

【专栏11-3】相关术语/290

【专栏11-4】世界主要期货交易所/294

【专栏11-5】如何逐日盯市/296

【本章小结】/313

【本章重要概念】/314

【思考题】/314

【本章参考书】/314

第十二章　资产证券化/315

第一节　资产证券化概述/315

一、资产证券化概念/315

二、资产证券化的产生与发展/316

三、资产证券化的特点/317

四、资产证券化功因/318

五、资产证券化在中国/319

第二节　资产证券化的机制与结构/322

一、适合资产证券化的金融资产特征/322

二、资产证券化的交易结构和参加者/323

三、资产证券化的基本品种/324

四、资产证券化中的基本技术环节/326

第三节　住宅抵押贷款证券/329

一、住宅抵押贷款的特点/329

二、住宅抵押贷款转付证券/330

三、担保住宅抵押贷款凭证/331

四、住宅抵押贷款衍生性证券/332

五、住宅抵押贷款证券定价/333

第四节　金融资产担保证券/334

一、汽车贷款债权证券/334

二、信用卡债权证券/336

三、商业不动产抵押贷款证券/337

【专栏12-1】金融危机后中国资产证券化
重启/321

【本章小结】/339

【本章重要概念】/339

【思考题】/340

【本章参考书】/340

第十三章　证券投资技术分析/341

第一节　技术分析的基本假设与分类/341

一、技术分析的三个假设/341

二、技术分析要素/342

三、技术分析方法的种类/343

第二节　技术图表的制作与分析/344

一、K线图/344

二、支撑线和压力线/346

三、趋势线/347

四、柱状图/348

第三节　证券投资的技术分析指标/349

一、量价分析指标/349

二、涨跌指标分析/351

【本章小结】/354

【本章重要概念】/354

【思考题】/354

【本章参考书】/354

第十四章　投资基金市场/355

第一节　投资基金市场概述/355

一、投资基金的概念和特征/355

二、投资基金市场参与的主体/357

三、投资基金的起源与发展/359

第二节　投资基金的类型/362

一、封闭式基金和开放式基金/362

二、契约型基金和公司型基金/363

三、股票基金、债券基金、货币市场
　　基金和混合基金/363

四、成长型基金、收入型基金和平衡型
　　基金/364

五、主动型基金和被动型基金/364

六、在岸基金和离岸基金/364

七、其他特殊类型基金/364

八、国内证券投资基金现状/365

第三节　投资基金市场运行/367

一、投资基金的发行/367

二、投资基金的交易/369

三、投资基金主要当事人/370

第四节　投资基金的投资、价格与
　　　　评价/374

一、投资基金的投资/374

二、投资基金的收益、费用和分配/376

三、投资基金的绩效评价/379

【专栏14-1】老基金改制/366

【本章小结】/380

【本章重要概念】/381

【思考题】/381

【本章参考书】/381

第十五章　金融市场风险与金融市场监管/382

第一节　金融市场风险/382

一、金融市场风险概述/382

二、金融市场风险的度量/385

三、金融市场风险的管理/387

第二节　金融市场监管原理/390

一、金融市场监管概述/390

二、金融市场监管理论基础/392

三、金融市场监管的目标与原则/394

第三节　金融市场监管体系/395

一、金融市场监管模式/395

二、主要发达国家金融市场监管体系/396

三、中国金融市场监管体系/399

【专栏15-1】中国参与国际金融监管治理的
　　　　　　情况/400

【本章小结】/401

【本章重要概念】/402

【思考题】/402

【本章参考书】/402

第一章

导　论

"金融市场"这个概念对人们来说并不陌生。《金融时报》和《中国证券报》每天刊登大量股票、债券、外汇和票据的有关信息。电视台每天播发金融市场的新闻报道。通过互联网更是可以便捷地查询到金融市场的实时行情。

金融市场与企业、政府和个人都有着密切的联系。企业经营资金不足怎么办？到金融市场去筹资，可以发行股票和债券，可以到银行申请贷款。企业有了暂时闲置资金怎么办？到金融市场去投资，可以买债券，可以买股票，可以到银行存款。政府资金不足怎么办？到金融市场去筹资，可以发行政府债券。个人缺少资金怎么办？如果你有良好的信誉，你可以到银行去借款。个人有了闲置资金可以购买国库券、企业债券、银行大额存单，也可以购买股票。购买的股票达到一定规模，你可能还会当上公司的董事、监事，参与公司的经营决策。金融市场还与中央银行的宏观调控有着密切的联系，当经济运行中银根过松、物价上涨时，中央银行可以卖出手中持有的证券，回笼货币，抽紧银根；当市场上货币疲软、通货紧缩时，中央银行可以买进市场上的证券，投放货币，放松银根。

总之，金融市场在经济活动中发挥重要的作用。它为企业筹资和投资提供了有效的机制；为政府开辟了一个经常性的稳定的筹资渠道；为个人创造了借钱消费和投资获利的方便条件；为中央银行的宏观调控提供了有效的政策工具。

人们虽然接触金融市场，并知道这个概念，但要说清金融市场并非易事。让我们从最基本的概念谈起，逐步揭开金融市场的神秘面纱。

第一节　金融市场概述

一、经济运行与金融市场

为了说明金融市场在经济运行中的作用，让我们从最简单的两部门经济循环分析入手。假定整个社会经济部门由家庭和企业构成。家庭向企业提供劳动、资本、土地和自然资源等生产要素，企业用这些生产要素生产各种产品及劳务。在商品经济条件下，家庭向企业提供生产要素，企业为了换取这些生产要素要向家庭进行支付，这些支付称为收入。家庭购买企业的各种消费和劳务也必须进行支付，这些支付称为消费支出。假设家庭向企业提供生产要素 100 亿元，企业生产的商品及劳务也为 100 亿元。企业生产的商品与劳务全部为家庭所购买，则整个经济运行处于均衡状态。若家庭的收入并没有全部用于购买消费，只消费 90 亿元，储蓄 10 亿元，则企业出售商品及劳务 90 亿元，投资 10 亿元。储蓄转化为投资是通过金融市场来实现的。两部门的经济循环如图 1 - 1 所示。

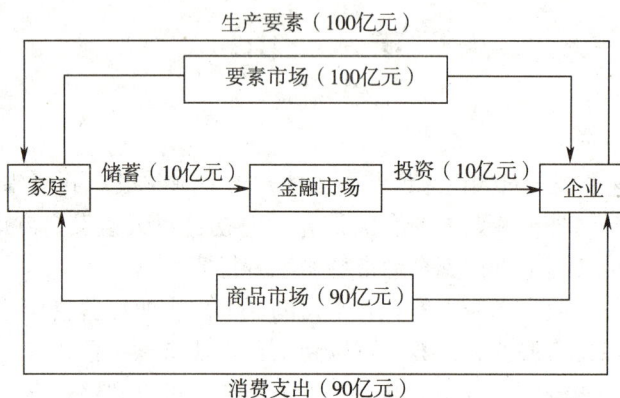

图 1 - 1　两部门的经济循环

通过图 1 - 1 可以看出：在经济循环中，家庭向企业提供生产要素是通过要素市场对等交换而实现的。在要素市场上，家庭向企业提供生产要素，相应地从企业获得对等的生产要素收入。而企业向家庭提供商品和劳务，是通过商品劳务市场的对等交换实现的。企业在商品劳务市场上向家庭提供商品和劳务的同时，家庭向企业作出对等的消费支出。家庭的储蓄转化为企业的投资则是通过金融市场的交易而实现的。在金融市场上，企业通过向家庭借款等形式，使家庭的储蓄转化为企业的投资。金融市场与要素市场和商品市场一起，构成经济运行中的市场体系。尽管在现实经济中，除两部门经济外，还有政府和国外参与下的三部门、四部门经济，但若按交易对象来划分，市场体系是相同的。

二、储蓄、投资与金融市场

如上所述，在经济运行中，金融市场把储蓄转化为投资。金融市场是如何实现这一职能的呢？我们还要从储蓄和投资谈起。

储蓄是指推迟现时的消费行为，是收入扣除消费后的剩余。按储蓄的主体划分，它分为居民储蓄、企业储蓄、政府储蓄和外国储蓄。居民储蓄是居民可支配收入（劳动收入、财产收入和转移收入）减去消费后的剩余部分。企业储蓄是指企业税后利润中扣除向企业所有者分配利润后的余额。政府储蓄是指政府部门的财政收入扣除用于国防、教育、行政、社会救济等经常项目支出后的剩余部分。外国储蓄是来源于国外的储蓄。外国储蓄实际上是一国进出口差额。如果进出口为逆差，则外国储蓄为正，如果进出口为顺差,则外国储蓄为负。从资金的角度来看,储蓄类似于经济部门的资金盈余。就每一经济部门而言,其收入在一定时期是相对稳定的量,其消费和支出越多,储蓄便越少。储蓄因消费和支出的多少而具有伸缩性。

投资是指以增值盈利为目的的资本投入,通常表现为购置生产设备、建筑和存货。这里所讲的投资是指实物投资,不同于金融投资。金融投资如购买股票和债券,并不直接增加经济体的生产基础。当一个人买了一张股票而另一个人卖了一张股票,从全社会的角度观察并不增加净投资。投资按其主体划分,也分为居民投资、企业投资、政府投资和外国投资四个部分。居民投资是指居民的资本性项目支出,主要是指居民用于住宅和其他实物资产的投资,以及储蓄、证券和其他金融投资;也有人认为还应包括家庭部门在耐用消费品方面的支出。企业投资包括非住宅性固定资产投资,即企业用于购买厂房和设备方面的投资;存货投资是处于生产过程中的在产品和待出售的产成品,以及投入品价值的增值部分;住宅性固定资产投资指为建造新的住宅而进行的投资。政府投资的重要项目是公用基础设施。外国投资是指外国企业的直接投资。

上述分析可以看出,储蓄和投资在家庭(居民户)、企业、政府和国外四个部门同时存在。虽然国民收入中各个部门总和的储蓄和投资在事后应该平衡,但各部门各自的储蓄和投资通常是不平衡的。家庭部门的储蓄通常大大高于其投资,是一个资金盈余部门。企业部门和政府部门的储蓄通常不足以支持其投资,是资金短缺部门。外国投资和外国储蓄的关系是比较复杂的,外国直接投资及其吸引机制或政策能否引起出口的增长,是决定外国投资和外国储蓄之间关系的重要因素。

储蓄和投资在部门间存在着不平衡。就是在各经济部门内的各经济单位间也同样存在着不平衡。例如,在企业部门内部,甲企业可能是资金盈余的储蓄单位,乙企业可能是资金短缺的投资单位。就是甲企业,此时可能是资金盈余的储蓄单位,彼时可能成为资金短缺的投资单位。储蓄和投资在各经济部门及各经济单位存在的不平衡,就需要一个机制,将资金盈余的部门或单位的储蓄转化为资金短缺部门或单位的投资。储蓄转化为投资的机制是复杂且多种多样的。从转化方式来说,分为内部转化方式与外部转化方式。内部转化方式就是指储蓄主体将自身的储蓄直接用于投资。这是人类历史发展早期普遍存在的现象。农民将自己生产的种子用于粮食种植就是一个典型的例子。外部转化方式就是储蓄单位或部门将盈余资金转移给投资单位和部门,双方要签订金融契约。对资金盈余部门或单位而言,它是资金供给部门或单位,转移资金要握有投资部门或单位的金融契约,是金融契约的购买者。对资金短缺部门或单位而言,它是资金需求部门或单位,使用资金要给转移资金的储蓄部门或单位签发金融契约,它是金融契约的出售者。金融契约就是通常所说的金融工具。储蓄与投资的间接转化机制,可表达为买卖金融工具实现储蓄转化为投资的机制。而金融市场就是买卖金融工具的市场。

三、金融市场的定义

"市场"这个概念包括的内容是相当广泛的。市场可以指交易关系的建立,如某产品抢占了市场,实际上是经营者经营某种产品已经与许多客户重新建立买卖关系;也可以指实现交易的场所，如我们最为熟悉的农贸市场、超级市场；还可以指某种商品的销路，如我们说某商品有无市场，就是指这种商品是否有人购买。

经济学家已为金融市场下过不少定义："金融市场是金融工具转手的场所"①，"金融市场是金融资产交易和确定价格的场所或机制"②，"金融市场应理解为对各种金融工具的任何交易"③，"金融市场是金融工具交易领域"④。这四个定义的共同点是：都把金融工具的交易作为金融市场的立足点。同时，每个定义又各有其不同的侧重点。第一个定义认为金融市场是一个交易金融工具的"场所"；第二个定义也把金融市场作为场所，但同时强调这个场所"确定价格"的机能；第三个定义却不认同金融市场是场所的概念，提出金融市场应是各种交易本身；第四个定义认为，金融市场是金融工具交易的"领域"。

与商品市场一样，金融市场可以是一个场所，如上海证券交易所和深圳证券交易所，它们都有固定的办理交易业务的大厦。但金融市场也可以不是一个场所，而仅仅是一种交易关系。在科学技术发展的今天，一个电话、一个电传，或通过电脑网络，都可实现金融工具的交易。银行家们最熟悉的货币市场，在大多数国家都没有任何具体的、有形的"场所"，但谁也不会否认这些国家货币市场的存在。用场所来定义金融市场恐怕有失偏颇。

市场最主要的机能就是确定交易对象的价格，金融市场也不例外。但是，有无必要在定义金融市场时特别强调这一机能，并将其和交易并列起来，是值得讨论的。我们知道，同所有的商品交易一样，金融交易基本上包括三个环节：第一个环节是交易双方发生联系，确定交易的对象和数额；第二个环节是双方计价和还价，共同决定交易对象的价格；第三个环节是买卖成交，买方付钱，卖方交货。可见，交易本身便已包含确定价格的过程。因此，在用金融工具交易的概念定义了金融市场之后，又加上对价格形成机能的强调，便显得无此必要，况且这个定义仍属"场所"概念的同类。

第三个定义实际指的金融市场是多种金融交易关系的总和。这个定义认为不同类型、不同特点、不同形式的金融交易，可分别构成不同类型、不同特点、不同形式的金融市场，而所有的金融交易汇合在一起便构成金融市场。实际金融交易关系或交易总和是一个含糊不清的概念。既然是总和，就存在多种金融交易或交易关系，而实际上金融交易不能同时存在多种形式。虽然金融市场可以按不同标准划分为多种形式的市场，但要给金融市场下定义，恰恰需要从一般定义上去把握，它必须概括多种形式金融市场最本质的东西。显然，把金融市场定义为金融交易的总和是达不到这样的目的的。

第四个定义认为，金融市场的含义是金融工具交易领域。金融交换领域既包括了金融交易关系，同时又突破了"场所"的局限；既包括有形金融市场，也包括无形金融市

① ［英］查理斯·R. 格依斯特：A Guide to the Financial Markets, London. Macmillan, 1982, p. 1.

② ［美］蒂姆·S. 肯波贝尔：Financial Institutions, Markets, and Economic Activity, U. S. A. Mcgraw – Hill Inc., 1982, p. 2.

③ ［美］杜德雷·G. 卢科特：Money and Banking, Mcgraw – Hill Book company Second edition, 1980. p. 111.

④ 赵海宽、杜金富：《资金知识入门》，2 页，南昌，江西人民出版社，1993。

场，是对金融市场一般定义上的概括。

金融市场可分为广义的金融市场和狭义的金融市场。广义的金融市场包括协议贷款市场和公开金融市场。

协议贷款市场是借款人和贷款人之间通过个别协商借贷合同条件，从而实现资金借贷的市场。它主要包括把闲置资金存入银行，向银行借入资金等金融交易市场。存款市场、贷款市场、贴现市场都属于协议贷款市场的范畴。协议贷款市场的主要特点是，金融交易以固定客户的交易关系为限；交易价格（存贷款利率）和条件由双方协商议定，其议定的价格既不适用于下次交易，也不适用于与他人交易。因此，协议贷款市场又称客户市场。

公开金融市场又称非个人性市场，是任何人、任何机构都可以自由进出的市场。在这个市场上，交易工具的价格和条件对所有市场参加者都是公开、公正、公平的。任何符合条件的机构和个人都可以参加交易活动。货币市场、股票市场、债券市场是公开金融市场的典型代表。公开金融市场一般又称狭义的金融市场。本教材主要介绍狭义的金融市场。

四、金融市场功能

金融市场作为储蓄转化为投资的中介环节和传递机制，最基本的功能是资金汇聚与配置，并由此能够使资金供求双方发现合理的资金价格并有效规避风险，使宏观政策当局能够依据对经济运行周期的判断，依托金融市场调节市场利率，调控货币供求。

1. 资金汇聚与资金配置功能。资金汇聚功能是金融市场的最基本功能。金融市场不但在资金盈余者和需求者之间充当中介，调剂余缺，而且可以把闲散的消费性货币和手持现金聚集在一起，把不能形成投资规模的小额生产资金聚集成具有投资能力的大额资金，为经济发展提供资金来源，起到资金"蓄水池"作用。在一个有效的金融市场上，资金需求方可以很方便地通过直接（如股票、债券）或间接融资（如信贷）方式获取资金，而资金供应者也可以通过金融市场为闲置资金找到合意投资渠道。金融市场越是发达，越能在更大的范围内（如国际范围）为筹资人和投资人开辟融资途径，扩大资金供求双方接触机会，便利金融交易，降低融资成本。

资金配置功能是指金融市场可以有效引导资金流向，使资金在更大范围在不同地区、不同部门之间流动，提高资金的使用效率。如在证券市场上，那些经营业绩好并能给投资者丰厚回报的公司，自然会受到投资者的青睐，社会资金会向其倾斜，使这些公司能够以较为优惠的条件、较低的财务成本，从证券市场上筹集资金。通过金融市场各参与主体对资金需求的自由竞争，金融市场发挥资金流动的导向作用，促进社会资源优化配置。

2. 价格发现和风险规避功能。金融市场通过公开、公正、高效、竞争的交易运行机制，形成具有真实性、预期性、连续性和权威性的价格。一般而言，金融资产的票面价值并不代表其自身的内在价值，只有通过金融市场买卖双方的充分交易，"价格"才能被发现。

通过金融市场的价格发现，可以降低市场参与者分担的风险。首先，金融市场可以提供有效分配风险的手段，将风险暴露转移给那些愿意承担风险的人。期货和期权市场可以将价格、利率、汇率风险从试图减少风险的生产商、投资者手里转移到专靠风险赚钱的投机者手中。比如，进出口商为了避免汇率风险可以买卖远期外汇合约或买进看涨期权或卖出看跌期权的方式进行套期保值；股票投资者可以在购买股票的同时买入股指期货，进行风险对冲，避免价格风险。其次，金融市场也可以有效降低投资的非系统性风险。利用金融市场的多层次性和多元性，把财富分散化投资于各种各样的不同资产组合，"不把鸡蛋放在同一个篮子里"，以降低风险。简单而言，如果将资金平均分配在50只股票上，即便其中一家公司不幸倒闭，损失亦只占投资总额的2%，比单独投资在这家要倒闭的公司而蒙受的损失要少得多。

3. 市场反映和宏观调控功能。金融市场能够汇集微观企业运营、国民经济运行和国际市场变化的各类信息，被认为是国民经济的"晴雨表"和"气象台"，既便于投资者把握各种金融产品的行情和投资机会，便于产业部门根据市场价格变动找到或调整自己的经营方向和目标，也可以为国家宏观调控提供平台。

政府部门可以通过金融市场的价格调控和金融调控贯彻其宏观调控意图。价格调控主要是通过金融市场上利率、金融资产收益率的变化来调节资金的供求，进而得以调节由供求关系决定的商品价格。金融调控主要是指利用货币政策来调节一定时期的利率和货币流通总量。货币政策关注的目标主要是利率水平和货币总量。通过利率的调节，可以使社会资金在投资（在银行和证券市场等投资）、生产、消费三者之间合理地流动和分配，亦可以调节一定时期的货币流量。此外，中央银行还可利用债券市场发行（或回购）一定数量的债券，回收（或投放）相应的基础货币，调节社会货币流通总量。从国际金融市场的角度，中央银行还通过公开市场业务操作，在金融市场上买进或卖出有价证券来吞吐外汇，从而调节资金供求，控制银根的松紧力度。

金融市场联系着每一个经济行为主体，发达的金融市场体系内部，各个子市场之间也高度相关。尤其是近几十年来，金融市场已经成为政府执行稳定经济和避免通货膨胀政策的主要渠道。通过调节利率和信贷可获得性，政府可以影响公众的借款和支出计划，影响就业、生产和价格的增长。

第二节　金融市场的要素

金融市场和其他商品市场一样，也有交易者，即买者与卖者，有交易的对象，有交易的中介机构和交易的具体形式。我们把金融市场上的各种交易者称为金融市场主体；把金融市场上的交易对象称为金融市场客体或工具；把金融市场交易中介机构称为金融市场媒体；把做成交易的具体形式称为金融市场组织方式。金融市场主体、金融市场客体（工具）、金融市场媒体和金融市场组织方式，便构成了金融市场四大要素。

一、金融市场主体

金融市场主体即金融市场交易者。交易者既可以是自然人，也可以是法人，一般包括企业、政府、金融机构、机构投资者和家庭五个部门，在开放的金融市场上，还应包括国外投资者。

1. 企业。在生产经营过程中，由于产供销渠道与环节的差异，周期性和季节性等因素的影响，会出现一些企业暂时性的资金盈余，而另外一些企业暂时性的资金短缺。这两类企业除通过银行等金融中介机构进行资金余缺的融通外，资金短缺企业可以在金融市场上发行相应的金融工具得到所需的资金，而资金盈余的企业可以通过在金融市场上购得金融工具，将其暂时盈余的资金投资于生息资产。另外，在创建或扩大生产经营规模时，企业可以发行股票、债券等筹措所需的资金。在金融市场运行中，企业无论是作为资金的需求者还是资金的供给者，均居于非常突出的地位。

2. 政府。政府在金融市场运行中，作为交易者充当双重角色：一是作为筹款者，二是作为调节者和监管者。作为筹款者，政府为了弥补财政赤字，或为了举办公共工程等，在金融市场上发行国债筹措所需资金。作为调节者，政府发行的公债，特别是国库券是中央银行公开市场操作的主要对象，中央银行通过在公开金融市场上买卖国库券和调节金融市场上的货币供应量达到调节经济的目的。此外，政府还是金融市场的监管者。

3. 金融机构。一般说来，凡专门从事各种金融活动的组织，均称金融机构。这里主要指商业银行等金融企业和中央银行两大类。

在发达国家，对金融市场的压力一般都是通过金融机构启动和传递的。中央银行实施货币政策，并始作用于银行货币头寸，然后影响实际经济部门，这人都通过商业银行以有价证券的调整，票据的贴现、再贴现、同业拆借来实现。而有价证券的调整，票据贴现、再贴现、同业拆借等通常构成了金融市场上交易活动的内容。更为重要的是，金融企业作为中介机构，一方面代理筹资者和投资者进行融资与投资活动，另一方面本身也可以发行证券筹集资金，如发行大额可转让存单，票据贴现再贴现业务，向同业拆入资金，购买有价证券从事投资等。中央银行参与金融市场的目的与其他金融机构有本质的不同。它购买金融市场工具不是因为出现了临时盈余资金，它出售金融市场工具也不是为了筹措资金弥补自己的不足。中央银行参与金融市场活动是以实现国家货币政策、调节经济、稳定货币为目的的。中央银行通过买卖金融市场工具，投入或回笼货币，从而控制和调整货币供应量。总之，金融机构既是金融市场的参加者，又是金融市场的创造者，在金融市场中起着关键作用。

4. 机构投资者。机构投资者是指在金融市场从事交易的机构，如保险公司、信托投资公司以及各种基金。保险公司无论是人寿保险公司还是财产与灾害保险公司，其业务都不外是出售承保各种险别的证券——保险单，购入不同类型的有价证券进行投资，追求收入最大化以备偿付赔款。信托投资公司也称投资公司，这类金融机构是向投资者（一般是小额投资者）出售自己的股份或发行债券，以所得资金买入各种证券。对小额投资者来说最大的困难是不能购得多样化的证券以减少投资风险，通过购买投资公司股份或债券，将资金集中起来由投资公司代为投资，既使证券投资多样化，也分散了风险。各种基金主要指养老金基金、证券投资基金等。它吸收个人为特定目的（如养老、投资等）积攒的现期货币收入，在合同规定的支付期到来之前将这笔资金用于金融投资，购买一些期限长、收益高的金融工具。它的特点在于使小额资金供给者进入市场，把零散的资金汇总成额度大、期限长的资金来源，用于满足大规模的资金需求。

5. 家庭。家庭的货币收入除去必要的消费外，一般会出现剩余，通常将这部分剩余存入银行，购买股票、债券等，家庭是金融市场上的重要资金供给者和金融工具购买者。作为金融工具的出卖者，其动机较为复杂。有时是为了筹措资金购买另外的金融工具以转变资金投向；有时是为了利用未来的收入增加现期消费，追求消费最大化，如借入住房抵押贷款等；有时是为了避免风险或进行投机；等等。

二、金融市场工具

金融市场工具，简称金融工具，它是资金短缺部门、单位，或借入资金的部门、单位，或筹资者，向资金盈余部门、单位，或借出资金部门、单位，或投资者，融入资金所出具的契约或凭证。表面看，金融工具是金融市场交易的对象，实则金融市场交易的是资金本身。

金融市场上的金融工具种类繁多，主要有票据、债券、股票、外汇、金融衍生工具、黄金等。此外，在金融市场上还存在着有直接的融资关系、但并不一定具有一定形式的工具，如同业拆借资金。

1. 票据。票据是出票人自己承诺或委托付款人，在指定时期或见票时无条件支付一定金额，并可流通转让的有价证券。按照不同的分类标准，票据可以分为不同种类。按照信用关系的不同，可以分为汇票、本票和支票；按照到期时间的不同，可分为即期票据和定期票据。

2. 债券。债券是债务人在筹集资金时，依照法律手续发行，向债权人承诺按特定利率和日期支付利息，并在特定日期偿还本金，从而明确债务关系的有价证券。债券的种类繁多，形式各异，往往有多种分类方法。债券按发行主体的不同，分为政府债券、公司债券、金融债券、通知偿还债券、分红公司债券、免税债券、收益债券和附新股认购权债券。

3. 股票。股票是股份公司发给股东的投资入股和分红的凭证。股票有多种类型，一般分为普通股和优先股、记名股票和无记名股票、有面额股票和无面额股票等。

4. 外汇。外汇是指外国货币及用外币表示的用于国际间结算的支付手段。它包括外国货币、外国有价证券、外币支付凭证和其他外汇资金。

5. 同业拆借资金。同业拆借资金既指在同业拆借市场上交易的资金，也指同业拆借市场的交易工具。有人称同业拆借市场的金融工具就是"头寸"，即款项或资金额度。也有人认为，同业拆借市场是金融机构间借贷资金的市场，进入资金市场的人必须符合要求的条件，并按事先确定好的协议直接借贷，因此同业拆借市场的金融工具就是同业拆借资金本身。这与外汇市场金融工具就是外汇一样。实际上交易"头寸"或"同业拆借资金"在本质上并无多大差别。不论怎样认识同业拆借市场的金融工具，但实际上同业拆借市场直接借贷的就是货币资金本身。

6. 金融衍生工具。金融衍生工具是指以"杠杆"或信用交易为特征，以货币、债券、股票等传统金融工具为基础而衍生的金融工具。它既指一类特定的交易方式，也指由这种交易方式形成的一系列合约。金融期货、金融期权、远期、互换等都属于金融衍生工具。

7. 黄金。黄金既有货币属性，又有商品属性。随着黄金商品化属性的回归，黄金作为商品、投资品进入金融市场。随着市场需求的不断增加，黄金交易也从单纯的现货市场发展出了各种衍生品市场，如黄金远期、黄金期货、黄金期权、交易所上市黄金基金（黄金 ETF）等。

三、金融市场媒体

在比较发达的市场上，资金的融通或金融工具的交易，大多数是通过金融市场媒体进行的。金融市场媒体作为融资双方的代理人，可以提高金融市场的运作效率，是金融市场不可缺少的部分。

金融市场上的媒体是多种多样的。为介绍方便，我们将这些媒体分为两类：金融市场的商人或经纪人和金融市场中介机构。前者主要完成市场媒体的职能，后者着重市场媒体的存在形态和活动方式。但在金融市场的实际运作中，两类媒体并非泾渭分明，而是相互交叉完成媒介的职能的。

（一）经纪人

经纪人是指在金融市场上为交易双方撮合成交并从中收取佣金的商人或商号。经纪人一般都对其经手中介的交易业务具有专业知识，熟谙市场行情和交易程序，对交易双方的资信有深刻了解，因此，许多交易主体都喜欢通过经纪人进行交易。可以说什么地方有市场，什么地方就有经纪人。经纪人是金融市场运行中不可缺少的中介体。

金融市场作为一个市场体系，包括许多具体的子市场，金融市场的经纪人种类也很多。我们主要研究最重要的如下几类。

1. 货币经纪人。又称市场经纪人，根据经纪业务的不同分为同业拆借经纪人、票据经纪人、短期证券经纪人。货币经纪人获利的途径为收取佣金和赚取利差。

2. 证券经纪人。是指在证券市场上充当交易双方中介和代理买卖而收取佣金的中间商人。他可以帮投资人选择投资证券并获得"席位"后直接进入证券交易所进行交易。证券经纪人可以是个人经纪人，也可以是法人经纪人，又分为佣金经纪人、两元经纪人、专家经纪人、证券自营商、零股经纪人。佣金经纪人是指接受客户委托，在证券交易所内代理客户买卖有价证券，并按固定比率收取佣金的经纪人。他们通常在交易大厅里专为顾客买卖证券，证券交易所中的大多数证券交易，都是通过他们完成的。两元经纪人是专门接受佣金经纪人委托，代理买卖有价证券的经纪人，因而又称交易厅经纪人或居间经纪人。当佣金经纪人同时接受许多委托买卖证券时，便将其中的某些业务，尤其是尚未完成或不易完成的委托请两元经纪人代为买卖。这类经纪人在美国最为流行。专家经纪人又称特种经纪人，是专门从事某种行业的证券买卖，接受佣金经纪人的委托成为经纪人的经纪人。他是交易所内具有特殊身份，有固定交易柜台从事特定种类股票买卖的经纪人，他具有经纪人和证券商双重身份。零股经纪人是指专门经营不满一个交易单位（通常100股为一个交易单位）的零股交易的经纪人。

3. 证券承销人，又称证券承销商，是指以包销或代销方式帮助发行人发行证券的商人或机构。

4. 外汇经纪人，是指在外汇市场上促成外汇买卖双方成交的中介人。外汇经纪人既可以是个人，也可以是中介组织，如外汇中介行或外汇经纪人公司等。

（二）金融机构

在证券市场上，充当交易中介的金融机构很多，主要有证券公司、证券交易所、投资银行、商业银行等。

1. 证券公司。证券公司是金融市场上最大最主要的中介机构。它通过承购包销证券业务，即代理证券发行人承购推销所需发行的证券，使证券发行机构与购买证券的投资者完成证券买卖。它通过代理买卖业务，即作为客户代理人，代买代卖有价证券。自营业务，即证券公司作为投资者直接购买有价证券，使已发行的证券在二级市场上交易更为活跃。此外，证券公司还从事投资咨询业务。证券公司的主要功能在于提高证券市场运行的效率，一方面，它通过向客户提供投资咨询和投资服务，使资金最有效地分配在收益比较高的部门或企业；另一方面，证券公司通过承销、包销代理业务和自营业务，提高了证券的交易效率。

2. 证券交易所。证券交易所是专门的有组织的证券买卖交易场所。如中国的上海证券交易所、深圳证券交易所等。严格地讲，证券交易所不属于金融市场上的中介机构，而是服务性的中介机构。因为证券交易所本身不参加金融工具的交易，只是提供买卖双方能够顺利进行交易的场所或设施，属于服务于证券交易活动的组织。但从整个媒介金融工具交易活动来看，证券交易所又是不可缺少的，从这方面讲，它们也属于金融市场上的中介机构。

3. 投资银行。投资银行是指专门对工商企业办理投资和长期信贷业务的银行。投资银行最初只专门从事政府债券的买卖业务，后来发展为经营股票业务。如从职能及业务上考察，投资银行同证券公司以及商业银行都大同小异，它们分别在不同国家和地区成为证券业务的主体。

4. 商业银行。商业银行是金融市场上重要的中介机构。在金融市场上，商业银行最传统的业务是承兑票据，充当票据市场的支付中介人；代企业发行证券，为企业发行证券承包，充当资本市场的发行代理人；经营外币债券，充当外汇市场的中介。

此外，金融公司、财务公司、票据公司、信托公司、信用合作社以及外国金融机构，也在金融市场上起着重要的中介作用。

四、金融市场组织方式

前面我们介绍的金融市场交易主体、交易工具及交易媒介，需要通过一定的方式达成交易，这种方式便是市场的组织方式。金融市场的组织方式主要有两种：拍卖方式和柜台方式。

（一）拍卖方式

在以拍卖方式组织的金融市场上，所有的金融交易都采取拍卖的方式成交；金融交易中的拍卖和其他商品拍卖一样，是买卖双方通过公开竞价来确定买卖成交价款。现在公开竞价有两种方式：一种是由出售人高声呼喊加手势报出金融市场工具的要价，通过购买人之间的激烈竞争，报出买价，最后将金融工具出售给出价最高的购买人；另一种方式是，买卖双方不直接见面，通过计算机配对，在时间优先、价格优先的原则下，实现成交。所谓时间优先是指同样价格，先提出的优先成交；所谓价格优先是指对购买者而言，在同一时间，价格高的优先，对出售者而言，价格低的优先。

拍卖方式分单向拍卖和双向拍卖。单向拍卖中的交易双方，一方是一个交易群体，即多个要购买或出售同一金融工具的交易者；而另一方只有一个交易单位。由后者报出买卖金融工具的出价或要价，前者中的各个交易单位围绕着报出价格展开竞争，或竞相抬价以求买进，或竞相压价以求售出。最后，单独的交易单位将要出售的工具卖给出价最高的交易对方，或从价格最低的交易对方买进金融工具。双向拍卖中的交易双方都是交易群体，交易双方在买卖某种金融工具时，以该工具上次成交的价格为基础，分别提出各自的出价和要价。买方希望以较低价格买入，而卖方力求以较高价格卖出。针对双方出价和要价的差距，在买卖群体中展开竞争。买方群体中不断有人为买进而抬高出价，卖方群体中不断有人为卖出而降低要价，报出价格逐步接近，直至双方群体中的最高出价和最低要价相等便可成交。根据双向拍卖交易规则中的买卖双方发生交易的时间不同，双向拍卖可以分为连续竞价和集合竞价。

金融市场工具的拍卖是在交易所内进行的。进入交易所内的人并不全是实际上要买进卖出金融工具的市场参与者，而是受人委托代理他们买卖的经纪人和股票交易商。这些经纪人和股票交易商都是由作为交易所会员的经纪人公司和证券公司派出的。这些金融市场的专业机构受实际投资人、筹资人、保值人或投机人的委托，按委托人规定的条件，以尽可能有利的价格进行交易。这是拍卖方式的一个显著特点。

（二）柜台方式

柜台方式与拍卖方式不同，它不是通过交易所把众多交易集中起来，以竞价方式确定交易价格，而是通过作为交易中介的证券公司来买卖金融工具。金融工具的买卖双方都分别同证券公司进行交易，或将出售的金融工具卖给证券公司，或从证券公司那里买进想要购买的金融工具。

在以柜台方式组织的金融交易中，买卖价格不是通过交易双方的直接竞争来确定，而是由证券公司根据市场行情和供求关系自行确定。对证券公司同意交易的工具，推出买入价格和卖出价格，宣布愿以该买入价格购买该种工具，同时愿以该卖出价格出售该种工具。这种挂牌方式称为双价制。证券公司一旦报出双价，在报出新双价之前，不得拒绝以报出的买入价格买入该种工具，也不得拒绝以报出的卖出价格出售该种工具。证券公司报出的双价中，买入价格略低于卖出价格。其价差便是证券公司的利润。

第三节　金融市场的结构

　　金融市场是由许多具体子市场组成的庞大的市场体系。许多不同的具体的子市场组成的金融市场体系，便构成了金融市场的结构。研究一国金融市场的结构，对判断其金融市场的发展程度，确定金融市场的发展特点及完善对金融市场的管理，都具有重要意义。

　　根据不同的标准对金融市场进行划分，可以分出存在差异的许多具体的子市场。根据融资期限的长短，可以将金融市场可分为融资期限一年以内的货币市场与融资期限一年以上的资本市场；根据交易工具的不同，金融市场可分为同业拆借市场、票据市场、股票市场、债券市场、外汇市场；按其交易层次的不同，金融市场可分为初级市场（一级市场）和次级市场（二级市场）；根据交割方式的不同，金融市场可分为现货市场、期货市场和期权市场；按成交与定价方式的不同，金融市场可分为公开市场、议价市场、店头市场和第四市场；按交易双方在地理上的距离，金融市场可分为地方性、全国性、区域性金融市场。

　　出于不同的研究目的，金融市场有多种分类方法。而现实表明，每个市场又可同时兼备几种市场属性，如股票市场是公开市场、初级市场、次级市场、资本市场等。正是这些按不同标准划分的子市场互相联系、互相依存，因而使用任何一种分类方法都不可能包罗一切。

一、货币市场和资本市场

　　货币市场又称短期金融市场，是指专门融通短期资金的市场。所谓短期，是指资金融通期限在一年以内。短期资金多在流通领域起货币作用，主要解决市场主体的短期性、临时性资金需求。在经济生活中，政府、企业、居民和金融机构等，都需要短期资金用于周转，因而成为货币市场的主体。货币市场使用的金融工具主要有同业拆借协议、存单、票据和短期公债（即国库券），它们因偿还期限短、风险小以及流动性强而往往被作为货币的代用品。据此，货币市场又可分为同业拆借市场、票据市场和短期债券市场。

　　资本市场又称长期金融市场，是指专门融通期限在一年以上的中长期资金市场。在资本市场上，交易期限短则数年，长的可达数十年。长期资金大都参加社会再生产过程，起的是资本的作用，主要是满足政府和企业部门对长期资本的需求。资本市场上交易的金融工具主要是各种有价证券，如股票和债券等。这些有价证券偿还期限长、流动性小、风险较大。资本市场又可分为股票市场和长期债券市场。

二、初级市场和次级市场

初级市场和次级市场是按证券交易次数对证券市场划分的。初级市场是新证券发行市场，又称一级市场。没有证券的发行，自然不会有证券的买卖和流通，初级市场是次级市场的前提和基础。证券发行者和证券投资者资金融通的多少，是决定初级市场规模的直接因素。

次级市场是已发行的证券流通市场，又称为二级市场。投资者在初级市场购买证券后，因种种原因需要出售时，便可在次级市场出售变现。在次级市场上，因买卖双方的经常转换，使证券更具流动性，从而在社会范围内使资源得到充分利用。

初级市场和次级市场是密不可分的，每一种证券都必须进入初级市场，比较重要的证券，还要借助次级市场来流通。因此，次级市场的证券是初级市场买卖后转让的证券。若没有初级市场证券的买卖，便不会有次级市场证券的买卖。但两者还是有区别的：一是流通性不同。初级市场仅指证券发行市场，这些证券有的可以在次级市场交易，例如部分企业债券只允许发行，但不允许在次级市场上买卖。相比较而言，次级市场上的证券要比初级市场证券流通性大。二是对经济的影响不同。初级市场发行证券筹措资金，直接用于筹资者，对购买者而言，主要是资金的投资。因此，初级证券发行的数量和价格直接决定筹资的规模。次级市场证券的买卖是与最初发行者筹资无直接关系的交易，这里只是不同投资者之间交易证券。三是对证券的要求不同。可上市发行并转让的次级市场上的证券，通常要求发行者公布财务状况等，并进行信用评估，而初级市场上的证券一般没有这个要求。

三、公开市场、议价市场、店头市场和第四市场

这是按成交与定价方式分类的金融市场。

公开市场即由众多市场主体以拍卖方式定价的市场。这类市场一般是有组织和有固定场所的有形市场，如股票交易所。

议价市场是指没有固定场所，相对分散的市场，双方的买卖活动要通过直接谈判而自行议价成交。由于这类活动一般在公开市场外面进行，故又称场外交易。

店头市场又称柜台市场，是指未上市的证券或不足一个成交批量的证券进行交易的市场。有人称之为第三市场。店头市场作为证券市场的一个独特形式，同证券交易所那样高度制度化、组织化的市场形成鲜明对照。尽管有人称其为场外交易，但与以场外交易的议价市场也略有区别，店头市场以"柜台"和店内交易为特征，而不像议价市场那样不择场所。不过"议价"成交的特点是共同具备的。

第四市场是指作为机构投资者的买卖双方直接联系成交的市场。一般通过电脑通信网络，如电脑终端机，把会员联系起来，并在办公室利用该网络报价，寻找买方和卖方，最后直接成交。第四市场的运行，需要发达的科技和通信手段作基础，而且也只有在商品经济高度发达的地方才能产生。机构投资者的交易，一般数额巨大，利用第四市场交易，可以大大节省手续费等中间费用，筹资成本的降低足可以弥补互联网的花费，

而且不为第三者所知，使交易保密，也不会因交易量大而影响市价。第四市场的发展蕴藏着极大的潜力。

四、现货市场、期货市场和期权市场

这是按交割方式不同而对金融市场的分类。

现货市场是指达成交易协议后在三天之内完成交割的市场。

期货市场是指交易协议虽然已经达成，交割却还要在某一特定时间进行的市场。在期货市场上，成交和交割是分离的。在期货交易中，由于交割要按成交时的协议价格进行，而成交与交割期间证券价格的或升或降，就可能使交易者或获得利润或蒙受损失。因此买者和卖者只能赌自己对市场的判断。

期权市场即多种期权交易的市场，是期货交易市场的发展和延伸。期权交易是指买卖双方按成交协议签订合同，允许买卖在交付一定的期权费用后，即取得在特定时间内，按协议价格买进或卖出一定数量的证券的权利。但在合同生效前购买期权的一方如不行使该权利，期权合同到期则自动失效。期权交易虽然不一定都要付诸实行，但放弃的一方已付出一定的代价。

第四节　金融市场的形成和发展

一、金融市场的形成

一般说来，金融市场的形成应以存在最基本的要素构成为标志，也就是说，必须有金融市场的主体与金融市场的客体以及实际的交易活动作要件。虽然至今无人能确定金融市场产生的年代，但据推算，金融市场首先形成于 17 世纪的欧洲大陆。

早在古罗马时代，地中海沿岸的贸易活动就已有相当规模，并开始用各种票据结算，汇票便是这一时期意大利人的一个发明。13 ~14 世纪，欧洲大陆出现了许多商品集散地和贸易交易所，这成为证券交易所的前身。这种经济贸易形势的继续发展，不仅使资本主义生产方式在欧洲萌芽，而且引发了第一次工业革命（1540—1640 年），与工业革命相伴生的金融革命，无疑是金融市场产生的历史动因。

欧洲经济贸易的飞速发展，扩大了商品经济对金融的内在需求，从而引起金融自身的革命，首先是银行业的变革。14 世纪与 15 世纪之交，是银行产生的年代，标志着金融关系发生了根本的变化。1397 年成立的梅迪西银行和 1407 年成立于热那亚的圣乔治银行，成为新式银行的先河。此后，欧洲大陆尤其是西欧各国的银行业迅速发展。但由于仍处初创时期，银行倒闭时有发生，频频诱发金融危机，从而也孕育了新的金融革命：债券与股票的产生与流通。正如美国学者金德尔伯格所说，"（英国）金融革命的实质就在于国债的偿付"，其结果"在于资本市场的扩大使政府债务具有流动性"。

17 世纪初，当资本主义还处在原始积累时期，西欧出现了证券交易活动。比利时的

安特卫普和法国的里昂被认为是出现证券交易活动最早的地区。1608 年,荷兰建立了世界上最早的证券交易所即阿姆斯特丹证券交易所,随后,于 1611 年建成阿姆斯特丹证券交易所大厦,这也被认为是世界上最早的证券交易所大厦,标志着金融市场已经形成。

二、金融市场的发展

金融市场从形成迄今,大约已有 400 年的历史,但其真正快速发展时期,则是最近五六十年。

从 17 世纪英国崛起到第一次世界大战前,英国都是世界最大的殖民者,国际贸易与国际金融中心向伦敦转移并确定在那里,英国证券市场随之发展起来。证券市场的发展通常有两个源流:一是股份公司制度的成长与发育;二是财政上的公债制度。而在那一时期的英国,这两者已逐渐合而为一。

英国最早的股份公司,是成立于 1600 年的东印度公司。该公司从事航海业,由出资者出资入股,在每一次航海归来进行清算。随后,又相继设立了许多专利公司,股票也便流通起来。1773 年,在伦敦新乔纳森咖啡馆正式成立了英国第一家证券交易所,它是伦敦证券交易所的前身。在此期间,还发行了短期公债,交易也很盛行,并且成为证券交易所的主要交易对象,因为当时股份公司为数不多,因而股票交易的数量较少。

18 世纪 60 年代,英国兴起了产业革命,并陆续波及欧洲大陆的其他国家,直到 19 世纪,产业革命在世界范围内基本完成。产业革命使机器生产代替手工业生产,大大提高了生产的社会化程度,欧美各国为了确立其产业资本,竞相在伦敦发行公债。英国国内也掀起了一个设立股份公司的高潮,从而使英国证券市场上的股票交易和债券交易都有了相当的规模。

与此同时,世界各主要资本主义国家也都或先或后发展了各自的证券市场。德国证券市场的历史可以追溯到 16 世纪,早在 1585 年,法兰克福就已经出现了证券新的雏形,但当时主要是供票据经纪人和硬币交换商定期开会用,并未一开始就经营证券。直到 1790 年,该交易所才经营部分债券。德国工业革命以后,以铁路发展为动力的各种产业相继兴起,柏林成为德国证券市场的中心。为了同英国资本主义相对抗,发展股份经济作为国家政策被强行采用,致使私人企业纷纷改组为股份公司,股票市场随之壮大起来。然而,德国的股票基本上都是通过银行认购,在动员更多的交易者进入市场方面存在局限性,从而与其他国家的证券市场大不相同。

美国的产业资本是在从英国引进生产技术及生产设备的基础上形成的。同德国一样,美国也积极利用股份公司制度,早在 1725 年,美国纽约证券交易所就已经设立,当时主要从事小麦、烟草等商品交易,只从事少量的证券买卖。到了 18 世纪末,美国证券市场才进入急剧发展时期。当时适逢美国独立战争,发行了巨额国债,为了买卖这些国债,在美国东北各州分别成立了证券交易所。随后,各种股票也进入了交易市场,到 1817 年纽约证券交易所正式组建时,美国的证券市场已初具规模。从 19 世纪 30 年代开始,美国各州的州政府债券大量发行,逐渐吸引了外国资金尤其是英国资金流入,进而使美国金融市场成长为国际性的金融市场。

法国的证券交易历史悠久，17世纪路易十四时代已颁布有关证券交易的法令。此后，巴黎还曾一度与伦敦争夺过欧洲及世界金融中心的地位。

日本的证券市场大约形成于明治时期，较欧洲证券市场滞后200多年。由于日本经济中的重要产业被财阀所控制，因而其证券市场也是封闭性的和排他性的，各种证券不过是财阀抽取利润的工具而已。

总而言之，在第一次世界大战以前，尽管世界各国金融市场的发展极不平衡，但就世界范围而言，是处在缓慢发展时期。第一次世界大战才使得这种局面有所改变。

第一次世界大战开始到第二次世界大战结束，是金融市场发展的转折时期。在此期间，英国在工业生产和国际贸易上的头等地位逐渐被美国所取代，各国在世界经济中的地位及利益格局也都发生了很大变化。在此期间，曾陆续发生了因战争爆发而使股票交易所关闭的事件（1914年），因过度投机而引发数次"泡沫"事件，1920年伦敦股票市场崩溃，1920年和1929年纽约股票市场两次大崩溃等，可谓金融市场的多灾多难时期。然而，破坏意味着重建，这种变革不能不说是商品经济更高阶段的来临对金融市场发出的热切呼唤，第一次世界大战后的实践证实了这一点。

第二次世界大战以后，世界政治经济格局发生了重大改变，金融市场也进入了急剧变革的时期，大的国际金融市场先后形成，新的金融市场不断产生和发展，发展中国家的金融市场纷纷建立，金融市场出现了全球化趋势。

三、旧中国金融市场的产生与发展

旧中国金融市场的雏形是在明代中叶以后出现在浙江一带的钱业市场。所谓钱业市场，即金融市场钱庄与业主之间兑换货币和调剂资金余缺的市场。显而易见，它兼有早期银行和早期金融市场的功能。这与欧洲金融市场的形成大致在同一时期。但由于缓慢发展的商品经济不能内蕴对金融业的强烈需求，钱业市场也终未能发展成为现代金融市场。

如同旧中国的银行是舶来品一样，旧中国的金融市场也是帝国主义殖民的产物。1840年鸦片战争以后，旧中国的封建经济制度迅速瓦解，自给自足的自然经济遭到破坏，外国金融势力随之侵入，外国银行纷纷来华设立机构，金融市场才逐渐形成。旧中国最早的证券是1872年（清同治十一年）由李鸿章、盛宣怀等举办的轮船招商局发行的股票和1894年（清光绪二十年）由户部"息借商物"发行的债券。清朝末年，随着市场上股票和债券的增多，在上海出现了证券买卖活动，这些证券买卖活动多由一些钱商、茶商、皮货商以及商品经纪人兼营。1914年北洋政府颁布《证券交易法》，1918年北京证券交易所成立。接着，1920年上海证券物品交易所、1921年上海华商证券交易所开业，1921年天津证券、花纱、粮食、皮毛交易股份有限公司也获准营业。由于业务兴旺，收益较多，吸引了众多的投资者，证券金融市场迅速发展起来。当时，仅上海市的证券交易所就有140多家。

1921年，由于发生信用风潮，90%的证券交易所倒闭，从而使旧中国的金融市场遭受了一次严重打击。抗日战争期间，敌伪支持的证券交易所恢复，证券交易出现第二次高潮，但终因战事吃紧、政局不稳而萧条。日本投降后，国民政府为吸引游资而力促证券交易的恢复，但终因恶性通货膨胀无法收拾而不了了之，直至全国解放。

纵观旧中国的金融市场，由于其带有半封建半殖民地的烙印，加上一直为战争所困扰，经济发展自身又缺乏需求动因，故而一直处于风雨飘摇、时续时断的状态之中。

四、新中国的金融市场

新中国成立后，经过几年的经济恢复，开始进行社会主义计划经济体制建设，除一度发行公债外，金融市场基本处于停滞状态。

改革开放以来，中国经济体制发生了根本变化，特别是提出改革旧的传统的计划经济制度、建立社会主义市场经济体制之后，金融市场作为市场经济的重要组成部分，也迅速得到发展。

1984 年中国开始允许金融机构互相拆借资金以调剂余缺，形成同业拆借市场。1985 年在全国范围内开展了商业汇票承兑贴现业务，并允许商业银行向中央银行进行再贴现，标志着票据市场的初步形成。自 1981 年以来，每年都发行大量的国债（国库券），但起初并不流通转让，从 1988 年开始，允许部分国库券上市流通。20 世纪 90 年代开始，所有的国债都可以自由买卖。1984 年开始，北京成立了全国第一家股份有限公司——北京天桥百货有限公司，公司发行了定期三年的股票。随后，上海飞乐音响公司部分公开向社会发行了不偿还股票，从而拉开了股票交易的序幕。1990 年 11 月和 1991 年 4 月上海证券交易所和深圳证券交易所相继成立，标志中国股票市场进入了一个新阶段。目前，全国各大中城市都有了股票交易场所。市场品种逐渐丰富，已形成国家债券、企业债券、金融债券、投资基金和股票五大类证券品种框架。市场国际化也迈出了可喜的一步，发行了 B 股、H 股。证券市场的宏观管理以及法制建设也取得了一定成效。从 1986 年起，中国开始办理外汇调剂业务；1988 年，在全国设立了 10 个外汇调剂中心，从而初步建成了外汇调剂市场。1994 年 1 月 1 日起，实行人民币汇率并轨，并成立了全国外汇交易中心，为建立全国统一的外汇市场奠定了基础。2001 年 10 月和 2006 年 9 月，上海黄金交易所和中国金融期货交易所先后在上海设立，2007 年 9 月中国银行间市场交易商协会成立，依托银行间市场的机构投资者推动了企业债券市场的壮大，我国金融市场体系进一步发展和完善。

五、金融市场的发展趋势

20 世纪 70 年代以来，国际金融市场发生了重大变化，金融自由化成为金融市场发展的最显著特征。

20 世纪 70 年代，西方国家经济陷入滞胀，主张政府干预的凯恩斯主义受到质疑，经济自由主义重新崛起。这一时期，市场利率大幅波动，各类金融机构之间的竞争日趋激烈，金融管理法规与现实经济环境已不相适应。于是，西方发达国家纷纷采取开放国内金融市场、放松外汇管制、放宽金融机构业务范围、放宽利率管制、鼓励金融创新等主要措施来刺激本国金融业的发展。这就是金融自由化。

（一）金融自由化的进程

1. 20 世纪 70 年代的金融全球化浪潮。20 世纪 70 年代末，随着世界经济的全球化发展，金融领域的跨国活动也迅猛发展。跨国公司及其遍布世界各地的子公司在推进生产国际化的过程中，一方面需要与生产运销相匹配的全球资金供应和调拨，另一方面也需要对生产流通中暂时游离出来的资金，通过金融市场得到更有效的利用。于是，越来越多的市场参与者，包括各种金融机构、跨国公司甚至私人投资者都纷纷步入国际金融市场。而随着金融管制放松和金融业开放加速，全球范围内的市场交易、融资活动日渐活跃，无论是货币市场、国际资本市场还是外汇市场都可以进行超国界的交易，金融业务也趋向国际化。与此同时，现代计算机及电子通信技术的快速发展，使国际金融交易信息传递更加及时、交易成本更加低廉、手续更加简便，科技进步加速了金融全球化进程。

在金融全球化的浪潮下，资本实现了全球范围内的自由流动，金融活动超越币种和国界范围的制约。在全球的任何一个主要市场上都可以进行相同品种的金融交易，世界上任何一个局部市场的波动也都可能传递到全球的其他市场上。

2. 20 世纪 80 年代的金融工程化应用。20 世纪 80 年代，由于布雷顿森林体系崩溃和石油危机的影响，汇率、利率、基础商品价格波动加大，这对于同时追逐流动、获利、避险目标的金融管理提出了更高的要求。为解决这一问题，人们创造性地将工程思维、计量方法和数学模型引入金融领域，利用工程化手段解决一切金融问题的技术开发，不仅包括金融产品设计，还包括金融产品定价、交易策略设计、金融风险管理等各个方面。

金融工程技术在金融市场上最主要的应用在于套期保值、投机、套利和构造组合这四方面。以衍生工具为例，比较有代表性的例子包括将付息债券转换为零息债券[1]，设计发行流动收益期权票据[2]等。

近十年来，金融宏观管理也在工程化。美国金融监管当局组织了大批数学家、电子计算机专家、物理学家和工程师从事金融研究，在"火箭科学家[3]向华尔街大规模转移"的同时，金融监管能力得到了有效提升。

3. 21 世纪的资产证券化趋势。资产证券化是指将缺乏流动性的资产，转换为在金融市场上可以自由买卖的证券，使其具有流动性。自 1970 年美国政府国民抵押协会发行以抵押贷款组合为基础资产的抵押支持证券——"房贷转付证券"以来，资产证券化就逐渐成为一种被广泛采用的金融创新工具而迅猛发展。20 世纪 80 年代后期，证券化已经成为国际金融市场的一个显著特点，随着可供证券化操作的基础商品越来越多，证券化产品被冠以 ABS（资产支持证券）的称谓；而混合型证券（具有股权和债券性质）的

---

[1] 为解决投资者因信息不对称而延误再投资以及利率变动带来的再投资利率风险，美国美林公司于 1982 年推出名为"TIGR"的金融产品，以零息债券替代付息国债，是运用金融工程开发此类产品的首创。

[2] 1985 年，美林公司为威斯特公司设计发行流动收益期权票据，是另一个很有代表性的金融工程的例子。

[3] 这些"火箭科学家"曾经将美国星球大战项目中识别真假弹头的软件程序用于识别黑钱的流动，是典型的金融工程在宏观管理中的应用。

出现和增加，又扩大了证券化产品的概念，此后 CDOs（Collateralized Debt Obligations）成为这类产品的统称，并细分为 CLOs、COMs、CBOs 等产品。2000 年以后，西方国家的资产证券化趋势已深入到金融活动的各个方面。实体资产证券化、信贷资产证券化、证券资产证券化、现金资产证券化，成为资产运营的常见形式；以证券形式持有的资产占全部金融资产的比例越来越大，社会资产金融资产化、融资非中介化都是这种趋势的反映。

（二）金融市场发展的影响

金融自由化对全球经济和金融活动的有利影响在于：金融全球化促进了国际资本的流动，有利于稀缺资源在国际范围内的合理配置，促进了世界经济共同增长；金融工程提高了金融市场的效率，信用工具及交易手段的创新方便了市场参与者、降低了交易成本，金融宏观管理的工程化对于加强金融监管、创造性地解决金融风险提供了空间；资产证券化为发起者和投资者带来了传统筹资方式所没有的益处①，提高了资本市场的运作效率。

金融自由化的不利影响在于，由于实质性地放松了流动性限制，金融自由化放大了金融市场的系统性风险。资产证券化和衍生金融工具的广泛使用，使不同类型金融机构、不同金融市场间的联系过于密切；不断放松的金融管制和资本市场全球化潮流，使混业经营和跨国投机迅速兴起；单一财务风险冲击整个金融体系稳定性的风险加大，而"交叉感染"的机制又加大了危机破坏的强度和蔓延范围。20 世纪 70 年代以来，拉美债务危机、斯堪的纳维亚危机、日本银行危机、欧洲货币体系危机、墨西哥金融危机、亚洲金融危机、美国次贷危机等的不断爆发，成为对自由放任金融市场的严峻挑战。

尽管金融危机并不能代表市场的失败，但频发的危机表明，过度的金融自由导致了金融的发展脱离了实体经济承受能力，金融的过度创新、对杠杆的滥用，导致了金融背离经济发展的现实需要，庞大的影子银行体系长期游离于监管者的视野。过去四十年的发展路径证明，金融市场是市场经济发展到一定阶段的产物，必须服务于实体经济。金融市场的发展要顺应社会经济制度的变革、经济贸易的发展和科学技术的创新等客观条件。这样才能既发挥金融市场的活力，又有利于维护全球经济金融安全。

【本章小结】

1. 在经济循环过程中，金融市场与要素市场、商品市场等构成经济循环所必需的市场体系。金融市场在把储蓄转化为投资中发挥作用。

2. 金融市场是金融工具交易的领域。

3. 金融市场的构成要素有：金融市场主体，即金融市场上的各种交易者；金融市场客体或工具，即金融市场上的交易对象；金融市场媒体，即金融市场交易中介机构；金

---

① 对于发起者而言，这些益处在于增加资产的流动性、低成本融资、减少风险资产和便于资产负债管理等；对于投资者而言，则可以获得较高的投资回报、较大的流动性、降低投资风险、提高资产质量和突破投资限制等。

融市场组织方式，即金融市场做成交易的具体形式。

4. 金融市场根据不同的分类标志可以进行多种分类。主要分类有：货币市场和资本市场；初级市场和次级市场；公开市场、议价市场、店头市场和第四市场；现货市场、期货市场和期权市场等。

5. 金融市场的形成是以经济贸易和金融发展为前提的。股份公司的成立和财政上的公债制度建立，推动了金融市场的发展。旧中国金融市场的雏形是在明代中叶以后出现在浙江一带的钱业市场。新中国成立以后特别是改革开放以来，中国金融市场得到迅速发展。

6. 金融市场的发展促进了金融竞争，提高了资源配置效率，对于降低交易成本、促进国际贸易和经济的发展起到了积极的推动作用，但过度自由化引致的一次次金融危机表明，金融市场的发展不能脱离实体经济，要顺应社会经济制度的变革、经济贸易的发展和科学技术的创新适度发展。

【本章重要概念】

储蓄　投资　协议贷款市场　公开金融市场　金融市场主体　金融市场工具　经纪人会员制证券交易所　公司制证券交易所　证券公司交易席位　单向拍卖　双向拍卖　货币市场　资本市场　初级市场　次级市场　店头市场　第四市场　金融自由化

【思考题】

1. 简述经济运行与金融市场的关系。
2. 通过储蓄转变为投资与金融市场的关系，简述你对金融市场功能的认识。
3. 金融市场构成要素有哪些？
4. 金融市场通常划分为哪几种类型？
5. 怎样认识金融市场的本质？
6. 在金融市场组织中拍卖方式和柜台方式有何区别？
7. 证券交易所中的会员制和公司制有何区别？
8. 结合爆发于2008年的美国次贷危机，谈谈你对金融自由化的认识。

【本章参考书】

1. 杜金富等：《金融市场学》，第三版，大连，东北财经大学出版社，2010。
2. 张志平：《金融市场实务与理论研究》，北京，中国金融出版社，1991。
3. 张亦春：《现代金融市场学》，第二版，北京，中国金融出版社，2007。
4. ［美］罗斯（Rose, P. S.）、马奎斯（Marquis, M. H.）著，陆军等译：《金融市场与机构》，第十版，北京，机械工业出版社，2009。

第二章

金融资产与资金流动

在第一章中，我们从整体上对金融市场作了描述。这一章我们重点讨论金融市场的交易对象——金融工具。金融工具对出售者来说，是筹措资金的工具，构成他们的负债；对购买者而言，是投资的工具，构成他们的资产，也就是金融资产。当然，仔细地推敲，金融工具与金融资产还是有所区别的。我们首先从金融资产的定义解释入手，研究金融资产的构成要素，金融资产的性质及作用，金融资产创造的原理，进而分析金融资产在国民经济中几个部门间的变动——简单的资金流动分析，金融资产在国民经济所有部门间的变动——资金流量核算，从而对金融资产有个完整的认识。

第一节　金融资产概述

一、金融资产的定义

金融资产只是资产的一部分，资产是大概念，金融资产是小概念，要弄清金融资产的含义，我们必须从资产谈起。西方经济学通常定义资产，是"由企业或个人拥有，并具有价值的有形的财产或无形的权力。资产之所以对物主有用，或者是由于它是未来事业的源泉，或者是由于它可以取得未来的利益"①。资产的价值是指"某一种货物或劳务在市场所表现的价格"。资产的"未来事业的源泉和利益被统称为收入"。

中国学术界通常定义资产为，"在交换中有价值的任何所有权"，或"由个人、家庭、企业或政府部门拥有或者控制的能以货币计量的经济源泉，包括各种财产、债权和其他权力"。资产的"有价值"或能以货币计量也就是指在市场上表现的资产的价格。资产的"经济资源"也就是创造未来财产、收入或提供利益。这表明资产有如下含义：一是资产是一种经济资源，它能为企业、个人或政府部门的经济活动提供物质基础或贡献力量，即为持有者获得未来利益；二是资产必须是持有者能实际拥有或者控制的，它是针对持有者而言的，不能为持有者控制的经济资源不构成其资产；三是资产是能以货

---

① ［美］D. 格林沃尔德：《现代经济词典》，中文版，27 页，北京，商务印书馆，1983。

币计量的。资产分为有形资产和无形资产。有形资产指有特定物质形态的资产，如住宅、机器等，它们本身具有价值。无形资产是指没有特定的物质形态，代表一定的价值，但能为持有者带来一定收益的资产，如股票、债券、商誉、专利等。

金融资产是无形资产。但并不是所有无形资产都是金融资产，如商誉、专利等无形资产就不是金融资产。金融资产作为无形资产与其他无形资产的区别主要表现为，金融资产与金融负债具有对应性，金融资产是在资金融通过程中产生的。如前所述，在资金融通过程中，筹资者向投资者融通资金，他得到了资金，但要出具凭证；投资者付出了资金，但得到了凭证。筹资者出具凭证而筹措的资金，构成了他的金融负债；投资者付出资金而得到的凭证，便构成了他的金融资产。每一笔金融资产都会产生相应的金融负债，两者总是相伴产生的。可以说，金融资产就是投资者所持有的筹资者所发售的负债的资产。而其他无形资产诸如商誉、专利、提货单等财务证券和发票等证据证券，虽然能以货币计价，也能给持有者带来利益，但它不会形成另一个发售者的负债，它们不属于金融资产的范畴。

金融资产是指对财产或所得具有索取权的、代表一定价值的、与金融负债相对应的无形资产。这表明，金融资产包含以下几点含义：一是金融资产是一种无形资产，区别于有形的实物资产；二是金融资产是具有索取权的资产，区别于本身创造价值的真实资产；三是金融资产是与金融负债相对应的无形资产，区别于商誉、专利、财务证券、证据证券等其他无形资产。金融资产包括现金、存款、贷款、票据、股票、债券、保险单、外汇、应收账款等。

我们对金融资产的定义只是就金融资产的一般意义而言，这些特例并不包括在这个定义之内。比如国际货币基金组织 2000 年版《货币与金融统计手册》关于金融资产是这样定义的："金融资产定义为经济资产的一部分——机构单位独自或共同对某种存在行使所有权，在一个时期内持有或使用资产会给他们带来经济利益。多数金融资产是当一个机构单位提供资金时，通过契约而无条件地获得对其他机构单位经济资源的要求权。债权人或债务人关系构成了金融工具的资产和负债两个方面。货币性黄金（money gold）和特别提款权也被视做金融资产，尽管它们没有相应的债务。"这里的充当货币手段的黄金和基金组织分配给成员国的特别提款权是作为特例列入金融资产范围之内的。

为了更好地理解金融资产概念，我们有必要把金融资产与证券、金融工具以及货币加以比较。

（一）证券与金融资产

证券是各种权益凭证。从法律学的意义来说，它是对其持有人所享有的某种特定权益予以设定和证明的凭证。它包括票据股票、债券、提运单、收据等。金融领域所说的证券有的指票据、股票和债券①，有的就是指股票和债券②。证券与金融资产相比较，金融资产是大概念，证券是小概念。证券只是金融资产的一部分。除证券金融资产外，还

---

① ［日］中村孝俊：《证券市场入门》，中文版，2～3 页，北京，中国经济出版社，1989。
② 黄达等：《中国金融百科全书》，430 页，北京，经济管理出版社，1990。

包括信贷资产，各种应收应付款和外汇等。证券与其他金融资产相比较，具有以下特点：一是凭证的规范性。证券作为融通资金的载体，具有证明融通资金的金额、期限、收益率等要素，并且具有法律意义。而其他金融资产不具有证券所要求的凭证的要素。如各种应收款等。它们融通资金主要靠信誉，而不是靠法律意义上的凭证。二是凭证的流通性。这里的流通性不是指买卖变现的能力，而是指在次级市场上买卖、转移融通资金的所有权或债权。证券作为融通资金的凭证，由于具有法律要求的凭证要素，一般可以在次级市场上流通转让。我们通常说融通资金证券化，这里的"证券化"就是指上述两个方面的过程或性质。

（二）金融工具与金融资产

金融工具有时又称金融商品，指在金融市场上以书面发行或流通，借以保证债权人（或投资人）权利和债务人义务的契约凭证。金融工具具有下列特点：一是契约凭证标准化，即融通资金证明凭证的格式与内容是规范的、标准的、统一的。二是契约凭证市场化，即融通资金证明凭证在金融市场上是被接受的，可以方便地转让和流通。

这样看来，二者的关系：一是金融工具是金融资产。金融工具是从作为融通资金工具的角度来定义的。金融工具只有对持有者来说，它才是金融资产，对发售者来说，它是金融负债，金融工具具有金融资产的特征。二是并非所有金融工具都是金融资产，有些在金融市场上交易的工具，如金融期货合约和期权合约，只是代表在未来时刻购买和发售金融资产的权利，是金融资产交易方式的证明，不构成金融资产。三是并非所有金融资产都能充当金融工具。金融工具是指在公开市场上资金交易的工具，而金融资产中的存款、贷款等对存款者和银行来说是重要的金融资产，但它们属于协议交易，并不在公开市场上交易，因而不是金融工具。

（三）货币与金融资产

货币是不是金融资产，曾经是一个有争议的问题。不过现在越来越多的人认为货币属于金融资产。我们询问某人有多少金融资产时，会说我的存款有多少、股票有多少、债券有多少、外汇有多少、现金有多少。当然，货币包括的范围究竟有多大，包括不包括存款，我们在货币银行学已经讨论过。应该说，货币是金融资产中流动性最高的资产。它是持有者的资产，也是发行者——银行的负债。

二、金融资产的要素

作为融通资金工具的金融资产，一般反映如下事宜：

（一）金融资产的发售者

金融资产是发售者筹集资金出具给投资者的证明。融通资金到期后，投资者要向筹资者收回资金，也就是向金融资产的发售者收回资金。这样，金融资产必须标明发售者。例如，现钞的发售者是中央银行；存款的发售者是商业银行和其他金融机构；贷款的发售者是企业和个人；债券的发售者是企业、银行和政府；股票的发售者是股份公司；保险单的发售者是保险公司；外汇的发售者是外国中央银行等。如果金融资产不标明发售者，没有债务人和投资人，便构不成债权债务和投资关系，也不是真正意义上的金融资产。

（二）金融资产的价格

从融资的角度来说，金融资产价格就是买卖金融资产融通资金的数额。金融资产价格有票面价格和市场价格之分。我们通常所说的金融资产的价格是指金融资产的市场价格或实际价格。所谓金融资产票面价格，是指金融资产票面标明的金额。如某债券面额为 100 元，这就是某债券的票面价格；某股票票面 200 元，这就是某股票的票面价格。所谓金融资产的市场价格，就是金融资产在市场上出售或购买的货币额，即实际融通资金的数额。某债券票面价格虽然是 100 元，它实际出售的价格可能是 110 元（溢价），可能是 90 元（折价），也可能是 100 元（平价）。而市场价格才是金融资产实际融通资金的数额。这样看来，似乎金融资产票面价格无多大意义，其实不然。金融资产票面价格的主要作用在于它是还本或投资的依据。金融资产虽然按市场价格出售，但债券还本时，是要依据债券的票面价格；股票分红时，也是依据票面价格。此外，金融资产票面价格与市场价格有着内在的联系。金融资产的市场价格从理论上说，是金融资产收益与市场利率之比。而金融资产收益是金融资产票面价格与市场收益之比，即

$$金融资产市场价格 = \frac{金融资产票面价格 \times 收益率}{市场利息率}$$

这样，在金融资产收益和市场利息率不变的情况下，金融资产的市场价格与票面价格成正比例变化。金融资产若无价格，不在市场上买卖，不表明资金融通的数额，也就不成为金融资产。金融资产价格是金融资产构成要素之一。

（三）金融资产的期限

金融资产的期限是指金融资产记载的还本付息的期限。由于金融资产是融通资金的工具，因此，金融资产的期限就是融通资金的期限。金融资产融通资金的期限大体上分为固定期限和无期限两种。固定期限的金融资产就是金融资产记载到期还本付息的时间，债券要标明还本付息的时间，票据也载明票据的到期日。无期限的金融资产是指金融资产不记载到期日，如现钞、股票等。任何投资者购买金融资产，都把现实的货币收入限定在金融资产标明的期限内让渡给出售者，变成未来的货币收入，并要求所购买的金融资产在限定期限时带来的货币收入高于付出的价格，多出的部分作为让渡货币资金的补偿。金融资产的期限越长，要求补偿价值就越大，金融资产的收益就越高。

（四）金融资产的收益

金融资产收益是指金融资产所带来的未来收益，即大于购买金融资产的货币收入。有些金融资产本身标明其收益率，如存款、贷款等。随着时间的推移，持有金融资产时间越长，即让渡资金的使用权时间越长，则金融资产的收益就越大。有些金融资产本身并未标明其收益率的大小，如现钞、股票等。现钞的收益主要取决于"内在存款利息"，即我们通常所说的预期价格下跌给持有者带来的收益以及支付方便给持有者带来的效益。股票的收益取决于发售单位经营的好坏、分配状况及市场行情变化等因素。正因为股票没有标明收益的大小，而又带来一定的收益，所以股票成为最有吸引力的投机对象之一。

（五）币种

大多数金融资产都以某种货币发行，如以人民币、美元、港元等货币发行。也有一些发行人为了满足投资者减少外汇风险的要求，发行双重货币证券。例如，有些债券在支付利息时用一种货币，偿还本金时则用另一种货币。另外，一些债券还允许投资者选择支付利息和偿还本金时使用的货币。

三、金融资产的性质及作用

（一）金融资产的性质

金融资产与其他资产相比，具有如下特征：

1. 货币性。所谓货币性指充当交换媒介的能力。金融资产中的现金和可开支票的活期存款本身就是流通手段，我们通常称它们为货币。有些金融资产虽然不是货币，但其性质很接近货币，可以用较少的费用和时间把它们转化为货币，如短期国库券等。金融资产都具有货币性，只不过程度不同而已。正因为金融资产具有货币性，且各种金融资产的货币性强弱不同，因而在研究货币供应量时，将它们划分为不同的层次。当然，世界各国情况不同，有的金融资产列入了货币供应量的范围，有的并未列入货币供应量的范围。但金融资产具有货币性则是一个基本事实。

2. 可分性。所谓可分性是指将资金划分为金额均等、权益同一的若干单位，用金融资产来表示。金融资产具有很好的可分性。银行存款几乎是无限可分的。债券也可以分割为金额不等的若干面值。股票在市场上购买最少要"一手"，不同股票的"一手"是不同的，有的一手是 100 股，有的一手是 500 股。金融资产的可分性具有如下意义：

（1）能够使金额较大的筹资量分散到众多的投资者，起到扩大发行面、分散债务的作用。

（2）有利于吸收社会零散资金，使许多分散的、小额的零星资金可以通过购买金融资产而发挥资本的作用。

（3）有利于金融投资组合，使投资者可以选择不同种类、不同单位的金融资产，达到金融投资的最佳组合。同时由于金融资产既可分割为小单位，也可组合为大单位，分合自如，调整灵活，大大方便了金融资产发行、投资、买卖和流通。

3. 可逆性。这是指金融资产具有重新转换成现金的性质。银行活期存款有很好的可逆性，因为它不需要支付交易费用。它们有的表现为利息的减少，如定期存款提前支取；有的表现为买卖差价，如转手国库券和企业债券；有的表现为佣金，如转手股票。交易费用从根本上说，体现的是交易成本、时间成本和风险成本。这里交易成本是指市场运作发生的费用，如市场人员的工薪、通信和其他办公费用等；时间成本是指由交易所需时间带来的利息或股息损失等；风险成本是指转手时可能存在信用风险和通货膨胀风险。一般来说，金融资产有较好的可逆性，这是金融资产与实物资产的一个重要区别。

4. 虚拟性。金融资产特别是股票代表一定价值，可以出售，并能给持有者带来收益，它确实是一种资产。但它不是真实资产，而是虚拟的，或者说仅是观念的。因为：

（1）金融资产本身不是劳动生产物，无社会劳动凝结，本身没有价值，仅代表一定的价值，即代表真实资产的价值，是附在真实资产上的影子。没有真实资产的存在，金融资产本身就失去了存在的意义。

（2）金融资产本身不能在再生产过程中发挥作用，而真正起作用的是发售金融资产筹集资金购买的真实资产。比如股份公司出售的股票，出售时所筹集资金已经购买设备、原材料真实资产，并现实地参加了生产和流通。但同时购买股票者掌握着代表真实资产的股票。这样，同一资产获得了两重的存在，既当做实际在生产流通中发挥作用的真实资产而存在，又当做金融资产的价值而存在。前者是真实的资本，后者是前者的"纸制的副本"，是观念上的资产，无疑是虚拟的。

（3）金融资产本身不能创造价值。从表面来看，金融资产能为其持有者带来收益，好像它本身具有增值的能力。其实金融资产为其持有者带来的收益，并不是它本身创造的，而是对其依附的真实资产创造收益的分割。

金融资产的虚拟性不仅表现在质的方面，还表现在量的方面。金融资产虚拟性在量的方面表现为它的变化具有"水分"，不能反映真实资产价值量的变化。金融资产的量等于金融资产发售量乘以价格。因此，金融资产量的变化取决于：一是金融资产发售量；二是金融资产价格水平。金融资产量的变化在某种情况下可能反映真实资产数量的变化，如参加交易的真实资产增加。但是在很多情况下，金融资产量的变化并不反映真实资产量的相应变化。例如，存贷款和现金的变化。存款、贷款和现金是由基础货币和货币乘数决定的。基础货币的多少由中央银行直接操纵，而货币乘数大小的变化决定于企业、银行和居民的行为。因此，货币供应量的变化决定于企业、银行和居民的行为。这样，存贷款和现金的变化在某种程度上已经不反映真实资产量的变化，通货膨胀就是最明显的例证。再比如，金融资产的有价证券从发行量上来看，大额可转让存单、银行同业拆借资金等所代表的资产完全是虚拟的，并不反映真实资产量的变化。还有，从有价证券价格水平来看，我们知道有价证券的行市由它们所带来的收入、借贷利息率及有价证券的供求状况来决定的，而不是由真实资产量的变化所决定的。因为，在真实资产量没有任何变化的情况下，有价证券的价格也会发生变动，从而金融资产总量也会发生变动。

5. 风险性。所谓风险性是指金融资产不能恢复它原来投资价值的可能性。在商品经济中，任何资产都具有风险性，但它们都没有金融资产的风险性大。金融资产风险性大的根源在于它的虚拟性，它可以脱离真实资产的变动而狂跌或暴涨。金融资产的风险可分为赖账风险和市场风险两种。赖账风险是由于金融资产的发售者破产或违约，而不能偿还原先投入的资本。如债券发售者违约不能按期还本付息，发售股票的公司破产资不抵债使股东遭受风险。市场风险是金融资产因市场价格变动而产生的风险。金融资产的价格下跌会给持有者带来损失。金融资产的两种风险都与其期限、收益不确定性相关。一般来说，金融资产风险性大小与发售者的信誉与实力成反比，与其期限成正比，与其流动性成反比。

（二）金融资产的作用

金融资产在合理配置资源，提高经济运转效率，缓解经济波动，调节经济方面发挥着重要作用。

1. 融通资金的媒介。金融资产最重要的作用是为筹资者提供筹资的可能，为投资者提供投资机会，实现资金的融通，从而使资源得到最充分的利用。金融资产融通资金的职能是通过金融资产买卖而实现的。筹资者通过发售金融资产筹集到所需的资金，投资者通过购买金融资产，把暂时闲置的剩余资金转移给筹资者，并投放到实际生产过程中去。金融资产在融通资金方面发挥着桥梁纽带作用。这一活动也是金融资产的创造过程。

2. 分散风险工具。金融资产的第二个作用是充当分散投资风险的工具，使经济运转过程不至于因风险过分集中于某个环节而时刻受到崩溃的威胁，从而充分调动投资者的积极性。在金融资产的买卖过程中，金融资产购买者在分享一部分投资收益的同时，也有条件地分担了整个投资所面临的投资风险。这样，金融资产购买者本身也变成了风险投资者，使经济活动中风险承担者的数量大大增加，从而也就减少了每个投资者所承担的风险量，使整个经济的抗风险能力增强。金融资产购买者尽力选择收益高风险小的金融资产，将货币投入到经济效益好的项目或公司上，从而促成了资源的合理配置。另一方面，甘愿冒风险获得潜在高收益的投资者购买高风险金融资产，把货币投入到那些代表技术发展趋势的新项目，从而保证了技术发展对资金的需求，使经济获得不断进步的动力。

3. 调节经济的手段。金融资产的第三个作用就是充当调节社会总需求，从而调节社会经济的手段。保持社会总需求与总供给的基本平衡，是社会经济正常运转的基本要求。金融资产发售者特别是货币当局和财政部门可以通过发售钞票、票据、债券及购买贷款等金融资产，扩大社会的总需求。当总需求大于总供给存在通货膨胀问题时，金融资产的发售者可以通过少发、不发或部分偿付金融资产，从而减少社会的总需求。

以上是从宏观的角度考察金融资产充当调节经济手段的作用。从微观方面考察，金融资产具有自发地调节需求，从而调节经济的功能。比如商业票据，它是在调节需求的过程中被创造出来的。还有消费信用金融资产等都具有自发地调节需求的作用。

第二节　金融资产的创造

金融资产分为货币资产和其他金融资产两大类。这种分类对了解金融资产创造的原理是非常必要的。

一、其他金融资产的创造

其他金融资产是如何被创造出来的呢？让我们用一个简单的融资体系来说明这个过程。在这个体系中，仅有两个经济单位：家庭和企业。假设这个融资体系是封闭的，没有与其他单位的交易往来。每个单位都持有一定的资产，这些资产是多年积累的结果。例如，家庭积累了家具、衣服、电器以及食物、住房等其他资产。企业拥有要销售的商品存货、机器设备、建筑以及各种形态占用的其他资产。

这两个单位的资金头寸以平衡表的形式给出（见表 2-1），这个平衡表是一个财务报表，反映在某一时期家庭和企业的资产、负债和净值。资产表示家庭和企业积累的资金运用，负债和净值表示积累的资金来源，家庭和企业就是利用它们获得其现在持有的资产。净值账户反映了每一经济单位一定时期积累的全部储蓄。平衡表总是平衡的，即总资产（累计的资金运用）必须等于总负债加净值（累计的资金来源）。

在这个例子中，家庭持有的总资产为 20 000 元，包括现金、家具、衣服和电器等。因为家庭的财务报表必须平衡，所以总负债和净值相加也为 20 000 元。而本例中这碰巧都来源于净值（累计的储蓄）。企业持有的总资产为 100 000 元，包括企业的机器设备、建筑物等。企业当前唯一的资金来源是净值（企业的储蓄），价值也为 100 000 元。

在表 2-1 所示的两张平衡表中，家庭和企业都没有任何未付的债务（负债）。每个单位都完全自我融资，因为每个单位都通过在当前收入范围内储蓄和支出，而不是通过借款获得资产。这就是内部融资即每个单位都利用自己当前的收入和累计的储蓄获得资产。就家庭而言，通过从每一时期的收入中拿出某些部分存起来，而不是将所有的收入都支出在当前消费上。企业也不是将所有的当前收入都花掉，而在它的净值账户上保留一些当前收益。对大多数企业和家庭而言，内部产生的资金仍是获得资产最重要的资源。但家庭、企业完全靠内部融资，这在现代信用经济中是不多见的特例。

表 2-1　　　　　　　　简单的融资体系中各单位的平衡表　　　　　　　　单位：元

家庭平衡表			
资产（累计的资金运用）		负债与净值（累计的资金来源）	
现金	13 000	净值（累计的储蓄）	20 000
家具	1 000		
衣服	1 500		
电器	4 000		
其他资产	500		
总资产	20 000	总负债与净值	20 000
企业平衡表			
资产（累计的资金运用）		负债与净值（累计的资金来源）	
商品库存	10 000	净值	100 000
机器设备	25 000		
建筑	60 000		
其他资产	5 000		
总资产	100 000	总负债与净值	100 000

　　假设在这个融资体系中，企业希望购买新设备——钻机。然而由于通货膨胀和关键原材料的短缺，新钻机的成本在迅速提高。内部资金来源已不足以弥补购买设备的全部成本。这种情况下怎么办？企业有四种可能的选择：一是延期购买设备，直到积累足够的储蓄；二是出售一些现有资产以筹措所需的资金；三是借入全部或部分所需的资金；四是发行股票。

　　在这里时间是一个决定性的要素，延期购买设备可能将导致销售和利润的损失。一个竞争性的公司可能急于提前扩大经营，抢占企业市场的某些份额。而且，在通货膨胀环境下，将来购买钻机一定比现在购买花费更多。出售一些现有资产以筹措所需的资金虽然是可能的，但这需要花费时间，而且存在以低价销售而遭受损失的风险。第三种选择——借款，有迅速筹措到资金的好处。如果企业对承担债务利息有疑虑，它可以发行股票，但是股票融资通常比借款更昂贵，而且需要更多的时间去安排。

　　如果企业决定借款，那么谁将贷出它所需要的资金呢？显然在两个经济单位的融资体系下，只有家庭来提供。企业从事外部融资，向家庭发行证券，表示一笔货币的贷款。总之，任何经济单位希望增加其资产持有量，但是又缺乏必要的资源去这样做，那么，它可以通过发行金融债务来筹措追加资金。购买者便把发行债务的凭证视为金融资产。

　　假设企业决定发行一笔负债（债务凭证）借入 10 000 元来支付新的钻机款。因为企业对发行的债务凭证承诺到期偿还并支付有吸引力的利率，所以家庭愿意取得它作为一笔金融资产。这笔资产是无形的，它仅仅到期偿还 10 000 元并按期得到一定的利息。这笔资金的贷款与金融资产的创造将影响这两个经济单位的平衡表。如表 2－2 所示，家庭用部分累积的现金购买企业的债务凭证，它的总资产未变化，但资产结构发生了变化，现金资产由 13 000 元变为 3 000 元，债权（借款凭证）增加 10 000 元。这部分债权就是增加的金融资产，由于借款和获得生产性实际资产的联合作用，企业总资产和总负债增加。

表 2－2　　　　　　　　　设备购买和金融资产发行后各单位的平衡表　　　　　　单位：元

家庭平衡表			
资产 （累计的资金运用）		负债与净值 （累计的资金来源）	
现金	3 000	净值（累计的储蓄）	20 000
家具	10 000		
衣服	1 000		
电器	4 000		
其他资产	2 000		
总资产	20 000	总负债与净值	20 000
企业平衡表			
资产 （累计的资金运用）		负债与净值 （累计的资金来源）	
商品库存	10 000	负债	10 000
机器设备	35 000	净值	100 000
建筑	60 000		
其他资产	5 000		
总资产	110 000	总负债与净值	110 000

二、货币资产的创造

在上面的例子中我们是假定在现金等货币资产存在的前提下，论述其他金融资产如债权凭证（债券）等是怎样被创造出来的。货币是银行发行的凭证，它是通过银行资产运用业务被创造出来。商业银行和其他金融机构创造存款货币，中央银行创造基础货币，银行创造货币资产。我们可以通过下面三个例子说明货币资产创造的原理。

【例1】商业银行创造存款货币。假定商业银行的法定存款准备率为10%，不保留超额准备金，也没有现金从商业银行体系中流失出去。商业银行甲的资产负债表如表2-3所示。

表2-3		商业银行甲资产负债表		单位：亿元
资产		负债		
存款准备金 贷款	10 90	存款		100
合计	100	合计		100

商业银行甲向中央银行借款10亿元，则其资产负债表如表2-4所示。

表2-4		商业银行甲资产负债表		单位：亿元
资产		负债		
存款准备金 贷款	20 90	存款 借款		100 10
合计	110	合计		110

这时商业银行甲存款准备金超过10%的规定，产生了超过9亿元的超额准备金。商业银行甲要把这部分超额准备金贷放出去。此时商业银行甲的资产负债表如表2-5所示。

表2-5		商业银行甲资产负债表		单位：亿元
资产		负债		
存款准备金 贷款	11 99	存款 借款		100 10
合计	110	合计		110

商业银行甲贷款给某企业9亿元。该企业用于购买在另一商业银行（商业银行乙）开户的某企业的原材料。出售原材料的某企业把销货款存入商业银行乙。假设商业银行乙的资产负债表如表2-6所示。

表 2-6　　　　　　　　　　　商业银行乙资产负债表　　　　　　　　　单位：亿元

资产		负债	
存款准备金	15	存款	150
贷款	135		
合计	150	合计	150

由于商业银行乙吸收 9 亿元存款，则资产负债表如表 2-7 所示。

表 2-7　　　　　　　　　　　商业银行乙资产负债表　　　　　　　　　单位：亿元

资产		负债	
存款准备金	24	存款	159
贷款	135		
合计	159	合计	159

由于同样的原因，商业银行要把超额准备金 8.1 亿元贷放出去，则资产负债表如表 2-8 所示。

表 2-8　　　　　　　　　　　商业银行乙资产负债表　　　　　　　　　单位：亿元

资产		负债	
存款准备金	15.9	存款	159
贷款	143.1		
合计	159	合计	159

如此继续下去，则商业银行新增存款总额为

$$10 \times 1/10\% = 100 （亿元）$$

【例 2】中央银行创造基础货币。假设中央银行的资产负债表如表 2-9 所示。

表 2-9　　　　　　　　　　　中央银行的资产负债表　　　　　　　　　单位：亿元

资产		负债	
对商业银行贷款	1 000	商业银行存款	500
再贴现	200	流通中货币	800
购买政府债券	100		
合计	1 300	合计	1 300

中央银行分析经济金融形势，认为应该放松银根，对商业银行贷款 200 亿元，则中央银行的资产负债表如表 2-10 所示。

表 2-10　　　　　　　　　　中央银行的资产负债表　　　　　　　　　单位：亿元

资产		负债	
对商业银行贷款	1 200	商业银行存款	700
再贴现	200	流通中货币	800
购买政府债券	100		
合计	1 500	合计	1 500

中央银行可以通过资产业务创造基础货币。而基础货币特别是存款准备金即商业银行在中央银行的存款的增加，会使商业银行超额存款准备金增加，这又是商业银行增加贷款的基础。

【例3】银行创造货币资产。如果说前面我们举例说明商业银行创造存款货币、中央银行创造基础货币，是侧重说明货币资产的创造过程，那么从银行体系的资产负债业务考察，则银行资产业务创造货币的关系更直接和明显。银行体系资产负债表如表2－11所示。

表2－11　　　　　　　　　　　　银行体系资产负债表

资产	负债
A1 各项贷款 A2 票据贴现 A3 购买债券 A4 其他借款 A5 其他占款	L1 各项存款 L2 流通中货币 L3 资本金 I4 其他收入 L5 其他负债
A 合计	L 合计

根据资产负债平衡原理，则总资产 A = 总负债 L。我们分析资产 A 的增加及负债 L 的增加对货币形成的影响。

首先，在资产 A 不增加的情况下，总负债 L 进而货币不会增加。这是因为，若资产 A 不增加，就意味着负债 L 只能是各项目内部的变动，不会使负债 L 总额增加。其次，在资产 A 增加时，负债 L 也相应增加。在银行负债中，基础项目是各项存款 L1 和流通中货币 L2，其他项目都是从这两个项目中引申出来，或是变动过程中的项目。如果我们把负债项目中的其他项目简化，则银行体系资产负债关系为：资产 A = 各项存款 L1 + 流通中货币 L2，即资产 = 货币。

第三节　简单的资金流动分析

为了加深对金融资产的理解，进一步分析金融市场在经济活动中的作用，我们需要对资金在国民经济几个部门间的流动进行简单的分析。

一、部门资金平衡表

分析部门间资金流动，首先从部门资金平衡表的分析入手。每个部门的资金平衡表由两部分构成，即资产、负债与净值，如表2－12所示。

表 2 – 12　　　　　　　　部门资金平衡表（2010 年 12 月 31 日）　　　　　　　单位：万元

实物资产	100 000	负债	100 000
金融资产	200 000	净值	200 000
货币	100 000		
其他	100 000		
总资产	300 000	总负债与净值	300 000

（一）资产

资金平衡表中的资产分为两大类：实物资产与金融资产。金融资产又分为两个组成部分，货币和其他金融资产，这种区分对于我们理解金融市场的作用非常重要。实物资产包括土地、商品存货、建筑和设备等，它们出现在一个经济单位的平衡表上。相反，金融资产却出现在一个以上经济单位的平衡表上。例如，一个企业账簿上记有应收账款作为金融资产，作为负债出现在其他发行企业的账簿上，表现为应付账款。债券和股票也是一样。这些经济单位的实物资产和金融资产相加会产生不同的结果。把所有经济单位的实物资产相加，这是多部门实物资产的总和。把所有经济单位的金融资产相加，将出现另一种结果。因为每一种金融资产都有一种相应的负债。在总和各个经济单位资金平衡表的过程中，金融资产被负债所抵消。

把金融资产区分为货币和其他金融资产也很重要。货币是指在银行等金融机构的存款、钞票及辅币。其他金融资产指票据、债券、股票等。这些其他金融资产在金融市场上是直接或间接融资的工具。当一个经济单位取得这些类型中的一种金融资产时，就为另一个经济单位提供了资金。货币却不同，当一个经济单位得到货币时，对另一个经济单位来说在净值基础上是没有提供资金的。资产代表经济单位或部门的资金运用。

（二）负债与净值

负债代表这个经济单位或部门欠其他经济单位的资金。当然，这个经济单位或部门的负债一定是其他经济单位的金融资产。净值代表经济单位一定时期的全部储蓄，它是总资产和总负债的差额。

负债与净值代表经济单位或部门的资金来源。

（三）基本等式

一个经济单位或部门的资金平衡表必须平衡，也就是说总资产必须等于总负债加净值。表 2 – 12 中，资产（300 000）就等于负债（100 000）加净值（200 000）。可是，对于一个部门（或一个经济单位）来说，净值总计不一定等于实物资产数，总债务也不一定事实上等于金融资产。例如，在表 2 – 12 中，净值（200 000）超过实物资产（100 000），负债（100 000）少于金融资产（200 000）。净值和实物比较，金融资产和金融负债比较是非常重要的。一个经济单位或部门资金平衡表的基本代数等式如下：

资产负债表左边与右边相对应，则

$$资金运用 = 资金来源$$

资金运用表现在资产占用上，资金来源反映在负债与净值上，则

$$总资产 = 总负债 + 净值$$

因资产可分为实物资产与金融资产，则

$$实物资产 + 金融资产 = 负债 + 净值$$

对于部门或经济单位来说，实物资产 ≠ 净值；金融资产 ≠ 负债。但对整个经济而言，因为未偿付的金融资产是与负债相等的。因此：

$$金融资产总额 = 负债总额$$

$$实物资产总额 = 净值（累计的储蓄）$$

表 2 – 12 是某一时点的平衡表。要反映资金流动的概念，我们可以对同一部门不同时期的平衡表进行对比，其中的资金变动差距和变动方向，就是资金变动量和变动方向。表 2 – 13 是某部门 2010 年 12 月 31 日的资金平衡表。表 2 – 14 则反映了部门资金平衡表的资金变动情况。

表 2 – 13　　　　　　　　　　部门资金平衡表（2010 年 12 月 31 日）　　　　　单位：万元

实物资产	200 000	负债	200 000
金融资产	400 000	净值	400 000
货币	150 000		
其他	250 000		
总资产	600 000	总负债与净值	600 000

表 2 – 14　　　部门资金平衡表的变动（2004 年 12 月 31 日至 2005 年 12 月 31 日）　单位：万元

实物资产	+100 000	负债	100 000
金融资产	+200 000	净值	200 000
货币	50 000		
其他	150 000		
总资产	300 000	总负债与净值	300 000

反映资金变动的平衡表也是平衡表。净值的增加可能来自总资产的增加或负债的下降，或两者的综合因素。实物资产的增加，可能是金融资产的下降或负债与净值的增加，或两者的综合因素。总之，资金来源中某项目资金增加，或是资金来源其他项目减少，或资金来源项目增加。

将表 2 – 12 与表 2 – 13 比较，实物资产增加 100 000 万元，金融资产增加 200 000 万元，两者增加，都代表资金运用的增加。这些资金运用的增加是靠负债的增加 100 000 万元和净值增加 200 000 万元来筹措的。负债的增加和净值的增加代表资金来源的增加。从资金变动来看，上述的基本等式关系仍然成立。

二、储蓄、投资与资金流动

表 2 – 14 中对于每一项资金来源和运用都反映出它们的性质。在平衡表的运用方，实物资产的增加叫做"投资"，货币额的增加称为"积聚"；其他金融资产的增加叫

"贷出"。区别"积聚"与"贷出"很重要。因为"积聚"并不为金融市场提供资金，而"贷出"已经提供了资金。在平衡表中的来源方，债务增加属于"借入"，净值的增加叫做"储蓄"。

为了更清楚地反映储蓄、投资与资金流动的关系，我们把资金来源与运用分为"实物"与"金融"两部分（如表 2 – 15 所示），根据这种划分储蓄代表"实物"来源，投资代表"实物"运用，借入代表金融来源，积聚和借出代表金融运用。

表 2 – 15　　　　　　　　　　实物和金融资金来源与运用　　　　　　　　　单位：万元

实物运用		实物来源	
投资	+100 000	储蓄	200 000
金融运用		金融来源	
积聚	50 000	借入	100 000
贷出	150 000		
运用总数	300 000	来源总数	300 000

表 2 – 15 中，实物交易中的储蓄为 200 000 万元，投资为 100 000 万元，储蓄比投资多 100 000 万元。任何部门若储蓄比投资多，就是盈余单位，若投资比储蓄多就是短缺单位。显然，表 2 – 15 所列部门为盈余部门。我们再看表 2 – 14 的金融交易部分。金融资金来源总数为 100 000 万元，资金运用总数为 200 000 万元，资金运用总数比资金来源总数多 100 000 万元，这个部门称为"净债权单位（部门）"或称"短缺单位（部门）"。相反，若资金来源总数多于资金运用总数，这个部门被称为"净借款单位（部门）"或"净债务单位（部门）"。

由上面分析可以看出，一个部门储蓄和投资不可能相等。有些部门如家庭是资金盈余部门，有些部门如企业是资金短缺部门。正是由于部门间储蓄与投资不相等，才使金融市场得以发挥作用。同样从部门来看，金融来源与金融运用也不一定相等。有的是净债权单位如家庭，有的是净债务单位如企业。但实物来源和运用与金融来源和运用之间存在以下关系：

1. 盈余部门（储蓄大于投资部门）必须去掉积聚、贷出或偿还债务所产生的盈余。盈余部门的净债权数必须和盈余数相等。表 2 – 15 所列部门盈余 100 000 万元（储蓄 200 000 万元，投资 100 000 万元），它拥有净债权头寸 100 000 万元（积聚 50 000 万元，贷出 150 000 万元，借入 100 000 万元），从而这个盈余部门是金融市场的供应者。

2. 短缺部门（储蓄少于投资部门）必须通过非积聚卖出非货币的金融资产（包括收回贷款），或借入等融通资金途径去消除赤字。这里，"非积聚"即是减少拥有的货币额，卖出货币的金融资产（收回贷款）即减少这些资产，借入表示负债的增加。由此可见，短缺部门是金融市场的资金需求者。

由经济整体来看，上述关系非常重要。投资须与储蓄相等，金融来源必须与金融运用相等。然而，金融市场研究者并不是对这些等式有兴趣，而对部门之间的基本不相等感兴趣。正是由于这些不相等才产生对金融中介的需要，金融市场才得以发挥作用。

第四节　资金流量的核算

一、资金流量核算的起源与发展

资金流量核算，就是把国民经济划分为几个部门，从货币收支的角度系统地描述各部门资金来源和运用情况的方法体系。它是伴随着商品经济的高度发展，适应政府对宏观经济管理的需要而产生并逐步完善起来的。

1947年1月，在美国经济学年会上，美国经济学家、康奈尔大学柯普兰教授发表了《通过美国经济跟踪货币流通》的论文，并引起了人们的关注，标志着资金流量核算的诞生。1952年，在《美国货币流量的研究》一书中，柯普兰又发表了他编制的货币流量表，构成了现代资金流量核算的最初表式。这种分析核算方法很快为美国联邦储备委员会采纳，1955年编制了《美国资金流通（1939—1953）》的资金流量账户。

20世纪50年代后期，世界经济出现了惊人的发展，资金运动范围和流动速度都产生了急剧变化，要把握经济的这种变化，只有更多地借助资金流量表。所以，资金流量表受到不少国家青睐。英国、加拿大于1959年开始编制资金流量表。

1968年，由斯通教授主持，联合国在对国民经济账户（SNA）进行修订时，把资金流量核算账户纳入SNA，从而完善了SNA，同时使资金流量核算逐渐国际化。许多国家纷纷仿效并结合本国的国情进行修订和补充，建立了自己的资金流量表，并逐渐形成制度，定期发表有关数据。

为了把资金流量核算建立在坚实的基础上，1970年美国证券交易委员会还作出决定，要求企业在提供收益表与资产负债表的基础上增加资金流量表。1971年3月，美国企业会计师协会会计原则委员会规定，把能够系统揭示企业在一定时期内的资金变动情况和流动去向的资金表作为一项重要的财务报表内容。

资金流量核算的普遍推广及日趋完善为各国经济决策的科学化提供了可靠的方法与技术上的保证。到20世纪70年代，在西方发达国家，还出现了一批以资金流量核算的平衡关系为基本框架的资金流量计量模型，从而进一步开辟了资金流量表的应用领域。

我国的资金流量核算起步较晚，但发展较快。20世纪70年代末，金融界和统计界的理论工作者将资金流量核算介绍到我国。80年代中期，国务院国民经济统一核算领导小组办公室组织国家统计局、财政部、中国人民银行等单位合作编制了我国的资金流量表。80年代末，资金流量已被纳入我国新的国民经济核算体系之中。目前，我国的资金流量核算表由国家统计局和中国人民银行共同编制，其中实物交易核算部分由统计局负责，金融交易核算部分由人民银行负责。

二、资金流量核算的对象和范围

在商品经济条件下，国民经济的运动总是表现为两种形式的运动：一是实物运动即商品运动（包括社会产品和劳务），二是价值运动。前者形成商品流量，后者形成资金流量。这两种流量错综复杂地交织在一起，构成同一经济过程的两个相反联系的不同侧面。

资金运动和商品运动互相影响、互相制约。一方面商品运动是基础。商品生产的发展水平，决定着货币交换的发展程度。商品生产的规模和增长速度，影响着货币购买力的总量乃至整个资金流量的规模，另一方面资金运动又对商品运动起着积极的反作用。商品运动总是伴着资金的反方向运动。商品只有经过货币购买才能进入使用领域。

资金运动又具有相对的独立性，可以不依赖于商品运动而单独发生，如银行的存款和贷款，股票和债券的买卖，货币等金融资产无偿转移等金融交易活动，都没有对应的商品的运动。随着金融市场的日益发展，资金运动这种独立性越来越明显。

现实经济生活中，资金运动千姿百态，但都有一定的秩序，这就是国民经济运行中的资金运动过程。资金流量核算就是对资金运动过程进行系统描述。从图2-1可以看出，资金运动过程上连生产者活动，下接资产负债变化。生产活动产生的增加值是资金流量的起点，它是国民收入初次分配的来源。国民收入初次分配后进入再分配，然后形成国民可支配收入。国民可支配收入一部分用于最终消费支出，剩余部分形成储蓄，就是可用于投资的资金。然而，各部门的储蓄与投资之间往往是不平衡的，储蓄大于投资的部门，其多余资金进入金融市场，成为金融市场的资金来源；储蓄小于投资的部门，

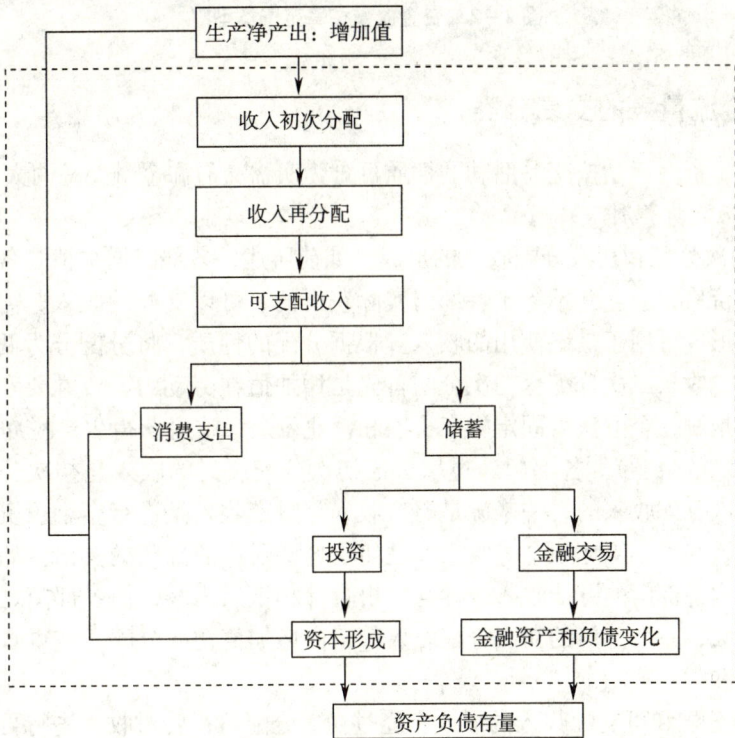

图2-1 资金运动过程图

其资金不足部分通过金融市场来筹措。资金流量的最后阶段是资本形成和金融资产、负债的变化。在资金运动过程中，进入金融市场的交易称为金融交易；其余称为实物交易，资金流量核算范围分为以下四种类型：

1. 全面反映所有金融交易和非金融交易，包括中间产品、产品税、消费、投资形成的资金流量。

2. 反映消费、投资等非金融交易和金融交易所形成的资金流量。

3. 反映投资交易和金融交易所形成的资金流量。

4. 只反映金融交易所形成的资金流量。

图2-2说明资金流量核算范围四种类型之间的差别和联系。我国采用第二种类型。

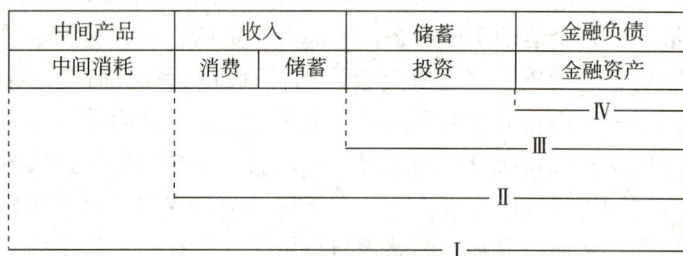

图2-2　资金流量核算范围类型

三、资金流量表的交易分类

如前所述，资金运动按交易活动的性质可分为实物交易和金融交易两大部分。

（一）实物交易类别

1. 收入初次分配和初次分配收入的形成。如前所述，各部门增加值是各部门通过生产活动创造的价值，但它并不等于各部门实际获得的、可以支配的收入，需要经过分配再分配后才能形成可用于最终使用的收入。根据分配的性质，将分配分为两个层次——收入初次分配、收入二次分配。初次分配首先是增加值在劳动力、资本要素盈余，即个人获得劳动者报酬，企业获得固定资产折旧和营业盈余，政府获得生产税净额（生产税扣除生产性补贴的余额）。各部门通过增加值初次分配所得的收入是初次分配与收入的主要来源。初次分配收入的另一来源是财产收入。财产收入是进行金融投资、土地出租而获得的利息、红利、土地租金等收入，是使用这些财产的部门的支出。如不考虑国外交易因素，国内各部门的财产收入合计与支出合计相抵后为零，但各部门之间财产收入的分配相差很大，一个部门的初次分配收入等于由增加值初次分配所获得者的收入和财产收入净额之和。

2. 收入再分配和可支配收入的形成。经过初次分配后，要对收入进行再分配。再分配是单方向的资金转让，包括各机构部门上缴所得税即对收入所征收的税，同时各部门之间还会发生经常性转移收支，如社会保险付款、社会补助等。经过以上的收入再分配，最终形成各部门可支配收入，即各部门可自由支配、用于最终消费和投资的收入。

3. 可支配收入的使用。可支配收入首先用于消费，包括居民个人消费和政府部门的公共消费，可支配收入扣除消费后的余额是总储蓄，总储蓄是各机构部门实现实物投资（固定资本形成和存货增加）的主要资金来源。除此之外，各机构部门用于实物投资的资金来源还包括资本转移，即一个部门无偿地向另一个部门提供用于固定资本形成的资金和实物，包括投资性补助及其他资本转移。各机构部门的储蓄加上资本转移净额就是该部门进行实物投资的自有资金来源总和，各部门完成的实物投资即资本形成总额往往与其自有资金来源并不相等，即出现资金余缺。某些部门总储蓄及资本转移净额之和大于其实物投资时，资金有余，多余部分转化为金融投资；另一些部门总储蓄及资本转移净额之和小于其资本形成总额，就需要通过融资弥补资金缺口，其净金融投资为负数，表明该部门核算期增加了负债金额。将国内各机构部门加总来看，国内净金融投资是负数，表示国内资金不足，国外资金净流入；国内净金融投资是正数，表明国内资金富余，有剩余资金流向国外部门。由此可以看出，上述各部门资金余缺是通过融资调剂达到平衡的。

（二）金融交易类别

1. 国内金融交易。反映国内金融交易的指标有通货、活期存款、定期存款、短期贷款、中长期贷款、债券、股票等，按融资方式和融资期限不同，分为间接融资和直接融资。反映间接融资的指标有短期贷款、长期贷款。反映直接融资的指标有各种债券、股票。金融市场通过直接和间接的方式，对分散在各个机构部门的社会资金进行调剂。在间接融资方式下，金融机构扮演了筹集资金和运用资金的中介角色。直接融资是企业、政府等从市场上直接募集资金，金融机构只是提供发行销售服务，不再起资金中间借贷人的作用。

2. 国外金融交易。国外金融交易包括国外金融资本往来指标，资本往来收入反映我国利用外资的增加，资本往来的支出反映我国对外投资增加和对外金融债务的减少。

3. 国际储备资产，反映储备资产的变动情况。

四、资金流量表的部门分类

资金流量核算反映的是各交易主体之间的收支及借贷活动，反映各交易主体之间收入分配及债权债务关系，能体现这种关系的交易者应是拥有资产、承担债务、独立从事经济活动的经济单位。经济活动性质相同或相似的单位归并为五个大的机构部门（见表2-16）。

1. 非金融企业部门。由从事非金融活动，并以盈利为目的的常驻法人组成。非金融企业部门是从事实物和服务生产的主要部门，它在生产过程中创造的原始收入，通过初次分配，将劳动者报酬付给劳动者，纳税给政府，自己获得营业盈余和固定资产折旧。非金融企业部门是从事实物投资的主要部门，因而也是资金需求最大的部门，其不足的资金通过国内外金融交易取得。

表 2－16

2010 年中国资金流量核算表（金融交易）

单位：亿元

	住户		非金融企业		政府合计		金融机构合计		国内合计		国外		合计	
	运用	来源	运用	来源	运用	来源	运用	来源	运用	来源	运用	来源	运用	来源
净金融投资	37 715		-15 123		5 619		-2 439		25 773		-25 773		0	
资金运用合计	68 263		102 863		19 539		225 547		416 213		14 203		430 416	
资金来源合计		30 548		117 986		13 920		227 986		390 440		39 977		430 416
通货	5 441		586		130		-40	6 507	6 117	6 507	390		6 507	6 507
本币	5 441		586		130		-40	6 507	6 117	6 507	390		6 507	6 507
外币														
存款	44 492		62 584		19 487		3 462	130 662	130 025	130 662	637		130 662	130 662
活期存款	24 610		28 771		10 690			64 071	64 071	64 071			64 071	64 071
定期存款	19 128		24 276		5 460			48 864	48 864	48 864			48 864	48 864
财政存款					3 045			3 045	3 045	3 045			3 045	3 045
外汇存款	45		2 024				-992	1 356	1 077	1 356	279		1 356	1 356
其他存款	709		7 513		292		4 454	13 327	12 968	13 327	358		13 327	13 327
证券公司客户保证金	-737		-1 398		-11		-207	-2 373	-2 354	-2 373	-19		-2 373	-2 373
贷款		30 548		64 264		194	97 227	251	97 227	95 413		1 814	97 227	97 227
短期贷款		9 342		15 278			24 621		24 621	24 621			24 621	24 621
票据融资				-9 052			-9 052		-9 052	-9 052			-9 052	-9 052
中长期贷款		19 643		42 157			61 800		61 800	61 800			61 800	61 800
外汇贷款		13		3 184			5 009		5 009	3 197		1 813	5 009	5 009
委托贷款		781		7 440		276	8 748	251	8 748	8 748			8 748	8 748
其他贷款		769		5 256		74	6 100		6 100	6 099		2	6 100	6 100
未贴现的银行承兑汇票			23 346	23 346			23 346	23 346	46 692	46 692			46 692	46 692
保险准备金	5 638		667			3 835	6 305	2 470	6 305	6 305			6 305	6 305

续表

	住户		非金融企业		政府合计		金融机构合计		国内合计		国外		合计	
	运用	来源	运用	来源	运用	来源	运用	来源	运用	来源	运用	来源	运用	来源
金融机构往来							2 324	3 543	2 324	3 543	998	-221	3 322	3 322
准备金	6 498						33 261	33 261	33 261	33 261			33 261	33 261
证券	112		169	18 533	195	9 736	32 340	11 279	39 203	39 547	345		39 548	39 548
债券	112		169	11 063	144	9 736	27 794	7 420	28 219	28 218			28 219	28 219
国债			2		144	9 736	9 478		9 736	9 736			9 736	9 736
金融债券			47				8 791	8 837	8 837	8 837			8 837	8 837
中央银行债券			-8				-1 410	-1 417	-1 417	-1 417			-1 417	-1 417
企业债券			128	11 063			10 935	3 859	11 063	11 063			11 063	11 063
股票	6 387			7 470	51		4 546		10 984	11 329	345		11 329	11 329
证券投资基金份额	-457		-563		-271		-256	-1 566	-1 547	-1 566	-19		-1 566	-1 566
库存现金							714	714	714	714			714	714
中央银行贷款							469	469	469	469			469	469
其他（净）	7 387		9 227		9		2 771	19 395	19 395	19 395	0		19 395	19 395
直接投资			4 072	12 529					4 072	12 529	12 529	4 072	16 601	16 601
其他对外债权债务			4 174	3 354			-1 796	28	2 378	3 383	3 383	2 378	5 760	5 760
国际储备资产							31 934		31 934			31 934	31 934	31 934
国际收支错误与遗漏				-4 040						-4 040	-4 040		-4 040	-4 040

2. 金融机构部门。由从事金融中介以及与金融中介密切相关的辅助金融活动的各类金融机构,如中央银行、商业银行、其他金融机构和保险公司组成。金融机构在调剂社会资金中处于特殊地位,在筹集和调剂社会资金过程中起着核心作用,是社会资金运动的中枢。

3. 政府部门。由各种行政单位和事业单位组成。政府部门的主要职能是利用征税和其他方式获得的资金向社会公众提供公共服务;通过税收和转移支付,对社会收入和财产进行再分配;通过公共投资活动,为社会经济发展提供基础设施。政府部门在分配、调剂和运用社会资金中发挥重要作用。

4. 住户(家庭)部门。由城乡居民(包括个体工商户)组成。他们向其他部门提供劳动,并获得劳动报酬,或者以家庭为单位从事生产活动,并获得混合收入。住户部门是消费活动的主要承担者,其大部分可支配收入都用于消费,剩余部分少量用于住宅和其他实物投资,其余用于储蓄存款、债券、股票和其他金融投资。它是资金富余的主要部门。

5. 国外部门。与我国常住者发生各种经济往来的外国常住者归并在一起,就形成国外部门。在资金流量核算中国外部门反映我国对外经济往来中的收支和借贷关系。

非金融企业部门、政府部门、住户(家庭)部门称国内非金融机构部门。国内非金融机构部门指标是反映实体经济运行的重要指标。

五、资金流量表的表式、记账方法和主要平衡关系

中国资金流量表采用标准式矩阵表,它是以机构部门为列(宾栏)、交易项目为行(主栏)构成的。宾栏在每个机构部门之下都分别列出"运用"与"来源"两栏,相当于机构部门账户的借贷两方。主栏交易项目按交易的不同性质分为实物交易和金融交易两部分,这样就把资金流量表分为宾栏相同的两张表(见表 2-17)。

表 2-17　　　　　　　　　　中国资金流量表(标准式矩阵表)

机构部门 交易项目	非金融企业部门		金融机构部门		政府部门		住户部门		国外部门	
	运用	来源	运用	来源	运用	来源	运用	来源	运用	来源
一、实物交易 　净出口 　增加值 　劳动报酬 二、金融交易 　通货 　存款 　贷款										

资金流量核算采用复式记账原理,对每笔资金流量都作双重反映,在实物交易方面任何一笔交易中,一个部门的收入,同时是对应部门的支出,支出额记在运用方,收入额记在来源方。在金融交易方面,一个部门金融资产的增加,同时必是对应部门负债的

增加或金融资产的减少，金融资产的增加或减少记在运用方，金融负债的增加或减少记在来源方。这样就使资金流量核算的收支流量始终保持借贷对应、收支相等的平衡关系，形成账户体系。资金流量核算正是通过这一账户体系把各部门间的收入分配和金融交易连成一体，使社会资金运动的来龙去脉一目了然。

资金流量表中有如下平衡关系：

$$资金总来源 = 资金总运用$$
$$总储蓄 = 可支配总收入 - 最终消费$$
$$净金融投资 = 总储蓄 + 资本转移净额 - 资本形成总额$$
$$净金融投资 = 金融资产增加 - 金融负债增加$$

以上的平衡关系说明资本形成同金融交易是密切相通的。储蓄正是连接实物资金流量和金融资金流量的桥梁。在国民经济各机构部门中，除住户部门的投资来源于部门的储蓄，其他机构部门的投资大部分来自住户部门的储蓄。从住户部门的储蓄到其他机构部门的投资的转变，正是借助于金融中介和金融交易才得以实现的。就整个国民经济而言，某一机构部门增加的金融资产必是另一个单位或部门增加的负债，反之亦然。一切国内部门之间的金融交易会相互抵消，金融交易只起资金融通作用，并不增加经济总体的实际资源。

六、资金流量表与金融资产

资金流量表全面地反映了资金在不同机构部门之间的流量和流向，以及资金的余缺情况，具有许多其他统计报表所不具有的功能。通过资金流量表的分析，一是可以分析收入分配关系，如收入形成过程、各部门之间分配关系、储蓄、投资、消费的平衡关系、财政收入占国民可支配收入的比例等；二是可以分析各部门资金的保证程度；三是分析各部门债务状况等。但对于金融市场来说，最重要的是分析融资方式及金融工具在金融市场中的作用。

表 2-16 是 2010 年中国资金流量表中的金融交易部分，表中的数字是由期末期初相减而成，即是流量。

从表 2-16 可以分析：

1. 各部门资金余缺情况。非金融企业是国内非金融机构部门的资金短缺部门，住户部门是资金盈余部门。2010 年非金融企业净资金缺口 1.51 万亿元，住户资金盈余 3.77 万亿元。在不少国家政府部门是资金赤字部门，而中国政府部门在 2010 年资金盈余 5 619 亿元，国外净资产增加 2.58 万亿元。

2. 国内非金融机构部门金融工具融资情况。2010 年国内非金融机构部门以未贴现银行承兑汇票、国债、股票、保险准备金和国外金融负债（来自国外的直接投资和与国外发生的其他金融负债）形式分别新增金融负债 2.33 万亿元、9 736 亿元、7 470 亿元、3 835 亿元和 1.18 万亿元；以贷款和企业债券形式分别新增金融负债 9.52 万亿元和 1.11 万亿元。

3. 金融市场变化对国内非金融机构部门资产配置的影响。2010 年住户部门新增金融资产结构有所调整，从持有结构看，受股市和理财市场活跃影响，主要表现为将低收益的存款资产调整为较高收益的股票类资产和理财类资产。当年住户存款增加4.45万亿元，占同期住户全部新增金融资产的65.2%，股票类资产①增加5 193亿元，占比为7.6%，包括理财在内的其他类资产增加7 387亿元，占比为10.8%。

4. 金融机构对经济支持情况。2010年，金融机构（含中央银行、存款货币机构、保险公司、证券投资基金及其他金融机构，下同）新增金融负债22.8万亿元，为经济运行提供了金融支持作用。

5. 我国对外净金融资产形成情况。2010年我国对国外部门新增的金融资产（国外部门利用我国资金）4万亿元，新增金融负债（我国利用国外资金）1.42万亿元，比上年多7 966亿元。我国对外净金融资产形成（对外净金融资产形成 = 对国外部门新增金融资产 - 对国外部门新增金融负债）2.58万亿元，当年国外部门净利用我国资金较多。

6. 各种金融资产变化占总金融资产总额变化的比例。

【本章小结】

1. 金融资产是指对财产或所得具有索取权的、代表一定价值的、与金融负债相对应的无形资产。

2. 金融资产的要素有：金融资产的发售者；金融资产的价格；金融资产的期限；金融资产的收益；币种等。

3. 金融资产与其他资产相比，具有货币性、可分性、可逆性、虚拟性和风险性等特征。

4. 金融资产分为货币资产和其他金融资产两大类。其他金融资产是在融资的过程中被创造出来的；货币资产是通过银行资产运用业务被创造出来的。

5. 通过对资金在国民经济几个部门间的流动进行简单的分析，使我们看到，正是由于投资与储蓄的不平衡，资金的融通产生金融资产，金融市场才得以发挥作用。

6. 资金流量核算是从资金流动的角度系统地描述各部门资金来源和运用情况的方法体系。资金流量核算是通过编制资金流量表来实现的。资金流量表全面地反映了资产配置、融资结构、资金在不同机构部门之间的变化和流向，以及与国外部门的资金流动，具有许多其他统计报表所不具有的功能。

【本章重要概念】

资产　有形资产　无形资产　金融资产　证券　金融衍生工具　积聚　贷出　盈余部门　国民经济部门　资金流量核算

---

① 股票类资产包括股票及可核算股权、证券投资基金和证券公司客户保证金，下同。

【思考题】

1. 什么是金融资产？它与金融工具、有价证券、货币有何不同？
2. 金融资产由哪些要素构成？
3. 金融资产具有哪些性质和作用？
4. 金融资产是如何被创造出来的？
5. 简述资金流量核算的基本原理。
6. 资金在部门间的流动与金融资产进而与金融市场之间的关系是怎样的？
7. 简述根据资金流量表如何分析金融资产的变动。

【本章参考书】

1. 杜金富等：《金融市场学》，第三版，大连，东北财经大学出版社，2010。
2. 杜金富：《金融资产论》，呼和浩特，内蒙古大学出版社，1996。
3. 彼得·S. 罗斯：《货币与资本市场》，第六版，中文版，北京，机械工业出版社，1999。
4. 杜金富：《货币与金融统计学》，第二版，北京，中国金融出版社，2006。

利率水平与证券价格

在这一章中，我们集中讨论金融资产价格，即利率与金融资产价格（主要是证券价格）的关系。通过对利率理论发展脉络的简要论述，可以理解左右利率水平乃至资产价格变动的主要因素。利率期限结构与风险结构理论，阐述了利率与期限的关系，是对利率决定因素的深化。在系统介绍利率主要形式的基础上，着重考察影响金融资产价格的时间因素。

第一节 利率与利率水平

一、利息与利率

在前面的介绍中我们已经指出，金融市场是金融工具交易的领域。在这个领域中，储蓄所有者通过购买金融工具而成为金融资产的持有者，也就是资金的供给者；投资者通过出售金融工具而成为金融资产的发售者，也就是资金的需求者。在金融市场上，金融资产连接着储蓄与投资、资金供给者与需求者。但购买金融资产转让资金要获得收益，发售金融资产筹措资金要付出一定的代价。这个收益或代价，我们就称为利息。如债券的利息、大额定期存单的利息以及股票的股息等。

利率可以理解为资金的价格，是借款人为了在一定期限内得到稀缺的可贷资金的使用权向资金借出者支付的报酬，有的文献也称其为信用价格。在信用货币产生之前，以实物形式表现的利息就已经存在。

借贷期间所获得的利息和本金的比率，就是利息率，简称利率。用 i 代表利率，用 P 代表本金，用 B 代表收益（利息额）则

$$i = \frac{B}{P}$$

较高的利率能够刺激资金供给的增加，同时也会降低对资金的需求，并进而影响投资、消费和经济增长。较低的利率起相反的作用。利率是一个重要的经济范畴和经济指标，是调控经济的重要工具，是货币政策传导机制的枢纽，是企业、金融机构以及个人

投资决策的重要参数。

在金融市场上，利率与金融资产的价格有着密切的关系。金融资产的价格取决于它能获得的未来收入的多少。未来收入越多，金融资产的价格越高；未来收入越可靠，金融资产价格便越高。而未来收入等于利息额。未来收入量与金融资产价格的关系可以通过利率的形式表现出来。因此，讨论利息率的决定，其目的就是说明金融资产价格的决定。

二、利率水平的决定：利率理论

我们这里所讲的"利率理论"只是研究利率水平的决定，而不研究利息的来源及性质。我们研究的利率是广义的抽象的利率。金融市场上存在多种利率。我们只研究利息和各自本金之间的关系。

关于利率决定理论，争论已久。其中代表性的理论主要有：马克思的利润率决定利率理论和西方实物资本利率理论、货币利率理论、新古典可贷资金利率理论、理性预期理论等。

（一）马克思利润率决定利率理论

马克思的利率决定理论是以剩余价值在不同资本家之间的分割作为起点。马克思指明，利息是贷出资本家从借入资本的资本家那里分割出来的一部分剩余价值。剩余价值表现为利润，因此，利息量的多少取决于利润总额，利息率取决于平均利润率。"因为利息只是利润的一部分……所以，利润本身就成为利息的最高界限，达到这个最高界限，归执行职能的资本家的部分就会 =0"①，利息也不可以为零，否则借贷资本家就不会把资本贷出。因此利息率变化范围是在零与平均利润率之间。当然，并不排除利息率超出平均利润或事实成为负数的特殊情况。那么，在一定时期内，利息率在最高与最低之间如何确定呢？这取决于资金的供求状况等因素。

（二）实物资本利率理论

这种理论形成于 19 世纪末至 20 世纪初，它最显著的特点就是承袭了古典经济理论强调实物因素的传统，从影响实物资本供求因素的角度出发研究利率的决定，因此也被称为古典利率理论。古典利率理论认为，人们借入货币是为了购买实物资本，因而借入的不是简单的货币，而是凭借这些货币所能购买的实物资本，因而利息不是对货币支付，而是对实物资本支付的。利息并非产生于货币而是首先产生于实物资本，利息是利润的一部分，这样利息率就以利润为最高界限。

但支配资本供求关系的因素是什么？古典利息率理论指出：资本的供给来源于储蓄，资本的需求来源于投资，储蓄和投资决定着利息率。古典利息率理论的代表人物之一的马歇尔认为，利息应作为一种要素价格来研究，而要素价格是由供求平衡所决定的。在他看来，资本是一种生产要素，而利息是其价格，利息的多少由资本供求关系所决定，资本的供给主要来自社会储蓄，而储蓄者是为了将来的快乐而牺牲现在的快乐而

---

① 马克思：《资本论》，第三卷，中文版，401 页，北京，人民出版社，1975。

储蓄，他必然要取得一定的报酬——利息，利息越多，储蓄越多。利息的多少或利息率的高低就是资本供给支配性因素。资本需求支配因素是资本的收益性和生产能力。只要借入资本能获得收益，企业就继续借入资本，扩大对资本的需求，直到资本的边际收益率与借贷资本的利息率相等为止。资本的需求是利率的递减函数。这样，利息率决定于资本的供求平衡。

（三）货币利率理论

实物资本利息率理论强调储蓄、投资等实物因素对利息率的决定作用，忽视货币因素的影响。因此凯恩斯在他的流动性偏好理论中指出，按照储蓄和投资的定义，二者无论何时都是相等的，所以利率并不能由储蓄和投资来决定。利息和利息率完全是一种货币现象，其数量的大小或利息率的高低，完全由货币市场由货币供求来决定。流动性偏好是人们在选择储蓄方式时表现出的持有现金的意愿，而利息是指一定时期内放弃流动性偏好的报酬。利率水平主要取决于货币供给数量和人们对货币的偏好程度。

凯恩斯认为，在一定时期内，一个国家的货币供给量基本上由货币当局所掌握和控制，是一个外生变量，对利率没有弹性。而货币需求即货币的流动性偏好取决于交易动机、预防动机和投资动机。其中出于前两者动机的货币需求为收入的递增函数，而出于后一种动机的货币需求为利率的递减函数。若用 M 表示货币供给，L 表示货币需求，L_1 表示交易动机和预防动机货币需求，L_2 表示投资动机货币需求，Y 表示国民收入，i 表示利率，则用公式表示就是

$$L = M$$
$$L = L_1 + L_2 = L_1(Y) + L_2(i)$$

利率就是由货币总供给与货币总需求达到均衡状态时所决定的。

（四）新古典可贷资金利率理论

可贷资金理论产生于 20 世纪 30 年代后期，代表人物有罗伯逊（Dennis Holme Robertson）、瑞典学派经济学家俄林（Bertil Ohlin）和英国经济学家勒纳（Abba P. Lerner）。这一理论认为，肯定储蓄与投资的相互作用决定实物资本利息率是对的，但完全忽视货币因素也是不妥的。凯恩斯提出储蓄与投资相等进而无法决定利息率的结论是错误的，他混淆了计划或意愿储蓄与实际储蓄的概念。这种理论认为，利息率是借贷资金的价格，借贷资金的价格决定于金融市场上的需求关系。借贷资金的来源有自愿储蓄、社会的现金反"窖藏"和新增加的货币供给。借贷资金的需求主要来自于投资的需求和社会窖藏的资金需求。这样，利息率就决定于金融市场上可贷资金的供给与需求均衡时的状态。

新古典学派的可贷资金利息率理论后经希克斯和汉森改造成为著名的 IS—LM 模型，他们把投资与储蓄的均衡以及货币需求的均衡同国民收入水平和利息水平同时分析，确定出均衡利息率。他们是这样分析的：不同的投资和储蓄水平各相交点联结起来构成 IS 曲线。因投资是利息率的递减函数，储蓄是国民收入的递增函数，所以 IS 曲线表明，要使储蓄与投资相等，利息率和国民收入必须配合。不同的货币需求和货币供给量水平各相交点联结起来构成 LM 曲线。货币需求中的交易需求和预防需求是国民收入的递增函

数，货币需求中的投机需求是利息率的递减函数。LM 曲线表明要使货币供求相等，利息率和国民收入必须相互配合。把上面的理论用数学式来表示，则为

$$I = I(i)$$
$$S = S(Y)$$
$$L = L(i \cdot Y)$$
$$M = M$$
$$I = S$$
$$L = M$$

同时，还要把 IS 曲线与 LM 曲线进行分析，同时满足 $I = S$、$L = M$，这个点是 IS 与 LM 的均衡点，就是均衡的利息率与均衡的国民收入。即

$$L(i) = S(Y)$$
$$L(i \cdot Y) = M$$

可贷资金理论及其随后的 IS – LM 模型看到了古典利率理论和凯恩斯利率理论存在的片面性而将它们综合起来，提出利率取决于借贷资金的供求，而借贷资金的供求既有实物市场因素，又有货币市场因素，均衡利率最终取决于实物市场和货币市场的均衡。

（五）理性预期理论

理性预期理论最近十几年才发展起来，它通过实证发现货币与资本市场在消化影响利率与证券价格的新信息方面非常高效，新数据一出现，人们会很快根据这些新信息改变对利率的预期，作出借入或贷出资金的决定，就会立刻反映到资产价格和利率之中。如果没有新信息出现，那么对下期利率的最优预测就等于当期的利率。

理性预期理论的重要假设和结论是：（1）证券价格与利率应反映所有可获得的信息，市场利用所有这些信息建立了一个预期未来价格与利率的概率分布。（2）利率与证券价格的变化只与未预期到的信息相关，而与预期到的信息无关。（3）连续时期内收益率之间的相关性为零。（4）在证券市场上不能找到未利用的获利机会（超过正常利润）。（5）证券交易与贮藏的成本忽略不计，信息成本相对于交易的证券价格的价值很小。（6）市场上能理性有效地形成关于未来证券价格与利率的预期。

这一理论假定企业和个人都是理性行为者，会最优地利用现有资源，使收益最大化。而且，理性人对未来资产价格、利率和其他变量的预测是无偏的，不会犯系统性的预测错误。这种无偏倾向源于理性预期者认为货币或资本市场是高度有效率的，利率和证券价格总是位于或接近均衡水平。

按照理性预期理论，要成为一个正确的利率预测者，你必须知道什么新信息将会出现在市场上以及市场参与者的预期会发生怎样的变化，这确实具有一定的难度。这也给政策制定者提出了难题，因为他们要想使政策有效，就要首先了解公众的预期。

理性预期理论进一步证实了货币中性的结论，即货币当局并不能左右经济中的实际变量，而只能作用于名义变量。因为按照这一理论的逻辑，只有在假定中央银行突然地、出乎意料地改变货币供应增长率的前提下，利率才会发生变动，而这种假定与实际情况并不相符。现实中，货币当局总是按照常规性的原则来决定货币政策，货币政策都

会在公众中形成合理的预期，政策效果就会被公众采取的对抗行动抵消。

三、利率的几种主要形式

（一）简单利率

简单利率又称单利。顾名思义，这是一种简单的利率计算方法。即在计算利息时不论金融资产期限长短，只按面值或本金计算利息。假设一笔贷款或一种债券只有一个计息阶段，用 P_0 代表贷款额或债券的初始价值，P_1 代表计息阶段期末返还给贷款人或债券购买人的货币额，则 $P_1 - P_0$ 便是这笔贷款或债券的利息，利率 i 为

$$i = \frac{B}{P} = \frac{P_1 - P_0}{P_0} = \frac{P_1}{P_0} - 1$$

通常都用"年"作为贷款或债券等金融资产的计息期划分单位，一个计息阶段为一年，利率用百分数表示。所以，我们用 N 代表计息期的年度数，再把上式用百分数调整一下，得到单利的计算公式为

$$i = \frac{P_N / P_0 - 1}{N} \times 100\%$$

例如，一张 4 年期的债券，其计息期为 4 年。假设债券的发行价格 $P_0 = 1\,000$ 元，4 年后的期末偿还额为 $P_4 = 1\,400$。则用单利公式计算出的年利率为

$$i = \frac{1\,400 / 1\,000 - 1}{4} \times 100\% = 10\%$$

（二）复合利率

复合利率简称复利，是单利的对称。当我们研究的期限超过一个计息阶段的金融资产时，平均单利便无法反映金融资产产生的实际利息和本金的关系了。因为平均单利的计算方法忽视了一个非常重要的因素，即金融资产的利息通常都是按计息阶段而不是按整个计息期支付的。对于利息获得者来讲，上一个计息阶段获得的利息增大了下一计息阶段计息基数，从而使利息额相应增加。即经过一定时期，将所生利息并入本金再生利息，逐息滚算，利上加利。为了说明这个问题，我们不妨举一个例子。

假设有一张 4 年期的债券，利率为 i，一年付息一次。这样，这张债券的计息期便分为 P_0 到 P_1、P_1 到 P_2、P_2 到 P_3、P_3 到 P_4 这四个阶段。根据上式推导方法：

$$P_1 = P_0(1 + i)$$
$$P_2 = P_1(1 + i)(1 + i)$$

替换后，可得

$$P_2 = P_0(1 + i) \cdot (1 + i) = P_0(1 + i)^2$$

余下类推，债券期末价值 P_4 为

$$P_4 = P_0(1 + i)^4$$

根据上式可得出该债券在 4 年期限中的实际利率水平是

$$i = \{ (P_4 / P_0)^{1/4} - 1 \} \times 100\%$$

则上述这张债券的实际利率为

$$i = \{(1\,400/1\,000)^{1/4} - 1\} \times 100\% = 8.8\%$$

这与上面计算的 10% 的平均利率相差较大。

复利计算公式为

$$i = \{(P_N/P_0)^{1/N} - 1\} \times 100\%$$

从单利和复利的比较中可以看出，两种利率计算方法的区别，在于复利公式中引入了金融资产的计息阶段因素，即付息次数。

（三）贴现利率

贴现利率是贴现利息与贷款或证券到期时应得款项金额的比率。典型的贷款合同是先确定贷款额，即贷款的初始价值 P_0，再确定贷款的期限和计息阶段，即付息次数 N，然后确定利率 i。则贷款到期时银行收回的数额 P_N 应为

$$P_N = P_0(1 + i)^N$$

但在实际经济活动中，常常出现按相反的程序签订的贷款合同。借贷双方首先确定贷款到期偿还额，即贷款的期末值 P_1（因为按这种反程序签订的贷款合同通常只有一个计息阶段），再确定贷款利率 i，然后根据贷款的期末价值 P_1 计算出利息额 $P_1 i$，最后，按先行扣收利息的方式把贷款期末价值和利息额之间的差额作为贷款额 P_0 贷给借款人，这种贷款叫做贴现贷款。

例如，银行在贴现商业票据时，首先认定商业票据的票面额，即银行能到期收回的贷款数额，然后把票面额的一定比例作为利息先行扣收，再把余下的金额付给要求贴现的借款人。我们知道，货币市场工具通常都是按这种贴现方式来发行的。投资人在购买货币市场工具时只需付出票面额和贴现利息之间的差额，到期时再按票面额收回资金。

这种借贷程序下的利率关系，已不再是 $P_1 = P_0 (1 + i)$ 的关系，而是 $P_0 = P_1 - P_1 \cdot i$ 的关系，即

$$P_0 = P_1(1 - i)$$

这时的利率 i 已不再是一般的利率，而是所谓的贴现利率。两者的区别在于，一般利息表示利息在每一计算阶段的期末支付，因而不能增加本计息阶段的计息基数，而贴现利率等于在每一计息阶段的期初先行扣付利息，因此所支付的贴现利息应全数纳入本期的计息基数。在后一种情况下，贷款人实际得到的利息将超过贴现利率所表示的利率水平。

例如，购买一张面额为 10 000 元的 1 年期国库券，贴现利率为 10%，购买人实际付出的价款 9 000 元，到期收回 10 000 元。按照贴现利率的原理，有

$$9\,000 = 10\,000 \times (1 - 10\%)$$

即利率水平名义上是 10%。但如果按正常贷款程序下的一般利率公式计算，贷款初始值为 9 000 元，到期回收 10 000 元。则

$$10\,000 = 9\,000 \times (1 + i)$$

$$i = (10\,000/9\,000 - 1) \times 100\% = 11.1\%$$

可见，用贴现办法贷出资金的投资人，所获得的实际利率要高于贴现利率在名义上表示的收益水平。

$P_0 = P_1 (1-i)$ 的贴现利率关系式，可推导出贴现利率的计算公式。以 i 表示贴现利率，则

$$P_0 = P_1(1-i)$$
$$P_0/P_1 = 1-i$$
$$i = (1 - P_0/P_1) \times 100\%$$

（四）票面利率和市场利率

票面利率是债券发行人在发行债券时承诺付给购买人的债券年利率，它直接印在债券的票面上故称票面利率。债券票面利率是根据发行市场上绝大多数投资者同意接受的水平确定的，而绝大多数人同意接受的水平便是市场利率。金融市场上的利率水平是变幻无常的，往往会出现债券的票面利率刚刚确定，债券刚刚印制出来，市场利率就发生了变化的情况。这时，债券无法随之改变利率，要使投资人从这种债券的投资中获得现行市场利率的收益只能在债券的出售价格上进行调整。例如，假设某发行人要发行一张面额 10 000 元，期限为 1 年的债券，决定发行时的市场利率为 6%，即 $P_0 = 10\ 000$ 元，$i = 6\%$，$P_1 = P_0 (1+i) = 10\ 000 \times (1+6\%) = 10\ 600$ 元；而这张债券印出来尚未发行前市场利率突起变化，从原来的 6% 上升到 10%，如按原来的价格出售，则不会有投资人愿意购买。为了吸引投资人购买这张债券，发行人只能降低债券的售价，使债券也能提供 10% 的收益率。设债券的售价为 P，则

$$P_1 = P(1+10\%)$$
$$P_1 = 10\ 600 = P(1+10\%)$$
$$P = 9\ 636.36$$

（五）名义利率和实际利率

名义利率又称货币利率，是借款人用货币支付的利息额与借款额之间的比率。它是与实际利率有很大差别而又与实际利率相对应的一个概念。

以上对利率的讨论中，始终没有提及整个经济机制中的商品价格因素。事实上，在债券或存款、贷款的持有过程中，商品的价格水平随时可能发生变化从而导致金融资产投资人预期获得的货币收入发生价值变化。原因在于，商品价格水平发生变化的另一种表现形式就是货币价值发生变化，而金融资产的未来收入流量恰恰是货币。假如在金融资产持有时期内发生了通货膨胀，即便市场利率不发生变化，投资人按市场利率获得的货币收入也会贬值。我们把不考虑通货膨胀因素的利率叫做名义利率；如果纳入通货膨胀因素，即在名义利率中剔除通货膨胀率，便可得到金融资产的实际利率。用 i_N 表示名义利率，i_R 表示实际利率，i_F 表示通货膨胀率，则

$$i_R = i_N - i_F$$

例如，当名义市场利率为 10%，通货膨胀率为 6% 时，则实际利率为 10% - 6% = 4%。当通货膨胀率高而不稳定的时候，投资人关心的不是名义利率，而是实际利率。随着通货膨胀率的变化，投资人不断调整其所要求的名义利率，以便得到预期的实际利率。当然，如果通货膨胀率的上升对市场来说是已料事件，那么名义利率中已纳入了投资人对通货膨胀的预期，名义利率便不会发生波动。

（六）税前利率和税后利率

对金融资产的利息收入课征所得税，是国际上通行的做法，因此，区别税前利率和税后利率是非常重要的。对于任何投资人来说，税前利率和税后利率的区别都取决于边际税率，即对达到不同额度的收入规定不同的税率。用 T 来表示个人收入的平均税率，用 i_{AN} 表示税后名义利率，则每个投资人所得到的税前和税后名义利率之间都有如下关系：

$$i_{AN} = i_N(1 - T)$$

上式表示：当一个人的收入达到某一纳税边际额时，便要按照该收入额的平均税率缴纳所得税，其中金融资产的利息收入就要减去按 T 的税率上缴国库的部分。假设他的税前收入为 A，则

$$Ai_{AN} = Ai_N(1 - T)$$

于是：

$$i_{AN} = i_N(1 - T)$$

假如一个投资人购买了名义利率为 10% 的债券，使他的年收入额超过了 55 300 元（假定其他收入为 55 300 元，其超过所得税税率为 50%，对他来说，债券的税后名义利率便为

$$i_{AN} = 10\% \times (1 - 50\%) = 5\%$$

现在，我们再来考虑通货膨胀因素对税后利率的影响。根据名义利率和实际利率的关系，税后实际利率应等于税后名义利率减去通货膨胀率。设税后实际利率为 i_{AR}，则它同税后名义利率的关系应为

$$i_{AR} = i_{AN} - i_F = i_N(1 - T) - i_F$$

同理，假设某人以 10% 的名义利率购入一张债券，当时的通货膨胀率为 6%，若他所获得的债券收入和他的收入总额超过 15 000 元，其超过部分应按 24% 的税率缴纳所得税，债券的税后实际利率均将为

$$i_{AR} = 10\% \times (1 - 24\%) - 6\% = -1.6\%$$

可见，他的这笔债券投资不但没给他带来多少收益，反而因缴纳所得税发生亏本。因此，个人所得税的税率是金融资产投资决策中的一个极其重要的因素。

第二节 终值、现值和年金

现在我们利用利率的概念来考察金融资产收入流量资本化过程中的时间因素。由于利率的存在，一笔金融资产的价值同代表其未来收入流量的货币额是不同的。这是受时间因素影响的结果。

一、终值、现值

（一）终值

终值是指当前一定量的金融资产按某一特定的利率换算的、在将来某一时点的价值，又称金融资产的未来值（future value）。

假如我们以 i 的利率水平存入银行存款，在 N 年之后提取，则这笔存款连本带利共是多少？

根据复利原理，得 N 年后终值 F 为

$$F = P(1 + i)^N$$

式中：P 为资产当前的价值。这个公式称为终值公式。例如，当 $i = 5\%$，$N = 10$ 年时，100 元存款的终值为

$$F = 100(1 + 5\%)^{10} = 16\ 289(元)$$

假如我们把存款也变成一个流量，即每年存入一定的金额，若干年后，这个存款流量的终值应是多少？设以 i 的利率水平在今年 1 月 1 日存入银行 A = 100 元，明年 1 月 1 日再存入 100 元，依此类推，连续存 N 年。则到第 N 年 12 月 31 日时这个存款流量的终值是多少呢？

根据复利终值公式，可以算出这笔连续存款到期的终值为

$$F = F_1 + F_2 + \cdots + F_N$$
$$= A(1 + i) + A(1 + i)^2 + A(1 + i)^3 + \cdots + A(1 + i)^N$$
$$= \sum_{t=1}^{N} A(1 + i)^t (t = 1,2,3,\cdots,N)$$

这个公式称为流量终值公式。当 $i = 5\%$，$N = 5$ 年时，则 5 年里每年存入 100 元钱的存款流量终值为

$$F = \sum_{t=1}^{5} 100(1 + 5\%)^t$$
$$= 100(1 + 5\%) + 100(1 + 5\%)^2 + 100(1 + 5\%)^3$$
$$+ 100(1 + 5\%)^4 + 100(1 + 5\%)^5$$
$$= 580.30(元)$$

（二）现值

现值（present value）是指未来一定量的金融资产按某一特定的利率换算的、在当前的价值。

我们现在想在银行存入一笔钱，使 N 年后的存款本息之和等于 100 元，在利率为 i 的情况下，现在应存入多少钱？

将复利终值公式 $P = F(1 + i)^N$ 进行变换，得

$$P = F(1 + i)^{-N}$$

这个公式称为单期现值公式。当 $i = 5\%$，$N = 10$ 年时，到期收到 100 元本息的现值（今年应存入的金额）应为

$$P = 100(1 + 5\%)^{-10} = 61.39(元)$$

即当利率为 5% 时，要想 10 年后从银行取出 100 元钱的本息，现在就要存入 61.39 元。

需要注意的是，现值和我们在贴现利率中所介绍的贷款的贴现值是两个不同的概念。现值计算采用的利率是利息和本金之间的比率，而贴现值采用的利率是利息和终值之间的比率。前者的计算公式是

$$i = A/D = A/P_0 = A/P$$

而后者的计算公式是

$$i = A/(A + D)$$
$$= A/P_N = A/F$$

且不说正常存贷的利息是分期支付而贴现贷款的利息是一次性支付这一显著区别，即使是同为 1 年的期限，利率水平都是 5%，终值都是 100 元的金融资产，如按折现率的方式计算，其现值为

$$P = 100/(1 + 5\%) = 95.24(元)$$

而按贴现利率的方式计算，其贴现值为

$$P = 100/(1 - 5\%) = 105.26(元)$$

这就是零息票债券和按贴现方式发行的货币市场工具之间的区别所在。

现在我们来考察一下，在利率为 I 的情况下，N 年内每年想获得 $A = 100$ 元的存款本息，现在需要存入银行多少钱？

根据公式 $P = F/(1 + I)N$ 得，每年得到 A 元钱则现在应存入：

$$P = P_1 + P_2 + \cdots + P_N$$
$$= A(1 + i)^{-1} + A(1 + i)^{-2} + A(1 + i)^{-3} + \cdots + A(1 + i)^{-N}$$
$$= \sum_{t=1}^{N} A(1 + i)^{-t}$$

这个公式称为现值公式。当 $i = 5\%$，$N = 5$ 年时，5 年期间每年获得 100 元的收入流量，则现在应收入：

$$P = 100(1 + 5\%)^{-1} + 100(1 + 5\%)^{-2} + 100(1 + 5\%)^{-3}$$
$$+ 100(1 + 5\%)^{-4} + 100(1 + 5\%)^{-5}$$
$$= 432.94(元)$$

就是说当利率为 5% 时，要想在 5 年中每年从银行获得 100 元的本息收入，现在应存入 432.94 元。

$$现值公式 P = \sum_{t=1}^{N} A(1 + i)^{-t}$$

就是在不考虑收入流量不确定性的情况下计算金融资产价值的主要公式，是时间因素在金融资产价值形成中的集中体现。假设一种无风险的金融资产，期限 N 为 5 年，其中，第一年收入为 100 元，第二年收入为 50 元，第三年收入为 30 元，第 4 年的收入为 200 元，第 5 年收入为 1 500 元。设市场的平均收益率为 10%，我们就可以用上述现值

公式计算出该金融资产现在的价值:

$$F = \sum_{t=1}^{N} \frac{At}{(1 + 10\%)^t}$$
$$= 100(1 + 10\%)^{-1} + 50(1 + 10\%)^{-2} + 30(1 + 10\%)^{-3}$$
$$+ 200(1 + 10\%)^{-4} + 1\ 500(1 + 10\%)^{-5}$$
$$= 1\ 122.77(元)$$

二、总现值、净现值和内部收益率

现值常常用来评价一项金融资产或其他形式投资是否会盈利。此时,可将现值做一点调整,划分成总现值(GPV)和净现值(NPV)两个概念。

到目前为止,我们计算的都是总现值,即一种金融资产特定期限内收入流量总和的现值。但这个总现值只告诉我们这一金融资产现在对我们来说价值是多少,并没有说明该金融资产实际卖价多少,也没有说明如果购买该金融资产的成本与其价值不一致该金融资产的实际经济效益会有多高,对之投资是否合算等。这种情况在投资领域表现得尤为突出。

例如,有一笔资产,预计可以在 10 年内每年带来 10 000 元的收入流量。假定市场平均收益为 12%,其总现值为

$$GPV = \sum_{t=1}^{N} \frac{10\ 000}{(1 + 12\%)^t} = 56\ 502(元)$$

但对具体的投资人来讲,仅根据资产的总现值是难以作出是否购买这笔资产的投资决策的。因为总现值是在市场平均利率的基础上计算出来的,而资产的实际收益率一般要求高于市场利率,否则投资人就不会借入资金进行资产投资了。因此,投资人要比较一下该资产的总现值和该资产实际卖价(即投资成本)之间有无差额。用 C 表示成本,如果该资产的投资成本 C 等于 40 000 元,则其总现值和成本之差便为

$$56\ 502 - 40\ 000 = 16\ 502(元)$$

即使投资人全部用年息 12% 的 10 年期贷款或发行债券来进行该项投资,仍能获得 16 502 元的现值经济效益。这个资产总现值和投资成本之间的差额,就是所谓净现值。用公式表示即为

$$NPV = GPV - C$$

可见,净现值是实际投资人衡量一项投资有无"经济"价值的一种手段,是进行投资可行性分析的一种简便方法。一项投资如果在合理的折现率水平上具有正的净值,便具有实施的可行性。如果折现率正确地反映了投资人的机会成本,则所有具有正净值的投资都会为投资人带来正的效益。

在用现值理论评估可行性或比较几项投资的利弊得失时,还往往用分析和比较投资项目的收益率水平的方法。换句话说,可以把一种资产的现值及该资产的未来收入流量作为已知条件,反求该资产的收益率,然后再将此收益率同其他资产的收益率或市场平均收益率相比较,据此作出投资决策。

收益率体现的是资产现值和该资产带来的收入流量之间的关系。当一种资产的现值和未来收入流量为已知时，利用现值公式便可直接算出该资产的收益率。但这里似乎存在一个逻辑上的混乱：既然资产的现值是根据未来收入流量和市场收益率计算出来的，则再用这个现值作为已知条件来求资产的收益率，得出的岂不就是市场收益率吗？用这种方法计算下来，每种资产的收益率不是都等于市场收益率吗？那么如果市场收益率是已知条件的话，还有什么必要计算各种资产的收益率呢？

　　的确，对于绝大多数投资人来说，市场平均收益总是已知的，至少是可以感觉到的。把市场收益率作为折现率，每种资产的总现值都是可以马上计算出来的。但是，在具体购买一种特定资产时，所付的价款往往不等于该资产的总现值。也就是说，投资成本和资产总现值之间通常有一个差额，这个差额就是净现值。在存在净现值的情况下，资产的实际收益率必须随着净现值的变化而变化。如果把净现值的因素考虑在资产收益率的计算中，便可得出资产的投资收益率。同一资产，净现值不同投资收益率必然不同。为了方便比较和分析，投资者在评估一项资产时，往往先假定净现值为零，然后求出满足这一条件的资产投资收益率。换句话说，就是先假定投资成本等于资产的总现值，再计算出该现值的资产收益率。这种使投资的净现值为零的资产收益率，我们称为资产的内部收益率（IRR）。

　　为了进一步理解内部收益率的实质，我们不妨回顾一下刚才假设的例子。该例子中资产的收入流量为 10 年内每年 10 000 元，投资成本为 40 000 元，市场平均收益率为12%，资产的总现值为 56 502 元，净现值为 16 502 元。若该资产的投资成本不是 40 000元而是 50 000 元，净现值将为 6 502 元；若投资成本不变，仍是 40 000 元，而总现值由于市场收益率变化而降为 50 190 元，也会相应降为 10 190 元。可见，净现值的变化基本上取决于资产净现值的投资成本和总现值中的折现率这两个因素，成本不变时，决定净现值的最主要因素就是折现率水平。折现率上升，则净现值下降；反之，净现值便上升。

　　用不同的折现率计算一项资产的净现值，则可以在一个坐标上画一条曲线，如图3－1 所示。图中纵轴表示资产的净现值，横轴表示折现率，图上的曲线表示随着折现率

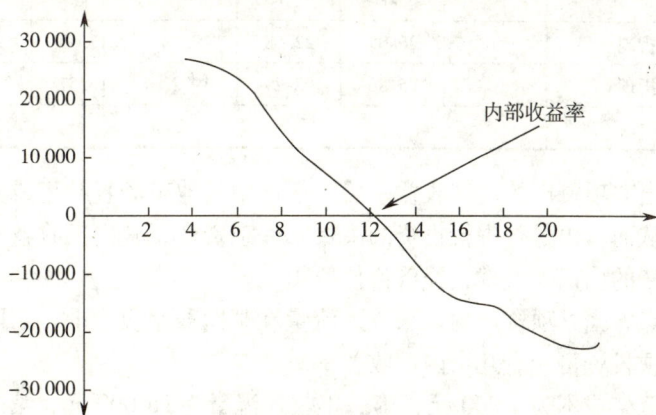

图 3－1　内部收益率

水平的上升，该资产的净现值下降。当曲线与横轴相交时，该资产的净现值为零，折现率为交点所代表的特定水平。这个折现率水平便是该项资产的内部收益率。

若用数学公式表达上述关系，则为

$$\sum_{t=1}^{N} = \frac{A_t}{(1+IRR)^t} - C = 0$$

或

$$\sum_{t=1}^{N} = \frac{A_t}{(1+IRR)^t} = C$$

证明一个投资项目或一种金融资产内部收益的存在并非难事，但计算这个内部收益率的值却是一项很复杂的工作。因为上面公式都是 N 阶多项式，计算内部收益率 IRR 实际是求解 N 阶多项式的根，求解过程很复杂。在实践中，除用计算机计算外，通常采用一种简单的程序来求资产的内部收益率，这就是所谓的迭代法。其主要计算过程为

$$\sum_{t=1}^{N} A_t$$

首先任意选择一个折现率来计算资产收入流量的现值，并将其和投资成本加以比较。如果得出的现值高于投资成本，即净现值为正数，则提高假定折现率的水平并重新计算，若得出的现值低于投资水平，即净现值呈负数，则降低折现率水平并重新计算。这样，经过几次计算，每次得出的现值必然向净现值为零逼近，最后得出的使净现值最接近零折现率，就是该资产的内部收益率。下面举例说明这种逼近的计算方法：

设一项投资，成本为 100 元，收入流量为 5 年内每年 30 元。先假定折现率为 15%，其净现值为 0.56 元，再假定折现率为 16%，其净现值为 -1.77 元，反复逼近后，得出内部收益率为 15.24%。具体计算过程见表 3-1。

表 3-1 内部收益率计算表

时间	1989 年 1 月 1 日	1990 年 12 月 31 日	1991 年 12 月 31 日	1992 年 12 月 31 日	1993 年 12 月 31 日	1994 年 12 月 31 日	净现值
投资成本	100	0	0	0	0	0	
收入流量		30	30	30	30	30	
以 15% 的假定收益率折现		26.09	22.68	19.73	17.15	14.92	0.56
以 16% 的假定收益率折现		25.86	22.29	19.22	16.57	14.28	-1.77
内部收益率	15.24%						

当投资人得出一项资产的内部收益率后，便可用其他市场收益率或其他资产的内部收益率相比较，从而作出是否进行投资的决策。一项资产，其内部收益率越是高于市场收益率或其他资产的内部收益率，经济价值便越大。

附带说明一点，当某项资产的未来收入流量在某阶段呈负数时，N 阶多项式可能有几个根，亦即该项投资可能有几个内部收益率。

假设一项投资，成本为 4 000 元，第一年收入流量为 25 000 元，第二年收入流量为 -25 000 元，则该项资产有两个内部收益率：25% 和 400%，即

$$\frac{25\ 000}{1 + 25\%} + \frac{-\ 25\ 000}{(1 + 25\%)^2} = 4\ 000$$

同时：

$$\frac{25\ 000}{1 + 4} + \frac{-\ 25\ 000}{(1 + 4)^2} = 4\ 000$$

两个折现率都满足净现值等于零的要求。这种现象给内部收益率的分析带来一定的困难，但所幸的是一项资产有多种内部收益率的现象只是在未来收入流量于某阶段为负数时才出现，如果 A 的每一个值都是正数，则只能有一个内部收益率在内部收益率[①]对于我们所研究的金融资产投资的决策过程，由于各阶段的收入流量都不可能是负数，即使在违约拒偿的情况下，收入额也不会低于零，因此 N 阶多项式的多解就不成其为问题了。

在实际生产和金融投资的决策过程中，内部收益率分析法被广泛运用。投资者通常选取根据资本收支、汇率、利率等因素作出投资的长期预算，然后求出内部收益率来对投资项目加以评估。内部收益率没有一个固定的标准，便对一般投资者来讲，通常认为只有内部收益率不低于 15% 的资产才值得投资，当然，具体还要视通货膨胀率、利率及汇率的水平而定。

三、年金

所谓年金，是指间隔相同的时间等额发生的一系列款项，如分期支付银行贷款等。

如果在上面现值公式中加入一个简单的限制条件，便可用其来计算固定收入流量的现值，即：在未来每阶段里收入流量的数额都是相等的，用 A 来表示。例如，某资产的收入流量在 10 年内每年都是 1 000 元，该资产的收入流量便是固定收入流量。而对于一项收入流量第一年为 1 000 元，第二年为 2 000 元，第三年为 1 500 元的资产来说，其收入流量是可变的收入流量。当收入流量的时间单位是"年"，而每年的收入额相等时，这种收入流量就是"年金"。用现值公式来计算年金的现值，则所有对应的 A_t 都是不变的，因此 A_t 中的角标可以省略，现值公式可转化为

$$P = \sum_{t=1}^{N} = \frac{A}{(1 + i)^t}$$

$$P = A \sum_{t=1}^{N} = \frac{1}{(1 + i)^t}$$

上式中的 $\sum_{t=1}^{N} \frac{1}{(1 + i)^t}$ 就变成了一个相应于任何给定 N 和 I 值的常数，称为年金现值系数。事先把所有金融市场上有效期限 N 和有效利率 I 给定，据此计算出所有常数之

---

① 计算公式中，令 $1/(1 + i) = X$，由于 X 为正数，则

$$Y = A_n X_{n-1} X^{n-1} + \cdots + AX - S$$

$$dy/dx = n A_n X^{n-1} + (n - 1) A_{n-1} X^{n-2} + \cdots + (n - 1) A_{n-1} X^{n-2} + A \geqslant 0$$

值，并列出一个常数表即现值表。根据现值表，可以针对任意 A 值计算出该年金在多少年中多高的利率水平上的现值。

$$\sum_{t=1}^{N} = \frac{A}{(1+i)^t}$$

故曲线 Y 为单调增加，只与 X 轴相交于一点，即只可能有一个正根。

然而，固定收入流量资产也可以不是年金，而是每年几次得到的收入流量，可能一年两次，也可能一年四次。在计算具有这种固定收入流量的资产现值时，复利计算将出现比一年一次更快的频率，为使不同资产的收益率能够相互比较，必须采用共同的收益率单位，因此不便把计算这种资产现值的折现率表示为季息、月息或日息。在这种仍有用百分数计算利息率的情况下，复利计算中计息频率的改变只能影响资产的现值，而不会改变资产所具有的名义年利息率。

为了考察当复利计算中计息频率加快时资产现值的变化情况，我们选取把单期现值公式稍加调整，使之能够适应任何计息频率。设资产的期限仍为 N 年，每年付息 M 次，年利率或市场收益率仍为 I，则每次计息时的利率为 i/M，其计息 MN 次。设 N 年后资产的终值为 A，则资产的现值显然为

$$P = A/(1+i/M)^{MN}$$

例如，在年利率为12%，一年付息4次的条件下，2年后可获得 1 000 元收入流量的资产，其现值应为

$$P = \frac{1\ 000}{(1+12\%/4)^{4\times2}} = 789.41(元)$$

根据这个道理不难看出，复息固定收入流量的现值公式可按计息频率调整为

$$P = A\sum_{t=1}^{MN} = \frac{A}{(1+i/M)^t}$$

或

$$P = A\sum_{t=1}^{MN} = \frac{1}{(1+i/M)^t}$$

上两式中 t 为计息时序。可见当资产的计息频率越来越快，最后趋于无穷大时资产现值是怎样一种情况。仍以单期现值公式为例，$M\to\infty$ 时，如果 M 是连续的，年利率仍为 I，则 N 年后终值为 A 的资产现值为

$$P = A/(1+i/M)^{MN}(M\to\infty)^{①} = A/e^{in}$$

或

$$P = Ae^{-in}$$

设某资产期限为 2 年，利率12%，终值为 1 000 元，当 $M=1$，即每年计息一次时，其现值为

$$P = \frac{1\ 000}{(1+12\%)^2} = 797.19(元)$$

而假设计息次数 M 趋于无穷大，其现值变成

---

① 因为 $(1+i/M)^{MN} = (1+1/M/i)^{M/I\cdot in}$，当 $M\to\infty$ 时，$(1+1/M/i)M/I = e$，所以：$(1+i/M)^{MN} = e^{in}$。

$$P = \frac{1\,000}{e^{12\% \times 2}} = 786.63(元)$$

这样，当计息频率从一年一次变为连续不断时，该资产的现值就从797.19元下降为786.63元。

当然，计息频率趋于无穷大的情况完全是理论上的一种假设，目的是为了说明计息频率在资产价值中的作用。在利率、期限和终值都相等的情况下，计息频率越快，资产的现值就越小；反过来，在利率、期限和本金已定的条件下，计息频率越快，资产的终值便越大。但无论是现值还是终值，都有一个极限值。

现值公式为我们确定金融资产的价值提供了很大的方便。但在现实的金融市场上，还有一些特殊的金融资产，其获得收入流量的时间横轴是没有终点的。换句话说，这些金融资产没有明确的由收入流量终止的时点，它们几乎无休止地为持有人提供货币收入流量。股票就是这样一种金融资产。

研究这种收入流量无终止点的金融资产，首先要假定这种无休止收入流量的存在。能够无休止地获取收入流量的资产，在国际上称为终身年金，并假定终身年金也有现值。这就是所谓的终身年金假说。

尽管从理论上讲，一个永远存在的收入流量是不可能有现值的，但终身年金假说仍然能够成立。原因在于，在任何折现率为正值的现值公式中，未来发生的收入流量，随着距现在的时间距离加长，其有效性是递减的。从现值公式可以发现，每一期未来收入的数额都是用"1加上折现率"的时间幂。这意味着相对现在来讲，未来收入流量的有效性随着时间指数的增加而递减。为了考察这种无穷无尽的收入流量的现值计算方法，先将收入流量递增、递减和其他变化的可能性放下不谈，只考察一种永远存在的、同时每期数额不变的收入流量，即具有无穷期限的固定收入流量。英国政府1751年首次发行的统一公债提供了这种金融实践。该债券支付固定利息，但没有规定到期日，政府申明在其认为适当的时候才偿还债券本金。统一公债的价格和收益率就是利用现值公式计算的，但公式中的期限N这时趋于无穷大，因此，其价格公式为

$$P = A \sum_{t=1}^{N} = \frac{A}{(1+i)}(N \to \infty)$$

式中：i表示统一公债的市场收益率，A表示统一公债每年支付的利息额。

上式经过变形得到：

$$P(1+i) - P = A - A/(1+i)^N (N \to \infty)$$

当N趋于无穷大时，$A/(1+i)^N$一项趋于零，其结果，统一公债的现值公式简化为

$$P(1+i) - P = A$$
$$P = A/i$$

或

$$i = A/P$$

即统一公债的现值等于年利息额除以市场收益率；反过来，它的市场收益率可以用年利息额除以现值表示的价格求得。

现以4%利率的统一公债为例，一张票面金额为10 000英镑的统一公债，A等于400英镑。当市场收益率为15%时，其价格为

$$P = 400/15\% = 2\ 666.67\text{（英镑）}$$

如果市场收益率下降到10%，其价格上升为

$$P = 400/10\% = 4\ 000\text{（英镑）}$$

反过来，如果用4 000英镑买入这张债券，投资人可获得10%的收益率，即

$$i = 400/4\ 000 = 10\%$$

如果这张债券的价格下降到2 666.67英镑，则可为投资人带来15%的收益率，即

$$i = 400/2\ 666.67 = 15\%$$

由此可以得出结论：固定收入流量的终身年金，其现值等于年利息额与市场收益率之比，其收益率等于年利息额与价格（现值）之比。

第三节　利率期限结构与风险结构

如前文所述，决定利率水平的因素很多，其中金融工具（金融资产）的收益与期限关系密切。利率期限结构探究不同期限的金融工具收益率差异的原因，而利率风险结构解释相同利率期限的不同金融产品收益率差异的原因。

一、利率期限结构

所谓利率的期限结构，就是收益和期限之间的关系。通常，金融工具到偿还期的收益率，随着这种工具到偿还期时间的增加而增加。然而，当利率非常高的时候，金融工具的偿还期越长，它的偿还期的收益率越低，这是债券价值与利率之间的逆向关系所决定的。只有在极少数的情况下，当偿还期延长时，到偿还期的收益率既不减少也不增加。

（一）收益率曲线

在一个特定时期，一种债券的短期利率和长期利率之间的关系形成该种债券的利率期限结构，这种关系通常表示为一种收益率曲线，例如图3－2所列三种普通类型的收益率曲线。

在图3－2中到偿还期收益（纵轴）和偿还期时间（横轴）相联系，代表一组债券。它们除了到偿还期时间外，其他所有方面都是一样的。当到偿还期增加时，曲线C到偿还期收益率也增加。这种正数收益率和偿还期之间的关系，通常被称为"正常的"收益率曲线，因为它最经常出现。相形之下，收益率曲线偶然也呈下倾斜线（如曲线A），这种向下倾斜的收益率曲线是属于"颠倒的"收益率曲线，因为"正常的"偿还期和时间关系已经反转或颠倒。A、C收益率曲线提供了一种关于收益率和偿还期的基本关系的简明观点，然而经常出现的是这些成分相混合的收益率曲线。例如，B收益率曲线划分为不同阶段，上倾斜段代表偿还期范围的某一部分，下倾斜段则代表另一偿还区间。

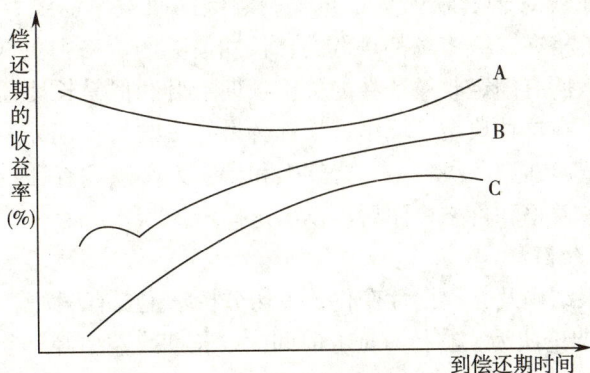

图 3 - 2 各种形状的收益率曲线

在利率上升时期，收益率曲线经过一年或两年上升，然后连续几年下降，从而变为水平线。这种曲线类型是属于"隆起的"。

这里要说明一点，我们在利率期限结构的定义中使用的是收益的概念，首先，债券的收益是债券为持有人带来的实际利息率，投资人在购买债券时关心的主要不是债券的票面利率，而是实际能得到的利率，因此，收益率的期限结构才是本质上的利率期限结构。其次，我们研究的债券发行人并不能凭主观意愿确定债券发行时的票面利率。债券的票面利率水平必须根据各种主要在发行债券的二级市场收益水平来确定。假如在债券发行时市场上距到期日还有 5 年的债券收益率为 8%，则任何债券发行人都只能以此为基准制定新发行 5 年期债券的票面利率。其他情况相同时，低于此水平则无人购买，高于此水平则发行成本过高。这样，某日的债券市场实际收益率的期限结构，便决定了这一天新发行利率期限结构。正是由于这个原因，一般在研究债券的利率期限结构时，都是从研究债券收益率的期限结构来入手的。

（二）收益率曲线与借款人和贷款人

任何时间的特定收益率曲线，对金融市场的贷款人和借款人都是很重要的。如果收益率曲线向上倾斜，则借入资金的人必须支配较高的利息以"达到偿还期"。虽然借款人靠借入长期资金可以减轻流动性压力，但是长期借入的有利因素会被支付高利的不利因素所抵消。从贷款人的观点来看，向上倾斜的收益率曲线表明较高的偿还期收益率只有靠长期投资才能得到。可是，长期证券价格的可变性大于短期证券价格的可变性。从而，投资者或贷款人必须权衡长期证券的较高收益和联系于这些证券的较大利率风险。

如果收益率曲线向下倾斜，贷款人和借款人在短期和长期投资之间的有利和不利因素正好被颠倒过来。从借入的角度来看，向下倾斜的收益率曲线表明在金融市场筹集资金所需要利率，长期证券比短期证券低。在这种环境中，借款人将明确地选择长期证券，因为长偿还期和低的利率可以同时得到。然而。这里忽视了颠倒的收益率曲线一般出于高利率时期（收益率曲线指的是短期和长期利率之间的关系，不是利率水平）。如果可能的话，对于借款人可能推迟筹集资金或者先借短期（尽管短期借款利率比长期利率高），将来用较低利率借到长期资金，这是较为可取的。

颠倒的收益率曲线对于贷款人也很重要。颠倒的收益率曲线存在时，利率一般较高，所有附息债券价格在二级市场都是低的，长期债券的价格则更低。而且，如果高利率预期要降低，那么所有固定收益证券的价格预期上升，但是长期证券的价格预期上升多于短期证券价格。在这种典型环境里，投资者最好去购买长期证券，以便取得证券的较大的潜在价格增值。在这一决策中，贷款人和借款人必须调查证券当时的收益率和价格以及将来预期的收益率和价格，而后再作出选择。

（三）收益率曲线解释

对收益率的期限结构及其周期性变化，市场分析家主要有三种解释：

1. 预期论。预期论认为，在持有证券时间内，长期收益率等于预期短期收益率的几何平均数。根据这一论点，收益曲线的形状取决于投资者对未来短期利率趋势的共同看法。如果预期利率上升，收益率曲线向上倾斜。反之，如果预期短期利率下降，则收益率曲线向下倾斜。短期市场和长期市场之间的套利活动证实了这一结论。也就是说，投资者是选择一系列的短期证券来投资的，不是选择特定期限的长期证券。所以，长期债券的收益率至少必须等于预期短期债券收益率的平均数，否则投资者不愿持有长期证券。

2. 流动性收益论。流动性收益论从长期债券的内在市场风险来解释收益曲线。如前所述，如果到期时间延长，证券价格的不稳定性会加剧，虽然其趋势是缓慢的。要鼓励敢冒风险的投资者持有长期债券，那么证券收益必须能够补偿他们所承担的较高风险。因此，这一理论认为，向上倾斜的收益曲线反映的是在证券期限内随着风险的增加而增加收益，向下倾斜的曲线反映的是由于预期利率下降而造成的流动性收益的下降。

3. 市场隔离论。市场隔离论对收益曲线的形状进行另一种解释。这种理论认为，期限不同的证券难以相互替代。也就是说，这些证券在市场与市场之间的流动是微不足道的。因此，各种不同期限的证券的供求因素决定了收益曲线的形状。某一部分期限的证券供求不平衡也会导致收益曲线的重新变化。

对于圆丘形的收益曲线，通常解释为投资者认为将来利息率要下降，但近期会上升。由于担心中期证券的收益会受到损失，投资者把中期证券的期限延长到了最大限度。中期证券的价格下跌，促使收益上升，产生了圆丘形的收益期限结构。

二、利率风险结构

所谓利率的风险结构，就是指具有相同期限但具有不同违约风险、流动性和税收条件的金融工具收益率之间的相互关系。通常，不同发行人发行的相同期限和票面利率的债券，市场价格并不相同，从而得到债券收益率也不一样。经济学家经过研究发现，利率的风险结构主要由违约风险、流动性风险和税收规定这三个因素决定。

（一）违约风险

违约风险，是指金融工具的发行人未能在约定时间内支付其承诺的本金和利息。由于政府能够通过增加税收和增发货币等手段来清偿债务，所以政府债券一般被称为无违约风险债券。如美国、德国等发达国家政府发行的债券几乎没有违约风险，而一些欠发达或负债率高企的国家（如 2011 年欧洲债务危机重灾国——希腊等国）的政府发行的债券违约风险相对较大，这些国家发行的国债利率就显著高于美国、德国发行的国债利率（见图 3-3）。对于企业来说同样如此，不同的企业具有不同的现金偿还能力，一般大企业的违约风险要低于小企业，所以小企业必须支付更高的利息吸引投资者（见图 3-4）。

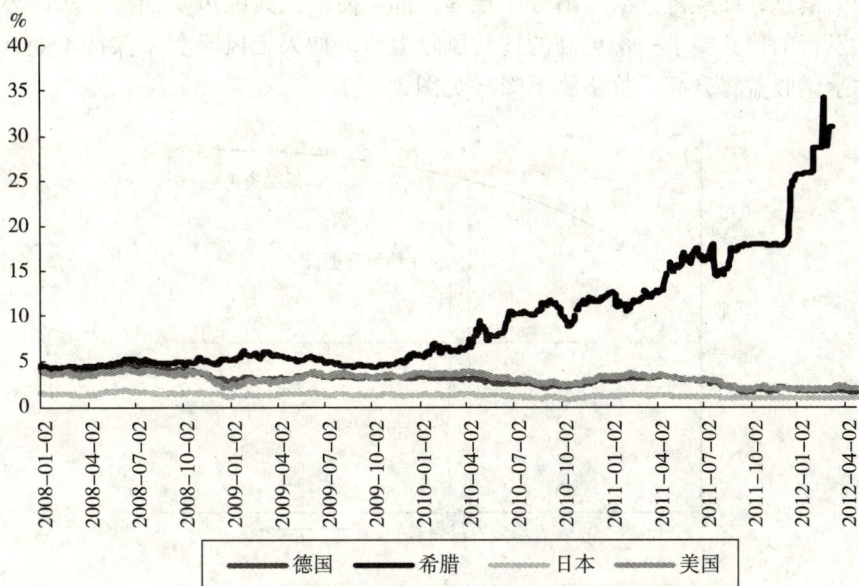

图 3-3　各国 10 年期国债收益率

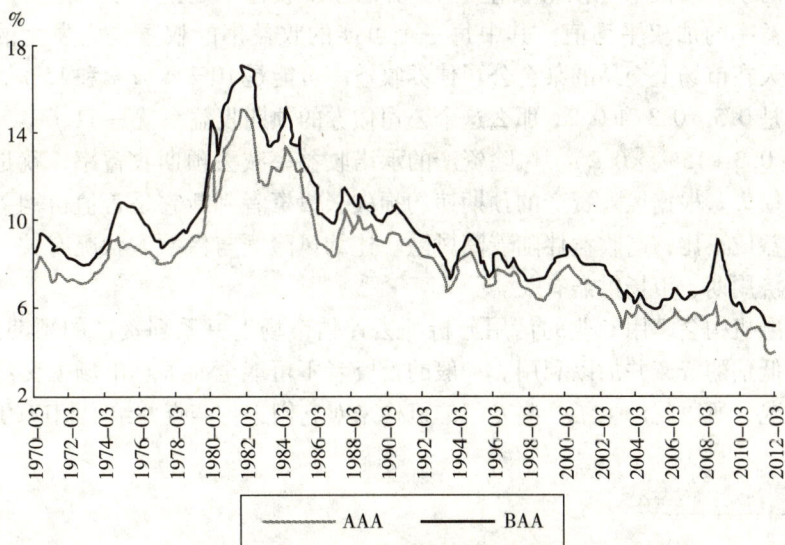

图 3-4　不同评级公司债收益率（穆迪）

有违约风险的债券与无违约风险的债券之间的利率差额，称为风险升水（或风险溢价），它是人们为持有某种风险债券所必须获得的额外利息。具体地，一项风险资产的承诺收益至少由两个要素构成：

风险资产的承诺收益 = 无风险利率 + 违约风险溢价

一种债券的违约风险越高，则它的违约风险溢价越高，投资者要求的回报率越高。任何负面的消息，如经济下滑、财务困难等，都会使借款人的风险加大，从而导致市场对借款人发行的债券要求一个更高的违约风险溢价。如果无风险利率保持不变，那么金融资产的承诺收益将升高，价格将下降（见图3-5）。

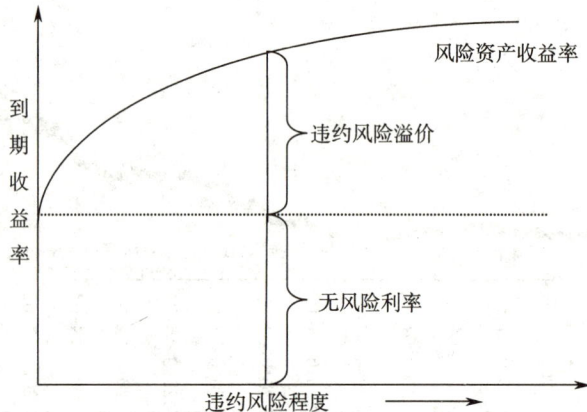

图3-5 风险资产的违约风险与收益率的关系

一旦出现违约，投资者必然将遭受重大损失。为此，购买风险资产的投资者需要关注风险资产的预期回报率（预期收益率）。所谓预期收益率是指一项风险资产的所有可能的到期收益率的加权平均值，其中每一个可能的收益率的权重是它发生的概率。例如，假设今天在市场上交易的某个公司债券收益率可能是10%、12%和15%，它们发生的概率各自是0.5、0.3和0.2，那么这个公司债券的预期收益率就是11.6%（= 10% × 0.5 + 12% × 0.3 + 15% × 0.2）。风险资产的承诺收益率减去预期收益率，就是风险资产的预期违约损失。根据风险资产的预期违约损失，投资者判断它是否值得购买。违约风险与预期收益成正比，高收益伴随着高风险。违约风险既与借款人状况有关，也与外部因素，如经济周期、市场供需有关。

一些金融机构会聘用专业的信用分析师去评估市场上一系列资产的预期违约损失，以寻找价值低估的资产并加以利用。一般的投资者不可能全面了解市场上交易的各种债券的具体情况，所以就产生了一些专门的机构来对它们进行调查并给出相应的评级。[①]

---

① 美国的穆迪公司（Moody's Investors Service）和标准普尔公司（Standard & Poor's Corporation）是国际上两家主要的私人评级公司，它们依据债券违约的可能性的大小对债券作出信用评级（以借款人的财务状况和业务前景为基础），向债券购买者提供有关违约风险的信息。

（二）流动性风险

在其他条件相同的情况下，人们总是偏好流动性高的资产，以便在需要的时候可以迅速变现。因此，在其他条件相同的情况下，流动性越高的债券利率越低，收益率越低。这可以解释为什么大多数发展中国家的政府债券在利率调整后的收益率通常高于发达国家相同到期期限的国债收益率，因为发展中国家发行的政府债券市场需求小、成交量低。同样地，在许多国家的金融市场，公司债券市场不如政府债券市场活跃，公司债券的流动性低于政府债券。

一种资产的流动性可以用它的变现成本来衡量。债券的变现成本主要包括两个方面，一是交易佣金，二是债券的买卖差价。交易佣金就是投资者买卖债券时向经纪商支付的手续费。买卖差价是指资产的买价与售价之差，而且买价总是低于售价，如果买价高于售价的话，交易立即可进行。例如，某投资机构出价 95.25 元购买票面价值为 100 元的国库券，保证以 95.35 元卖出，价差 0.1 元。总的来说，价差越窄，该项资产的流动性越强。其他可以用来观察流动性的指标还有交易量、交易频率和平均交易规模，因为流动性越强的金融工具所记录的交易量、交易频率和平均交易规模越大。

（三）税收因素

相同期限的债券收益率不同的另一个原因是税收政策不同。投资者真正关心的是税后的实际利率，如果债券利息收入的税收待遇根据债券种类不同而存在差异，这种差异必然反映到税前利率上：

$$税后收益率 = 税前收益率 \times （1 - 边际所得税税率）$$

因此，税率越高的债券，投资者要求的税前利率越高。例如，某国政府规定公司债券的所得税税率为 25%，而市政债券免交所得税，如果市政债券收益率为 4.5%，那只有当公司债券的税前收益率超过 6%〔= 4.5% ÷（1 - 25%）〕时，在其他条件相同的情况下，公司债券对投资者才有吸引力。

这可以解释美国在 20 世纪 40 年代以来流动性高的联邦政府债券的利率反而高于流动性低的州和地方政府债券的利率。因为根据美国税法，州和地方政府的债券利息收入可以免交联邦所得税，因而其税前利率要低于联邦政府债券。目前，我国对金融市场上债券利息和股票交易价差收入免交个人所得税。

第四节　利率与证券价格

利率与金融资产价格有着密切的联系，讨论利率的目的在于说明金融资产价格的确定。这就需要研究衡量和计算利率、证券等金融资产价格的方法，进而研究利率与金融资产价格之间的关系。

一、利率与金融资产价格的计量单位

（一）利率的计量单位

如前所述，利率是本金与利息的比率。即

年利率（%）= 利息／本金 × 100%

例如，年利率10%的一笔1 000元的贷款，意味着资金贷出人获得借款人支付100元（1 000×10%）的费用的承诺，作为使用一年1 000元贷款的报酬。承诺100元费用是在贷款本金偿还之外需要支付的费用，它发生在这一年的某个时候。

利率通常被表示成年利率。即使期限少于一年的贷款和投资，也通常用年利率来表示。例如，同业拆借市场的隔夜拆放，商业银行第一天拆入资金，第二天偿还，即使这样，借市资金的利率也表示成年利率。

在公开市场上交易的证券的利率很少以整数百分点的形式报出，如5%或8%。多数情况是表示为1%的百分之几，如5.38%或7.42%。而且一天或一周大多数利率只变动整数百分点的小数部分。在这种情况下，我们可以用"基本点"这个概念来反映。一个基本点等于一个百分点的1%。即：一个百分点 = 100个基本点。一个基本点就是一个小数单位，即小数点向右移第四位数，如10.5%的利率表示成10 % 加上50个基本点，或1 050个基本点。同样，证券利率从5.25%上升到5.30%，表示增加了5个基本点。

（二）证券价格的计量单位

证券价格表示形式并不一样。在美国，股票的价格用美元的整数加分数来表示。例如，某股票价格为51/8美元，该股票价格就是5.125美元（1/8美元就是0.125美元）。债券价格用整数点与小数点表示。若面值为100美元，那么每一点就等于1美元。一份美国政府债券价格为，若面值为100美元，就是以97美元卖出；若面值为1 000美元，就是以970美元卖出。小数点用三十二分之几、八分之几、四分之几或1/2，有时也用六十四分之几表示。若面值为100美元，1/2点为0.5美元，1/32点为0.03125美元。若债券价格为974/32（有时被表示成97.4或97 – 4），就是面值为100美元的债券价格为97.125美元，或面值为1 000美元的债券价格为971.25美元。

二、证券收益率的度量

利率是借款人向贷款人承诺的年收益率。然而这个收益率并不一定就是贷款人在贷款期间实际赚得的收益率的真实反映。因为借款人有可能对他们承诺的应付款全部或部分违约，表示贷款的证券的市场价格可能上升或下降，从而增加或减少贷款的实际的总收益率。现在我们讨论证券收益率的度量。

（一）息票率

息票率是中长期债券在发行时发行人同意支付的协定利率。例如，某国库券发行时，印在票面的息票率是9%，那么，就表示发行人向持票人承诺每年支付票面额的9%的利息收入。债券发行人承诺支付的年利息收入额称为年息。年息的计算公式是

年息 = 面值 × 息票率

息票率不是衡量债券收益率合适的指标。除非持有者以等于债券面值买进，发行人按时完成承诺的全部应付利息，持有者按债券面值卖出。这样的息票率才是一个合适的衡量指标。然而债券的价格随市场状况而波动，很少出现正好按面值交易的情况。

（二）当前收益率

证券收益率的另一个衡量指标是当前收益率。它是证券创造的年收益（红利或利息）对其当前市场价格的比率。例如，一般普通股在市场上以 30 元卖出，股东支付的年红利是 3 元，则其当前收益率为 $3/30 = 10\%$。像息票率一样，当前收益率也不能反映实际与预期的付款和投资者能够卖出或变现的证券价格的变化情况。

（三）到期收益率

到期收益率是市场准备为证券支付的利率。它把证券的现值折算成期值。到期收益率是使证券的购买价格等于其预期的年净现金流量的现值的比率。公式是

$$P = I_1/(1+R)^1 + I_2/(1+R)^2 + \cdots + I_N/(1+R)^N$$

式中：R 表示到期收益率；I 表示预期从证券可获得的年收入；N 表示持有年限，直到金融资产到期收回。公式中的 I 包括收入和本金。

假设投资者购买一种期限为 20 年，息票率为 10%，价格为 850 元，面值 1 000 元的到期支付债券，其到期收益率可以倒算出来。即

$$850 = 100/(1+R)^1 + 100/(1+R)^2 + \cdots + 1\,000/(1+R)^{20}$$

$R=12\%$。这个比率高出 10% 的息票率。

假设这张债券不是以 850 元买进，而是以 1 200 元买进，其到期收益率为

$$1\,200 = 100/(1+R)^1 + 100/(1+R)^2 + \cdots + 1\,000/(1+R)^{20}$$

$R=8\%$。这个比率低于 10% 的息票率。

到期收益率考虑到了一种金融资产可获得的预期收入流的时间分布。但到期收益率仍假定持有证券至到期日。对大多数投资者来说，这种假定是不成立的。有些持有者在证券到期前要出卖，有些证券如股票，是永久性投资工具，不存在到期问题。

（四）持有期收益率

持有期收益率反映持有期间的收益状况。计算公式是

$$P = I_1/(1+h)^1 + I_2/(1+h)^2 + \cdots + I_m/(1+h)^m + P_m/(1+h)^m$$

式中：h 表示持有期收益率；m 表示投资者持有证券；P_m 表示持有 m 阶段出售证券的价格。

三、利率（收益率）与证券价格的关系

上述公式表明证券价格与收益率（利率）之间存在着多种重要关系，其中最重要关系之一，就是证券价格与其收益率呈反向关系，收益率上升意味着价格下跌；相反收益率下降是与价格上涨相联系的。

在前面介绍新古典可贷资金利率理论时已经指出，均衡利率是由可贷资金的供给和需求相互作用所决定的。可贷资金的需求者（借款人）向金融市场供给证券，而可贷资金的供给者（贷款者）需求证券作为一种投资。因此，一种证券的均衡收益率和它的均

衡价格是同时被决定的，它们只是同一现象——可贷资金的借入和贷出的不同方面。

图3-6描述了利率（收益率）与证券价格的需求与供给曲线。

在图3-6（a）中，可贷资金的供给曲线与证券价格图3-6（b）上的证券价格需求曲线（也表示贷款）类似。同样，利率图上的可贷资金需求曲线（表示借款）与证券价格图3-6（b）上的证券价格供给曲线（也表示借款）类似。

我们可以看出，在图3-6（b）中，价格越高，借款人发行的证券越多；而价格越低，贷款人需求的证券越多。相反，在图3-6（a）中，利率越高，借款人需求的可贷资金量越少，而利率（收益率）越低，贷款人供给的可贷资金越少。在图3-6（a）中，均衡利率（收益率）位于点i_E，在这一点可贷资金的需求等于可贷资金的供给。同样，在图3-6（b）中，证券的均衡价格位于点P_E，在这一点证券的需求等于证券的供给。只有在均衡利率和均衡证券价格时，借款人和贷款人才会对发生的借款与贷款表示满意。

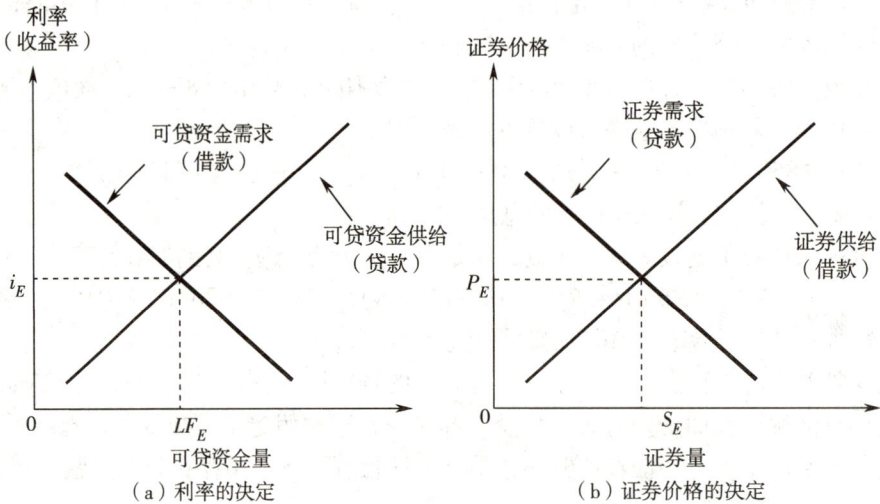

图3-6　均衡证券价格与利率（收益率）

在图3-6中，供给与需求曲线变动时，我们能清楚地看到利率与证券价格之间呈反向关系。图3-7更清楚地说明了这一点。例如，假设面临着持续的通货膨胀时，消费者和企业加速了其借款，增加了对可贷资金的需求，如图3-7左上图所示，可贷资金的需求曲线向上并向右滑动，而可贷资金的供给曲线不变。可贷资金需求增加也意味着证券的供给的扩大，如图3-7右上图所示，证券供给曲线从S移动到S'。结果形成新的较低的证券均衡价格和较高的可贷资金均衡利率。

相反，假设消费者决定多储蓄，从而扩大了可贷资金的供给。如图3-7左下图所示，可贷资金的供给曲线向上并向右滑动，从S移动到S'。但是随着储蓄的增加，证券的需求曲线必然上升，向上并向右移动，从D移动到D'。这是因为那些增加的储蓄被投资于证券。其结果是证券的均衡价格上涨，而均衡利率下跌。

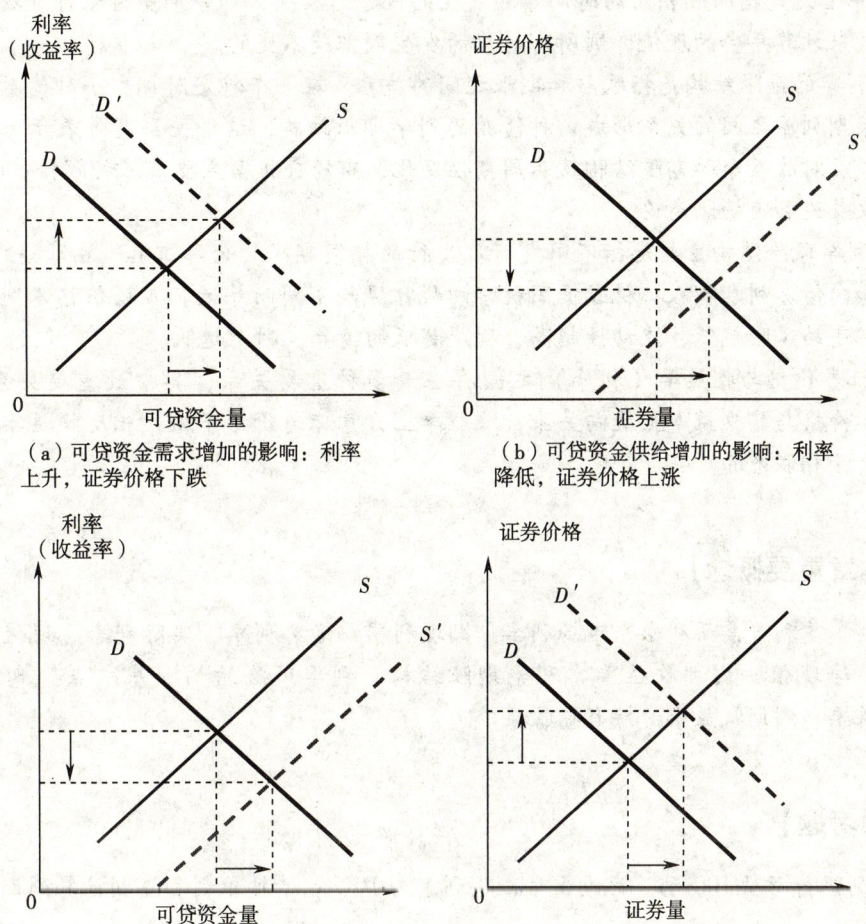

图3-7 供给与需求变动对证券利率（收益率）和价格的影响

【本章小结】

1. 利率是利息与本金的比率。

2. 利率的决定理论主要有：马克思利润率决定利率理论，西方的实物资本利率理论、货币利率理论、新古典可贷资金利率理论、理性预期理论等。

3. 利率的主要形式有：简单利率、复合利率、贴现利率、名义利率和实际利率等。

4. 终值是指当前一定量的金融资产按某一特定的利率换算的、在将来某一时点的价值。现值（present value）是指未来一定量的金融资产按某一特定的利率换算的、在当前的价值。终值与现值互为逆运算。

5. 总现值是一种金融资产特定期限内收入流量总和的现值。金融资产总现值和投资成本之间的差额就是所谓净现值。净现值是实际投资人衡量一项投资有无"经济"价值的一种手段，是进行投资可行性分析的一种简便方法。

6. 年金，是指间隔相同的时间等额发生的一系列款项，如分期支付银行贷款等。用现值公式来计算年金的现值，则所有对应的发生额都是不变的。

7. 利率的期限结构是指收益和期限之间的关系。在一个特定时期，一种债券的短期利率和长期利率之间的关系形成该种债券的利率期限结构，这种关系通常表示为一种收益率曲线。对收益率的期限结构及其周期性变化，市场分析家主要有三种解释：预期论、流动性收益论和市场隔离论。

8. 利率风险结构主要是指不同发行人发行的相同期限的金融工具，由于违约风险、流动性和向债券利息收入征税或提高税率的税收风险不同而导致其市场价格不同，收益率各异。违约风险越低、流动性越高、税率越低的债券，利率越低。

9. 证券价格与收益率（利率）之间存在着多种重要关系，其中最重要关系之一，就是证券价格与其收益率呈反向关系，收益率上升意味着价格下跌；相反收益率下降是与价格上涨相联系的。

【本章重要概念】

单利 复利 票面利率 市场利率 贴现利率 名义利率 实际利率 现值 终值 年金 净现值 内部收益率 利率期限结构 利率风险结构 基本点 息票率 当前收益率 到期收益率 持有期收益率

【思考题】

1. 到银行存款100元，存期5年，年利息为10%，请按单利和复利计算到期得到的利息额。

2. 要在5年内按年率10%从银行获得150元现款，按单利计算，现在到银行应存入多少现款？

3. 要在5年内按年利率10%从银行获得16 105元现款，按复利计算，现在到银行应存入多少现款？

4. 综合几种主要的利率理论，列举影响利率水平的主要因素。

5. 简述解释收益率曲线的几种理论。

6. 简述决定利率结构水平的主要因素。

7. 简述利率（收益率）与证券价格的关系。

【本章参考书】

1. 杜金富等：《金融市场学》，第三版，大连，东北财经大学出版社，2010。

2. 张志平：《金融市场实务与理论研究》，北京，中国金融出版社，1991。

3. 彼得·S. 罗斯（Rose, P. S.）：《货币与资本市场》，第六版，中文版，北京，机械工业出版社，1999。

4. 彼得·S. 罗斯（Rose, P. S.），马奎斯（Marquis, M. H.）：《金融市场与机构》，第十版，北京，机械工业出版社，2009。

5. 史建平：《金融市场学》，北京，清华大学出版社，2007。

第四章

金融市场与资产价格

　　本章主要探讨金融市场与资产价格之间的关系。与微观经济学的思路相似，以投资组合理论、资本资产定价模型（CAPM）、套利定价理论（APT）为代表的现代资产定价理论从理性个人的最优化决策过程出发，以市场均衡为基本前提，揭示金融资产的均衡定价机制。有效市场理论也以投资者理性为起点，认为在有效市场中资产价格可以及时充分地反映与价格相关的所有信息。这一章主要介绍收益和风险的基本概念及理性投资者的收益—风险偏好；投资组合理论、资本资产定价模型、因子模型、套利定价理论等主要的资产定价理论；有效市场理论及其挑战者行为金融理论等。

第一节　收益、风险与理性投资者

　　理性投资者往往追求在最小风险条件下的收益最大化。这一节我们介绍收益的形式及其度量、风险的内涵及其度量，以及理性投资者的收益—风险偏好等内容，为下一节研究资产定价打下基础。

一、收益及其度量

（一）收益的形式

　　收益是对投资的回报。投资的对象可以是各种各样的资产，因此收益也就会有多种不同的形式。比如，投资于债券可以获得固定的收益——利息，获取利息的时间和金额都是在债券发行时就已经确定好的；投资于股票将获得股利，即由股份公司定期或不定期向股东派送的盈利，股利的金额则不是固定的；投资于房地产并将其出租则可以获得租金收入。利息、股利、租金都是持有资产带来的现金流收益。如果投资的资产有比较发达的流通市场，如债券、股票，那么还可以通过低买高卖该资产获得价差收益，这部分收益被称为资本利得。总的来说，利息、股利、租金以及资本利得都是不同形式的投资收益。

（二）历史收益的度量

　　在已经发生的投资期间内应该如何比较不同资产收益的高低呢？这涉及如何度量历

史收益的问题。如果投资只涉及一个时期，则对单期收益的度量可以有绝对量和相对量两种形式。用货币表示的收益是绝对量的度量，用百分比表示的收益是相对量的度量。如果投资涉及多个时期，则对多期收益的度量则可以用算术平均收益率、时间加权收益率和货币加权收益率等方法来实现。

1. 单期收益的度量。

（1）用货币度量收益。例如，在年初某投资者以每股 15 元的价格购买了 100 股 A 股票。年终，该股票分派了每股 1.75 元的股利，而且该股票的价格为每股 17 元，则该投资者获得的用货币衡量的收益为

$$[1.75 + (17 - 15)] \times 100 = 375 (元)$$

其中，获得股利 $1.75 \times 100 = 175$ 元，获得资本利得 $(17 - 15) \times 100 = 200$ 元。当然如果年终该股票的价格跌为每股 13 元，则该投资者的收益为

$$[1.75 + (13 - 15)] \times 100 = -25 (元)$$

其中，该投资者获得的股利仍为 $1.75 \times 100 = 175$ 元，但是由于股价下跌遭受了资本损失 $(13 - 15) \times 100 = -200$ 元。因此用货币度量的投资收益可以表示为

$$总收益 = 股利(或利息) + 资本利得(或资本损失)$$

（2）用百分比度量收益。当涉及不同规模投资的收益比较时，用百分比度量的收益将更有意义。用百分比度量的收益也被称为收益率[①]。相对于用货币度量的收益，收益率衡量的是每单位货币获得的收益是多少。在刚才的例子中，投资者获得的用百分比衡量的收益为

$$\frac{1.75 + (17 - 15)}{15} = 25\%$$

其中，获得股利 $1.75/15 \times 100\% = 11.67\%$，获得资本利得 $(17 - 15)/15 \times 100\% = 13.33\%$。因此一笔投资用百分比度量的收益可以表示为

$$收益率 = \frac{期末获得的股利或利息 + (期末的市场价值 - 期初的市场价值)}{期初的市场价值} \times 100\%$$

2. 多期收益的度量。从理论上讲，上面这种计算收益率的方法可以用于任何一段时期，比如 1 个月或 10 年。但是这会引发如下问题：（1）显然这种方法若用于长期，如多于几个月，则不太可靠，因为其基本假定之一是所有的现金支付和资金流入都发生在期末，若两笔投资收益率相同，则支付较早的一笔的收益就被低估了。（2）我们不能根据这一公式对 1 个月期的投资和 1 年期的投资的收益率进行比较，对于收益率的比较，必须以单位时期来表示，如 1 年。

实践中我们处理这两个问题的方法是，首先计算在一个合理的较短的单位时期内如一个季度或更短时期内的收益率。而跨越若干相关的单位时期收益率，则由对单位时期的收益率进行平均求得。计算方法有三种：算术平均收益率、时间加权收益率和货币加

[①]　一般提到收益均指用百分比表示的收益率。在这里因为要区别绝对收益和相对收益，因此对收益和收益率加以区分，在以后的篇幅中如无特别说明则对这两个概念不加以区分。

权收益率。其计算公式如下：

（1）算术平均收益率：

$$r_A = \frac{r_1 + r_2 + \cdots + r_n}{n}$$

式中：r_A 为算术平均收益率；r_i 为 i 时期资产的收益率（$i=1$，2，3，$\cdots$，n）；n 为时期数。

例如，某只证券7月、8月、9月的收益率分别为 -10%、20%、5%，那么算术平均的月收益率就为（$-10\%+20\%+5\%$）$/3=5\%$。

（2）时间加权收益率：

$$r_T = \sqrt[n]{(1+r_1)(1+r_2)\cdots(1+r_n)} - 1$$

式中：r_T 为时间加权收益率；r_i 为 i 时期资产的收益率（$i=1$，2，3，$\cdots$，n）；n 为时期数。

按此公式，上例中的资产的时间加权收益率为

$$r_T = \sqrt[3]{(1-10\%)(1+20\%)(1+5\%)} - 1 = 4.3\%$$

一般来说，计算出来的算术平均收益率和时间加权收益率是不相等的。这是因为在计算算术平均收益率时，假定期末投资额保持在期初价值水平。而计算时间加权收益率时，由于假定了所有收入都用于再投资，故资产的投资额是不断变化的。

（3）货币加权收益率：

$$V_0 = \frac{C_1}{1+r_D} + \frac{C_2}{(1+r_D)^2} + \cdots + \frac{C_n+V_n}{(1+r_D)^n}$$

式中：r_D 为货币加权收益率；V_0 为资产的期初市场价值；V_n 为资产的期末市场价值；C_i 为资产在 i 时期的净现金流量（现金流入减现金流出，$i=1$，2，3，$\cdots$，n）。

例如，某证券组合在2003年初的市场价值为100 000元，2003年底、2004年底和2005年底分别提取资本5 000元，2005年底的市场价值为110 000元，则 $V_0=100\,000$，$n=3$，$C_1=C_2=C_3=5\,000$，$V_3=110\,000$，r_D 满足下列等式：

$$100\,000 = \frac{5\,000}{1+r_D} + \frac{5\,000}{(1+r_D)^2} + \frac{5\,000+110\,000}{(1+r_D)^3}$$

满足此公式的 $r_D=8.1\%$，这就是货币加权收益率。

（三）期望收益的度量

1. 单只证券的期望收益率。期望收益是用概率方法对资产未来收益的度量。先通过一个简单的例子说明如何度量单只证券的期望收益。例如，证券A未来收益率的概率分布（见表4-1）。

表4-1　　　　　　　　　　证券A未来收益率的概率分布

未来可能的收益率	5%	1%	9%
发生的概率	0.5	0.3	0.2

未来可能的收益率5%、1%、9%发生的概率分别为0.5、0.3、0.2，我们知道证券

76

A 未来的收益率有 1/2 的可能性为 5% ，有 3/10 的可能性为 1% ，有 1/5 的可能性为 9% ，且结果只可能是 5% 、1% 、9% 中的一个，但我们不能确定究竟会是三者中的哪一个。

证券 A 未来的收益尚未实现，应当如何度量其高低呢？我们仍然可以用求加权平均值的方法，而权重就是每种可能收益率的发生概率。这样证券 A 未来收益率的加权平均值 $\bar{r}$ 为

$$\bar{r} = 0.5 \times 5\% + 0.3 \times 1\% + 0.2 \times 9\% = 4.6\%$$

$\bar{r}$ 被称为是证券 A 的期望收益率，是已知概率分布的条件下对证券 A 未来收益率的度量。可以直观地理解为，尽管证券 A 各种可能的收益率差别较大，但最有可能实现的收益率将集中在 4.6% 的附近。

当证券 A 未来可能的收益率不止三种情况，而是有 K 种情况时，其期望收益 $\bar{r}$ 的计算公式为

$$\bar{r} = \sum_{i=1}^{K} p_i r_i = p_1 r_1 + p_2 r_2 + \cdots + p_K r_K$$

式中：r_i 为第 i 种情况下的收益率；p_i 为第 i 种情况发生的概率。

2. 投资组合的期望收益率。投资组合是多只证券的集合，投资组合的期望收益率是构成投资组合的每只证券的期望收益率的加权平均值，权重为每只证券的初始市值在投资组合中的比重。以表 4 - 2 为例：

表 4 - 2　　　　　　　　　　投资组合期望收益率的计算

	初始市值占 投资组合的比例	证券的 期望收益率	对投资组合的 期望收益率的贡献
证券 A	0.5	4.6%	$0.5 \times 4.6\% = 2.3\%$
证券 B	0.3	2.7%	$0.3 \times 2.7\% = 0.81\%$
证券 C	0.2	9.5%	$0.2 \times 9.5\% = 1.9\%$
			投资组合的期望收益率 $\bar{r}_p = 5.01\%$

当投资组合由 N 只证券构成时，其期望收益率 $\bar{r}_p$ 的计算公式如下：

$$\bar{r}_p = \sum_{i=1}^{N} X_i \bar{r}_i = X_1 \bar{r}_1 + X_2 \bar{r}_2 + \cdots + X_K \bar{r}_K$$

式中：$\bar{r}_i$ 为第 i 只证券的期望收益率；X_i 为第 i 只证券的初始市值占投资组合的比例。

（四）无风险收益率

在评价不同资产的收益率时，应该有一个评价的基准。这个基准就是无风险资产的收益率，即无风险收益率。无风险收益率代表的是货币的时间价值，是对投资者付出时间等待的补偿。而风险资产的收益率高出无风险收益率的部分被称为风险溢价，是对投资者承担风险的补偿。因此无风险收益率应该被投资者看成是最低要求的收益率，低于此收益率的投资项目将不予以考虑。

所谓无风险资产，我们可以认为它的期望收益是确定的（实际收益始终等于期望收益）。满足什么样的条件才能使一项投资的实际收益等于期望收益呢？有两项基本条件：

一是没有违约风险，二是没有利率风险或再投资风险。

没有违约风险这一条将所有的企业证券都排除在外了，因为再大再好的企业都有违约的可能性。唯一有可能成为无风险资产的就只有政府债券，并不是因为政府就一定比企业经营管理得好，而是因为政府有发行钞票的权力，所以至少从名义货币的角度政府是可以保证履行其承诺的。[①]

虽然以本国货币发行的政府债券基本上没有违约风险，但对于特定的投资者而言，并不是所有的政府债券都是无风险的。比如，对于一个投资期限为 6 个月的投资者，持有还有 10 年到期的政府债券是有风险的，因为投资者并不知道 6 个月后该政府债券的价格是多少。在这 6 个月中，利率将以不可预测的方式变动，该政府债券的价格也将以不预测的方式波动，因此投资者将承担利率风险。同样，对于该投资者，持有还有 3 个月到期的政府债券也是有风险的，因为 3 个月政府债券到期后，投资者需要再投资，而投资者无法知道再投资的利率，因此投资者承担了再投资风险。

这样，只有到期期限与投资者的投资期限相同的政府债券同时满足这两项条件，才可以被认为是无风险资产。无风险资产一旦确定，该资产的收益率即可被认为是无风险收益率了。

二、风险及其度量

(一) 风险和不确定性

我们生活的世界是一个充满不确定性的世界。我们很想知道明天世界将会是什么样，比如明天会下雨吗？明天股市会涨吗？如果我们可以准确地预测未来，那么面临许多问题的时候我们就可以马上作出正确的决策。逻辑上，事物的未来发展可以有三种形态：确定的、存在风险的和不确定的[②]。确定性排除了任何随机事件发生的可能，它是哲学意义上前因后果必然关系的体现。在现实生活中，绝对确定的事情是没有的。人们常说"天有不测风云"讲的就是这个道理。

存在风险意味着，我们对于未来可能发生的所有事情以及它们发生的概率的大小均有准确的认识，但是对于究竟哪一种事件会发生实现却一无所知。换句话说，我们知晓未来事件的概率分布。这种概率分布也许来自于经验或者对客观事物本身规律的认识，但在更多的情况下只是一种主观的猜测。对于风险形象的理解是：想象在掷一枚质地均匀的硬币，我们知道只会出现字或者花两种结果，而且其可能性各为 50%，但是在硬币落地前，我们不会知道究竟哪种结果会出现[③]。

而不确定性则意味着：即便是我们能够知道未来世界的可能状态（结果），它们发生的概率大小仍然是不清楚的。但是如果引入主观概率（subjective probability），即人为地为每一种状态分配一个概率，则风险与不确定性的界限就变得模糊起来。特别是在进

---

① 但如果政府借的是外债，或者现任政府拒绝承认前任政权的债务时，政府债券也就不再是无风险的了。

② 弗兰克·奈特（Knight. F）爵士在他 1921 年的名著《风险、不确定性和利润》中准确地识别了这三种状态。

③ 这实际上是一个古典概率随机试验模型。

行动态决策时，几乎所有的概率评价都呈现主观色彩，因而在行文中，我们会不加区分地交替使用这两个词。

（二）风险的度量

1. 单只证券的标准差。如果说消费是为了提高当期的效用，那么投资则是为了提高未来的效用。因为涉及未来，所以投资收益是不确定的，或者说投资是有风险的。对风险的度量需要再次借用概率语言，仍然通过前文介绍期望收益时的例子来说明，证券 A 未来收益率的概率分布见表 4-1。

在前文的介绍中我们已经知道证券 A 的期望收益率为 4.6%，即未来最有可能实现的收益率在 4.6% 的附近。但最终实现的收益率与期望收益率 4.6% 之间会有偏离，偏离程度的大小就是我们所关注的风险。这一偏离程度同样可以用以发生概率为权重的加权平均方法计算出来，即计算证券 A 未来收益率的标准差差 σ：

$$\sigma = \sqrt{0.5 \times (5\% - \bar{r})^2 + 0.3 \times (1\% - \bar{r})^2 + 0.2 \times (9\% - \bar{r})^2} = 2.8\%$$

标准差 σ 度量的就是证券 A 的风险。可以理解为，证券 A 未来可能实现的收益率相对于其期望收益率 4.6% 的加权平均偏离程度是 2.8%。

当证券 A 未来可能的收益率不止三种情况，而是有 K 种情况时，其标准差 σ 的计算公式为

$$\sigma = \sqrt{\sum_{i=1}^{K} p_i (r_i - \bar{r})^2} = \sqrt{p_1 (r_1 - \bar{r})^2 + p_2 (r_2 - \bar{r})^2 + \cdots + p_K (r_K - \bar{r})^2}$$

式中：r_i 为第 i 种情况下的收益率；p_i 为第 i 种情况发生的概率。

2. 投资组合的标准差。投资组合的标准差是对投资组合风险的度量。对于由证券 A 和证券 B 两只证券组成的投资组合，其标准差 σ_p 的计算公式为

$$\sigma_p = \sqrt{X_A^2 \sigma_A^2 + X_B^2 \sigma_B^2 + 2 X_A X_B \sigma_{AB}}$$

式中：X_A、X_B 为证券 A、B 在投资组合中的比例，并满足 $X_A + X_B = 1$；σ_A、σ_B 为证券 A、B 各自的标准差；σ_{AB} 为证券 A、B 的斜方差。

斜方差 σ_{AB} 是对证券 A、B 的收益率之间相关关系的度量。σ_{AB} 为正时，表示证券 A、B 的收益率有朝着相同方向移动的趋势；σ_{AB} 为负时，表示证券 A、B 的收益率有朝着相反方向移动的趋势；σ_{AB} 越大，表示证券 A、B 的收益率之间相关关系越强；σ_{AB} 越小，表示证券 A、B 的收益率之间相关关系越弱；σ_{AB} 为 0 时，表示证券 A、B 的收益率之间没有相关关系。斜方差 σ_{AB} 可以表示为证券 A、B 的标准差与两者的相关系数的乘积，如下式所示：

$$\sigma_{AB} = \rho_{AB} \sigma_A \sigma_B$$

式中：ρ_{AB} 是证券 A、B 的收益率之间的相关系数。因为 $\rho_{AB} = \dfrac{\sigma_{AB}}{\sigma_A \sigma_B}$ 是对斜方差 σ_{AB} 的标准化，因此在不同组证券之间可以通过比较相关系数的大小来比较其相关关系的强弱。相关系数 ρ_{AB} 的取值在 ± 1 之间。

当投资组合由 N 只证券组成时，其标准差 σ_p 的计算公式为

$$\sigma_p = \sqrt{\sum_{i=1}^{N} \sum_{j=1}^{N} X_i X_j \sigma_{ij}}$$

式中：X 为每只证券在投资组合中的比例，并满足 $\sum_{i=1}^{N} X_i = 1$；σ_{ij} 为证券 i、j 的斜方差。当 $i=j$ 时，$\rho_{ij} = +1$，σ_{ii} 表示证券 i 的方差，如下式所示：

$$\sigma_{ii} = 1 \times \sigma_i \times \sigma_i = \sigma_i^2$$

（三）风险态度

风险是客观存在的，但人和人之间对待风险的态度却不完全相同，且同一个人在不同的时间、场合下对待风险的态度也不一定完全一致。借用经济学中效用函数的概念，我们可以将人们对待风险的态度划分为三类：风险厌恶（risk aversion）、风险爱好（risk loving）、风险中性（risk neutral）。

通过一个例子来说明。假定投资者面临一个投资机会，需投入 20 元钱，投资结果如表 4-3 所示。这个投资机会的期望收益为

$$10 \times 0.5 + 30 \times 0.5 - 20 = 0$$

投资者愿意花 20 元去做这样一次投资吗？回答是：这取决于投资者的风险态度。

表 4-3   **某投资机会的投资结果**

可能的投资结果	10 元	30 元
发生的概率	0.5	0.5

可能的投资结果 10 元和 30 元发生的概率为 0.5 和 0.5，效用函数凹向原点的投资者是风险厌恶者，如图 4-1 所示，这种投资者的边际效用随着财富的增加而下降。

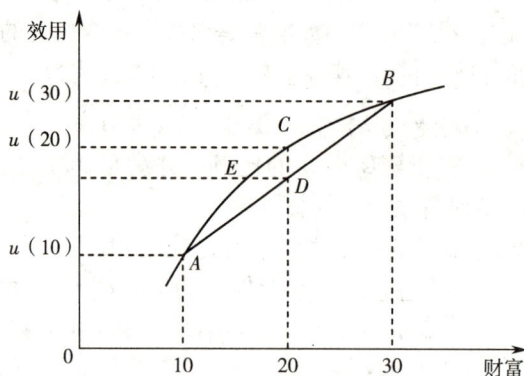

图 4-1 风险厌恶的投资者

如果投资者决定不投资，那么到期末，投资者持有的财富是确定的，即 20 元钱，则投资者选择不投资带来的效用为 u（20），如 C 点所示。如果投资者决定投资，那么到期末，投资者持有的财富是不确定的。虽然投资结果的数学期望值也是 20 元，但是投资带来的期望效用[1]并不是 u(20)，而是所有投资结果分别带来的效用值的数学期望

---

[1] 本章提到的期望效用的概念源自冯·诺依曼—摩根斯坦恩效用函数（von Neumann – Morgenstern utility function）。在这里可以理解为，投资机会的期望效用等于该投资机会的所有投资结果分别带来的效用值的数学期望。

值，即 $u(10) \times 0.5 + u(30) \times 0.5$，可以用线段 AB 的中点 D 来表示。可以看出 D 点的效用水平明显低于 C 点的效用水平。因此，一个风险厌恶的投资者是不会去投资一个期望收益为零的项目的。也可以理解为，如果选择投资，尽管从概率上讲该投资机会的期望收入能刚好抵补投资成本，但是投资者所承担的风险并没有得到任何补偿，因此风险厌恶的投资者更偏好于获得确定的 20 元钱，而不是选择投资。

与风险厌恶者相反，风险爱好者的效用函数为凸。对于同样的投资机会，如图 4-2 所示，C 点的效用水平明显低于 D 点的效用水平，即选择不投资的效用 $u(20)$ 小于选择投资带来的期望效用 $u(10) \times 0.5 + u(30) \times 0.5$，因此他们会欣然投资任何期望收益为零的项目，有时为此多付出一些成本也无所谓。也可以理解为，如果选择投资，尽管从概率上讲该投资机会的期望收入仅能抵补投资成本，但是投资者所承担的风险给投资者带来了额外的正的效用，因此风险爱好的投资者更偏好于承担风险的投资行为。

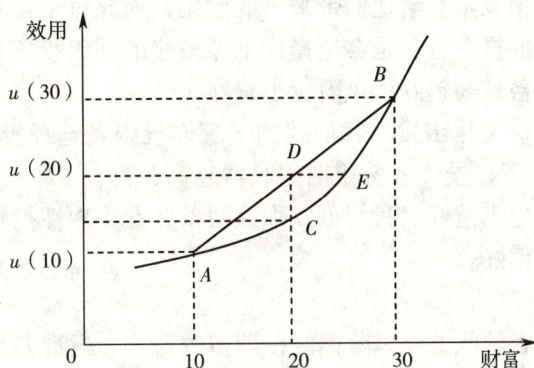

图 4-2　风险爱好的投资者

最后一类，风险中性的投资者对于风险是不关心的，就像它们根本不存在一样，他们的效用函数是线性的。如图 4-3 所示，D 点和 C 点重合，即选择不投资的效用 $u(20)$ 和选择投资带来的期望效用 $u(10) \times 0.5 + u(30) \times 0.5$ 相等。

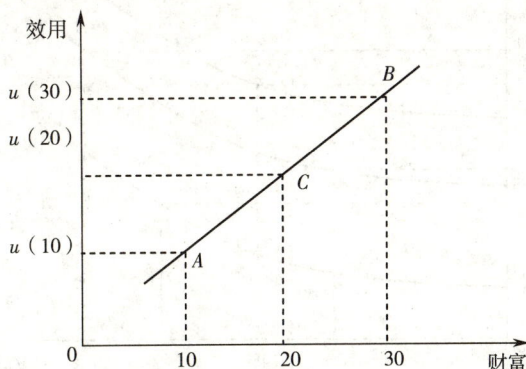

图 4-3　风险中性的投资者

三、理性投资者的收益—风险偏好

（一）理性投资准则

与消费行为相比，投资行为跨越了不同的时期，面临的是不确定性的环境。在确定环境下，理性的消费者遵循效用最大化的决策准则，而在不确定性环境下，理性的投资者遵循的是期望效用最大化的投资准则。

为了方便分析投资者的决策行为，我们假设理性的投资者满足两点特征：一是非厌足性；二是风险厌恶。所谓非厌足性即投资者希望收益越高越好。因为投资者总是偏好于拥有更多的期末财富，而更多的期末财富使得投资者在未来可以进行更多的消费，从而获得更大的效用满足。因此对于具有相同标准差的两组投资机会，满足非厌足性假设的投资者总是会选择期望收益较高的那组投资机会。而风险厌恶的投资者希望风险越小越好。因为他们认为承担风险会给他们带来负的效用，因此对于具有相同期望收益的两组投资机会，风险厌恶的投资者总是会选择标准差较小的那组投资机会。简单地说，对于理性投资者而言，收益越高越好，风险越小越好。

这样，从期望效用最大化出发，我们找到了理性投资者选择投资机会的具体标准：（1）在同等标准差条件下，投资者希望期望收益越高越好；（2）在同等期望收益条件下，投资者希望标准差越小越好。我们可以称这两条标准为理性投资准则，它反映了理性投资者的收益—风险偏好。

（二）无差异曲线

无差异曲线是投资者的收益—风险偏好在期望收益率—标准差平面中的表现。同一条无差异曲线上的点尽管具有不同的收益—风险特征，但这些点所代表的投资机会能给投资者带来相同的效用，因此对投资者来说是无差异的。如图 4-4 所示，I_1、I_2、I_3 均为遵循理性投资准则的投资者的无差异曲线。投资机会 A 和投资机会 B 对投资者来说是无差异的，因为 A 点和 B 点在同一条无差异曲线上。

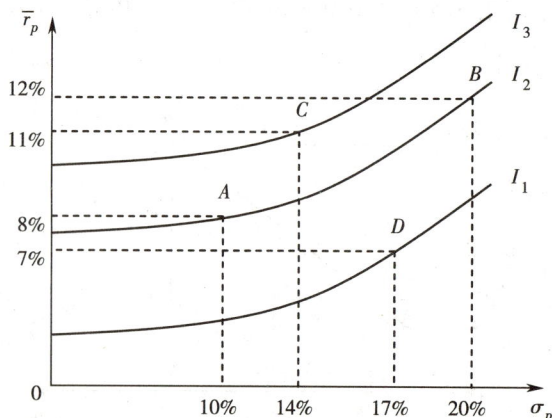

图 4-4　无差异曲线

　　遵循理性投资准则的投资者的无差异曲线有五个特点：（1）无差异曲线具有正的斜率。因为随着风险的升高，投资者必然要求获得更高的收益来补偿风险升高带来的负效用。而且无差异曲线的斜率越高表明投资者越厌恶风险。（2）无差异曲线是凸向原点的。意味着要使投资者多冒等量的风险，投资者要求的收益补偿会越来越高。（3）无差异曲线之间不会相交。如图4-5所示，在相同风险下，B 点的收益比 A 点高，因此投资者更偏好 B 点，但因为两条无差异曲线相交，所以 A 点和 B 点的效用相同[①]，因此矛盾。（4）因为投资者认为收益越高越好，风险越小越好，因此越在左上方的无差异曲线所代表的效用越大。（5）同一个投资者可以有无穷多的无差异曲线。意味着对于任何一个投资机会，投资者对其的偏好程度都能与其他的投资机会进行比较。

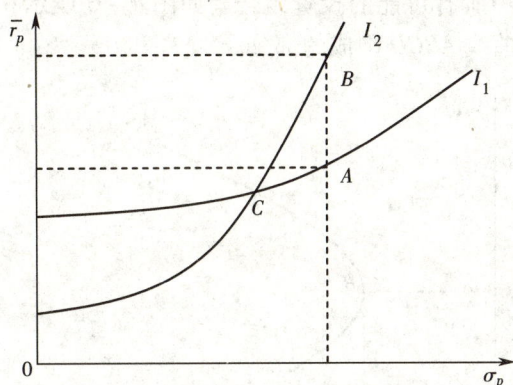

图4-5　无差异曲线之间不应相交

第二节　资产定价模型与套利定价理论

　　20世纪50年代，哈里·马柯维茨（Harry Markowitz）建立了现代投资组合理论。在随后的60年代，威廉·夏普（William Sharpe）、约翰·林特纳（John Lintner）与简·莫辛（Jan Mossin）将其发展成为资本资产定价模型（CAPM）。其后70年代，斯蒂芬·罗斯（Stephen Ross）基于因子模型进一步提出套利定价理论（APT）。至此，以最优化分析和均衡分析为特征的现代资产定价理论得以建立。本节将主要就投资组合理论、资本资产定价模型、因子模型以及套利定价理论等资产定价的基础理论进行介绍。

一、投资组合[②]理论

　　面对数量众多的可供投资的证券，每个投资者都会遇到一个基本问题，那就是应该

---

　　① 因为 A 点和 C 点都在无差异曲线 I_1 上，效用相同。B 点和 C 点都在无差异曲线 I_2 上，效用也相同。因此，A 点和 B 点的效用相同。

　　② 在中文表述中，投资组合、资产组合的组合均对应于英文中的 portfolio，在本节中不加以区分。

如何将有限的资金分配到众多的投资机会上去。如果将投资组合定义为持有的多只证券的集合，那么这一问题也可以理解为如何从所有可能的投资组合中挑选出最优的投资组合，这也是投资组合理论将要探讨的主要内容。

（一）有效集和最优投资组合

可供投资者挑选的投资组合应该有无穷多种。以只含两只证券的投资组合为例，如果证券 A 在组合中的比例为 $x\%$，则证券 B 在组合中的比例为 $1-x\%$，而 x 可以取 1～100 之间的任意实数。因此即使只有两只证券，投资者也可以通过选择 x 的取值来构造出无穷多种投资组合。

对于由 N 只证券构造出的无穷多种投资组合，我们引入可行集（feasible set）的概念，以此代表现实生活中所有可能的投资组合。如图 4-6 所示，在期望收益率—标准差平面中，可行集是由曲线 $ABCD$ 围成的部分。

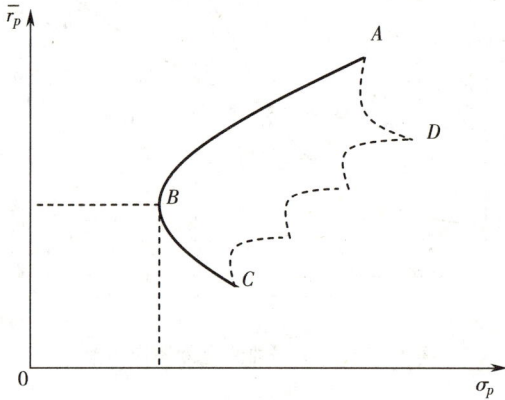

图 4-6　可行集

挑选投资组合时，投资者需要对可行集中的每一种投资组合都进行评估吗？答案是否定的。任意画一条经过可行集的水平线，可以发现水平线与曲线 ABC 的交点所代表的投资组合是具有相同收益水平的可行的投资组合中风险最低的，因此投资者可以将选择的范围从可行集缩小到它的边界曲线 ABC 上来。这与理性投资准则的第二条标准是相符合的。但风险最低的 B 点以下的部分是会被理性投资者拒绝的。因为任意画一条经过可行集的垂直线，会与曲线 ABC 有两个交点（经过 B 点时除外），根据理性投资准则的第一条标准，投资者一定会选择上方交点所代表的投资组合，因为在相同的风险下上方交点的收益更高。这样，曲线 ABC 的 B 点以上的部分就被称为有效集（efficient set）。有效集中的投资组合被称为有效组合，可行集中的其他组合被称为无效组合。

对投资者而言，有效集是客观存在的，是由证券市场决定的，而无差异曲线是主观的，由投资者的收益—风险偏好决定。将无差异曲线和投资组合的有效集放到一块儿，我们就可以找到最优投资组合（optimal portfolio）。如图 4-7 所示，这个投资组合恰好对应于无差异曲线与有效集的切点 O。尽管投资者更偏好于无差异曲线 I_3 上的投资组合，但这些投资组合不在可行集中，因而是不现实的。虽然 I_1 上有一部分投资组合在可行集中，但由于 I_1 在 I_2 的右下方，即 I_1 比 I_2 的效用低，因此 I_1 上的组合都不是最优投资组合。因为无差异曲线 I_2 与有效集相切，其切点 O 即是可实现的效用最高的投资组合，即最优投资组合。

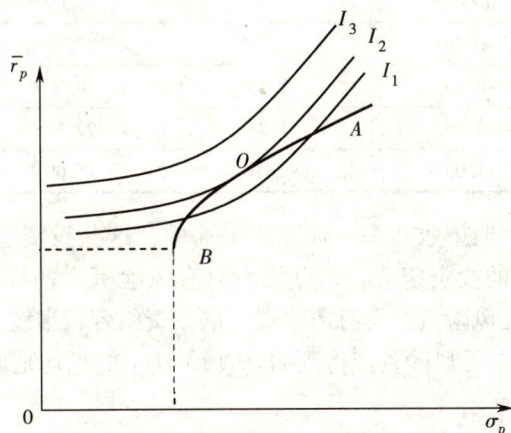

图 4 - 7   有效集与最优投资组合

（二）加入无风险资产对有效集的影响

第一节已经说明了无风险资产须满足的两个条件：一是没有违约风险；二是没有利率风险或再投资风险。现实中到期期限与投资者的投资期限相同的政府债券可以被认为是无风险资产。不考虑无风险资产的情况下，有效集是曲线形的。现在我们将无风险资产纳入到考虑范围，看看有效集是否发生变化。

先考虑由一种无风险资产和一种风险资产组成投资组合的情况。举例说明，假设无风险资产和风险资产在投资组合中的比例分别为 X_1 和 $1 - X_1$；无风险资产的期望收益 $\bar{r}_1$ 为 5%，标准差 σ_1 为 0；风险资产的期望收益 $\bar{r}_2$ 为 15%，标准差 σ_2 为 12%。如果允许卖空①无风险资产，那么表 4 - 4 中的投资组合是可能出现的。

表 4 - 4   一种无风险资产和一种风险资产组成的可能的投资组合

组合	无风险资产的比例 (X_1)	风险资产的比例 ($1 - X_1$)	期望收益 ($\bar{r}_p$)	标准差 (σ_p)
A	1.00	0.00	5.00%	0.00%
B	0.75	0.25	7.50%	3.00%
C	0.50	0.50	10.00%	6.00%
D	0.25	0.75	12.50%	9.00%

---

① 买入无风险资产容易理解，对应于一笔无风险的现金流出，相当于做了一笔无风险的投资，对应于表格中 X_1 为正值时的情况。卖空（selling short）即卖出并未拥有的证券或卖出借入的证券。在这里，卖空无风险资产对应于一笔无风险的现金流入，相当于获得一笔无风险的借款，可以用来买入更多的风险资产，对应于表格中 X_1 为负值时的情况。

续表

组合	无风险资产的比例 (X_1)	风险资产的比例 $(1-X_1)$	期望收益 $(\bar{r}_p)$	标准差 (σ_p)
E	0.00	1.00	15.00%	12.00%
F	−0.25	1.25	17.50%	15.00%
G	−0.50	1.50	20.00%	18.00%
H	−0.75	1.75	22.50%	21.00%
I	−1.00	2.00	25.00%	24.00%

如图 4-8 所示，在期望收益率—标准差平面中，这些投资组合均在直线 *AI* 上。*A* 点代表只有无风险资产的投资组合，*E* 点代表只有风险资产的投资组合，实线上的 *B*、*C*、*D* 点代表的是既有无风险资产又有风险资产的投资组合，虚线上的 *F*、*G*、*H*、*I* 点代表的投资组合是通过卖空无风险资产得到的。直线 *AI* 上的点均是可行的。

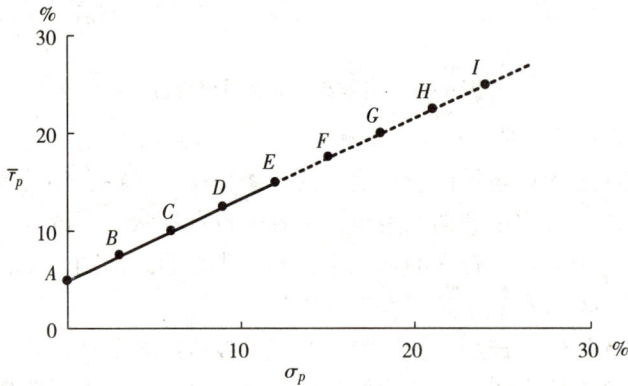

图 4-8 一种无风险资产和一种风险资产组成的可能的投资组合

如果一种无风险资产和两种以上的风险资产组成投资组合，那么可以看成是该无风险资产和一个风险资产组合组成的投资组合。如图 4-9 所示，*A* 点代表只含无风险资产的投资组合，*E* 点表示由风险资产 *K*、*J* 组成的风险资产组合，*A*~*I* 点代表无风险资产 *A*

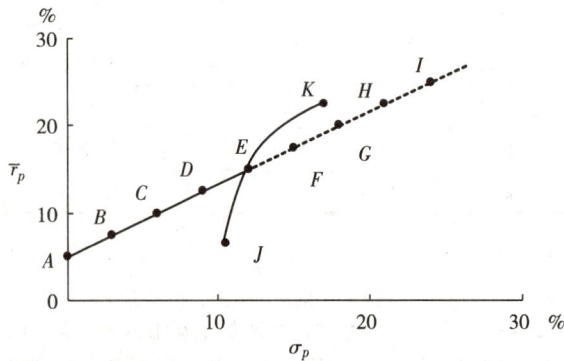

图 4-9 一种无风险资产和风险资产组合组成的可能的投资组合

和风险资产组合 E 组成的投资组合（通过买入或卖空无风险资产形成）。这样，问题就简化为刚才分析的一种无风险资产和一种风险资产组成投资组合的情况。因为直线 AI 上的点均是可行的，所以无风险资产的引入一定会使有效集向外扩展。

如图 4-10 所示，当经过无风险资产 D 的直线 DE 与含有 N 种风险资产的有效集 BTA 相切于 T 点时，T 点被称为是切点处投资组合。直线 DTE 是同时经过无风险资产和风险资产组合的直线中斜率最大的一条，因为没有任何一种无风险资产与风险资产组合构成的投资组合可以位于 T 点的左上方。在相同风险的情况下，直线 DTE 上投资组合的期望收益总是高于曲线 BTA；在相同期望收益的情况下，直线 DTE 上投资组合的风险总是低于曲线 BTA。此时，有效集由曲线 BTA 向外扩展为了直线 DTE。

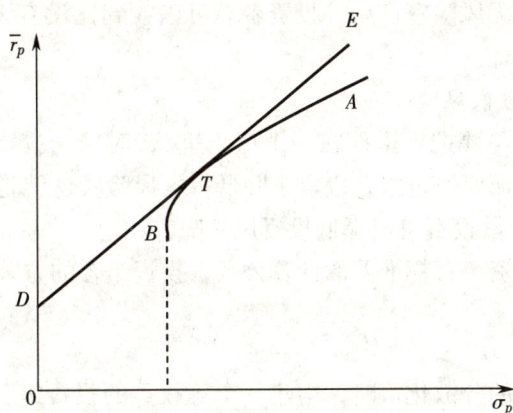

图 4-10 加入无风险资产时的有效集

（三）加入无风险资产对最优投资组合的影响

由于有效集的向外扩展，最优投资组合也将必然向外扩展。如图 4-11 所示，对于比较厌恶风险，从而选择的最优投资组合位于 BT 曲线上的投资者而言，由于代表其原来最大效用满足的无差异曲线 I_1 与 DT 线段相交，因此不再满足效用最大化的条件。该

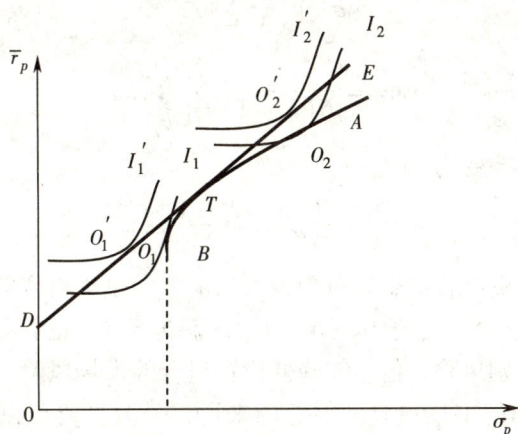

图 4-11 加入无风险资产时的最优投资组合

投资者将选择代表更高效用的无差异曲线 I'_1 与 DT 直线的切点 O'_1 所代表的新的最优投资组合，即该投资者将把部分资金投资于风险资产，而把另一部分资金投资于无风险资产。

对于风险厌恶程度较轻，从而选择的最优投资组合位于 TA 曲线上的投资者而言，由于代表其原来最大效用满足的无差异曲线 I_2 与 TE 线段相交，因此不再满足效用最大化的条件。该投资者将选择代表更高效用的无差异曲线 I'_2 与 TE 直线的切点 O'_2 所代表的新的最优投资组合，即该投资者不仅将所有资金投资于风险资产，还将卖空无风险资产并将所获的资金投资于更多的风险资产。

在投资者特定的收益—风险偏好下，最优投资组合由原来的 O_1、O_2 分别向左上方扩展为 O'_1、O'_2。即引入无风险资产后，投资者总可以找到比没有无风险资产时效用更高的投资组合。

（四）分散投资与分散风险

经常听到一句话"不要把鸡蛋放在一个篮子里"，对应于投资就是说不要把所有的资金投在一只证券上，而要通过组合投资来降低投资风险，这就是所谓的分散投资（diversification）。为什么分散投资可以降低投资风险呢？

根据前文给出的投资组合标准差的计算公式，投资组合的方差为

$$\sigma_p^2 = \sum_{i=1}^{N} \sum_{j=1}^{N} X_i X_j \sigma_{ij}$$

现在考虑一个单纯的分散化策略，构建一个等权重的投资组合，每只证券的权重均为 $X_i = 1/N$，此时上式改写为

$$\sigma_p^2 = \frac{1}{N^2} \sum_{i=1}^{N} \sigma_i^2 + \frac{1}{N^2} \sum_{i=1}^{N} \sum_{\substack{j=1 \\ j \neq i}}^{N} \sigma_{ij}$$

上式包含 N 项方差和 $N(N-1)$ 项斜方差。如果我们定义证券的平均方差和平均斜方差为

$$\bar{\sigma}^2 = \frac{1}{N} \sum_{i=1}^{N} \sigma_i^2$$

$$\overline{\text{Cov}} = \frac{1}{N(N-1)} \sum_{i=1}^{N} \sum_{\substack{j=1 \\ j \neq i}}^{N} \sigma_{ij}$$

这样投资组合的方差变为

$$\sigma_p^2 = \frac{1}{N} \bar{\sigma}^2 + \frac{N-1}{N} \overline{\text{Cov}}$$

上式右边第一项表示投资组合的个别风险，第二项表示投资组合的市场风险。当分散化程度很高时，N 较大，$1/N$ 趋近于 0，$(N-1)/N$ 趋近于 1。也就是说，分散投资可以有效地降低投资组合的个别风险，但不能降低投资组合的市场风险，只能使投资组合的市场风险越来越接近平均的市场风险。但总的来说，分散投资可以降低投资风险，如图 4-12 所示。

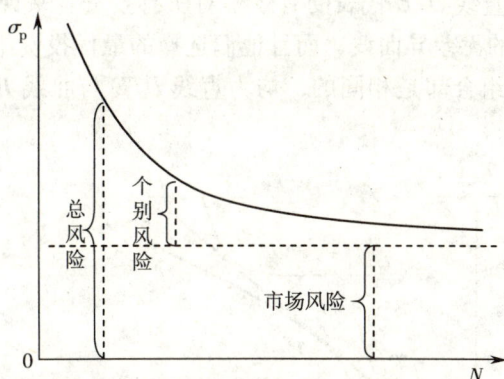

图 4-12　分散投资与分散风险

二、资本资产定价模型

投资组合理论分析了个人投资者应当如何构建最优投资组合，资本资产定价模型将在此基础上讨论金融市场中资产价格的形成机制，从而得出最终的定价模型。

（一）基本假设

资本资产定价模型是建立在若干基本假设上的。这些假设的核心是尽量使金融市场理想化，使个人行为方式一致化，从而简化我们的分析。具体包括：（1）所有投资行为发生在同一投资期内；（2）无摩擦的市场，即不存在交易费用和税收，所有证券无限可分；（3）无操纵的市场，任何单独的投资者行为都不足以影响资产的市场价格，投资者都是价格的接受者；（4）无制度限制的市场，即允许卖空，并可以自由支配卖空所得；（5）存在一种无风险证券，所有投资者都可以按照统一的无风险利率进行任意数额的借贷；（6）投资者满足风险厌恶和非厌足性特征，即被认为是理性的，因此根据理性投资准则进行投资决策；（7）信息是完全的，所有投资者都可以看到资本市场上所有资产完整的方差、协方差和期望收益数据；（8）因为投资者具有完全相同的信息结构，而且运用相同的投资分析方法，因此他们会得到完全相同的有效集。这就是所谓的同质预期（homogeneity of expectation）。

第（2）至第（4）条假设是关于金融市场状况的，满足这三条假设的市场被称为理想化的金融市场。而第（6）至第（8）条假设是关于投资者的，是使得投资者行动一致的基础。

（二）资本市场线

1. 分离定理。根据上文的假设，投资者都是理性的，具有相同的信息，运用相同的分析方法，从而会得到完全相同的有效集。虽然每个投资者的收益—风险偏好不同，有着不同斜率的无差异曲线，从而最优投资组合也不同，但是他们选择的风险资产组合却一定是相同的。由此我们给出著名的分离定理：投资者对风险资产组合的选择与该投资者的收益—风险偏好无关。

如图 4 – 13 所示，直线 DTE 代表的有效集对所有投资者来说都是相同的。尽管 I_1、I_2 代表两个不同投资者的无差异曲线，而且他们选择的最优投资组合 O_1、O_2 也不同，但是他们选择的风险资产组合却是相同的，均为直线 DTE 与曲线 BTA 的切点 T 代表的风险资产组合。

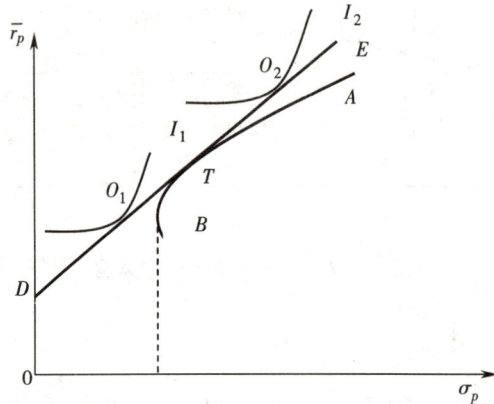

图 4 – 13　投资者对风险资产组合的选择
与该投资者的风险收益偏好无关

2. 市场组合。资本资产定价模型有一个重要特征，即市场均衡时所有证券在切点处资产组合中的比例一定不为零，或者说市场均衡时风险资产组合 T 中包含了市场中的所有证券。

因为根据分离定理，每个投资者都持有相同的风险资产组合 T。如果某只证券在 T 组合中的比例为零，则意味着没有人购买该证券，该证券的价格就会下降，从而使该证券预期收益率上升，一直到在最终的切点处资产组合 T 中该证券的比例非零为止。同样，如果投资者对某只证券的需求量超过其市场上的流通量，则该证券的价格就会上升，从而使该证券预期收益率下降，在最终切点处资产组合 T 中该证券的比例也将一直下降直到其需求量等于市场上的流动量为止。

最终价格调整将停止，市场达到均衡状态。此时，每个投资者愿意持有每一只证券的比例都不为零；每只证券的市场价格都使其需求量等于市场上的流通量；无风险利率的水平也正好使借入的资金总量等于贷出的资金总量。这样，市场均衡时切点处资产组合中各证券的比例就等于市场组合（market portfolio）中各证券的比例。所谓市场组合是指由市场上所有的证券组成，每一种证券的构成比例等于该证券的市值与总市值之比的投资组合。这样，切点处资产组合也常常被称为市场组合，并用 M 代替 T 来表示。理论上，市场组合 M 不仅包括股票，还包括债券、房地产等其他资产。在实际操作中，市场组合往往被局限于股票[①]。

3. 有效集。因为每个投资者都持有相同的市场组合 M，面临相同的无风险率 r_f，通

---

① 在某些应用中这种局限可能会导致不正确的结果。

过汇总可以很容易地找到存在无风险资产时整个市场的有效集，如图 4 - 14 所示，即从无风险利率点 r_f 出发经过市场组合 M 的一条直线，在此我们称之为资本市场线（Capital Market Line，CML）。任何不利用市场组合或不买卖无风险资产的其他资产组合都将位于资本市场线的下方。

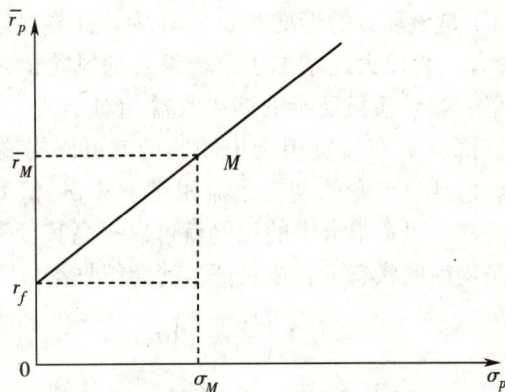

图 4 - 14 资本市场线

由图 4 - 14 可知，资本市场线的斜率等于市场组合与无风险资产的期望收益之差（$\bar{r}_M - r_f$）除以二者的风险之差（$\sigma_M - 0$），即（$\bar{r}_M - r_f$）/σ_M。因为资本市场线的截距项为 r_f，所以资本市场线的表达式为

$$\bar{r}_p = r_f + \left(\frac{\bar{r}_M - r_f}{\sigma_M}\right)\sigma_p$$

式中：$\bar{r}_p$ 和 σ_p 分别表示有效组合的期望收益和标准差。这样，资本市场的均衡就可以用两个数字来刻画：（1）资本市场线的截距项无风险率 r_f，表示货币的时间价值；（2）资本市场线的斜率（$\bar{r}_M - r_f$）/σ_M，表示承担单位风险的回报。

（三）证券市场线

资本市场线反映的是有效组合的预期收益率和标准差之间的关系，而任意的一只证券因为不是有效组合，一定位于资本市场线的下方。因此资本市场线并不能告诉我们任意一只证券的期望收益率与标准差之间的关系。

为了进一步推导出单只证券的期望收益率与标准差之间的关系，我们可以从市场组合 M 的标准差[1]的构成入手。根据投资组合的标准差计算公式，市场组合的标准差为

$$\sigma_M = \sqrt{\sum_{i=1}^{N}\sum_{j=1}^{N} w_{iM} w_{jM} \sigma_{ij}}$$

式中：w_{iM} 和 w_{jM} 分别表示市场组合中投资于证券 i 和证券 j 的比例。上式可以变换为

---

[1] 可以将市场组合 M 的标准差 σ_M 看成平均的市场风险。资本资产定价模型不考虑资产的个别风险，因为分散投资原理告诉我们，通过持有市场组合 M，单只证券的个别风险可以有效地分散掉。

$$\sigma_M = \sqrt{\sum_{i=1}^{N} w_{iM} \sum_{j=1}^{N} w_{jM} \sigma_{ij}} = \sqrt{\sum_{i=1}^{N} w_{iM} \sigma_{iM}} \quad \textcircled{1}$$

式中：σ_{iM} 表示证券 i 与市场组合的斜方差。这样，市场组合的标准差就等于市场组合中的所有证券与市场组合的斜方差的加权平均的平方根。每只证券对市场组合的标准差的贡献取决于它们各自与市场组合的斜方差的大小。因此每个投资者都会将某只证券与市场组合的斜方差 σ_{iM}（而不是该证券的标准差 σ_i）作为该证券风险的相对度量。有着较大 σ_{iM} 值的证券会被投资者认为较大地增加了市场组合的风险，因此也会被要求提供成比例的较大的期望收益率。如果某只证券的期望收益相对于其 σ_{iM} 值太低的话，投资者只需通过卖出这只证券，降低其在投资组合中的比例就可以提高其投资组合的期望收益，市场因此而失衡；如果某只证券的期望收益相对于其 σ_{iM} 值太高的话，投资者只需通过买入这只证券，提高其在投资组合中的比例就可以提高其投资组合的期望收益，市场也将因此失衡。在市场均衡的状态下，单只证券的期望收益与风险的关系可以写为

$$\bar{r}_i = r_f + \left(\frac{\bar{r}_M - r_f}{\sigma_M^2} \right) \sigma_{iM} \qquad (4.1)$$

在图 4 - 15（a）中，该式即为截距 r_f，斜率 $(\bar{r}_M - r_f)/\sigma_M^2$ 的一条直线，这条直线即被称为证券市场线（Security Market Line，SML）。

证券市场线还可以表示为

$$\bar{r}_i = r_f + (\bar{r}_M - r_f)\beta_{iM} \qquad (4.2)$$

其中 β_{iM} 被定义为

$$\beta_{iM} = \frac{\sigma_{iM}}{\sigma_M^2}$$

β_{iM} 被称为证券 i 的 β 系数，是该证券与市场组合的斜方差的另一种表述。如图 4 - 15（b）所示，证券市场线也可以表示为截距 r_f，斜率 $(\bar{r}_M - r_f)$ 的一条直线。

式（4.1）和式（4.2）就是分别以斜方差形式和 β 系数形式表示的资本资产定价模型（Capital Asset Pricing Model，CAPM）。

β 系数的一个重要性质就是投资组合的 β 值等于该投资组合中每只证券的 β 值的加权平均：

$$\beta_{pM} = \sum_{i=1}^{N} w_i \beta_{iM}$$

因为投资组合的期望收益和 β 值都等于该组合中每只证券期望收益和 β 值的加权平均，所以既然每只证券都落在证券市场线上，那么由这些证券构成的投资组合也一定落在证券市场线上。这意味着：市场均衡时，有效组合可以同时位于资本市场线和证券市场线上，而无效组合和单只证券只能位于证券市场线上。

---

① 根据协方差的性质有 $\sum_{j=1}^{N} w_{jM} \sigma_{ij} = \sigma_{iM}$。

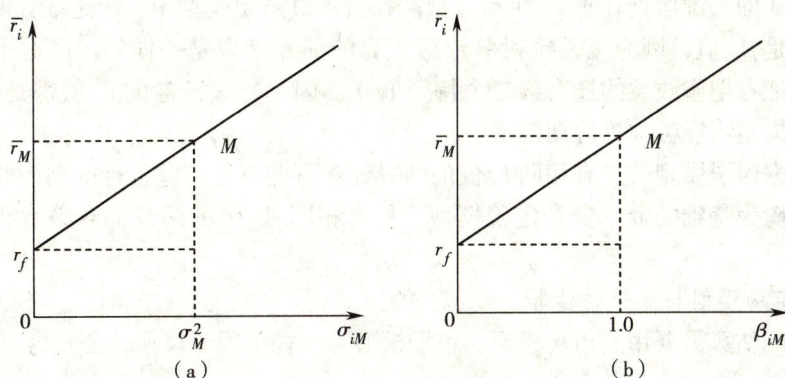

图 4 - 15　证券市场线

三、因子模型

（一）因子模型

因子模型（factor model）假设证券收益的变动是由一种或多种因素的变动造成的。因子模型试图找到促使所有证券的价格系统性移动的共同因子。同时，因子模型也隐含着一个假设：证券之间的收益是相关的，即当模型中的一个因子或多个因子发生变化时，所有证券的收益都会作出一致的变动。证券收益中不能被因子模型解释的部分统统被认为是由该证券的个别因子造成的，因而与其他证券收益的个别因子无关。

因子模型分为单因子模型和多因子模型。单因子模型的公式如下：

$$r_i = a_i + b_i F + \varepsilon_i$$

式中：a_i 为截距项；F 为该因子的值；b_i 为证券 i 的收益率对该因子的敏感系数；ε_i 为随机误差项。

多因子模型的公式如下：

$$r_i = a_i + b_{i1}F_1 + b_{i2}F_2 + \cdots + b_{ij}F_j + \cdots + b_{ik}F_k + \varepsilon_i$$

式中：a_i 为截距项；F_j 为因子 j 的值；b_{ij} 为证券 i 的收益率对因子 j 的敏感系数；ε_i 为随机误差项。

在准确估计证券的期望收益、方差、斜方差方面，多因子模型显然比市场模型更有用，因为它假设证券收益对多种因子敏感，而不仅仅与单一因子相关，从而更接近现实情况。

（二）因子模型与资本资产定价模型的区别

需要注意的是，因子模型并不是一种均衡模型。比较因子模型和资本资产定价模型中证券的期望收益率：

$$\bar{r}_i = a_i + b_i \bar{F}$$

$$\bar{r}_i = r_f + (\bar{r}_M - r_f)\beta_{iM}$$

两个公式均表示证券的期望收益率与代表证券特征的 b_i 值或 β_{iM} 值相关。如果因子或市场风险溢价（$\bar{r}_M - r_f$）为正，则证券的特征值越大，证券的期望收益越高。

两个公式的关键区别在于 a_i 项和 r_f 项。在资本资产定模型中，决定证券期望收益的唯一特征值是 β_{iM} 值，因为无风险利率 r_f 对所有的证券来说是一样的。而对于因素模型来讲，决定证券期望收益的还有第二个特征值 a_i。因为每只证券的 a_i 值都是不一样的，这使得因子模型不能被称为均衡模型。

因此根据因子模型，具有相同 b_i 值的两只证券可能有着相差很远的期望收益。而根据以市场均衡为基础的资本资产定价模型，具有相同 β_{iM} 值的两只证券必然有着相同的期望收益。

（三）市场模型与 β 值的估算

对 β 值的估算需要用到市场模型。市场模型是一种单因子模型，公式为

$$r_i = \alpha_{iI} + \beta_{iI}r_I + \varepsilon_{iI}$$

式中：r_i 为证券 i 的收益率；r_I 为市场指数 I 的收益率；α_{iI} 为截距项；β_{iI} 斜率项；ε_{iI} 为随机误差项。

市场模型的 β 值可以在历史数据的基础上估算出来。通过运用对历史数据的回归分析，我们可以估计出市场模型中的参数，从而得出证券 i 的 β 值。

虽然从严格的意义上讲，资本资产定价模型中的 β 值和市场模型中的 β 值是有区别的，前者是相对于整个市场组合而言，而后者是相对于某市场指数而言。但在实际操作中，由于我们无法得知市场组合的构成，因此一般用市场指数来代替。因此我们也可以将用市场模型测算出的 β 值作为资本资产定价模型中 β 值的估计值。

四、套利定价理论

1976 年，美国学者斯蒂芬·罗斯（Stephen Ross）在《经济理论杂志》上发表了经典论文《资本资产定价的套利理论》，提出了一种新的资产定价模型，即套利定价理论（arbitrage pricing theory，APT）。与前面介绍的资本资产定价模型（CAPM 模型）不同，该模型是从因子分析的角度讨论风险资产的定价问题。

套利定价理论比资本资产定价模型要简单，其主要假设有：投资者具有相同的投资理念；投资者追求效用最大化；资本市场处于竞争均衡状态。

（一）套利证券组合

套利是指利用一个或多个市场存在的各种价格差异，在不冒风险或冒较小风险的情况下赚取较高收益率的交易活动。换句话说，套利是利用资产定价的错误、价格联系的失常以及市场缺乏有效性等其他机会，通过买进价格被低估的资产同时卖出价格被高估的资产来获取无风险利润的机会。套利是市场无效率的产物，而套利的结果则促使市场效率提高。套利行为是现代效率市场（即市场均衡价格）形成的一个决定因素。

套利定价理论假设证券收益率可以用因子线性解释，假设它是单因子模型，公式为

$$r_i = E(r_i) + b_iF + \varepsilon_i$$

式中：r_i 是证券 i 实际实现的收益率；$E(r_i)$ 为证券 i 的预期收益率；F 为证券的 i 公共因子，b_i 为证券 i 对因子 F 的敏感度，或称为因子载荷；ε_i 是随机误差项，并且 $E(\varepsilon_i) = 0$，方差为 $\sigma_{\varepsilon i}^2$ 与 F 不相关。该模型表明，具有相同的因子敏感度的证券或组合有相同的预

期收益率，否则，就会存在套利机会，投资者将利用这些机会，最终使得其消失。

套利证券组合是在不增加风险的情况下，增加组合的预期收益率。满足下列三个条件即为套利组合：

1. 不需要投资者增加额外投资。一般地，一个套利证券组合由 n 种资产组成，如果 w_i 表示在套利证券组合中证券权重的变化，那么有

$$w_1 + w_2 + w_3 + \cdots + w_n = 0$$

2. 套利证券组合对因子敏感程度为零，即套利组合不受因子风险影响，即

$$b_1 w_1 + b_2 w_2 + \cdots + b_n w_n = 0$$

3. 套利组合的预期收益率为正，即

$$w_1 E(r_1) + w_2 E(r_2) + \cdots + W_n E(r_n) > 0$$

总而言之，套利组合对任何一个渴望高收益而不关心非因子风险的投资者是具有吸引力的。

例如，某人拥有一个投资组合，其基本证券具有如表 4-5 所示特征。

表 4-5

i	$E(r_i)$	b_i	持有比例
证券 1	20%	2.0	0.2
证券 2	10%	3.0	0.3
证券 3	5%	1.0	0.5

由于证券 1 预期收益率高，假设该投资者决定通过增加证券 1 的持有比例 0.3 来创造一个套利组合，根据套利组合条件有

$$w_1 + w_2 + w_3 = 0$$
$$w_1 = 0.3$$
$$w_1 \times 2.0 + w_2 \times 3.0 + w_3 \times 1.0 = 0$$

解得：$w_1 = 0.3$，$w_2 = -0.15$，$w_3 = -0.15$

则套利组合的预期收益率为：$w_1 E(r_1) + w_2 E(r_2) + w_3 E(r_3) = 3.75\% > 0$

通过套利组合，投资者可以在没有任何风险的情况下将预期收益率提高 3.75 个百分点。

（二）套利组合对定价的影响

套利组合将影响证券的市场价格，相应地它们的预期收益率也将作出调整。买入证券将提高证券价格，导致其收益率下降；而出售证券将降低证券当前价格，并导致其预期收益率上升。

套利行为的最终目的是使预期收益最大化，即

$$\max \sum w_i E(r_i)$$

构造如下拉格朗日函数：

$$L = w_1 E(r_1) + w_2 E(r_2) + \cdots + w_n E(r_n)$$

$$-\lambda_0(w_1 + w_2 + \cdots + w_n) - \lambda_1(w_1 \times b_1 + w_2 \times b_2 + \cdots + w_n \times b_n)$$

对 w_i、λ_0、λ_1 求一阶偏导，得到：

$$\frac{\partial L}{\partial w_i} = E(r_i) - \lambda_0 - \lambda_1 b_i = 0$$

$$\frac{\partial L}{\partial \lambda_0} = w_1 + w_2 + \cdots + w_n = 0$$

$$\frac{\partial L}{\partial \lambda_1} = w_1 \times b_1 + w_2 \times b_2 + \cdots + w_n \times b_n = 0$$

此时，预期收益率和敏感度将满足如下的线性关系，即套利定价理论的资产定价方程：

$$E(r_i) = \lambda_0 + \lambda_1 b_i$$

式中：当 $b_i = 0$，$E(r_i) = \lambda_0$ 时，表示资产对因子无敏感度时的收益率，也即无风险资产收益率，记为 r_f；

当 $b_i = 1$ 时，λ_1 是单位敏感性的证券组合 P 的超额收益率，也被称做因子风险溢价或因子风险报酬，即

$$E(r_p) = r_f + \lambda_1 b_p$$

其中：$b_p = 1$。则

$$\lambda_1 = E(r_p) r_f$$

令 $\delta_1 = E(r_p)$ 表示单位敏感性的证券组合的预期收益率，则

$$\lambda_1 = \delta_1 - r_f$$

由此可得到套利定价理论的定价方程：

$$E(r_i) = r_f + (\delta_1 - r_f) b_i$$

投资者通过套利组合获利，直至市场达到均衡，所有套利机会消失为止，此时：$\sum w_i E(r_i) = 0$。

（三）套利定价线

根据方程可得到套利定价线。

根据套利定价理论，对于一个因子敏感度和预期收益率没有落到套利定价线上的证券，其定价是不合理的，那么投资者就有构造套利证券组合的机会。如图 4 - 16 中的 A

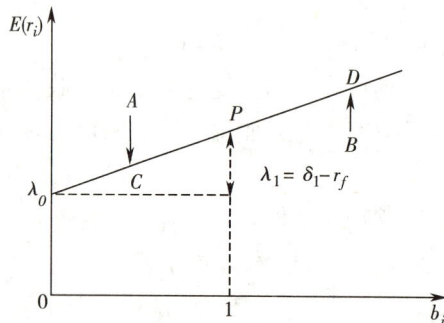

图 4 - 16　套利定价线

表示资产价格被低估，预期收益率在线的上方，而 B 表示资产价格被高估，预期收益率在线的下方，投资者可以购买 A 而出售 B。投资者买入证券 A，其价格不断上升，预期收益率随着下降，投资者卖出证券 B，价格会不断下降，预期收益率随之上升，最后使得套利机会消失，证券价格最终落在套利定价线上，实现均衡。

（四）套利定价理论的多因子模型

和单因子模型类似，假设每个证券的收益率满足多因子模型：

$$r_i = E(r_i) + b_{i1}F_1 + b_{i2}F_2 + \cdots + b_{ik}F_k + \varepsilon_i$$

存在满足如下三个条件的套利组合：

（1）$\sum_{i=1}^{n} w_i = 0$ ；（2）$\sum_{i=1}^{n} w_i b_{ij} = 0$ ；（3）$\sum_{i=1}^{n} w_i E(r_i) > 0$ 。

均衡时，$\sum_{i=1}^{n} w_i E(r_i) = 0$ 。

同样可以推导得到多因子套利定价理论的资产定价方程：

$$E(r_i) = \lambda_0 + \lambda_1 b_{i1} + \lambda_2 b_{i2} + \cdots + \lambda_k b_{ik}$$

式中：λ_0 表示无风险收益率，对任何因子均无敏感性，记做 r_f。λ_j 表示第 j 个因子的风险报酬。

令 $\lambda_j = \delta_j - r_f$，$(j = 1, \cdots, k)$，其中，每一个 δ_j 的值代表一个证券组合的预期收益率，该组合只对因子 j 有单位敏感性而对其他因子无敏感性。方程可进一步转化为下式：

$$E(r_i) = r_f + (\delta_1 - r_f)b_{i1} + (\delta_2 - r_f)b_{i2} + \cdots + (\delta_k - r_f)b_{ik}$$

因此，证券的预期收益率等于无风险利率加上证券对 k 个因子敏感性的风险溢价。

（五）套利定价理论和资本资产定价模型的异同

比较套利定价理论和资本资产定价模型，会发现两个模型有相似性。APT 是比 CAPM 更为一般的资产定价模型，主要体现在：APT 是因子模型，它假设均衡中的资产收益取决于多个不同的外生因子，而 CAPM 的资产收益率只取决于一个单一的因子，即市场组合收益。从这个意义上讲，CAPM 是 APT 的一个特例。

根据套利定价理论，证券的预期收益率等于无风险利率加上 k 个因子风险报酬分别乘以这个证券的 k 个因子敏感度之和。在只有一个因子时，模型为

$$E(r_i) = r_f + (\delta_1 - r_f)b_i$$

在资本资产定价模型中资产的预期收益率只取决于市场组合收益，其定价模型为

$$E(r_i) = r_f + [E(r_m) - r_f]\beta_i$$

如果 APT 中影响资产收益的因子只有一个，即为市场组合的期望收益，则 APT 与 CAPM 之间存在如下的特定关系：

$$\delta_1 = E(r_m), b_i = \beta_i$$

然而在一般情况下，两者仍有区别，主要表现在：第一，套利定价理论的限制假设条件较 CAPM 少。APT 假设收益率水平受某些共同因子的影响，但影响因子并没有加以规定，对投资者的风险偏好也未做特定假设；而 CAPM 不仅假定资产收益率与市场组合的收益率相关，而且假定所有投资者都是以资产的期望收益率和标准差作为分析基础

的，并按照均值方差准则进行投资。第二，建立理论的出发点是完全不同的。套利定价理论考察的是当投资市场不存在无风险套利时，各种资产是如何均衡定价的；资本资产定价模型考察的是当所有投资者均以相似的方式进行投资，投资市场最终达到均衡时，各种资产是如何定价的。第三，在套利定价理论中，并不特别强调市场组合的作用，而资本资产定价模型则强调市场组合必须是一个有效组合。

第三节　有效市场与行为金融理论

20世纪六七十年代，尤金·法玛（Eugene Fama）提出了有效市场理论，对金融市场和资产价格的关系做了进一步阐释。该理论与资本资产定价理论共同构成了现代金融理论的两大基石。20世纪80年代，行为金融理论兴起，对以上经典理论的共同前提——投资者"理性"假设提出了质疑，因而成为目前金融理论研究的前沿之一。本节将简要介绍有效市场理论和行为金融理论的基本内容。

一、有效市场理论

如果说新古典经济学试图证明市场机制的完美，那么有效市场理论则可以看成这种思想在金融市场领域的延续和升华。1970年，法玛在总结前人研究的基础上，全面而系统地阐述了有效市场理论。该理论一般也被称为有效市场假说（Efficient Market Hypothesis，EMH），它是近30年来金融理论的核心命题。

（一）有效市场的含义

法玛对有效市场作出了经典的定义：如果证券价格总是可以充分体现可获信息变化的影响，每一种证券价格都永远等于其投资价值，则该金融市场是有效的。在此基础上，Malkiel（1992）进一步拓展了有效市场的定义：（1）有效的金融市场应该充分正确地反映所有与决定价格相关的信息；（2）对某个特定的信息而言，如果将其披露给所有市场参与者后，证券价格不会发生变化，则该金融市场是有效的；（3）若市场是有效的，就不可能以某个特定信息为基础进行交易而获得超过均衡的预期利润之上的超额利润。

根据上述定义，如果市场是有效的，就意味着：（1）已有的相关信息得到充分利用，并被完全、正确地反映到证券价格上。由于相关信息决定了人们对证券资产投资价值的评价，所以相关信息被完全、正确地反映到证券价格上，表明有效市场的证券价格体现了人们对证券投资价值的真实评价。有效市场决定的价格，也就是该资产的真实投资价值。（2）所有决定资产价格的信息都已反映在价格中，不存在会影响投资者预期但不为他们所知的信息。如果决定价格的相关因素保持不变，有效市场的价格也不会发生变动。虚假信息即使可以改变资产价格，也只能在短期内发挥作用。因而有效市场是一个均衡市场，投资者决定的证券价格也就是市场的均衡价格。（3）市场均衡是通过投资者以信息为基础的资产选择行为实现的。当所有相关信息都已反映在资产价格中时，意味着投资者都实现了信息约束下的最优选择，他们按一定价格持有的投资组合能够为他们带来最大的预期收益。因此，在有效市场中人们不可能通过改变自己的选择获得额外预期利益。

（二）有效市场的层次

根据市场有效性的程度，法玛把有效市场分为三个层次：弱有效市场、半强有效市场和强有效市场。

在弱有效市场中，证券价格反映了过去交易的所有信息，通常指证券过去的交易价格和成交量。这些信息可以公开取得，而且一般情况下取得成本很低。弱有效市场意味着证券价格的变化与历史情况无关，因此无法通过分析证券过去价量走势来获得超额收益，也就是说运用技术或图表分析是没有意义的。

在半强有效市场中，证券价格反映了关于证券的所有公开信息，这些公开信息包括了证券过去的价格和成交量、年度财务报告、公司发布的新闻、公告以及研究人员对公司的盈利预测等。在半强有效市场中，一旦新信息出现，价格将因此进行迅速充分的调整，因此通过分析公司的公开信息，即基本面分析也无法获得超额的利润。

在强有效市场中，证券价格反映了所有信息，包括公开信息和内幕信息。内幕信息指那些与公司关系密切的人士才拥有的信息，如公司的董事、管理层、为公司提供服务的中介结构（投资银行、律师事务所和会计师事务所）拥有的信息。若市场达到强有效，则即使内幕人士也无法通过交易获得超额收益。显然，强有效市场是比较理想化的形式。

如图4-17所示，有效市场的层次实际是按信息集的范围划分的。市场有效性实质上是指市场对三个层次信息的反应效率。因此，强有效市场一定也是半强有效的，半强有效市场一定也是弱有效的。

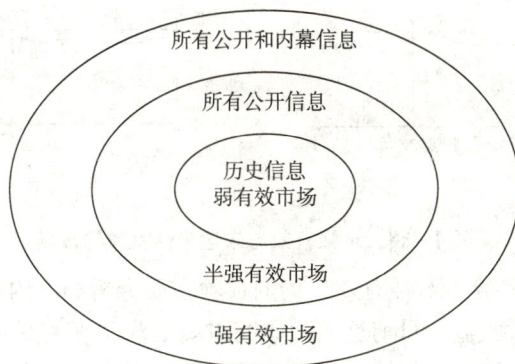

图4-17 有效市场的三个层次

（三）有效市场的实证检验

从理论意义上讲，对市场有效假说的实证检验是衡量这一假说合理性的重要标准。在现实金融活动中，有效市场假说在多大程度上成立，对投资者也有很大影响。

1. 弱有效市场的检验。对弱有效市场的检验主要关注股价过去收益率数据对未来是否具有预测能力。因此检验时主要看连续的价格变化是否独立，以及能否据此获得超额利润。检验方法包括时间序列自相关、游程检验模型、柯莫格拉夫检验模型和过滤法则等。20世纪80年代以前的实证结果大多表明，股票的前期价格和后期价格没有必然联系；对过滤法则或其他更复杂的交易规则的检验发现，通过分析过去的股价或者收益并不能获得超额利润，因而支持弱有效市场假说。进入80年代以后，关于弱有效市场的实证研究以否定性的结论居多，表明股票价格过去收益率对未来具有一定程度的预测能力，这也解释了投资者并未摒弃技术分析的原因。对中国股票市场的一些实证检验表明，我国股票市场也支持弱有效市场假说。

2. 半强有效市场的检验。检验半强有效市场一般采用事件研究法（event study），即研究某一具体事件对股票收益产生的影响。研究的事件包括新股发行与股票回购、公司合并、收购、股票分割、分红派息、盈利公布、突发事件等。通过观察测试股价对该事件的调整情况，研究股价在事件发生的前后一段特定时间内是否存在显著的超额收益，以此判断市场信息是否公开、公正、迅速地被反映。事件研究的手段之一是计算股票在事件发生前后的累计平均收益情况。如果市场是半强有效的，则在公司公布盈利日股票日累计平均收益将有跳跃式上升；如果市场未达半强有效，则在公司公布盈利日股票日累计平均收益不会有跳跃式上升，而呈现逐渐上升的趋势。图4-18（a）反映的是半强有效市场，图4-18（b）反映的是未达到半强有效的市场。实证检验表明，发达市场一般会对新信息迅速作出调整，因此支持半强有效市场假说。

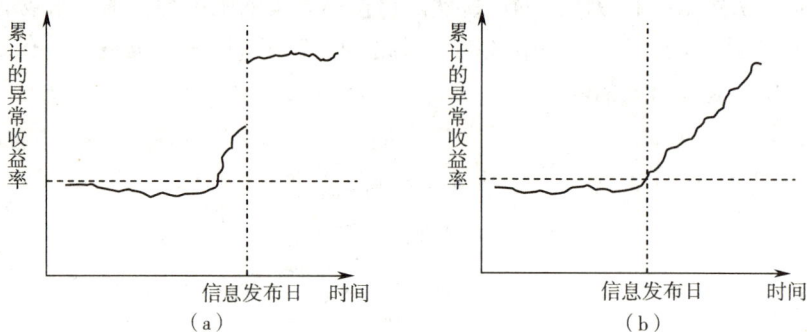

图4-18 半强有效与未达半强有效的市场

3. 强有效市场的检验。对强有效市场的检验主要分析拥有内幕信息的特定人群能否利用这些信息牟取超常收益。目前这方面研究主要是观察那些最可能利用内幕信息进行交易的人员的业绩，如职业投资管理者、交易所的专家经纪人和公司内幕人员。但这些人的投资行为与业绩很难观测，只有当违法的内幕交易被披露后公众才能知晓。因此，进行强有效检验显得比较困难，检验方法还有待进一步研究。目前已有的证据表明，内幕交易是可以获得超额收益的。还没有哪个股票市场能够完全达到强有效，因此内幕交易在各国都是禁止的。

二、行为金融理论

(一) 市场异常现象

尽管早期的实证检验大部分都证实了市场的弱有效和半强有效，但是市场上却存在着有效市场理论无法解释的异常现象，对有效市场理论提出了挑战。这些异常现象包括"赢家输家效应""小公司效应""股票溢价之谜""日历效应"等。限于篇幅，我们仅对"赢家输家效应"和"小公司效应"进行介绍。

"赢家输家效应"也称"反转效应"，是指股票的业绩很难保持一定的趋势，在现阶段表现好的股票在接下来的一段时期内会表现非常差，而过去表现最差的股票在接下来的一段时期内可能有高于平均的业绩。1985 年德邦德特（Debondt）和赛勒（Thaler）通过研究发现，若从 1933 年开始，把过去 3 年中表现最好的公司分为一组，称为赢家组合，而把过去 3 年中表现最差的公司分为另一组，称为输家组合，然后看看 5 年后投资于这两种组合的收益情况。结果发现输家组合的平均累计收益远远地高出赢家组合，随后的研究也有类似的发现。这种反转的效应意味着市场没有达到弱有效，因为投资收益率是可以预测的，投资者可以根据股票的表现构造投资组合（持有输家组合而卖空赢家组合）获得超额收益从而战胜市场。

"小公司效应"是关于有效市场理论的另一个重要的异常发现，它是由班茨（Banz）首先提出的。班茨发现，总收益率和风险调整后的收益率都有随公司的相对规模（指市值）的上升而下降的趋势。班茨把所有在纽约证券交易所上市的股票按公司规模分成五组，最小规模组的平均收益率比那些最大规模组的公司要高 19.8%。Siegel（1998）指出在 1926—1996 年，纽约证券交易所最大 10% 的股票的年平均复合收益率为 9.84%，而最小 10% 的股票的复合收益率为 13.83%。而且小公司股票的超额收益主要集中每年的 1 月。在这个月里，小公司股票的收益要比大公司股票平均高出 4.8%。这一现象十分奇怪，因为采用标准的风险计算方法，无法证明小公司股票在 1 月的风险高于其他月份。公司规模和月份的更替是市场公开的信息，这也就意味着小公司效应所带来的超额收益是基于公开的信息获得的，这显然不支持有效市场理论中的半强有效的观点。

(二) 行为金融理论的发展

随着与有效市场理论不符的证券市场异常现象的不断出现，金融研究学者们开始寻求在其他领域的解释，这时以心理学对投资人决策过程的研究结果为基础的行为金融理论开始逐渐获得人们的重视。富勒（Fuller，1998）对行为金融理论作了以下比较权威的定义：(1) 行为金融理论是传统经济学、传统金融理论、心理学研究以及决策科学的综合体；(2) 行为金融理论试图解释实证研究发现的与传统金融理论不一致的异常之处；(3) 行为金融理论研究投资者在作出判断时是怎样出错的，或者说是研究"心理过火"是怎样产生的。

尽管已经取得不少研究成果，行为金融理论到目前为止尚未形成完整的理论框架。Shefrin（2000）将整个行为金融理论归纳为三类：(1) 经验法则的偏差（heuristic - driven bias）。所谓经验法则是指人们在探索本身以外的事物过程中，通常采用试错法，借由试错法进一步产生行为的准则，但是这一过程通常会导致其他的错误，进而影响到投资人的决策。（2）框架相依（frame dependence）理论。框架相依是探讨投资人对情景及问题的陈述与表达不同而有不同的抉择。行为金融理论认为除了客观的参照外，投资人对风险与报酬的主观认定还受到框架的影响。（3）无效的市场（inefficient market）。行为金融理论在前述的经验法则的偏差和框架相依理论的影响下，将导致市场价格偏离理论价格。

（三）行为金融理论对有效市场理论的质疑

有效市场理论是建立在三个逐渐放松的假设上面的：（1）投资者是理性的，因此他们对金融产品的价格能够作出合理的评估；（2）在某种程度上，有些投资者可能是非理性的，但是由于他们之间金融产品的交易行为是随机的，因此他们的非理性会相互抵消；（3）在某些情况下，非理性的投资者会犯同样的错误，导致他们的非理性行为无法互相抵消，但是市场上的理性投资者会通过套利的行为消除非理性行为的影响。

行为金融理论对有效市场理论的三个假设提出了质疑：（1）以正常（normal）行为取代理性行为。行为金融理论利用现实世界中投资人的真实行为取代理性行为假设。行为金融理论发现现实世界中投资人对待风险的态度，预期的形成方式与理性行为有很大差距。（2）投资人的非理性行为并非随机发生的。行为金融理论认为非理性投资者的决策并不完全是随机的，常常是朝着同一方向的，因此常常不能互相抵消。（3）套利会受到一些条件上的限制，使其不能发挥预期中的力量。行为金融理论认为，现实世界中的套利会受到一定限制，套利成本可能很大，套利本身也可能存在风险，因此套利的作用不能完全发挥。

（四）行为金融理论对市场异常现象的解释

行为金融理论不仅对有效市场理论提出了质疑，而且对市场的许多异常现象提出了合乎情理的解释。限于篇幅，我们仅介绍行为金融理论对"赢家输家效应"和"小公司效应"的解释。

行为金融理论认为"赢家输家效应"源于投资人的典型性（representative - ness）导致的过度反应。典型性指人们通常将事情快速地分类处理。人的大脑通常将某些表面上具有相同特征而实质内容大相径庭的东西归为一类。当事件的典型性帮助人组织和处理大量数据、资料的时候，就会对未来结果的概率作出错误判断。典型性会导致人们对事件的过度反应，导致投资者在股票市场上犯错误。由于典型性，投资者高估了好公司的股票是好的概率，而低估了差公司的股票是好的概率。当一家上市公司过去业绩不佳时，投资者就有可能将其归类于绩差上市公司，认为这家公司的业绩会不断下降，但实际上，投资者对这家上市公司的过去信息反应过度了，这家公司业绩下降的概率并没有投资者认为的那么高，忽视了这家公司业绩改善的情况，从而低估了这家公司股票是好股票的概率。所以，在反应过度的情况下，这家公司的股价就会被低估。同理，在反应过度的情况下，过去业绩良好的公司的股价被高估了。由于股价在短期内被低估或者高估的股票在中长期内终究会回归到其内在的价值，因此就会出现输家赢家效应，即买入目前被低估的输家组合，卖出被高估的赢家组合可以获得超额收益。

对于"小公司效应"，行为金融理论认为投资者把股票的折现率视为股票过去业绩的函数，如果上市公司过去的业绩都很好，投资者会认为这个股票的风险较低，从而用较低的折现率折现未来的现金流量。在这种情况下，因为较低的折现率会提高股票价格，所以导致下一期的收益较低。而成长股票和大公司的股票在过去通常表现较好，因此投资者认为其风险较小，当期股价就会偏高，而下一期的收益将会偏低。相反的，价值型的股票和小公司的股票在过去表现通常比较差，投资者认为是高风险的，因此当期股价就会偏低，而下一期的收益将会偏高。这就解释了为什么小公司的收益率会高于大公司的收益率。

【本章小结】

1. 收益的形式包括利息、股利、租金。历史收益分为单期收益和多期收益，对单期收益的度量可以用货币形式或百分比形式，对多期收益的度量有算术平均、时间加权和货币加权三种方法。对期望收益的度量是计算以发生概率为权重的可能收益的平均值。没有违约风险、利率风险或再投资风险的资产收益率可以被认为是无风险收益率。

2. 我们生活的世界是一个充满不确定性的世界。对风险的度量是以发生概率为权重计算可能的收益与期望收益之间的平均偏离程度。人们对待风险的态度可以分成三种：风险厌恶、风险爱好和风险中性。

3. 理性的投资者追求在最小风险条件下的收益最大化。投资者的收益—风险偏好可以用无差异曲线表示。

4. 可行集是由 N 只证券构造出的无穷多种投资组合，代表现实生活中所有可能的投资组合。有效集是可行集中相同风险条件下收益最大的投资组合的集合。无差异曲线和有效集的切点就是最优投资组合。

5. 加入无风险资产后，有效集向左上方扩展为经过无风险资产和切点处投资组合的直线，最优投资组合也相应地向左上方扩展。

6. 分散投资可以有效地降低投资组合的个别风险，但不能降低投资组合的市场风险，使得投资组合的总体风险越来越接近平均的市场风险。

7. 投资者对风险资产组合的选择与该投资者的风险收益偏好无关，因此每个投资者都持有相同的风险资产组合，即市场组合。汇总后可以找到整个市场的有效集，即从无风险利率点出发经过市场组合的一条直线，称为资本市场线。

8. 市场均衡时，单只证券对市场组合风险的贡献程度可以用该证券与市场组合的斜方差或者 β 值表示，它是资本资产定价模型的定价依据，由此形成了证券市场线。

9. 因子模型反映了证券收益变动与一种或多种因子变动之间的关系。

10. 套利定价理论以因子模型为基础，考察当投资市场不存在无风险套利时，各种资产是如何均衡定价的。

11. 在有效市场中，证券价格总是可以充分体现可获信息变化的影响，每一种证券价格都永远等于其投资价值。有效市场分为三个层次：弱有效市场、半强有效市场和强有效市场。

12. 随着与有效市场理论不符的证券市场异常现象的不断出现，行为金融理论随之兴起，并对许多市场异常现象给出了解释。

【本章重要概念】

收益　风险　期望收益率　标准差　无风险资产　风险厌恶　理性投资准则　无差异曲线　投资组合　可行集　有效集　最优投资组合　分散投资　分离定理　市场组合　资本市场线　证券市场线　β系数　因子模型　套利定价理论　套利定价线　有效市场理论　强有效市场　半强有效市场　弱有效市场　行为金融理论

【思考题】

1. 收益的形式有哪些？如何度量收益？
2. 什么是风险？如何度量风险？
3. 理性的投资者应该如何处理收益和风险的关系？
4. 理性的投资者应该如何构建最优投资组合？
5. 为什么分散投资可以分散风险？
6. 为什么说资本资产定价模型是一种均衡模型？
7. 因子模型与资本资产定价模型的关键区别是什么？
8. 套利定价理论是如何对资产定价的？
9. 简述有效市场的含义和层次。
10. 什么是行为金融？

【本章参考书】

1. 杜金富等：《金融市场学》，第三版，大连，东北财经大学出版社，2010。
2. 张亦春：《现代金融市场学》（第二版），北京，高等教育出版社，2007。
3. 兹维·博迪、亚历克斯·凯恩、艾伦·J. 马库斯：《投资学》，第四版，中文版，北京，机械工业出版社，2000。
4. 斯蒂芬·A. 罗斯、罗德尔福·W. 威斯特菲尔德、杰弗利·F. 杰富：《公司理财》，第六版，中文版，北京，机械工业出版社，2002。
5. 邵宇：《微观金融学及其数学基础》，北京，清华大学出版社，2003。
6. 弗兰克·K. 赖利、基思·C. 布朗：《投资分析与组合管理》，第六版，中文版，北京，中信出版社，2002。
7. 彼德·S. 罗斯：《货币与资本市场》，第六版，中文版，北京，机械工业出版社，1999。

8. 易宪容：《行为金融学》，北京，社会科学文献出版社，2004。

9. 安德瑞·施莱佛：《并非有效的市场——行为金融学导论》，中文版，北京，中国人民大学出版社，2003。

10. Willian Sharpe、Gordon J. Alexander、Jeffery V. Bailey：《投资学》，第六版，北京，清华大学出版社，2001。

11. Aswath Damodaran：Investment Valuation, 2nd Edtion, Published by John Wiley & Sons, Inc., New York, 2002.

第五章

金融市场组织与结构

在第一章导论中，我们已经介绍了金融市场的媒介、组织方式及结构，为了对整个金融市场的交易情况有清楚的了解，这一章集中讨论金融市场参与主体及初级市场和次级市场。

第一节 金融市场参与主体

金融市场为什么要有金融机构参与，金融市场有哪些参与主体，它们都发挥着怎样的作用，金融市场上还有哪些服务中介机构，这一节主要讨论这些问题。

一、金融市场参与主体的作用及分类

（一）金融市场参与主体的作用

金融市场参与主体包括金融监管当局和各类金融机构。金融机构主要包括金融市场中介机构（包括经营性中介和服务性中介）和金融市场交易结算机构（包括交易所和登记结算公司等）以及主要的机构投资者（社保基金、保险公司、基金公司等）。

不同的金融市场参与主体在金融市场中发挥着不同的作用。金融监管当局的作用主要体现在依法监督和管理金融机构的设立、日常运营和市场退出，维护整个金融市场的稳定，营造公平竞争的市场氛围。金融机构在金融市场上承担着独特的角色，它既是金融市场上的重要中介机构，是储蓄转化为投资的传递者和导向者；又是金融市场上的供给者和需求者。金融机构的作用有：

1. 信用中介。在金融市场上，资金供给者与需求者往往因金额和期限不一致，使融资受阻。金融机构特别是商业银行可以吸收不同金额、不同期限的存款，它们把这些资金集中起来，可以购买不同期限、不同金额的证券等，从而使金融市场上不同期限、不同金额的资金供求得到满足。金融机构在金融市场上充当信用中介，起到资金汇集和分配的作用。

2. 支付清算。金融机构通过其网络，为商品交易和资本转移提供诸如支票、信用卡等各种支付清算手段。

3. 实现规模效应，降低交易成本。金融机构存在的一个重要原因是它们拥有处理信息不对称问题。在金融市场上，众多的投资者都需要了解资金需求者的有关情况。若没有金融机构的中介作用，资金供需双方都需要花费相当多的时间和金钱来寻找合适的对方，这样就必然存在着相当高的成本。之后双方为了选择一个完备的契约，也需要付出一定的代价。金融机构具有规模经济优势，并且能够进行多样化的经营，这样可以节约资金供需融资的成本。

4. 承担并分散风险。金融机构可以将风险较高的资产转变为风险较低的资产，有的金融机构就是为了这个目的而设立，如保险公司。金融机构可以通过金融创新，使金融产品增加，为金融市场提供多样性和高流动性的金融工具，从而可以分散风险。另外，随着金融风险产品的增加，专门从事风险管理的金融机构也在增加，如各种保险基金、投资基金等。

（二）金融机构的分类

这里我们主要从业务内容、功能和市场定位三个方面来分类。

1. 按业务内容分类。按金融机构所从事业务的不同，可分为：以融资业务为主的存款类金融机构，包括商业银行、政策性银行、储蓄银行、城市信用合作社、农村信用合作社、财务公司、金融信托投资公司、金融租赁公司等；以投资服务业务为主的投资类金融机构，包括证券公司、投资银行、投资基金管理公司、证券交易所等；以保障服务业务为主的保险类金融机构，包括各类保险公司和养老基金、政府退休基金、失业保险基金、医疗保险基金等管理机构；以及以金融信息咨询业务为主的信息咨询服务类中介机构，主要有信息评估公司、征信公司等。

2. 按功能分类。依据金融机构是否具有信用创造功能，可分为货币性金融机构和非货币性金融机构两种。货币性金融机构是指负责与参与"货币"创造的金融机构，货币是指在一定时间和区域内被人们普遍接受的交换媒介，通常为通货和支票；非货币性金融机构是指不直接参与"货币"创造的金融机构。非货币性金融机构又进一步细分为三类：第一类是储蓄机构；第二类是保险组织；第三类是其他金融机构，主要有融资公司、投资公司、证券经纪人以及货币贷款商等。

3. 按市场定位分类。按照所属的市场领域，可分为间接融资机构，即我们通常所称的银行性金融机构与非银行性金融机构。银行性金融机构包括政策性银行、商业银行和各种专业银行。非银行性金融机构是指那些经营各种金融业务但又不称为银行的金融机构。非银行性金融机构种类繁多，包括证券公司、投资公司、投资信托公司、保险公司、合作金融机构、金融租赁公司、财务公司等。

这里主要按对市场的作用分为金融市场中介机构（经营性中介和服务性中介）、金融市场交易结算机构（包括交易所和登记结算公司等）和主要的机构投资者（社保基金、保险公司、基金公司等）。金融监管当局将在本书后续章节中详细介绍。

二、金融市场经营性中介机构

金融市场经营中介机构主要有中央银行、商业银行、信托投资公司、投资银行、保险公司、经纪人和其他经营中介机构。

（一）中央银行

中央银行也叫货币当局。中央银行是发钞银行、银行的银行和政府的银行。中央银行并非追求利润最大化，而是要实现整个经济的一定目标。中央银行既是金融市场经营中介机构，也是重要的金融监管当局。

中央银行最基本的职能是维护金融稳定，制定和实施货币政策及提供金融服务。

中央银行在金融市场上发挥独特的作用，它通过买卖金融工具，投放或回笼货币，从而调节市场货币供应量，实现货币政策目标。同时中央银行又是市场上的最后贷款人，维护金融市场体系的稳定。一旦金融市场发生系统性风险，中央银行要发挥最后贷款人的作用，向市场提供资金。

（二）商业银行

商业银行是典型的存款类金融机构。

商业银行的基本职能有：吸收存款和发放贷款等发挥信用中介职能；办理货币收付、结算、转移存款等业务，发挥支付中介职能；通过资产和负债业务创造派生存款，发挥信用创造的职能；提供代理等业务，发挥金融服务等功能。

商业银行在金融市场上既提供金融中介服务，如代理发行票据等有价证券，代理清算金融市场融资等，又是金融市场的创造者和参与者，如发行金融债券和票据等，办理票据的贴现和转让，从事同业拆借市场的拆入和拆出等。

（三）信托投资公司

信托投资公司是在信托业务中充当受托人的金融机构。

信托投资公司主要职能有：代人理财发挥财务管理的职能；筹措长期资金用于投资发挥融通资金的职能；作为代理人、见证人、担保人、介绍人、咨询人、监督人发挥纽带、咨询的职能；运用信托业务手段参与社会投资活动，发挥社会投资的职能。

信托投资公司的主要业务有：办理信托存款、信托贷款、信托投资、信托代理、咨询等业务。

信托公司可在金融市场上参与融资业务，或为金融市场的供需者，同时又参与咨询等服务活动，成为金融市场的媒介。

（四）投资银行

投资银行是指经营一部分或全部资本市场业务的金融机构。

投资银行的主要业务是：证券发行、证券交易、兼并与收购、基金管理、理财顾问、创业投资、项目融资、金融工程等。

根据投资银行业务与商业银行业务是否交融来区分，世界各国投资银行的模式可以分为两大类型：分业经营模式和混业经营模式，分业经营模式是指投资银行业务和商业银行业务相分离，分别由两种金融机构相对独立经营的模式。混业经营模式是指投资业务与商业银行业务相结合，均由综合型银行提供。

（五）经纪人

金融市场上的经纪人包括货币经纪人、证券经纪人、外汇经纪人和证券承销商。这部分内容我们在第一章第二节已经做了介绍。

（六）其他经营中介机构

1. 金融公司。金融公司是经营投资和长期信贷的一种金融机构。其主要业务是收购企业发行的股票、债券以及本国和外国政府的公债券，向对方提供长期资金，参与创业活动。其主要资金来源是发行自己的股票和债券，向其他银行借款及吸收一部分定期存款，但不能从事短期存贷款业务。

2. 财务公司。财务公司是经营部分银行业务的非银行金融机构。其主要业务是发放抵押贷款和消费贷款。其资金主要来源是向银行借款，推销企业股票、债券及发行公司本身的证券。

3. 票券公司。又称票据公司，是专门在货币市场上开展业务的一种非银行金融机构。其主要业务是：办理同业拆借，包括向同业拆借和从同业拆入短期资金；充当货币经纪人，在同业拆借中发挥媒介作用；办理票据承兑贴现业务；办理短期票券（即期限在 1 年以内的票据和短期债券）的发行和买卖等。票券公司是货币市场的重要媒体机构。

4. 信用合作社。信用合作社是由个人集资联合组成，以互助为主要宗旨的合作性金融组织。即使在现代经济条件下，有些国家如美国，信用合作社仍然是金融市场上的参与者，它们通常持有大量的有价证券，主要是美国政府债券。

5. 期货公司。期货公司是依法设立的、接受客户委托、按照客户指令、以自己的名义为客户进行期货交易并收取交易手续费的中介组织，其交易结果由客户承担。期货交易者是期货市场的主体，正是因为期货交易者具有套期保值获投机盈利的需求，才促进了期货市场的产生和发展。尽管每一个交易者都希望直接进入期货市场进行交易，但是由于期货交易的高风险性，决定了期货交易所必须制定严格的会员交易制度，非会员不得入场交易，于是就产生了严格的会员交易制度与吸引更多交易者、扩大市场规模之间的矛盾。

三、金融市场服务性中介机构

金融市场的服务中介机构主要有证券投资咨询公司、证券信用评级机构和其他服务中介机构。

（一）证券投资咨询公司

证券投资咨询公司是证券投资者的职业性指导者，包括机构和个人。主要是向客户提供参考性的证券市场统计分析资料，对证券买卖提出建议，代拟某种形式的投资计划等，并收取相应的咨询费。证券投资咨询公司的最大特点，就是根据客户的要求，通过对大量的基础信息资料进行收集、整理和系统的研究分析，向客户提供分析报告和操作建议，帮助客户建立有效的投资策略及确定投资方向。

证券投资咨询公司业务主要包括：

1. 接受政府、证券管理机关和有关业务部门的委托，提供宏观经济及证券市场方面的研究分析报告和对策咨询服务。

2. 接受证券投资者的委托，提供证券投资、市场法规等业务方面的咨询。

3. 接受公司委托，策划公司证券的发行与上市方案。

4. 接受证券经营机构的委托，策划有关的证券事务方案，担任顾问。

5. 编辑出版证券市场方面的资料、刊物和书籍等。

6. 举办有关证券投资咨询的讲座、报告会、分析会等。

7. 发表证券投资咨询的文章、评论、报告以及通过公众传播媒体和电信设备系统提供证券投资咨询服务。

（二）证券信用评级机构

证券评级机构是专门从事有价证券评级业务的企业法人，一般为独立的、非官方的机构。证券资信评估机构对申请者主要评估的内容如下：

1. 行业风险。主要评估申请者在同行业中处在什么样的地位，发展前途如何，与同行相比有哪些优缺点。

2. 市场竞争力。主要考察申请者在市场所占份额、企业产品的生命周期性、企业的长短期销售合同、订单、产品市场销售潜力等。

3. 经营效率。主要考察申请者的经营水平和获利能力。主要分析指标包括产品质量、产品销售率、流动资金周转天（次）数等。

4. 管理水平。主要分析申请者现有管理水平与其过去管理水平以及与同行业管理水平相比的情况等。

5. 资产质量。主要考察申请者的资金实力及资产使用效率的高低。评级机构可以通过自有资金率、资产负债率等指标来衡量。

6. 信用质量。主要考察企业信用状况和偿债能力。主要指标包括流动比率、速动比率、贷款归还率、销货款回收率以及债务偿还能力等。

7. 申请者发展前景预测。主要考察申请者发行证券后或更长一段时期的发展趋势及经济效益的预测。根据证券风险程度的大小，证券的信用级别一般分为 10 个等级，最高为 AAA 级，最低为 D 级。

（三）其他服务中介机构

1. 会计师事务所。会计师事务所的主要业务职能是验资、资产评估、财务审计、财务资信评价、财务顾问咨询和培训等。

2. 审计师事务所。审计师事务所可以承办下列业务：验证企业资本，出具审计报告；审查会计账目、会计报表和其他财务资料，出具查账报告书；参加办理企业解散、破产的清算事项；参加调节经济纠纷，协助鉴别经济案件证据；其他会计查账验证事项；设计财务会计制度，担任会计顾问，提供会计、财务、税务和经营管理咨询；代理纳税申请；代办申请注册登记，协助拟定合同、章程和其他经济文件；培训财务会计人员等。

3. 律师事务所。在金融市场之中的大量业务活动都涉及法律事务。它包括：在公司进行注册登记时协助公司制定或审定有关文件的合法性，并使之合法化；在公司运作过程中，协助公司制定或审定有关契约文件的合法性，并使之合法化；在公司发行证券时，协助公司制作或审定有关文件的合法性，检查公司行为的合法性，并出具法律意见书；在企业进行购并与重组或资产证券化过程中，协助公司进行有关活动的策划，制作并审定有关文件的合法性，检查公司行为的规范合法性；担任企业的法律顾问，向公司提供法律意见和其他服务；提供法律咨询意见，帮助培训有关法律工作人员等。

4. 资产评估机构。资产评估是指由专门的评估机构和人员依据国家的规定和有关数据资料，运用一定的程序、计价标准和方法，对被评估的资产进行评定和估算。

5. 信息公司。信息公司是依法设立的对信息进行收集、加工、整理、存储、分析、传递以及信息产品、信息技术的开发，为客户提供各类信息服务的专业性中介机构。

四、金融市场交易结算机构

金融市场的交易结算机构主要有证券交易所、期货交易所和证券登记结算公司。

（一）证券交易所

证券交易所是专门的、有组织的证券市场，是证券买卖集中交易的市场。证券交易所只为证券买卖提供交易的场地，本身并不参加证券买卖，也不决定买卖的价格，证券买卖双方在交易所内公开竞争，通过出价与还价的程序来决定证券的成交价格，由此可见，证券交易所是对证券买卖双方提供的一个公开交易的场所，是一个有组织、有效率的市场。证券交易所作为一个买卖证券的有组织的公开市场，具有以下基本特征：一是证券交易所自身并不持有和买卖证券，也不参与制定价格；二是交易采用经纪制方式；三是交易按照公开竞价方式进行；四是证券交易所有着严格的规章制度和运作规程；五是证券交易的过程完全公开，及时公布上市证券的行情和统计资料。

证券交易所的组织形式有以下两种。

1. 会员制证券交易所。会员制证券交易所是一个由会员自愿出资共同组成，不以盈利为目的的法人团体。交易所会员必须是出资的证券经纪人和证券商，只有会员才能参加证券交易。交易所由会员共同经营，共同分担费用。会员同交易所的关系不是合同关系，而是自治自律关系，这是会员制交易所同公司制交易所的不同之处。会员制交易所的最高权力机构是会员大会，由会员大会选举产生理事会。

2. 公司制证券交易所。公司制证券交易所是采取股份公司组织形式，由股东出资组成，以盈利为目的的法人团体。这种交易所的股东不参加证券交易，只是出资建立，为证券商和证券经纪人提供交易的场所、设施及服务，以保障证券交易的公正性。进场交易的证券经纪人和证券商都与交易所签订合同，购买席位，缴纳经营保证金。交易所的主要收入是按证券买卖成交额收取佣金。其最高决策机构为董事会，董事会、监事会均由股东大会选举产生。公司章程中还应明确规定参与公司组织作为股东的证券经纪人和证券商名额、资格和公司存续期限。

（二）期货交易所

期货交易所是买卖期货合约的场所，是期货市场的核心。期货交易所本身不进行交易活动，不以营利为目的。虽然期货交易所是一种非营利机构，但也讲究利益核算。在这个意义上，交易所还是一个财务独立的营利组织，它在为交易者提供一个公开、公平、公正的交易场所和有效监督服务基础上实现合理的经济利益，包括会员会费收入、交易手续费收入、信息服务收入及其他收入。它所制定的一套制度规则为整个期货市场提供了一种自我管理机制，使得期货交易的"公开、公平、公正"原则得以实现。

期货交易所按照交易合约标的物的不同大致可分为商品期货交易所和金融期货交易所。商品期货交易是指只需支付定金，通过商品交易所买进或卖出期货合约，这种期货合约已是商品交易所规定的标准化契约，通常期货交易不涉及实物所有权的转移，而只是转嫁与这种所有权有关的由于商品价格变动带来的风险。商品期货的种类包括金属期货、农产品期货和能源期货等。金融期货交易与商品期货交易类似，区别在于金融期货交易所主要交易金融期货品种，包括股票指数期货、股票指数期权、国债期货、外汇期货以及外汇期权等金融衍生产品。

国际上主要的期货交易所有芝加哥商业交易所（CME）、芝加哥期货交易所（CBOT）、纽约商业交易所（NYMEX）、纽约期货交易所（NYBOT）、伦敦金属交易所（LME）等。目前，我国国内有四家期货交易所，包括上海期货交易所、大连商品交易所、郑州商品交易所和中国金融期货交易所。

（三）证券登记结算公司

证券登记结算公司是指专门为证券与证券交易办理存管、资金结算交收和证券过户业务的中介服务机构，它是独立的企业性质的证券服务机构。

证券登记结算公司的职能有：

1. 中央登记职能。即统一管理投资者证券账户，包括开立证券账户，修改开户资料、证券账户的挂失及补发等；上市证券的发行登记，包括新股发行登记、遗留问题股份登记等；上市证券非流通股股份的管理，包括股份的冻结、抵押及法人股、国家股股权的协议转让过户；股东名册管理。

2. 中央存管职能。即结算公司为每个结算会员开设证券存管账户，该账户下设托管账户与自营账户，分别用以记录托管于该结算会员名下及其自身拥有的证券余额及其变更情况。利用证券存管账户为客户进行上市证券的股份管理、证券托管与转托管、权益派发、配股认购等。

3. 中央结算功能。其内容包括证券交易的清算过户、证券交易的资金交收、新股网上发行的资金清算等。证券结算公司通过与交易所、清算银行和清算会员的电子联网，对在交易所达成的买卖，以净额结算方式完成证券和资金收付。

五、主要的机构投资者

除了前面介绍的提供各类服务的金融机构外，金融市场中还有一类非常重要的参与者，它们通过募集社会分散的资金，投资证券市场，运用专业投资力量构建和管理投资组合，这种金融机构被称为机构投资者。主要的机构投资者包括社保基金、保险公司以及基金公司等。

（一）社会保障基金

社会保障基金是根据国家有关法律、法规和政策的规定，为实施社会保障制度而建立起来的专款专用资金。社会保障基金一般按不同的项目分别建立，如社会保险基金、社会救济基金、社会福利基金等。其中，社会保险基金是社会保障基金中最重要的组成部分。目前，我国社会保险基金分为养老保险基金、失业保险基金、医疗保险基金、工伤保险基金和生育保险基金等；其中养老保险基金数额最大，在整个社会保险制度中占有重要地位。

社保基金的资金来源于企事业职工所交养老保险费的一部分，由专业机构进行管理，实现保值增值。社保基金的投资范围限于银行存款、买卖国债和其他具有良好流动性的金融产品，包括上市流通的证券投资基金、股票、信用等级在投资级以上的企业债、金融债等有价证券。

（二）保险公司

保险公司是指经营提供保险业务的金融机构。通常划分为人寿保险公司与财产保险公司、原保险公司和再保险公司。

保险公司的主要职能有：通过承保业务，收取保费，把被保险人的风险集中在自身，同时对受到损失的被保险人进行赔付，发挥经济补偿职能；把累计的和暂时不用于赔付的各项准备金用于投资活动，发挥保险资金投资的职能；在保险业务过程中，发挥防灾、减灾的职能。保险公司在金融市场中主要作为投资者出现，但也与其他金融机构一起，创造金融产品，成为筹资者。

（三）基金公司

基金是指一种利益共享、风险共担的集合证券投资方式，即通过发行基金单位，集中投资者的资金，由基金托管人托管，由基金管理人管理和运用资金，从事股票、债券等金融工具投资，并将投资收益按基金投资者的投资比例进行分配的一种间接投资方式。

基金公司，是指经国家有关部门批准，依照法律规定设立，通过向投资者募集资金，运用自身专业化优势进行投资管理的企业法人。按照基金公司资金来源的不同，可分为公募基金公司和私募基金公司。按照投资范围的不同，可分为证券投资基金和股权投资基金。一般来讲，公募基金公司的资金来源于向社会不特定投资者公开发行受益凭证的证券投资基金，因此，公募基金公司一般为证券投资基金。而私募基金公司的资金来源于向社会特定投资者不公开发行证券，此类投资者一般拥有大量资金，风险承受能力较高。因此，私募基金一般投资风险较高的未上市股权，以期未来获得丰厚回报。同时，私募基金也可从事证券投资。

基金公司的资金来源广泛，投资的专业化管理水平较高，是金融市场中重要的机构投资者。

第二节　初级市场

从这一节开始，我们介绍金融市场的交易层次，主要介绍证券市场的交易层次。这一节介绍初级市场，下一节介绍次级市场。

一、初级市场的概念及分类

（一）初级市场的概念及作用

初级市场是金融工具首次向社会发行的市场，也就是发行者筹集资金的市场，又称发行市场和一级市场。

初级市场的作用主要表现为以下三个方面：

1. 为资金需求者提供筹措资金的渠道。证券初级市场拥有大量运行成熟的证券商品供发行人选择，发行人可以参照各类证券的期限、收益水平、参与权、流通性、风险度、发行成本等不同特点，根据自己的需要和可能来选择、确定发行各种证券，并依据当时市场上的供求关系和价格行情来确定证券发行数量和价格。初期市场上还有众多发行人提供服务的中介结构，它们可以直接受发行者的委托，利用自己的信誉、资金、人力、技术和网点等向公众推销证券，有助于发行人及时筹集到所需的资金。发达的初级市场还可以冲破地区限制，为发行人扩大筹资范围和对象，在本地和外地面向各类投资者筹措资金，并通过市场竞争逐步使筹资成本合理化。

2. 为资金供应者提供投资和获利的机会，实现储蓄向投资转化。政府、企业和个人在经济活动中，可能出现暂时闲置的货币资金，证券初级市场为其提供了多种多样的投资机会。储蓄转化为投资是社会再生产顺利进行的必要条件。

3. 形成资金流动的收益导向机制，促进资源配置的不断优化。在现代经济生活中，生产要素随着资金流动，只有实现了货币资金的优化配置，才有可能实现社会资源的优化配置。证券发行市场通过市场机制选择发行证券的企业，那些具有良好产业前景、经营业绩优良、具有一定的核心竞争优势和良好发展潜力的企业就会更容易、成本更低地从证券市场上筹集到所需的资金，从而使资金流入最能产生效益的行业和企业，达到促进资源优化的目的。

（二）初级市场的分类

初级市场分类方法很多，如果按发行对象不同可以分为公募发行和私募发行；根据有无中介机构介入可以分为直接发行和间接发行；根据发行证券种类的不同，可分为股票发行、债券发行、基金发行、其他证券发行等；按增资方式还可分为有偿增资发行（配股）和无偿增资发行（送股）；按招标的标的不同可分为价格招标发行和收益率招标发行等。

二、初级市场的构成

证券初级市场主要由发行人、投资者、中介商、证券业协会和证券监管机构组成。

（一）发行人

证券发行人是指为筹集资金而发行股票和企业证券的公司或发行政府债券的政府组织、金融机构等，是构成证券发行市场的首要因素。从证券发行的实践来看，证券发行人是证券权利和义务的当事人，是证券发行后果和责任的主要承担者。发行人的主体资格、净资产额、经营业绩、违法记录、财产责任范围等事项，对投资者来说都是非常重要的参考因素，也是确保发行者存续的基础。为了保证社会投资者的利益，维护证券发行市场的秩序，防止各种欺诈行为，《中华人民共和国证券法》对证券发行人设定了严格的条件要求。

（二）投资者

在证券发行市场上，发行人是资金的需求者，投资者则是资金的供给者。投资者根据发行人的招募要约认购证券，是证券发行市场的另一重要因素。投资者的构成较为复杂，可以是个人，也可以是企业组织、金融机构、基金组织，还可以是未来享有股权的投资人、持股代理人或者以承销为目的的中介人。投资者也是证券权利和义务的当事人，在法律上应当具有合法的主体资格。20 世纪 70 年代，美国一些愿意以高风险换取高回报的投资者开创了一种新的投资方式——风险投资（Venture Capital，VC）。按照美国风险投资协会的定义：风险投资是由专业投资者投入到新兴的、迅速发展的、有巨大竞争潜力的企业中的一种权益资本。由于风险投资所投的企业不是上市公司，而是成长潜力巨大的非上市公司，它通过投入企业并参与企业成长壮大的过程，最终从成功企业中退出中获取高额利润。近年，风险投资在我国迅速发展，在证券发行的初级市场中扮演重要角色。

（三）中介商

证券中介商是专门代理发行人承销各类证券商品的金融机构，又称投资中介人、证券承销商，它是证券发行市场中又一个必不可缺的要素。在国际证券市场上，其被称为投资银行，不同于传统的从事贷款业务的商业银行。在我国则主要由各证券投资公司担任此职。证券中介商作为经营证券的中介机构，以金融专业知识及技术作为手段实现企业依靠自身无法完成的筹集使用资金和资产保值增值的目的。在证券市场中起着沟通买卖、连接供求的桥梁作用。其主要业务有：证券承销业务，这是证券中介商最基本的业务；证券交易业务，这是指发行结束由一级市场转入二级市场后，券商通过自营交易获得差价和利润以及佣金收益；风险投资业务，在高科技风险投资业务中，一些公司希望得到券商的资金资助，券商在投资成功以后能够获得可观的收益，但也承担着亏损的风险；基金管理业务，券商既可以作为基金发起人或基金管理人，也可以作为基金承销人；兼并收购业务，券商为兼并或收购的双方提供价格咨询或融资服务。

（四）证券业协会

证券业协会是指证券业的自律性组织，是由证券公司作为会员构成的社会团体法人。它是政府与证券公司之间的桥梁和纽带，其职能就是协助证券监督机构教育、组织会员执行证券法律和法规，依法维护会员和客户的合法权益。证券业协会的成立，有助于完善证券市场体系，在证券发行市场中，可以组织会员就证券发行市场的发展、运作和有关内容进行研究，并向证券监督管理部门反映会员的建议和要求，从而进一步发展和规范证券发行市场。

（五）证券监管机构

在证券发行市场中，证券监管机构运用法律的、经济的和必要的行政手段，对证券的发行进行审核、监督和管理。这种监督管理可以维护证券发行市场的正常秩序和证券发行市场的公开、公平、公正原则，是加强证券市场监管的重要环节。在我国，对证券市场进行监管的机构是中国证券监督管理委员会，此外还有自律性监管机构。

三、初级市场管理

初级市场管理的内容很多，这里主要介绍发行制度与信息披露管理。

（一）发行管理制度

世界各国对发行证券特别是股票发行的监管虽不尽相同，但按审核制度划分，主要有注册制和核准制两种。

1. 注册制。注册制指的是发行人在发行新证券之前，首先必须按照有关法规向证券主管机关申请注册。在此制度下，发行人只要按照发行注册的一切手续，提供所有的情况和统计资料，并且所提供的信息完全属实，它就可以公开发行证券。注册制的理论依据是：太阳是最好的防腐剂，灯光是最好的警察。因此，注册制并不禁止质量差、风险高的证券市场。由此可见，注册制实际上是一种发行人的财务公开制度。它要求发行人对提供的关于证券发行本身以及与证券发行有关的一切信息的真实性、可靠性承担法律责任。注册制的实质就在于提供真实的信息，它遵循的是"公开的原则"。注册制一方面为投资者创造一个信息畅通的投资环境，引导和调节投资者的投资规模和方向；另一方面为筹资者提供一个平等的竞争场所，谁的证券质量好、收益好、流动性强，谁的证券就成为热门证券，否则就会被市场淘汰。

2. 核准制。核准制又称特许制，是指发行人在发行新证券之前，不仅要公开有关真实情况，而且必须合乎《公司法》中规定的若干实质条件，如发行者所经营事业的性质、管理人员的资格、资本结构是否健全、发行者是否具备偿还能力等。证券主管机关有权否决不符合条件的证券注册申请。核准制遵循的是实质管理原则，它是在信息公开的基础上，再把一些不符合要求的低质量证券拒之于证券市场门外。显然，这种管理制度对于投资者素质不高、证券市场历史又不长的发展中国家较多使用。目前实行核准制的有欧洲大陆国家以及韩国、土耳其等。我国和大多数发展中国家也实行核准制。

从两种发行制度的差异中可以看出，主管机关是否有权直接干预发行行为，是注册制与核准制的根本区别所在。

3. 注册制和核准制的比较。不同市场环境下有不同发行制度。以美国和英国为代表的强制性信息披露制度，注重披露信息的真实性。而许多发展中国家实行核准制。这是因为主观上，许多发展中国家的政府在证券市场中起到了举足轻重的作用。首先，政府推动经济成长的理念自然产生了控制一级市场发行审批权的倾向；其次，由于发展中国家政府普遍担心市场失控，因此存在对创造市场流量的一级市场进行"闸门控制"的倾向；最后，在资本资源十分紧张，而发展经济愿望又十分迫切的条件下，政府希望一级市场能起"导管作用"，将有限的资本资源导向其倾斜的产业和领域。而在客观上：首先，由于投资大众对证券市场的知识积累有限，因此缺乏合理甄别优质证券与劣质证券的能力；其次，二级市场的结构不够合理，优质证券的回报率并不明显高于劣质证券，这使投资者缺乏进行信息分析的强烈愿望；最后，大多数发展中国家法规、会计规范等强制性信息披露所必需的基本条件很不完善，所披露信息的及时性、准确性和充分性均十分不足，从而不得不求助于核准性。

不同的理论机制下有不同的市场原则。注册制的理论依据是：发行人必须提供发行者本身及与证券发行相关的一切信息；假设所有的投资者都有依据公开信息作出正确投资判断的能力；证券发行只受公开信息的约束，至于发行人的财力和素质、已发行证券的数量、质量及其对市场的影响，均不作为证券审核的条件；证券管理机构的职责是尽职审查资料的全面性、真实性、准确性与及时性，并不对证券品质作出评价或判断；发行人在注册申报后的法定时间内，如果未被证券管理机构拒绝注册，则可视为注册自动生效，证券发行无须政府授权；发行过程中，如果证券管理机构发现发行人公开信息有误导、虚假、欺诈等情形，可以颁布"停止令"，阻止证券发行。核准制则对证券的发行条件有严格的规定，并在达到主管机关所制定的发行与上市条件的前提下，要求证券发行人将每笔证券发行报请主管机关审批。这种制度以维护公众利益和社会安全为本位，并不赋予发行人自由权，因而核准制具有明显的国家干预的特征。在核准制下，主管机关对证券发行制定了一系列的发行条件。对发行人具有一系列的制约条件，发行人的发行权则由证券主管机关授予。核准制对发行人的严格审查，旨在剔除不良证券，稳定证券市场秩序，维护投资者的利益。而且它吸取了注册制的信息公开原则，并使其成为核准制的核心内容。因而，核准制对投资者素质普遍不高的发展中证券市场，具有重要的意义。

两种不同的管理制度有不同的管理程序。注册制下，发行人只需充分披露发行人及发行证券的有关资料，填写注册申请书。注册等待期一般都在 1 个月以内，只要主管机关没有异议，注册就自动生效。而在核准制下，每一种证券的发行就要经过所属行业主管部门、当地政府、当地证券管理机构等多层次审批，势必旷费时日，有悖于证券市场高效率原则。

核准制有向注册制过渡的趋势。无论是注册制还是核准制，合理的信息披露才是保证证券市场生存发展的根本条件。从韩国等国家核准制下的政策演变看，证券发行制度已越来越多地吸取了注册制的精髓，不断朝注册制方向发展。

4. 我国证券市场发行体制历史沿革。1990—2000 年，中国金融市场处于建立和发展初期，股票发行实行审批制。2001 年 3 月，新股发行正式实施核准制，确立了以强制性信息披露为核心的事前问责、依法披露和事后追究的责任机制，并初步建立起证券发行监管的法规体系，提高了发行审核工作的程序化和标准化程度。同时，股票发行定价制度由行政主导转变为市场主导。在国际上，一些发达市场股票普遍实行注册制，程序更为便捷和标准化，定价机制更加市场化。为了进一步提高发行效率、充分发挥金融市场的功能，仍需进一步深化对发行体制的改革。

2004 年 2 月，《证券发行上市保荐制度暂行办法》实施，发行上市主承销商推荐制正式过渡到保荐制度。同时，建立了保荐机构和保荐代表人问责机制。同年末，《股票发行审核委员会暂行办法》实施，取消了发行审核委员会（简称发审委）委员身份保密的规定，将表决方式改为记名制，建立了发审委委员的问责机制和监督机制，使核准制下市场参与者各负其责、各担风险的原则得到落实，实现了发行制度市场化改革目标的第一步。

2006 年，《上市公司证券发行管理办法》《首次公开发行股票并上市管理办法》《证券发行与承销管理办法》及相应配套规章先后推出，形成了全流通模式下的新股发行体制，包括：引入上市公司市价增发机制和配股发行失败机制；严格保荐责任，取消了辅导期限一年的强制要求；推进融资方式和工具创新，推出了可分离交易的可转换公司债券；实施新股询价、向战略投资者定向配售、境内境外市场同步发行上市、超额配售选择权试点、非公开发行和股本权证等制度安排。这一系列制度安排进一步强化了市场约束，提高了发行效率。

（二）信息披露

合理的信息披露是保证证券市场生存和发展的根本条件。从理论上讲，证券价值是其未来现金流的现值。如果市场不及时得到关于企业经营状况及可能变化的信息，那么，投资者就无法判断证券的价值，从而证券市场的流动性与市场效率将大大降低，甚至整个证券市场将成为无源之水和无本之木。信息披露也是解决困扰证券市场信息不对称问题的根本手段。信息不对称主要包括两个方面：一是公司内幕人员与投资者之间的不对称；二是不同投资者之间的不对称。信息的不对称会对证券市场产生严重的后果，比如市场操纵无法避免、绩优股的价格无法体现、劣质股却大行其道等。因此，没有严格的信息披露制度，就不会有高效有序的证券市场。目前各国均实行强制信息披露制度。

信息披露是指证券发行者向社会公众提供有关该证券的必要信息资料。其基本要求有：（1）真实性。公司所公开的信息不得有任何虚假的成分，必须与自身的实际情况相符。证券发行人负有保证公开信息真实的义务。在注册制下如果发行人违背信息真实性原则，则发行注册或上市申请无效。（2）完整性。公司必须把能够提供给投资者判定价值的情况全部公开。（3）准确性。公司的公开信息必须尽可能详尽、准确、具体。（4）及时性。公司必须在法定期限内公开有关的报表文件，发生的重大事件也必须迅速公开。公开信息披露的时间不能超过法定的期限。比如我国对上市公司年度报告披露的时间规定不超过上一会计年度结束后 4 个月。

上市公司的信息公开和披露，包括首次公开和持续公开，在注册制下，公司在发行证券前必须向证券管理机构领取并填写"证券注册申报书"。"证券注册申报书"的一个重要内容就是"公开说明书"。"公开说明书"是首次公开的重要内容。持续公开信息包括上市公告书、配股说明书、定期报告（包括年度报告、中期报告、季度报告）、临时报告。

在中国，为了强化上市公司的信息披露，中国证券监督管理委员会结合资本市场发展实践，对此进行了持续而全面的规范。《上市公司信息披露管理办法》的颁布，配合了新的《公司法》《证券法》对上市公司信息披露提出的更高要求，提高了上市公司运营的透明度，也适应了股权分置改革后新形势对上市公司监管的要求。但经过数十年的发展，信息披露制度还需完善，包括：改进信息披露的内容、格式和程序，强化信息披露监管手段，不断提高信息披露监管的有效性和权威性，加大违规披露的成本，提高信息披露的质量；不断借鉴国际先进经验，完善信息披露的电子化平台，提高信息披露的及时性。

第三节　次级市场

次级市场是交易市场，又称流通市场。这一节主要介绍次级市场的主要功能及基本交易形式、证券交易制度、证券结算制度等内容。

一、次级市场的主要功能及基本交易形式

（一）次级市场的主要功能

1. 流动性。次级市场的基本功能是为在初级市场上发行的证券提供流动性，使初级市场的功能得以维持。如果没有次级市场，证券就不能流通和转让，那么，它对投资者的吸引力就会降低，发行主体就难以募集到它们所需要的资金。

2. 资金期限转化。资本市场的特点是提供长期资金，在市场上发行证券以募集资金的发行者往往需要长期占用资金，而购买证券的人却不希望其资金被长期占用。次级市场使证券的变现成为可能，既满足了投资者投资不被长期占用的意愿，又降低了投资风险，从而使短期闲散资金转化为长期建设资金。

3. 维持证券的合理价格。证券交易市场为证券买卖双方提供各种服务，使得合理的证券价格得以实现。

4. 资金的导向。次级市场上证券的供求情况决定证券价格的变化，供大于求时，价格必然下跌，因此，初级市场上的证券发行量会减少；反之，供小于求时，价格上升，初级市场证券发行量就会增加。通过这种调节，使社会资金供求趋于平衡。同时，通过市场上公布的证券交易行情，投资者能及时了解发行者的经营状况和获利能力，从而作出合理的投资决策，使资金向最需要、使用效率最高的方向流动，提高投资资金的使用效率。

5. 反映宏观经济。交易市场上的价格指数是反映整个国家经济动态的"晴雨表"；某类或某种证券价格的变动同样反映行业或企业的变化情况。国家由此通过相应的措施，调控整个国家的宏观经济。

（二）次级市场的主要交易形式

次级市场主要有场内交易市场、场外交易市场、自动报价系统、网上交易等交易形式。

1. 场内交易市场。场内交易市场是指证券交易所组织的集中交易市场，它有固定的交易场所和交易时间，在多数国家中它还是全国唯一的证券交易场所，因此是最重要、最集中的证券交易市场。交易所市场的特点表现为：（1）具有集中、固定的交易场所和

严格的交易时间，证券交易以公开的方式进行，有利于扩大交易规模，降低交易成本，有利于市场竞争，提高交易效率；（2）交易对象限定为符合特定标准在交易所上市的证券；（3）交易所为具备一定资格的会员证券公司及特定的经纪人和证券商服务，一般投资者不能直接在交易所买卖证券，而只能委托经纪商间接地进行买卖；（4）证券交易所具有严密组织、严格的管理。证券交易所是公开的交易市场，上市公司须定期公开经营情况和财务报表，证券的成交价格是通过公开竞价决定的，交易的行情向公众及时传播。

交易所的服务包括上市、交易和信息服务。交易所随时向投资者提供关于在交易所挂牌上市的证券交易情况，如成交价格和数量等；提供发行证券企业公布的财务情况，供投资者参考。交易所制定各种规则，对参加交易的经纪人和自营商进行严格管理，对证券交易活动进行监管，防止操纵市场、内幕交易、欺诈客户等违法犯罪行为的发生。交易所还要不断完善各种制度和设施，以保证正常交易活动持续、高效地进行。随着信息革命的兴起和资本流动全球化的发展，交易所的业务活动和管理理念越来越类似于标准的企业，而不是传统意义上的会员制合作组织。

2. 场外交易市场。场外交易市场又称柜台交易市场或店头交易市场，是交易所外由证券买卖双方当面议价成交的市场。场外市场没有固定的场所，其交易主要利用电话进行。交易的证券以不在交易所上市的证券为主。在某些情况下也对在证券交易所上市的证券进行场外交易。在场外交易中，证券的行情不像场内那样以第一时点的实际成交价格表示，而是以交易商提交的买进价格与卖出价格表示，买卖价格之差即为利润。在场外交易市场中的证券商兼具证券自营商和代理商的双重身份，作为自营商，他可以把自己持有的证券卖给顾客或者买进顾客的证券，赚取买卖差价；作为代理商，他又可以客户代理人的身份向别的自营商买卖证券。

近年来，国外一些场外交易市场发生很多变化，它们大量采用先进的电子化交易技术，使市场覆盖面更加广阔，市场效率有很大提高。其中，电子通信网络（electronic communication network，ECN）就是其中典型的代表，它是交易所、股票经纪商和他们的客户之间的电子化交易平台。在金融业中，ECN是指一种使客户可在股票交易所之外交易金融产品的计算机系统。最常见的交易产品是股票和外汇。最初的ECN是在1998年经过美国证券交易委员会（SEC）的批准后建立的。ECN的特点在于，通过降低交易费用来提高市场交易商之间的竞争程度，交易者可访问到系统内的委托单集合，在传统的交易所交易时间之外为交易者撮合交易等。

相对于交易所市场而言，场外交易市场具有如下特点：（1）场外交易市场往往是一种分散的、无形的市场，没有集中的、有组织的交易市场，而是通过遍布于各地的电话、电传、电脑网络等连接起来，交易时间也比较灵活。（2）通常采用交易商为核心的市场组织结构，证券投资者可委托证券经纪商进行买卖，也可以直接同经纪商进行交易，交易商赚取买卖差价。如果交易商的库存中没有客户所需的证券，交易商将通过交易网征购这种证券，然后再出售给客户。（3）交易对象众多，没有严格的条件限制，既包括大量未上市证券，也包括一部分上市证券。一些不符合交易所上市条件、不能在证券交易所挂牌交易上市的证券也可以在场外交易市场上交易，为这类证券提供了流动性。（4）证券交易成本比较低廉，一般不采用固定佣金制。（5）场外交易市场的交易通常根据交易商提出的买入价或卖出价成交。有时投资者与交易商之间根据成交数量和其他交易条件，经过协商确定最终的成交价格，一般不采用公开竞价的方式决定交易价格。（6）场外交易一般须在证券监管机构的监督下进行，但由于管理规则比较宽松，不便于对交易活动进行严格的监督管理。

在场外交易市场上交易的证券既有在证券交易所上市的普通股、优先股和债券，也有达不到条件的中小型公司以及新成立公司的股票。还有一些虽然符合上市标准但是由于某些原因只愿在场外交易市场交易的大公司的证券，以及大多数银行的股票、人寿保险的股票和投资基金的证券。场外交易市场虽然管理宽松，但并不是无组织的、完全放任自流的市场。例如美国，根据1938年《马隆尼修正法》由美国从事证券业务的经纪商和交易商组成全国证券交易商协会，其活动受证券交易委员会监管。

3. 自动报价系统。在采用电子指令经营方式的同时，一种不同于传统证券交易场所的新型市场即被称为电子市场的市场组织形式悄然问世，其中最著名的是1971年问世的全美证券商协会自动报价系统，即纳斯达克市场。纳斯达克市场利用现代最新的电子计算机技术和电子通信技术，连接全国所有市场参与者，并使各家证券公司在计算机屏幕化的无形市场上相互竞争。其具体运作方式包括：行情查询、委托及交易、结算、信息传播和市场监控等。纳斯达克市场与纽约证券交易所相比，其服务时间长，交易精度高，速度快，收费低，因而成为全美发展最快的证券市场。目前，该系统在美国境内共有50万个终端工作站，在境外有20多万多个销售终端，向美国和世界各地的交易商传送5 000多种证券的当前报价和最新交易信息，并以电话的形式通过全国证券商协会的会员参与交易。纳斯达克被看做全球化交易市场的雏形。

纳斯达克市场是非营利的公司型证券市场，纳斯达克证券市场有限公司隶属于美国证券交易商协会。纳斯达克市场采用做市商交易制度，是报价驱动型市场。每笔交易在90秒内通过报价系统向全国证券交易商协会报告，并向世界各地的终端转发信息。

4. 网上交易系统。证券网上交易通常是指投资者利用国际互联网络资源，获取证券信息。及时报价、分析市场行情，并通过互联网委托下单，实现实时交易。交易的品种包括股票、债券和共同基金以及指数期权和期货。这种交易方式具有成本低、不受地域限制、高效便捷的特点，在西方一些国家已经普及。证券网上交易的主要服务对象是散户投资者。网络对证券市场的影响遍及证券的发行、交易、清算等各个方面：（1）网上证券交易打破了时空限制，无限扩大服务客户的区域和证券市场的覆盖面。（2）提高了市场运行的效率，降低了市场的运行成本与经营风险。网络在证券市场的运用，将减少传统市场的中间环节，从而简化原有的操纵流程，减少各种费用；降低信息交换成本，提高市场监管效率；降低市场运行的社会成本；提高发行、交易、清算等环节的效率，从而降低相对成本。（3）克服市场信息不充分的缺点，提高资源配置效率，提供快速方便的信息服务。（4）证券交易安全性能大大提高。（5）改变证券发行和交易方式。1996年，美国的春街公司首次在国际互联网上发行股票，改变传统的证券发行模式，利用国际互联网进行证券发行可以不用传统的承销商和代理商，而只是经过有关的会计师事务所、律师事务所对要上市的公司或证券进行审核，从而提高了可信性，即可通过网上BBS或其他技术方式上网，供更大范围的投资者选择购买。（6）推动全球证券市场一体化。网络已使全球证券市场初步形成了一个相互关联的统一整体，纽约的投资者已可通过互联网购买新兴市场的股票，东南亚的投资者通过互联网可以购买美国的国库券。网络使任何一个区域性的证券市场升格为国际性的证券市场。

二、交易制度

证券市场的根本职能在于买卖双方的交易委托及时汇总并顺利成交，同时向市场上的投资者提供准确的信息。为完成这些功能证券市场就需要在交易委托、价格形成、成交方式等方面形成一定的制度安排，这些制度安排就是交易制度。这些制度通常按价格形成机制可分为交易商市场制度和竞价市场制度，按成交方式可分为间断性市场制度和连续型市场制度，按保证金模式可分为全额保证金制度和信用交易制度等。

（一）交易商市场制度和竞价市场制度

在一个典型的交易商市场中，交易价格由交易商给出，买卖双方不直接见面，而是缴纳一定额度的保证金，从市场上的交易商买入或向其卖出股票，也就是说交易商将自己的持仓股票卖给买方或用自营资金从卖方手中买下股票再将其售给买方，买卖差价成为交易商的经营收入。在交易商市场中，交易商扮演的具体角色是不尽相同的，其中最普遍的是专营商和做市商。

1. 专营商制度。专营商制度也称专家经纪人制度。专家经纪人是证券交易所指定的特定会员，其主要职责是维持一个公平而有秩序的市场，即为其专营的股票交易提供市场流动性并维持价格的连续和稳定。纽约证券交易所的专家经纪人制度具有典型代表性，纽约证券交易所上市的每只股票均由一个专家经纪人负责，每个专家经纪人可负责多只股票的专营事务。专家经纪人主要有以下两项职能：

（1）组织市场交易。在纽约证券交易所，交易站是特定的某种或某几种股票的交易中心，专家经纪人是这些交易站的主持人。所有的股票均在专家经纪人的组织、协调或参与下完成的。每日恢复交易时，专家经纪人组织集中竞价，产生其专营股票的开盘价。其后要继续组织连续竞价过程。专家经纪人接受证券商买卖申报，按交易所规则确定并连续报出专营股票的买价或卖价。作为市场的有效竞价范围，当经纪人接到委托指令后，可直接与专家经纪人的报盘成交。如委托价格超出专家经纪人确定的报价范围，经纪人可将委托转交给专家经纪人，当市场上价格变动到限价委托的价位时，由专家经纪人作为执行委员。因此，专家经纪人又被称为"经纪人的经纪人"。

（2）维持市场平衡。当市场买卖申报不均衡，出现暂时的交易不畅时，专家经纪人有责任加入较弱的一方，用自己的账户买入或卖出股票，以改善市场的流动性，维持市场均衡，保证交易有序的进行。

2. 做市商制度。做市商是不同于竞价交易方式的一种证券交易制度，一般为柜台交易市场所采用。做市商是指在证券市场上，由具备一定实力和信誉的证券经营法人作为特许交易商，不断向公众投资者报出某些特定证券的买卖价格（双向报价），在该价位上接受公众投资者的买卖要求，以其自有资金和证券与投资者进行证券交易。做市商通过这种不断买卖来维持市场的流动性，满足公众投资者的投资需求。做市商通过买卖报价的适当差额来补偿所提供的成本费用，并实现一定的利润。

做市商制度以纳斯达克市场最为著名和完善。全美证券商协会规定，证券商只有在该协会登记注册后才能成为纳斯达克市场的做市商；在纳斯达克市场上市的每只证券至少要在两家做市商做市。在开市期间，做市商必须就其负责做市的证券一直保持双向买卖报价，即向投资者报告其愿意买进和卖出的证券数量和买卖价位。纳斯达克市场的电子报价系统对每只证券全部做市商的报价进行收集、记录和排序，并随时将每只股票的最优买卖报价通过其显示系统报告给投资者。如果投资者愿意以做市商报出的价格买卖证券，做市商必须按其报价以自有资金和证券与投资者进行交易。

做市商制度的优点是能够保证证券市场的流动性，即投资者随时都可以按照做市商的报价买入、卖出证券，不会因为买卖双方不均衡（如只要买方或卖方）而无法交易。但是，由于做市商的利润来自其买卖报价直接的差价，在缺乏价格竞争的情况下，做市商可能会故意加大买卖价差，使投资者遭受损失。为此，全美证券商规定，做市商的买卖价差不能超过全美证券商协会定期决定和发表的最大买卖价差。

3. 市场竞价制度。在一个典型的竞价市场中，买卖双方交纳一定额度的保证金后，将委托交给各自的代理经纪人，再由经纪人经各种渠道呈交到市场。在汇总所有交易委托的基础上，市场的交易中心以买卖双方价格为基准实行撮合，完成交易。而在委托的过程中，又形成了市价委托、限价委托、定价即时交易委托、定价全额即时委托、止损委托、开市和收市委托等形式。这些我们将在第十章股票市场中介绍。

（二）间断性市场制度和连续型市场制度

在间断性交易的市场上，交易基本上通过竞价方式完成，但交易委托不是在收到之后马上撮合，而是由交易商或交易所将在不同时点收到的委托累计起来，到了一定时刻集中交易。与之相对应的是在交易日中连续不间断交易的市场。这种市场可以是交易商定价式也可以是竞价式的。在价格形式与交易方式不同的组合基础上，可以将各国主要证券市场的交易制度归于四种不同的基本模式：

1. 连续型竞价市场：上海、深圳以及香港、伦敦、巴黎等地的交易市场都属于这种模式。

2. 连续型交易商市场：最典型的是美国纳斯达克柜台市场和伦敦的外国股票市场。

3. 间断性竞价市场：巴黎证券交易市场 1986 年更新交易制度前采用的是这种模式。目前许多股市仍利用这种模式决定开盘价格。另外，有些市场，如巴黎、布鲁塞尔、阿姆斯特丹交易所仍用这种模式完成交投较为清淡股票的交易。

4. 混合模式：在这种模式中，交易价格是在连续竞价的基础上确定的，类似于第一类模式。但是市场上有交易商在竞价过程中起监测市场价格、保证交易活动平稳有序进行的作用。这种模式的典型例子是纽约和东京证券交易市场。

（三）全额保证金制度与信用交易制度

1. 全额保证金制度。全额保证金交易制度也称现货交易，是指证券买卖成交后，按成交价格及时进行实物交割和资金清算交易方式。若买卖双方预定以现货交易方式成交，则买方付出现金并向卖方收取证券，卖方则付出证券并向买方收取现金，买卖双方都有证券实物和资金的收付进出。一般在成交地当日、次日或交易所指定的例行交割日期交割清算。在未清算交割前，双方均不可随便解约或冲销，若有一方到交割日不能履约，将按有关交易规则处以罚金并承担责任。这是证券交易所采用的最基本、最常用的交易方式。

2. 信用交易制度。信用交易制度又称保证金交易、垫头交易，是投资者通过交付保证金渠道经经纪人信用而进行的交易方式。信用交易主要有两种方式，即保证金买空和保证金卖空。

（1）保证金买空。保证金买空是指投资者预期证券行市将上涨并准备在现在价格较低时买进一定数量证券，但因资金不足，可通过向证券经纪商交付一定比率保证金而取得经纪商贷款并委托经纪商代理人买入这种证券。如果证券商资金不足，可用代理客户买入的证券作为抵押品向商业银行取得贷款。待证券价格上升，投资者委托证券商卖出该证券，证券商扣除买卖手续费和对投资者贷款的利息，余下即为投资者的投资收益，做保证金买空的投资者叫"多头"。

买空过程：假设法定保证金比率是50%，投资者以10万元本金存入保证金账户，以此作为保证金可向经纪人借入10万元，并委托经纪人代为购入市值为20万元的股票。若当时X公司股票市价为10元一股，则可买入2万股。当该票涨至12元一股时，涨幅20%，投资者委托经纪人出售股票可得12元×20 000＝240 000元。若不考虑手续费和借款利息等，在归还向经纪人借款10万元和扣除本金10万元后，可获利4万元，为投资者本金的40%，与做现货交易相比，获利多一倍。显然，使用保证金交易方式买进股票，在股票价格上升的情况下，投资者可用较少的本金获得较大的盈利，但是如果股票价格下跌，做保证金买空交易给投资者带来的损失也比用现金交易方式大。

（2）保证金卖空。卖空交易是投资者卖出他本身并不拥有的证券，即投资者预测证券行情将下跌，先从证券经纪公司借入证券卖出，待日后证券价格跌到适当的时机再买入相同种类和数量的证券归还给证券经纪商，投资者从高卖低买的差价中获利。

投资者向证券经纪商借入也要交存一定数量的保证金，交存保证金数量按所借证券卖出时的市场价格乘以法定保证金率计算。由于卖空者借入的是证券而不是货币，所以他必须以相同的证券偿还债务，而且一般情况下不需要支付债务人利息，但有时经纪人会要求卖空者支付债务利息。

卖空过程：投资者A以现金交易方式买入X公司股票1 000股，并存入他的经纪人Y证券公司账户下，代为保管。在这以后的某一天，投资者B向Y证券公司发出卖空X公司股票1 000股的指令，此时，Y公司将投资者A的股票借给投资者B并代他出售卖给投资者C，这样，1 000股X公司股票转到了投资者C的账户，归C所有。过了一段时间，股价如B预料果真下跌，B通知Y公司代为买1 000股X公司股票归还给Y公司。结清空头地位，Y证券公司将新买入的股票转入投资者A名下，整个卖空过程结束。

三、结算制度

（一）证券结算基本概念

证券结算概念有广义和狭义之分。狭义的证券结算指交易各方应收应付证券与资金转移交收操作，是一个与对盘平行的范畴，主要包括证券交收和资金交收两方面内容。广义的证券结算指达成证券交易后各方履行权利义务的总过程，是一个与"交易"平行的范畴，在内容上包括交易确定（或对盘）、清算、交收及与之密切相关的证券登记、托管等过程，涵盖了交易后服务的基本内容。这里所讲的证券结算，除特别说明外均作广义概念理解。

清算与结算有着重要的区别：清算是一个轧抵核算过程，指对一定时期内由于证券买卖或非交易转让等发生的应收（付）证券与应收（付）资金分别对应抵消，轧计应收（付）证券与应收（付）资金净额，以此作为下一步证券与资金交收的依据。清算只是各种交收模式的一种，其目的在于提高交收效率，这是因为证券市场中存在众多投资者，就每一个投资者来说，其有一个交易日当中可能进行大量买卖操作，而这些交易有的是品种相同、方向相反的，这样，该投资者在一个交易日当中产生的应收（付）证券与资金可以有一部分相互抵消，最终只需对应收（付）净额进行交收，这种交收方式显然比对所有交易逐笔交收的效率要高。

与清算相比，证券结算的范围要更广泛一些。结算是指证券交易各方履行因证券交易而产生的相应权利义务的总过程，从内容上看，它是在对交易进行确认前提下将交易各方应收应付关系进行核算并据此完成资产的转移交收；从主体上看，它不仅涉及证券交易机构、证券结算机构、证券商和投资者，还涉及证券登记机构、证券托管机构以及银行系统。因此，证券清算是证券结算的一个了环节，同时也是一个基础环节。

（二）证券结算的一般原则

证券结算的一般原则主要有：证券交易系统与结算系统分立原则、交易确认原则、净额交收原则、货银对付原则。

1. 证券交易系统与结算系统分立原则。新兴的交易市场往往采取交易所自办结算业务的模式，结算职能部门在交易所的统一管理下开展结算业务。随着市场的扩大，仅仅作为交易所下属职能部门的结算部，难以继续承担庞大而复杂的结算业务，建立专业化、相对独立于交易场所的证券结算机构成为市场发展的必然选择。这时，证券结算系统逐渐从证券交易系统中分离出来，发展为独立的结算机构。

2. 交易确认原则。所谓交易确认，是指证券结算系统对于交易系统达成的交易，有必要进行核实和认定，检查买卖双方的交易登录数据是否一致，该笔交易是否合法，买方与卖方的交收准备是否充分以及投资者的交易指令是否被正确执行。交易确认包含两个层次：一是结算直接参与者（结算会员）之间的交易确认，二是结算间接参与者（非结算会员的证券商，机构投资者及个人投资者等）对所发送的交易指令执行情况进行确认。

3. 净额交收原则。从交收的资产与实际发生的交易对应关系看，交收可以分为净额交收与全额交收两种形式。净额交收是指通过清算，将同一结算单位在同一交易期内发生的所有交易进行轧差计算，得到其应收应付证券与价款的净额，最终只对净额交收。但净额交收也有自身的不足：一是，例如某一证券商某日执行 100 笔买卖委托，99 笔交易没有问题，但有一笔交易发生问题，无法履行交收任务，或者证券商错误执行客户指示，交易的方向（买或卖）数量和价格不符，由于净额结算的关系，该券商当日 100 笔交易的交收就会发生问题。这就是净额交收的风险所在。二是，当市场发生异常情况，买卖发生单边现象（全买或全卖），净额结算不能起到减少风险的作用。三是，因一笔交易出问题，而影响其他正常的交易交收，侵犯了其他客户的利益，市场难以维护公平、公正。所以，净额交易只有在被证明适合当地市场条件时才是最佳选择。

全额交收，是指不论同一结算在同一交易期内发生多少交易，都不轧抵计算，而是对所发生的每一笔交易逐一交收。因而也称逐项交收。显然，逐项交收使每一笔结算业务都清晰明了，不会发生某笔交收失败引发连锁反应的现象，从而有利于控制交收风险。当然，逐项交收也存在效率降低、交收成本偏高的缺点。目前多数国家的证券市场采用以净额交收为主的交收方式，国际 30 人小组亦建议，如果净额交收制度经考察是适合本国交易量和参与者情况的，有助于降低风险和提高效率，则各国应实施净额交收制度。

4. 货银对付原则。从钱券对应关系来看，证券结算可以分为货银对付式与无须付款式两种。货银对付指资金与证券的所有权同步作实质性转移，证券的买方要得到证券必须已经付款，卖方要收到款项则必须已经付券，也就是人们常说的"一手交钱，一手交货"或"钱货两讫"方式，这种方式强调的是终结与同步。无须付款式交收方式，又称纯券交收，是指证券结算系统只负责证券交收过户，不负责与该证券对应的资金划付，资金交收由交易双方自行商定办理。

（三）证券结算的主要模式

证券结算的基本模式通常有两种：纯券交割与钱券对付。买卖双方进行证券交割时，如果是同时进行支付，则这种模式属于钱券对付；如果不同步，则这种模式是纯券交割。

1. 纯券交割。它是指结算系统仅负责证券的过户交割，不负责与该交易有关的资金划付，资金的划付由交易双方自行商定。它并不是完整意义上的证券交易结算，因为钱的支付是迟早的事。

2. 钱券对付。也就是人们所说的"一手交钱，一手交货"。这种结算方式的针对性较强，能够确保交易合同得到切实履行，安全性好，有利于控制交易风险。1990 年国际清算银行支付与清算委员会对十国集团的证券清算系统进行了考察，总结出实现钱券对付的三种基本模式。

【模式1】证券与资金所有权逐笔同时全额进行实质性转移，即证券从卖方转移到买方的同时资金由买方转移到卖方，而且转移一旦执行，不能再作更动，这种模式的执行一般是由一种结算系统负责的，这种方式主要用于场外柜台的可划分交易的逐笔交收。

【模式2】在一定时间内，证券逐笔全额予以交割，而资金支付则是在预定营业周期结束时按清算后的净额实现，这种方式主要用于存管机构与银行共同组织的场外交易和个别集中交易场所采用这种方式。

【模式3】将一个营业周期内所有由交易引起的应收应付证券资产与资金额在净额清算基础上，于营业周期结束时仅将证券与资金的应收应付净额予以同时转移支付，大部分集中交易场所采用这种形式。

（四）世界主要的证券结算制度模式

在证券市场迅速发展的今天，证券结算制度模式的体制特征比其技术特征更能体现不同证券结算制度模式之间的本质区别与内在联系。因此，在对世界各主要证券市场考察的基础上，我们选择证券结算的市场结构特征作为区分标准，总结出三种现实的证券结算制度模式，即单市场结算模式、多市场结算模式和跨国证券结算模式。

1. 单市场结算模式。以中国香港和中国台湾为例。香港中央结算系统的参与者主要有四类：联合交易所会员经纪商、托管商、证券抵押人和融券商，联合交易所每天交易量的95%左右由该系统完成交收。该系统以一套电脑账面交割制度取代了联合交易所以前以实物为基础的对付式手工交收制度，并在运作过程中采取风险转移式交收，由中央结算公司利用自身中央结算地位，充当买卖双方的交付对手，并为净额交收提供保证。这样，每个经纪商都与中央结算公司保持净额交收，交收风险完全由中央结算公司控制和承担。为确保交收完成，该系统设有风险管理与保证金制度，由中央结算公司为每个经纪商设立一个上限，限额以内的证券交易可以进行净额交收，超限额部分只有符合严格条件才可以纳入净额交收。否则必须进行逐项交收，且中央结算公司对此不提供交收保证。另外，香港中央结算系统的风险保证金也发挥了重要作用，它用于在某一经纪商不能履约时，先抵付损失，以保证其余交收不受影响，再向该经纪商追索。

台湾实行的是较为独立的"证券集中保管账簿划拨制度"，即建立证券集中托管公司（简称集保公司），通过岛内联网，把证券交易所、证券金融公司、证券商、保管机构、债券自营商等纳入系统。这一制度的显著特点是，采用多层次账户管理模式，投资者的集中保管账户由证券商管理，称为二级账户；证券商的保管划拨账户由集保公司管理，称为一级账户。该系统采用净额交收方式，但交易所本身并不参与买卖，它在集保公司开立的账户是过渡性的，用以完成真正的交易各方之间的交收。台湾的证券结算制度在一定程度上与大陆证券市场运作模式相似，但它比较注重各方的法律关系，权利义务非常明确。

2. 多市场结算模式。以美国和日本为例，都有多个证券交易所，也曾相应存在多个自成体系的证券结算系统。近年来，随着证券市场统一趋势的发展，美、日等国各自的结算系统也逐步合并。1991年10月，日本全国172家经纪商和41家银行共同组建了一家会员组织——日本证券托管中心（JASDEC），逐步集中托管了全国99.5%的股份公司股票，并通过日本证券清算中心统一了全国八大交易所和店头市场的清算业务，其债券的托管则统一由日本银行（中央银行）的登记机构与清算体系办理。

美国在这方面起步更早一些，目前其主要的股票结算公司是国家证券清算公司，主要的托管机构是保管信托公司，它集中了纽约交易所、美国交易所、纳斯达克等市场的上市股份的托管与清算业务，业务量占全国90%以上。另外还有几家较小的结算公司，但它们都与NSCC、DTC实现联网，客户只需一个账户便可完成不同市场间交易的结算。

与日本和美国类似，加拿大有4个交易所，相应地存在4个证券结算体系。最近几年，加拿大东部的两家交易所统一了结算，西部两家也形成了一个结算体系。从1993年开始，这两个结算体系也开始走向统一。

3. 跨国证券结算模式。以欧洲清算系统（EUROCLEAR）和塞德尔（CEDEL）为例。这两个系统实行一级托管制度，所有客户直接在EUROCLEAR或CEDEL开户，充分利用世界各国现有的证券结算机构作为其代理，通过与它们联网来开展各种业务。由于交易市场存在不同的时差，可以连续不断地提供24小时服务，在交割上可以实行配对交割，交割期的选择也非常灵活，可以做到实时逐笔全额交割，实现真正意义上的钱券对付，并提供多种货币的结算业务，最大限度地满足不同发行人和投资者对市场选择的不同偏好，使世界主要证券市场连为一体。

值得一提的是，CEDEL把风险控制始终贯穿于整个运作过程。无论是货银对付式交收还是无须付款式交收，CEDEL只负责按买卖双方是否履行合同预定的权利义务进行监督，任何一方不尽义务，便无权收取款项和证券。CEDEL对任何一笔资金或证券的划拨，都以委托划出方指令为准，降低人为错误风险。同时，CEDEL为缓解会员因暂时性资金不足可能出现的交收失败，向会员提供48小时融资服务。

【本章小结】

1. 金融机构在金融市场上发挥着信用中介、支付清算、降低交易成本和承担并分散风险等作用。

2. 在金融市场上金融机构主要从业务内容、功能和市场定位三个方面来分类。

3. 金融市场经营中介机构主要有中央银行、商业银行、信托投资公司、投资银行、保险公司、经纪人和金融公司、财务公司、票据公司、期货公司、信用合作社等其他经营中介机构。

4. 金融市场的服务中介机构主要有证券交易所、期货交易所、证券登记结算公司、证券投资咨询公司、证券信用评级机构和会计师事务所、审计师事务所、律师事务所、资产评估机构、信息公司等其他服务中介机构。

5. 初级市场是金融工具首次向社会发行的市场，其作用主要有：为资金需求者提供筹措资金的渠道；为资金供应者提供投资和获利的机会；形成资金流动的收益导向机制，促进资源配置的不断优化。

6. 证券初级市场主要由发行人、投资者、中介商、证券业协会和证券监管机构组成。

7. 初级市场的管理主要指发行管理制度和信息披露管理。发行管理制度主要有注册制和核准制两种。信息披露是指证券发行者向社会公众提供有关该证券的必要信息资料。其基本要求有：真实性、完整性、准确性、及时性。

8. 次级市场的主要功能有：流动性、资金期限转化、维持证券的合理价格、资金的导向。

9. 次级市场主要有场内交易市场、场外交易市场、自动报价系统、网上交易等交易形式。

10. 交易制度是为了实现买卖双方的交易委托及时汇总并顺利成交，同时向市场上的投资者提供准确的信息，而在交易委托、价格形成、成交方式等方面形成一定的制度安排。这些制度按价格形成机制可分为交易商市场制度和竞价市场制度，按成交方式可分为间断性市场制度和连续型市场制度，按保证金模式可分为全额保证金制度和信用交易制度，等等。

11. 证券结算概念有广义和狭义之分。狭义的证券结算指交易各方应收应付证券与资金转移交收操作，是一个与对盘平行的范畴，主要包括证券交收和资金交收两方面内容。广义的证券结算指达成证券交易后各方履行权利义务的总过程，是一个与"交易"平行的范畴，在内容上包括交易确定（或对盘）、清算、交收及与之密切相关的证券登记、托管等过程，涵盖了交易后服务的基本内容。

12. 证券结算的一般原则主要有：证券交易系统与结算系统分立原则、交易确认原则、净额交收原则、货银对付原则。

【本章重要概念】

注册制 核准制 信息披露 场内交易市场 场外交易市场 自动报价系统 网上交易 交易制度 交易商市场制度 专营商 做市商 竞价市场制度 间断性市场制度 连续型市场制度 全额保证金制度 信用交易制度 保证金头空 保证金卖空 证券结算

【思考题】

1. 金融市场上有哪些金融机构？它们各自发挥着哪些作用？
2. 简述初级市场的构成。
3. 简述初级市场管理的主要内容。
4. 简述次级市场主要交易形式。
5. 简述次级市场交易制度主要内容。
6. 简述次级市场结算制度主要内容。

【本章参考书】

1. 杜金富等：《金融市场学》，第三版，大连，东北财经大学出版社，2010。
2. 弗兰克·J. 法伯兹等：《金融市场与机构通论》，中文版，大连，东北财经大学出版社，2000。

　　3. 郭茂佳：《金融市场学》，北京，经济科学出版社，2005。

　　4. 中国证监会：《中国资本市场发展报告》，第二版，北京，中国金融出版社，2008。

第六章

货币市场

货币市场通常包括外汇市场、同业拆借市场、短期政府债券市场、商业票据市场、银行承兑汇票市场、可转让大额定期存单市场、回购市场、货币市场基金等。外汇市场涉及的内容较多，我们另辟一章介绍；短期政府债券市场的内容放在第九章债券市场中介绍；货币市场基金的内容放在第十四章投资基金市场中介绍。本章主要介绍同业拆借市场、票据市场（包括商业票据市场、银行承兑汇票市场和可转让大额定期存单市场）以及回购协议市场。

第一节　货币市场概述

一、货币市场定义及特点

定义货币市场如同定义货币一样困难。我们在第一章中已经指出，货币市场是指融通资金期限在 1 年以内的金融市场。仔细推敲一下，仅根据融通资金期限来定义货币市场存在如下问题：一是有些金融工具比如某些债券偿还期限不确定，可能 1 年收回，也可能超过 1 年以上收回，我们无法确定这部分业务是货币市场业务还是资本市场业务；二是根据融资期限标准划分过于绝对，比如偿还期限 1 年零 1 个月的大额存单和偿还期 1 年的企业债券，我们看不出它们作为资本市场业务与货币市场业务有多大区别；三是有些融资期限在 1 年以内的债券，比如企业债券，其流动性未必比融资期限在 1 年以上的债券如国库券更强；四是划分货币市场与资本市场主要是分析金融市场结构对经济的影响。如果按上述标准划分，我们看不出它们对经济影响有多大差别，很难达到我们分析的目的。

这样看来，定义货币市场应从两个方面考虑，一是考虑融资的期限或货币市场金融工具的流动性；二是考虑融资的主要用途。首先，具有高度流动性的金融工具，其融资业务应划为货币市场。如同业拆借市场的头寸、短期国库券、大额可转让存单、票据等。其次，发售这些金融工具筹措资金是用于货币支付，解决头寸不足，不增加资金总规模，如同业拆借的主要原因是用于解决头寸不足，票据等是用于货币支付。

货币市场属债务市场。作为债务市场，货币市场上的交易工具也是债权债务合同。一些手中持有剩余货币的投资人按合同规定的利率和期限将资金贷放给相应的资金需求人，到时，连本带利返还给合同持有人。仅就这个过程看，这种金融交易与银行存款发放贷款没有任何区别。然而，正如股票市场和债券市场一样，货币市场上的交易工具也是非个人性的，这些工具公开发行，并可以在二级市场上转手买卖。正是这个性质使货币市场脱离了协议贷款市场而归入公开市场。

值得注意的是这个市场的名称。我们知道，最典型的货币是现钞，货币层次一般划分为 M_1（现金加活期存款）、M_2（M_1加定期存款），而这些货币并不能在货币市场上交易。那么，为什么这个市场被称为货币市场呢？货币市场这个名称是与货币市场工具的短期性和具有最小的信用风险两个特点相联系的。众所周知，债务的一个特点是期限和风险有着极大的正相关的关系，就债券而言，期限越长，持有人所要承担的风险便越大，但短期的债务工具的风险却要小得多。货币市场工具的期限一般在 1 年以内，最短的如同业拆借的"日拆"或隔夜拆款，期限仅为 1 天，期限略长一点的货币市场工具也都拥有活跃的二级市场，交易频繁，买卖方便，随时可以变现，是除了现金和活期存款以外的流动性最强的金融工具。这些金融工具往往被用于金融机构、其他机构甚至个人的次级现金准备。而且其中的某些种类，如大额可转让存单（CDs）等，更是一些国家直接归入广义层次的货币（即 M_3）。可见，货币市场上交易的是和货币最为接近的金融工具。货币市场的名称就是由此而来的。

除了金融工具的期限长短之外，货币市场与股票、债券等资本市场的主要区别还在于：

1. 市场参加者的结构不同。股票市场的参加者有三类：实业公司、投资公众和市场交易中介（经纪人公司、证券交易公司和某些国家的商业银行）。债券市场比股票市场多了一个政府参加者（中央政府、各级地方政府、政府机构）。而货币市场参加者又比债券市场多了一个中央银行（或货币当局）。在股票市场和债券市场上，交易双方主要是公众、公司和政府，金融机构的主要职能是作为市场中介沟通交易。而在货币市场上，交易双方主要是金融机构，特别是在货币市场不发达的国家，货币市场交易只限于商业性的金融机构之间以及它们与中央银行（货币当局）之间的资金买卖这一特点尤为突出。

2. 货币市场工具的平均质量较高，风险较小。股票市场上的股票和债券市场上的债券均因发行人的资信程度不同而质量有所差异，甚至悬殊。而货币市场金融工具的发行人主要有三类：一是政府，二是金融机构，三是少数知名度极大、资信程度极高的大公司，都是一流的借款人，因此违约的情况极少发生。

3. 市场组织形式不同。如果说股票市场和债券市场都可以由拍卖市场（交易所市场）和柜台市场构成，则货币市场是一个典型的柜台市场。在任何一个国家的货币市场上都没有一个像股票交易所那样有组织的市场。货币市场的绝大部分交易是通过电话、电传进行的。在多数情况下，交易双方无须见面。

4. 货币市场工具的发行多采用贴现发行办法，这是由货币市场工具的短期性所决定的。贴现发行方式是投资人最喜欢的方式，但股票和债券却因期限缘故不可能大量采取或根本不可能采取这种发行方式。股票既无期限又无固定利率，当然不可能用贴现方式发行，而期限较长的债券也不宜采用这种发行方式。

5. 货币市场的一个突出特点，表现为中央银行的直接参与。货币市场在中央银行制国家中，作为金融体系的中心机制，是中央银行同商业银行及其他金融机构的资金连接渠道，是国家利用货币政策工具调节货币供应量的杠杆支点。中央银行在公开市场买卖货币市场工具，调节和控制货币供应量，影响国内利率水平。

二、货币市场的参加者和货币市场工具

货币市场是一个开放的金融市场，但能够进入货币市场筹资的参加者只限于资金雄厚、信誉卓著的借款人，如政府部门、银行和非银行金融机构以及少数著名的大公司。货币市场的工具主要有同业拆借资金即金融机构间短期贷款、大商业银行发行的大额可转让存单、银行承兑汇票、短期国库券、商业票据等。

货币市场工具一般具有如下特点：

1. 货币性。货币市场工具尽管每种都存在差异，如银行票据、商业票据、大额可转让存单、同业拆借资金、短期国债、短期贷款等，在收益、风险、期限、发售条件等诸方面都不完全相同，它们的共同特点是期限短、流动性强，发行这类金融资产的目的是为了解决周转资金不足问题。因而它们或可以直接购买商品、支付货款、清偿债务，如同业拆借资金、银行票据；或可以经过背书贴现转让，随时转变为现款，如商业票据等。正是由于货币工具的这一特点，所以它们中的部分列入到货币供应量的活跃层次。

2. 灵活性。货币市场工具的灵活性首先表现在它在初级市场上与商品或劳务相结合，像商业汇票，就是卖出商品或付出劳务的收款方签发的，命令付款方在一定时间内按照买到商品的价格或劳务提供的收益，支付一定金额的票据。如果这种汇票由付款方自己承兑，就是商业承兑汇票，如果由银行作为第三者来承兑，就成为银行承兑汇票。它与商品交易的时间、地点、金额、条件紧密结合。其次表现为交易方式灵活，如拆借资金可以在有形市场上交易，也可以在无形市场上交易。再次表现为品种多，如期限、利率、偿还方式、发行条件等都具有不同的档次，投资者和筹资者可以充分选择以满足短期融资的需要。

3. 同质性。货币市场工具具有同质性，表现为它们之间的利率差异相当低，变动方向是相同的。

三、中央银行与货币市场

中央银行是银行的银行，它在国民经济中承担着最后贷款人的责任。利用这一特殊地位，中央银行可以通过增加或减少对商业银行和其他银行的再贴现或其他贷款来调控货币供应量。当中央银行增加再贴现贷款时，商业银行的资金头寸便相应松动，其对经济中各部门的贷款便可增加，从而使经济中的货币供应量增加；反之则相反。这是中央银行调控货币供应量的工具之一。

但在货币市场发达的国家中，商业银行的头寸调整主要是通过货币市场进行的。我们知道，当非金融性的公司、机构和个人出现剩余资金时，往往把现金存入银行，在他们需要现金时，便向银行提取存款或申请贷款。但一个经营有方的银行是很少保持大量的现金准备的，无论从盈利、保值还是安全的角度，银行都必须把现金准备压缩到最低限度。商业银行在应付大额提存或放款时，必须变卖一些变现能力极强的证券，首先是货币市场工具。随后，再在现金资产增多时买进一些这样的证券，恢复原来的资产结构。这样，经济中对货币的需求便通过商业银行转嫁到货币市场上。在这种情况下，中央银行便可以通过参加货币市场交易，吞吐货币市场工具，来调控经济中的货币量。当中央银行大量买进货币市场工具时，商业银行可以很容易地卖出这些证券，获得货币资金，增加对经济中各部门的货币供应；反之，中央银行若大量卖出货币市场工具，便会使经济中的大量货币资金变成证券形态，减少了商业银行的货币资金来源，使其收缩货币规模，从而使经济中的货币量减少。这就是中央银行三大政策工具中的一种——公开市场业务。

中央银行的公开市场业务技术主要有两类：一类是直接业务，另一类是回购协议及逆回购协议。

直接业务是指中央银行直接买进或卖出有价证券，其中主要是国库券。中央银行可以直接从财政部购买新发行的国库券，但更多的是在二级市场上从商业银行和证券交易公司手中买进。直接业务活动的主要目的是影响商业银行的准备头寸，同时显示中央银行的货币政策动态，使所有市场参加者都清楚中央银行所希望的利率走势。例如，当经济中货币供应量增加，市场利率有下跌的趋势，中央银行可能在市场上出售大量国库券。据此提醒人们，利率是不会下跌的。

中央银行的另一类公开市场的业务技术是回购协议。这是一种在极短的时间内调整货币供应量的技术。如中央银行需要在短期内调整货币供应量以应对商业银行储备头寸短缺，则中央银行调控货币供应量的一种办法是直接购买国库券，待几天后再重新卖出。但这种做法可能会给市场带来不必要的利率波动，也有可能使人们误解中央银行对货币市场利率的姿态。在这种情况下，中央银行利用回购协议购买国库券要比直接购买好得多。中央银行可以和证券公司或商业银行等卖主达成协议，以商定的价格买进国库券，并立即交割。但同时协议规定，向中央银行卖出国库券的卖主（证券公司或商业银行等机构）要在指定时间将这笔国库券买回，并在买回时加付这段时期占用中央银行资金的利息。由于回购协议的利率大大低于银行同业拆借利率，因而这种对证券公司和商业银行的短期融资方式相当受欢迎。

逆回购协议和回购协议正好相反。当中央银行发现商业银行的储备头寸在短期内发生大量剩余，但几天后可以恢复正常时，它会以逆回购协议的形式出售一笔国库券，并在出售时与购买人商定，在几天之后的指定时间内它要将其买回，同时加付这段时间内资金的利息。这种做法可以使证券公司和商业银行极短期的剩余资金获得利息收入，因此也很容易为后者所接受。

我们知道，在高度竞争的市场上，存贷款数额的不确定性对商业银行的储备头寸有着很大影响。中央银行就是通过高度依赖回购协议和逆回购协议来应付这种不确定性。甚至当对商业银行一周储备头寸状况的预测表明完全没有进行公开市场业务的必要时，中央银行仍不时地采用这类技术，以防止货币供应量发生偏离货币政策目标的意外波动。

中央银行通过公开市场业务来实现货币政策目标、调节货币供应量，同存款准备金、再贴现额和贴现率以及道义劝告等政策工具相比，有以下几个显著特点：

1. 通过公开市场买卖货币市场工具，是一种主动的、直接的调整货币量方式。特别是在银根比较松动的情况下，中央银行的再贴现额和再贴现率只是一种相当被动的调节工具。当中央银行紧缩再贴现额、提高再贴现率时，大的商业银行纷纷转向国际市场借款或调整头寸，往往使中央银行的货币政策意图难以实现。只有当多数银行不得不依赖中央银行的再贴现融资时，再贴现额和再贴现率才能较好地发挥作用。与此相反，公开市场业务能使中央银行主动地调节货币供应量。中央银行主动买卖货币市场工具：抛出证券——市场持币量减少，商业银行可用于贷放的货币资金来源便减少；买进证券——市场持币量增加，商业银行可用于贷放的货币资金也随即增加。

2. 调控规模可大可小，调节时间可长可短，能进行经常性的、灵活多变的"微调"。调整商业银行存款储备金比率是中央银行的主动的、直接的货币量调控手段。但这种控制方式牵涉面大、容易"一刀切"，而且只有一次性效果，很难在短期内进行反向调整（即不能在短时间内把存款准备金比率提高又降低）。而公开市场业务则不同，中央银行可以任意选择买卖证券的时机、规模，因而可以在短期内根据经济中对货币的供求变化适时适当地调控货币量。中央银行可以决定某日买进一笔国库券（投放一笔货币），而于次日决定将其卖出（回笼这笔货币），甚至在9时买进而9时15分卖出的现象也并非罕见。这种灵活性使货币调控能够适应千变万化的金融市场情况，并可使中央银行根据新发现的苗头及时调整业务，抵消失误或过时的决策所带来的后果。

3. 中央银行作为货币市场的普通参加者经常参加货币市场的交易，使货币量的调控有一种连续的作用。通过货币市场，中央银行的货币政策在公开场合"悄悄地"实现，一般不会引起像其他货币政策工具运用时所必然产生的强烈的金融震荡。正是由于以上特点，有些西方经济学家把货币市场称为一国的"金融体系的核心机制"，是"货币当局和金融体系之间的一条主要联系渠道"。

第二节　同业拆借市场

一、同业拆借市场的概念及特点

同业拆借市场也叫金融同业拆借市场，是指具有准入资格的金融机构之间进行临时性资金融通的市场，换句话说，同业拆借市场是金融机构之间的资金调剂市场。从最初的定义上来讲，同业拆借市场是金融机构间进行临时性"资金头寸"调剂的市场。这里我们要对资金头寸作一解释。"资金头寸"又作"头寸",意即款项或资金额度。"资金头寸"或"头寸"一词源于旧中国商业和金融用语,通常指收支相抵后的差额。无论是商业还是金融业,营业结束后,都要"轧头寸",收入大于支出称"多头寸",支出大于收入称"少头寸"。资金头寸又称现金头寸,指金融机构每日收支相抵后,资金过剩或不足的数量。经营期间,当某金融机构出现多头寸,而与此同时某金融机构出现"少头寸"时,通过同业拆借市场,调剂资金头寸变成为客观需求。这就是同业拆借市场形成的最初原因。

从现代定义上讲,同业拆借市场是指金融机构之间进行短期资金融通的市场。同业拆借市场所进行的资金融通已不仅仅限于弥补或调剂资金头寸,也不仅仅限于一日或几日的临时资金调剂,已成为当今各金融机构特别是各商业银行弥补资金流动性不足和充分、有效运用资金,减少资金闲置的市场,或成为商业银行协调流动性与盈利性关系的有效市场机制。

同业拆借市场有如下特点:

1. 对进入市场的主体即进行资金融通的双方都有严格的限制,即必须都是金融机构或指定的某类金融机构,包括工商企业、政府部门等。有些国家或在有些特定时期,对进入此市场的金融机构也有一定的资格限制,如只允许商业银行进入,非银行金融机构不能进入;只允许存款性金融机构进入,不允许证券、信托、保险机构进入等。

2. 融资期限较短。最初多为一日或几日的资金临时调剂,是为了解决头寸临时不足或头寸临时多余所进行的资金融通。然而,发展到今天,拆借市场已成为各金融机构弥补短期资金不足和进行短期资金运用的市场,成为解决或平衡资金流动性与盈利性矛盾的市场,从而,临时调剂性市场也就变成为短期融资的市场。

3. 交易手段比较先进,交易手续比较简便,因而交易成交的时间比较短。同业拆借市场的交易主要是采用电话洽商的方式进行,主体上是一种无形的市场。洽商达成协议后,就可以通过各自在中央银行的存款账户自动划账清算;或者向资金交易中心提出供求和进行报价,由资金交易中心进行撮合成交,并进行资金交割划账。

4. 交易额较大,而且一般不需要担保或抵押,完全是一种信用资金借贷式交易。在同业拆借市场上进行资金借贷或融通,没有单位交易额限制,一般也不需要以担保或抵押品作为借贷条件,完全是一种协议和信用交易关系,双方都以自己的信用担保,都严格遵守交易协议。

5. 利率由供求双方议定,可以随行就市。同业拆借市场上的利率可由双方协商,讨价还价,最后议价成交。因此可以说,同业拆借市场上的利率,是一种市场利率,或者说是市场化程度最高的利率,能够充分灵敏地反映市场资金供求的状况及变化。

二、同业拆借市场的形成及发展

同业拆借市场的形成源于存款准备金制度的实施。

最先实行存款准备金制度的中央银行,是英格兰银行,它最初只是出于资金清算上的方便,限制银行券的过度发行以及保护银行体系的支付能力。1913年制定的美国联邦储备银行法第一次真正以法律形式规定商业银行必须将存款的一定比例上缴联邦储备银行，作为法定的存款准备金。该法规定：作为联邦储备体系的会员银行，必须按规定的比率向联邦储备银行提交存款准备金，而不能将全部存款都用于放贷、投资及其他盈利性业务。联邦储备银行规定的法定存款准备金，主要由会员银行的库存现金和存入联邦储备银行的存款构成。会员银行在联邦储备银行账户上的存款，抵充法定存款准备金后的部分，为会员银行的超额存款准备金（也称超额存款储备）。

如果会员银行的库存现金和在联邦储备银行的存款没有达到法定存款准备金比例或数额要求，联邦储备银行将采取较严厉的措施予以惩罚或制裁，包括罚款、警告、严格控制对其投资等。因此会员银行也不愿意违反中央银行存款准备金的规定。会员银行都在中央银行保持一部分超额存款准备金，以随时弥补法定存款储备金的不足。各会员银行在中央银行的超额储备存款水平，能反映出会员银行的资金头寸情况、资金运转情况及经营管理情况。但由于会员银行的负债结构及余额每日都在发生变化，在同业资金清算过程中，会经常出现应收款大于应付款而形成资金头寸的盈余，或者出现应收款小于应付款而形成资金头寸的不足。这些情况最后表现在会员银行在中央银行的存款，资金头寸不足就不能弥补法定存款准备金的不足，形成缺口；资金头寸盈余超过法定存款准备金的要求，便形成超额储备存款。

形成资金缺口，法定存款准备金不足的商业银行，必须设法通过市场取得短期临时性资金，或者调整资产结构，变卖高流动性资产，以取得流动性资金。如果商业银行不能及时弥补法定存款储备金的不足，联行清算出现逆差或缺口，不仅要受到中央银行的重点检查监督，甚至会受到中央银行的警告、处罚以及资金融通的严格控制，同时也会影响商业银行的信誉。因此，各商业银行都非常需要有一个能够进行短期临时性资金融通的市场，通过此市场，可以及时取得资金的融通，弥补资金的暂时缺口，实现资金的正常周转，以避免信誉及资产变化所发生的损失。

形成超额储备金的商业银行，为减少资金的闲置，增加资产的收益，使资金得到最充分、最有效的运用，就需要将暂时盈余的资金头寸及时贷放出去，并能保证及时地收回。这样，出现资金头寸暂时盈余的商业银行，需要临时拆出资金取得利息收入；而资金头寸临时不足出现缺口的商业银行，则需要临时拆入资金，弥补资金头寸的临时缺口。同业拆借市场也就由此应运而生。1921年，纽约首先出现了会员银行之间的储备头寸拆借市场，以后逐渐发展为较规范的联邦基金市场，成为美国最主要的同业拆借市场。

我们可以通过一个例子来说明同业拆借市场的资金来源与运用同商业银行存款准备金之间的关系。

在存款准备金制度下，凡是商业银行吸收的存款都必须按一定比例缴存准备金。例如，法定准备率为10%，商业银行吸收的存款为100万元，那么它必须留下10万元存于中央银行作为存款储备金，其余90万元可以作为贷款发放。这10万元的存款储备金就是法定准备金。

法定存款准备可以按当期的存款余额计算，也可以按前期的存款余额计算，无论按哪种存款余额计算，旧的计算期过后，存款余额总要发生变化，那么必需的法定准备金也要发生变化；另一方面，商业银行所持有的实际存款准备金，由于清算以及日常收付的变化也在不断变化，这些变化使得实际存款准备金有时超过法定准备即为超额准备，一般地它构成同业市场上的资金来源；实际存款准备低于法定准备时，即法定准备不足，它形成同业市场上的资金需求。如表6-1所示，假设法定准备率为10%，银行A有5个单位超额准备金，银行B准备金不足，缺少5个单位。如果银行B在准备金计算期末准备金不足，它就要被征收罚金；而银行A期末多余准备金，就要损失投资于有收益的资产所带来的利息，从而增加机会成本。在这种情况下，银行A如把超额准备金拆给银行B，就能满足两个银行的各自需要。如表6-2所示，银行A将超额准备金5个单位卖给银行B，对于银行A来说，增加了生息资产，对银行B来说，补充了准备金不足。假定这种交易为期一天，次日银行B又将5个单位资金连同利息一起偿还给银行A。

表6-1

银行A				银行B			
准备金	15	存款	100	准备金	5	存款	100
其他资产	95	资本	10	其他资产	105	资本	10
资产额	110	负债和资本额	110	资产额	110	负债和资本额	110

表6-2

银行A				银行B			
准备金	15	存款	100	准备金	10	存款	100
准备金拆出	5	资本	10	其他资产	105	准备金借入	5
其他资产	95					资本	10
资产额	105	负债和资本额	110	资产额	115	负债和资本额	110

随着存款准备金制度逐步被其他国家所采用，以及这些国家的金融监管当局对商业银行流动性管理的加强，使同业拆借市场在越来越多的国家得以形成和迅速发展。现在，各个国家，特别是西方市场经济国家，拆借市场已形成全国性的网络，成为交易手段最先进的交易场所。凭借先进的通信手段，各国的商业银行及中央银行可以进行跨国、跨地区的交易。

1984年以来，随着我国中央银行制度的建立和存款准备金制度的实施，以及多元化金融机构格局的形成，我国的同业拆借市场逐步形成并发展起来。中国地域辽阔，经济发展又很不平衡，各金融机构特别是国有商业银行及其他商业银行，为了进行资金头寸盈余与不足的临时性资金融通，同时为了解决资金的地区差、行际差和时间差，迫切需要建立一个金融机构间的同业拆借市场，以便于资金头寸的临时调剂和短期资金融通。目前，同业拆借市场已成为我国金融市场中最主要的市场，对搞活资金、加速资金周转、增强金融机构的流动性和支付能力，促进金融体系安全、高效地运行，都发挥了积极的作用。

三、同业拆借市场的参与者

同业拆借市场是金融机构间进行资金头寸融通的市场。一般来讲，能够进入该市场的必须是金融机构，换句话说，金融机构是同业拆借市场的主要参与者。但各个国家及各个国家在不同的历史时期，对参与同业拆借市场的金融机构也有不同的限定。例如，有些国家允许所有金融机构进入同业拆借市场进行短期融资；一些国家则只允许吸收存款并向中央银行缴纳存款准备金的金融机构进入同业拆借市场；有些国家则只允许吸收活期存款、向中央银行缴纳存款准备金的商业银行进入同业拆借市场。各个国家在不同时期，也会根据金融机构银根松紧程度及中央银行货币政策的要求，对进入同业拆借市场的金融机构范围及条件进行适当的调整。但从总体上分析，同业拆借市场的参与者可以大致分为三类，即资金需求者、资金供给者和中介机构（或中介人）。

（一）资金需求者

从大多数国家的情况来看，在同业拆借市场拆入资金的多为大的商业银行。有的商业银行之所以成为同业拆借市场上的主要需求者或买主，主要有两方面的原因：一方面是因为大的商业银行资产和负债的规模比较大，所需缴存的存款准备金较多，同时所需要的资产流动性及支付准备金也较多，为了尽可能减少库存现金占用及在中央银行的超额储备存款，提高资金的利用率和盈利性，同时也能够及时足额地弥补资金头寸或流动性的不足，由此必要更大程度地依赖于同业拆借市场，经常临时拆入资金。另一方面是因为大的商业银行资金实力强，信誉高，因而可以在同业拆借市场上得到资金的融通。

当然，大的商业银行也并不总是同业拆借市场上的资金需求者或拆入者，有时也会成为资金供给者或拆出者。也就是说，在同业拆借市场，大的商业银行的角色是在不断变化的，我们只是从总体上讲，有的商业银行多是扮演资金需求者或拆入者的角色。

（二）资金供给者

从总体上讲，在同业拆借市场上扮演角色的，主要是地方中小商业银行、非银行金融机构、境外代理银行及境外银行在境内的分支机构。另外，外国的中央银行也经常成为拆借市场的资金供给者或拆出者。首先，是因为这些机构的资本金及资产负债规模比较小且结构相对单一，不能最大程度的实现多元化，同时，随时拆入资金、弥补流动性不足的能力也比较弱，因此，在经营管理上比较审慎，保持的超额存款准备金较多，资金头寸相对盈余。其次，是因为向大的商业银行拆出资金，既可以充分有效地运用有限的资金，最大限度地减少资金的闲置，提高资产的盈利能力，同时又会增加资产的流动性，降低资产的风险，从而可以实现流动性与盈利性的协调。

（三）中介机构

从交易成本比较理论考虑，供求双方直接面议和交易的成本要高于通过媒体（或中介）使供求双方实现交易。市场（不论是有形还是无形）本身就是一种媒体，同时也需要有一些中介机构，媒介供求的双方交易，以提高交易的效率，降低交易的成本。

同业拆借市场上的媒体大体上分为两类：一是专门从事拆借市场中介业务的专业性中介机构；二是非专业从事拆借市场中介业务的兼营机构。这些中介机构在有的国家称为短期融资公司,有的称为融资公司,有的称为拆借经纪商或经营商。兼营的拆借中介机构,多是大的商业银行。因为这些大的商业银行在市场上资信好、信誉高,因此,不论是作为拆借市场的拆入者或需求者,还是拆借市场的中介人,都是值得信赖的,它可以在直接拆出拆入资金的同时,代理其他小银行及非银行金融机构拆出或拆入资金。

四、同业拆借市场的分类

同业拆借市场按组织形态分为有形拆借市场和无形拆借市场;按交易方式不同分为通过中介的拆借市场和不通过中介的拆借市场;按有无担保分为有担保拆借市场和无担保拆借市场;按期限不同划分为半天期拆借市场、一天期拆借市场和指定日拆借市场。

(一)有形拆借市场和无形拆借市场

有形拆借市场,主要是指有专门中介机构作为媒体、媒介资金供求双方资金融通的拆借市场。这些媒体包括拆借经纪公司或短期融资公司等。资金供求双方的拆出拆入信息都集中于拆借经纪机构,该机构可迅速地为拆入者和拆出者从数量上和价格上找到合适的买主与卖主,使供求双方都可以选择比较,实现公平、公正、公开交易。通过中介机构进行资金拆借,除可以降低成本、提高效率外,还可以保障同业拆借的有序和安全。

无形拆借市场,主要是指不通过专门的拆借中介机构,而是通过现代化的通信手段所建立的同业拆借网,或者通过兼营性的中介机构进行拆借的市场。一些大的商业银行或证券经纪人,代理其他金融机构传递信息,为其牵线搭桥,而且主要是以电话、电传联系成交,从而形成无形的拆借市场。实际上,完全不通过任何形式的中介,完全是供求双方直接联系和交易的情形不是很多,因为这样做既不经济、不安全,也不符合效率的原则。

(二)通过中介的拆借市场与不通过中介的拆借市场

通过中介的拆借市场既包括通过拆借市场经纪公司的拆借,也包括通过代理银行媒介的拆借,其交易过程基本相同,详见图6-1。

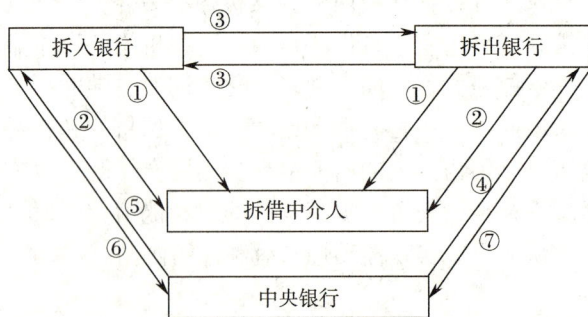

图6-1 有中介的拆借市场

图6-1中:①表示拆出行通知拆借中介人,告诉可拆借资金的数量、期限、利率。②表示拆借中介人将适宜的情况通知拆借双方。③表示拆借双方按中介人提供的情况直接协商。④⑤表示拆借双方协商一致,同意拆借成交;拆出行用自己在中央银行账户上

的可用资金划转到拆入行账户上。⑥⑦表示拆借期限到，拆入行则把自己在中央银行存款账户上的资金划转、偿还到拆出行的账户上。

不通过中介的拆借市场，是拆借双方直接洽谈，成交后直接相互转账的交易。如图6－2所示。

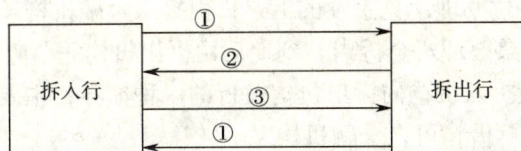

图6－2　无中介的拆借市场

图6－2中：①表示拆出行与拆入行直接联系，互通拆借资金条件；②表示成交后拆出行把资金划转到拆入行；③到期相反方向偿还划款。

（三）有担保拆借市场和无担保拆借市场

有担保拆借市场，主要是以担保人或担保物作为安全或防范风险的保障而进行的资金拆借融通。这类拆借多数是由拆出资金者从拆入资金者手中买入银行承兑汇票、短期政府债券或金融债券等高流动性资产，即拆进资金者卖出高流动性证券，以取得资金的融通。有担保的资金拆借，也有的是采取证券回购协议的方式，即拆入资金者拆入资金时卖出相应的证券，同时签订一种协议，约定可按相同的价格及约定的利率、期限再买回这些证券。有担保拆借一般用于较长期限及资信一般的金融机构间的拆借。

无担保拆借市场，是指拆借期限较短、拆入方资信较高，可以通过在中央银行账户直接转账的资金拆借。正是因为资金融通的期限过短，多为一天或几天，确定担保或抵押在技术操作上有一定困难，因而只能建立在良好的资信和法律规范的基础上。

（四）半天期拆借市场、一天期拆借市场和指定日拆借市场

半天期拆借市场分为午前和午后交易两种。前者是金融机构上午9时营业开始后由于现金的直接交易和对外支现所需资金时的拆借交易，并于当日午前票据清算时归还。后者是在午前票据清算以后进行，在一天营业结束时归还结算。

一天期拆借市场是同业拆借的主要市场，一般是头天清算时拆入，次日清算之前偿还。

指定日拆借市场的期限包括成交日在内一般2天以上30天以下，也有30天以上的，如3个月的拆借等。拆借协约中明确指定某一日为结算日，中途不可解约。这类拆借多需抵押，抵押品可能是金融债券、国债、政府担保债券、优良背书票据等有价证券。

五、同业拆借市场的支付工具和利率

（一）同业拆借市场的支付工具

同业拆借市场的支付工具主要有本票、支票、承兑汇票、同业债券、资金拆借等。

1. 本票。它是同业拆借市场最常见的支付工具之一。用本票结算的程序是：由资金短缺金融机构开出本票，凭本票向资金盈余金融机构拆借。盈余金融机构接到本票后，

将中央银行的资金支付凭证交换给资金拆入金融机构，以抵补其当日所缺头寸。这种由拆出机构交换给拆入机构的中央银行的资金支付凭证，通常称为"今日货币"。

2. 支票。它也是同业拆借市场最常见的支付工具之一。拆入机构开出本机构的支票，到次日抵补其当日所缺头寸。故同业拆借市场的支票也称为"明日货币"。

3. 承兑汇票。即经过办理承兑手续的汇票，由拆入金融机构按规定要求开出承兑汇票交拆入金融机构，凭票办理资金拆借，到期后由拆出机构凭票收回款项。

4. 同业债券。它是拆入机构向拆出机构发行的一种债券，主要是用于拆借期限超过一个季度或金额较大的拆借，可在金融机构之间转让。

5. 资金拆借。它是拆借双方协商后，由拆入机构出具的"借据"寄给拆出机构，拆出机构核对无误后划拨资金的一种工具。

（二）同业拆借市场的利率

同业拆借的利率除有期限的差别外，拆出和拆入的利率也不同。同业拆借有两个利率，拆出利率和拆入利率。拆出利率表示愿意提供贷款的利率；拆入利率表示愿意借款的利率。一家金融机构的拆出就是另一家金融机构的拆入。同一家金融机构的拆出利率和拆入利率比较，拆入利率要小于拆出利率，其差额就是金融机构的收益。拆出利率和拆入利率的表示方式各国不尽相同。在美国市场上，一般是拆入利率（bid rate）在前，拆出利率（offered rate）在后，例如 $8\frac{1}{4} \sim 8\frac{1}{2}$。在英国市场上，一般是拆出利率在前，拆入利率在后，例如 $8\frac{1}{2} \sim 8\frac{1}{4}$。

同业拆借中大量使用的利率是伦敦同业拆放利率（London Inter Bank Offered Rate，Libor）。伦敦同业拆放利率指在伦敦的第一流银行借给在伦敦的另一家第一流银行资金的利率。现在 Libor 已经作为国际金融市场中大多数浮动利率的基础利率，作为银行从市场上筹集资金进行转贷的融资成本。融资协议中议定的 Libor 通常是由几家指定的参考银行在规定时间报价的平均利率。

从 Libor 延伸出来的还有新加坡同业拆放利率（Singapore Inter Bank Offered Rate，Sibor）、纽约同业拆放利率（New York Inter Bank Offered Rate，NIBOR）、香港同业拆放利率（Hongkong Inter Bank Offered Rate，Hibor）等。

六、同业拆借市场的操作

同业拆借市场的操作是与交易方式和拆借双方所处的地理位置联系在一起。根据交易方式和拆借双方所处的地理位置，可分为通过中介机构的同城拆借操作、通过中介机构的异地拆借和无中介机构的同业拆借市场操作来完成。

（一）通过中介机构的同城拆借操作

在同一城市或同一地区的金融机构通过中介机构进行拆借，多是以支票作媒体的。当拆借双方协商成交后，拆入银行签发自己付款的支票，支票面额为拆入金额加上次营业日为止的利息（有些国家的惯例是，把利息另开一张支票）。拆入行以此支票与拆出行签发的以中央银行为付款人的支票进行交换。支票交换后，通知同城中央银行分支机构在内部转账，借记买方账户，同时贷记卖方账户，拆入行在中央银行存款增加，拆出行在中央银行存款减少。次日，拆入行签发由自己付款的支票由拆出行提交票据交换所交换以后，再以拆入行在中央银行的存款清算，用反方向的借贷冲账。

其利息计算的公式为

$$拆入利率 = 挂牌利率（年率）+ 固定上浮比率（年率）$$

$$拆入到期利息 = 本金 × 拆入利率 × 天数/365$$

例如，某日挂牌利率为9.9375%，拆出资金100万元，期限1天，固定上浮比率为0.0625个百分点，则

$$拆入利率 = 9.9375\% + 0.0625\% = 10\%$$

$$拆入到期利息 = 1\,000\,000 × 10\% ÷ 365 = 274（元）$$

主要交易程序如图6-3所示。

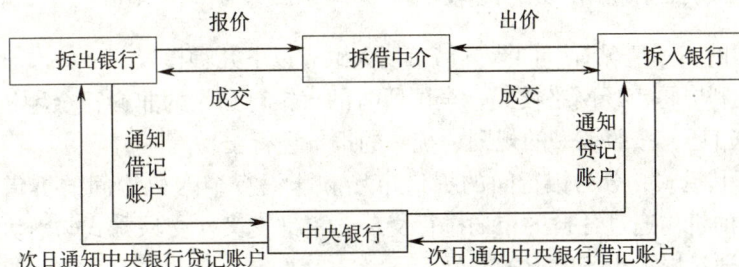

图6-3　同城拆借操作程序

（二）通过中介机构的异地同业拆借

处于不同城市或地区的金融机构进行异地同业拆借，其交易程序大体上与同城的同业拆借程序相同，有所区别的主要是：拆借双方不需交换支票，仅通过中介机构以电话协商成交；成交后拆借双方通过各所在地区的中央银行资金电划系统划拨转账。具体程序如图6-4所示。

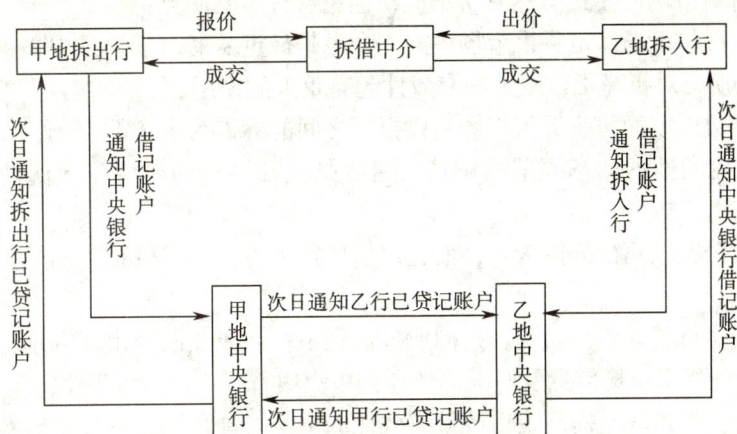

图6-4　异地同业拆借操作程序

以上两种模式可统称为通过中介的同业拆借，既包括通过拆借市场经纪公司（经纪人）的拆借，也包括通过代理银行媒介的拆借。

委托中介机构拆借一般要给中介机构一些手续费。有些国家是以拆出拆入的利差代替的，如日本短资公司，每日上午 9 时营业开始，根据当日资金供求状况公布拆借利率，通常公布的是资金拆出者所希望的利率，短资公司再加 0.625% 作为确定的拆入利率，利差为短资公司收取的手续费。另有些国家的中介机构有专门的手续费制度。

（三）不通过中介机构的同业拆借

不通过中介机构的同业拆借，其交易程序和过程与前面所述有中介机构的拆借程序和过程大同小异，所不同的是：后者是双方直接洽谈协商，不通过专门的中介性机构，成交后相互转账，增减各自账户上的存款。

七、各国同业拆借市场的比较

1. 从各国的实际情况看，同业拆借市场大致有以下几种模式：

（1）意大利屏幕市场网络模式，全国所有的大银行和大的非银行金融机构都可以参与，通过屏幕市场，按照统一的规则、统一的报价进行交易。

（2）土耳其模式，分为银行间的拆借市场和非银行金融机构间的拆借市场两个部分，不同性质的机构通过各自的市场进行交易，不准交叉。交易方式与意大利的方式相似，也主要是通过屏幕市场的方式交易。

（3）日本模式，要求全国的同业拆借主要通过几个大的同业拆借中介机构办理，中央银行通过同业拆借市场进行公开市场业务的各种操作，如直接向公司贷款，办理再贴现和回购。还有马来西亚的拆借市场，全国的拆借活动主要通过八个有形的拆借中心办理。

（4）美国模式，金融机构通过中央银行的联邦基金市场拆借，拆借双方直接交易，款项通过在联邦储备局的账户直接划拨。

2. 同业拆借市场的模式虽然有所不同，但也有许多共同点：

（1）同业拆借市场都是货币市场中第一个也是最重要的市场，是中央银行实施货币政策的基本场所，对提高货币政策的有效性起着重大的作用。

（2）大多数国家的同业拆借市场是以银行之间的拆借为主体的市场，而非银行金融机构又主要是流动性的储备调节的市场，通常是流动性多的机构流向流动性不足的机构，也有时是相互补充。

（3）多数国家以隔夜拆借为主，而且以信用拆借为主，有较长时间的拆借，都实行抵押拆借。

（4）普遍实行了计算机联网，把同业拆借集中在一个或两个市场办理。同时，通过市场把高质量的货币市场信息及时准确传递到中央银行货币决策者手中。

（5）同业拆借市场是提高货币政策有效性的主要工具之一。中央银行实施货币政策需要有效的传递机制，同业拆借市场提供了这种机制。在许多国家，货币政策操作的主要目标是备付金率或隔夜拆借利率，在通货膨胀较高时，操作备付金率；在通货稳定时，一般操作隔夜拆借利率；在同业拆借市场起步时，一般是操作金融机构在中央银行的超额储备，以备付金率的高低来判断货币资金的松紧状况。

（6）同业拆借市场一般都实行利率市场化，以真实反映资金的供求状况。没有统一的市场，不可能形成合理的利率水平。

（7）商业银行和中央银行都重视加强对流动性即备付金的集中管理，备付金存款不付利息。

【专栏 6－1】

上海银行间同业拆放利率（Shibor）

随着管制利率的逐步放开，构建和培育中国的货币市场基准利率成为推进利率市场化的重要任务之一。2007 年，上海银行间同业拆放利率（Shibor）建立。总体来看，在技术安排上 Shibor 借鉴了伦敦银行间同业拆借利率（Libor）、欧元区银行间同业拆借利率（Euribor）和新加坡银行间同业拆借利率（Sibor）等国际主要货币市场基准利率的一些通行做法。

1. Shibor 在生成方法和报价行选择等方面沿用了国际通行做法。Shibor 是由信用等级较高的银行组成报价团自主报出的人民币同业拆出利率计算确定的算术平均利率，属于单利、无担保、批发性利率，包括从隔夜到 1 年的 16 个期限品种，目前对社会公布 8 个品种。目前，Shibor 有 18 家报价行，涵盖国有商业银行、股份制商业银行、城市商业银行和外资银行等类型，报价行资产规模、经营模式、竞争地位等方面的差异化保证了报价的代表性，有利于充分发现市场价格，全面反映市场的流动性状况。

2. Shibor 在制度安排上强调了报价形成的市场约束和监督管理。考虑到中国国情和金融市场发展阶段，中国推出 Shibor 时相应制定了《Shibor 实施准则》，以保障 Shibor 的平稳运行。该准则一是明确监督管理责任。二是建立报价激励机制，强调报价成交义务。三是引入第三方评估考核，强化市场监督。

Shibor 运行五年多来，已经成为中国金融市场上重要的指标性利率，较为充分地反映了货币市场走势、银行体系流动性状况和政策调控预期，在浮动利率债券、衍生产品定价上发挥了基准作用，并为拆借及回购交易、票据、短期融资券等产品提供了定价参考。同时，Shibor 也推进了商业银行定价机制建设，商业银行已初步建立了总利润目标统领的利率定价架构，建立健全了市场化产品、贷款及内部转移等定价机制，风险定价水平显著提高。

资料来源：《2012 年第三季度中国人民银行货币政策执行报告》。

第三节 票据市场

一、票据概述

（一）票据的含义和特征

票据是出票人依法签发的，约定自己或委托付款人在见票时或指定日期向收款人或持票人无条件支付一定金额并可以转让的有价证券。票据是一种重要的有价证券，它以一定的货币金额来表现价值，同时体现债权债务关系，且能在市场上流通交易，具有较强的流动性。票据作为国际金融市场上通行的结算和信用工具，是货币市场上主要的交易工具之一。

票据作为一种有价证券，具有以下几个明显特征：

1. 票据是一种完全有价证券。有价证券分为完全有价证券和不完全有价证券。完全有价证券的证券本身和该证券拥有的权利在任何情况下都不可分离；而不完全有价证券的证券本身和该证券拥有的权利可以剥离。票据的权利随票据的设立而设立，随票据的转让而转让。只有在权利行使之后，票据体现的债权债务关系才宣告结束。所以票据是典型的完全有价证券。

2. 票据是一种设权证券。所谓设权证券是指证券权利的发生必以制成票据为前提。票据所代表的财产权利，即一定金额的给付请求权，完全由票据的制成而产生。换言之，票据的制成并非是用来证明已经存在的权利，而是创立一种新的权利。票据一旦制成，票据关系人的权利义务关系随之确立。

3. 票据是一种无因证券。所谓无因证券是指证券上的权利只由证券上的文义确定。持有人在行使权利时无须负证明责任。票据的持票人只要持有票据，就能享受票据拥有的权利。而不必说明票据取得及票据行为发生的原因。票据债务人也不能以票据所有权发生变化为理由而拒绝履行其因票据行为而负担的付款义务。

4. 票据是一种要式证券。所谓要式证券就是指证券的制成必须遵照法律规定。票据的制成和记载事项必须严格依据法律规定进行，并且票据的签发、转让、承兑、付款、追索等行为的程序和方式都必须依法进行。

5. 票据是一种流通证券。票据权利可以通过一定的方式转让，一般包括背书或交付。

6. 票据是一种文义证券。这是指票据上的所有权利义务关系均以票据上的文字记载为准，不受任何外来因素的干扰。票据在流通过程中，若发现文字内容有误，也不得用票据以外的证据方法予以变更或补充。

7. 票据是一种返还证券。票据权利人实现了自己的权利，收回了票据金额之后，应将票据归还给付款人。而在其他债权中，债务人履行债务后，即使债权人不同时交还有关债权证书，也可以用其他的凭证如收据来证明债务的履行。

（二）票据的种类

票据的基本形式有三类：汇票、本票和支票。

1. 汇票。汇票是出票人向付款人签发的，付款人按约定的付款期对受款人或其指定人无条件支付一定金额的书面凭证。

由此可见，汇票是出票人指示另一人支付的命令书，它是一种支付工具，在商品交换中，起着支付结算作用，即由出票人指示付款人凭票支付货币给受款人，以结清一笔债权和债务关系。

汇票是出票人签发的无条件命令书，它代表了出票人的支付信用保证。若经过承兑，又有承兑人的支付信用保证，使其他金融机构在汇票付款以前，凭此信用保证，买进汇票，而将货币资金付给转让人，当它需要资金时还可卖出汇票，收回垫款，这样汇票就成为信用工具，起着融通资金的作用。

在长期的发展中，汇票形成了多种类型（见图6-5）。

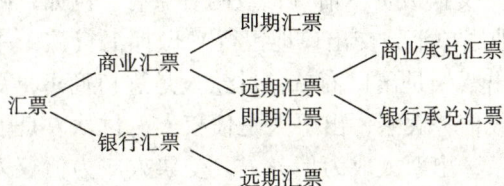

图6-5 汇票类型

银行汇票是银行受汇款人委托而签发的一种汇票支付命令，汇款人可能将此汇票寄给或随身携带给异地收款人，凭以兑取汇款。银行汇票是由银行信用产生的。按付款时间的不同，可分为银行即期汇票和远期汇票，前者是指见票即付的汇票，后者是指按约定日期付款的汇票。

商业汇票是指由售货人对购货人签发的书面支付命令，它是由商业信用产生的。按付款时间的不同，又可分为即期汇票和远期汇票，前者是指见票即付的汇票，后者是指按约定日期付款的汇票。即期汇票是无法流通的。只有远期汇票才须承兑、贴现、再贴现，成为金融市场的融资工具。远期商业汇票按承兑人的不同，又可分为商业承兑汇票和银行承兑汇票，前者是指由卖出商品者出票，工商业者（一般由购货人）在汇票上签名承诺到期支付货款，后者是指由卖出商品者出票，由银行在汇票上签字承诺到期支付货款；前者承兑前后都是商业信用，后者承兑前是商业信用，承兑后是银行信用与商业信用的混合。

汇票的三个基本关系人是出票人、付款人、受款人。

出票人（drawer）。即签发汇票并把它交付出去的人。一般由商品交易的债权方出票，这时他是债权人；然而，他在汇票正面签字作为质押，或转让时又成为汇票的债务人，承担汇票付款的责任。

付款人（drawee）。即被指示付款的人，当他没有承兑时，汇票付款人又称受票人。远期汇票的付款人承兑汇票后即为承兑人，承兑人负责汇票到期日一定由他付款，汇票经承兑后，承兑人成为汇票的主债务人。

受款人（payee）。又称收款人或抬头人，即指收受票款的人。出票人签发汇票交给受款人，受款人就是第一持票人，如果受款人将汇票转让给别人，则须背书而成为第一背书人。受款人是汇票的债权人，他有凭票要求付款权，收到票款他有票款所有权，汇票拒付时他有追索权（见表6－3）。

表6－3   汇票债务人承担付款责任的次序表

承兑前	承兑后
1. 出票人	1. 承兑人
2. 第一背书人	2. 出票人
3. 第二背书人	3. 第一背书人

表6－3中的三个基本关系人，一般是由两对债权债务关系构成的，这种债权与债务产生于商品（或劳务）交换或资本借贷，或两者兼有。例如，出口商A发运一批货物给进口商B，然后将商业跟单汇票交出口地银行C做押汇贷款，并请银行C将该汇票寄出托收票款。汇票上的出票人是出口商A，付款人是进口商B，受款人是银行C。出票人和付款人是第一对债权债务关系，出票人是债权人，付款人是债务人；出票人与受款人是第二对债权债务关系，出票人成为债务人，受票人成为债权人。这样，第一对的债权方和第二对的债务方均落在了出票人身上，所以出票人的"出票"是关键的或基本的票据行为。他所开出的汇票，命令第一对债权债务关系中的债务人（付款人）付款给第二对债务关系中的债权人（受款人），于是出票人使两对相反方向的债权与债务同时结清，汇票起了支付结算的作用。两对债权债务关系如图6－6所示。

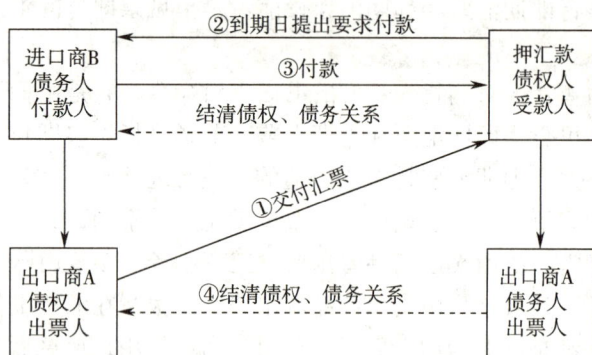

图6－6   汇票债权债务关系

2. 本票。所谓本票是指出票人签发的，承诺自己在见票时无条件支付确定的金额给收款人或持票人的票据。本票具有以下三个特征：一是本票的基本当事人只有两个，即出票人和受款人；二是本票的付款人为出票人；三是本票的出票人自己承担无条件付款的责任，故没有承兑制度。

3. 支票。支票是出票人签发的，委托办理支票存款业务的银行或其他金融机构在见票时无条件支付确定金额给收款人或持票人的票据。

二、商业票据市场

（一）商业票据市场的形成

这里讲的商业票据（commercial paper, CP）一般是指以大型工商企业为出票人，到期按票面金额向持票人付现而发行的无抵押担保的远期本票，是一种商业证券。它不同于以商品销售为依据的商业汇票、商业抵押票据等广义商业票据。

西方一些国家的大公司向银行借款时，通常要受到法律的制约及银行的种种规定，比如对单一借款人的贷款不得超过一定比例；银行要求借款人在银行保留一定的存款金额等，这些都增加了借款人的筹资难度或成本。为绕开这些限制，同时也为减少筹资成本及其他商业性因素，这些大公司就试图不通过银行中介，而直接面向金融市场筹集资金，其中方式之一，就是发行商业票据。很多大公司附设金融公司，专门从事商业票据的发行。商业票据经市场投资者购买后，资金流入公司供其周转使用，待票据到期，由发行人支付票款。

商业票据原是一种古老的商业信用工具，产生于18世纪，20世纪20年代初具规模，真正作为货币市场工具而大量使用则是在20世纪60年代后期。商业票据最初是随商品和劳动交易而签发的一种债务凭证。如一笔交易的卖方没有在货物运出（或劳务提供）后向买方立即收取货款，买方按协约规定的时间、地点、金额开出一张远期付款的本票给卖方。卖方持有票据，直至到期日再向买方收取现款。显然，这种商业票据是随商品、劳务交易而产生的商业信用。票据既列明买方（出票人），又列明卖方（持票人），是一种双名票据。这样的票据不便于持票人拿到市场上出售。因为是记名票据，卖出时要背书，若出票人到期不能向最终持票人付款，卖方还要承担付款责任；另外，票据是依商品交易或劳务供应量的价值量大小开出的，票据金额大小不一，有零碎余额，给票据转让流通带来不便，商业票据因此而发展比较缓慢。20世纪20年代，美国汽车制造业及其他高档耐用商品业开始兴盛，为刺激销售，大公司对这类商品实行赊销、分期付款等方式，由此经常使这些公司周转资金不足，在银行贷款受到种种限制的情况下，便开始发行商业票据。不少大公司特设金融公司从事商业票据的发行、转让、兑付事宜。如美国通用汽车公司自行设立一个通用汽车承兑公司，专为该公司发行商业票据，越过经纪人直接售与市场上投资人，筹措巨额资金。这样，商业票据与商品、劳务相分离，演变成为一种专供在货币市场上融资的票据，发行人与投资者成为一种单纯的债权债务关系，而不是商品买卖与劳务供应关系。商业票据上也用不着再列明收款人，只需签上付款人，成为单名票据。票面金额也演变成为没有零碎余额的标准单位，一般10万美元，期限在270天以下等。这种做法逐渐被推广。20世纪60年代后，工商界普遍认为发行商业票据向金融市场筹款，要比向银行借款手续简便，发行利率较低，且不受银行干预，因此商业票据发行量急剧增长。1966年美国商业票据流通量为200亿美元，1985年增加至3 000亿美元。到20世纪70年代，集中于伦敦城的欧洲产业票据市场也开始形成，商业票据市场在不断扩大。

商业票据发行者和投资者是票据市场形成的两大要素，它们构成了票据市场的供求双方。从西方一些国家的情况来看，金融公司、非金融公司（如大企业、公用事业单位等）及银行控股公司等，都是商业票据的发行者，而实际上，真正能在商业票据市场上大量发行票据筹措巨额资金者为数不多。只有资力雄厚、信誉卓著，经过评级被称做主要公司的一些企业才能享有经常大量发行商业票据筹集资金的条件，其票据被称为主要商业票据。近十年的发展中，商业银行已经成为发行市场上的重要角色。虽然它们不是直接发行者，但它们通过提供信贷额度支持、代理发行商业票据等形式，促进了商业票据的发行，因而这类有保证的商业票据的发行增长最快。

商业票据的主要投资者是大商业银行、非金融公司、保险公司、养老金、互助基金会、地方政府和投资公司等，通常个人投资者很少，这主要原因是由于商业票据面值较大或购买单位（通常 10 万美元以上为一购买单位）较大，个人无力购买。不过近年来商业票据的最小面值已经降低，个人投资开始活跃。

商业银行是商业票据的大买主，但商业银行自己持有的商业票据很少。商业银行购买商业票据通常有两方面需要：一是商业银行经常为它们的信托部门或它们的顾客代理购买商业票据作为推销代理人；二是商业银行自己持有商业票据主要作为流动性资产的二级准备，在头寸不够时抛出票据补进头寸，或者通过买进卖出票据按不同的投资或产业分散风险。非金融公司往往是商业票据的重要投资者，包括生产制造业、矿业批发或零售公司等。这些非金融公司在生产或经营中经常存在季节性临时性的资金头寸盈余，而国外有些国家规定商业银行对公司活期存款不支付利息或只支付微息，为避免资金收益损失，它们通常的做法之一是投资于商业票据。近年来，保险公司、养老金及其他各种基金会投资于商业票据的情况也越来越多，它们成为商业票据的重要买主。

（二）商业票据的发行要素

发行商业票据一般要考虑以下几个要素：

1. 发行选择。对各种筹资方式进行比较，确定是否发行商业票据筹资。

2. 发行数量。一般来讲，公司发行商业票据是为了筹集所需短期资金，用于短期临时性的周转需要。其发行数量主要取决于资金需要量和市场需求量。

3. 发行方式。主要分为直接发行和交易商发行。直接发行商业票据者须为资信卓著的大公司，而且发行数量巨大，发行次数频繁。交易商发行是通过商业票据交易商的发行，发行较简便，但费用高。选择何种发行方式，通常由公司本身资信及经营需要决定。

4. 发行时机。发行商业票据往往与其资金使用计划相衔接，发行过早，筹到的资金不能立即使用，就会增加利息负担；发行过晚，需用资金时又无法使用，从而影响生产周转。

5. 发行承销机构。直接发行由大公司附设的金融公司发行，交易商发行则需选择好承销机构。为顺利发行筹足资金，通常应选择那些资力雄厚、社会信誉高又与发行公司有密切关系的交易商作为代理发行人。

6. 发行条件。主要包括贴现率、发行价格、发行期限、兑付和手续费。贴现率主要是根据发行人的资信等级、市场资金借求情况、发行期限等因素决定，通常应参考当时的中央银行贴现率、国库券及大额可转让存单利率、商业银行优惠放款利率、同业拆入利率等。发行期限视筹资需要及发行方式而定。直接发行的商业票据期限可由投资者指定票据期限。

7. 到期偿还能力测算。通常由评级机构和自身两方面测算组成。与测算中长期偿债能力不同，商业票据的偿付通常从流转资金中偿付，需要比较精确的计算。

8. 评级。未经评级的商业票据发行较为困难，特别是那些资信并不为投资者广泛了解者发行的商业票据是无人问津的。一般是由发行人或委托代理人发行的交易商向评级机构申请评级，并提供必要的财务数据。

（三）商业票据发行程序

1. 直接发行。其发行程序：（1）商业票据评级。（2）发行人公告发行商业票据的数量、价格、期限等。（3）投资者与发行人洽谈买卖条件，包括数量、票据期限等。在美国，直接发行人允许投资者指定票据到期日。（4）投资者买入票据，卖出票据者收进资金。

2. 通过交易商发行。通常有三种形式：（1）助销发行。即商业票据交易商与发行公司事先商妥发行事项，再参照市场情况议定承销期限，全部由该交易商代办门市零售或通信销售，承销期满未售完部分全部由交易商按约定价格承购。（2）代销发行。即商业票据交易商与发行公司议定承销期限，依照发行公司指定的价格，由交易商代办门市零售或通信销售，承销期满未售完部分退回发行公司。（3）招标发行。即交易商以受托办理招标方式推销。代发行公司公开标售，未能售出部分，由发行公司自行处理。招标的商业票据通常不定底价，开标时按标价之高低依次得标，直到标售的票据售完为止。假如指定底价时，由已得标者所出标价高于底价的才算得标，否则，交易商必须根据市场情况建议发行公司修正底价，才能顺利筹到短期资金。

上述三种承销方式，因涉及承担风险、服务范围及发行成本的各不相同，故交易商收取的承销费用也高低不一，其中助销发行费用最高，其次为招标发行，最低为代销发行。

通过交易商的发行程序：（1）发行公司与交易商协商承销商业票据的有关事项，并签订委托发行协议；（2）办理商业票据评级事项；（3）交易商依照委托发行协议的有关规定确定承销方式，通常先发布公告及其他宣传活动；（4）投资者购买商业票据，资金存入交易商账户；（5）交易商将承销资金划转发行公司账户，并按规定处理未售完商业票据；（6）发行公司支付手续费给交易商。

（四）商业票据的发行成本

1. 贴现率。确定贴现率一般根据交易商协会提供的参考利率上下浮动一个百分点。交易商的参考利率是一个加权平均利率。交易商每日都按统一规定的期限分类（7天、30天、90天、180天、270天等），向协会报告当日利率，协会把这些利率加权平均后得出利率即参考利率。

2. 承销费。主要根据金额大小及时间长短计付。

3. 签证费。为证明商业票据所记载事项正确，通常由有权威的中介机构予以签证。一般按签证金额收费，规定最低起点。签证收费标准随发行公司有无保证而有差别。

4. 保证费。金融机构为发行商业票据提供信用证，要收保证费。收费标准通常按商业票据保证金的年利率计付，如发行量大、资信良好的公司可酌减。

（五）商业票据价格的确定

商业票据价格主要是指发行价格。因为商业票据二级市场不发达，故几乎没有二级市场的转让价格。二级市场不发达的原因：一是商业票据时间短、安全性好，投资人根据自己的需要选择商业票据的期限，因而商业票据持有者通常将票据持有到期兑现；二是如果投资者确实于票据到期前急需资金，还可商请发行公司提前兑付票据。

确定商业票据价格的方法是：

$$发行价 = 面额 - 贴现金额$$

$$贴现金额 = 面额 \times 贴现率 \times 期限 / 360$$

$$贴现率 = \left(1 - \frac{发行价格}{面额}\right) \times \frac{360}{期限} = \frac{贴现金额}{面额} \times \frac{360}{期限}$$

（六）商业票据的评级

所谓商业票据评级是指对商业票据的质量进行评价，并按质量高低分成等级。目前，国际上具有广泛影响的评级机构主要有美国的标准普尔公司和穆迪投资者服务公司等。

为商业票据评定级别主要依据发行人的管理质量、经营能力、风险、资金周转速度、竞争能力、流动性、债务结构、经营前景等。根据对这些项目的评价把发行人分成若干等级。如标准普尔公司关于商业票据的评级：

A级：该等级表明商业票据发行者定期偿还债务的能力很强，A还可以标上1、2、3以表明不同程度。

A1：商业票据发行者定期偿还能力最强，用 A^{+1} 表明最高等级。

A2：商业票据发行者定期偿还能力强，与 A^{+1} 比起来相对低一些。

A3：商业票据的发行者有令人满意的偿还能力，与上等级比起来易受到不利变化因素的影响。

B级：该等级表示商业票据发行者有较强的定期偿还能力，可能会受到条件变化或临时困难的损害。

C级：表明商业票据发行人支付能力有疑问。

D级：这种发行是违约的，或者预计到期是违约的，即指该等级票据发行人无力偿还票据的本金和利息。

商业票据的等级不同，发行的难易程度及发行利率水平也就不同，因此，发行者主动向评级公司申请评级。

三、银行承兑汇票市场

银行承兑汇票市场，是以银行汇票为金融工具，通过汇票的发行（出票）、承兑及贴现而实现资金融通的市场，也可说是以银行信用为基础的市场。

（一）银行承兑汇票的流通转让环节

银行承兑汇票流通转让主要是由出票、承兑、贴现及再贴现等几个环节构成。

1. 出票。出票是指出票人签发汇票并交付给收款人的行为。它包括两个行为：一是写成汇票，并在汇票正面签名；二是将汇票交给收款人。这样，汇票便从出票人那里转移到收款人那里。开出的汇票，既是支付凭证，也是信用凭据。出票人发出支付命令，付款人凭票支付一定金额给受款人，这是出票人的支付信用。出票人要对支付信用完全负责。如果出票人想要在汇票上写明免除他自己的责任而加注"对出票人无追索权"字样，那么这项汇票的信用则将大大降低，其他人一般不愿接受，流动性也会大为下降。当然，根据特殊规定可以例外者除外，如购买信用证情况下的汇票多是对出票人无追索权的汇票。

2. 承兑。银行对汇票的承兑，是指银行对远期汇票的付款人明确表示同意按出票人的指示，于到期日付款给持票人的行为。承兑是一种附属票据行为。承兑包括两个行为：一是在汇票上签字写明"承兑"字样；二是把承兑的汇票交给持票人。银行汇票承兑大致有以下几种类型：

（1）国际进出口贸易的银行汇票承兑。它是对国际出口贸易或国际进口贸易的资金融通，又可分为信用证项下银行承兑汇票、托收项下银行承兑汇票以及银行承兑光票。

（2）国内货物运输的银行汇票承兑。出票人将物权单据交给承兑银行，经审核同意，开立银行承兑汇票。

（3）国内仓储货物的银行汇票承兑。出票人将仓库收据交给承兑银行作为质押品，开出汇票，由银行承兑。

（4）出口备货融资的银行汇票承兑。出票人将合同交承兑银行来证实确有一笔出口交易，在出口前准备货物需要融资。银行同意承兑后，可持此期票到市场上贴现，取得备货资金。

下面着重介绍国际进出口贸易的银行汇票承兑。

首先介绍出口贸易的银行汇票。例如，出口商 A 与进口商 B 成交一笔出票后30～180天付款的交易，进口商开出银行远期信用证后，经某家银行保兑。出口商按照信用证条款装货出口，将跟单汇票交保兑行审核无误后寄开证行请求承兑。出口商另制一张银行承兑汇票，它的金额期限与跟单汇票金额期限相同，它的付款或承兑人就是保兑行，经后者承兑贴现后，立即将净款付给出口商，从而出口商获得融资。出口商可从货价的远期利息收益支付他应付出的承兑贴现费用。开证行收到通知行寄来的跟单汇票经承兑后，到期交保兑行归还银行承兑汇票的票款。其过程见图6-7。

另一种是托收款项下的银行汇票承兑。出口商采用托收承付交单方式出口货物，事先与承兑银行约定承兑信贷额度，当货物出口后，把商业发票和提单副本交给承兑银行，证明确有此项出口交易，即可开立以该行作为付款或承兑人的银行承兑汇票。这张汇票期限要相同或略长于托收汇票期限，以便进口商支付托收汇票偿还银行承兑汇票款。这张汇票的金额不能超过托收汇票期限，经承兑银行承兑贴现，将净款融通给出口

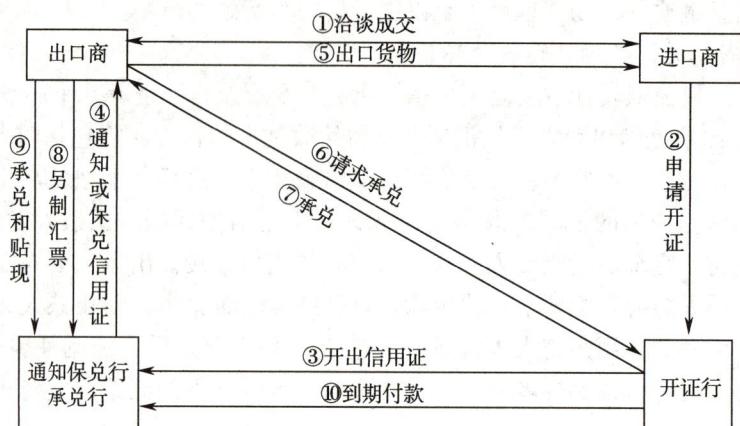

图6-7 出口贸易的银行汇票承兑过程

商，等到银行承兑汇票到期日，出口商（出票人）负责用托收货款归还银行承兑汇票款。承兑银行一般不管代办托收业务，对于托收票款能否到期收款，那是出口商与进口商之间的事情，与承兑银行无关。

接下来再介绍一下进口贸易的银行承兑汇票。即期付款交易的进口商，从接到跟单汇票付款时起，直至进口货物出售的一段时间，是最需要资金之时。若在美国，他可以要求一家美国银行开出远期信用证（若为90天），规定出口商可以开出以美国开证行为付款或承兑人的见票后90天付款的承兑汇票，还规定承兑费和贴现利息由进口商负担，汇票经开证行承兑贴现后，加上向进口商索取的贴现利息，仍可使出口商即期获得全部票款。进口商支付承兑费和贴现利息后，取得全套单据，即可提货出售，直至承兑汇票到票日，支付售货款给开证行。

在进口托收付款交单方式下，进口商接到进口地代收行通知其付款赎单时即可将副本发票与提单连同由他开出的银行承兑汇票（若为见票后90天期限付款），交给一家有承兑信用额度的银行经其承兑贴现，将净款交进口商用来付给代收行，换取正本单据，持至交单提出货物出售后，获得资金，在银行承兑汇票到期日支付票款给承兑行。其过程见图6-8。

3. 背书。背书有两个行为：一是在汇票背面签名，二是将汇票交给被背书人。被背书人是指接受汇票的人，也称受让人，一旦背书完成，被背书人即为持票人。背书是以原票据权利转让给他人为目的的行为，经过背书，票据权利即由背书人转移至被背书人，背书人是汇票的债务人，他要对其后手承担汇票被付款人承兑及付款的保证责任，并证明前手签字的真实性和背书的连续性，以证明其权利的正当。如果汇票遭到拒绝承兑或拒绝付款，其后手有权向背书人追索要款。背书次数越多，汇票负责人也越多，汇票的担保性也越强，持票人权利也就愈有保障，汇票的流通也就更加顺畅。

4. 贴现。汇票贴现是一种票据转让行为，是指持票人为了取得现款，将未到期的已承兑汇票，以贴付自贴现之日起至票据到期日止的利息为条件，向银行所作的票据转让。银行扣减贴息，支付给持票人现款，称之为贴现。

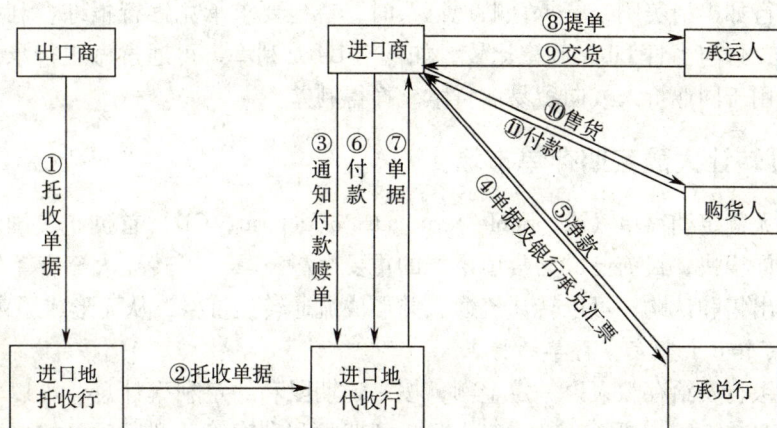

图6-8　进口贸易的银行汇票承兑过程

5. 转贴现和再贴现。银行对承兑汇票贴现后，可将汇票持至到期日，它即可以收到承兑手续费和贴现息的收益；也可将汇票在二级市场上出售，如售给票据交易商等，转让给其他的金融机构，由其他的金融机构买进，通常称之为转贴现。这些投资人之间还可以继续转贴现买卖银行承兑汇票。银行承兑汇票可能被多次转贴现，便利承兑银行贴进汇票后再卖给投资人。不过，对于承兑银行在二级市场上出售银行承兑汇票的数量是有限制的。

再贴现是商业银行和其他金融机构，以其持有的未到期汇票，向中央银行所作的票据转让行为。它是中央银行对商业银行和其他金融机构融通资金的一种形式，实质是中央银行的授信业务。

（二）银行承兑汇票的综合利率与价格

综合利率即指银行承兑汇票的承兑费用与贴息之和，美国银行把综合利率当做银行承兑汇票的价格报出。在承兑贴现时从票面金额一次扣减收取。如承兑手续费为1%，市场贴现率9%（年率），向客户报出综合利率为年率10%，汇票票面金额为1 000美元，汇票期限为6个月。则综合费用是

$$1\ 000 \times \frac{10}{100} \times \frac{180}{360} = 50（美元）$$

$$贴现净款 = 1\ 000 - 50 = 950（美元）$$

这样，客户按年率10%预先付出综合费用50美元，得到融资950美元。如按950美元贷于到期日付出50美元贷款利息，则其实际上利率为10.53%。计算如下：

$$实际利率 = \frac{50}{950} \times \frac{360}{180} \times 100\% = 10.53\%$$

所以，票据综合利率如与贷款利率比较，首先要将综合利率折成实际利率。如设 R 为综合利率，T 为汇票期限天数，其公式如下：

$$实际利率 = \frac{R}{1 - \frac{T}{360} \times R} \times 100\%$$

外国银行如申请美国银行承兑贴现汇票时，首先要求承兑银行报综合利率，将其折成实际利率，再与当日 Libor 利率比较，如低于 Libor 利率，可通过做银行承兑汇票业务获得资金，用于同业拆入或向贸易商贷款，挣得利差。

四、可转让大额定期存单市场

可转让大额定期存单（negotiable certificates of deposit，CD）首创于美国，由于它适应性强，发展很快，目前已成为货币市场的重要金融工具。可转让大额存单像其他证券一样，可以出售和认购，可以转让流通，并形成流通转让价格，从而形成了市场。

（一）可转让大额定期存单的特点

存单是银行发给存款人以一定金额，按一定期限和约定利率计息，可以转让流通的金融工具。存单上印有票面金额、存入日、到期日和利率等，到期后可按票面金额和规定利率提取本息，过期不再计息。存单不能提前支付，但可流通转让，到期还能转存。存单最短期限 14 天，最长达 5 年之久。因而就其实质来讲，它是银行发给投资者的远期本票，即由银行做出票人和债务人，约定期限，按一定利率偿付本息给投资人的债务凭证。

存单具有这样一些特点：一是发行人通常是资力雄厚的大银行。虽然小银行也发行存单，但其发行量和流通量远远小于大银行。二是面额固定，且起点较大。三是可转让流通。存单不能提前支付，但可在二级市场上出售转让，这与普通的银行定期存款大不相同。存单的流动性是存单颇受投资者欢迎的基本原因。四是可获得接近金融市场利率的利息收益。有的国家规定不对活期存款支付利息。定期存款也有上限控制。存单则不受上述规定限制，能对投资者支付接近金融市场利率水平的利息。存单虽然是银行定期存款的一种，但与定期存款又有区别：定期存款是记名不可转让的，存单则通常是不记名转让的；定期存款的利率一般是固定的，到期才能提取本息，提前支取要损失一部分利息，存单则有固定利率也有浮动利率，不能提前支取，但能在二级市场上转让。

存单与商业票据和债券也不同，后两者不是存款，不须缴纳存款准备金，也不受存款保险法的保护，而存单则须缴纳准备金；存单的发行人是银行，信誉高，商业票据和债券的发行人主要是企业，信誉相对要差些。

（二）可转让大额定期存单市场的形成

可转让大额定期存单是美国纽约花旗银行 1960 年首先发行的，其后许多银行纷纷效仿，目前正扩展于世界上许多国家与地区。存单的创立不是偶然的，20 世纪 50 年代后期，美国货币市场利率上升，而银行利率受联邦储备委员会 Q 条例的限制，低于市场利率。一些精明的存款人觉得到银行存款吃亏了，于是纷纷把暂时闲散资金转移到金融市场上，投资于货币市场上的票据或货币市场互助基金，形成所谓的存款非中介化现象，对银行的资本来源形成很大威胁。对此，一些银行设计了一些新的类似于货币市场其他工具的存单，既想避开美联储条例的限制，又欲开辟新的资金来源渠道，但当时由于这种存单不能流通，未获成功。直至花旗银行推出可转让存单，并获得一些大型证券经销商的支持，开创了强大的二级市场，使得存单持有人在急需资金时可随时在市场上售出。这样，数月之内，存单就发展成为美国货币市场上的重要交易工具。

存单市场的参与者，主要有存单发行人、投资者及交易商。

存单发行人主要是大银行。据美国 20 世纪 70 年代末统计，大银行发行的存单占存单发行量的 90%。其次为中小银行发行的存单。不少中小银行是借大银行作为发行代理人借以扩大销路。存单创立以来，使商业银行的经营思想发生了很大的改变。过去商业银行注重资产管理，注意力主要放在贷款和证券投资的管理上面，需要调节流动性时往往靠减少放款出卖证券来满足。存单的发行及二级市场的形成，使商业银行看到调节流动性不一定要靠减少放款卖出证券解决，通过发行存单吸收存款也能解决，也就是靠增加负债来扩大资产业务。这样存单市场就成为商业银行特别是大银行调节流动性手段，也是筹集额外资金以满足优良资产业务的手段。

存单的投资者绝大多数是非金融公司，有大企业、政府机构、外国政府及企业，也有金融机构和个人。对于大企业界来讲，投资于存单是利用它们的闲置资金的一个好出路。它们把存单到期日与企业现金支付日期（如缴税、分红、到期货款和发工资的日期）衔接起来，以存单本息支付上述支出，减少经营成本。金融机构也是一大买主。但主要的并不是自己持有，而是银行信托部为其受托基金投资于存单的。银行则被规定不准买回自己发行的存单。政府机构在经费下拨未用时其闲置资金的一部分也用来投资存单。个人持有存单数量很小，通常投资于中小银行发行的面额较小的存单，且往往以互助基金的形式投资。

在二级市场上买卖存单的主要是一些证券公司和大银行。这些证券公司和大银行不仅自己买卖存单，同时还充当中介人，是存单市场的主要交易商。

（三）可转让大额定期存单的种类

存单的分类方法很多，这里介绍两种分类方法：一是按利率的不同分类，二是按发行者的不同分类。当然，二者是互相交叉的。

1. 按利率的不同，可以分为固定利率存单和浮动利率存单。

固定利率存单有固定面额，固定的存期，固定的票面利率，利息到期支付。计息日期一年按 360 天计算。市场上比较普遍的是这类存单。

浮动利率存单利息是按货币市场上某一时间有相同期限放款或票据的利率为基数，再加一个预先确定好的浮动幅度来确定的。利息是分期支付，上下浮动幅度视货币市场利率波动及发行者资信的不同而定。如发行 6 个月期浮动利率存单，利息每月支付一次，利率按付息时 Libor 利率再上浮 0.25% 计算。

2. 按发行人的不同，可分为境内的存单、欧洲或亚洲美元存单、外国银行在国内发行的存单。

境内存单是境内商业银行在境内发行的存单。如美国国内商业银行在国内发行的美元存单；英国国内银行在国内发行的英镑存单；中国香港的区内银行在区内发行的港元存单等。这类存单多为不记名的，便于转让，少量记名的多为政府等机构购买。

欧洲或亚洲美元存单是美国境外分行发行的，或是美国以外的外国银行发行的存单。就地点来看并不局限于欧洲和亚洲，有些设在中美洲地区的银行也发行。使用的货币也不局限于美元，以英镑、日元、法郎、港元等发行的也不少。这类存单有固定期限、固定利率。超过1年期的年支付一次利息。最长期限可达5年，一般为3~6个月。

外国银行在国内发行的存单，如美国的扬基（Yankee）存单，指外国银行在美国境内的分支行发行的存单。发行人主要为欧洲、日本或加拿大的银行，如东京银行、巴黎国际银行、巴克莱银行等。这一类存单的发行目的主要是为其国内总行经营跨国业务的客户提供融资便利。

（四）可转让大额定期存单的发行

发行存单首先要对货币市场进行分析，关键是确定存单利率或发行价格，还要选择发行方式。

1. 发行要素。发行存单通常考虑以下几个要素：一是银行资产负债的差额及期限结构。在分析银行资产负债结构的同时，预测负债的增长，能否满足临时出现的优良资产项目的资产需要及作为经常性地调节流动性的需要，要预测负债差额及支付日期。二是利率风险。主要是根据市场利率变化情况，判断利率走势。如预测利率将上升，通常存单日期可稍长些；反之则宜短些。三是发行人的资信等级。通常可以向评级机构申请评级，因为公开发行，投资者特别重视发行人级别。一般地，资信等级愈高，发行利率愈低；反之则利率较高。四是金融管理法规。有些国家对最低的存款金额有限制，因而发行的存单面额必须超过其限制金额。有的国家规定，存单发行人发行存单最高不得超过自有资本和盈余的一定比例；有的国家规定发行存单须报有关部门批准；等等。

2. 发行价格的确定。存单发行价格的确定主要取决于以下几个因素：一是发行人资信等级；二是发行时市场利率水平；三是存单的期限；四是存单的流动性。

存单的价格一般有两种形式：一是按面额发行，发行价即票面价值。二是贴现发行，以票面额扣除一定贴现利息而发行，发行价格低于面额。

3. 发行方式的选择。直接发行就是发行人直接在银行门市零售或通信销售存单。大银行地理位置好、分支机构多、直接发行存单能节省成本。事实上直接发行时，发行人多与一些大型机构投资者直接面商过，有的发行人还允许投资者指定存单利率。

通过交易商发行就是发行人委托承销商发行存单。通常是发行人首先公布发行存单的总数、利率、发行日期、到期日、每张存单面值等。然后物色一家或多家首席经销商组成包销经理团。通过经销商发行，发行人需要支付承销佣金、法律费用、文件及存单印刷费用，还要支付一定的广告费用。

4. 发行程序的安排。如果是通过交易商或经销商发行，一般的发行程序为：初步确定经销团成员；由律师草拟存款协议、经理人协议、保证人协议、代付本息协议、存单格式，并安排报批手续（如需报批的话）；由经理人（承销商）确认邀请首席联席经理及包销经理团成员；由各经理人（承销商）确认邀请首席联席经理及包销经理团成员；取得金融管理部门批准发行存单的通知；印发有关发行存单消息；发行人收到投资人存款后将存单交出——发行结束。

5. 可转让大额定期存单的转让市场。存单转让市场是买卖已发行存单的市场。通常由票据经销商组成。在一级市场购买存单的投资者，由于急需资金，在二级市场将存单卖掉，通常由经销商买入，经销商可将这些存单持至到期日，兑取本息，也可以再到二级市场出售，从而形成了连续的市场转让。

存单转让方式主要由其存单记名与否决定。不记名存单在市场转让时，交付给新的购买人就可以，不需背书。记名存单转让时需要背书，通常在存单背面写上原存单持有者名称和新的存单持有人的名称。

固定利率存单转让价格的计算公式是

$$X = \frac{P(360 + R_1 T_1)}{R_2 T_3 + 360} - \frac{PR_1 T_2}{360}$$

式中：X 为在二级市场上出售存单的价格；P 为存单本金；R_1 为存单原订利率；T_1 为存单原订期限；T_2 为由发行日起到出售日止的天数；T_3 为由出售日起到存单期满日止的天数；R_2 为出售存单时的市场利率。

例如，本金 100 万元，存单原订利率 10%，原订期限 180 天，投资人持有存单 60 天后出售，距到期日还有 120 天，当时利率 11%，应用上式计算为

$$X = \frac{1\,000\,000 \times (360 + 180 \times 10\%)}{120 \times 11\% + 360} - \frac{1\,000\,000 \times 10\% \times 60}{360} = 996\,195(元)$$

浮动利率存单的付息视浮动利率的浮动幅度而定。

第四节 回购协议市场

一、回购协议市场的概念及特点

回购协议市场是指通过回购协议进行短期资金融通交易的场所。所谓回购协议（repurchase agreement）是指，证券资产的卖方在卖出一定数量的证券资产的同时与买方签订的在未来某一特定日期按照约定价格购回所卖证券资产的协议。

回购交易的实质是一种以证券资产作抵押的资金融通。融资方（正回购方）以持有的证券作质押，取得一定期限内的资金使用权，到期以按约定的条件购回证券的方式还本付息；融券方（逆回购方）则以获得证券质押权为条件，暂时放弃资金的使用权，到期归还对方质押的证券，收回融出的资金并取得一定的利息收入。

与回购协议相反方向的交易被称为逆回购协议（reverse repurchase agreement），它与回购协议实际上属于同一次交易的两个方面。回购协议是从资金需求者即证券资产的卖方角度出发，而逆回购协议是从资金供给者即买入证券资产的角度出发。证券回购是对某种证券现实的购买（出售）及之后一笔相反交易的组合。一笔回购交易涉及两个交易主体和两次交易契约行为，两个交易主体分别为以券融资的资金需求方和以资融券的资金供给方；两次交易契约行为分别为交易开始时的初始交易和交易结束时的回购交易。

回购协议交易的特点是：金额大，期限短，风险小，收益低。因此，回购协议是一种有效、安全的短期融资工具。与传统的金融活动相比，回购协议的优越性主要表现在以下几个方面：

1. 对于资金借入方来说，回购协议可以使其免受购回金融资产时市场价格上升引起的损失，降低市场风险。

2. 对于资金借出方来说，回购协议中涉及的质押证券可以使其在减少债务人无法按期还款的信用风险的同时，也免受卖出时市场价格下降引起的损失。

3. 回购协议的出现，使得商业银行可以将大量的资产投资于国库券、银行承兑汇票等有利可图的生息资产，将超额准备金降到最低限度，从而最大限度拓展业务，增加盈利，避免了由于发放贷款或者支付需要而以贴现的方式出售原有的金融资产或回收贷款，加大了银行资金运用的灵活性。

4. 商业银行利用回购协议获得的资金无须向中央银行交纳法定存款准备金，从而降低了商业银行筹资的成本，增加了商业银行扩张业务的积极性。

5. 降低了银行间同业拆借的风险和成本，能够更好地引导信贷资金实现最佳配置。

6. 中央银行采用回购协议可以保证对货币供应量的调节，同时降低公开市场操作的成本。

二、回购协议市场的形成及发展

（一）回购协议市场的形成

回购协议是在第二次世界大战结束以后逐渐形成的。在当时，随着证券发行量的增加，有的证券公司因募集的证券未能全部发售而库存增加，有的证券投资者中途变现又进一步使证券公司的滞留证券增加。于是，证券公司为筹集资金向其他金融机构以购回为条件，将证券卖出，由此证券回购交易的雏形开始出现。1969 年，回购交易首次在美国出现，联邦储备银行规定回购协议的买方可以免交存款准备金，在这以后，回购协议市场才开始发展。

（二）回购协议市场的发展

20 世纪 60 年代后期，回购协议市场迅速的发展，逐渐成为最大、最具流动性的货币市场之一。特别是在日本 70 年代初允许国债回购交易市场建立与发展时，由于将其当做一种债券交易方式，其价格可随行就市，根据供求情况上下浮动，避开当时日本银行的利率管制政策，从而吸引了大量资金，对于推动日本利率自由化与市场化起到了不可磨灭的作用。回购交易不仅是大多数非金融公司管理资金头寸、获得短期证券市场稳定收益或者获取短期融资的有效渠道，也是商业银行、投资银行、基金管理公司等金融机构进行资产管理和融资的主要工具之一，因而市场交易十分活跃，交易规模不断增加。其每日交易量约达几千亿美元，是一个规模颇大的资金市场。回购协议市场的发展深刻地改变了以商业银行为代表的金融机构对于资产管理的理念，显著地增强了各种金融工具的流动性和资产组合的灵活性，从而大大提高了资金的使用效率，促进了金融体系的稳定，丰富了中央银行公开市场操作的手段。

（三）我国回购协议市场的发展历史和现状

我国的回购市场发端于20世纪90年代初，上海证券交易所和深圳证券交易所分别于1993年12月、1994年10月开办了以国债为主要品种的质押式回购交易。当时的主要目的是发展中国的国债市场，活跃国债交易，以便发挥国债的信用功能，为社会提供一种新的融资方式。

此后，为促进货币市场的健康发展、推动政策性金融债券和中央银行融资券的流通转让、扩大银行间同业拆借市场的交易品种、规范商业银行的债券回购业务，中国人民银行于1997年6月6日发布了《关于银行间债券回购业务有关问题的通知》。其规定自1997年6月起，全国统一同业拆借中心开办国债、政策性金融债和中央银行融资券回购业务，商业银行间的债券回购业务必须通过全国统一同业拆借市场进行，不得在场外进行。

随着沪、深证券交易所债券市场和全国银行间债券市场的发展，中国债券回购交易的券种不断扩大。2003年以前，债券回购交易的券种只能是国库券和经中国人民银行批准发行的金融债券。为推动中国企业债券市场的发展，完善债券交易机制，活跃上海和深圳债券市场，上海证券交易所和深圳证券交易所分别于2002年12月30日和2003年1月3日推出了企业债券的回购交易业务。目前我国的证券回购业务的主要交易场所是沪、深证券交易所和全国银行间同业拆借中心，其中，沪、深证券交易所的回购品种主要是国债和企业债，全国银行间同业拆借中心的证券回购品种主要是国债、融资券和特种金融债券。

债券回购提高了债券市场的流动性，特别是国债回购因为有国债作质押，所以被投资者看做无风险品种。但在实践中，交易所国债回购规则却为券商违规挪用客户债券提供了便利，因国债回购引发的资金黑洞长期被掩盖，结算违约现象时有发生。同时由于在质押式回购中，融出资金的逆回购方只是获得债券的质押权，无权对债券进行处置，且债券处于冻结状态无法流通。因此，随着回购业务发生额的放大，市场上流通的债券存量减少，市场流动性因而大大受限。在这种情况下，2004年5月20日，银行间债券市场正式推出了买断式回购，同年12月上海证券交易所推出国债买断式回购，从而大大解放了质押式回购债券被冻结的局面，有利于提高市场的流动性。买断式回购由于在回购期间债券的所有权发生了转移，因此在实现融资目标的同时，也具备了一定的融资功能。买断式回购通过两次买断操作赋予交易成员以做多、做空兼备的功效，为获取双重收益提供了可能。

三、回购协议市场的参与者

回购协议市场的参与者包括商业银行、非银行金融机构、企业、政府和中央银行。

商业银行是回购协议市场中的主要参与者，商业银行在短期资金不足的情况下可以通过回购协议借入资金，弥补不足；也可以在短期资金盈余时通过逆回购协议贷出资金，获得收益。可见商业银行在回购协议市场中既可以是资金需求者，也可以是资金供给者。

非银行金融机构同样是回购协议市场中的主要参与者，它们包括证券公司、基金管理公司、保险公司和储蓄类机构等非银行金融机构。与商业银行相同的是，这些非银行金融机构也会因自身的短期资金状况既成为资金的需求者，也成为资金的供给者，但非银行金融机构与商业银行短期资金盈余或不足的产生原因、方向、期限、数额不尽相同，它们往往与商业银行成为交易对手，形成互补交易。

企业作为回购协议市场的参与者，主要是资金供给者。因为企业在日常生产经营活动中可能存在闲置资金，这些闲置资金可以通过回购协议的方式贷出给资金需求者，从而获得高于存款利率的收益。

政府或政府机构大多也是作为资金供给者参与回购协议市场的。政府或政府机构可以在该国法律允许的范围内，将暂时闲置的资金通过回购协议贷出，从而使资产增值。

中央银行参与回购协议市场则有着不同于其他参与者的意图。中央银行参与回购交易并非为了获得收益，而是通过回购协议市场进行公开市场操作，从而有效实施货币政策。

四、回购协议的基本要素

回购协议的要素一般包括五个方面，即回购协议证券的品种和价格、回购协议的期限、回购协议的利率、保证金比例以及报价方式。

（一）回购协议的证券品种和价格

在证券的回购交易中，可以作为回购协议标的物的主要包括政府短、中、长期债券以及其他可流通证券，如商业票据、银行承兑汇票、可转让大额定期存单等。证券的定价方法有两种：（1）净价定价法，也叫"清洁定价"。它仅考虑证券的市场价格，不考虑回购协议交易期间证券的利息。（2）总价定价法，也叫"肮脏定价法"。在证券价格的确定中要考虑回购协议期间的利息。两种定价方法均以交易开始日证券的市场价格为基础，所不同的是对回购协议交易期间证券利息的处理不同。

（二）回购协议的期限

回购协议的期限是指从卖方卖出证券资产时与买方签订回购协议到卖方最终将证券资产购回的这段时间。其期限比较短暂，从1天到数月不等，如1天、7天、14天、21天、1个月、2个月、3个月和6个月等。其中，1天的回购协议又被称为隔夜回购，超过1天的回购协议则统称为定期回购。

（三）回购协议的利率

回购协议的利率是衡量回购协议交易中借款人（证券出售者）向贷款人（证券购买者）所支付的报酬比例，反映了交易中证券购买人（投资者）所承担的各种风险。在回购协议市场上，利率并不统一。回购协议利率与证券本身的利率无关，而是由多种因素确定。

1. 用于回购的证券质量。证券的信用度越高，流动性越强，回购利率就越低；相反，利率就高一些。

2. 回购期限的长短。一般来说，期限越长，由于不确定因素越多，因而利率也应高一些。但这也并不是绝对的，利率在实际运作中可以随时调整。

3. 交割的条件。如果采用实物交割的方式，回购利率就会较低。如果采用其他交割方式，利率就会相对高一些。

4. 货币市场中其他子市场的利率水平。回购协议的利率水平不可能脱离货币市场其他子市场的利率水平而单独决定，否则该市场将失去吸引力。它一般是参照同业拆借市场利率而确定的。

在期限相同时，回购协议市场利率与其他货币市场利率呈现以下关系。

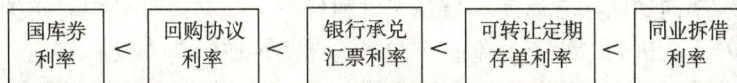

$$\boxed{国库券利率} < \boxed{回购协议利率} < \boxed{银行承兑汇票利率} < \boxed{可转让定期存单利率} < \boxed{同业拆借利率}$$

证券回购价格、售出价格与回购利率之前的关系可用下列公式表达：

$$回购价格 = 售出价格 + 约定利息$$

$$约定利息 = 售出价格 \times 回购利率 \times \frac{距到期日天数}{360}$$

$$回购利率 = \frac{回购价格 - 售出价格}{售出价格} \times \frac{360}{距到期日天数} \times 100\%$$

【例1】某企业账面上一笔资金为 1 000 万元，拟 2 日后用于购进原料。为避免收益损失，需选择好投资途径。由于无权放贷、存款利率低，且证券风险大，流动性不佳，因此选择了国债券回购的交易方式解决短期投资的问题。

基本操作：作为逆回购方，购买某证券交易商（正回购方）出售的国债，价值为 999.8 万元，回购期限为 2 天，2 天后再以 1 000 万元的价格卖给证券商。回购交易的利息计算公式为：约定利息 = 售出价格 × 回购利率 × $\frac{距到期日大数}{360}$。本例中回购利息为 3.6%，期限为 2 天，利息为 2 000 元（$10\,000\,000 \times 3.6\% \times \frac{2}{360} = 2\,000$）。

（四）保证金比例

根据惯例，证券购买者要在证券市场价格的基础上，减去几个点后或削减一部分后，再将资金交给证券的出售者。被削减下来的部分就是证券的出售者向购买者缴纳的"保证金"。保证金的作用在于防止证券价格下跌，担保物价值下降而给证券的购买者（投资者）带来损失。保证金比例的确定也很重要。比例太高，会增加回购协议的交易成本，不利于回购协议市场发展；而比例太低，又无法有效地保护证券购买者（投资者）的利益。

（五）回购协议的报价方式

国际通行的回购协议报价方式是以年收益率进行报价，这有利于直接反映回购协议双方的收益与成本。在一笔具体的回购协议交易中，所报出的年收益率对于以券融资方（正回购方）而言，代表其固定的融资成本；对于以资融券方（逆回购方）而言，代表固定的收益。

五、回购协议市场的交易及风险

（一）回购交易的种类

按照所质押的证券所有权是否由正回购方转移给逆回购方进行区分，回购交易可以分为封闭式回购和开放式回购两种交易方式。

在封闭式交易方式中，正回购方所质押证券的所有权并未真正让渡给逆回购方，而是由交易清算机构做质押冻结处理，并退出二级市场；待回购协议到期，正回购方按双方约定的回购利率向逆回购方返还本金并支付利息后，交易清算机构对质押冻结证券予以解冻，质押券重新进入二级市场流通。在回购期间，逆回购方没有权利对质押证券实施转卖、再回购等处置的权利。封闭式回购实际上是一种以证券为质押的资金拆借方式。

开放式回购，又称买断式回购，是指证券持有人（正回购方）将证券卖给证券购买方（逆回购方）的同时，交易双方约定在未来某一日期，正回购方再以约定价格从逆回购方买回相当数量同种证券的交易行为。与封闭式回购不同，开放式回购的交易双方对质押证券采取买断和卖断的方式。逆回购方拥有买入证券的完整所有权和处置权，因而赋予逆回购方在回购期间灵活运用质押证券的权利。在回购到期前，逆回购方可以根据资金管理的需要和市场形势的把握将质押证券用于再回购或者在二级市场上交易，并只需在未来某一日期再以约定价格将相等数量的同种证券返售给正回购方即可。开放式回购实际上是一种依附于证券买卖的融资方式。

（二）回购交易的风险

现实的市场对于参与交易的主体都存在风险，封闭式回购与开放式回购因为交易过程复杂程度的差异，交易者所承受的风险也不尽相同。

1. 封闭式回购风险分析。在封闭式回购中，质押证券所有权不从正回购方转让给逆回购方，只是由专门机构将所质押证券冻结。尽管这种做法牺牲了所质押证券的流动性，但能够在一定程度上控制风险。封闭式回购的风险主要有信用风险和清算风险两种。

（1）信用风险。封闭式回购的信用风险主要是指交易双方不履行回购协议中的买回或卖回义务，而使对方遭受损失的可能性。一种情况是，证券卖方到期未再购回证券，若此时市场利率上升，证券价格下降，则买方只能拥有此证券，并遭受损失；另一种情况是，市场利率下降，证券价格上升，买方不履行按约定价格卖回卖方的义务，则证券卖方将遭受损失。为避免此种风险，一种方法是，回购协议中贷款的数额往往少于抵押品证券的市场价值，给贷款者在证券市场下跌时提供一定的缓冲；另一种方法是，定期公布抵押品的市价，按照市价来记录头寸的价值。

（2）清算风险。在回购交易中，买方（资金供应者）应付款收取抵押证券，到期收回本金和利息，返还抵押证券，由于到期时间很短，交割实物证券的成本很高，因而产生了以账户划转的交割方式，并以证券保管凭单代替实物证券，以节省时间和费用。但随之而来的是清算风险的增加，即可能出现并无足够抵押证券的买空卖空行为，加剧融资风险。为避免此种风险，许多国家要求证券由第三方金融机构统一进行保管，保管凭单必须以真实、足额证券为依据。

2. 开放式回购风险分析。由于开放式回购交易过程更为复杂，因此除了信用风险和清算风险以外，还有自身特有的风险，这种风险主要体现在开放式回购的卖空机制方面。

开放式回购的卖空机制是由于开放式回购协议一旦签订，逆回购方就拥有了正回购方所质押证券的所有权，并且可以在回购协议到期前，对所拥有的质押证券进行再回购和卖出交易。尽管卖空交易的存在可以增加质押证券的流动性，但与此同时也产生了更多的风险。

（1）提前卖出交易的价格风险。如果逆回购方预期未来协议到期时证券价格下降，将会进行质押证券卖出交易。如果实际的证券价格变动方向与预期相反，逆回购方在协议到期时必须返回证券的情况下，只能以更高的价格购入质押证券用以履行回购协议，从而承担一定的价差损失。

（2）循环再回购交易的交易链断裂的风险。在开放式回购方式中，每一笔回购交易中的逆回购方都拥有再回购交易的权利，因此对于同一笔质押证券就可能存在循环再回购交易的情形。当整个循环再回购交易链条中的任意逆回购方到期不能按照协议买回所质押证券或不能足额偿还时，整个再回购交易链就会出现断裂，从而可能发生连锁到期偿付困难。

（3）利用卖空交易，操纵市场的投资风险。如果不对卖空交易进行限制，资金实力雄厚的逆回购方就可以通过大量的证券卖出交易有意压低质押债券价格，从而实现其在协议到期日以低价购回所质券进行履约的目的。这种利用卖空交易操纵市场从而获利的行为对于整个市场的健康发展是相当不利的。

【本章小结】

1. 货币市场是指融通资金期限在一年以内的金融市场。它与股票、债券等资本市场的主要区别还在于：市场参加者的结构不同；货币市场工具的平均质量较高，风险较小；市场组织形式不同；货币市场工具的发行多采用贴现发行办法；中央银行直接参与。

2. 货币市场工具一般具有货币性、灵活性、同质性等特点。

3. 中央银行通过货币市场上的公开市场业务来实现货币政策目标、调节货币供应量。同存款准备金、再贴现额和贴现率以及道义劝告等政策工具相比，它具有主动的、直接的调整货币量；调控规模可大可小，调节时间可长可短，能进行经常性的、灵活多变的"微调"；中央银行作为货币市场的普通参加者经常参加货币市场的交易，使货币量的调控有一种连续的作用等显著特点。

4. 同业拆借市场是金融机构之间的资金调剂市场。它具有对进入市场的主体即进行资金融通的双方都有严格的限制；融资期限较短；交易手段比较先进，交易手续比较简便，因而交易成交的时间比较短；交易额较大，而且一般不需要担保或抵押，完全是一种信用资金借贷式交易；利率由供求双方议定，可以随行就市等特点。

5. 同业拆借市场的形成源于存款准备金制度的实施。

6. 同业拆借市场按组织形态分为有形拆借市场和无形拆借市场；按交易方式不同分为通过中介的拆借市场和不通过中介的拆借市场；按有无担保，分为有担保拆借市场和无担保拆借市场；按期限不同划分为半天期拆借市场、一天期拆借市场和指定日拆借市场等。拆出利率和拆入利率的表示方法各国不尽相同。

7. 同业拆借市场的支付工具主要有本票、支票、承兑汇票、同业债券、资金拆借等。拆出利率和拆入利率的表示方法各国不尽相同。同业拆借中大量使用的利率是伦敦银行间同业拆放利率。

8. 票据是出票人依法签发的，约定自己或委托付款人在见票时或指定日期向收款人或持票人无条件支付一定金额并可以转让的有价证券。它具有以下几个明显特征：票据是一种完全有价证券；是一种设权证券；是一种无因证券；是一种要式证券；是一种流通证券；是一种文义证券；是一种返还证券。

9. 票据的基本形式有汇票、本票和支票三类。

10. 商业票据一般是指以大型工商企业为出票人，到期按票面金额向持票人付现而发行的无抵押担保的远期本票，是一种商业证券。商业票据的发行者主要是金融公司、非金融公司（如大企业、公用事业单位等）及银行控股公司等。商业票据的主要投资者是大商业银行、非金融公司、保险公司、养老金、互助基金会、地方政府和投资公司等。

11. 银行承兑汇票市场，是以银行汇票为金融工具，通过汇票的发行（出票）、承兑及贴现而实现资金融通的市场。

12. 可转让大额定期存单市场是大银行发行的可转让的大额定期存单的交易市场。存单市场的参与者主要有存单发行人、投资者及交易商。存单发行人主要是大银行。存单的投资者绝大多数是非金融公司，有大企业、政府机构、外国政府及企业，也有金融机构和个人。证券公司和大银行不仅自己买卖存单，同时还充当中介人，是存单市场的主要交易商。

13. 可转让大额定期存单按利率的不同，可以分为固定利率存单和浮动利率存单；按发行人的不同，可分为境内的存单、欧洲或亚洲美元存单、外国银行在国内发行的存单。

14. 回购协议市场是通过回购协议来进行短期货币资金借贷所形成的市场。回购协议是证券资产的卖方在卖出一定数量的证券资产时同买方签订的在未来某一特定日期按照约定价格购回所卖证券资产的协议。回购协议市场的参与者主要有商业银行、非银行金融机构、企业、政府和中央银行。按照所质押的债券所有权是否由正回购方转移给逆回购方进行区分，回购交易有封闭式回购和开放式回购两种。

【本章重要概念】

同业拆借市场　回购协议　逆回购协议　资金头寸　少头寸　票据　商业票据　汇票　银行承兑汇票　商业承兑汇票　汇票贴现　汇票　转贴现　汇票再贴现　可转让大额定期存单　回购协议市场

【思考题】

1. 简述货币市场的特点。
2. 简述货币市场在实施货币政策中的作用。
3. 同业拆借市场是如何进行分类的？
4. 试述同业拆借市场的基本运作模式。
5. 影响商业票据发行成本的因素有哪些？
6. 如何确定商业票据的利率及价格？
7. 银行汇票与银行承兑汇票有何区别？
8. 大额可转让定期存单与定期存款有何区别？
9. 某商业银行计缴存款准备金日在中央银行的准备金存款为 3 000 万元，应计缴准备金的各项存款额为 40 000 万元，法定准备率为 6%，该行准备将超额准备金全部拆放出去，期限为 3 天，市场利率为 6.4%。请计算该行 3 天后收到的拆借资金利息额。
10. 有一张 50 万元的大额可转让定期存单，利率为 10%，期限为 6 个月，投资人持有 3 个月后出售，距到期还有 90 天，当时的利率为 12%，请计算该存单的转让价格。
11. 回购协议的优越性是什么？回购协议分为哪几种？

【本章参考书】

1. 彼得·S. 罗斯：《货币与资本市场》，第八版，北京，中国人民大学出版社，2006。
2. 张亦春：《现代金融市场学》，第二版，北京，中国金融出版社，2007。
3. 霍文文：《金融市场学教程》，上海，复旦大学出版社，2010。
4. 史建平：《金融市场学》，北京，清华大学出版社，2007。

第七章

外汇市场

外汇市场是金融市场的重要组成部分之一。对外开放的深化和国际经济全球化的加速，国际间经济往来的日益频繁，促进了外汇市场的发展。本章主要介绍外汇市场的概念、外汇市场的汇率、外汇市场交易等内容，以期把握外汇市场的概念、外汇交易价格和外汇交易方式。

第一节　外汇市场概述

外汇市场是买卖外汇的市场。这一节我们从解释外汇、外汇市场定义入手，介绍外汇市场的构成要素、外汇市场的类型，以期把握外汇市场的概念。

一、外汇的定义

1. 外汇的含义。外汇（foreign exchange），是国际汇兑的简称。其含义应从动态（dynamic）和静态（static）两方面来理解。动态的外汇是指人们将一国货币兑换成另一国货币，以清偿国际间债权债务的经济活动，这种意义的外汇等同于国际结算。静态的外汇又有广义和狭义之分。广义的静态外汇是指一切以外国货币表示的资产。狭义的静态外汇是指以外币所表示的能用于国际结算的支付手段或工具。按照这一定义，以外币表示的有价证券和资金由于不能直接用于国际结算，因此不属于外汇；同样，暂时存放在持有国境内的外币现钞也不能称做外汇。我们在日常生活中所用到的外汇概念主要是狭义的静态外汇概念。

2. 外汇的特征。

（1）外汇必须是以外国货币表示的金融资产，任何以本国货币表示的信用工具、支付手段、有价证券等对本国人来说都不能称其为外汇。例如，美元资产是国际支付中应用最广的一种外汇资产，但这是针对美国以外的其他国家而言的。

（2）外汇必须是可以自由兑换成其他形式的或以其他货币表示的金融资产。以不可兑换的货币表示的支付手段，不能作为外汇。这是外汇的最基本特征。

（3）外汇必须是能在国外得到偿付的货币债权。即外汇的持有人拥有对外币发行国商品和劳务的要求权，缺乏充分物质偿付保证的"价值符号"，如空头支票、遭拒付的汇票等均不能视为外汇。

二、外汇市场的定义

买卖外汇的活动称为外汇交易，而各种外汇交易的领域便是外汇市场。外汇市场是一个国际性的市场。在所有的金融市场里，外汇市场是规模最大（全球性交易）、营业时间最长（24小时交易）、资格最老（与国际贸易同时产生）的市场。由于外汇市场的国际性，几乎没有任何一种金融市场像它那样，对国际政治、经济、军事事件具有异常敏感的反应。在当今错综复杂的国际关系背景下，其他任何金融市场都比不上外汇市场那样瞬息万变、难以捉摸。

在一个不断开放的世界中，各国之间必然发生贸易、投资、旅游等经济往来，从而引起国家及地区间的不同货币的收支关系，即创造了对外汇的供给与需求，由此产生了外汇买卖交易的需要，外汇市场也就应运而生了。

对一个国家或地区来讲，其外汇供给主要形成于：（1）商品和劳务的出口收入；（2）对国外投资的收入，包括直接投资的利润收入和对外证券投资的红利、利息收入；（3）国外单方面转移收入，包括外国居民、政府或民间机构及国际组织对本国的赠款与援助；（4）国际资本的流入，分为短期和长期资本的流入，其中包括外国商业银行的贷款以及直接投资等。从国外收到的外汇需要兑换成本国货币才能在国内流动。而一国或地区的外汇需求主要形成于：（1）商品和劳务进口；（2）对外投资支出；（3）对外单方面转移支出；（4）资本流出等。上述外汇支出必须以自己的外汇储备或以本国货币购买外汇才能实现。

在没有外汇管制的情况下，外汇买卖或兑换可以在进出口商之间直接进行，即需要外汇的进口商与持有外汇的出口商直接进行洽谈，进行外汇的直接买卖，但实际上这样做有很大困难。首先，进口商和出口商可能完全不相识，没有相互信任的基础，或者双方由于条件限制根本不可能直接面谈和直接进行外汇交易；其次，即使双方有机会接洽，但对外汇的供求在数额、时间以及币种上也不一定完全相符，从而难以达成交易。正是由于外汇供求双方直接买卖交易有许多难以克服的困难，因此需要借助一个相对开放的、多边交易的市场，外汇市场也就由此产生。它由外汇需求者与供给者以及中介机构所组成。

三、外汇市场的要素构成

外汇市场和其他金融市场一样，也是由交易工具、市场参与者和市场组织形式三个要素所构成。

（一）外汇市场工具

外汇市场工具就是外汇。如前所述，广义的外汇并不仅是指外国货币，还包括了以外币表示的资产。国际货币基金组织和我国的外汇定义一样，都是从国际收支管理的角度出发的，属于广义的外汇，这与外汇市场交易的外汇并不完全相同。外汇市场交易的外汇对应的是狭义外汇的概念。

例如，外国购买人想要购买本国发行的以本国货币为计价单位的政府公债及公司股票时，首先需要将外国货币兑换成本国货币，再用本国货币去购买有价证券。可见，买卖外币有价证券的过程实际上包含了两种交易：第一种交易把一国货币换成另一国货币；第二种交易是把货币换成有价证券。前一种交易属于外汇交易，而后一种交易则属于证券市场的交易范畴，不能将其归为外汇交易。

（二）外汇市场的参与者

在外汇市场上，外汇的交易者主要有以下几类：

1. 外汇银行。外汇银行是指由各所在国中央银行或货币当局指定或授权经营外汇业务的银行，主要包括专营或兼营外汇业务的本国银行和开设在本国的外国商业银行分支结构。外汇银行是外汇市场的主体，是外汇市场上最重要的参与者，其外汇业务，一是受顾客委托从事外汇买卖，从而获取代理佣金；二是以自己的账户直接进行外汇交易，以调整自己的外汇头寸，目的是减少由于头寸暴露带来的风险以及获得买卖外汇的差价收入。外汇银行是外汇汇集的中心，集中了外汇的供给与需求，外汇银行所进行的外汇交易额占外汇交易总量的绝大部分，因此，以外汇银行为主体的外汇供求已成为决定外汇市场汇率的主要力量。

2. 外汇经纪人。外汇经纪人是指中介于外汇银行之间、外汇银行与顾客之间，为买卖双方接洽外汇交易而收取佣金的中间商，它可以是经纪人公司或者个人。外汇经纪人并不以自有资金在外汇市场上买卖外汇，而是利用各种通信工具，与各外汇银行、进出口商等保持密切联系，掌握外汇市场的供求信息，对外汇的买卖双方达成交易起媒介作用。

3. 顾客。外汇银行的顾客是指与外汇银行有外汇交易关系的公司或个人，包括经营进出口业务的国际贸易商、到国外投融资的跨国公司以及居民个人等。

4. 中央银行。中央银行是一国行使金融管理职能的专门机构，它也是外汇市场的重要参与者。各国中央银行持有相当数量的外汇余额作为国际储备的重要构成部分，当中央银行认为目前市场汇率有害于国内经济和国际收支平衡时，就会通过参与外汇市场的交易来干预外汇市场，把汇率稳定在目标水平上。其主要手段是进行公开市场操作，即在外汇市场上大量买进或抛出本国货币或外币。例如，当市场上对本国货币需求过度，形成本国货币对外币汇率过度升值的压力时，中央银行可能就会抛出本国货币，买入外币，形成对外汇的需求，以使汇率趋于稳定。

以上四类外汇市场的参与者形成了外汇市场的五大交易或供求关系：一是外汇银行与外汇经纪人或顾客之间的外汇交易；二是同一外汇市场的外汇银行之间的外汇交易；三是不同外汇市场的各外汇银行之间的外汇交易；四是中央银行与各外汇银行之间的外汇交易；五是各中央银行之间的外汇交易。

（三）外汇市场组织形式

各个国家的外汇市场，由于各自长期的金融传统和商业习惯，其外汇交易方式不尽相同。外汇市场的组织形式基本上可分为两种：一种是柜台市场形式，另一种是交易所形式。

柜台市场形式无一定的开盘收盘时间，无具体场所，交易双方不必面对面地交易，只靠电传、电报、电话等通信设备相互接触和联系，最后达成交易。这种交易方式的参加者必须对市场充分了解，并以正式或其他某种形式获得认可。英国、美国、加拿大、瑞士等国的外汇市场均采取这种柜台市场的组织方式，因此这种方式又称为英美体制。

交易所形式有固定的交易场所，如德国、法国、荷兰、意大利等国的外汇交易所，这些外汇交易所有固定的营业日和开盘收盘时间，外汇交易的参与者于每个营业日规定的营业时间集中在交易所进行交易。由于欧洲大陆各国多采用这种方式组织外汇市场，故又称这种方式为大陆体制。

柜台交易形式是外汇市场的主要组织形式，这不仅是因为世界上最大的两个外汇市场——伦敦外汇市场和纽约外汇市场——是用这种方式组织运行的，还因为外汇交易本身具有国际性。由于外汇交易的参加者多来自各个不同的国家，交易范围广泛，交易方式也日渐复杂，参加交易所交易的成本显然高于通过现代化通信设备进行柜台交易的成本。因此，即使是欧洲大陆各国，其大部分当地的外汇交易和全部国际性交易也都是用柜台方式进行的，而交易所市场通常只办理一小部分当地的现货交易。

四、外汇市场的划分

可以将外汇市场按照不同的标准划分为不同的类型：按其组织方式的不同，可分为柜台交易市场和交易所市场；按参加者的不同，可分为外汇零售市场和外汇批发市场；按政府对市场交易的干预程度不同，可分为官方外汇市场和自由外汇市场。

（一）柜台市场与交易所市场

前面在"外汇市场组织形式"中已经对柜台交易市场和交易所交易市场做了介绍，这里从略。

（二）零售市场与批发市场

外汇零售市场是由于外汇银行与个人和公司客户之间的交易构成的外汇市场。个人与银行间的外汇交易，多是为了应急支出或保值，每笔交易数额不一定很大，但交易频繁，因而总量也较为可观，是零售外汇市场的重要部分。公司与银行的外汇交易则主要是由国际贸易活动及投资活动产生的，这类外汇交易是经常的、大量的，构成零售外汇市场的主要部分。

外汇批发市场则是指外汇银行同业间的买卖外汇活动，其成交数额巨大。银行间的外汇交易多是为了调整自身的外汇头寸，以减少和防止由汇率变动所产生的风险。银行每天与客户进行外汇交易，最后总要形成一定的头寸短缺或者盈余，因此需要拆入或者拆出外汇。而无论是拆入还是拆出外汇，都要受到市场汇率和利率的直接影响。

（三）官方市场与自由市场

官方外汇市场是指受所在国政府控制，按照中央银行或外汇管理机构规定的官方汇率进行交易的外汇市场，相对于自由的、无政府直接干预的外汇市场而言，官方外汇市场主要有以下几个特点：一是对外汇市场交易的参与者有资格限制，即对市场准入的管制。一般只允许持有政府许可证的银行和其他金融机构进入该市场参加外汇交易，其他机构和个人，只能委托这些有许可证的金融机构间接参与外汇市场的交易。二是对外汇市场交易对象的限制，即对市场交易的货币品种进行限制。一般只允许进入市场的金融机构交易由货币当局指定的外币品种，而不能进行所有外币的交易。三是对市场的汇率进行控制和干预，不允许超出范围的波动。四是对外汇的用途有一定的限制。一般只允许进行与国际贸易活动相联系的外汇买卖交易，如国家批准的进口用途及出口后必须进行的结售汇等。五是对每笔外汇交易的金额有一定的限制。一般只批准一个额度，或者固定一个最高限额，超过限额将遭到拒绝或者处罚。

与官方外汇市场相对应的自由外汇市场，是指不受所在国家政府控制，汇率由外汇市场供求自由决定的外汇市场。与官方外汇市场相比，在自由外汇市场条件下，参加者、交易对象、交易额度、交易价格以及交易目的等，都没有限制，可以最大限度地由市场供求双方决定。一般来讲，所有的银行和金融机构都可以在外汇市场上从事外汇交易，汇率可以在较大幅度内波动，只有在有害于国内国际经济时，各国中央银行才会联合进行干预。目前，伦敦拥有世界上最大的自由外汇市场，纽约、东京、苏黎世、法兰克福、香港、新加坡等，也都形成了比较发达的自由外汇市场。

在1973年固定汇率制崩溃以前，官方外汇市场一直处于主导地位，是国家外汇市场的主体。1973年以来，西方国家普遍采取了自由浮动的汇率制度，官方外汇市场便逐步让位于自由外汇市场。但目前在很多发展中国家，官方外汇市场仍占据主导地位。在官方外汇市场之外，存在着禁而不止的外汇黑市，即地下市场。外汇黑市一般是伴随着官方市场而存在的，是为逃避外汇管制所形成的市场。

五、外汇市场的功能

（一）实现购买力的国际转移

国际贸易和国际资金融通至少涉及两种货币，而不同的货币对不同的国家形成购买力，这就要求将本国货币兑换成外币来清理债权债务关系，使购买行为得以实现。而这种兑换就是在外汇市场上进行的。外汇市场所提供的就是这种购买力转移交易得以顺利进行的经济机制，它的存在使各种潜在的外汇售出者和外汇购买者的意愿能联系起来。当外汇市场汇率变动使外汇供应量正好等于外汇需求量时，所有潜在的出售和购买愿望都得到了满足，外汇市场处于平衡状态之中。这样，外汇市场提供了一种购买力国际转移机制。同时，由于发达的通信工具已将外汇市场在世界范围内连成一个整体，使得货币兑换和资金汇付能够在极短时间内完成，购买力的这种转移变得迅速和方便。

（二）提供资金融通

外汇市场向国际间的交易者提供了资金融通的便利。外汇的存贷款业务集中了各国的社会闲置资金，从而能够调剂余缺，加快资本周转。外汇市场为国际贸易的顺利提供了保证，当进口商没有足够的现款提货时，出口商可以向进口商开出汇票，允许延期付款，同时以贴现票据的方式将汇票出售，拿回货款。外汇市场便利的资金融通功能也促进了国际借贷和国际投资活动的顺利进行。美国发行的国库券和政府债券中很大部分是由外国官方机构和企业购买并持有的，这种证券投资在脱离外汇市场的情况下是不可想象的。

（三）提供外汇保值和投机的机制

在以外汇计价成交的国际经济交易中，交易双方都面临着外汇风险。由于市场参与者对外汇风险的判断和偏好的不同，有的参与者宁可花费一定的成本来转移风险，而有的参与者则愿意承担风险以实现预期利润，由此产生了外汇保值和外汇投机两种不同的行为。在金本位和固定汇率制下，外汇汇率基本上是平稳的，因而就不会形成外汇保值和投机的需要及可能。而在浮动汇率下，外汇市场的功能得到了进一步的发展，外汇市场的存在既为套期保值者提供了规避外汇风险的场所，又为投机者提供了承担风险、获取利润的机会。

六、世界主要的外汇市场

世界外汇市场是由各国际金融中心的外汇市场构成的，这是一个庞大的体系。目前世界上约有外汇市场 30 多个，其中最重要的有伦敦、纽约、巴黎、东京、瑞士、新加坡、香港等，它们各具特色并相互联系，形成了全球的统一外汇市场。

（一）伦敦外汇市场

伦敦外汇市场是世界上建立最早、规模最大的国际外汇市场。它所在的时区位于东京和纽约之间，连接着亚洲和北美市场。伦敦外汇市场是一个典型的无形市场。在伦敦外汇市场上，约有 250 多个指定经营商，他们与外币存款经纪人共同组成外汇经纪人与外币存款经纪人协会。在英国实行外汇管制期间，外汇银行间的外汇交易一般都通过外汇经纪人进行。1979 年 10 月英国取消外汇管制后，外汇银行间的外汇交易就不一定通过外汇经纪人了。英国的清算银行、商人银行、其他商业银行、贴现公司和外国银行组成的伦敦外汇银行公会，负责制定参加外汇市场交易的规则和收费标准。

伦敦外汇市场的外汇交易分为即期外汇交易和远期外汇交易。汇率报价采用间接标价法，交易货币种类众多，最多达 80 多种，经常有三四十种，其中规模最大的是英镑对美元的交易，其次是英镑对欧元及日元的交易。由于拥有一批专业素质好的工作人员，同时具有世界最先进的技术设施，该市场的交易处理速度很快，工作效率很高。伦敦外汇市场上外币套汇业务十分活跃，自从欧洲货币市场发展以来，伦敦外汇市场上的外汇买卖与"欧洲货币"的存放有着密切联系。

（二）纽约外汇市场

纽约外汇市场是第二次世界大战后发展起来的国际性外汇市场，是一个完全自由的外汇市场。该市场是一个无形市场，其日交易量仅次于伦敦，交易都可通过纽约地区银行同业清算系统和联邦储备银行支付系统进行。纽约外汇市场于 1970 年建立了银行间清算系统（CHIPS），这一系统将纽约外汇市场上各家银行置于庞大而复杂的电子网络中，对世界上 90% 以上的美元收付进行结算。交易货币主要是欧洲大陆、北美、加拿大、中南美洲、远东日本等国货币。纽约外汇市场的参与者主要是各大商业银行、外国银行的分支机构和外汇经纪商，以商业银行为主，包括 50 余家美国银行和 200 多家外国银行在纽约的分支机构、代理行及代表处。

　　纽约外汇市场上的外汇交易分为三个层次：银行与客户间的外汇交易、本国银行间的外汇交易以及本国银行和外国银行间的外汇交易。其中，银行同业间的外汇买卖大都通过外汇经纪人办理。纽约外汇市场交易活跃，但和进出口贸易相关的外汇交易量较小，相当部分外汇交易和金融期货市场密切相关。

　　（三）东京外汇市场

　　东京外汇市场是 20 世纪 50 年代以来，随着日本政府对外汇管制的逐步放松而发展起来的。东京外汇市场也是一个无形市场，其参加者有五类：一是外汇专业银行，即东京银行；二是外汇指定银行，指可以经营外汇业务的银行，共 340 多家，其中日本国内银行 243 家，外国银行 99 家；三是外汇经纪人 8 家；四是日本银行；五是非银行客户，主要是企业法人、进出口企业商社、人寿财产保险公司、投资信托公司、信托银行等。

　　东京外汇市场上，银行同业间的外汇交易可以通过外汇经纪人进行，也可以直接进行。日本国内的企业、个人进行外汇交易必须通过外汇指定银行进行。汇率有两种，一是挂牌汇率，包括了利率风险、手续费等的汇率。每个营业日上午 10 点左右，各家银行以银行间市场的实际汇率为基准各自挂牌，原则上同一营业日中不更改挂牌汇率。二是市场联动汇率，以银行间市场的实际汇率为基准标价。在东京外汇市场挂牌交易的外汇种类虽然不少，但实际交易主要集中在美元与日元的交易上。据统计，日元与美元的交易额占东京外汇市场总额的 95%，其他外汇交易量很少。东京外汇市场目前是亚洲最大的外汇市场，在世界上排名第三，仅次于伦敦和纽约。

第二节　外汇市场中的汇率

　　汇率是买卖外汇的价格。它是外汇交易要素之一。这一节讨论汇率决定理论、汇率报价方式和汇率种类等内容。

一、汇率及其决定

　　（一）汇率的定义

　　各个国家使用的货币是不同的，当一国的商品或劳务参与国际交换时，就需要把该国的商品和劳务以该国货币表示的价格换算成以外币表示的国际价格，从而产生了换算价格——汇率。汇率又称汇价或外汇行市，定义为每单位的一种货币可以兑换的另一种货币的金额，或者说是一国货币以另一国货币表示的相对价格。

　　（二）汇率的决定基础

　　汇率究竟是由什么决定的？一般认为，各国形状大小不同的货币之所以有比值，是因为它们之间有可比性，各种货币的可比性来自于货币本身具有的价值或能代表的价值。因此，两种货币所具有或代表的价值量之比就是决定汇率的基础。

　　1. 金本位制下决定汇率的基础。金本位制下，金币是各主要国家使用流通的货币，并可以对外进行支付结算。由于币材相同，不同货币之间有了可比较的基础。金币的含金量是固定的，各国的金币虽然形状、大小各不相同，但都可以用含金量体现出它们所具有的价值。因此，不同货币之间的比值是由各自的含金量折算的。也可以说两国货币的价值之比，直接地或简单地就是其含金量之比。不难看出，金币的含金量之比是决定汇率的基础。在金本位制下，两国铸币的含金量之比称为铸币平价，铸币平价是金本位制下决定汇率的基础。

2. 纸币流通条件下汇率的决定基础。理论上，纸币流通条件下决定两国货币汇率的基础应为纸币的含金量对比，即黄金平价。由于纸币本位下通货膨胀不可避免，因此，纸币所代表的价值一般来说表现在纸币的购买力上。按照等价交换的原则，两种货币兑换比率的客观基础，应该是两种货币购买力的对比，也称为购买力平价。它基本上体现了纸币流通中所代表的真实价值的对比。所以，在纸币流通条件下决定汇率的基础是购买力平价。

（三）汇率决定理论

汇率在开放经济运行中居于核心地位，各种宏观变量及微观因素都会通过种种途径引起汇率的变动，而汇率的变动又会对其他经济变量带来重要的影响。关于汇率决定的理论西方有很多，这里主要介绍购买力平价理论、利率平价理论和国际借贷说。

1. 购买力平价理论。购买力平价说是一种历史非常悠久的汇率决定理论，卡塞尔（1922）对其进行了系统阐述。购买力平价的基本思想是：货币的价值在于其具有的购买力，因此不同货币之间的兑换价格取决于它们各自具有的购买力的对比，即货币的对外价值取决于其对内价值。虽然现实的市场汇率可能与购买力平价水平不完全一致，但实际汇率围绕购买力水平波动，并最终趋向于购买力平价水平。各国经济学家在阐述购买力平价理论时，将其分为绝对购买力平价和相对购买力平价。

（1）一价定律。由于购买力平价汇率与各国的价格水平之间具有直接的联系，我们对汇率与价格水平之间关系的分析就从某一商品在不同国家里的价格之间存在的联系开始。考察在一个开放经济里，某商品在不同国家的价格之间的联系。假设该商品在中国价值100元人民币，在美国价值10美元。如果此时 USD1 = CNY8，则该商品在中国的价格高于在美国的价格，这一价格差异意味着存在套利的可能性。在进行套利活动时，除商品的买卖外，还必须进行不同货币间的买卖活动。美国交易者将该商品运至中国卖出后，所得的收入为人民币，它必须在外汇市场上将之兑换成美元。如果我们不考虑套利活动的交易成本，那么套利的存在将使该商品在中国和美国的价格经过汇率换算后是一致的。由此得到了开放经济下的一价定律：以同一货币衡量的不同国家的某种商品的价格应该是一致的。

（2）绝对购买力平价。如果对于任意一种商品一价定律都成立，并且在两国的物价指数的编制中各种商品所占的权重相等，那么这两国由所有商品构成的一般物价水平通过汇率换算以后就应该是相等的。也就是说，绝对购买力平价理论中，汇率取决于各国之间一般物价水平之比，即取决于不同货币对商品的购买力之比。

用 PL 和 PL^* 分别表示本国商品的价格水平与外国商品的价格水平，则本国货币与

外国货币的购买力为其商品价格的倒数，而该国货币的汇率应该等于两国货币的国内购买力之比，故购买力平价可以写为

$$PPP_t = \frac{PL_t}{PL_t^*} \qquad (7.1)$$

式（7.1）表示，在某一时期，当国内价格不变而外国价格水平上涨时，外国货币的国内购买力下降，表现为一单位本国货币可以交换到更多的外国货币，此时外国货币出现贬值；反之亦然。

购买力平价理论认为，按照两国货币在各自国内的购买力确定的汇率水平应该是一种长期均衡汇率，当实际汇率与长期均衡汇率之间出现偏差时，实际汇率将不断调整至长期均衡水平。

（3）相对购买力平价。相对购买力平价是在绝对购买力平价理论的基础上发展起来的。由于交易成本的存在使得一价定律不能完全成立，同时在计算绝对购买力平价时必须要获得两国一般物价水平的数据，而这在实际操作中是比较困难的。在实际运用中，两国物价水平的变动即物价指数或通货膨胀率是比较容易获得的，因此卡塞尔提出了另外一种根据货币购买力确定汇率的方法，即相对购买力平价理论，其基本公式为

$$PPP_t^R = e_0 \left(\frac{p_t}{p_t^*} \right) \qquad (7.2)$$

式中：PPP_t^R 表示相对购买力平价汇率；p_t 和 p_t^* 分别表示 t 时期的国内和国外物价；e_0 表示基期时两国货币的汇率。式（7.2）表明，若基期汇率是已知的话，购买力平价汇率便可以从两国价格指数的变化中计算出来。若本国的相对价格水平上升，则本国货币的购买力下降，这种市场力量会促使汇率回到相对购买力平价的水平。

为了更清楚地看到相对购买力平价的含义，我们将式（7.2）写成对数形式，并取差分（变动率），即得到以下关系式：

$$\Delta e = \Delta p - \Delta p^* \qquad (7.3)$$

此为相对购买力平价的一般形式，式中的变量均为对数形式。相对购买力平价意味着汇率的升值与贬值是由两国的通货膨胀率的差异决定的，如果本国通货膨胀率超过外国，本币将贬值。与绝对购买力平价相比，相对购买力平价更具有应用价值。

购买力平价理论是最有影响力的汇率理论，它从货币的基本功能角度分析货币的交换问题，符合逻辑，易于理解，表达形式最为简单，对汇率决定这样一个复杂问题给出了一个最简洁的描述。购买力平价被普遍作为汇率的长期均衡标准而被应用于其他汇率理论的分析。但是购买力平价并不是一个完整的汇率决定理论。它对因果关系的解释并不清楚，例如究竟是相对价格水平决定了汇率，还是汇率决定了相对价格水平，或者两者同时被其他外生变量所决定的。此外，它的缺陷还表现在忽略了国际资本流动的存在及其对汇率的影响，因此不能解释汇率的短期行为，尤其是在目前存在巨额的国际资本流动的今天。此外，购买力平价理论忽视了非贸易品的存在、贸易成本和贸易壁垒所产生的制约。非贸易品的主要特性就是其价格不可能像贸易品价格那样通过国际贸易在各国趋于一致。

2. 利率平价理论。购买力平价理论揭示的是汇率与物价之间的密切关系，而利率平价理论则说明了汇率与利率之间的关系。汇率与物价之间的关系通过国家之间商品的套利来实现，反映了国际贸易对于汇率决定的作用；而汇率与利率的关系则通过国际资金套利来实现，反映的是国际资本流动对汇率决定的作用。它揭示了即期汇率、远期汇率、利率、国际资本流动之间的相互影响。随着外汇市场投机行为的日趋活跃，非抛补利率平价理论被提出来，用以说明汇率预期、即期汇率、利率、国际资本流动之间的关系。到了 20 世纪 70 年代，随着浮动汇率制的实施，利率平价理论又被进一步用于分析汇率行为。

（1）抛补利率平价（covered interest - rate parity，CIP）。我们用一个例子说明问题。假设资金在国际间移动不存在任何限制与交易成本，即没有资本管制，本国投资者可以选择在本国或外国金融市场投资 1 年期存款，利率分别为 i 和 i^*，即期汇率为 e（直接标价法），则投资于本国金融市场，每单位本国货币到期本利和为

$$1 + (1 \times i) = 1 + i$$

投资于外国金融市场，每单位本国货币到期时的本利和为（以外币表示）

$$\frac{1}{e} + \left(\frac{1}{e} \times i^*\right) = \frac{1}{e}(1 + i^*)$$

假定 1 年期满时的汇率为 e_f，是不确定的，这种投资方式的最终收益很难确定，具有较大的汇率风险。为了消除不确定性，投资者可以购买 1 年期远期合约，假设远期汇率为 f，则 1 年后投资于国外的本利和为 $\frac{f}{e}(1 + i^*)$。

显然，投资者选择哪种方式投资，取决于二者的收益率大小。如果 $1 + i < \frac{f}{e}(1 + i^*)$，则众多投资者将资金投入外国金融市场，导致外汇市场上即期购买外币、远期卖出外币，从而本币即期汇率贬值（e 增大），远期汇率升值（f 减小），投资于外国的收益率下降。反之，如果是本币收益大于外币收益，则本币即期汇率升值，远期汇率贬值。只有当这两种投资方式的收益率完全相同时（这也是套利后的结果），市场处于平衡，利率和汇率间才形成下列关系：

$$1 + i = \frac{f}{e}(1 + i^*)$$

整理得到：

$$\frac{f}{e} = \frac{1 + i}{1 + i^*}$$

假设即期汇率和远期汇率之间的升贴水率为 ρ，即 $\rho = (f - e)/e$，则

$$\rho = \frac{f - e}{e} = \frac{1 + i - (1 + i^*)}{1 + i^*} = \frac{i - i^*}{1 + i^*}$$

即 $\rho + \rho i^* = i - i^*$。由于 ρ 及 i^* 都是很小的数值，所以它们的乘积可以忽略不计，得到

$$\rho = i - i^*$$

这就是抛补利率平价的一般形式。它的经济含义是：汇率的远期升贴水率等于两国

货币的利率差。如果本国利率高于外国利率，本币在远期贬值；本国利率低于外国利率，本币在远期将升值。即远期差价是由各国利率差异决定的，并且高利率货币在外汇市场上表现为贴水，低利率货币在外汇市场上表现为升水。也就是说，汇率的变动会抵消两国间的利率差异，从而使金融市场处于平衡状态。

抛补利率平价理论最初提出时，主要用来说明远期差价的决定。其中假定了各国利率是既定的，不受套利活动的影响。受套利活动影响的只是远期汇率、即期汇率及相应的远期差价，强调的是利率对汇率的单向作用。后来人们意识到套利性资金活动不仅会影响汇率，也会改变各国利率，正是这类资金流动使得各国的利率水平趋于一致。

抛补利率平价理论说明的不仅仅是远期差价的决定，也揭示了通过套利性资金活动，各国利率、远期汇率、即期汇率之间的相互影响。如果某国利率出现上升（下降），导致远期升贴水率与国内外利差不相等时，套利性资金流动就会出现。该国资产收益率因利率变动而出现相应的上升（下降），这将导致资金通过抛补套利的形式流入（流出）该国，由此带来该国货币的即期汇率上升（下降）、远期汇率下降（上升）以及相应的远期贴水（升水）。同样地，如果某国货币的即期或远期汇率发生变动，致使远期升贴水率与利率平价发生偏离，套利活动也会产生，通过套利性的资金流动，国内外利率会发生变化，使变化后的利差与远期升贴水率保持相等，其具体操作在下一节外汇交易中的套利部分还要讲到。

抛补利率平价理论具有很高的实践价值。根据对市场交易者的实际调查，抛补利率平价理论被作为指导公式广泛运用于实际交易，在外汇市场中，做市商基本上是根据各国间的利率差异来确定远期汇率的升贴水额。在实证检验中，除了外汇市场激烈动荡时期，抛补利率平价理论基本能较好成立。但这一理论也存在一些缺陷，主要表现在：第一，抛补利率平价没有考虑交易成本，然而交易成本是影响套利收益的一个重要因素。以资金流出为例，与抛补套利有关的交易成本有四类：国内筹资的交易成本；购买即期外汇的交易成本；购买外国证券的交易成本；出售远期外汇的交易成本。第二，抛补利率平价假定不存在资本流动障碍，资金在国际间具有高度的流动性。但事实上，在国际资本流动高度发展的今天，也只有少数发达国家才存在完善的远期外汇市场，资金流动基本不受政府的管制。因此，抛补利率平价并非时时处处都能存在。

（2）非抛补利率平价（uncovered interest – rate parity，UIP）。假定投资者风险中立，其投资策略是根据自己对未来汇率变动的预期而计算预期收益，在承担一定的汇率风险情况下进行投资活动。如果预期1年后的汇率为Ee_f，则套利活动的结果为下式成立：

$$1 + i = \frac{Ee_f}{e}(1 + i^*)$$

假定E_ρ表示预期的远期汇率变动率，对之进行上述类似的整理，得到：

$$E_\rho = i - i^*$$

上式即非抛补利率平价的一般形式，它的经济含义是：预期的汇率远期变动率等于两国货币利率之差。在非抛补利率平价成立时，如果本国利率高于外国利率，则意味着市场预期本币在远期将贬值；如果本国政府提高利率，则当市场预期未来的即期汇率不变时，本币的即期汇率将升值。

非抛补利率平价理论对于我们理解当前汇率、汇率预期、国内外利率、资本流动之间的关系无疑具有重要的意义，但它同样存在着抛补利率平价所具备的缺陷。与抛补利率平价相比，非抛补利率平价理论还有一个严格的假设：非抛补套利者为风险中立者。与抛补套利赚取的风险收益不同，投资者在进行非抛补套利时承担着汇率风险，如果未来即期汇率与原来的预测发生差异，投资者将承受额外的汇兑损益。如果投资者为风险中立者，对此额外的风险持无所谓的态度，非抛补利率平价自然容易成立。但是现实中投资者往往为风险厌恶者，他们对于承受这一额外风险，要求在持有外币资产时有一个额外的收益补偿，即风险补贴（risk premium）。这一风险补贴的存在将会导致非抛补利率平价的不成立。

非抛补利率平价理论的实证检验也不多见，这是因为预期的汇率变动率是一个心理变量，很难获得可信的数据进行分析，并且实际意义也不大。在经济分析中，对非抛补利率平价的实证研究一般是与对远期外汇市场的分析相联系的。

3. 国际借贷说。国际借贷说是由英国经济学家葛逊在 1861 年的《外汇理论》一书中系统提出的。葛逊认为，汇率作为外汇的价格，决定于外汇市场上的供给和需求的流量，而外汇的供求流量又来源于国际收支。因此，一国国际收支赤字意味着在外汇市场上外汇供不应求，本币供过于求，将导致外汇汇率上升，本币贬值；反之，一国国际收支盈余意味着外汇市场上的外汇供过于求，本币供不应求，使得汇率趋于下降，本币升值。

葛逊的国际借贷说实际上就是汇率的供求决定论，它以金本位为背景，在当时货币币值稳定的情况下，认为汇率主要是由外汇供求关系决定，是符合实际情况的。因此，在第一次世界大战以前，该理论颇为流行，该学说解释国际收支影响汇率的变动，对当前分析汇率变动的原因，也有一定的现实意义。但是，国际借贷说主要考虑的是贸易收支，不能适应国际资本流动迅速发展、国际收支中资本与金融账户越来越重要的现实情况。在对国际借贷说进行修正和改进的基础上，形成了现代的国际收支说。国际收支说假定汇率完全自由浮动，政府不对外汇市场进行干预，汇率是外汇市场上的价格，它通过自身变动来实现外汇市场供求平衡，从而使国际收支始终处于平衡状态。国际收支包括经常账户和资本账户，如果将经常账户简单视为贸易账户，则它主要是由商品与劳务的进出口决定的，而进出口又与一国收入、价格密切相关；而资本与金融账户收支则取决于本国利率和外国利率以及对未来汇率水平变化的预期。汇率将在这些因素的共同作用下变化至某一水平，以平衡国际收支。因此均衡汇率为本外国收入水平、本外国物价水平、本外国利率水平、预期汇率变动的某一函数。这些变量变化时也会导致汇率水平发生变化：

（1）国民收入变动。在其他条件不变时（下同），本国国民收入的增加会通过边际进口倾向而带来进口的上升，这导致对外汇需求的增加，本币贬值；外国国民收入的增加将带来本国出口的上升，本币升值。

（2）价格水平的变动。本国价格水平的上升将带来实际汇率的升值，本国产品竞争力下降，经常账户恶化，从而本币贬值；外国价格水平的上升将带来实际汇率的贬值，本国经常账户改善，本币升值。

（3）利率的变动。本国利率的提高将吸引更多的资本流入，本币升值；外国利率的提高将造成本币贬值。

（4）对未来汇率预期的变动。如果预期本币在未来将贬值，资本将会流出以避免汇率损失，这将带来本币即期的贬值；如果预期本币在未来将升值，则本币币值在即期就升值。

国际收支是重要的宏观经济变量，国际借贷说指出了汇率和国际收支间存在的密切关系，它认为正是国际收支引起的外汇供求流量决定了汇率水平及其变动。

（四）影响金融市场汇价变动的因素

根据20世纪70年代以来在浮动汇率条件下汇率变动的实际情况，影响汇率变动的因素主要有以下几个方面：

1. 影响汇价波动的长期因素。

（1）国际收支。国际收支状况是影响汇率变化的一个直接也是最主要的因素。当一国国际收支顺差时，该国货币有升值趋势；当一国国际收支逆差时，该国货币趋于贬值。在国际收支中，又以贸易收支和经常账户对汇率的影响更为明显。国际收支状况对于汇率不一定会有影响。短期的、临时性的、小规模的国际收支差额，可以轻易地被国际资金流动、相对利率和通货膨胀率、政府在外汇市场上的干预和其他因素抵消掉。但是，长期的巨额的国际收支逆差，一般会导致本国货币贬值。在国际收支中，近年来投机性的国际短期资本流动对市场汇率的影响引起了国际社会的高度关注，其中以"对冲基金"的投机炒作最为引人注目。它们在投机炒作中不仅对软币发起攻击，成对硬币发起攻击，成为在极短时间内扰动有关国家的国际收支，引起外汇市场上供求关系发生剧烈变化，从而导致市场汇率急剧变动的重要因素。

（2）经济增长。国内外经济增长率差异对汇率变动的作用是多方面的。就其对商品、劳务的进出口而言，一方面，当一国经济增长率较高时，意味着收入增加，从而进口需求增加；另一方面，高的经济增长率往往伴随着劳动生产率的提高，这会使生产成本降低，从而使本国产品的竞争能力增强，有利于出口。净影响要看两方面作用的力量对比。经济增长率的差异也会对资本流动产生影响，一国经济增长率增高时，在国内对资本的需求较大，国外投资者也愿意将资本投入这一有利可图的经济中，于是资金流入。总的来说，长期高的经济增长率会对本国币值起到有力的支持作用，并且这种影响的持续时间也较长。

（3）通货膨胀率对比。通货膨胀率意味着该国货币代表的价值量下降，发生货币对内贬值。在其他条件不变的情况下，货币对内贬值必然引起对外贬值。国内外通货膨胀率的差异是决定汇率长期趋势的主要因素。这里需要说明的是，通货膨胀率的差异对汇率的影响不是直接明显地表现出来的，而是通过间接渠道长期发挥作用的。具体来看，高通货膨胀率会削弱本国商品在国际市场的竞争能力，引起出口减少，同时提高外国商品在本国市场上的竞争能力，引起进口增加。另外，通货膨胀率的差异还会影响人们对汇率的预期，从而作用于资本账户。如果一国通货膨胀率较高，人们就会预期该国货币的汇率将趋于疲软，由此进行货币替代（currency substitution），即把手中持有的该国货币转化为其他货币，造成该国货币在外汇市场上的现实下跌。

2. 影响汇价波动的短期因素。

（1）利率水平。作为资本的价格，利率的高低直接影响金融资产的供求。如果一国的利率水平相对于他国提高，资金的收益上升就会刺激国外资金流入增加，同时，使用本国资金的成本上升，本国资金流出减少，外汇市场上本币供应相对减少，由此改善资本账户，提高本国货币的汇率；反之，如果一国的利率水平相对于他国水平下降，则会恶化资本账户，造成本币汇率下跌。此外，由利率引起的资本流动必须考虑到未来汇率的变动，只有当利率的变动抵消了汇率在未来的不利变动之后金融资产所有者仍有利可图时，资本的国际流动才会发生。现在，国际资本流动规模大大超过国际贸易额，因为利率对汇率变动的作用显得更重要了。

（2）心理预期。预期因素是影响国际资本流动的一个重要因素。随着国际资本流动的规模日益庞大，预期因素对汇率的影响越来越大。预期变化受到政治和经济因素的影响，如果市场上预测某国通货膨胀率比别国提高，实际利率将比别国降低或者经常项目将发生逆差等不利因素时，该国的货币就会在市场上大量被抛售，其汇率就会下跌；反之其汇率就会上涨。人们对某种货币的预期心理往往会引起市场投机活动，从而加剧市场汇率波动。

（3）政府政策和中央银行干预。各国货币当局为了保持汇率稳定，或为操纵汇率的变动以服务于某种经济政策目的时，都会对外汇市场进行干预，如在外汇市场买进或卖出外汇，或发表影响外汇心理预期的声明等。这些行动虽无法在根本上改变汇率的长期走势，但是对汇率的短期走势会产生一定的影响。20世纪80年代以来，西方各国货币当局对外汇市场的联合干预已经成为影响汇率的一个不可忽视的因素。

【专栏7-1】

国际金融市场的热钱流动

热钱也称流资（hot money，refugee capital），是指为追求最高报酬以最低风险在国际金融市场上迅速流动的短期投机性资金。这些资金流动速度极快，一旦投资者（通常是机构投资者）寻求到短线投资机会，热钱就会涌入，而投资者一旦获得预期盈利或者发现投资机会已经过去，这些资本又会迅速流走。热钱的形成是由于金融市场的全球化和国际性投资基金快速扩张等原因。目前，大家所理解的热钱大致定义为：外汇储备增量扣除贸易顺差与外商直接投资之外，剩下无法解释的部分。

大量热钱的蜂拥而入会对当地市场的汇率、利率产生很大的影响。

第一，热钱进来对经济造成推波助澜的虚假繁荣。从中国目前的情况看，热钱在赌人民币升值预期的同时，乘机在其他市场如房地产市场、债券市场、股票市场不断寻找套利机会。最明显的莫过于房地产市场。最近两年多来，我国房地产价格直线上升，全国房地产价格涨幅在12%以上，远远超过消费物价指数，尤其在北京、上海、杭州、南京等一些大城市，房地产每年价格上涨20%以上，甚至达到50%。

第二，热钱大量进入，加大外汇占款规模，影响货币政策正常操作，扰乱金融体系的正常运行，加剧国内通货膨胀的压力。

第三，热钱流入，人为加大了人民币对外升值的压力。我国现行的汇率体系，以及美元持续贬值，吸引了热钱流入中国。因此，只要人民币升值预期不变，随着流入热钱的增多，人民币升值的压力就越大。

第四，热钱的流出使经济剧烈波动，如果热钱大规模迅速流出，会使一些投机气氛较大的市场价格大幅波动，如房地产价格迅速回落、债券价格以及股票市场大幅震荡等。长期以来，发展中国家由于国内资金短缺，往往希望外汇流入。泰国在1997年前奉行高利率政策，大量热钱涌入泰国，泰铢贬值后，热钱迅速逃逸，使泰国的经济崩溃。

二、汇率的报价方式

汇率是外汇市场上以一种货币表示的另一种货币的交易价格。在外汇市场以外的其他商品市场上，商品和金融工具的标价方式是简单明确的。例如，当用美元购买大豆和股票时，只能说每公斤小麦的价格是多少，或每只股票的价格是多少。但是在外汇市场上，标价方式要复杂得多。当用美元购买日元时，可以说1美元的价格是多少日元，也可以说一个单位日元的价格是多少美元，甚至可以说美元、日元的价格都是多少法国法郎。不同国家的外汇市场根据本国的外汇交易惯例，可能采取不同的标价方法，常见的汇率标价方法有直接标价法、间接标价法和美元标价法。

（一）直接标价法（direct quotation）

该标价法是以一定单位（1、100、10 000个单位）的外币为标准，折算为一定数额的本国货币来表示两种货币的汇率。如中国银行人民币牌价US＄100 = ￥780.26，表明每100美元的价格为人民币780.26元，这一方法就是直接标价法。这种标价法的特点是：外国货币的数额固定不变，其折合成本国货币的数额随本币与外币的相对价值变化而变动。因此，在直接标价法下，外币币值的上升（升值）或下跌（贬值）和汇率值增加或减少的方向是一致的，而本币币值上升（升值）或下跌（贬值）和汇率值增加或减少的方向则是相反的。

目前，除英镑、欧元、美元等货币外，世界上绝大多数国家的货币都采用直接标价法。

（二）间接标价法（indirect quotation）

该标价法是以一定单位的本国货币为标准，折算为一定数额的外国货币来表示两种货币的汇率。如美国纽约外汇市场US＄1 = JP￥108.2500，美元为本币，日元为外币，即为间接标价法。间接标价法的特点是：本币的数额固定不变，其折合成外币的数额随本币与外币相对价值的变化而变动。目前世界上使用间接标价法的国家和地区主要有英国、美国、新西兰、加拿大、澳大利亚、爱尔兰和欧元区等。值得说明的是，间接标价法下汇率涨跌与直接标价法下汇率涨跌的含义正好相反，因此，在引用某种货币的汇率，说明其汇率涨跌时，必须明确来源于哪个外汇市场，即采用哪种标价方法，以免混淆。

（三）美元标价法（US dollar quotation）

该标价法是以一定单位的美元为标准来计算能兑换成其他货币的数额。在这种标价法下，美元的单位始终不变，美元与其他货币的比值是通过其他货币的量的变化来表现的。美元标价法的出现主要是因为第二次世界大战后，尤其是离岸金融市场兴起以来，国际金融市场上的外汇交易量迅速增长，而美元在国际经济交往中居于主导地位，为便于在国际间进行外汇交易，银行间的报价都以美元为标准来表示各国货币的价格，至今已成为习惯性的做法。目前，世界各金融中心的国际银行所公布的外汇牌价，都是美元对其他主要货币的汇率。非美元之间的汇率则通过各国对美元的汇率套算，作为报价的基础。

上述三种汇率的标价方法仅仅是形式不同。如果没有特别说明，本书提到的汇率都是使用直接标价法，即汇率值的上升表示本币贬值。

为了简化报价程序，国际外汇市场上使用一些 ISO 标准代码来表示各国的货币。表7-1列出了几种常用货币的代码。

表7-1　　　　几种常用货币的国际代码

国家或地区	货币	符号	ISO 标准代码
中国	人民币元	RMB ¥	CNY
中国香港	港元	HK $	HKD
美国	美元	$	USD
日本	日元	¥	JPY
欧元区	欧元	€	EUR
英国	英镑	£	GBP
瑞士	瑞士法郎	SF	CHF
加拿大	加拿大元	CAN $	CAN
新加坡	新加坡元	S $	SGD
瑞典	瑞典克朗	SKr	SEK
澳大利亚	澳大利亚元	A $	AUD
法国	法国法郎	FF	FRF

三、汇率的种类

汇率按不同标志可以划分为不同种类。通常按制定汇率的基准不同，汇率划分为基本汇率与套算汇率；按营业时间不同，汇率划分为开盘汇率和收盘汇率；按银行买卖外汇的角度不同，汇率可以分为买入汇率、卖出汇率和中间汇率；按交易对象不同，汇率划分为银行同业汇率和商业汇率；按外汇交易的交割日不同，汇率可分为现汇汇率和期汇汇率。

（一）基本汇率与套算汇率

按制定汇率的基准不同，汇率可分为基本汇率与套算汇率。

1. 基本汇率。外国货币的种类很多，如果制定本国货币与每一种外国货币之间的汇率，既不方便也没必要。因此，选择一种与本国对外往来关系最为密切的货币作为关键货币，并制定和报出汇率，这就是基本汇率。通常关键货币应该是可自由兑换的，并且是在该国国际收支中使用最多、在该国外汇储备中比重最大的货币。大多数国家都把美元当做关键货币，把本币与美元之间的汇率作为基本汇率。我国的情况也是如此。

2. 套算汇率。套算汇率又称交叉汇率，是指各国在制定出基本汇率后，再参考主要外汇市场的行情，推算出的本国货币与非关键货币之间的汇率。例如，我国某日制定的人民币与美元的基本汇率是 USD1 = CNY8.0856，假设当时伦敦外汇市场英镑兑美元汇率为 GBP1 = USD1.7417，这样，就可以套算出人民币与英镑之间的汇率为：

$$GBP1 = CNY（1.7417 \times 8.0856）= CNY14.0827$$

由于西方外汇银行报价时采用美元标价法，为了换算出各种货币间的汇率，必须通过各种货币对美元的汇率进行套算。例如，某外汇银行的外汇报价为 USD1 = CAN1.1741，USD1 = CHF1.3150，据此可以套算出加拿大元和瑞士法郎之间的汇率是：

$$CAN1 = CHF（1.3150 - 1.1741）= CHF1.1200$$

可见，设有 A、B、C 三种货币，则通过关键货币 C 套算 A、B 两种货币之间的汇率，其公式为

$$\frac{A \text{国货币对} C \text{国货币的汇率}}{B \text{国货币对} C \text{国货币的汇率}} = A \text{国货币对} B \text{国货币的汇率}$$

（二）开盘汇率和收盘汇率

在交易过程中，银行于营业日开始时挂出的汇率称为开盘汇率；银行于营业日终了时挂出的汇率称为收盘汇率。

（三）买入汇率、卖出汇率和中间汇率

从银行买卖外汇的角度，汇率可以分为买入汇率、卖出汇率和中间汇率。

外汇银行低价买入外汇，同时高价卖出外汇。外汇银行从同业或客户买入外汇时使用的汇率称为买入汇率（buying rate），也称为买入价（bid rate）；银行向同业或客户卖出外汇时使用的汇率称为卖出汇率（selling rate）或卖出价（offer rate）。买入价和卖出价之间的差价就是外汇银行的收益。

外汇银行所报的两个汇率中，前一个数值较小，后一个数值较大。在直接标价法下，较小的数值为银行买入外汇的汇率，较大的数值为银行卖出外汇的汇率；而在间接标价法下，较小的数值为银行卖出外汇的汇率，较大的数值为银行买入外汇的汇率。例如，某日东京外汇市场和伦敦外汇市场的报价如下：

东京　　　　　　　USD1 = JPY120.54 - 120.68
（直接标价法）　　银行买入美元价　银行卖出美元价
伦敦　　　　　　　GBP1 = USD1.4405 - 1.4420
（间接标价法）　　银行卖出美元价　银行买入美元价

中间汇率（middle rate），是指银行买入价和卖出价的算术平均数，它主要用于新闻报道和经济分析。

在存在买入价和卖出价的时候，计算套算汇率就要复杂一些。此时要区分两种情况：当两种汇率的标价方法相同时，要将左右相应数字交叉相除；当两种汇率标价方法不同时，要将左右两边的数字同向相乘。即标价方法相同，交叉相除；标价方法不同，同向相乘。

【例1】USD1 = CNY8.0694 - 8.1002，GBP1 = USD1.7410 - 1.7424。计算 GBP1 = CNY？

由于两种汇率的标价方法不同，所以两边同向相乘，得到：

　GBP1 = CNY（8.0694×1.7410 - 8.1002×1.7424）= CNY14.0488 - 14.1138

【例2】USD1 = CNY8.0694 - 8.1002，USD1 = HKD7.7553 - 7.7558。计算 HKD1 = CNY？

由于两种汇率的标价方法不同，所以两边交叉相除，得到：

　HKD1 = CNY（8.0694/7.7558 - 8.1002/7.7553）= CNY1.0404 - 1.0445

以上汇率是指现汇汇率。外汇银行除了对外报出以上汇价之外，还对外报出现钞买入价。现钞汇率是指外汇银行买卖外国钞票的价格。由于外国钞票既不能在本国流通，也不能直接对外支付，银行买入外国钞票后，必须将其运送到发行国转换为存款才能支付使用，这样既花费一定运费和保险费，又要损失在运送途中的利息。因此，银行的现钞买入价要比现汇买入价要低。

（四）银行同业汇率和商业汇率

银行同业之间买卖外汇的汇率，称为银行同业汇率（interbank rate）。在西方国家的外汇市场上，外汇牌价一般是指银行同业汇率。由于银行同业外汇市场是一个批发市场，因此银行同业汇率的价差比较小。

银行向客户买入或者卖出外汇的汇率称为商业汇率。商业汇率是在银行同业汇率的基础上形成的，银行对客户卖出外汇时，要在同业卖出汇率上适当加价；在买入客户外汇时，要在同业买入汇率上适当减价。因此，商业汇率的买卖价差要比银行同业汇率的买卖价差大。其实银行同业汇率和商业汇率也就是外汇批发市场和零售市场所形成的汇率，所以批发市场的价格比零售市场的价格要更优惠一些。

（五）现汇汇率和期汇汇率

按外汇交易的交割日不同，汇率可分为现汇汇率和期汇汇率。所谓交割，就是指买卖双方履行交易契约，进行钱货两清的授受行为。同其他交易一样，交割日期不同，则买卖价格也不同。

1. 现汇汇率（spot exchange rate）。现汇汇率也叫即期汇率，是指在外汇现货市场上形成的汇率。它是买卖双方成交后，在两个营业日内办理交割所使用的汇率。除非特别说明，我们一般所说的汇率都是指即期汇率。即期汇率的报价方式比较简单，就是同时报出买入价和卖出价，例如，某银行某时刻的即期汇率报价为：USD1 = JPY118.23 – 118.63，EUR1 = CAN1.3828 – 1.3914。

由于银行办理外汇现汇交易的方式、手段不同，造成买汇成本、收汇时间、汇兑风险上的巨大差别。根据银行的这些不同汇兑方式，可以将现汇汇率分为以下几种：

（1）电汇汇率（telegraphic transfer rate，T/T rate）。电汇是银行以电信包括电报和电传等方式通过国外分支行或代理行付款给收款人的汇款方式。电汇汇率就是银行以电汇方式买卖外汇时所使用的汇率。电汇是外汇资金从卖方转到买方手中的最为迅速的方式，一般收汇均在当天。对买汇方来讲，由于没有相对利息损失，能避免汇率波动产生的汇兑风险，因而对其最有利；而从卖汇银行的角度看，卖出电汇的当天就要支付外汇，不能占用客户的资金，从而减少了卖汇银行的利息收入，对卖汇银行最不利。因此，电汇汇率较其他汇率要高。由于电汇方式付款快，不占用客户资金，还能减少客户的汇率波动风险，因此国际支付和银行同业之间的外汇买卖绝大多数采用电汇方式，电汇汇率也被视为外汇买卖的基础汇率，外汇市场上的其他汇率均以电汇汇率为基准来计算。外汇市场上公布的汇率一般也是指电汇汇率。

（2）信汇汇率（mail transfer rate，M/T rate）。信汇是银行以信函方式通知国外分支行或代理行付款给收款人的汇款方式。信汇汇率就是银行以信汇方式买卖外汇时所使用的汇率。由于信汇需要的时间比电汇长，银行可在这段时间内充分利用这笔汇兑资金。而对买汇人来讲，成交当日必须付款，但要等待数日之后方能收汇，因此，信汇汇率比电汇汇率要低，其差异视邮递时间和当时的外汇存款利率水平而定。邮递时间越长，外汇存款利率越高，信汇汇率便越低；反之便越高。

（3）票汇汇率（draft rate）。票汇是银行在向客户卖出外汇时，开立一张命令其国外分支行或代理行见票付款的汇票（draft），并将其交给汇款人，由汇款人自带或寄往国外取款的方式。票汇汇率就是以票汇方式买卖外汇时所使用的汇率。外汇汇票也可以分为银行汇票和商业汇票，根据出票人及承兑人的信誉程度不同，又有跟单、光票、信用证、托收等形式之分，因此票汇汇率比较复杂。一般来说，汇票的质量越高，则汇率越高。显然，从汇票开出到付款也有一定时间间隔，银行占用了客户资金，因此票汇汇率自然也比电汇汇率要低一些。汇票有即期汇票和远期汇票两种，因此票汇汇率又分为即期票汇汇率和远期票汇汇率，远期票汇汇率比即期票汇汇率要低。

（4）现钞汇率（bank notes rate）。现钞汇率也是现汇汇率中的一种，它是外汇银行买卖外币现钞的汇率。如前所述，银行在买卖现钞时要扣除现钞的运送费、保险费和利息损失费等，因此现钞汇率一般来说是现汇汇率中最低的。

2. 期汇汇率（forward rate）。期汇汇率也称远期汇率，是指买卖双方成交时，约定在未来某一时间进行交割时所使用的汇率。期汇汇率是在外汇期货市场上形成的汇率。一般而言，期汇的买卖价差要大于现汇的买卖价差。在国际外汇市场上，外汇银行一般都直接报出即期汇率，但是对远期汇率的市场报价方式有三种：直接报价、点数报价和年率报价。

（1）直接报价。直接报价即直接报出期汇的银行买入汇率和银行卖出汇率，这与现汇汇率的报价方式相同。日本、瑞士等国银行采取这种方式。

在这种报价方式下，要分析期汇汇率是上升还是下降，要结合现汇汇率来分析。由于期汇交易是一种预约性交易，其价格包含了利息因素、风险因素和交易双方对外汇市场看跌看涨的预期因素，因此远期汇率和即期汇率之间往往有一个差额。如果市场参与者对外汇买卖看涨，将导致期汇价格上升，期汇汇率比现汇汇率"贵"；反之，如果外汇的行市看跌，人们不愿意购买期汇，使现汇价格上升，反而超过期汇，则期汇比现汇"便宜"。前一种情况称为汇率升水（at premium），其汇率差额部分称为升水；后一种情况称为汇率贴水（at discount），其汇率差额部分称为贴水。如果期汇汇率与现汇汇率相等，称为汇率平价（at par）。

需要注意的是，以上在描绘汇率的升水和贴水时，使用的是期汇比现汇"贵"和"便宜"这样的说法，而没有用"高"或"低"来形容。这是因为，外汇的标价方式不同，升水和贴水的表现形式也不同。采用直接标价法时，远期汇率高于即期汇率称为汇率升水，远期汇率低于即期汇率称为汇率贴水。若采用间接标价法，情况就刚好相反，远期汇率高于即期汇率称为汇率贴水，而远期汇率低于即期汇率称为汇率升水。升水和贴水均以基点为计算单位。一个基点（point，又称为"基本点"或"点"）等于1个百分点的1%，即：

一个基点 = 0.0001

一个百分点 = 100 个基点

所以一个基点就是1元的万分之一，100个基点就是1分。

例如，在采用直接标价法的新加坡外汇市场上，设某日即期美元汇率为 USD1 = SGD1.6920 – 1.6960，而该日3个月期远期美元汇率报价为 USD1 = SGD1.6970 – 1.7030，远期美元汇率高于即期美元汇率，此时美元汇率升水。其中：

买入汇率升水：1.6970 – 1.6920 = 50 个基点

卖出汇率升水：1.7030 – 1.6960 = 70 个基点

因此，美元汇率的升水是50 – 70个基点。同理，若该日3个月期美元期汇汇率报价为 USD1 = SGD1.6870 – 1.6920，则美元汇率贴水为50 – 40个基点。

而在采用间接标价法的伦敦外汇市场，设某日即期美元汇率为 GBP1 = USD1.4405 – 1.4420，当3个月远期美元汇率报价为 GBP1 = USD1.4435 – 1.4470 时，期汇汇率高于现汇汇率，美元汇率贴水，贴水幅度为30 – 50个基点；若3个月期美元汇率为 GBP1 = USD1.4365 – 1.4395，远期美元升水，升水幅度为40 – 35个基点。

上述两种标价方法计算远期汇率的公式可归纳为

直接标价法：远期汇率 = 即期汇率 $^{+升水}_{-贴水}$

间接标价法：远期汇率 = 即期汇率 $\genfrac{}{}{0pt}{}{-\text{升水}}{+\text{贴水}}$

（2）点数报价。点数报价是用期汇汇率对现汇汇率的升贴水幅度来表示期汇汇率，报出期汇汇率偏离即期汇率的值或者点数。英国、美国、德国、法国等国家采用此法。采用点数报价的银行通常只报出两个信息：一是直接报出即期汇率；二是报出远期差价值。而具体的远期汇率则由交易者自己计算。这是因为即期汇率和远期汇率同升同降，远期差价值取决于两国利率差异，通常保持不变。这样的报价就避免了即期汇率变动时还要同时改报远期汇率的麻烦。

在实际外汇交易中，点数报价也采用双重报价制，即同时报出买入价格的升（贴）水和卖出价格的升（贴）水。

【例3】香港外汇市场上美元的即期汇率报价为 USD1 = HKD7.7800 – 7.8000，3 个月期 USD 远期汇率升水 30 – 50；纽约外汇市场上某日瑞士法郎的即期汇率为 USD1 = CHF1.7690 – 1.7710，3 个月期 CHF 远期汇率贴水 32 – 35。

点数报价可以换算成直接报价，通过现汇汇率加（减）升（贴）水点数即为直接报价中的期汇汇率。但是在换算过程中要首先确定所报期汇汇率的点数是升水还是贴水。在一般报刊上的期汇汇率牌价表中，点数报价的后面均有升、贴水的标志：pm 表示升水，dis 表示贴水。另外，从点数报价中两个数字排列的规律上也可以识别是升水还是贴水。点数报价中的两个数字表示升（贴）水，这两个数字肯定是一大一小，在直接标价法下，前小后大是升水，前大后小是贴水；而在间接标价法下则相反，前大后小是升水，前小后大是贴水。

在判断点数表示的升、贴水以后，便可换算成直接报价的期汇汇率。根据前面即期汇率和远期汇率的换算公式，在直接标价法下，现汇汇率加升水或减贴水为期汇汇率；在间接标价法下，现汇汇率减升水或加贴水为期汇汇率。

用上面的例子进行说明。可以看到，香港外汇市场上的美元 3 个月期远期汇率为 30 – 50，由于香港外汇市场采用直接标价法，而这里的点数是前小后大，因此为升水。故用现汇汇率加上升水点数即为 3 个月远期汇率的直接报价形式：

USD1 = HKD （7.7800 + 30 – 7.8000 + 50）= HKD7.7830 – 7.8050

而在纽约外汇市场上，3 个月期 CHF 远期汇率报价为 32 – 35。由于纽约外汇市场采用间接标价法，因此当点数报价是前小后大时表示远期贴水。用现汇汇率加上贴水点数就是期汇汇率：

USD1 = CHF （1.7690 + 32 – 1.7710 + 35）= CHF1.7722 – 1.7745

因此，3 个月期瑞士法郎的远期汇率为 1.7722 – 1.7745。

这样还是比较麻烦。我们可以抛开直接标价法和间接标价法，因为汇率的标价在本质上没有不同，都是用标价货币来表示单位基准货币的价格，因此，综合可以得出：如果远期差价形如"左低右高"，说明基准货币升水，标价货币贴水，远期汇率等于即期汇率加远期差价；如果远期差价形如"左高右低"，说明基准货币贴水，标价货币升水，远期汇率等于即期汇率减远期差价。

简单来说就是：左低右高，往上加

左高右低，往下减

仍以上例进行计算：USD1 = HKD7. 7800 – 7. 8000，3 个月期 USD 远期差价 30 – 50；USD1 = CHF1. 7690 – 1. 7710，3 个月期 CHF 远期差价 32 – 35。

根据上面的规则，这两个差价都是左低右高，因此，应该在原汇率上往上加，即可得到远期汇率。

（3）年率报价。年率报价是用远期汇率对即期汇率的增长率表示的期汇汇率。由于期汇汇率的升、贴水代表着现汇汇率的增减额，因此，用升、贴水点数除以现汇汇率便可以得到期汇汇率在期汇有效期限内的汇率增长率，再把这个增长率换算成用百分数表示的年率，便是期汇汇率的年率报价。当期汇汇率升水时，年增长率是正数；当期汇汇率贴水时，年增长率是负数。

以上这三种期汇汇率的报价各有特点。直接报价简明易懂，多用于银行向客户报价和一般的市场报道。点数报价单刀直入，直接给出期汇率是升水还是贴水，以及升水和贴水的幅度，既节省报价和换算时间，又避免了即期汇率变动时改报远期汇率的麻烦，多用于银行同业报价和以投机为目的的交易报价。年率报价则从投资收益的角度表现了汇率水平的变化，可用于比较外汇投资和其他投资的收益差别，多被外汇投资人在计算投资收益时采用。

第三节　外汇交易

外汇交易是不同交易者之间买卖外汇的行为。近几年来，外汇交易不仅在数量上成倍增长，而且在实质上也发生了重大的变化。外汇交易不仅仅是国际贸易的一种工具，更成为了国际上重要的金融商品，外汇交易的种类也随着外汇交易的性质变化而日趋多样化。这一节主要讨论外汇交易的层次即不同交易者之间外汇买卖、外汇交易方式以及外汇交易策略。

一、外汇交易的层次

外汇银行通常将持有的外汇存放在国外银行的活期存款账户上。外汇买卖成交之后，交割都采用对外汇银行在国外往来银行的活期存款账户划拨处理的方式。银行购入外汇时，账户上的金额就会增加；出售外汇时账户余额就会减少。因此，外汇交易实际上就是买卖以外币活期存款形式存在的外汇。根据外汇参与者的类别，外汇市场的外汇交易可以分为三个层次：银行与客户之间；银行同业之间；银行与中央银行之间。这三个层次交易的功能是不同的，下面分别予以论述。

【专栏 7 - 2】

人民币汇率的形成

1994 年外汇管理体制改革后,在全国范围内建立了统一的银行间外汇市场,实现了人民币官方汇率与外汇调剂市场汇率并轨。2005 年 7 月 21 日人民币汇率形成机制改革后,人民币汇率初具弹性。

(一) 人民币汇率中间价的形成

自 1994 年以来,人民币汇率中间价形成方式演变经历了以下三个阶段:

1994 年至 2005 年 7 月 21 日——中国人民银行按照上一工作日银行间外汇市场交易形成的加权平均汇率,公布当日美元等交易货币对人民币汇率的中间价。

2005 年 7 月 22 日至 2005 年末——中国人民银行于每个工作日闭市后公布当日银行间外汇市场美元等交易货币对人民币汇率的收盘价,作为下一个工作日该货币对人民币交易的中间价。

2006 年 1 月 4 日至今——中国人民银行授权中国外汇交易中心于每个工作日开市前公布当日人民币对美元、欧元、日元、港元和英镑汇率中间价,作为当日银行间即期外汇市场以及银行柜台交易汇价的中间价。

(二) 人民币汇率浮动区间管理

这是人民币汇率有管理浮动的主要体现,区分为银行间市场的汇率浮动区间管理和银行结售汇市场的汇率浮动区间管理。

银行间市场浮动区间管理。银行间即期外汇市场人民币对美元交易价在中国外汇交易中心对外公布的当日美元对人民币中间价上下 0.5% 的幅度内浮动,人民币对欧元、日元、港元和英镑四种非美元货币交易价在中国外汇交易中心对外公布的当日该货币对人民币中间价上下 3% 的幅度内浮动。

银行挂牌汇率浮动区间管理。银行对客户挂牌人民币对美元汇价实行最大买卖价差幅度管理。当日现汇(钞)最高卖出价与现汇(钞)最低买入价区间应包含当日中国外汇交易中心公布的中间价,并且现汇买卖价差和现钞买卖价差分别不得超过中间价的 1% 和 4%。在上述价差幅度内,银行可自行调整美元现汇和现钞的买卖价。银行可自行决定对客户人民币对非美元货币挂牌现汇和现钞买卖价。

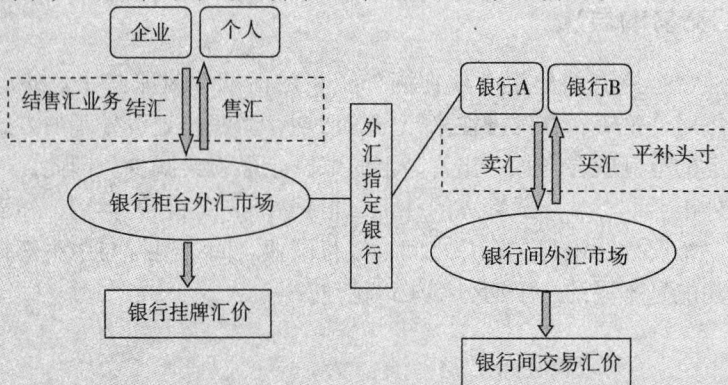

图 7 - 1　人民币汇率形成演示图

（一）银行与客户之间的外汇交易

顾客出于各种各样的动机，需要向外汇银行买卖外汇。其中，交易性外汇买卖常常是与国际结算联系在一起的，主要是与外汇银行进行本币与外汇之间的相互买卖。银行在与顾客的外汇交易中，一方面从顾客手中买入外汇，另一方面又将外汇卖给顾客，实际是在外汇的终端供给者与终端需求者之间起中介作用，赚取外汇的买卖价差。这一层次的外汇交易构成了零售外汇市场。

（二）银行同业间的外汇交易

银行在为顾客提供外汇买卖的中介服务中，难免会在营业日内出现各种外汇头寸的多头或空头，统称敞口头寸（open position），即一些币种的出售额低于购入额，另一些币种的出售额多于购入额。为了避免汇率变动的风险，银行需要借助同业间的交易及时进行外汇头寸调拨，轧平各币种的头寸，即将多头抛出，空头补进。另外，银行同业间的外汇交易中更大的一部分来自于银行出于投机、套利、套汇等目的从事的外汇交易。

银行间的外汇交易构成了绝大部分的外汇交易，因此狭义的外汇市场指的就是银行同业间从事外汇买卖的交易场所，有时也称外汇批发市场。银行同业间外汇市场汇集了外汇市场的巨额供求，决定着外汇汇率的高低。零售外汇市场的买卖价正是在批发外汇市场买卖价的基础上加减一定的点数形成的。

（三）银行与中央银行之间的外汇交易

中央银行在外汇市场上买卖外汇的行为称为外汇干预。中央银行干预外汇市场所进行的交易是在批发外汇市场与外汇银行之间进行的。通过这种交易，中央银行可以使外汇市场自发供求关系所决定的汇率相对稳定在某一期望的水平上。如果某种外币兑本币的汇率低于期望值，中央银行就会向外汇银行购入这种外币，增加市场对该外币的需求，促使银行调高其汇率；反之亦然。中央银行对外汇市场的干预，在固定汇率制下是为维持货币平价而承担的一种义务；在浮动汇率制下则是出于维护本国经济利益的目的而主动进行的。

二、外汇交易方式

传统外汇交易方式包括即期交易、远期交易、掉期交易、套汇和套利等。

（一）即期外汇交易

即期外汇交易，又称现汇交易，是指买卖双方按当时外汇市场上的价格进行交易，并在成交后两个营业日内办理货币交割的外汇买卖。在这两个营业日内，外汇交易者通知将交易款项借记（或贷记）其国内银行账户，贷记（或借记）其国外往来银行或分支行的账户。通常我们所说的成交，是指交易双方就外汇买卖的价格（汇率）、金额、币种等达成协议；而交割是指购买外汇者支付某种货币的现金，出售外汇者交付指定外汇的行为。即期外汇交易的交割方式分为即日交割、翌日交割和第二个营业日交割三种。交割的日期也称为起息日，一般来说是成交日后的第二个营业日（也即第二个营业日交割的方式），也有少数将起息日约定为成交当日或翌日。

1. 即期外汇交易的方式。在即期交易中，一般有两种交易方式：顺汇买卖方式和逆汇买卖方式。

顺汇买卖方式是指汇款人委托银行以某种信用工具，通过其国外分行或代理行将款项付给收款人，受托银行在国内收进本币，在国外付出外汇。因其汇兑方向与资金流向一致，故称为顺汇买卖方式。这种方式一般涉及四个当事人：一是汇款人，通常称为付款人；二是收款人，通常称为债权人或受益人；三是汇出行，是受汇款人委托向收款人汇款的银行；四是解付行，也称汇入行，是受汇款行委托，接受汇出行的汇款并向收款人解付款项的银行。外汇银行收妥本币卖出外汇后，按照客户的要求，采用电汇、信汇和票汇的方式通知债权人或收款人所在国的分支行或代理行，按当时当地汇率将其外币存款上一定金额外汇支付给收款人。这样，该外汇银行在自己的账户上增加了客户支付的本币，而在国外的外币账户存款则减少了相应的外币。

逆汇买卖方式，也称托收方式，是指由收款人出票，通过银行委托其国外分支行或代理行向付款人收取汇票所列款项的一种方式。因该方式的资金流向与信用工具的传递方向相反，故称为"逆汇"。在逆汇方式下，客户向银行卖出汇票，等于银行付出本币，买进外汇。外汇银行接受收款人的托收委托后，即通知其国外分支行或代理行，按照当日汇率向付款人收取汇票所载的外币金额，并将收入记录在国外银行的外汇账户上。其结果是该外汇银行的国内本币存款余额减少了，而其外币存款账户上的外币余额却相应增加了。

不论是顺汇买卖还是逆汇买卖，最终都会使外汇银行自己持有的各种外币存款账户的余额头寸发生变化，会出现买大于卖或者卖大于买的现象。如果买大于卖，称为"多头"或者"超买"；如果卖大于买，称为"空头"或者"超卖"；如果买卖相抵，则称为"轧平"。外汇银行为了避免汇率变动带来的风险损失，当其头寸处于"超买"地位时，必须及时补进；反之，当处于"超卖"地位时，需及时抛出。这一过程也成为银行间外汇即期买卖的重要组成部分。

即期交易是外汇市场上最常见的一种外汇交易方式，由于交割时间短，所遭受的外汇风险较少，但也不是完全没有风险，因为时区不同，同一天交割的交易在东方外汇市场（如香港、新加坡、东京外汇市场）开始较早，在欧美则开始较晚。另外，在同一外汇市场上，汇率也是随时都在变化的，从而会产生一定的即期交易风险。

2. 即期外汇交易的步骤。一笔完整的即期外汇交易往往包括以下步骤，即询价、报价、成交及确认。在这四个步骤中，外汇交易双方均应明确表示出买卖外汇的金额、买入价和卖出价、买卖的方向以及交割日等。这些步骤中，银行的报价程序是关键的，以下对其进行具体介绍。

第一步，银行确定当前的开盘汇率。确定开盘汇率的主要因素有：前一交易日外汇市场的收盘汇率、世界政治和经济的新变化以及银行持有的外汇头寸情况。

第二步，开始对外报价。银行确定当天的开盘汇率后，银行的交易员就可以对其他银行、客户和外汇经纪人进行报价。银行交易员对外报出某种外汇汇率的同时，也就承担了以这种汇率买进或卖出一定数额外汇的义务。

需要注意的是，当银行交易员接到对方银行交易员或经纪人询价，而他又无意做这笔外汇买卖时，他可只报出参考汇率，参考汇率与当时的市场行情差别较大，对对方极为不利，因此一般不可能成交。参考汇率在外汇市场上往往被业内人士视做"已停止该种外汇的买卖业务"或"该日不办理该种外汇的买卖"的另一种说法。此时不能将参考汇率误认为是即期汇率。

第三步，修订原报价。银行开盘进行交易后，交易员要随买卖中外汇头寸的变化情况，不断修订报出的即期汇率和买卖的币种，尽量避免产生多头或空头的现象。

报价完成后，银行可能接到别的银行的询价。如果询价行对报价行的报价答复满意，这笔交易就会迅速成交。然后，银行再重新报价，再接受询价，再成交或不成交。即期外汇交易就是在这样不断循环的询价、报价和买卖成交过程中进行的，而即期汇率也是在这样的过程中形成的。在外汇市场上可供交易者利用的交易工具主要有路透社终端、美联社终端等。

（二）远期外汇交易

1. 远期外汇交易的定义。远期外汇交易又称期汇交易，是指买卖双方成交后，并不立即办理交割，而是按照所签订的远期合同在未来约定的时间，按约定的价格（汇率）和数量办理交割的外汇交易。期汇交易的交割期限一般为1个月、2个月、3个月、6个月，也有长至1年、短至几天的。期汇交易与现汇交易的主要区别在于交割日的不同，凡交割日在两个营业日以后的外汇交易均属于期汇交易。

相对于即期外汇交易而言，外汇远期交易有以下特点：一是买卖双方签订合同时无须立即支付外汇或本国货币，而是按合同约定在将来某个时期交割。二是买卖外汇的主要目的不是为了取得国际支付和流通手段，而是为了保值和避免外汇汇率变动带来的风险。三是买卖的数额较大，一般都为整数交易，有比较规范的合约。四是外汇银行与客户签订的合约必须由外汇经纪人担保，客户需缴存一定数额的押金或抵押品作为保证金。当汇率变动引起损失时，银行可用押金或抵押品抵补损失，当损失数额较大时还可能要追加保证金，否则银行可以强制平仓。客户所存的保证金银行视为存款予以计息。

2. 远期外汇交易的目的。人们进行远期交易的目的是多方面的，但不外乎是为了套期保值和投机。

（1）进出口商和资金借贷者为避免商业或金融交易遭受汇率变动的风险而进行远期外汇买卖。在国际贸易中，自买卖合同签订到货款清算之前有相当一段时间。在这段时间内如果计价货币的汇率出现变动，进出口商就不能作出正确的成本和利润估计。为了避免汇率波动带来的损失，进出口商在签订买卖商品的合同的同时，可以和银行签订一份按约定的远期汇率在未来某个时刻买入或卖出远期外汇的合约，到支付或收取货款时就可以按照事先约定的汇率来办理交割，从而支付货款或将货款兑换成本币。同样，在国际间的资金借贷业务中，如果资金借贷者的债权或债务以外币计价，那么当汇率变动时他们均会面临到期收回或偿还资金时蒙受损失的可能。如果在贷出或者借入资金的同时，相应地卖出或者买入相同期限的远期外汇，则可以消除汇率变动的风险，达到套期保值的目的。

【例1】某日本出口商向美国出口10万美元的商品，其成本为1 200万日元；合同规定 2 个月后付款，签订合同时的汇率为 1 美元 = 130 日元，按此汇率计算，日本出口商出口这批商品后可获得 1 300 万日元，扣除成本 1 200 万日元，可获得 100 万日元的利润。但实际情况可能是 2 个月后美元与日元的汇率发生了变化，变为 1 美元 = 120 日元，此时美元贬值日元升值。按此汇率计算，如果在成本后再扣除一些其他费用，出口商就会发生亏损。为避免汇率波动带来的损失，日本出口商在签订进出口合同的同时，在外汇市场上按 1 美元 = 128 日元的远期汇率，卖出 2 个月、10 万美元的远期外汇合同，即 2 个月后可以按照事先约定的价格把 10 万美元外汇卖给日本的银行，届时就可收回 1 280 万日元的贷款，从而避免了汇率变动的风险。而日本出口商为此所付出的代价仅仅是因为日元远期升水而少收取的 20 万日元。在此例中，由于日本出口商 2 个月后将拥有一笔外汇资产，为此他通过出售 2 个月期远期外汇来进行套期抵补，从而达到了使得这笔资产获得套期保值的作用。

（2）外汇银行为了平衡期汇头寸而进行的远期买卖。进出口商等顾客利用期汇交易，实际上是将汇率变动的风险转嫁给外汇银行。外汇银行在跟客户进行期汇交易的同时，同一种货币同一种交割期限的买卖金额很难一致，于是出现了远期外汇的敞口头寸，这样汇率变动以后银行可能会遭受损失。为了避免这种损失，银行需要轧平各种货币、各种交割期限的期汇头寸，抛多补空。这种为轧平头寸而从事的外汇买卖操作称为外汇头寸调整交易。

（3）投机者为谋取汇率变动的差价而进行远期交易。外汇市场上，汇率的频繁剧烈波动为外汇投机创造了条件。外汇投机并非基于对外汇的实际需求，而是有意识地持有外汇多头或空头来承担外汇风险，期待从汇率的涨落中赚取利润。投机者既可以进行现汇交易又可以进行期汇交易，区别在于进行现汇交易必须要持有足够的本币或者外币，而期汇交易只要交纳少量的保证金，到期时再平仓、计算盈亏。显然期汇交易更有利于投机，然而风险也更大。

3. 远期外汇交易的分类。根据交割日是否固定，远期外汇交易又可以分为固定交割日的远期外汇买卖和选择交割日的远期外汇买卖。

固定交割日的远期交易，是指双方约定的交割日期是确定的。这种期汇交易方式在国际贸易中常用，缺点是不够灵活。固定交割日的远期交易的前提是，进出口商或其他进行远期交易的客户必须确知他会在什么日期收到外汇或支付外汇，否则就会因违约而受损。但实际情况是进出口商或其他进行远期交易的客户很难确知收汇或付汇的具体时间，这就有可能要订立新的远期合约或对原合约进行展期，这样就很麻烦，而且也达不到通过远期交易避免外汇风险的目的。由此，择期远期交易就产生了。

选择交割日的远期交易，又称择期交易（optional forward deals），它没有固定的交割日，客户可以在成交日的第三天起至约定的期限内任何一个营业日内要求银行按双方约定的远期汇率进行交割。这种交易方式在交割日期上的灵活性适用于收付款因故不能确定的对外贸易。由于择期交易在交割日的选择上对顾客有利，因此银行在择期交易的汇率报价时往往会采用对顾客最不利的汇率。

（三）掉期外汇交易

1. 掉期外汇交易的概念。掉期交易（swap）又称货币互换，是指买进某种交割期限的外汇，同时卖出金额相同但交割期限不同的同一种外汇的交易。进行掉期交易的目的也在于避免汇率变动的风险。掉期交易通常是为抵补已购入或售出的某种外汇所可能发生的风险而进行的。

2. 掉期交易的方式。

（1）即期对远期（spot against forward），指买进或卖出一笔现汇的同时，卖出或买进一笔相同金额的同种货币的期汇。期汇的交割期限多为1周、1个月、2个月、3个月和6个月。即期对远期是掉期交易中最常见的形式。在国际短期资本流动中，如果将一种货币兑换成另一种货币，通常需要做这种形式的掉期交易，以避免外币资产到期时外币汇率下跌或外币负债到期时外币汇率上涨而遭受的损失。目前，我国已经开展了即期对远期的掉期业务。

【例2】我国某公司收到国外进口商支付的出口货款1 000万美元，需要将货款结汇成人民币用于国内支出，同时该公司需采购国外生产设备，并将于6个月后支付1 000万美元的货款。此时，该公司为规避美元贬值的汇率风险，就可以与银行办理一笔即期对6个月远期的人民币与美元掉期业务：即期卖出1 000万美元，取得相应的人民币，6个月后再按照约定远期汇率以人民币买入1 000万美元。通过上述货币掉期业务，该公司可以轧平资金缺口，达到规避汇率风险的目的。

（2）明日对次日（tomorrow – next or rollover），指同时进行两笔金额和货币相同、方向相反的现汇交易，一笔在成交后的第二个营业日即明日交割，另一笔反向交易在第三个营业日即次日交割。这种掉期交易主要用于银行同业间的隔夜资金拆借。

（3）远期对远期（forward to forward），指同时买进和卖出两笔金额和货币相同而交割期限不同的远期外汇。这种掉期交易多为转口贸易的中间商所使用。

（四）套汇

套汇（arbitrage），是指利用同一时刻不同外汇市场上的汇率差异，通过买进和卖出外汇而赚取差价利润的行为。

由于空间的分割，不同的外汇市场对影响汇率诸因素的反应速度和程度都不完全一样，因为在不同的外汇市场上，有可能出现同一种货币的汇率有差异的情况。我们可以将其看做是同一种商品在不同的地方出现了不同价格，于是引发了套利者和投机者对其进行贱买贵卖操作，也即套汇者（arbitrager）可以利用汇率差，在价格较低的市场上买进一种货币，并在该货币价格较高的市场卖出该货币，从中获利。

套汇可以分为直接套汇和间接套汇。

1. 直接套汇（direct arbitrage），又称双边套汇（bilateral arbitrage）或两角套汇（two – point arbitrage），是最简单的套汇方式，它利用两个外汇市场上某种货币的汇率差异同时在两个市场上一边低价买进一边高价卖出该种货币。

【例3】在纽约外汇市场上，1欧元=1.1880美元，在伦敦外汇市场上，1欧元=1.1800美元。在同一时间，伦敦外汇市场上欧元的美元价格比纽约外汇市场欧元的美元价格要便宜。此时，套汇者可以在伦敦以 EUR1 = USD1.1800 的汇率卖出美元，买进欧元；在纽约同时以 EUR1 = USD1.1880 的汇率卖出欧元，买进美元。假设不考虑交易费用，在两地进行套汇买卖后，每 1 欧元就可以得到 0.008 美元的毛利。或者反过来，由于纽约外汇市场上美元的欧元价格低于伦敦外汇市场上美元的欧元价格，套汇者可以在纽约外汇市场上抛出欧元，买进美元；再在伦敦外汇市场上将买进的美元抛出，补进欧元。

2. 间接套汇（indirect arbitrage），也称三角套汇（three - point arbitrage），指利用三个不同的外汇市场上的汇率差异，同时在三个市场上买低卖高从而赚取汇率差价的行为。

【例 4】在纽约外汇市场上，1 欧元 = 1.1880 美元；在伦敦外汇市场上 1 欧元 = 139.30 日元；在东京外汇市场上，1 美元 = 116.43 日元。那么，套汇者可以在纽约外汇市场上卖出美元，买进欧元；并在伦敦外汇市场上卖出欧元，买进日元；同时在东京市场上卖出日元，买进美元。套汇的结果是，如果在纽约市场上卖出 1 000 万美元，那么最后可收回 1 000 × （1÷1.188）×139.3÷116.43 = 1 007.0935 万美元。套汇的净收益是 70 935 美元。

判断是否存在两地套汇的机会相对容易，但如上例中对于三个市场三种及以上货币之间是否有机会进行套汇，就比较难判断了。对于三点或多点套汇机会的判断，可以依据以下原则：将三个或更多市场上的汇率转换成用同一种标价法表示（例如同用直接标价法或间接标价法），并将被表示货币的单位都统一为 1，然后将得到的各个汇率相乘。如果乘积为 1，说明没有套汇机会；如果乘积不为 1，则存在套汇机会。下面仍以上例说明。

【例 5】将上述纽约、伦敦、东京市场上的汇率都分别按照当地的直接标价法来表示，在纽约市场上，EUR1 = USD1.188；在伦敦市场上 JPY1 = EUR0.0072；在东京外汇市场上，USD1 = JPY116.43。将此三个汇率值相乘，得到：$1.188 × 0.0072 × 116.43 = 0.9959$。0.9959 小于 1，说明有套汇机会存在。

需要注意的是，套汇的步骤不是分先后进行的，而是借助先进的现代通信工具同时进行的。此外，这里未计算交易的一切费用，而在实际交易中应充分估计到此成本。正因为套汇交易的大量进行，才会迅速消除各种套汇机会，使得各市场的汇率趋于一致。但是无论如何，各市场间汇率的差异总是存在的。只是由于目前外汇市场上汇率瞬息万变，市场越多使得情况也越复杂，套汇的难度也越大。

（五）套利

套利（interest arbitrage）是指在两国短期利率出现差异的情况下，将资金从低利率的国家或地区调到高利率的国家或地区，获得利息好处后再调回资金的交易。例如，在某一时期，美国金融市场上的 3 个月定期存款利率为年率 8%，英国金融市场上的 3 个月定期存款利率为年率 6%，这时，资金就会从英国流向美国，赚取利差。具体操作方法是，英国投资者可以以年率 6% 的利率借入英镑，购买美元现汇，存入美国银行，做 3 个月的短期投资，到期再将美元取出兑换为英镑，这样就可以获得年率 2% 的利差收益。

如果资金总额为10万英镑，该投资者就可以通过套利获取净利润 $100\,000 \times 2\% \times \dfrac{3}{12} = 500$ 英镑。

但是，这是在假定美元与英镑之间的汇率在这 3 个月内保持不变的前提下得到的结果。3 个月后，如果美元贬值，那么不仅可能使英国的投资者无利可图，甚至还可能导致亏损。当然，美元汇率也可能上升，由此英国投资者在获取利差收益的同时，还获得一笔汇差收益。因此，纯粹的套利行为具有外汇投机的性质，为现汇投机的主要形式。

为了防止资金在投入期间的汇率变动的风险，投资者可以将套利交易与掉期交易相结合。这种在进行套利交易的同时进行外汇掉期的抛补以预防汇率风险的行为，称为抛补套利（covered interest arbitrage）；而具有投机性质的纯粹套利交易称为非抛补套利（uncovered interest arbitrage）。

投资者在对抛补套利进行可行性分析时，所采纳的一般原则是：（1）如果利率差大于较高利率货币的远期贴水幅度，那么应该将资金由利率低的国家或地区调往利率高的国家或地区，此时利差收益将会超过高利率货币贴水带来的损失。（2）如果利差小于较高利率货币的贴水幅度，那么应该将资金由利率高的国家或地区调往利率低的国家或地区，此时货币升水所得收益将会大于投资于低利率货币的利息损失。（3）如果利差等于较高利率货币的贴水幅度，则人们不会进行抛补套利交易，因为这样投资者将会无利可图。此时人们可以采用投机的非抛补套利。（4）如果具有较高利率的货币远期出现升水，那么，将资金从低利率国家或地区调往高利率的国家或地区，不仅可以获取利差收入，还可以赚取升水所带来的收益。但是这种情况一般不会出现，因为这样的套利机会将会诱发大量抛补套利交易，从而影响各国货币的利率和汇率。如果不考虑投机因素的影响，抛补套利的最终结果是使利率差与较高利率货币的贴水幅度趋于一致，而这也正是汇率的利率平价决定理论的主要结论。

以上五种外汇交易可以归为传统的外汇交易方式。20 世纪 80 年代以来，国际金融市场上的金融创新层出不穷，其中金融衍生工具的出现和不断演进更是人们关注的焦点，例如在外汇市场上诞生了利息互换的货币互换、外汇期货交易、外汇期权交易以及外汇期货期权交易等新的衍生交易品种。

【本章小结】

1. 外汇交易中使用的外汇概念是狭义的外汇，即以外币表示的，可直接用于国际债权债务关系结算的支付手段。

2. 外汇市场和其他金融市场一样，也是由交易工具、市场参与者和市场组织形式三个要素所构成。外汇市场又可以分为柜台市场和交易所市场、零售市场和批发市场、官方市场和自由市场。

3. 铸币平价是金本位下决定汇率的基础，而在纸币流通条件下决定汇率的基础是购买力平价。

4. 购买力平价理论分为绝对购买力平价理论和相对购买力平价理论，它是长期均衡汇率的基础。而利率平价理论分为抛补利率平价理论和非抛补利率平价理论，其中抛补利率平价在实际当中被广泛应用于远期汇率的决定。国际借贷说则认为国际收支引起的外汇供求流量决定了汇率水平及其变动。

5. 影响汇率变动的因素包括长期因素和短期因素，其中长期因素主要有国际收支、经济增长、通货膨胀对比等；而短期因素主要有利率水平、心理预期和中央银行干预等。

6. 汇率的标价方式分为直接标价法、间接标价法和美元标价法。

7. 按照划分标准的不同，汇率的种类可以分为基本汇率和套算汇率，买入汇率、卖出汇率和中间汇率，银行同业汇率和商业汇率，现汇汇率和期汇汇率。其中现汇汇率主要有电汇汇率、信汇汇率和票汇汇率；而期汇汇率的报价方法包括直接报价和点数报价。远期汇率的点数报价可以转换为直接报价，方法是左低右高加点数，左高右低减点数。

8. 外汇交易的层次包括银行与客户之间的交易、银行同业间的外汇交易、中央银行与外汇银行之间的交易等三个层次。

9. 外汇交易方式包括即期交易、远期交易、掉期交易、套利和套汇等。

【本章重要概念】

外汇　外汇市场　外汇柜台市场　汇率　购买力平价　利率平价　直接标价法　外汇升水　外汇贴水　即期交易　远期交易　掉期交易　套利交易　套汇交易

【思考题】

1. 外汇市场有哪些种类？

2. 汇率的决定理论主要有哪几种？远期汇率主要由什么理论决定的？

3. 直接标价法下，某日人民币兑美元的汇率为 8.0810，港元兑美元的汇率为 7.7550。请计算人民币兑港元的汇率。

4. 某日 1 欧元兑换 1.1820 美元，2 个月期远期汇率为 160 - 150。求 2 个月期的欧元期汇汇率。

5. 假设有一位投资者拥有 1 000 万美元，美国 3 个月期国库券年利率为 6%，即期外汇市场英镑兑美元的汇率为：1 英镑 = 2 美元。英国 3 个月期国库券年利率为 9%。假设 3 个月后英镑与美元的汇率不变，请问套利者应如何操作？最后能获得多少盈利？

6. 香港外汇市场报价为：

期限	美元/港元
即期	7.7514 - 7.7554
3 个月期	20 - 35

假设在此期间利率不变，投资者应如何从事掉期交易？每美元获利多少港元？

7. 一美国进口商从英国进口一批价值 5 万英镑，3 个月后交货付款的商品，签约时的汇率为 GBP1 = USD1.5。由于担心汇率波动，美国进口商随即与银行签订了 3 个月期远期英镑多头协议，假设 3 个月期英镑期汇升水 10 点。分析 3 个月后实际的即期汇率变为 GBP1 = USD1.6 时进口商的盈亏。

【本章参考书】

1. 杜金富等：《金融市场学》，第三版，大连，东北财经大学出版社，2010。
2. 张志平：《金融市场实务与理论研究》，北京，中国金融出版社，1991。
3. 彼得·S. 罗斯：《货币与资本市场》，第六版，中文版，北京，机械工业出版社，1999。
4. 张亦春：《金融市场学》，北京，高等教育出版社，1999。

第八章

黄金市场

本章介绍黄金市场的基础知识。我们从黄金及其属性出发，介绍黄金市场的形成和发展演变过程，黄金市场交易的主体、方式和品种，黄金市场的类型及主要国际黄金市场，研究影响黄金价格变动的主要因素，最后对中国黄金市场的发展与交易情况进行了简单介绍，从而对黄金市场形成整体认识。

第一节 黄金市场概述

黄金按其内部特性可分为生金和熟金，具有商品和货币双重属性。随着黄金商品化属性的回归，黄金作为商品、投资品进入交易市场，黄金市场成为金融市场的一个独立组成部分，促进了金融市场的发展。

一、黄金及其属性

（一）黄金

黄金在自然界中是以游离状态存在的天然产物，不能人工合成。按其来源的不同和提炼后含量的不同大类上分为生金和熟金。生金又称天然金、荒金、原金，是从矿山或河床开采的没有经过熔化提炼的黄金，分为矿金和沙金两种。熟金即人们通常说的黄金，是生金经冶炼、提纯后所得，一般纯度较高，密度较细。因冶炼、提纯设备和工艺不同，而形成成色高低不一的熟金，习惯上根据成色的高低把熟金分为纯金、赤金、色金三种。其中纯度最高的熟金称为纯金，一般要求成色达到99.6%以上。因时间和地方的不同，赤金的标准有所不同，国际市场出售的黄金，成色达99.6%的称为赤金，我国境内的赤金一般在99.2%～99.6%。色金，也称"次金""潮金"，是指成色较低的金。色金因其他金属含量不同，黄金成分高低悬殊，成色高的达99%，低的只有30%。

按含其他金属的不同，熟金又可分为清色金、混色金、k金等。清色金指黄金中只含有白银成分，不论成色高低统称清色金。清色金较多，常见于金条、金锭、金块及各种器皿和金饰品。混色金是指黄金内除含有白银外，还含有铜、锌、铅、铁等其他金属。根据所含金属种类和数量不同，可分为小混金、大混金、青铜大混金、含铅大混金等。k 金是指银、铜按一定的比例，按照足金为 24k 的公式配制成的黄金。一般来说，k 金含银比例越多，色泽越青；含铜比例大，则色泽为紫红。我国的 k 金在解放初期是按每 k4.15% 的标准计算，24k 金即纯度为 99.6%；1982 年以后，已与国际标准统一，以每 k 标准为 4.1666%，即 24k 含金在 99.99% 以上。

（二）黄金的属性

1. 黄金的货币属性。马克思在《资本论》中写到"金银天然不是货币，但货币天然是金银"。黄金的自然属性适于作为货币。

黄金作为货币的历史十分悠久，而以中国为最早。司马迁《史记·平准书》载："虞、夏之币，金有三等，或黄，或白，或赤"（黄、白、赤，指金、银、铜），距今约 4 000 年；班固《汉书·食货志》有"（姜）太公为周立九府圜法：黄金方寸，而重一斤……"距今也有 3 000 多年。即使出土的黄金货币"郢爰"（为春秋时楚国所铸造），距今有 2 300 多年的历史（约与欧洲出土的古罗马亚历山大金币同时代）。

18 世纪，继 1717 年英国首先实行金本位制后，欧洲各国等世界主要的国家也相继实行金本位制。金本位制是指黄金既可以作为国内支付手段，用于流通结算；又可以作为国际结算手段自由地输出输入国境。黄金作为全世界通用的货币对当时世界经济特别是国际贸易的发展起到了重大的促进作用。然而，随着生产力的发展以及经济规模的扩大，黄金货币的需求量日益增加。而黄金本身就是一种稀缺资源，产量有限，黄金的供应量无法满足黄金作为货币的需求量，一些国家开始放弃金本位制。

1944 年 7 月，联合国在美国新罕布什尔州的布雷顿森林召开国际货币金融会议，通过《国际货币基金协定》，建立了国际货币体系，通常称"布雷顿森林体系"，其核心是双挂钩，1 盎司黄金价格为 35 美元；各国货币与美元挂钩，美国承担各国政府（中央银行）以 35 美元兑换 1 盎司黄金的义务。该体系对二战后世界经济的重建和稳定发展起到了重要的作用。但是由于这一体系的根本缺陷和实践中美国国际收支的持续逆差，使美国黄金储备大量流失，美元危机频频发生。到 20 世纪 70 年代初，美国已无力维持，尼克松政府于 1971 年 8 月宣布，停止外国政府或中央银行用美元向美国兑换黄金。布雷顿森林体系的崩溃开始了黄金的非货币化进程。

黄金非货币化，是指黄金不再充当一般等价物，由货币商品还原为普通商品。1976 年，国际货币基金组织通过《牙买加协议》，内容包括：废除黄金官价；各国可以自由选择汇率制度，但不得与黄金联系；会员国与国际货币基金组织之间，会员国之间取消了以黄金清算债权债务的义务；用特别提款权逐步取代黄金作为主要的储备资产。1978 年 4 月《国际货币基金协定第二次修正案》正式生效，从制度层面上看，黄金非货币化已基本完成。

今天黄金仍具有一定的货币属性，美国的金鹰币、中国的熊猫金币等金币仍被标以货币面值，作为国家法定货币流通。作为非主权无信用风险的资产，黄金在被投资者作为资产保值和财富储藏的同时，也被许多国家作为国家储备。

2. 黄金的商品属性。黄金是一种极其稀有的贵金属。黄金的密度很大，质地柔软，容易磨损，易碾磨成极细粉末。黄金具有极好的延压性能，易于锻造和延展。黄金也是热和电的良导体，成色容易被鉴别。黄金的化学稳定性极高，在碱和各种酸中都极其稳定，在空气中不被氧化，也不变色。

黄金的高稳定性、可靠性和其他金属无法替代的良好的物理和化学性质，以及其稀缺性带来的高价值含量，使其具有特殊而广泛的用途。黄金被应用于电子、通信、航天航空、医药、化学工业、建筑装饰等多个行业和领域。

二、黄金市场的形成和发展

黄金市场是指黄金供求双方集中进行交易和兑换的机制。黄金市场既可以是有形的也可以是无形的。有形的黄金市场中，黄金交易双方在特定的交易场所进行交易。这一特定的交易场所通常是在交易所里。美国纽约商品交易所（COMEX）至今还保留着黄金买卖双方在交易所场内喊价达成交易的传统交易方式（floor trading）。无形的黄金市场中，黄金交易双方通过电话、传真以及网络等形式完成交易。

黄金被视为一般等价物时，黄金交易更多地被认为是货币的交易和汇兑，黄金市场更多地被作为货币市场或是外汇市场的一部分。1976 年《牙买加协议》后，黄金退出了货币流通领域。由于商品化属性回归，黄金作为商品、投资品进入交易市场，黄金市场成为了金融市场的一个独立组成部分，在促进金融市场发展方面发挥了重要作用。

随着市场需求的不断增加，黄金市场也从单纯的现货市场发展出了各种衍生品市场。黄金远期、黄金期货、黄金期权、交易所上市黄金基金（黄金 ETF）等市场不断出现。

随着黄金市场的发展，现代黄金市场具有以下几个特点：

第一，全球一体化的程度加强。现代黄金市场已基本实现了全球 24 小时交易，世界各地的市场参与者都可以通过互联网等先进的科技和通信手段随时进入市场进行交易。

第二，美国、英国黄金市场仍是影响全球的主要黄金市场。英国伦敦的每日定盘价、美国芝加哥商品交易所（COMEX）主力合约价格影响着全球黄金价格的走势。

第三，黄金衍生品发展迅速。特别是交易所上市黄金基金（黄金 ETF）近年来发展迅速。世界上最大的交易所上市黄金基金（SPDR Gold Shares）目前已经是世界上最大的黄金 ETF，至 2011 年底其持仓量已超过了世界上大多数国家的黄金储备。

第四，黄金交易特别是黄金衍生品交易从场外向场内交易转移。国际金融危机中，场外衍生品市场对美国及全球整个金融系统带来了巨大的破坏性影响。金融市场监管者开始反思场外衍生品市场的交易和清算监管模式。危机暴露了场外衍生品市场的严重问题：交易对手的道德风险；结算、存管等的信用风险；交易报告及数据缺失；定价、风险评估和担保缺乏透明性；监管缺失；等等。2009 年以美国为首的国家开始提出全面改革金融监管法案。2010 年 7 月，美国颁布了《华尔街改革与消费者保护法》，又称《多德—弗兰克法》。该法对贵金属在内的场外保证金交易进行了限制，要求场外贵金属衍生品交易在场内集中清算。

正是国际金融危机后，场外黄金衍生品市场的弊端被逐渐认识，根据美国《多德—

弗兰克法》的要求，黄金衍生品交易也逐渐从场外向场内转移。

第二节　黄金市场的交易

黄金市场交易包括交易主体、交易方式、交易品种和交易市场等内容。

一、市场交易主体

黄金市场参与者主要有实物黄金的供需者、投资者等。

（一）实物黄金的供需者

黄金矿产企业、黄金精炼厂等产金企业通过黄金市场销售其生产出的黄金，也通过黄金市场的交易对其已生产出的或将来要生产出的黄金进行套期保值。

黄金工业企业、黄金首饰企业、牙科等医疗企业等用金企业则通过黄金市场购买黄金用于企业的生产制造，也通过黄金市场的交易对金原料进行套期保值。

（二）投资者

1. 组合投资者。传统投资组合中往往包含股票、债券和现金，这类组合期望通过分散投资来降低组合风险。事实上，当市场处于熊市或经济衰退时，这样组合很难真正分散风险。黄金价格与多数股票或债券指数表现为负相关性或不相关，这意味着黄金产品能够有效地降低风险提高收益。对冲基金等组合投资者通常在其组合中配入黄金以降低投资组合风险。

2. 投机者。以投机为目的的投资者通常通过低买高卖赚取收益，按照投机者持有合约时间的长短，可分为趋势交易者、当日交易者等。趋势交易者通常持有合约数日或数周、数月以上，待价格变化有利时，再将合约平仓。当日交易者则在交易当天完成开仓和平仓。投机者为市场提供了流动性。

3. 套期保值者。黄金市场的套期保值者是通过黄金市场现货和期货市场同时进行两个数量相等方向相反的买卖交易以减少手中已有的处于风险暴露的黄金现货实物价格风险的投资者。黄金产用金企业是黄金市场的主要套期保值者。

二、市场的交易方式和交易品种

（一）交易方式

按交易价格形成机制不同可以分为竞价交易方式和询价交易方式。

竞价交易是指交易双方都报价，按照"价格优先、时间优先"的原则，将买卖报价进行撮合配对，当买方的最高价与卖方的最低价一致时形成交易价格的交易方式。目前，竞价交易主要在交易所场内进行。询价交易是指交易主体双方通过询问、磋商等方式达成一致价格的交易方式。商业银行柜台交易属于询价交易方式。

（二）交易品种

交易品种有黄金现货、黄金远期、黄金期货、黄金期权、黄金 ETF。

1. 黄金现货。黄金现货是指买卖双方在成交后约定的几个交易日内按照约定的价格完成黄金清算、交割的交易品种。黄金现货一般是指金条、金锭等实物实际发生交割的交易。

【例1】2012年2月2日，投资者A在上海黄金交易所以355元/克的价格购入了一手现货黄金交易品种Au99.99。Au99.99一手为1 000克成色为99.99%的黄金。上海黄金交易所出库费为2元/千克。投资者B在上海黄金交易所以355元/克的价格卖出一手现货黄金交易品种Au99.99。交易所撮合系统将投资者A和B配对成交。

投资者A购买一手现货黄金交易品种Au99.99须支付的总数 = 355 × 1 000 + 2 = 355 002元。

其中，355 × 1 000 = 355 000元在2月2日下单时被交易所冻结，在2月2日清算时从投资者A的账户划转到投资者B的账户。

2月2日清算时，一手现货黄金交易品种Au99.99的货权从投资者B的账户划入了投资者A的账户。

2月2日，上海黄金交易所清算完毕后，投资者A和B的黄金现货交易完成。2元的出库费在投资者A从上海黄金交易所指定金库实际提取黄金时支付。

如果以上现货交易没有在上海黄金交易所交易，其实质是投资者A和B进行的现金和黄金互换的交易。在此例中，投资者A和B的黄金现货交易中，上海黄金交易所承担了交易中介的作用，保证了双方交易的顺利完成。

2. 黄金远期。黄金远期是指买卖双方在签订合约后按约定时间在远期按照约定的价格完成黄金清算、交割的交易品种。黄金远期通常是非标准化的，是交易双方按照自身需要量身定做的。

3. 黄金期货。黄金期货是指买卖双方签订合约在未来某一时点按照约定的价格完成黄金清算、交割的标准化合约。

由于黄金具有较高的储藏成本，因而一般来说黄金期货较黄金现货都会有所升水。升水（contango）是相对于贴水（backwardation）而言，是指远期价格较现货价格高。通常情况下，由于利率以及储藏成本，期货都会较现货有所升水。

黄金期货的价格可以用以下公式计算：

（1）仓储费用以百分比的形式计算：

$$F = S \times e^{(r+c)}$$

式中：F为黄金期货价格；S为黄金现货价格；r为无风险利率；c为仓储费率。

（2）仓储费用以现期支付现金形式计算：

$$F = (S + C) \times e^{r}$$

式中：F为黄金期货价格；S为黄金现货价格；r为无风险利率；C为现期要支付的仓储费用。

【例2】2012年4月1日，现货黄金价格为1 600美元/盎司，一年期无风险利率为2.5%。

问题1：若一年期储藏成本为0.1%，请问一年后到期的黄金期货的价格是多少？

一年后到期的黄金期货价格 $F = 1\,600 \times e^{(2.5\% + 0.1\%)} = 1\,642.15$ 美元/盎司

问题 2：若买入期货当天需支付黄金一年的仓储费用为 10 美元，请问一年后到期的黄金期货的价格是多少？

一年后到期的黄金期货价格 $F = (1\,600 + 10) \times e^{2.5\%} = 1\,650.76$ 美元/盎司

黄金期货在交易所中交易，黄金期货买卖双方的交易对手方都是交易所，买卖双方须向交易所交纳一定的保证金以保证合约到期后能够执行。投资者保证金账户中的资金可以分为交易保证金和结算保证金。交易保证金是指投资者参与交易被冻结的保证金部分，结算保证金是指为了交易清算，投资者在交易所保证金账户中存入的、未被合约交易占用的资金。投资者参与黄金期货合约交易时，需按交易所初始保证金比例要求在其保证金账户中存入不低于初始保证金的资金。交易所通过逐日盯市制度每日对买卖双方的保证金进行结算，即在每个交易日结束之后，交易所根据结算价对每笔交易盈亏数额进行核算，按照盈亏调整交易双方的保证金，当保证金低于最低要求时，交易所通知该会员在限期内缴纳追加保证金以达到维持保证金水平，否则不能参加下一交易日的交易。

$$黄金期货合约当日盈亏 = \sum[(卖出成交价 - 当日结算价) \times 卖出量] +$$
$$\sum[(当日结算价 - 买入成交价) \times 买入量] +$$
$$(上一日交易结算价 - 当日结算价) \times$$
$$(上一交易日卖出持仓量 - 上一交易日买入持仓量)$$

【例 3】2012 年 1 月 12 日，投资者 A 以 1 650 美元/盎司买入了一手一年后到期的黄金期货，一手黄金期货合约为 100 盎司，初始保证金为 10%，维持保证金为 8%，交易保证金为 5%。

问题 1：投资者购买合约当天需要存入多少初始保证金，在其保证金账户中作为交易保证金被冻结的有多少？

初始保证金 = 黄金期货价格 × 所持数量 × 初始保证金比例
　　　　　 = $1\,650 \times 100 \times 10\%$
　　　　　 = 16 500（美元）

交易保证金 = 黄金期货价格 × 所持数量 × 交易保证金比例
　　　　　 = $1\,650 \times 100 \times 5\%$
　　　　　 = 8 250（美元）

问题 2：投资者在其保证金账户中存入了 17 000 美元，请问其结算保证金为多少？

结算保证金 = 保证金账户资金余额 - 交易保证金
　　　　　 = $17\,000 - 8\,250$
　　　　　 = 8 750（美元）

问题 3：2012 年 1 月 12 日，投资者 A 买入的黄金期货合约结算价为 1 650 美元/盎司，当日收盘时价格上涨，结算价为 1 700 美元/盎司，问投资者当日盈亏是多少？

由于投资者是黄金期货合约的买方，买入的黄金期货价格上升，投资者账户处于盈

利状态。

$$黄金期货合约当日盈亏 = \sum [(卖出成交价 - 当日结算价) \times 卖出量] +$$
$$\sum [(当日结算价 - 买入成交价) \times 买入量] +$$
$$(上一日交易结算价 - 当日结算价) \times$$
$$(上一交易日卖出持仓量 - 上一交易日买入持仓量)$$
$$= (1\ 700 - 1\ 650) \times 100$$
$$= 5\ 000(美元)$$

问题4：2012年1月12日清算后，投资者保证金账户资金余额为多少？

$$投资者保证金账户资金余额 = 前日保证金余额 + 黄金期货合约当日盈亏$$
$$= 17\ 000 + 5\ 000 = 22\ 000\ (美元)$$

问题5：2012年1月13日，黄金价格下跌，当日结算价为1 550美元/盎司，问该投资者是否需要追加保证金？如果需要追加的话应该加多少？

$$1月13日黄金期货合约当日盈亏 = \sum [(卖出成交价 - 当日结算价) \times 卖出量] +$$
$$\sum [(当日结算价 - 买入成交价) \times 买入量] +$$
$$(上一日交易结算价 - 当日结算价) \times$$
$$(上一交易日卖出持仓量 -$$
$$上一交易日买入持仓量)$$
$$= (1\ 550 - 1\ 700) \times 100$$
$$= - 15\ 000(美元)$$

$$1月13日投资者保证金账户资金余额 = 前日保证金余额 + 黄金期货合约当日盈亏$$
$$= 22\ 000 - 15\ 000$$
$$= 7\ 000\ (美元)$$

$$1月13日投资者维持保证金 = 当日结算价 \times 买入量 \times 维持保证金率$$
$$= 1\ 550 \times 100 \times 8\%$$
$$= 12\ 400\ (美元)$$

由于投资者保证金账户资金余额7 000美元＜投资者维持保证金12 400美元，因而投资者需要追加保证金。

追加保证金的数额需至少要大于等于投资者保证金账户资金余额与投资者维持保证金之差。

$$追加保证金数额 = 投资者保证金账户资金余额 - 投资者维持保证金$$
$$= 12\ 400 - 7\ 000$$
$$= 5\ 400\ (美元)$$

4. 黄金期权。黄金期权是指期权的持有人在未来某一约定时间按照约定的价格买入或者卖出相关黄金合约的权利。期权的买方通过支付期权费而拥有按照约定进行交易的权利而无义务，期权的卖方通过收取期权费而只有义务没有权利。

按照期权基础资产的不同，黄金期权分为黄金现货期权、黄金期货期权以及黄金

ETF 期权等，其中黄金期货期权较为常见。

按照执行时间的不同，黄金期权又分为欧式期权和美式期权。欧式黄金期权是指只能在期权到期日执行的黄金期权。美式黄金期权是指可以在期权到期日之前任何时点执行的黄金期权。在美国纽约商品交易所（COMEX）交易的黄金期权是基于黄金期货的美式期权合约。

按照期权购买者对未来黄金价格预期的不同，黄金期权可分为看涨黄金期权和看跌黄金期权。看涨期权，期权的购买者对黄金未来价格是看涨的，当未来黄金现货价格超过黄金期权执行价格时，期权买方选择执行该黄金期权获利。反之，看跌期权，期权购买者对黄金未来价格是看跌的，当未来黄金现货价格低于黄金期权执行价格时，期权买方选择执行该黄金期权获利。

当黄金现货价格超过黄金期权执行价格时，这一黄金期权被称为实值期权。如果黄金现货价格小于黄金期货执行价格时，这一黄金期权被称为虚值期权。如果黄金现货价格等于黄金期货执行价格时，这一黄金期权被称为平值期权。

对于看涨期权而言：

看涨期权买方的盈亏 = max[未来现货黄金价格 − 黄金期权的执行价格, 0] − 期权费

看涨期权买方的盈亏平衡点（见图 8 − 1）：未来现货黄金价格 − 黄金期权执行价格 − 期权费 = 0 时，即当未来现货黄金价格 = 黄金期权执行价格 + 期权费时。

看涨期权买方的损益 = max[未来现货黄金价格 − 黄金期权的执行价格, 0]

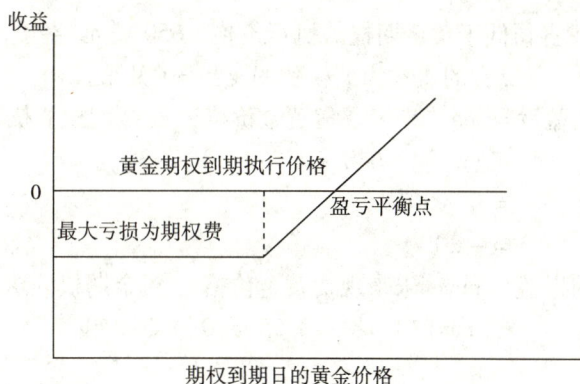

收益

黄金期权到期执行价格

0

盈亏平衡点

最大亏损为期权费

期权到期日的黄金价格

图 8 − 1　看涨期权的买方损益

看涨期权卖方的盈亏 = 期权费 − max[未来现货黄金价格 − 黄金期权的执行价格, 0]

看涨期权卖方的盈亏平衡点（见图 8 − 2）：期权费 − 未来现货黄金价格 − 黄金期权的执行价格 = 0 时，即当未来现货黄金价格 = 黄金期权执行价格 + 期权费时。

看涨期权卖方的损益 = − max[未来现货黄金价格 − 黄金期权的执行价格, 0]

从看涨期权买卖双方的损益图可以看出，期权买方通过支付期权费而获得了收益不

收益

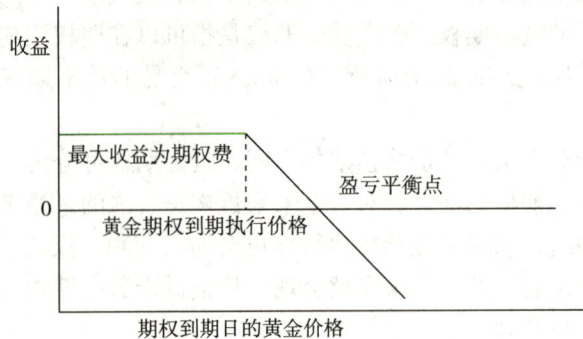

图8-2 看涨期权的卖方损益

封顶但损失有限的选择权，而期权卖方通过收取期权费而具有收益有限而损失可能无限的义务。

下面以一个例子来说明看涨黄金期权盈亏及损益的计算方法。

【例4】投资者B在2012年2月1日以30美元的期权费购入一份在一个月后到期以1 650美元/盎司执行的看涨欧式期权，当前黄金价格为1 600美元/盎司。

(1) 若1个月以后黄金价格为1 640美元/盎司，期权买卖双方的损益以及盈亏是多少?

由于1 640美元/盎司低于黄金期权的执行价格1 650美元/盎司，投资者放弃执行期权，期权的损益为0，投资者的盈亏为期权费的支出30美元。

$$
\begin{aligned}
\text{看涨期权买方的盈亏} &= \max[\text{未来现货黄金价格} - \text{黄金期权的执行价格}, 0] - \text{期权费} \\
&= \max[(1\ 640 - 1\ 650), 0] - 30 \\
&= 0 - 30 \\
&= -30
\end{aligned}
$$

$$
\begin{aligned}
\text{看涨期权买方的损益} &= \max[\text{未来现货黄金价格} - \text{黄金期权的执行价格}, 0] \\
&= \max[(1\ 640 - 1\ 650), 0] \\
&= 0
\end{aligned}
$$

$$
\begin{aligned}
\text{看涨期权卖方的盈亏} &= \text{期权费} - \max[\text{未来现货黄金价格} - \text{黄金期权的执行价格}, 0] \\
&= 30 - \max[(1\ 640 - 1\ 650), 0] \\
&= 30
\end{aligned}
$$

$$
\begin{aligned}
\text{看涨期权卖方的损益} &= -\max[\text{未来现货黄金价格} - \text{黄金期权的执行价格}, 0] \\
&= -\max[(1\ 640 - 1\ 650), 0] \\
&= 0
\end{aligned}
$$

(2) 该黄金期权的盈亏平衡点时，未来现货黄金价格是多少?

当该黄金期权达到盈亏平衡点时:

未来现货黄金价格 = 黄金期权执行价格 + 期权费

$$= 1\ 650 + 30$$

$$= 1\ 680\ （美元/盎司）$$

（3）若 1 个月以后黄金价格为 1 700 美元/盎司，期权买卖双方的损益以及盈亏是多少?

看涨期权买方的盈亏 = max[未来现货黄金价格 − 黄金期权的执行价格,0] − 期权费

$$= max[(1\ 700 − 1\ 650),0] − 30$$

$$= 20$$

看涨期权买方的损益 = max[未来现货黄金价格 − 黄金期权的执行价格,0]

$$= max[(1\ 700 − 1\ 650),0]$$

$$= 50$$

看涨期权卖方的盈亏 = 期权费 − max[未来现货黄金价格 − 黄金期权的执行价格,0]

$$= 30 − max[(1\ 700 − 1\ 650),0]$$

$$= 30 − 50$$

$$= − 20$$

看涨期权卖方的损益 = − max[未来现货黄金价格 − 黄金期权的执行价格,0]

$$= − max[(1\ 700 − 1\ 650),0]$$

$$= − 50$$

对于看跌期权而言：

看跌期权买方的盈亏 = max[黄金期权的执行价格 − 未来现货黄金价格,0] − 期权费

看跌期权买方的盈亏平衡点（见图 8−3）：黄金期权的执行价格 − 未来现货黄金价格 − 期权费 = 0 时，即当未来现货黄金价格 = 黄金期权执行价格 − 期权费时。

看跌期权买方的损益 = max[黄金期权的执行价格 − 未来现货黄金价格,0]

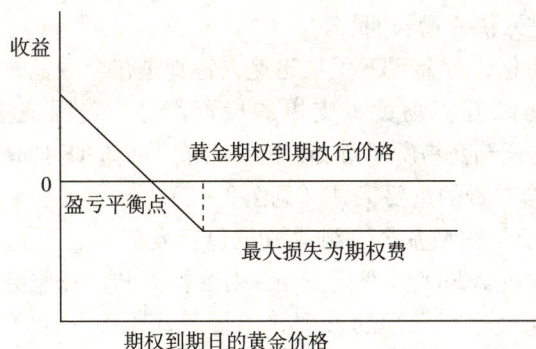

图 8−3 看跌期权的买方损益

看跌期权卖方的盈亏 = 期权费 − max[黄金期权的执行价格 − 未来现货黄金价格,0]

看跌期权卖方的盈亏平衡点（见图 8−4）：期权费 − （黄金期权的执行价格 − 未来

现货黄金价格）=0时，即当未来现货黄金价格=黄金期权执行价格-期权费时。

看跌期权卖方的损益 = - max[黄金期权的执行价格 - 未来现货黄金价格,0]

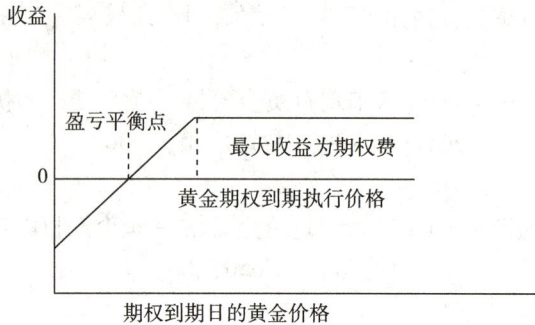

图8-4 看跌期权的卖方损益

从看跌期权买卖双方的损益图可以看出，期权买方通过支付期权费而获得了降低损失的选择权，而期权卖方收取期权费而有承担损失的义务。

5. 黄金ETF（交易所上市黄金基金）。黄金ETF，即交易所上市黄金基金，是一种以实物黄金为基础资产，追踪现货黄金价格的金融衍生产品，其收益情况与黄金收益挂钩。黄金ETF通常以1/10盎司黄金为一基金单位，每单位的净资产价格等于1/10盎司现货黄金价格减去应计的管理费用。

2003年世界上第一只黄金ETF——Gold Bullion Securities在澳大利亚交易所上市。由于澳大利亚并不属于世界经济中心，再加上人们对黄金ETF还不熟悉，该产品在当时并未受到投资者的追捧。直到2004年美国StreetTracks Gold Trust基金在纽约证券交易所上市后，黄金ETF才真正被人们熟知并引起广泛关注。随后，英美等国纷纷推出黄金ETF，黄金ETF市场进入快速增长期。

随着金融创新的深化，黄金ETF发展迅速，特别是在金融危机爆发，去杠杆化浪潮开始后，投资者更为青睐有实物黄金支撑的投资产品，美国证券交易所上市交易的iShare Gold Trust，纽约证券交易所上市交易的spdr等黄金ETF持仓量和交易量激增。黄金ETF已经成为了黄金投资的重要工具（见图8-5）。

黄金ETF一般属于契约型基金，组成成员包括发起人、受托人、保管人等。黄金ETF的发起人负责设立黄金ETF及登记份额，对受托人和信托服务的监督等。受托人是基金管理人，负责对基金进行日常的管理并记录运营流程和计算资产净值，其权限包括：出售基金持有的黄金资产以偿付基金管理费用，计算基金净资产价值和每基金份额净资产价值，接受申购赎回的指令创设黄金ETF，监督保管人等。保管人是实物黄金的托管人，负责保管投资人在申购一揽子基金份额时存入的黄金。市场代理商为基金持续出具市场开发计划、进行基金战略研究等（见图8-6）。

在一级市场中，申购时，投资者将实物黄金交给黄金ETF受托人，黄金ETF受托人

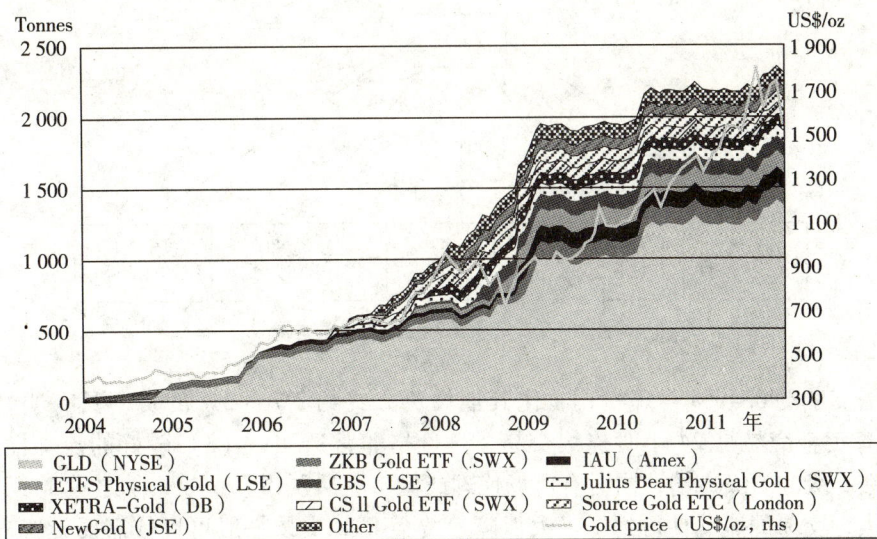

资料来源:世界黄金协会。

图8-5 截至2011年底全球主要黄金ETFs基金持有黄金情况

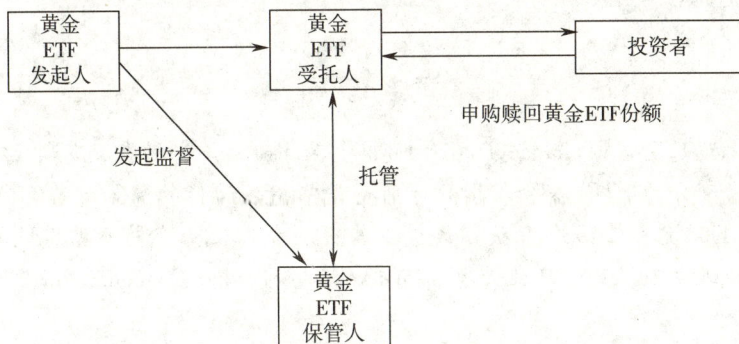

图8-6 黄金ETF一级市场申购赎回

将其转化为黄金ETF份额给投资者,投资者完成黄金ETF的申购。赎回时,投资者将黄金ETF份额交给黄金ETF受托人,黄金受托人将对应ETF份额的实物黄金给投资者,投资者完成黄金ETF的赎回。

在二级市场中黄金ETF像股票一样在交易所进行交易,在投资者之间进行买卖。二级市场中投资者卖出的黄金ETF可以是投资者在二级市场中通过交易获得,也可以是通过一级市场申购将实物黄金转化为黄金ETF份额获得。投资者在二级市场买入黄金ETF后,可在二级市场中卖出获利,也可通过一级市场赎回,将黄金ETF份额转化为实物黄金(见图8-7)。

黄金ETF具有交易成本低、流动性强且价格透明等特点。具体而言,包括:(1)交易成本低。一般而言,投资者购买黄金ETF可免去黄金的保管费、储藏费和保险费等费

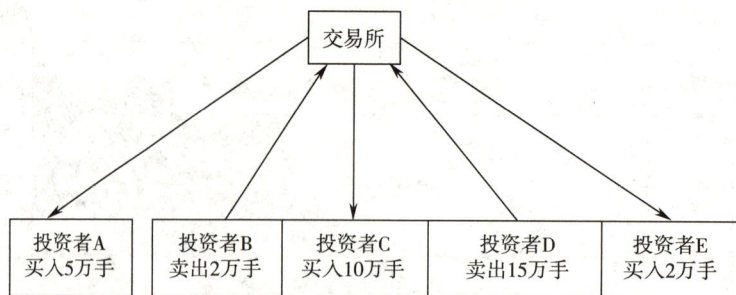

图 8-7　黄金 ETF 二级市场交易

用，只需交纳约 0.40% 管理费用，比其他投资方式约 2%～3% 的费率具有明显优势；（2）全球黄金交易是 24 小时连续交易，且价格非常透明；（3）较好的流动性。黄金 ETF 存在一级和二级市场，同时有市场代理或做市商活跃市场交易，加之黄金 ETF 市场存量巨大，交易的流动性得到了极大保障。黄金 ETF 交易一般可以依需要设置市价单、限价单和止损单，有些黄金 ETF 还可以卖空并提供保证金交易选择。黄金 ETF 灵活的交易手段吸引了各种类型的投资者参与交易，成为黄金 ETF 流动性的重要来源。

【专栏 8-1】

黄金 ETF

交易所上市基金（Exchange Traded Funds，ETFs），是一种在交易所上市交易的开放式基金。大部分的 ETFs 基金以指数特别是股票指数为标的，如标普 500ETF、上证 50ETF 等。ETFs 最早在 1989 年被创设，以其交易成本低、交易价格透明等优点为投资者所青睐。近年来，交易所上市商品（Exchange Traded Commodity）是交易所产品创新的趋势之一。

黄金 ETF，即交易所上市黄金基金，是一种以实物黄金为基础资产，追踪现货黄金价格的金融衍生产品，其收益情况与黄金收益挂钩。黄金 ETF 是近年国际黄金市场具有代表性的创新产品，已经成为黄金市场最为重要的投资工具之一。2003 年 3 月，第一只黄金 ETF——Gold Bullion Securities（GBS）在澳大利亚证券交易所上市。2004 年 3 月第二只黄金 ETF 在伦敦证券交易所推出，随后在欧洲市场交叉上市。2004 年 11 月，SPDR Gold Shares 黄金 ETF 在纽约证券交易所上市，交易代码为 GLD。截至 2012 年 11 月 16 日，SPDR Gold Shares 已经是世界上最大的黄金 ETF，也是最大的 ETF，其管理的黄金资产超过了 1 342 吨，合计超过 739 亿美元。黄金 ETF 发展迅速，现在至少有 13 种黄金 ETF 产品在世界各地 16 家证券交易所上市。

资料来源：*Exchange Traded Funds*（ETFs），世界黄金协会官方网站，http://www.gold.org.

三、国际黄金市场

黄金市场分为国内黄金市场和国际黄金市场两部分，国内黄金市场的内容我们将在第四节作详细介绍，这里主要介绍国际黄金市场。

（一）黄金市场的划分方式和类型

根据黄金市场的覆盖区域、交易品种、监管方式的区别，可以有以下分类：

1. 按覆盖区域分，黄金市场可分为国际性的黄金市场和区域性的黄金市场。国际性的黄金市场是指进行国际性的集中交易，形成价格影响全球黄金定价的市场。区域性的黄金市场是指进行区域性的集中交易，对其他黄金市场影响较小，本市场黄金价格形成受国际黄金价格影响的市场。国际性的黄金市场主要有英国黄金市场和美国黄金市场，区域性的黄金市场主要有中国香港黄金市场等。

2. 按交易品种分，黄金市场可以分为黄金现货市场和黄金衍生品市场。黄金衍生品市场又分为黄金远期市场、黄金期货市场、黄金期权市场等。

3. 按监管程度分，黄金市场可分为自由黄金市场和管制黄金市场。自由黄金市场是指黄金交易可以自由进行的市场，如居民和非居民可以自由买卖、黄金进出口完全放开的市场等。管制黄金市场是指黄金交易受到一定限制的黄金市场，如只准非居民进行黄金买卖或是只准居民进行黄金买卖的市场、黄金进出口受到限制的黄金市场等。

（二）主要国际黄金市场

1. 英国黄金市场。英国伦敦黄金市场是世界上最大的场外黄金市场。伦敦黄金市场以现货黄金交易为主，在金融创新浪潮影响下，出现了黄金远期、期权等黄金产品。伦敦黄金市场没有固定的交易场所，是买卖双方通过电话、传真、网络进行交易。伦敦市场最早的交易可以追溯至 1684 年。1919 年 9 月 12 日伦敦市场引入黄金定盘价机制，由参与定价的银行在参考价的基础上，报出在此价位上各自的买卖量，综合所有定价银行的买卖量情况，定出一个能促使当时供求关系平衡的价格，即定盘价，作为整个黄金市场的价格参考。伦敦市场每日上午 10 点 30 分和下午 3 点分别两次对黄金进行定价，即上午定盘价和下午定盘价。随着黄金市场的发展，定价行有所变化，但基本都是国际上具有影响力的大黄金银行。1980 年以后，通货膨胀、国际局势紧张，黄金上升到了 850 美元/盎司，黄金市场引起了全世界的关注。伦敦市场也由区域化的市场转变成国际化的市场。随着伦敦市场参与者的增多，1986 年英国颁布了《金融服务法》，伦敦金银市场协会（LBMA）也于 1987 年应运而生。伦敦金银市场协会（LBMA）是这一市场的行业自律性组织，该协会组织形式是会员制，分为做市商会员、普通会员和附属会员三种。随着伦敦黄金市场的发展，协会会员结构也由原来的英国本土机构发展为更为国际化多元化。会员主要由商业银行、投资银行、经纪商、矿产企业、精炼企业、珠宝商和金商等构成，此外伊斯坦布黄金交易所（IGE）、迪拜多种商品交易中心（DMCC）、芝加哥商业交易所（CME）等也是伦敦金银市场协会的附属会员。伦敦金银市场协会通过制定交易规则、协会章程、交割规则、结算规则等法规，负责交易的运作与管理，提供交易的保障并负责监管。伦敦金银市场协会作为行业自律组织指导和规范伦敦场外市场交易，进行行业自律和相关的质量认证，就税收和监管等问题与政府协调沟通。伦敦金银市场协会在英国黄金市场中的自律和监管作用极为重要，是英国无形的黄金市场与英国金融服务局等监管机构沟通的主要桥梁。遍布世界各地的市场参与者通过伦敦金银市场协会会员或是会员与会员之间在路透、EBS 等电子交易平台进行询价，根据自身需求灵活地确定合约内容，完成交易。

2. 美国黄金市场。美国黄金市场以黄金期货和期权交易为主，是全球最大的黄金期货、期权交易中心。目前，美国黄金期货主要在纽约商业交易所（New York Mercantile Exchange，NYMEX）的纽约商品交易所分部（Commodity Exchange，COMEX）进行交易。COMEX 成立于 1933 年，1974 年 12 月 31 日开始黄金期货交易，1982 年开始黄金期权交易，1994 年并入纽约商业交易所 NYMEX，21 世纪初交易所并购潮中，与 NYMEX 一起成为芝加哥商业交易所集团（CME Group）下的交易所。COMEX 的黄金期货合约单位为 100 盎司，报价单位为美元/盎司，最小价格波动为 0.10 美元/盎司。COMEX 交易每份黄金期权对应一份黄金期货，为美式期权，可以在到期日前任何时间执行。交易方式除保留了传统的现场喊价，还有电子盘交易。在 2008 年金融危机后，场内有监管的标准化交易被投资者所重视，美国场内黄金交易的交易量也有上升之势。美国 COMEX 期金连续报价，其主力合约价格影响着全世界其他黄金市场的价格走势。

3. 日本黄金市场。日本黄金交易主要在东京工业品交易所（TOCOM）进行。东京工业品交易所的黄金期货价格在一定程度上反映了亚洲黄金市场价格走势。东京工业品交易所成立于 1984 年 11 月，主要提供黄金期货和期权的交易品种。东京工业品交易所黄金期货合约有每手为 1 千克的标准黄金期货合约和每手 100 克的迷你黄金期货合约；黄金期权是基于其黄金期货的期权。近年来东京工业品交易所的黄金期权交易不活跃，但其黄金期货的交易量排在世界前列。

4. 印度黄金市场。印度是世界上最大的黄金消费国之一。印度大宗商品交易所（MCX）是印度黄金交易的主要交易所。印度大宗商品交易所成立于 2003 年 11 月 10 日。由于印度黄金需求主要来源于黄金进出口商的套期保值，印度大宗商品交易所主要提供的是黄金期货合约，挂牌了四种期货合约，包括：1 千克/手的标准黄金期货合约 Gold、100 克/手的中型合约 Gold M、8 克/手的 Gold Guinea 黄金期货合约和 1 克/手 Gold Petal。Gold Petal 是目前全球交易单位最小的黄金期货合约。

5. 香港黄金市场。香港黄金市场由"本地伦敦金市场"、黄金场内现货市场以及黄金期货三个子市场构成。"本地伦敦金市场"是指在香港本地交易英国伦敦交收的场外黄金市场。加拿大丰业银行（Bank of Nova Scotia – Scotia Mocatta）、南非标准银行（Standard Bank of South Africa）等伦敦主要金商是香港本地伦敦金主要的做市商。买卖双方通过电话、电报和互联网等通信方式直接议价。香港现货黄金场内市场是以金银业贸易场为代表的，其会员主要为本地金商。投资者可以选择现货交收，也可以通过支付仓费延期交收。香港金银业贸易场采取公开叫价的交易模式。近年来，香港金银业贸易场还引入伦敦本地金的交易，主要是会员和客户之间以美元/盎司报价，会员到贸易场内报备，吸引场外投资者。近两年来，大量的内地资金通过香港金银业贸易场会员进入场内交易，金银业贸易场交易量大幅增长。2008 年 10 月 20 日，香港期货交易所推出黄金期货场内交易，但目前市场交易不是很活跃。

第三节 中国黄金市场

新中国成立以后，我国黄金实行统购统配的体制。2001 年上海黄金交易所成立标志着中国黄金市场改革开放。近年来，中国黄金市场发展较快，黄金价格完全由市场形成，市场功能发挥良好。中国黄金市场形成了由上海黄金交易所和上海期货交易所构成的场内市场与以商业银行为主的场外市场互补的多层次格局。

一、新中国黄金市场发展情况

改革开放以前，我国黄金生产和流通体制经历了两个阶段：第一阶段是 1949 年至 1956 年，国家对黄金实施较严格的管制，金矿归国家所有，实行黄金统一价格。第二阶段是 1957 年至 1992 年，国家实行统购统配体制，黄金生产纳入统一的国家计划，黄金行业实行全国集中统一管理。

在黄金管制时期，黄金生产企业产出的黄金须交售人民银行，如果交售价格低于国际金价，不利于调动产金企业的积极性；如果高于国际金价，就会出现像 1997 年黄金收购量超常增长的情况，即境外黄金非法走私入境交售中央银行，使中央银行蒙受经济损失。与此同时，由于缺乏风险转移机制，产金企业还不得不承担由于金价起伏所带来的巨大风险。

在中国经济体制市场化改革的大背景下，黄金市场的开放成为大势所趋。2000 年 3 月 27 日，国务院发展研究中心提出"取消统购统配，实现市场配置黄金资源，建立新型的市场化黄金流通体系"。2001 年 4 月，黄金"统购统配"的计划管理体制取消，组建黄金交易所。同年 8 月 1 日，足金饰品价格放开。2001 年 11 月 28 日，经国务院批准，由中国人民银行组建的上海黄金交易所开始模拟运行，108 家产金、用金及流通企业成为上海黄金交易所的首批会员。2002 年 10 月 30 日上海黄金交易所正式开业，中国人民银行停止黄金配售业务，并在较短时期内停止黄金收购，中国的黄金价格完全由市场决定。至此，中国的黄金市场改革初步完成。

中国黄金市场改革开放以来，国内价格与国际接轨，交易品种不断增加，交易机制日趋完善，交易规模不断扩大，市场投资功能进一步深化，市场参与主体更加多元化，市场国际化程度不断提高。

二、中国黄金市场概况

目前，中国黄金市场形成了多层次场内场外互补的格局，即由上海黄金交易所黄金现货市场和上海期货交易所黄金期货市场构成的中国黄金场内市场与由商业银行柜台市场和金店零售市场共同组成的中国黄金场外市场互补的格局。

（一）中国黄金市场类型划分

按照交易场所不同，中国黄金市场可以分为交易所交易市场、商业银行柜台交易市场以及在工商局注册的金店零售市场。目前合法的交易所交易市场只有上海黄金交易所黄金现货交易市场和上海期货交易所期货交易市场。

商业银行的柜台交易市场受中国银行业监督管理协会的监督管理，商业银行作为做市商，作为交易者的对手方，向其他交易方提供黄金交易及其他黄金业务。

在工商局合法注册的金店作为黄金消费零售市场，提供黄金饰品等黄金消费产品。

（二）市场交易主体

中国黄金市场的参与者主要分为黄金供需方以及投融资者。

1. 黄金实物的供需方。产金冶炼企业和首饰、工业用金企业等通过黄金市场售金购金。此外，这些企业也通过黄金市场进行套期保值。这些企业也以黄金市场的价格以及在交易中获得的信息作为指导，作出本企业的生产计划。

2. 投融资者。商业银行、投资类机构是黄金市场的主要投融资交易主体。商业银行通过同时参与国内国际市场，使国内价格与国际价格走势一致，平衡国内黄金供需。2008 年开始，汇丰、渣打、澳新、摩根大通等国际商业银行也陆续进入中国黄金市场，并开展交易。信托公司等投资机构也开始进行黄金投资，中国黄金市场出现由这些机构设计和投资的各类黄金信托、投资组合中包含黄金的理财产品。

随着中国居民生活水平和可支配收入的提高以及对黄金作为投资品的认识的逐步加深，越来越多的个人投资者也开始投资和储存黄金。

（三）交易时间

中国黄金市场实现了交易时间上与国际接轨。交易所市场主要是周一到周五，其中上海黄金交易所除白天两个交易时段（9:00 到 11:30 和 13:30 到 15:30）外，还有夜市交易时段（21:00 到次日凌晨 2:30），时间与美国、欧洲等主要黄金市场的交易时间重合；上海期货交易所白天两个交易时段（9:00 到 11:30 和 13:30 到 15:00）。一些商业银行也为客户提供周一到周六几乎 24 小时的交易服务。

三、中国黄金市场交易品种简介

交易所市场方面，2001 年黄金市场刚改革开放时，上海黄金交易所只有两个黄金交易品种：Au99.95、Au99.99。上海黄金交易所又分别于 2003 年、2004 年、2006 年、2007 年推出延期交收品种 Au（T+5），延期交收品种 Au（T+D），现货实盘交易品种 Au100g，延期交收单双月品种 Au（T+N1）、Au（T+N2）等。至 2011 年底，上海黄金交易所交易品种共有八个：Au99.95、Au99.99、Au50g、Au100g、Au（T+5）、Au（T+D）、Au（T+N1）、Au（T+N2）。2008 年 1 月 9 日，黄金期货在上海期货交易所挂牌上市。

商业银行柜台场外市场方面，2003 年中国银行首先推出了账户黄金业务，工商银行、建设银行等也相继推出了账户黄金业务。随着黄金市场的需求不断多元化，商业银行又推出了自行开发或者代理销售的实物金条投资买卖的品牌金业务、黄金租借业务、黄金质押业务以及美元黄金期权、美元黄金掉期、人民币黄金远期等黄金衍生品业务。

（一）上海黄金交易所黄金交易品种

1. 上海黄金交易所黄金现货实盘交易品种。上海黄金交易所交易黄金现货实盘交易品种主要有Au99.95、Au99.99、Au100g和Au50g。其中Au99.99、Au100g和Au50g的黄金纯度为99.99%，重量分别为1 000克、100克、50克；Au99.95的黄金纯度为99.95%，重量为3 000克。个人客户只能交易Au99.95、Au99.99和Au100g。现货实盘黄金是全额交易的方式，即下单买入前必须根据交易所实时金价将足额资金存入其上海黄金交易所账户；下单卖出前其上海黄金交易所账户须有全部黄金现货，并在交易所登记托管。按照"价格优先，时间优先"竞价撮合成交后，实行T+0的清算速度办理资金清算。黄金过户，买方按照规定时间到指定仓库提取实物。

2. 上海黄金交易所黄金延期交收交易品种。上海黄金交易所黄金延期交收交易品种主要有Au（T+D）、Au（T+5）、Au（T+N1）、Au（T+N2），采取保证金的交易方式。Au（T+D）是指会员及客户可以选择合约交易日当天交割，也可以延期至下一个交易日进行交割，同时引入延期补偿费机制来平抑供求矛盾的一种现货交易模式。Au（T+N1）和Au（T+N2）是上海黄金交易所在现有Au（T+D）品种的延续和补充。Au（T+N）品种和Au（T+D）品种的交易规则在合约单位、交易单位、报价单位、最低保证金、每日价格最大波动限制、交割方式、交割标准、交收申报时间、中立仓申报时间和方式方面都完全相同，延期费支付的方式依然是按照交收申报量的对比来确定。

Au（T+N）品种和Au（T+D）品种不同的地方主要是在延期费支付时间和延期费率。在延期费支付时间方面，Au（T+D）品种采用每日支付延期补偿费的方式，而Au（T+N）品种则采用了两个月定期集中支付延期费的方式，根据支付日的单、双数月份分为Au（T+N1）和Au（T+N2）两个品种。其中，Au（T+N1）的延期费支付日为单数月份的最后交易日，Au（T+N2）的延期费支付日为双数月份的最后交易日。在延期费率方面，Au（T+D）品种目前的延期费率为按日支付，Au（T+N）品种的延期费率则按两个月支付一次，并在相对应的月末进行集中支付，这就意味着在延期费支付日之前的持仓无须支付延期补偿费。投资者通过Au（T+N）品种进行交易后，锁定了买卖黄金的价格，在延期费支付日前平仓不需要支付延期补偿费。

（二）上海期货交易所黄金期货

黄金期货合约是指由上海期货交易所统一制定的、规定在将来某一特定的时间和地点交割一定数量和质量黄金的标准化合约。上海期货交易所黄金期货是保证金交易，具有杠杆性。上海期货交易所黄金期货合约的交割月份为1～12月，即每月都有到期交割的合约。目前，个人不能进行交割，只能通过平仓交易来轧平头寸。

（三）商业银行黄金业务

1. 账户黄金。账户黄金，又称纸黄金，是商业银行面向普通投资者开办的一项交易黄金所有权凭证而非实物的实盘双边交易行为。纸黄金业务是一种场外询价柜台交易业务，交易一方各商业银行在交易时段内双边报价，对手投资者通过柜台、电话银行或网上银行与报价行进行交易。投资者只能在指定的资金账户收付款项不能提取黄金实物。

按照交易结算货币的币种不同，目前我国商业银行纸黄金产品又可分为人民币账户金和美元账户金两种。

2. 黄金租借。黄金租借业务，又称借金还金业务，是商业银行将持有的库存黄金借贷给其他商业银行或者产金用金企业并按合同约定数额收取租金利息，待合同到期时借入方以黄金实物方式归还债务的一种业务。黄金租借业务按照借贷对象不同，可分为商业银行之间的同业拆借和商业银行对产用金企业的对公租赁业务。

3. 黄金积存。黄金积存业务，是指商业银行客户在商业银行开立黄金积存账户，按商业银行标的黄金产品的固定重量或固定金额进行积存，商业银行根据客户的申请每月自动在其账户上扣除相应款项的业务。

4. 黄金寄售。黄金寄售业务，就是国外的商业银行将其黄金寄放在国内商业银行的金库中，由国内银行按照中国黄金管理相关法律法规，并根据国际黄金市场的价格、汇率变化等因素确定相应的价格，通过上海黄金交易所将黄金出售给黄金需求方。

【本章小结】

1. 黄金按其来源的不同和提炼后含量的不同大类上可分为生金和熟金。

2. 黄金市场是指黄金供求双方集中进行交易和兑换的机制。由于商品化属性的回归，黄金作为商品、投资品进入交易市场，黄金市场成为了金融市场的一个独立组成部分，促进了金融市场的发展。

3. 黄金市场交易包括交易主体、交易方式、交易品种和交易市场等内容。

4. 黄金市场参与者主要有实物黄金的供需者、投资者等；交易方式包括竞价交易方式和询价交易方式；交易品种包括黄金现货、黄金远期、黄金期货、黄金期权、黄金ETF等；交易市场可分为国内黄金交易市场和国际黄金交易市场。

5. 中国黄金市场形成了多层次场内场外互补的格局，即由上海黄金交易所黄金现货市场和上海期货交易所黄金期货市场构成的中国黄金场内市场与由商业银行柜台市场和金店零售市场共同组成的中国黄金场外市场互补的格局。

【本章重要概念】

黄金　黄金非货币化　黄金现货　黄金远期　黄金期货　黄金期权　黄金实值期权　黄金虚值期权　黄金平值期权　黄金ETF

【思考题】

1. 请简述黄金非货币化的过程。

2. 2012年5月1日，现货黄金价格为1 580美元/盎司，一年期无风险利率为2.5%。若一年期储藏成本15美元/盎司，请问一年后到期的黄金期货的价格是多少？

3. 2012 年 5 月 14 日，投资者以 1 550 美元/盎司卖出一手一年后到期的黄金期货，一手黄金期货合约为 100 盎司，初始保证金为 9%，维持保证金为 7%，交易保证金为 5%。

（1）投资者购买合约当天需要存入多少初始保证金，在其保证金账户中作为交易保证金被冻结的有多少？结算保证金为多少？

（2）若 5 月 15 日，黄金价格上涨至 1 600 美元/盎司，请问该投资者是否需要追加保证金？如果需要的话，需要追加多少？

4. 请简要说明欧式黄金期权和美式黄金期权的区别。

5. 某投资者在 2012 年 1 月 11 日以 50 美元的期权费买入一份在 3 个月后到期以 1 610 美元/盎司执行的看跌欧式期权。

（1）3 个月后期权到期时，黄金价格是多少才能达到该投资者的盈亏平衡点？

（2）若 3 个月以后黄金价格为 1 540 美元/盎司，期权买卖双方的损益（payoff）以及盈亏（profit）是多少？

6. 请简述中国黄金市场的多层次场内场外互补的格局。

【本章参考书】

1. 上海黄金交易所研究发展部编著：《黄金投资必读》，北京，经济日报出版社，2008。

2. 中国黄金协会、上海黄金交易所、上海期货交易所等编著：《2008 年中国黄金市场报告》、《2009 年中国黄金市场报告》、《2010 年中国黄金市场报告》、《2011 年中国黄金市场报告》。

3. 谢百三：《金融市场学》，北京，北京大学出版社，2009。

4. 王其博：《他山之石，可以攻玉——简析多德—弗兰克法案对我国贵金属行业的借鉴意义》，载《金市观察》，2010（10）。

5. 黄金 ETF 相关资料来源于世界黄金协会官方网站：http：//www. gold. org 以及 SPDR Gold ETF 官方网站 http：//www. spdrgoldshares. com。

第九章

债券市场

债券市场是发行和买卖债券的市场，它是金融市场的重要组成部分。本章对债券及债券市场的相关问题进行阐述，首先明确债券的概念和它的主要特征，对几种较为重要的债券类型进行详细介绍，并从债券市场的功能入手，分析债券市场所具有的融资功能、投资功能、优化资源配置功能和宏观调控功能；然后给出债券的价值确定公式，并结合国际上通行的做法，对债券的违约风险进行阐述；最后介绍债券市场的发行和流通问题。

第一节 债券市场概述

这一节主要介绍债券的概念、特征和债券的种类等内容，以期对债券市场有个概要的了解。

一、债券的含义与特征

（一）债券的含义

债券是政府、金融机构、工商企业等机构直接向社会借债筹措资金时，向投资者发行，并且承诺按一定的利率支付利息并按约定条件偿还本金的债权债务凭证。债券具有法律效力。债券购买者与发行者之间是一种债权债务关系，债券发行人为债务人，投资者（或债券持有人）为债权人。

作为债权债务凭证，债券上通常注明以下四个基本要素。

1. 债券的票面金额。债券的票面金额即借款的本金，是债券发行人承诺在债券到期日偿还给债券持有人的金额。不同的票面金额会影响债券的发行。如果票面金额过小，会增加发行债券的成本；如果票面金额过大，会影响小额投资者购买债券。另外，债券还会规定票面金额的币种。通常来看，在本国发行的债券通常以本国货币作为计量单位，在国际市场发行的债券通常以发行地货币或国际通用货币作为计量单位。

2. 债券的票面利率。债券的票面利率也称名义利率，是债券的利息与债券票面价值的比率，通常用百分数表示。债券的票面利率一般标注为年利率，因此，若债券的付款次数不是一年一次，债券的票面利率就不等于债券的实际收益率。债券发行人确定债券票面利率，主要考虑借贷市场的利率水平、筹资者资信、债券偿还期限长短、债券溢价发行还是折价发行等因素。

3. 债券的偿还期限。债券的偿还期限是债券从发行之日起至清偿本息之日止的时间。债券偿还期限在 1 年或 1 年以内的，称为短期债券；偿还期限在 1 年以上 5 年以下的，称为中期债券；偿还期限在 5 年以上的，称为长期债券。债券发行人确定债券偿还期限，主要考虑对资金需求的时限、未来市场利率的变化趋势和未来融资便利程度等因素。

4. 债券的发行人。债券的发行人是债券利息和本金偿还的义务主体。不同债券发行人的资信状况差别极大，因而债券发行人会对债券价值产生很大影响。如果债券发行人已经破产清算，尚未偿付的债券将失去投资价值。

（二）债券的特征

债券作为一种重要的融资手段和金融工具，具有如下特征：

1. 安全性。与股票相比，债券通常规定有固定的利率，与企业绩效没有直接联系，收益比较稳定，风险较小。此外，在企业破产时，债券持有者享有优先于股票持有者对企业剩余资产的索取权。

2. 收益性。债券的收益性主要表现在两个方面：一是投资债券可以给投资者定期或不定期地带来利息收入；二是投资者可以利用债券价格的变动，买卖债券赚取差额。

3. 偿还性。由于债券体现的是债权人与发行人之间的借贷关系，决定了债券必须是有期限的。债券在发行时必须明确其还本付息日期，并在到期日按约定条件偿还本金并支付利息。

4. 流动性。虽然债券到期时才能偿还本金，但在到期之前，债券一般都可以在流通市场上自由转让，具有很强的流动性，而这种流动性受所在国债券市场的发达程度、债券发行人的资信、债券期限的长短以及利息支付方式等因素的影响。

二、债券的种类

债券的种类繁多，按发行主体不同可分为政府债券、公司债券和金融债券三大类，而各类债券根据其要素组合的不同又可细分为不同的种类。

（一）政府债券

政府债券是指中央政府、政府机构和地方政府发行的债券，它以政府的信誉作保证，因而通常无须抵押品，其风险在各种投资工具中是最小的。

1. 中央政府债券。中央政府债券是中央政府财政部发行的以国家财政收入为保证的债券，也称为国家公债。其特点首先表现为一般不存在违约风险，故又称为"金边债券"；其次是可享受税收优惠，其利息收入可豁免所得税。

2. 政府机构债券。在美国、日本等不少国家，除了财政部外，一些政府机构也可发行债券。这些债券的收支偿付均不列入政府预算，而是由发行单位自行负责。有权发行债券的政府机构有两种：一是政府部门机构和直属企事业单位，如美国联邦住宅和城市发展部下属的政府全国抵押协会；二是虽然由政府主办却属于私营的机构，如联邦全国抵押贷款协会和联邦住宅抵押贷款公司。这些政府有关机构或政府资助企业具有某些社会功能，它们通过发行债券的经济部门增加信贷资金以及降低融资成本，其债券最终由中央政府作后盾，因而信誉也很高。

3. 地方政府债券。在多数国家，地方政府都可以发行债券，这些债券也是由政府担保，其信用风险仅次于国债及政府机构债券，同时也具有税收豁免特征。若按偿还的资金来源可分为普通债券（general obligation bonds）和收益债券（revenue bonds）两大类。普通债券是以发行人的无限征税能力为保证来筹集资金用于提供基本的政府服务，其偿还列入地方政府的财政预算；收益债券则是为了给某一特定的盈利建设项目筹资而发行的，其偿付依靠这些项目建成后的营运收入。

（二）公司债券

公司债券是公司为筹措营运资本而发行的债券，其合同要求不管公司业绩如何都应优先偿还其固定收益，否则将在相应破产法的裁决下寻求解决，因而其风险小于股票，但比政府债券高。公司债券的种类很多，通常可分为以下几类：

1. 按抵押担保状况可分为信用债券、抵押债券、担保信托债券和设备信托证。

信用债券（debenture bonds）是完全凭公司信誉，不提供任何抵押品而发行的债券。其持有者的求偿权排名于有抵押债权人对抵押物的求偿权之后，对未抵押的公司资产有一般求偿权，即和其他债权人排名相同，发行这种债券的公司必须有较好的声誉，一般只有大公司才能发行而且期限较短，利率较高。

抵押债券（mortgage bonds）是以土地、房屋等不动产为抵押品而发行的一种公司债券，也称固定抵押公司债券。如果公司不能按期还本付息，债权人有权处理抵押品以资抵偿。在以同一不动产为抵押品多次发行债券时，应按发行顺序分为第一抵押债券和第二抵押债券，前者对抵押品有第一置留权，首先得到清偿；后者只有第二置留权，只能待前者清偿后，用抵押品的剩余款偿还本息。

担保信托债券（collateral trust bonds）是以公司特有的各种动产或有价证券为抵押品而发行的公司债券，也称流动抵押公司债券。用做抵押品的证券必须交由受托人保管，但公司仍保留股票表决及接受股息的权利。

设备信托证（equipment trust certificates）是指公司为了筹资购买设备并以该设备为抵押品而发行的公司债券。发行公司购买设备后，即将设备所有权转交给受托人，再由受托人以出租人的身份将设备租赁给发行公司，发行公司则以承租人的身份分期支付租金，由受托人代为保管及还本付息，到债券本息全部还清后，该设备的所有权才转交给发行公司。这种债券常用于铁路、航空或其他运输部门。

2. 按利率可分为固定利率债券、浮动利率债券、指数债券和零息债券。

固定利率债券是指事先确定利率，每半年或一年付息一次，或一次还本付息的公司债券。这种公司债券最为常见。

浮动利率债券是在某一基础利率之上增加一个固定的溢价，以防止未来市场利率变动可能造成的价值损失。对某些中小型公司或状况不太稳定的大公司来说，发行固定利率债券发生困难或成本过高时，可考虑选择浮动利率债券。

指数债券（index bonds）是通过将利率与通货膨胀率挂钩来保证债权人不致因物价上涨而遭受损失的公司债券，挂钩办法通常为：债券利率＝固定利率＋通货膨胀率＋固定利率×通货膨胀率。有时，用来计算利息的指数并不与通胀率相联系，而与某一特定的商品价格（油价、金价等）挂钩，这种债券又称为商品相关债券（commodity - linked bonds）。

零息债券（zero - coupon bonds）即以低于面值的贴现方式发行，到期按面值兑现，不再另付利息的债券，它与短期国库券相似，可以省去利息再投资的麻烦，但该债券价格对利率变动极为敏感。

3. 按内含选择权可分成可赎回债券、偿还基金债券、可转换债券和带认股权证的债券。

可赎回债券（redemption bonds）是指公司债券附加早赎和以新偿旧条款，允许发行公司选择于到期日之前购回全部或部分债券。当市场利率降至债券利率之下时，赎回债券或代之以新发行的低利率债券对债券持有人不利，因而通常规定在债券发行后至少5年内不允许赎回。

偿还基金债券（sinking fund bonds）是要求发行公司每年从盈利中提存一定比例存入信托基金，定期偿还本金，即从债券持有人手中购回一定量的债券。这种债券与可赎回债券相反，其选择权在债券持有人一方。

可转换债券（convertible bonds）是指公司债券附加可转换条款，赋予债券持有人按预先确定的比例转换为该公司普通股的选择权。大部分可转换债券都是没有抵押的低等级债券，并且是由风险较大的小型公司所发行的。这类公司筹措债务资本的能力较低，使用可转换债券的方式可增强对投资者的吸引力；另一方面，可转换债券可被发行公司提前赎回。

带认股权证的债券是指公司债券可把认股权证作为合同的一部分附带发行。与可转换债券一样，认股权证允许债券持有人购买发行人的普通股，但对于公司来说，认股权证是不能赎回的。

【专栏9-1】

三峡债券的发行

中国长江三峡工程开发总公司（以下简称三峡总公司）是迄今为止在中国发债次数最多，而且每次发债都有产品创新的企业；4次发债共融得百亿元资金，相当于三峡工程2000年全年的资金需求总量。1994年国务院批准长江三峡工程总体筹资方案时，确定了三峡工程的静态投资总额为900.9亿元。如果综合考虑工期内的物价上涨和利息等因素，动态投资总额为2 039亿元。工程的资金需求从1993年到2005年逐年上升，从2005年到2009年工程收尾阶段资金需求呈下降趋势，但是也仍旧保持在每年100亿元到200亿元的水平。

三峡工程的资金来源除了由财政部拨付的三峡工程建设基金、葛洲坝电厂的收入、国家开发银行的政策性贷款外，在2004—2006年度仍然有相当大的阶段性资金缺口。为此，三峡工程的总体筹资方案确定了三条原则，即国内融资与国际融资相结合，以国内融资为主；股权融资与债权融资相结合，以债权融资为主；长期资金与短期资金相结合，以长期资金为主。这三条原则在三峡融资战略上又体现为三步走：在工程初期（1993—1997年）以政府的政策性资金投入为主，同时逐步扩大市场融资的份额；在工程中期（1998—2003年）以政府担保发行公司债券为主，实现公司融资方式的市场化；在三峡电厂投产后（2004—2009年）实现公司的股份制改造，以股权融资为主。

经反复论证，三峡决策层认为这是可行的。首先，当时已并入三峡总公司的葛洲坝电厂每年可带来10亿元的稳定现金流入，这也为滚动发债、滚动还息提供了现实的可能。其次，如果再算上2003年三峡电厂开始并网发电后，又可形成每年近百亿元的稳定收入，三峡工程因后续滚动发债而带来的还本付息应该不成问题。最后，2009年工程完工之后，三峡总公司还将对长江上游的水电项目进行滚动开发，发债同样还可以成为弥补新资金缺口的重要手段。当时为何要确定以债权融资为主的原则？一般来讲，大型水电项目虽然规模大、工期长，但未来一定会有非常稳定的现金流。这种具有稳定收益的企业最适合发债，因为它今后的现金流能够保证债券兑付，而且资金成本比较低。如果企业在这个基础上要谋求更大的发展，并肯承担一定的风险，就要考虑发行股票来改变它的资本结构，将风险分散出去。

发行债券最主要的好处之一就是融资成本低，与股市相比，发债主体虽然要向投资人支出固定回报，但也具有债务融资税前付息的税盾优势。而与商业银行贷款相比，发债的资金筹措成本比较低。以10年期99三峡债为例，它每年向投资者支付的利息率只有4%，即便加上发行费用，最终还是要比向银行贷款的利率低1.6到1.7个百分点。

资料来源：中国票据贴现网，http://www.pjtxw.com。

（三）金融债券

金融债券是银行等金融机构为筹集信贷资金而发行的债券。在西方国家，由于金融机构大多属于股份公司组织，故金融债券可纳入公司债券的范围。

发行金融债券，表面看来同银行吸收存款一样，但由于债券有明确的期限规定，不能提前兑现，所以筹集的资金要比存款稳定得多。更重要的是，金融机构可以根据经营管理的需要，主动选择适当时机发行必要数量的债券以吸引低利率资金，故金融债券的发行通常被看做银行资产负债管理的重要手段，而且，由于银行的资信度比一般公司要高，金融债券的信用风险也较公司债券低。

第二节 债券市场的交易

债券市场的交易包括债券发行市场和债券流通市场两方面的交易。

一、债券的发行市场

债券的发行市场亦称债券的一级市场，它是将新发行的债券从发行者的手中转移到初始投资者手中的市场。通过债券的发行市场，增加了债券市场的容量，为筹资者和投资者提供了资金流通的场所。在债券发行过程中，主要考虑的因素有以下几个方面。

（一）债券的发行方式

按其发行方式和认购对象，可分为私募发行与公募发行；按其有无中介机构协助发行，可分为直接发行与间接发行。

1. 私募发行与公募发行。债券的私募发行，是指面向少数特定投资者的发行。一般来讲，私募发行的对象主要有两类：一是有所限定的个人投资者，一般情况是限于发行单位内部或有紧密联系的单位内部的职工或股东；二是指定的机构投资者，如专业性基金（包括养老退休基金、人寿保险基金等），或与发行单位有密切业务往来的企业、公司等。

公募发行是指公开向社会非特定投资者的发行，充分体现公开公正的原则。相对于私募发行而言，对发行者来讲，其有利之处在于：一是可以提高发行者的知名度和信用度，从而有利于扩大筹资渠道，享受较有利的筹资条件；二是发行的债券可以上市转让流通，从而提高其流动性和吸引力；三是发行范围广泛，因而筹资潜力较大；四是发行者和投资者完全处于平等竞争、公平选择的地位，受投资者制约较少。

2. 直接发行与间接发行。债券不论是私募发行还是公募发行，按其是否需要中介机构予以协助发行，可区分为直接发行和间接发行两种方式。一般而言，私募发行多采用直接发行方式，而公募发行则多采用间接发行方式。

直接发行是指债券发行人直接向投资者推销债券，而不需要中介机构进行承销。采用直接发行方式，可以节省中介机构的承销、包销费用，节约发行成本。但需要花费大量的人力和时间进行申报登记、资信评估、征募宣传、债券印制、发信收款等繁杂的工作，同时也需要设立一些发行网点和派出众多发售人员。对此，一些小公司往往难以承受。另外，发行人还要完全承担债券不能按时售完的发行风险。因此，选择直接发行方式的一般都是一些信誉较高、知名度较高的大公司、大企业以及具有众多分支机构的金融机构。

间接发行是指发行人不直接向投资者推销，而是委托中介机构进行承购推销。间接发行可节省人力、时间，减少一定的发行风险，迅速高效地完成发行。因为作为承购推销的中介机构，包括投资银行、证券公司、信托投资公司及专业的承销商都具有丰富的承销经验、知识和专门人才，具有雄厚的资金实力，较高的承销信誉，较多的承销网点，以及较灵通的信息，从而可以使发行推销工作准确、高效、顺利地进行。当然，选择间接发行方式，发行人要支出一笔较大的承销费用，从而增加发行成本。

（二）发行合同书

发行合同书（indenture）也称信托契据（trust deed），是说明公司债券持有人和发行债券公司双方权益的法律文件，由受托管理人（trustee，通常是银行）代表债券持有人利益监督合同书中各条款的履行。

债券发行合同书一般很长，其中各种限制性条款占很大篇幅。对于有限责任公司来说，一旦资不抵债而发生违约时，债权人的利益会受损害，这些限制性条款就是用来设法保护债权人利益的，它一般可分成否定性条款（negative covenants）和肯定性条款（positive covenants）。

1. 否定性条款。否定性条款是指不允许或限制股东做某些事情的规定。最一般的限制性条款是有关债券清偿的条款，例如利息和偿还基金的支付，只要公司不能按期支付利息或偿还基金，债券持有人有权要求公司立即偿还全部债务。典型的限制性条款包括对追加债务、分红派息、营运资金水平与债务比率、使用固定资产抵押、变卖或购置固定资产、租赁、工资以及投资方向等都可能作出不同程度的限制。此限制实际上会对公司设置某些最高限。

有些债券还包括所谓"交叉违约"（cross default）条款，该条款规定，对于有多笔债务的公司，只要对其中一笔违约，则认为公司对全部债务违约。

2. 肯定性条款。肯定性条款是指对公司应该履行某些责任的规定，如要求营运资金、权益资本达到一定水平以上。这些肯定性条款可以理解为对公司设置某些最低限。

无论是肯定性条款还是否定性条款，公司都必须严格遵守，否则可能导致"违约"。但在违约的情况下，债权人并不总是急于追回全部债务，一般情况下会设法由债券受托管理人找出变通方法，要求公司改善经营管理，迫使公司破产清算一般是债权人的最后手段，因为破产清算对于债权人通常并不是最有利的。

（三）债券的承销过程

当债券的发行人选择间接发行方式时，就需要委托承销商等中介机构对其发行的债券进行承销。债券的承销过程主要包括三个不同的要素：债券发行定价、债券的承销和相关承销成本的分配。

1. 债券发行定价。当首次进行债券发行时，如何对其进行定价是第一个必须要解决的问题。因为承销商知道如果债券发行的息票利率过高，发行人可能会取消发行；而如果发行的息票利率过低，则很少有承销商愿意参与这种承销，因为在出售债券时，过低的利率将使债券很难推销出去。因此，承销商必须把息票利率设定为发行人愿意出售而投资者愿意购买的水平。他们有时采取"预先销售"（premarketing）来确定投资者对所发行债券的兴趣，并确定债券被售出的可能价格。

承销商对债券价格的估计并不是抽象的。他们往往采取以下两种形式：

（1）当一个特定的发行人在没有以已发行并公开交易的债券作为新发行债券定价基础时，承销商在可比性的基础上制定它的承诺价格。这一方法是使用具有可比风险和期限的公司作为选择对象，如果没有这样一个可比的经济实体，可以寻找一组经济实体，或现有经济实体的组成部分，经过若干指标的筛选后，可以看做与发行人具有可比性，比照其债券的价格对新发行债券定价。

（2）当无法获得这种可比性时，可以选择直接计算法。使用这种方法可以对任何债券的定价进行合理性的检验，用对现金流量的估计，通过本章第二节的公式计算得出。

2. 债券的承销。债券的承销过程是通过主办承销商（managing underwrite）、承销辛迪加（underwriting syndicate）和销售集团（selling group）来完成的，具体的承销体系如图 9-1 所示。

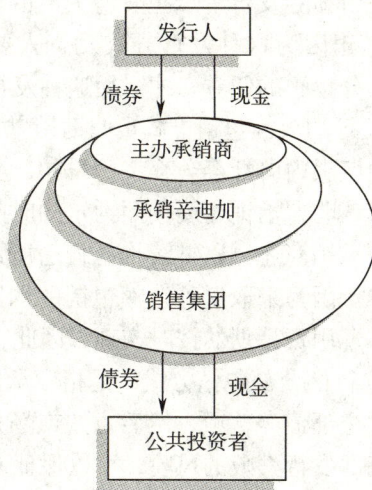

图 9-1 承销体系

在这个体系中，主办承销商组成一个承销辛迪加和一个销售集团，其中每个销售集团成员被分配给暂时性的证券份额以向投资者出售。组成一个规模较大的销售集团可以更为广泛地向公众出售债券，以完成承销任务。当债券无法出售时，销售集团的成员只是将债券简单地返还给辛迪加，并不承担任何销售风险。而承销辛迪加的成员则同意购入无法很快出售给外部投资者的债券作为自己的存货，使自己的资本置于购买债券的风险之下。在一项交易完成之后，由承销辛迪加在金融报刊上发布新债券的发行公告（tombstone），具体报道发行企业、发行价格、承销辛迪加和销售集团成员等。

3. 相关承销成本的分配。如果发行的债券被全部售出，总的承销利差——即给发行人的担保价格与商定零售价格之间的价差——在参与者之间进行分配（承销人的收入就是发行人在发行债券时所支付的承销成本）。根据每个参与者在承销中所起的作用和所承担的风险，对发行人的承销成本进行分配。具体而言，主办承销商为发行做准备而获得收益；承销辛迪加的成员用他们的资本承担风险获得收益；销售集团成员为销售债券而获得收益。由于他们的作用和所承担的风险各不相同，所以他们的报酬也不尽相同。

对于发行人而言，支付给承销商的费用就是他的发行成本，其中主要包括：债券印刷费、发行手续费、宣传广告费、律师费、担保抵押费、信用评级和资产重估费用、其他发行费用等。

（四）债券的承销方式

如前所述，债券发行人选择间接发行方式，就需要委托作为承销商的中介机构进行承销。承销商承销债券的方式主要有三种，即代销方式、余额包销方式及全额包销方式，或者称为推销、助销和包销。

1. 债券代销。债券代销方式也叫推销方式，是指债券发行者委托承销商代为向社会推销债券。受托的承销商要按承销协议规定的发行条件，在约定的期限内尽力推销，到销售截止日期，如果没有按照原定的发行数额售出，未售出部分仍退还给发行者，承销商不承担任何发行风险，而是由债券发行者承担发行失败的风险。同时发行者要按协议规定支付承销商的承销费用。正因为这种发行方式发行人要承担一定的发行风险，因此，只有信誉高的发行人或十分抢手的债券，才采用这种发行方式。

2. 债券余额包销。债券发行的余额包销方式也叫助销方式，是指由承销商按照已定的发行条件和数额，在约定的期限内向社会公众大力推销，到销售截止日期，如果有未售完的债券，则由承销商负责认购，承销商要按照约定的时间向发行者支付全部债券款项，在债券发行日期结束后，承销商还可以继续推销自己所认购的部分债券，或者作为自己的投资来持有这部分债券。因为采取这种余额包销的承销方式，是承销商承担部分发行风险，可以保证发行人筹资用资计划的按时实现，因此，多为发行者所采用。

3. 债券全额包销。债券发行的全额包销方式，是指由承销商先将发行的全部债券认购下来，并立即向发行人支付全部债券款项，然后再按市场条件转售给投资者。采用这种发行方式，承销商要承担全部发行失败的风险，可以保证发行人及时筹得所需资金。

承销商为了分散所承担的发行风险和解决包销认购款不足的问题，往往会采取分销的方式。按照承销商承担风险的方式和程度，债券全额包销又可分为协议包销、俱乐部包销和银团包销等不同方式。

（1）协议包销，是指发行人与一个单独承销商签订包销协议，由其独立包销发行人待发行的全部债券。采用这种包销方式，发行风险全部由该承销商独立承担。当然，发行手续费也全部归该承销商独享。

（2）俱乐部包销，是指发行人与若干个承销商签订发行协议，由这些承销商共同包销所发行的全部债券。通过协议，具体规定每个承销商应包销的份额，并据此确定其承担的发行风险和应取得的发行费用。采取这种发行承销方式，其发行风险可由多个承销商共同承担，可以相对分散包销的风险，当然，其发行费也由参加包销的若干个承销商共同分享，风险分担、利益分享，或者叫做风险共担、利益同享。当发行债券数额较大，发行风险也很大时，往往会采用这种承销方式。

（3）银团包销，是指由一个承销商牵头，若干个承销商参与包销活动，以竞争的方式，确定各自的包销额，并按其包销额承担发行风险，收取发行手续费。这种承销方式，多适用于债券发行数额较大，一个承销商难以独自完成或者不愿独自承担全部发行风险的情况。目前，这种方式在国际市场上采用较多。

二、债券的流通市场

债券流通市场是指已发债券买卖、转让、流通的场所。与债券发行市场相比，债券的流通市场只代表债券债权的转移，并不创造新的实际资产或金融资产，也不代表社会总资本存量的增加。

（一）债券流通市场的构成

债券流通市场主要是由证券交易所和柜台交易市场两部分组成。证券交易所又称为场内交易或上市交易，而柜台交易又称为场外交易。

1. 证券交易所交易市场。债券持有者通过证券交易所进行债券的买卖交易形成了债券的交易所市场。证券交易所是集中进行证券买卖的固定场所。债券只有经过批准才能在证券交易所进行交易，这称为债券上市。各证券交易所一般都有债券上市的标准，以作为审核债券能否上市的依据。一般说来，政府债券不经审核便可直接上市，而公司债券则必须符合一定的条件方可上市。这些条件主要包括：公司设立达到一定年限和资产净值达到一定金额；债券按面值计算的发行额达到一定金额并且期限通常在 1 年以上；债券必须是公开发行并且信用等级通常在 A 级以上等。已上市的债券若不再满足上述条件，交易所有权令其停止上市交易。

债券在债券交易所的交易采取公开竞价的方式，对于买卖双方而言是一种双向竞价（free double auction），既有买者之间的竞争，也有卖者之间的竞争，还有买卖双方之间的竞争。买者尽可能以低的价格买入，而卖者则尽可能以高的价格出售。在这种竞买竞卖过程中，当某一价格为买卖双方所接受时，就会立即成交。而在任何时点上，在等待成交的限制指令价格之间的差则被称为买盘—卖盘价差（bid – offer or bid – ask spread）。

证券交易所内的买卖主要通过各自的证券经纪商和交易商进行。经纪人在交易所进行交易时，遵循"价格优先"和"时间优先"的原则，以体现公开、公正、公平竞争为原则。报价较高的买者可以优先于报价低的买者买到证券；报价低的卖者可以优先于报价高的卖者卖出证券。在报价相同的情况下，则按委托指令发出时间的先后顺序成交。

2. 柜台交易市场。除证券交易所市场外，债券交易还存在场外交易市场。场外交易，指在证券交易所外进行的证券交易。由于债券在交易所挂牌上市要符合一定的条件和规定，要经过较为严格的审核，而有些债券无法达到上市所规定的要求，但同时，为了满足其流动性的需要，就形成了场外交易。在西方国家，大部分公司债券都是在场外进行交易的。

（二）债券的交易方式

不论是在证券交易所内交易，还是在场外交易，最主要的交易方式就是委托经纪人代理买卖和交易商自营买卖。债券持有者与债券投资者（二级市场认购者）之间直接进行交易，在技术、成本、信息以及防范风险上，都存在一定的困难或障碍，因此，成交的机会不是很多，而且交易成本也比较高，所以直接交易方式很少被采用，在有些国家还被视为非法交易或"黑市交易"加以限制和禁止。这里将主要介绍代理买卖和自营买卖这两种交易方式。

1. 代理买卖方式。代理买卖也叫委托买卖，是指债券买卖双方委托各自的经纪人代理进行买卖。也就是说，债券经纪人根据客户的委托代理买卖债券，从代理买卖中收取一定的佣金，即手续费。

在证券交易所内的交易中，代理买卖或委托买卖的程序按时间顺序大致可分为三大阶段、八个环节：

（1）第一阶段是准备阶段。进入交易所前必须经过以下三个环节：

一是联系证券经纪人。该经纪人必须是交易所会员，既熟悉业务，又有丰富的经验，一般都由证券公司来担任。

二是开户。投资者必须在找好的证券公司（经纪人）开立委托买卖账户，填写证券买卖契约，写明投资者的真实姓名、地址、职业、工作单位、电话号码、主要经历、委托交易的内容。投资者根据所选用的交易方式，开立现金账户或保证金账户，若采用现金交易方式就开立现金账户，若采用信用交易方式则开立保证金账户。

三是委托。开户之后，客户随时可以采取面谈、电话、电报或书信等方式，委托证券公司买卖债券，对下列事项作出明确指令：

①买入债券还是卖出债券。

②买入或卖出债券的数量。

③债券名称（种类）。

④交易结算的方式和时间，即是现金结算还是转账结算，是当日、普通日还是特约日、发行日结算。

⑤委托价格，主要有三种：一为限价，即限定买卖的价格；二为市价，客户只提出买卖的种类和数量，不指定价格，由经纪人在交易厅内按当时的市场价格购买或卖出；三为中心浮动价，客户以限价为中心，给予一定的上下浮动幅度，允许经纪人在浮动幅度内执行委托。

⑥交易方式，是现金交易、信用交易，还是期货交易、期权交易。

⑦购入或卖出的时间，如开盘买卖还是收盘买卖的具体时间要求。

⑧委托买卖的有效时间，指明其委托指令是当日有效、周内有效、本月有效还是无限期有效。

（2）第二阶段是成交阶段。这是在交易所内完成交易而需要经过的程序。主要有以下三个环节：

一是传递指令。场外证券公司接受客户的委托指令后，立即用电话或将委托单输入计算机终端，将交易信息传送给派往交易所的经纪人。他们接到委托指令后，按先后顺序登记委托登记簿。

二是买卖成交。交易厅的经纪人根据客户的买卖要求，按"时间优先，价格优先"原则，选择合适的买卖对象，决定成交的价格和数量。典型的债券买卖交易可分为三步：

①报价，又叫开价，就是在交易时公布债券的价格。为了保证交易的秩序，大多数交易所规定，债券的报价都以点数来表示。报价的顺序是买进价在先，卖出价在后。报

价分为两种：一种是只报价格，成交单位是固定的；另一种是既报价格又报交易数量，价格在先，交易数量在后。

②竞价，又叫竞价买卖，是以拍卖的方式进行的，通常在多个卖者和多个买者之间展开竞争。卖者的群体中不断有卖出的报价，买者的群体中也不断有人提出买入价。当卖方群体中报出的最低要价和买方群体中的最高出价达到一致时，交易成功。在竞争买卖中，始终贯彻时间优先和价格优先的原则。

③成交，这意味着交易双方对买卖债券的种类、价格和数量都表示满意，并完成了必要的程序。成交的方式有两种：一种是以书面形式达成契约或协议；另一种是口头承诺，由于办理成交的都是交易厅内的经纪人，彼此非常熟悉，口头承诺也是成交常用的方式。

三是确认公布。成交后，经纪人一方面通过证券公司告知客户达成交易的情况，准备进行交割；另一方面要把成交的信息告诉交易所营业员，营业员把成交信息转告交易所有关机构确认，确认无误后通过电子计算机显示在交易厅的交易行情牌上，同时通过计算机把信息传送到证券公司（场外柜台）、市场信息公司、新闻媒介单位，及时予以报道。

（3）第三阶段是清算阶段。这是债券买卖成交以后需要经过的程序。主要有以下两个环节：

一是支付佣金。债券买卖成交后，客户应按规定向经纪人支付委托买卖的手续费，称为佣金。过去这种佣金的收取比例是固定的，即只能按交易额规定比例收取。现在各国证券交易所逐渐取消了这种规定。但一般来说，佣金比率的大小与委托交易额成反比，交易额越高佣金比率越低，反之亦然。

二是债券交割。买卖双方达成交易后，就要进行缴交款券的交割程序。一般是先在客户与证券公司之间进行，买入债券的客户将钱款交给证券公司，卖出债券的客户将票券交给证券公司，有时在委托时就已进行了这种传递。若客户在成交后的规定时间内不能交割券款，证券公司有权将购入债券卖出或将卖出债券买回，由此产生的损失由客户承担。客户和证券公司交割完毕，就要在证券公司之间进行交割。交割的时间按择定的当日、普通日、特约日或发行日进行。证券公司的交割一般在交易所的主持下进行，地点在交易所结算部，方式有两种：个别交割和集体交割。个别交割是买卖双方的证券公司相互进行证券和款项的交割，一般采用在当日交割和特定日交割。集体交割是证券交易所对同一证券公司同一天成交的买卖，把其卖出应得款项和买入应付款项相抵，并把同一牌名的债券卖出数和买入数相抵，仅对抵消后的余额进行交割。相比之下，这种方式较为合理，能迅速处理大量业务，被广泛采用。

2. 自营买卖方式。自营买卖，也叫自己买卖，即交易商先用自己的资金买入债券，然后再以略高于买入价的价格卖出债券，从中赚取价差。

在证券交易所内的交易中，自营买卖主要是那些取得自营商资格的交易商，在交易所中拥有席位和自营柜台，他们可以根据自己的分析、判断和预测，买进和卖出某些债券。当他们预测某种债券的价格不久将上升时，就会先买入这种债券，当该种债券的价格果然上升时，他们就会卖出这种债券，从中赚取价差收益。而当他们判断某种债券的价格不久将下跌时，就会立即卖掉该种债券，卖一个相对好的价钱，当这种债券的价格果然下跌了，他们就可以考虑再买进这种债券。

在交易所中，自营买卖在报价、竞价、成交等方面，与代理买卖基本相同，也同样要遵循"价格优先、时间优先"的原则。所不同的是自营买卖没有委托、传递指令、支付佣金等环节。

在场外交易中，债券自营买卖主要是证券公司买进和卖出债券，因而形成债券的转让交易。具体主要通过两种方式：一是证券公司以批发价格从其他证券公司买进债券，然后再以零售价格将债券出售给客户；二是证券公司以零售价格从客户手中买进债券，然后再以较低的批发价格出售给其他证券公司，或再以较高的零售价格出售给客户，证券公司从买卖中赚取差价收入。

（三）债券的交易形式

债券流通市场上的交易形式主要有：现货交易、期货交易、期权交易和回购协议等。

1. 现货交易，是指交易双方在成交后立即交割，或在极短的期限内交割的交易方式。在实际交易过程中，债券成交到最后交割清算，总会有一个较短的拖延时间，只是这段时间比较短。因此说，现货交易不完全是现金交易，不是一手交钱、一手交货。一般来讲，现货交易按交割时间的安排可以分为三种：即时交易，即于债券买卖成交时立即办理交割；次日交割，即成交后的第二天办理交割；即日交割，即于成交后限定几日内完成交割。

2. 期货交易，是指交易双方在成交后按照期货协议规定条件远期交割的交易方式，其交易过程分为预约成交和定期交割两个步骤。期货交易对冲交易多，而实际交割少，采取有形市场的方式，市场表现活跃，流动性好。进行债券的期货交易，既是为了回避风险、转嫁风险，实现债券的套期保值，同时因其是一种投机交易，也要承担较大风险。因为债券的成交、交割及清算时间是分开的，清算时是按照买卖契约成立时的债券价格计算而不是按照交割时的价格计算。而在实际中，由于种种原因，债券价格在契约成立时和实际交割时往往是不一致的。当债券价格上涨时，买者会以较少的本钱获得较多的收益；当债券价格下跌时，卖者会取得较好的收益，而不致发生损失。通过对未来行市涨跌的预测，交易者做多头或空头交易是期货交易中最常用的两个交易方式。

3. 期权交易，又称为选择权交易，是投资者在给付一定的期权费后，取得的一种可按约定价格在规定期限内买进或卖出一定数量的金融资产或商品的权利。

4. 回购协议，是指债券买卖双方按预先签订的协议，约定在卖出一笔债券后一段时间内再以特定的价格买回这笔债券，并按商定利率付息。这种有条件的债券交易形式实质上是一种短期的资金借贷融通。这种交易对卖方来讲，实际上是卖现货买期货，对买方来讲，是买现货卖期货。

回购协议的期限有长有短，最短的为 1 天，称为隔夜交易，最长的也有 1 年的，一般为 1、2、3 个星期或 1、2、3 和 6 个月。回购协议的利率由协议双方根据回购期限、货币市场行情以及回购债券的质量等有关因素来议定，与债券本身的利率无直接关系。

第三节　债券估价和债券收益

一、债券估价

（一）债券估价的含义

债券的价格也称为债券的内在价值（intrinsic value），它等于未来现金流的现值之和，即等于来自债券的预期货币收入的现值。投资者购买债券，可以获得稳定的利息收入并在到期时收回本金，但也要付出一定的成本，这就是购买价格。作为一种投资，现金流出是购买价格，现金流入是利息和归还的本金，或出售时得到的现金。债券未来现金流入的现值，称为债券价格或债券的内在价值。如果不考虑风险问题，若债券的价值大于其市价（购买价格），才值得购买。债券价值是债券投资决策使用的主要指标之一。

债券的价格依赖于两个因素：一是预期未来的现金流，即周期性支付的利息和到期偿还的本金。二是贴现利率，即投资者要求的收益率，它反映了货币的时间价值和债券的风险。贴现利率也是机会成本，即从相同期限和相同信用等级的可比债券中能够获得的当前市场利率。

（二）债券的基本定价公式

对于一般的按期付息的债券来说，其预期现金流量有两个来源：到期日前定期支付的息票利息和本金。其必要收益率可参照可比债券确定。因此，对于 1 年付息一次的债券，若用复利计算，其价格决定公式为

$$P = \frac{C}{1+r} + \frac{C}{(1+r)^2} + \cdots + \frac{C}{(1+r)^n} + \frac{M}{(1+r)^n} = \sum_{t=1}^{n} \frac{C}{(1+r)^t} + \frac{M}{(1+r)^n}$$

$$(9.1)$$

若按单利计算，其价格决定公式为

$$P = \sum_{t=1}^{n} \frac{C}{1+t \cdot r} + \frac{M}{1+n \cdot r}$$

$$(9.2)$$

式中：P 为债券的价格；C 为每年支付的利息；M 为票面价值，即本金；n 为剩余年期数；r 为市场利率。

（三）几种典型债券的定价分析

1. 零息债券的定价。零息债券不进行任何周期性的利息支付，而是将到期价值和购买价格之间的差额作为投资者得到的利息。其期限通常不超过 1 年，一般为 3 个月、6 个月和 1 年期。发行一般都是折价发行，投资者以低于面值的价格购买债券，到期获得债券的面值，赚取的价差作为利息。

零息债券面值为 F，市场利率为 i，年期数为 n，则该债券的价格计算公式如下：

$$P = F - \frac{n}{D} \times i \times F$$

$$(9.3)$$

式中：D 为年期数对应的计息基数。

【例1】一张面值为 1 000 元的零息债券，期限为 4 个月（121 天），市场利率为 7.5%，计算该债券的价格为

$$P = 1\ 000 - \frac{121}{360} \times 7.5\% \times 1\ 000 = 974.79\ （元）$$

这里的计息基数为 360 天。

2. 永久债券的定价。永久债券，顾名思义就是没有到期日的债券，即债券发行者不需要偿还本金，但要向投资者永久地支付利息。

假设一张永久债券每年支付的利息额为 C，每年的付息次数为 t，市场利率为 r，该永久债券的价格等于无数次利息的现值之和。

$$P = \frac{C}{t \times (1 + \frac{r}{t})} + \frac{C}{t \times (1 + \frac{r}{t})^2} + \cdots + \frac{C}{t \times (1 + \frac{r}{t})^n} + \cdots = \frac{C}{r} \qquad (9.4)$$

由公式可以看出，永久债券的价格只与每年支付的利息额和市场利率有关，与一年内的付息次数无关。

【例2】一张永久债券每年支付的利息额为 80 元，市场利率水平为 7.5%，那么债券的价格为

$$P = 80 / 0.075 = 1\ 066.67\ （元）$$

3. 等额偿还债券的定价。等额偿还债券是指本息在债券到期日之前平均偿还的债券。设该等额偿还债券每年偿还本息额为 M，每年支付的次数为 f，市场利率为 r，债券剩余的偿还次数为 n，其价格公式如下：

$$P = \sum_{t=1}^{n} \frac{M}{f \times (1 + \frac{r}{f})^t} = \frac{M}{r} - \frac{M}{r \times (1 + \frac{r}{f})^n} \qquad (9.5)$$

【例3】一张期限为 5 年的等额偿还债券，每年等额偿还本息额为 120 元，一年支付两次，投资者要求的收益率为 8%，其价格为

债券的剩余偿还次数为 $n = 10$

$$P = \frac{120}{0.08} - \frac{120}{0.08 \times (1 + \frac{0.08}{2})^{5 \times 2}} = 486.65（元）$$

4. 附息债券的定价。附息债券是债券发行人承诺在债券到期日之前，按照之前的票面利率定期向投资者支付利息，并在债券到期时偿还本金的债券。附息债券是债券市场中最普遍、最具有代表性的债券。附息债券的期限一般在 1 年以上，30 年以下，但最长可到 100 年。付息频率一般为 1 年一次或半年一次。按照票面利率，附息债券分为固定利率债券和浮动利率债券。固定利率债券的利率在发行时就已经确定。浮动利率债券在发行时只是规定基准利率（如欧洲债券市场一般采用 Libor，我国目前采用 1 年期人民币定期存款利率）以及利差，浮动利率债券的利率为基准利率加上利差。债券发行时，根据起息日的基准利率和利差确定第一个计息期的利率，再根据第一个付息日时的基准利

率和利差确定第二个计息期的利率……直到最后一次还本付息。2000 年 4 月 26 日国家开发银行发行的 10 年期浮动利率债券的基本利差为 72.5 个基本点，基准利率为 1 年期存款利率，1 年付息一次，起息日为 2000 年 5 月 6 日。2000 年 5 月 6 日 1 年期存款利率为 2.25%，因此该浮动利率债券的第一计息期利率为 2.975%。下面主要讨论固定利率附息债券。

设面值为 M 的附息债券，剩余付息次数为 n，1 年付息次数为 f，票面利息为 C，则每期支付的利息额为 $\frac{C}{f}$，附息债券的收益率为 r，则其发行价格为

$$P = \sum_{t=1}^{n} \frac{\frac{C}{f}}{(1+\frac{r}{f})^t} + \frac{M}{(1+\frac{r}{f})^n} = \frac{C}{f}\left[1 - \frac{1}{(1+\frac{r}{f})^n}\right] + \frac{M}{(1+\frac{r}{f})^n}$$

(9.6)

【例 4】 一张价值为 1 000 元的 10 年期固定利率附息债券，票面利率为 10%，每半年付息一次，计算到期收益率为 12% 时债券的发行价格。

由于付息次数为 20 次，每期支付利息为 50 元，则到期收益率为 12% 时债券的发行价格为

$$P = \frac{50}{0.5 \times 12\%}\left[1 - \frac{1}{(1+0.5 \times 12\%)^{20}}\right] + \frac{1\,000}{(1+0.5 \times 12\%)^{20}} = 885.30(元)$$

（四）债券价值的影响因素

债券的价值分析与债券的以下六方面的属性密切相关：

1. 到期时间。从本节的公式可以发现：当市场利率 r 和债券的到期收益率 y 上升时，债券的内在价值和市场价格都将下降。当其他条件完全一致时，债券的到期时间越长，债券价格的波动幅度越大。但是当到期时间变化时，债券的边际价格变动率递减。

【例 5】 假定存在 4 种期限分别是 1 年、10 年、20 年和 30 年的债券，它们的息票率都是 6%，面值均为 100 元，其他的属性也完全一样。如果起初的市场利率为 6%，根据内在价值的计算公式可知这 4 种债券的内在价值都是 100 元。如果相应的市场利率上升或下降，这 4 种债券的内在价值的变化如表 9-1 所示。

表 9-1　　　　　　　　　内在价值（价格）与期限之间的关系

相应的市场利率	期限			
	1 年	10 年	20 年	30 年
4%	102	116	127	135
5%	101	108	112	115
6%	100	100	100	100
7%	99	93	89	88
8%	98	86	80	77

资料来源：黄亚钧：《现代投资银行的业务和经营》，118 页，上海，立信会计出版社，1996。

表 9-1 反映了当市场利率由现在的 6% 上升到 8%，4 种期限的债券的内在价值分别下降 2 元、14 元、20 元和 23 元；反之，当市场利率由现在的 6% 下降到 4%，4 种期限的债券的内在价值分别上升 2 元、16 元、27 元和 35 元。同时，当市场利率由现在的 6% 上升到 8% 时，1 年期和 10 年期的债券的内在价值下降幅度相差 12 元，10 年期和 20 年期的债券的内在价值下降幅度相差 6 元，20 年期和 30 年期的债券的内在价值下降幅度相差 3 元。可见，由单位期限变动引起的边际价格变动率递减。

2. 息票率。债券的到期时间决定了债券的投资者取得未来现金流的时间，而息票率决定了未来现金流的大小。在其他属性不变的条件下，债券的息票率越低，债券价格的波动幅度越大。

【例 6】存在 5 种债券，期限均为 20 年，面值为 100 元。唯一的区别在于息票率，即它们的息票率分别为 4%、5%、6%、7% 和 8%。假设初始的市场利率水平为 7%，那么，可以利用式（9.1）分别计算出各自的初始的内在价值。如果市场利率发生了变化（上升到 8% 和下降到 5%），相应地可以计算出这 5 种债券的新的内在价值。具体结果见表 9-2。

表 9-2　　　　　　　内在价值（价格）变化与息票率之间的关系

息票率	相应的市场利率下的内在价值			内在价值变化率（7% 到 8%）	内在价值变化率（7% 到 5%）
	7%	8%	5%		
4%	68	60	87	-11.3%	+28.7%
5%	78	70	100	-10.5%	+27.1%
6%	89	80	112	-10.0%	+25.8%
7%	100	90	125	-9.8%	+25.1%
8%	110	100	137	-9.5%	+24.4%

资料来源：黄亚钧：《现代投资银行的业务和经营》，119 页，上海，立信会计出版社，1996。

3. 可赎回条款。许多债券在发行时含有可赎回条款，即在一定时间内发行人有权赎回债券。这是有利于发行人的条款，因为，当市场利率下降并低于债券的息票率时，债券的发行人能够以更低的成本筹到资金。此时，发行人可以行使赎回权，将债券从投资者手中收回。尽管债券的赎回价格高于面值，但是，赎回价格的存在制约了债券市场价格的上升空间，并且增加了投资者的交易成本，降低了投资者的投资收益率。为此，可赎回债券往往规定了赎回保护期，即在保护期内，发行人不得行使赎回权。常见的赎回保护期是发行后的 5~10 年。

一般而言，可赎回条款的存在，降低了该类债券的内在价值，并且降低了投资者的实际收益率。并且，息票率越高，发行人行使赎回权的概率越大，即投资债券的实际收益率与债券承诺的收益率之间的差额越大。

4. 税收待遇。在不同的国家之间，由于实行的法律不同，不仅不同种类的债券可能享受不同的税收待遇，而且同种债券在不同的国家也可能享受不同的税收待遇。债券的税收待遇的关键，在于债券的利息收入是否需要纳税。由于利息收入纳税与否直接影响着投资的实际收益率，所以，税收待遇成为影响债券的市场价格和收益率的一个重要因素。例如，美国法律规定，地方政府债券的利息收入可以免缴联邦收入所得税，所以地方政府债券的名义到期收益率往往比类似的但没有免税待遇的债券要低 20% ~ 40%。此外，税收待遇对债券价格和收益率的影响还表现在贴现债券的价值分析中。贴现债券具有延缓利息税收支付的优势，但对于美国地方政府债券的投资者来说，贴现的地方政府债券可以免缴联邦收入所得税，这使得贴现债券的税收优势不复存在，所以，在美国地方政府债券市场上，贴现债券品种并不流行。对于贴现债券的内在价值而言，由于具有延缓利息税收支付的待遇，它们的税前收益率水平往往低于类似的但没有免税待遇的其他债券，所以，享受免税待遇的债券的内在价值一般略高于没有免税待遇的债券。

5. 流通性。债券的流通性，或者流动性，是指债券投资者将手中的债券变现的能力。如果实现的速度很快，并且没有遭受变现所可能带来的损失，那么这种债券的流通性就比较高；反之，如果变现速度很慢，或者为了迅速变现必须为此承担额外的损失，那么，这些债券的流动性就比较低。

通常用债券的买卖差价的大小反映债券的流动性大小。买卖差价较小的债券的流动性比较高；反之，流动性较低。这是因为绝大多数的债券的交易发生在债券的经纪市场。对于经纪人来说，买卖流动性高的债券的风险低于流动性低的债券，所以，前者的买卖差价小于后者。所以，在其他条件不变的情况下，债券的流动性与债券的名义的到期收益率之间成反比关系，即流动性高的债券的到期收益率比较低，反之亦反。相应地，债券的流动性与债券的内在价值呈正向关系。

6. 发债主体的信用程度。发债主体的信用程度是指债券发行人按期履行合约规定的义务，足额支付利息和本金的可靠性程度，又叫做违约风险。一般来说，除了政府债券以外，其他债券都有不同程度的违约风险。发债者资信程度高的，其债券的风险就小，投资者要求的收益率就低，因而其债券价格就高；而资信程度低的，其债券价格就低。所以在债券市场上，对于其他条件相同的债券，国债的价格一般要高于金融债券，而金融债券的价格一般又要高于企业债券。

债券评级是反映债券违约风险的重要指标。美国是目前世界上债券市场最发达的国家，所拥有的债券评级机构也最多。其中，最著名的两家是标准普尔公司（Standard & Poor's, S&P）和穆迪投资者服务公司（Moody's Investors Services）。尽管这两家公司的债券评级分类有所不同，但是基本上都将债券分成两类：投资级或投机级。投资级的债券被评为最高的四个级别，例如：标准普尔公司和穆迪投资者服务公司分别将 AAA、AA、A、BBB 和 Aaa、Aa、A、Baa 四个级别的债券定义为投资级债券，将 BB 级以下（包括 BB 级）和 Ba 级以下（包括 Ba 级）的债券定义为投机级。有时人们将投机级的债券称为垃圾债券（junk bonds），将由发行时的投资级转变为投机级的债券形象地称为"失落的天使"（fallen angels）。

既然债券存在着违约风险，投资者必然要求获得相应的风险补偿，即较高的投资收益率。所以，违约风险越高，投资收益率也应该越高。

（五）债券定价原理

1962 年麦尔齐（Malkiel）最早系统地提出了债券定价的五个原理。至今，这五个原理仍然被视为债券定价理论的经典。

定理一：债券的价格与债券的收益率呈反向变动关系。换句话说，当债券价格上升时，债券的收益率下降；反之，当债券价格下降时，债券的收益率上升。

定理二：当债券的收益率不变，即债券的息票率与收益率之间的差额固定不变时，债券的到期时间与债券价格的波动幅度之间成正比关系。换言之，到期时间越长，价格波动幅度越大；反之，到期时间越短，价格波动幅度越小。这个定理不仅适用于不同债券之间的价格波动的比较，而且可以解释同一债券的期满时间的长短与其价格波动之间的关系。

定理三：随着债券到期时间的临近，债券价格的波动幅度减少，并且是以递增的速度减少；反之，到期时间越长，债券价格波动幅度增加，并且是以递减的速度增加。这个定理同样适用于不同债券之间的价格波动的比较，以及同一债券的价格波动与其到期时间的关系。

定理四：对于期限既定的债券，由收益率下降导致的债券价格上升的幅度大于同等幅度的收益率上升导致的债券价格下降的幅度。换言之，对于同等幅度的收益率变动，收益率下降给投资者带来的利润大于收益率上升给投资者带来的损失。

定理五：对于给定的收益率变动幅度，债券的息票率与债券价格的波动幅度之间成反比关系。换言之，息票率越高，债券价格的波动幅度越小[①]。

二、债券的收益率

人们投资债券时，最关心的就是债券的收益有多少。为了精确衡量债券的收益，一般使用债券收益率这个指标。债券收益率是债券收益与其投入本金的比率，通常用年率表示。债券收益与债券利息有所不同，债券利息仅指债券票面利率与债券面值的乘积。由于人们在债券持有期内，还可以通过债券流通市场进行买卖，赚取价差，因此，债券收益除利息收入外，还包括买卖盈亏差价。对于债券收益率的衡量主要有到期收益率和持有期收益率。

（一）到期收益率

到期收益率是使一种债券或其他金融资产的购买价格等于其预期的年净现金流（收入）的现值的比率。

$$P = \frac{I_1}{(1+y)} + \frac{I_2}{(1+y)^2} + \cdots + \frac{I_n}{(1+y)^n} + \frac{M}{(1+y)^n} \tag{9.7}$$

式中：P 为购入债券的价格，I 为每年的利息，y 为我们所关心的到期收益率。

【例 7】某投资者于 2005 年 3 月 1 日以平价购买一张面额为 100 元的附息国债，其票面利率为 10%，每年 3 月 1 日支付一次利息，并于 2010 年 3 月 1 日到期。若该投资者

---

① 定理五不适用于 1 年期的债券和统一公债为代表的无限期债券。

持有这个国债直至到期日，计算其到期收益率，通过公式可以计算出：

$$100 = \sum_{n=1}^{5} \frac{100 \times 10\%}{(1+y)^n} + \frac{100}{(1+y)^5}$$

用 $y = 10\%$ 计算：

$$\sum_{n=1}^{5} \frac{100}{(1+10\%)^n} + \frac{100}{(1+10\%)^5}$$

$$= \frac{10}{1.1} + \frac{10}{1.1^2} + \frac{10}{1.1^3} + \frac{10}{1.1^4} + \frac{10}{1.1^5} + \frac{100}{1.1^5}$$

可见，平价发行的每年付一次息的债券，其到期收益率等于其票面利率。

在计算贴息债券的收益率时，只要将原有的计算债券价格的公式进行转换就可得到到期收益率。

单利收益率公式：
$$Y = \frac{F-V}{VT} \tag{9.8}$$

复利收益率公式：
$$Y = \sqrt[T]{\frac{F}{V}} - 1 \tag{9.9}$$

（二）债券持有期收益率

如果债券的购买者只持有债券的一段时间，并在到期日前将其出售，那么就出现了持有期收益率。持有期收益率计算公式如下：

$$P = \frac{C_1}{1+h} + \frac{C_2}{(1+h)^2} + \cdots + \frac{C_m}{(1+h)^m} + \frac{P_m}{(1+h)^m} \tag{9.10}$$

式中：h 为持有期的收益率，它是使一种债券的市场价格（P）等于从该债券的购买日到卖出日全部的净现金流（包括卖出价 P_m），其中投资者的持有期涵盖 m 个阶段。

现值表为计算到期收益率与持有期收益率提供了一个合理而准确的方法，但由于它是一个反复试验的过程，为了节省时间，证券交易商和有经验的投资者常常使用债券收益率表（见表9－3），该表给出了息票率、到期日和价格给定的债券的收益率。

假设投资者持有一张息票率为10%，票面额为100美元的债券，在确定的到期年数下，可以找到该债券的购买价格。如果10年期债券的购买价格为94.02美元，那么它的到期收益率就为11%。

表9－3　　　　　　　　**债券收益率表（息票率为10%的债券价格）**

到期收益率（%）	债券到期年数				
	5	10	15	20	25
5	121.88	138.97	152.33	162.76	170.91
6	117.06	129.75	139.20	146.23	151.46
7	112.47	121.32	127.59	132.02	135.18
8	108.11	131.59	117.29	119.79	121.48
9	103.96	106.50	108.14	109.20	109.88
10	100.00	100.00	100.00	100.00	100.00

续表

到期收益率（%）	债券到期年数				
	5	10	15	20	25
11	96.23	94.02	92.73	91.98	91.53
12	92.64	88.53	86.24	84.95	84.24
13	89.22	83.47	80.41	78.78	77.91
14	85.95	78.81	75.18	73.34	72.40
15	82.84	74.51	70.47	68.51	67.56

资料来源：夏德仁：《金融市场学》，93 页，大连，东北财经大学出版社，2002。

第四节 中国政府债券和企业债券市场

一、中国政府债券市场概况

（一）中国国债市场

中国国债市场的发展，大致可以分为以下几个阶段。

1. 萌芽阶段（1950—1980 年）。中国政府于 1950 年发行的"人民胜利折实公债"，成为新中国历史上第一种国债。1954 年至 1958 年，每年发行一期"国家经济建设公债"，发行总额为 35.44 亿元。1958 年后，国债被终止发行。1968 年，国家付清了全部内外债本息，进入了十年的既无内债又无外债的"债务空白期"。

2. 恢复阶段（1981—1987 年）。1978 年 12 月，党的十一届三中全会召开，明确规定把党和国家的工作重心转移到经济建设上来，为了调整和稳定经济，适当集中财力进行社会主义建设，国家又开始举借债务。1981—1987 年，国债年均发行规模仅为 59.5 亿元。这一期间国债发行采取行政摊派形式，面向国营单位和个人，发行后不能流通转让，且存在利率差别。此外，国债品种也比较单一，大部分为到期一次偿付的中长期零息国债。

3. 场外市场为主到场内市场为主阶段（1988—1996 年）。1988 年国家分两批在 61 个城市进行国债流通转让试点，场外二级市场逐步形成，1990 年后国债开始在交易所交易，形成场内交易市场。1991 年我国开始试行国债发行的承购包销，1993 年 10 月上海证券交易所推出国债期货新品种，但由于"3·27"事件的发生，致使国债期货交易于 5 月暂停，至今尚未恢复。1994 年，我国借助上海证券交易所的交易与结算网络系统，成功地发行了半年期和一年期的无纸化国债。1995 年，引进招标发行方式，以记账形式成功地发行了一年期国债。1996 年，我国国债"发行市场化、品种多样化、券面无纸化、交易电脑化"的目标基本得到实现。

4. 银行间市场为主阶段（1997 年至今）。1996 年底，中央国债登记结算公司成立，专门负责国债登记托管业务。1997 年 6 月，中国人民银行发出通知，要求所有商业银行从交易所国债市场撤出，开办银行间债券市场，商业银行持有国债由中央国债登记结算公司托管，商业银行不能再购买和增加国债持有量。1998 年起，商业银行重新被允许购买和持有国债，之后，保险公司、基金等机构投资者陆续进入银行间市场，银行间市场已经成为中国国债市场主要组成部分。

新中国成立以来，我国的国债市场建设虽然已经取得了一些成就，但是也仍然存在着一些缺陷和不足：（1）国债品种主要以中长期国债为主，短期国债品种严重缺乏，国债期限结构不合理；（2）由于我国国债期限单一，交易主体单一，市场参与者的市场操作水平有限，国债市场的流动性不足；（3）我国没有一部系统规范国债市场行为的基本大法，国债市场仍处于多头管理的格局，容易出现监管重复和空白；（4）我国国债市场缺乏风险规避工具；（5）国债在交易所市场、银行间债券市场和柜台市场三个市场之间没有有效连通。

（二）中国地方政府债券市场

目前全世界已有多个国家实行地方政府债券模式。美国的市政债券代表着分权制国家的地方债券市场制度，日本的地方政府债券则代表了集权制国家的地方债券市场制度。此外，近年来在欧洲、阿根廷和巴西等国家和地区，地方政府债券市场也已具备一定规模。我国地方政府债券的发行经历了严禁地方债券发行、财政部代发地方债和政府自行发债三个时期。

1. 严禁地方债券发行时期。在中国，地方债券是相对国债而言，以地方政府为发债主体，但往往也把地方企业发行的债券列为地方债券范畴。20 世纪 80 年代末至 90 年代初，许多地方政府为了筹集资金修路建桥，都曾经发行过地方债券。1993 年，地方国债被国务院明确叫停，原因是"怀疑地方政府承付的兑现能力"。1995 年 1 月 1 日起施行的《预算法》第二十八条明确规定：除法律和国务院另有规定外，地方政府不得发行地方政府债券。"地方政府债券"的禁令一直保持至 2009 年。

2. 财政部代发地方债时期。2009 年我国实施积极的财政政策，通过发行国债增加政府公共投资。同时为应对国际金融危机，增强地方安排配套资金和扩大政府投资的能力，经国务院批准，财政部开始代理各地方政府发债，连续三年每年均安排了 2 000 亿元地方债券的代发业务。在这一机制下，财政部代办还本付息，地方政府再向财政部偿还相关款项。这个阶段由财政部代地方政府发债，不是真正意义上的地方政府债券。

3. 政府自行发债时期。2011 年 10 月 20 日，国务院批准了上海市、浙江省、广东省、深圳市开展地方政府自行发债试点，试点省市的地方发债额度仍包含在每年 2 000 亿元的中央代发地方债内。虽然自行发债也将会面临一系列新的问题与挑战，但是这一举措对于我国地方政府债券市场的发展具有标志性意义。

目前，我国地方政府债券的发展依然缓慢，这主要是在地方政府债券发行的过程中，还存在着一些尚未解决的问题：第一，地方政府缺乏规范的举债融资管理措施，短期行为驱使，隐患较多；第二，盲目过度负债，地方政府领导在任期内具有无限上项目和投资的内在冲动；第三，负债结构不合理，大量借助地方融资平台的基建项目，多为中长期负债，公益性强、预期收益低、回收期长；第四，由于房地产市场的管制，以土地收入作为还款来源具有很大的不确定性。基于以上这些问题的存在，我国尚未完全放开对于地方政府债券发行的限制，地方政府自主发债的放行仍需国家和地方政府的共同努力。

二、中国企业债券市场概况

纵观企业债券产生后二十多年的发展历程，可以分为以下几个阶段。

（一）自发阶段

从1984年开始，有些企业开始自发地向企业职工内部集资或者向社会公开发行债券。企业债券交易市场于1986年开始出现，沈阳市信托投资公司是第一家办理债券买卖、转让业务的区域性市场，其性质属于柜台交易市场。截至1986年底，企业债券累计发行规模达100亿元左右。

（二）初步发展阶段

1987年3月27日，国务院颁布实施《企业债券管理暂行条例》，开始对企业债券进行统一管理。3月28日，国务院又发布了《关于加强股票、债券管理的通知》，强调了全民所有制企业可以发行债券，机关团体、事业单位、集体所有制企业以及公民个人不得发行债券等内容。1987年开始编制了初步的企业债券发行计划。

1988年9月，国家计委在财政金融司成立债券处，主要负责编制国内债券发行计划。这一阶段，只有国有企业可以发行企业债券，其利率、期限都比较简单，企业债券的流通则主要通过各地信托投资公司的柜台业务进行。上海、深圳证券交易所先后成立后，交易所债券市场开始运行。1992年国务院证券委和中国证监会的成立则标志着中国资本市场开始逐步纳入全国统一监管框架，全国性债券市场由此开始发展。

（三）清理整顿阶段

1993年8月2日，为加强对企业债券的管理，《企业债券管理条例》颁布实施，其核心主要是发行计划规模管理、募集资金投向纳入固定资产投资计划、具体发行采取审批制等。

1994年，根据《企业债券管理条例》规定，大部分企业债券品种都被取消，可以发行企业债券的发行主体多为大型国有企业集团，资金投向也主要集中在道路、水电、能源等基础设施和公用事业项目上。

（四）持续发展阶段

1996年和1997年，上海、深圳证券交易所分别允许面值在1亿元以上的债券在交易所挂牌交易，并出台了《企业债券上市规则》《企业债券发行与转让管理办法》等规定，使企业债券的发行和流通进一步有规可循。1997年6月6日，中国人民银行下发了《关于各商业银行停止在证券交易所证券回购及现券交易的通知》，要求商业银行全部退出交易所市场，同时建立了全国银行间债券市场。我国债券市场分割的局面也正式形成。这一阶段中，虽然取消了只有国有企业可以发行企业债券的要求，但在这期间实际上只有2家民营企业发行了企业债券。企业债券依旧具有的准政府债券性质，而且市场规模较小，流动性较弱，成交量也低。

（五）规范发展阶段

2000年以后，国家计委统一负责企业债券的发行管理工作，对企业债券发行管理采取了一些市场化、规范化的改革，企业债券市场化程度有所提高。2004年6月21日发布的《国家发展和改革委员会关于进一步改进和加强企业债券管理工作的通知》已成为现阶段企业债券发行管理的指导性文件。

在这一阶段中，企业债券的发行规模逐年增大，长期债券逐步增多，3年、5年、7年、10年、15年和20年期债券等均出现在市场上，募集资金的用途也出现多样化，不再仅仅限于固定资产投资，机构投资者成为企业债券市场的主要投资者，银行为企业债券发行开始提供担保，并成为担保的主要形式，券商积极参与企业债券的承销发行工作，市场创新增多，出现了附息债券、浮动利率、附可选择权利率等品种，并于2002年首次采用了"路演询价"方式，企业债券上市交易增多。但这一阶段，社会各界也更清醒地认识到企业债券的弊端，明确了发展公司债券的必要性。

（六）企业债券和公司债券分开发展阶段

2007年8月14日《公司债券发行试点办法》正式颁布实施，标志着企业债券和公司债券正式分开发展。

企业债券经过二十多年的发展历程，取得了值得肯定的成绩，但是也应看到，现阶段企业债券市场仍存在着一些问题：第一，中国企业债券与其他主要债券品种和股票相比，发行规模偏小；第二，企业债券名不副实，发行主体主要是中央政府部门所属机构、国有独资企业或国有控股企业，没有充分发挥为各类型企业融资的功能；第三，对企业债券发行的管制过于严格；第四，债券信用评级制度不完善；第五，信息披露不到位。作为证券市场不可或缺的组成部分，我国的企业债券市场还需要进一步完善和发展。

【本章小结】

1. 债券是政府、金融机构、工商企业等机构直接向社会借债筹措资金时向投资者发行，并且承诺按一定的利率支付利息并按约定条件偿还本金的债权债务凭证。

2. 债券的种类繁多，按发行主体不同可分为政府债券、公司债券和金融债券三大类。

3. 债券的发行市场亦称债券的一级市场，它是将新发行的债券从发行者的手中转移到初始投资者手中的市场。债券的发行方式按其发行方式和认购对象，可分为私募发行与公募发行；按其有无中介机构协助发行，可分为直接发行与间接发行。

4. 当债券的发行人选择间接发行方式时，需要委托承销商等中介机构对其发行的债券进行承销。债券的承销过程主要包括三个不同的要素：债券发行定价、债券的承销和相关承销成本的分配。

5. 债券流通市场是指已发债券买卖、转让、流通的场所。与债券发行市场相比，债券流通市场主要是由证券交易所和柜台交易市场两部分组成。债券流通市场上的交易形式主要有现货交易、期货交易、期权交易和回购协议等。

6. 影响债券价值的因素有到期时间、息票率、可赎回条款、税收待遇、流通性和发债主体的信用程度等六个方面。

7. 债券收益率是债券收益与其投入本金的比率，通常用年率表示。债券收益除利息收入外，还包括买卖盈亏差价。衡量债券收益率的主要指标有到期收益率和持有期收益率。

【本章重要概念】

债券　偿还期限　可转换债券　发行合同书　否定性条款　肯定性条款　现货交易
期货交易　期权交易　回购协议　到期收益率　持有期收益率

【思考题】

1. 什么是债券？债券的票面基本要素有哪些？它具有哪些特征？
2. 按发行主体不同，债券可分为哪几类？
3. 试述债券的承销过程。
4. 债券价值的影响因素有哪些？

【本章参考书】

1. 杜金富等：《金融市场学》，第三版，大连，东北财经大学出版社，2010。
2. 张志平：《金融市场实务与理论研究》，北京，中国金融出版社，1991。
3. 彼得·S. 罗斯：《货币与资本市场》，第八版，中文版，北京，机械工业出版社，2006。
4. 张亦春：《金融市场学》，北京，高等教育出版社，2008。

第十章

股票市场

股票市场是资本市场的重要组成部分。本章主要介绍股票、股票的发行市场与流通市场、股票市场的价格与收益及二板市场等内容。

第一节　股票概述

一、股票的概念

股票是股份有限公司发给股东以证明其向公司投资并拥有所有者权益的有价证券。这一定义有三层含义：第一，股票是由股份有限公司发行的，非股份有限公司不能发行股票；第二，股票是投资者向公司投资认股的凭证，因此，购买股票和向公司投资是同一过程；第三，股票是投资者拥有所有者权益并承担相应责任的凭证。

股票与股份、股份制、股单、认股权证等概念，既有联系，又有区别。

股份是股份公司均分其资本的基本计量单位，对股东而言，则表示其在公司资本中所占的投资份额。股份包括三层含义：第一，它是股份公司一定量的资本额的代表；第二，它是股东的出资份额及其股东权益的代表；第三，它是计算股份公司资本的最小单位，不能再继续分割。

股份的表现形式是股份证书。不同类型的股份制企业其股份证书的具体形式各不相同，只有股份有限公司用以表现公司股份的形式才是股票。股票根据股份所代表的资本额，将股票的出资份额和股东权予以记载，以供社会认购和交易转让。持有了股票就意味着占有了股份有限公司的股份，取得了股东资格，可以行使股东权。可见，股票与股份是形式与内容的关系。

股票与股份制也有区别。股份制是指通过按股份筹集资本和确认投资者参与经营而形成的一种企业组织形式，一般分为无限公司、有限公司、两合公司和股份有限公司等企业组织形式，其中以股份有限责任制为典型形式，并不是任何形式的股份制企业都可以发行股票，只有股份有限公司才能发行股票。

股票与股单都是股份制企业中运用的概念，它们都是用来表现股东的出资和股东权的股份证书，同属于所有权证券。然而，两者也存在着如下根本差别：（1）两者的适用范围不同。股票是由股份有限公司公开发行的，用以确认投资者的出资份额和股东地位的法律凭证；股单则是有限责任公司发给股东的出资凭证。（2）两者的性质不同。股票属于有价证券，除了可用以证明股东地位和股东权外，法律还赋予其自由流动性。（3）两者的表现形式不同。股票通常体现着金额相等的股份，股东依据股票享有平等的股东权。根据需要，股票可以设计成不同的类型。股单则不同，每份股单所代表的金额可以不等，每个股东依股单所确认的出资数额享有股东权，并不是按股份取得平等权利。

二、股票的特点

1. 投资的永久性。投资者一旦投资入股，在公司的存续期间，就不能直接向公司退股抽资。这是因为，任何公司运作的资本都是由众多股东投入的，公司业务有着明确的产业定位、规模界限、客户联系等。若股东可以随意退股抽资，则一个或几个股东的这类行为，将打乱公司的正常业务活动，给公司的客户和其他股东造成损失，使市场经济运行秩序和资本市场的融资关系受到损害。

2. 收益的风险性。获得收益是投资者投资于公司的基本目的之一。股票收益率要高于银行的长期存款利率，否则，投资者宁愿将资金存入银行，也不会投资于公司。在从投资到获得收益的过程中，股东投入资金在前，公司运用资金在后，资金的运作后果更在后，其间存在着众多风险。在能够有效回避这些风险的场合，公司从而股东将获得比较满意的收益；反之，将蒙受损失。

3. 决策的参与性。既然公司营运的风险最终由股东投入的资本来承担，那么股东就必然从关心自己的资本和收益水平出发，十分关心公司运作。在公司运作中，经营决策和经营管理人员具有决定性意义，为此，股东对公司运作的关心，也首先落实在这些方面。

4. 转让的市场性。各个投资者在不同时期的资金不尽相同，对投资收益要求亦有差别，对风险的评价也不断变化。但是，受永久性投资机制制约，那些有突然的资金需求，或发现更好的投资机会，或感觉风险过大的投资者就会认为，股票投资也有其不方便之处。鉴于此，一些人宁愿将资金存入银行或购买其他流动性较高的证券，也不愿意投资于股票。如若这样，股份公司的生存和发展就会丧失基础。为了满足投资者灵活转换资产的需求，同时也为了保障公司的存续与发展，股票便有了可转让性。所谓可转让，是指股票持有者可以按一定的价格将股票卖给愿意购买该股票的人。在转让中，股票卖出者通过卖出股票收回了投资及预期收益，并将股票代表的股东身份及相应权益让渡给了股票购买者。

除上述特点外，股票还具有可抵押性、可赠送性、可继承性等特点。

三、股票的种类

股份公司为了满足自身经营的需要，根据投资者的投资需求，发行多种多样的股票，这些股票所代表的股东地位和股东权利各不相同。股票有以下主要种类：

1. 按照股票代表的股东权利划分，股票可分为普通股股票和优先股股票。普通股股票是最普通也是最重要的股票种类。优先股股票是股份有限公司发行的具有收益分配和剩余财产分配优先权的股票。

2. 按照股东是否对股份有限公司管理享有表决权，可将股票分为表决权股股票和无表决权股股票。表决权股股票是指持有人对公司的经营管理享有表决权的股票。表决权股股票分为单权股股票，即每股股票享有一票表决权的股票；多权股股票，即每张股票有若干表决权的股票；限制表决权股股票，即表决权受到法律和公司章程限制的股票；有表决权优先股股票，持有该种股票的股东，可参加股东大会，对规定内的公司事务行使表决权。无表决权股股票指根据法律或公司章程的规定，对股份有限公司的经营管理不享有表决权的股票。相应地，这类股票的持有者无权参与公司的经营管理，但仍可以参加股东大会。

3. 按照是否在票面上记载股东的姓名，股票分为记名股票和不记名股票。记名股票是指将股东姓名记载在股票和股东名册的股票。记名股票代表的股东权益归属记名股东，转让记名股票，必须依照法律和公司章程规定的程序进行，并要符合规定的转让条件。多数国家的股份有限公司发行的股票不记名。但某些特定的股票，如董事资格股票、雇员股票、可赎回股票等，一般要求记名。不记名股票是指股票票面不记载股东姓名的股票。不记名股票权利属于股票持有者所有，它与记名股票相比转让更方便、更自由。

4. 按照有无票面价值划分，股票分为有面值股票和无面值股票。有面值股票是指在股票上记载一定金额的股票，也称有面额股票。早期发行的股票基本上都是有面值股票，现在各国股份有限公司发行的股票以有面值的居多。无面值股票是指股票票面不记载金额的股票，也称无面额股票。这类股票不标明固定的金额，但要在票面上表示其在公司资本金额中所占的比例，所以它又可称做比例股票。无面值股票不是说股票没有票面价值，只是由于公司经营状况不断变动，公司资产总额经常发生变化，股票的价值也随公司实际资产增减而升降。

四、普通股股票

普通股股票指每一股份对公司财产都拥有平等权益的股票，它是公司资本构成的最基本成分，也是公司资本运营中风险最大的股份，是人们最常见、最典型的股票种类。

普通股股票具有四个主要特点：一是拥有普通股股票的股东是公司资本的所有者，可以行使所有者应有的权利，如出席股东会议、行使表决权和选举权（被选举权）、监督检查权、优先认股权等；二是普通股股票股利是非固定的，随着公司利润水平的变动而变动，因而在各类股票中，普通股股票的收益最高，风险也最大；三是在公司解散清算中，普通股股票分取公司剩余资产的次序排在优先股之后，因此，若公司剩余资产有限，普通股股东是最终的损失者；四是普通股股票可以进入证券交易所上市交易。

中国目前发行的股票为记名式普通股股票。其分类大致有三种情形：

1. 根据持有人的身份不同，将股票分为国有股、法人股、个人股、外资股。国有股是指由国有资产形成的并由政府部门持有的普通股。法人股是指由法人机构资产形成（或法人投资购股）并由法人持有的普通股。个人股是指由个人投资购股并由个人持有的普通股。个人股又分为社会公众股和内部职工股。社会公众股，是指公司向社会公众公开发行并在发行后可以立即上市交易的普通股；内部职工股，是指公司向公司内部职工发行并在规定的托管期限达到后才可上市交易的普通股；外资股，是指国内公司发行的由中国香港、澳门、台湾地区和外国投资者用外币购买的以人民币标明面值的记名式普通股。

2. 根据发行和上市地区的不同，将股票分为人民币普通股股票和人民币特种股票。人民币普通股股票，又称 A 股，是指由中国境内公司在境内发行由国内投资者（以身份证为准）用人民币购买的并在境内证券交易所上市交易的记名式普通股股票；人民币特种股票，是指在中国境外发行由境外投资者用外币购买在境内或境外证券交易所上市交易的以外币标明面值的记名式普通股股票。根据股票上市地区的不同，人民币特种股票分为 B 股、H 股和 N 股等。B 股是指由中国境内公司在境外发行由境外投资者用外币购买在中国境内（如上海、深圳）证券交易所上市交易的以人民币标明面值并折合成外汇（上海交易所以美元标价，深圳交易所以港元标价）的记名式普通股股票。H 股是指由中国境内公司在境外发行由境外投资者用外币购买并在香港联合交易所上市交易的港元记名式普通股股票。N 股是指由中国境内公司在中国境外发行由境外投资者用外币购买并在美国纽约证券交易所上市交易的美元记名式普通股股票。除 H 股、N 股之外，还有 S 股（在新加坡交易所上市）、L 股（在伦敦交易所上市）等特种股票面世。随着中国逐步融入国际金融市场，今后还会有其他特种股票出现。

3. 根据是否进入交易市场，股票分为流通股和不流通股。流通股是指可进入交易市场交易的股票，如在上海和深圳证券交易所交易的股票。不流通股是指不进入交易市场交易的股票，如我国《公司法》第一百四十二条规定，"发起人持有的本公司股份，自公司成立之日起一年内不得转让"，这些股票在规定的期限内属不流通股。

在中国香港上市的股票，有蓝筹股、红筹股和中国概念股之分。其中蓝筹股，是指进入香港恒生指数计算对象的 33 只股票；红筹股，是指在香港联合交易所上市的中资公司或有中资背景的公司股票；中国概念股，包括红筹股和在内地投资比例较大的香港本地公司发行的股票。

红筹股又分为红筹实力股、红筹买壳股和 H 股。红筹实力股，是指内地驻香港机构的下属公司发行并上市的股票；红筹买壳股，是指内地公司通过收购香港上市公司的股权而达到上市目的的股票。

需要指出的是，以上蓝筹股、红筹股等，并不构成股票一个种类，而是市场人士根据各种不同特点对上市股票所作的一种非正式归类。

五、优先股股票

优先股股票又称特别权股票，是指在分取股息和公司剩余资产方面拥有优先权的股票，它具有三个特点：（1）优先股股东拥有两项优先权。其一，在股息分配中，其顺序排在普通股之前。在一般情况下，优先股的股息未分配之前，普通股不得分配股利。但在公司已将优先股应得股息全额留存时，可以先分配普通股股利。其二，在分取公司剩余资产中，优先股股东有权首先收回股金，普通股股东只能在优先股股东分取后公司仍有剩余资产的条件下才能分取其余额。（2）优先股的股息通常是固定的，其水平一般高于银行的长期存款利率。由于股息率是固定的，所以与普通股相比，优先股的市场价更易受利率水平的影响。（3）优先股股东一般不出席股东会议，不拥有普通股股东所拥有的表决权和选举权。但在特殊条件情况（如优先股股息多年未发放）下，优先股股东可以根据法律规定或公司章程规定，出席股东会议，与普通股股东一样，行使股东权利。

优先股股票，根据不同的标准，可分为不同的种类。在世界各国中，优先股股票的主要种类有下述几种：

1. 累积性优先股和非累积性优先股。累积性优先股，是指任何一年未支付的股息都可以累积下来、待后一年一并付清的优先股股票。它的主要特点是，根据固定股息率计算的股息，可以累积合计。实行累积性优先股对公司有一定好处，即公司在经营状况不好从而盈利不足以分派股息时，可以暂不分配股利，待经营状况好转时，再合并分配。实行累积性优先股也有制约条件：一方面，公司只有将积欠的优先股股息全部付清以后，才能进行普通股的股利分配；另一方面，若公司长期（一般为3年）拖欠累积性优先股股息，则优先股股东有权出席股东会议，与普通股股东一样行使股东权利，或公司应按有关规定将优先股转换为普通股。

非累积性优先股，是指公司应按固定股息率每年分配股息的优先股股票。它的主要特点是，股息限于在本年度内付给，不能拖欠或累积；若公司当年的盈利不足以支付全部优先股股息，则不足部分不构成公司对股东的欠款，优先股股东也不得要求公司在以后年度内予以补足。非累积性优先股的股息分派，在次序上优先于普通股，公司只有在优先股股息分派完成后，才可进行普通股股利的分配。

与非累积性优先股相比，对投资者来说，累积性优先股具有比较明显的优势，因此，累积性优先股股票的发行比较广泛，而非累积性优先股股票则逐步减少。

2. 参与优先股和非参与优先股。参与优先股，是指不仅有权按固定股息率分得股息而且有权与普通股股东一起参加剩余利润分配的优先股股票。它的主要特点是，在公司的盈利增大时，优先股股东既可按固定股息率分取股息，又可通过参加剩余利润的分配取得红利。在现实中，参与优先股既有固定的股息收益，又可得到红利收益，其风险比普通股小得多，使普通股股东实际上处于不利地位，所以它的数量受到严格限制。

参与优先股，根据参与的程度不同，又分为完全参与优先股和部分参与优先股。完全参与优先股的股东有权与普通股股东共同等额分享公司当年的剩余利润。非参与优先股，是指只按固定股息率分取股息的优先股股票。它的主要特点是，不论公司利润增加多少，普通股的股利率多高，优先股股东只能按照固定的股息率分得股息，无权要求参与公司剩余利润的分配。

3. 可转换优先股和不可转换优先股。可转换优先股,是指股东可以按规定的条件将优先股转换成普通股或公司债券的股票。不可转换优先股,是指在任何条件下,股东都不能将优先股转化为普通股或公司债券的股票。可转换优先股的主要特点是,在转换条件成熟的过程中,这类股票与公司普通股或公司债券的关系逐步加强,其市场价格也因受普通股或公司债券的价格影响而变动。可转换优先股的转换条件和转换比例,通常在这类股票发行时就作了基本的规定,并在转换期前进一步具体化。

4. 可赎回优先股和不可赎回优先股。可赎回优先股,又称可收回优先股,是指公司按规定可在股票发行一段时间后以一定价格购回的优先股股票。不可赎回优先股,又称不可收回优先股,是指公司在任何条件下都不能购回的优先股股票。可赎回优先股的主要特点是,发行此类股票的公司有权按预先的规定在优先股发行后的一段时间后以一定的价格将股票购回。优先股的大多数种类都是可赎回的,它们通常附有股票赎回的条款,其中规定了股票从发行到赎回的最短期限、股票赎回价格、股票赎回方式等。公司赎回优先股的目的,一般是为了减少股息负担,所以,通常是在能够以股息较低的股票取代已发行的优先股时,才实施赎回。优先股赎回方式主要有三种:一是溢价赎回,即根据事先规定的价格,按优先股股票面值再加一笔"溢价"(补偿金)予以赎回;二是基金补偿,即公司在发行优先股后,从所得到的股金或公司盈利中,拿出一部分资金设立补偿基金,用做赎回优先股的补偿资金;三是转换赎回,即公司以转换为普通股的方式,赎回优先股。在现代经济中,转换赎回方式被普遍使用。

5. 其他种类。优先股还有调息优先股、担保优先股等。调息优先股,是指股息率随债券利率或存款利率的变化而进行调整的优先股。担保优先股,是指股利支付由其他公司提供担保的优先股股票。

第二节　股票的发行市场

一、股票发行的种类

公司发行股票,是为了筹集资金,但在发行股票筹集资金与公司的关系上,还可划分为五种情形:(1)发起设立发行,即公司的发起人通过发起公司并认购公司拟发行的全部股份而设立公司。(2)募集设立发行,即股份有限公司在原独资公司或有限责任公司的基础上进行公司制改造,在对原公司资产进行评估折股的基础上向社会发行一定数量的股份。(3)存量转让发行,即股份有限公司在原独资公司或责任公司基础上进行公司制改造,在以原公司资产进行评估折股的基础上将一部分股份以转让的方式向社会发行,设立股份有限公司。(4)送股发行,即公司在股利分配中,不以现金形式派发股息,而以股票形式派发股息。这是增加公司资本数量的一种重要方式。(5)配股发行,即公司按原有股份的一定比例配给原股东购买公司股票的优先认股权,从而增加公司股份的过程。

二、股票发行的审批或注册

为了保障投资者的权益，各国政府都授权某一部门对申请发行股票进行审核评估，对发行股票进行审批。各国政府证券管理部门对股票发行的管理，主要采取注册或审批制，股份有限公司公开发行股票，首先必须向政府证券主管部门办理申请股票发行的审批或注册手续。股票发行的审批或注册制度，主要包括以下几个方面的要求：（1）申请发行股票的公司，必须将其财务情况及其他能反映资信状况的材料报政府主管证券发行的部门进行审核。（2）申请发行股票的股份公司必须向证券主管部门提交"股票发行申报书"，充分阐述发行股票的理由及条件。（3）申请发行股票的公司必须认真填写股票发行说明书，内容必须包括发行公司业务经营及财务状况、股票发行的条件及承销的方式等有关资料和信息。（4）证券主管部门要对发行公司的申请报告、财务状况、发行条件、股票发行说明书是否符合要求，是否真实、全面等项进行认真审核，如无异议，便可批准其发行或允许注册。一旦发行注册申请和说明书获得审批通过，发行股票的管理和事前准备程序即告完成，发行公司便具备了公开发行股票的条件。

三、股票发行价格

股票发行价格是指公司在发行市场上出售股票时所采用的价格。它一般分为平价发行、市价发行、中间价格发行和折价发行四种价格。平价发行即将股票的票面金额确定为发行价格。市价发行是以流通市场上股票价格为基础确定的发行价格。中间价格发行即股票的发行价格取票面金额和市场价格的中间值。折价发行即发行价格低于票面金额。公司发行股票选取何种价格取决于一系列因素，主要有以下几项：

1. 盈利水平。税后利润综合反映了一个公司的经营能力和获利水平，在总股本和市盈率已定的前提下，税后利润越高，发行价格越高；反之亦然。

2. 股票交易市场态势。股票交易价格直接影响着发行价格。一般来说，一方面，在股指上扬、交易活跃的条件下，受交易价格上升的影响，股票发行价格高些，投资者能够接受；在股指下落、交易减少的条件下，受交易价格下降的影响，股票发行价格不宜过高，否则，投资者不愿接受。另一方面，在选择发行价格时，也要注意给股票二级市场的运作留有适当的余地，使二级市场交易活跃。

3. 本次股票的发行数量。股票发行受到购股资金数量的严格制约。一次发行股票的数量较大，在确定的时间内，受资金供给量的限制，若发行价格过高，将面临发行失败的风险。相反，一次发行股票的数量较少，受资金供求关系的影响，发行价格可能提高。

4. 公司所处的行业特点。不同的公司处于不同的产业部门中，各产业部门受技术进步速度、产品成熟状况、市场开发程度、政府政策支持等因素影响，处于不同的增长态势之中，有着不同的发展前景，一些具有发展潜力的部门，具有较强的竞争能力，市场前景看好，其发行的股票价格可能要高些。而一些传统产业，其竞争能力较差，其发行的股票价格可能低一些。

此外，股票发行价格还受公司知名度的影响。

在实践中，确定股票发行价格主要有两种方法：市盈率法和市场竞价法。所谓市盈率法，是指根据市盈率的倍数来确定股票发行价格的方法。所谓市场竞价法，是指通过市场竞价来确定股票发行价格的方法。

市盈率，全称为市场盈利率，是购股价格与公司每股税后利润的比率。用公式可表示为

$$市盈率 = \frac{每股的购买价格}{公司每股税后利润}$$

根据历史资料预测公司的盈利能力后，结合市场的平均盈利，就可以确定股票的发行价格，即

$$股票发行价格 = \frac{发行当年预测的税后利润}{公司发股后的总股本} \times 市盈率$$

在实行市场竞价中，股票发行确定一个底价，投资者在规定时间内以不低于发行底价的价格（并按限购比例或数量）进行申购；申购期满后，由证券交易所系统将所有有效申购按照价格优先、同价位申报者时间优先的原则，将申购者的申购单由高价位向低价位排队，并累计有效认购数量；当累计数量恰好达到或超过本次发行股票的数量时，最后一笔申购价格即为本次股票发行的价格。因此，市场竞价法又称边际定价法。在市场竞价中，如果在发行底价上的申购不能完全认购本次发行的股票的数量，则竞价的底价就转为发行价格。

四、股票发行方式

股票发行方式从不同角度可划分为不同类型。根据发行的公开程度，可分为私募和公募两种；根据承销状况的不同，股票发行方式可分为直接发行和间接发行两种。

从中国和其他国家的实践看，公开发行股票可选择的方式很多，主要有以下几类。

（一）上柜发行方式

上柜发行方式又称柜台发行，是指公司通过主承销商在承销团的各营业网点上直接代理发售股票，投资者在规定时间内以预定的发行价格及限购数量购买股票的发行方式。上柜发行的好处：一是简捷方便，投资者可持现金或支票直接购买股票；二是购股费用低，投资者的购股费用只是委托手续费，一般不支付佣金、过户费和印花税等费用。它的缺陷是，在股票供不应求的条件下，容易发生发股网点的拥挤、秩序混乱等不安全现象，也容易发生发股过程中的内幕交易、徇私舞弊等现象。鉴于此，1992 年以后，我国不再采用这种方式，但其他国家至今还有采用的。

（二）申请表方式

申请表方式又称认购证方式，是指在规定时间内无限量发售数码连续的认购申请表，再根据发售申请表数量和发股数量确定中签比例，公开摇号抽签，中签者交纳股款并认购股票的发行方式。这种方式在 1993 年后的一段时间内在我国普遍采用，主要目的在于保障投资者购股的公平权益，防止因发股而引发其他社会问题。这种方式的主要缺

陷在于：一方面，发行股票所造成的经济费用过大；另一方面，投资者的购股成本过高，认购申请表的费用最终由购股者支付。1994 年以后，这种发行方式在我国逐步消失。

（三）存单方式

存单方式，又称与储蓄挂钩方式，是在规定时间内无限量发行数码连续的专项定额定期存款单，再根据存款单的发行数量和发股数确定中签比例，公开摇号抽签，中签者交纳股款和一定数量的手续费来认购股票的发行方式。我国 1993 年末开始采用这种方式，这样做是为了克服申请表方式的缺陷。存单方式在具体实施中又有两种形式：一是股款全额存入，这种形式的存单面额等于每股发行价格乘以每张中签存单可购股数之和。二是存款与股款分离。这种形式的存单面额不与股款挂钩，投资者购买存单只是取得了存单和存单上的编号。一旦中签，持单人应持存单中的"股权登记联"，在规定的时间内交纳股款和购股手续费，不能用存单的"储户联"抵交股款和手续费。存单自购买日起计息，利率与同期储蓄存款利率相同。

存单方式比申请表方式前进了一步，投资者购股成本和风险明显减少。但存单从设计、印制、运输、保管、分发到发售，仍需要耗费相当多的人力、物力和资金。1995 年以后，运用存单方式发行股票的现象明显减少。

（四）上网发行方式

上网发行方式，又称网上发行，是指通过证券交易所的交易系统发行股票的方式。上网发行又分为上网竞价发行和上网定价发行两种。上网竞价发行，在股票发行价格的市场竞价方法中已经作了介绍，这里不再重复。上网定价发行，是指公司委托主承销商按预先确定的价格通过证券交易所的交易系统发售股票的方式。在上网定价发行中，主承销商接受公司的委托，成为股票的唯一"卖方"。投资者在申购委托前，将申购资金全额存入与办理此次股票发行的证券交易所联网的证券营业部指定的账户，然后，在上网申购期内，按发行价格和申购数量，填写委托单，委托该证券营业部买入股票。当有效申购总量大于该次股票发行量时，证券交易所的交易主机将自动按每 100 股确定为一个申报号，连续排号，在申购期满后，进行摇号抽签。证券交易所根据抽签结果，进行清算交割和规定登记。1996 年以后，我国的股票发行普遍采用这种方式。

（五）全额预缴款方式

全额预缴款方式，是指投资者在申购时间内将全额申购款存入主承销商在收款银行开立的专户，申购结束后，根据股票发行总量和申购总量计算配售比例，进行股票配售和股款交割的发行方式。它可分为"全额预缴款、比例配售、余款即退"和"全额预缴款、比例配售、余款转存"两种形式。在前一种形式中，股款交割后，剩余的申购资金立即退还给投资者，是国际上比较常用的一种股票发行方式。在后一种形式中，股款交割后，剩余的资金转为银行存款，这与存款单方式有相似之处。1995 年以后，全额预缴款方式在我国的股票发行中也时常被采用。

五、股票承销方式

股票承销方式，是指证券经营机构接受公司委托，承担销售股票职责的方式。在股票承销中，接受公司委托承担股票发售职责的证券经营机构成为承销商。股票承销方式与发行方式不同，它所涉及的只是公司与承销商之间对股票发售的职责关系。

股票承销，按公司委托程度的不同，可分为全额包销、余额包销和代销三种方式。

（一）全额包销

这是国际上常见的股票承销方式。它指承销商接受公司的全权委托，承担将本次发行的股票全部发售出去的职责。在这种方式中，一般由承销商从公司那里以自己的名义一次性将所发行的股票全部买入（买入价低于发售价），然后再将这些股票发售给社会公众。若向社会公众售出的数量少于公司委托发行的数量，则余额由承销商全部承购。在实行全额包销方式中，承销商从公司那里一次性买入股票，实际上是为公司预付了股款，同时又承担了股票发行中的全部风险，因此，承销商通常要求公司支付较高的佣金。佣金主要来源于股票的购销差价。

（二）余额包销

这是指承销商接受公司的委托，代理公司发行本次股票并承担购买全部认购股票发售余额的职责。在这种方式中，承销商始终是以公司的名义按既定的发行价格代理公司发行股票，并不将公司股票买入，只是在发售期满仍有未发售出去的股票的条件下，才认购这部分余额。实行这种方式，由于承销商不为公司预付股款，股票又是按发行价格发售，所以承销商的佣金不是来源于股票的购销差价，而是来源于手续费收入。

（三）代销

这是指承销商接受公司的委托，承担代理公司发售本次股票的职责。在这种方式中，承销商只是以公司的名义按既定的发行价格代理公司发行股票，不承担认购未发售出去的股票的职责，也不承担公司股票发行失败的责任。实行这种方式，由于股票发行的全部风险由公司承担，所以，公司只按承销商实际发售的股票金额和预先确定的费率向承销商支付报酬。1992—1994 年，我国相当一些定向募集公司的股票承销采取代销方式。在国际上也有采用代销方式的。

六、股票上市

公开发行的股票，经证券交易所批准在交易所里作为交易的对象，叫做股票上市。相应地，股票发行公司向证券交易所提出在交易所内进行该种股票买卖的申请，经证券交易所批准注册后的股票称为上市股票。

（一）股票上市条件

股票上市条件也称股票上市标准，它是指证券交易所对申请股票上市的公司所作的规定或要求，只有符合这些规定和要求，公司股票才允许上市。

各国证券交易所关于股票上市标准的规定各不相同，规定的标准视各个国家证券交易所的具体情况而定。一般说来，对于股票上市所作要求的主要项目有：（1）是否符合该国证券交易法规和证券交易所规定的有关上市公司的资本额。（2）盈利能力。公司的盈利能力从根本上决定着股利支付的多少和股票价格的变化。（3）资本结构。资本结构是指公司自有资金和借入资金的构成状况。借入资金多则负债比率大，负债比率的大小直接影响投资者收益的多少。（4）偿债能力。偿债能力是否强，直接关系到股票的交易状况和股东利益。（5）股权分散标准。证券交易所对公司的股权分散状况都有一个具体的要求，这项规定的目的在于赋予股票以足够的流通性，以避免任何大股东直接影响股票价格。（6）申请上市股票的市场价格。规定股票的市场价值甚至要比规定公司的资本额更为重要，因为它是公司信誉在股市上的直接综合反映。

（二）股票上市申请程序

股票发行公司要想让自己的股票在证券交易所上市，必须首先向交易所提出股票上市的申请。申请时必须提供下列文件：（1）上市申请书；（2）上市报告书，说明公司的主要业务状况、财务状况，股票发行和转让状况，以及可能影响股价波动和避免出现不正常情况的事项；（3）批准公司发行股票的文件；（4）公司章程；（5）公司申请上市的董事会决议；（6）公司注册证明文件；（7）公司股东名册；（8）经会计师事务所注册会计师鉴证的公司最近年份的资产负债表和损益计算表；（9）公司经营状况公告事项的说明等。

（三）股票上市的获准

对符合上市条件的股票，由证券交易所报经证券主管机关核准，便对申请股票上市的公司出具上市通知书，向公众公告，并在规定的时间内向社会公众公布上市公告书，定期公布经会计师事务所注册会计师鉴证的财务报表，以后在遇到特殊情况时，还要及时向证券交易所提供相关报告。

（四）上市公司信息披露

各国证券法都规定，上市后的股份有限公司负有公开、公平、及时地向全体股东披露一切有关其公司重要信息的持续性责任，以使上市公司的经营活动和重大事件置于投资公众的公开监督之下，使上市公司的股票能够在有效、公开、知情的市场中进行交易。

上市公司有责任持续披露的信息具有广泛的含义，它包括定期公布的法定报告（临时公布、中期公布、年度报告）、法律规定的重大事件、股票交易事项、公司董事和高级管理人员的权益和内幕交易，以及对公司证券价格产生重大影响的信息、对公司证券造市或操纵情况的信息、影响公司经营情况和财务状况的信息、引起公司股份变动的信息、影响证券持有人公平待遇的信息等。

第三节 股票的流通市场

股票流通市场是已经发行的股票按市价进行转让、买卖和流通的市场。由于它是建立在发行股票的初级市场基础上，因此又称做二级市场。相比而言，股票流通市场的结构和交易活动比发行市场更为复杂，其作用和影响也更大。

一、股票流通市场的作用

由于股票是没有偿还期限的永久性证券，股东一经入股，就不能从公司再抽回股金，因此，股东若想收回投资或不满意现有权益而想转移投资，唯一的出路就是把股票转让给别人，于是他们就成了股票流通市场的供应者。而有些人根据对市场行情的预测或其他需要，愿意购进已发行的股票，这些人就成了股票流通市场的需求者。股票在需求者和供应者之间不断地被买进和卖出，由此形成了股票的流通。股票的流通使股票具有较好的流动性和变现能力，加上股票自身所特有的权益，使股票不仅成为股份公司的主要筹资工具，而且成为投资者理想的金融资产之一。股票流通市场的存在和发展为股票发行者创造了有利的筹资环境，投资者可以根据自己的投资计划和市场变动情况，随时买卖股票。由于股票流通市场解除了投资者的后顾之忧，他们可以放心地参加股票发行市场的认购活动，有利于公司筹措长期资金。从整个社会看，则是将短期闲散资金转变为长期生产资金。股票流通的顺畅也为股票发行起了积极的推动作用。对于投资者来说，通过股票流通市场的活动，可以使长期投资短期化，在股票和现金之间随时转换，增强了股票的流动性和安全性。股票流通市场上的价格是反映经济动向的"晴雨表"，它能灵敏地反映出资金供求、市场供求、行业前景和政治经济形势的变化，是进行经济预测和分析的重要指标。对于企业来说，股权的转移和股票行市的涨落是其经营状况的指示器，还能为企业及时提供大量信息，有助于企业的经营决策和改善经营管理。可见，股票流通市场具有重要的作用。

二、股票流通市场的组织形式

股票流通市场的组织形式可以分为两种：场内交易和场外交易。

（一）场内交易

场内交易是指通过证券交易所进行股票买卖流通的组织形式。证券交易所是设有固定场地、备有各种服务设施（如行情板、电视屏幕、电子计算机、电话、电传等），配备了必要的管理和服务人员，集中进行股票和其他证券买卖的场所。在这个场所内进行的股票交易就称为场内交易。目前在世界各国，大部分股票的流通转让交易都是在证券交易所内进行的，因此，证券交易所是股票流通市场的核心，场内交易是股票流通的主要组织形式。

（二）场外交易

凡是在证券交易所以外进行股票买卖流通的组织方式统称为场外交易。场外交易有各种形式，不同形式的交易又有不同的市场名称，同一形式在不同国家还有不同的称呼。常见的有非正式市场、自由市场、店头市场或柜台市场、第三市场、第四市场等。

之所以采用场外交易的组织形式，是因为股票在交易所内挂牌上市，必须遵守一系列严格而复杂的规定，以保障投资者的权益。这样，有的股票发行后，达不到在证券交易所内上市的要求，有的股票即使上市了，也会因各种原因在证券交易所以外成交。随着商品经济，特别是货币金融业的发展和现代科技的不断进步，场外交易也日益活跃起来，其交易量和交易方式日渐增多，成为股票流通市场的重要组成部分。

三、股票流通市场的交易方式

进行股票买卖的方法和形式称为交易方式，它是股票流通交易的基本环节。现代股票流通市场上的买卖交易方式种类繁多，从不同的角度可以做以下分类：

1. 按买卖双方决定价格的方式不同，分为议价买卖和竞价买卖。议价买卖就是买方和卖方一对一地面谈，通过讨价还价达成买卖交易。它是场外交易中常用的方式。一般在股票上不了市、交易量少、需要保密或为了节省佣金等情况下采用。竞价买卖是指买卖双方都是由若干人组成的群体，双方公开进行双向竞争的交易，即交易不仅在买卖双方之间有出价和要价的竞争，而且在买者群体和卖者群体内部也存在着激烈的竞争，最后在买方出价最高者和卖方要价最低者之间成交。在这种双方竞争中，买方可以自由地选择卖方，卖方也可以自由地选择买方，使交易比较公开，产生的价格也比较合理。竞价买卖是证券交易所中买卖股票的主要方式。

2. 按达成交易的方式不同，分为直接交易和间接交易。直接交易是买卖双方直接洽谈，股票也由买卖双方自行清算交割，在整个交易过程中不通过任何中介的交易方式。间接交易是买卖双方不直接见面或联系，而是委托中介人进行股票买卖的交易方式。证券交易所中的经纪人制度，就是典型的间接交易方式。

3. 按交割期不同，分为现货交易和期货交易。现货交易是指股票买卖成交后，马上办理交割清算手续，钱货两清。期货交易则是股票成交后按合同中规定的价格、数量，经过若干时期再进行交割清算的交易方式。

4. 其他。按交易者的不同需要，近年来还出现了只需要缴纳少量保证金就可以从事大宗股票买卖的信用交易（亦称垫头交易），买卖股票交易权利的期权交易，以股票价格指数为对象的股票指数期货交易等。这些方式我们将在第十一章中详细介绍。

四、股票流通市场的场外交易活动

股票流通市场的场内交易和场外交易是股票买卖的两大组织方式，它们各自的交易对象、形式、程序和管理有所不同。场内交易在介绍债券场内交易时已具体介绍，这里主要介绍的是场外交易活动。

（一）场外交易的对象

股票的场外交易对象比场内交易的对象要多。在证券交易所进行场内交易的对象只限于上市股票，而在场外交易的对象，不仅包括准许在交易所内上市的股票，而且也包括交易所内不经营的非上市的股票。

（二）场外交易的形式

各国场外交易的形式主要有三种：

1. 店头市场，亦称柜台交易。这是场外交易最主要的和最典型的形式。它在证券商的营业点内，由购销双方当面议价进行交易。店头市场的交易对象，既有小公司的股票，也有大公司的股票；既有上市股票，也有非上市股票；既有股票，也有债券。店头市场交易的参与者主要是证券商和客户，这些证券商有时充当买入者，有时充当卖出者，有时也充当买卖中介人。

2. 第三市场。这是在证券交易所外专门买卖上市股票的一种场外交易形式。第三市场出现于 20 世纪 60 年代的美国，近些年发展很快，原因主要是证券交易所不仅对参与者、上市股票有严格的要求，而且还有"最低佣金比率"限制，不允许随意降低佣金，这就使大批量的股票交易成本非常昂贵。由于在证券交易所内正式上市的股票往往信誉较好，受人欢迎。因此，那些非交易所会员的证券商和大额投资者就在证券交易所之外买卖这些上市股票，以减轻大宗股票交易的费用负担。同时，由于许多非交易所会员的各种金融机构或团体投资者都大量持有或购买股票，有了第三市场，他们就可以主动参与上市股票的交易。第三市场是西方金融创新的一种结果，满足了股票交易分散化和交易形式多样化的要求。许多有交易所会员资格的经纪人也乐意参与这类买卖，因为佣金的比率虽然较低，但每笔交易的数量较大，所以其总收入还是相当可观的。

3. 第四市场。这是近年来在美国出现的场外交易形式。它是指股票的买卖双方绕开证券经纪商，彼此间利用电信手段直接进行大宗股票交易。参与第四市场进行股票交易的都是一些大公司、大企业。在美国，第四市场主要是一个计算机网络，想要参加第四市场交易的客户可以租用或加入这个网络，各大公司把股票的买进价和卖出价输入电子计算机系统，客户在购买或出售股票时，可以通知计算机系统，计算机屏幕上即可显示出各种股票的买进或卖出价格，一旦客户对某种股票的价格满意，他就可以通过终端设备商谈交易。

五、股票交易过程

股票交易过程，是指投资者（或股东）从开户、买卖股票到股票与资金交割完毕的全过程。它大致可分为开户、委托、成交、清算和交割五个阶段。

（一）开户

任何投资者或股东要进入股市，首先应在证券商或经纪人处开立委托买卖股票的有关账户。在世界许多国家或地区，开户主要是指投资者（或股东）在股票经纪人处开立资金账户的行为，但在我国，开户包括开立股东账户和资金账户等行为。开立股东账户一般在各地方的证券登记公司进行（但有时也可委托证券营业部办理），投资者需携带自己的身份证、填写有关表格并缴少量的费用。由于上海和深圳证券交易所的清算交割系统是分离的，所以，要同时进入这两个市场交易，还必须分别开立上海和深圳的股东账户。资金账户主要在各个证券商的证券营业部办理，证券营业部根据股市的态势和开户情况，通常要求投资者预存一定数量的交易保证金，以保障买入股票后的清算交割。开户后，投资者或股东就具有了进入股市的资格，可以委托证券商或经纪人买卖股票。

（二）委托

委托是指投资者或股东在办理规定的手续后让证券商或经纪人代理股票买卖的行为。在委托中，股东应将所委托卖出的股票，投资者应将委托购股的资金，交付给证券商或经纪人。不论对委托人还是对被委托人来说，委托都是进行股票买卖的关键性行为，委托的时间、内容、方式是否恰当，直接关系到交易的成败和利益的增减。为此，须注意如下事项：

1. 股市行情表。在进行委托之前，投资者和股东应弄清股市行情，选择适合自己意向的股票、价格和数量。股市行情表是股市行情的主要依据。根据统计时间的长短，股市行情表可分为即时动态行情表、每日行情表、每周行情表等。进入股市不仅要根据每日、每周和每月行情表提供的交易信息和其他信息，在充分分析的基础上，确定自己的意向，而且要根据股市的即时行情，作出具体的决断。

即时动态行情表，反映的是股市的即时动态，通常由股票代码、股票名称、前市收盘价、开盘价、最高价、最低价、最新价、买入价、卖出价、成交量、股价指数等项目组成。其中，股票代码，是由证券交易所为了便于计算机处理和委托报单而编制的代表特定股票的数码；股票名称，是上市公司名称和股票种类的简称，它通常可以为投资者提供上市公司的所在地、主营业务、股票种类等信息；前市收盘价，是指该只股票在前一天股市收盘前最后一笔成交的价格；开盘价，是指该只股票在今日开盘时第一笔成交的价格；最高价，是指该只股票在今日开盘后的最高成交价格；最低价，是指该只股票在今日开盘后的最低成交价格；最新价，是指该只股票即时前一笔成交的价格；买入价，是指该只股票即时已申报的买入价格；卖出价，是指该只股票即时已申报的卖出价格；成交量，是指该只股票在今日股市开盘到目前为止的成交总量；股价指数，是指根据即时股价和成交状况所计算的股指数值。

2. 委托方式。委托的方式，按形式划分可分为柜台委托、电话委托、电传委托、口头委托等；按权益划分可分为全权委托、市价委托、限价委托等；按时间划分可分为当日委托、多日委托和无限期委托等。

柜台委托是指投资者或股东在证券商（或经纪人）的营业柜台上，委托证券商代理买卖股票的方式。当采取纸面凭证时，投资者或股东应填写委托单；当采取磁卡凭证时，投资者或股东应输入自己的代码（密码）和相关指令，在确认无误后，按下"确定"键。在采取电话委托、电传委托和口头委托的场合，投资者或股东在实施委托时，可以不填写委托单。由于口头委托容易发生委托纠纷，我国不予采用；在国际股市中，这种方式也已很少采用。

全权委托是指投资者或股东将买卖股票的权力完全委托给证券商或经纪人的方式。这种方式中，证券商或经纪人全权代表投资者或股东买卖股票，其结果无论如何，投资者或股东都必须接受。市价委托，是指投资者或股东委托证券商或经纪人按当时的市场价格买卖股票的方式。在这种方式中，买卖一旦成交，不论其价格高低，委托人都必须接受，证券商或经纪人不负任何责任。限价委托，是指投资者或股东委托证券商或经纪人按限定的价格买卖股票的方式。在我国近年的股票买卖中，一般采用限价委托方式，很少采用市价委托的方式，而不推荐采用全权委托方式。

当日委托是指投资者或股东委托证券商或经纪人代理股票买卖的契约当日有效。与此相应，多日委托，是指这种契约多日有效。无限期委托，是指这种契约长期有效。我国不允许采取无限期委托。在 1993 年以前，曾实行过当日委托和多日委托，但 1993 年以后，随着股票交易电子网络的完善，多日委托方式被取消了，因此目前只能采取当日委托。在国际股市中，一般采取当日委托和多日委托，无限期委托已大大减少。

委托，应签订委托契约。委托单是委托契约的重要形式。委托单的内容，通常包括股票代码、股票名称、买入或卖出、股票价格、股票数量、委托方式（如限价、市价、全权、当日、多日、无限期等）和交易方式等。在我国目前条件下，由于不存在多日、无限期和全权等委托方式，所以在委托单中，若不填市价委托，则视为限价委托。委托单位应经证券商或经纪人审定并加盖印鉴，才能构成有效的委托契约。

3. 交易方式。股票交易方式大致上有四种：现货交易、信用交易、期货交易和期权交易。

现货交易，又称现金交易，是指买卖双方在成交后立即交割的交易方式。中国目前的股票交易均为现货交易。

信用交易，又称保证金交易或透支交易，是指投资者或股东通过交付一定数量的保证金得到经纪人的信用而进行股票买卖的交易方式。信用交易中，经纪人不仅要按成交金额收取佣金，而且要按利率规定，向委托人收取垫付资金的利息。

信用交易方式在国际股市中时常可见，但在我国目前是禁止采用的。期货交易和期权交易将在第十一章中介绍。

4. 委托审核。委托审核是指证券商或经纪人对投资者和股东提出的委托买卖股票要求进行审核的行为。委托审核包括合法性、同一性和真实性三方面内容。合法性主要审核委托人是否具有买卖股票的身份资格，是否已按规定开立了股东账户和资金账户，是否填写了委托单，委托单的内容是否正确等。同一性主要审核委托人提供的各类证件是否相符，这些证件与委托单上的签字是否相符，委托单的各联是否相符等。真实性主要审核委托人买卖股票数量与账户中的库存股票或资金数量是否相适应。只有在委托审核无误的条件下，证券商或经纪人才能签字盖章并接受买卖股票的委托。也只有在证券商签字盖章后，委托单才成为有效的委托契约。

5. 报单方式。报单是指证券商或经纪人将委托人的委托内容报给证券交易所的行为。报单方式可分为直接报单、间接报单、场内报单、场外报单等。

直接报单是指证券商或经纪人在接受了委托人的委托后直接进入证券交易所报单的现象，一般发生在证券商或经纪人本身是证券交易所的会员的场合。间接报单是指证券商或经纪人在接受了委托人的委托后，委托给其他证券商或经纪人进入证券交易所报单的现象，通常发生在接受委托的证券商或经纪人本身不是会员的场合。

场内报单是指证券商或经纪人在证券交易所内进行报单的现象。场外报单，是指证券商或经纪人在证券交易所外进行报单的现象。目前，上海证券交易所实行的是场内报单方式，即证券商在接受了买卖委托后，须先将委托的内容报给他们在上海证券交易所内的场内交易员（即红马甲），然后，由场内交易员输入电脑主机。深圳证券交易所实行的是场外报单方式，即证券商在接受了委托后，可通过与深圳证券交易所电脑主机联网的终端，在自己的证券营业部直接将委托内容输入电脑主机。

证券商或经纪人将委托契约的内容输入证券交易所后，交易就进入了"成交"阶段。

（三）成交

成交是指股票买卖双方达成交易契约的行为。由于买卖股票是交易双方的直接目的，股票一旦成交，在正常情况下，买卖双方不可违约，所以，这一阶段是股票交易过程的核心所在，股票成交方式大致有"竞价"和"撮合"两种。

竞价方式是指通过买方或卖方的竞争性报价达成股票交易的方式。在竞价中，若卖方为一人，买方为多人，通过各个买方的竞争报价，卖方与申报最高买入价的买方成交，这一过程为"拍卖"；若卖方为多人，而买方仅一人，通过各个卖方的竞争性报价，买方与申报最低卖出价的卖方成交，这一过程称为"标购"。竞价成交方式，自股市形成起就存在，迄今大部分国家和地区仍在沿用。

撮合方式是指由证券商或经纪人将买方和卖方的竞争性报价分别输入电脑主机，电脑主机按照价格优先、时间优先的原则进行排序并撮合成交的方式。在撮合成交过程中，买卖各方的每次报价，首先由经纪人分别输入电脑主机；电脑主机按照各次报价之价格优先、同一价格报价之时间优先的原则，将卖方报价以由低到高的顺序进行排序，买方报价以由高到低的顺序进行排序，然后，撮合处于第一位的买方与卖方成交。在撮合过程中，若买卖双方的价格不一致，通常取它们的中间价作为成交价；若买卖双方的申报数量不一致，通常由后位补上。目前，中国股票交易都采用撮合方式，世界上也有一些股市采用这种方式。

（四）清算

清算是指在股票成交后买卖各方通过证券交易所系统所进行的股票和资金的清理结算。在买卖双方每日仅成交一只股票的场合，可以不进行清算，直接进行股票和资金的交割，但经常发生的情况是，同一个入市者在一个交易日内进行了多次股票买卖，甚至多次买卖同一只股票，若逐笔交割，不仅手续麻烦，而且将导致时间、人力、物力和机会的损失，甚至发生混乱。清算的基本程序是，首先对同一个入市者在一个交易日所发生的各笔买卖进行清理，然后将对同一股票的买入数量及价格和卖出数量及价格进行对冲，找出应交割的股票种类、数量和资金。清算一般分为两个层次：第一层次，证券商（或经纪人）相互间通过交易所系统进行的清算。每个证券商（或经纪人）在每个交易日不断地进行成交活动，买卖股票的种类、数量、笔数、次序等既相当复杂又数额巨大，为了便于交割，他们通过证券交易所建立的清算系统，先进行各笔交易的对冲和抵消，然后交付清算后的差额（股票和资金）。在这一过程中，各个证券商（或经纪人）首先必须在证券交易所的清算机构开立清算账户，并将自营账户和代理账户严格分开。其次必须将一定数量的资金存入清算账户（有些国家还规定，将确定卖出的股票存放于清算机构），以保证清算的正常进行。最后必须与清算机构核对每一笔成交记录，确认无误后才进行清算。第二层次，证券商（或经纪人）与委托人之间的清算。由于委托人每日进行的股票买卖笔数较少，所以，这一过程相对简单。

在我国，由于各地情况有所差异，清算系统大致可分为两级清算和三级清算两种。两级清算是指证券商之间通过证券交易所清算系统所进行的清算和证券商与委托人之间的清算。三级清算是指各地证券登记（清算）机构通过证券交易所清算系统进行清算，证券商之间通过当地证券登记（清算）机构的清算系统进行的清算和证券商与委托人之间的清算。一般来说，直接在上海和深圳证券交易所开立清算账户的证券商，实行两级清算。在本地的证券登记（清算）机构开立清算账户的证券商，实行三级清算。同时，由于中国的股票交易采取电子化系统，所以清算和股票过户是同时完成的。上海和深圳证券交易所的清算流程如图 10 - 1 所示。

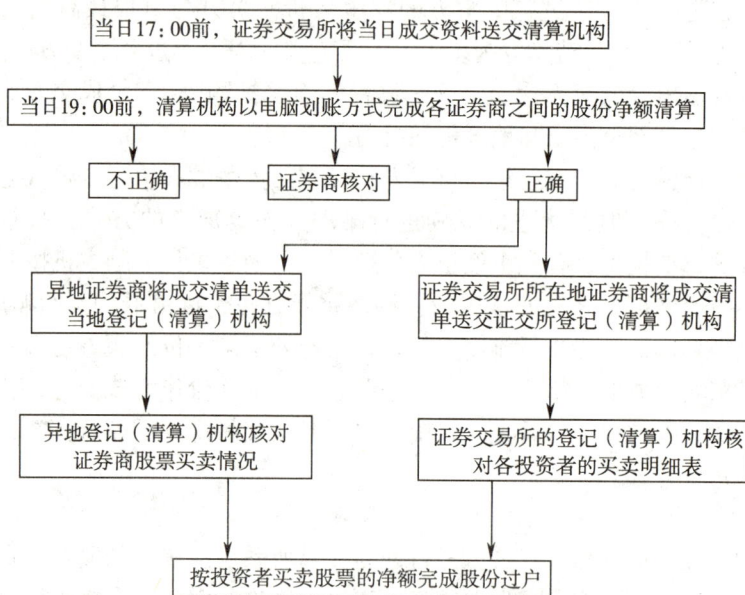

图 10 - 1　股票清算过户流程图

（五）交割

交割是指股票买卖双方相互交付资金和股份的行为。在交割中，买方将购股资金交付给卖方，称为资金过户；卖方将售出的股份交付给买方，称为股票过户。在过户中，买卖双方应认真核对股票名称、证券交易所名称、成交日期及时间、成交数量、成交价格、成交金额、税收、佣金、交割时间等事项是否正确。交割程序一般与清算程序相对应，分为两个层次，在中国则分为两级交割和三级交割。

根据交割日期划分，交割可分为当日交割、次日交割、例行交割等多种方式。若以 T 代表当日，以 1，2，3，…，n 分别代表往后各日，则交割方式可分为 T + 0，T + 1，T + 2，T + 3 等，其中，T + 0 表示当日交割，其余类推。

当日交割指股票买卖双方在成交当日办理交割事宜的方式。这是常见的交割方式，它对满足买方的股票运作、卖方的资金需求和提高股票成交量等都有重要作用。纽约证券交易所规定，在下午 14：00 以前成交的股票，应在下午 14：30 以前办理完交割手续。中国在实行 T + 0 方式时规定，当日买卖的股票，在成交后可进行逆向交易，待闭市后进行清算，并在次日开市前交割完毕。

次日交割，是指买卖双方应在股票成交后的下一个营业日办理交割事宜的方式。有些国家规定，采取次日交割，买卖双方应在股票成交后的下一个营业日的中午 12:00 以前办理完交割手续。中国目前实行的 T+1 方式规定，当日成交的股票，不可进行逆向交易，交割在次日开市前办理完毕。

T+3 交割，是指买卖双方应在股票成交后的第三个营业日办理交割事宜的方式。中国目前的 B 股交易采用这种交割方式。

例行交割，是指买卖双方应在股票成交后的第三个营业日办理交割事宜的方式。在这种方式下，买卖双方应于第五日中午 12:00 以前办理完交割手续。

第四节　股票市场价格与收益

一、股票的价值

股票作为有价证券，具有一定的价值。股票的价值有几种不同的含义。

（一）票面价值

股票的票面价值也称面值，是指股份公司发行股票时印在股票上的面值，它标明每股股票的票面金额，表明每股对公司的持有份额。票面价值具有三重意义：一是它是确定股东持有的公司股票份数、享有股东权益的法定依据。由于股份公司的全部资本为等额的股份，每一股份的货币余额都是相等的，并表现在股票价值上，所以持有一定面额的股票，也就持有了对应数量的公司股份。另 方面，股东享有其权益，是由其持有的股份数量来决定的，所以股票面值又表现了股东所能享有的股东权益的数量。二是股票面值是确定股东向公司投入的真实资本数量的法律依据。投资者购买公司股票时，可能以等于、高于或低于股票面值的金额付出资金，但其对公司的投资从刚拥有的股份数量和股东权益只能按股票面值计算，不能按实际付出的资金数量计算。三是股票面值是确定股份公司资本总量的法律依据。股份公司的注册资本数量与股票面值总量必须相等，多于或少于都是各国法律所不允许的。

（二）账面价值

股票的账面价值也称股票的净值或账面价格，是一个特定的会计概念，指每一普通股所拥有公司账面净资产数量，等于公司总资产与总负债之差额同总股本的比值。如某股份公司的总资产为 10 000 万元，总负债为 8 000 万元，则其资本净值为 2 000 万元；若该公司总股本为 500 万股，则每股账面价值为 4 元（2 000÷500）。对投资者和股东来说，股票账面价值反映了每一股份所拥有的公司财产价值，反映了股东投资的增值状况。

（三）清算价值

清算价值是股份公司在清算时，每一股份所代表的所有资产被清理时所收到的现金价值。从理论上讲，清算价值是公司清算时的资产，净值与公司股票股数的比值，即等于账面价值，但实际上两者往往并不相等，这是因为公司清算时需要清算费用、资产变现时常常出现资产损失等。一般来说，股票的清算价值主要取决于股票的账面价值、资产出售损益、清算费用等因素。

（四）内在价值

股票的内在价值是由公司未来收益所决定的股票价值。投资者购买股票的最终目的在于获得公司的未来收益，这种收益可以表现为公司盈利水平的提高，也可以表现为公司净资产的增长或股票账面价值的提高。投资者对股份公司的财务状况、盈利前景以及其他影响因素进行分析，得出股票的内在价值。股票的内在价值又常常称为根据公司未来收益所预期的股票价值。

（五）市场价值或市场价格

股票的市场价格应包括发行价格和流通价格，影响这两种价格变化的因素是不完全相同的。而一般所讲的股票市场价格都是指股票在流通市场上的转让价格。

股票的市场价格也称做股票行市，是股票在证券市场上买卖交易的价格。从理论上看，股票行市的形成主要取决于两个因素：一是股票预期收益率；二是市场利率。股票价格与预期收益率成正比，与市场利率成反比。用一个非恒等、非规范的公式表示为

$$股票行市 = \frac{预期收益率}{市场利率}$$

当然，股票交易市场中的股票价格并不是根据这个纯理论、非操作性的公式计算出来的，股票市场价格的变动取决于市场供求关系的变化；而股票的供求则受国家宏观经济形势、公司经营和获利状况、市场利率水平、政治情况等多种经济和非经济因素的影响。

股票的市场价格与股票的票面价值和账面价值不同，股票的票面价值是固定不变的，除非该发行公司修改章程或变更股份总数；账面价值虽然要随着盈利的积累或增资的进行而变动，但在一个会计核算期内，账面价值也是稳定的；而股票的市场价格则随着股票交易的进行而不断变动。

二、影响股票价格的主要因素

上面讲到，股票价格的变化或波动，主要受股票供求关系的推动，因而，影响股票供求关系的因素，也就成为影响股票价格变化的因素。概括起来，主要有以下几个方面。

（一）经济因素

经济因素主要包括宏观经济状况、货币政策、财政政策、国际收支及汇率、国际金融市场的变化等。

1. 宏观经济状况。"股市是国民经济的'晴雨表'"，这句话高度概括了股票市场与一定时期一国宏观经济状况的关系。宏观经济状况一般包括以下内容：一是经济增长。一般来讲，股票价格是与经济增长同方向变动的，对经济增长的预期，也是对经济景气

的预期，在一定程度上也是对社会需求的预期。经济增长加速，社会需求将日益旺盛，企业盈利能力增长，从而会推动股票价格的上涨。二是经济周期或经济景气循环。当预期经济不久将走出低谷开始回升时，商人会补充存货，生产者利润将增加，从而投资也会相应增加，工资、就业及货币所得水平也将随之增加，此时，利率仍然处于较低水平，由此将增加股票的价值（股息、红利及资产净值增加），股票价格也就会上涨，并会持续到经济回升或扩张的中期。只有当经济扩张及增长达到相当高的水平，已出现过热的特征时，人们将预期经济不久会回落，进而要滑向低谷，从而经营者利润将下降，工资及就业水平也将下降，股息及红利也会减少，而此时利率仍然很高，由此，将推动股票价格下跌。当然，股票价格实际变化与经济景气循环并不完全同步。一般来讲，股价变动要先于经济景气循环一段时间，因为从预期到现实还有一段时期间隔。三是投资、消费和物价。投资与消费是构成社会总需求的重要因素。投资和消费增长，直接推动社会总需求和经济的扩张，从而会推动股价的上涨。物价是影响股价的很重要的因素，但二者没有直接的对应关系，只是一种趋势。一般来讲，物价上涨，使股票发行公司的利润、资产净值及发展能力等相应增加，从而会增加股票的内在价值，促使股票价格上涨。与此同时，在通货膨胀情形下，投资者投资股票具有保值效应，因而会踊跃购买股票，扩大对股票的需求，促进股价的上涨。当物价下跌时，股价也会趋于下跌。

2. 货币政策。一定时期货币政策的调整对股票市场的走势起着决定性的作用。货币政策对股市影响有以下主要内容。

（1）利率。利率对股价变动影响最大，也最直接。首先，从理论上讲，股价与市场利率成反比，利率的调整，直接引起股价的变动。其次，利率变动是一国货币政策变化的重要标志，意味着货币政策的调整，对未来宏观经济走势发生一定的变化。再次，利率变动对微观主体将产生影响。利率上升时，一方面会增加借款成本，减少利润，降低投资需求；另一方面，也会导致资金从股市流入银行存款市场，减少对股票的需求。其结果是，股票市场供求出现新的变化和新的失衡，股票价格开始跌落。另外，利率上升也使投资者评价股票价值所用的折现率上升，从而会促使股票价格下降；而当利率下降时，会出现与上相反的变化，从而推动股票价格上涨。

（2）货币供应量。当中央银行放松银根，增加货币供应量时，一方面使用于购买股票的资金增多，需求增加，因而股价会上涨；另一方面，货币供应量增加也会使利率下降，投资和消费需求增加，生产和销售增加，企业利润增加，这些因素都会促使股票价格上涨。反之，当中央银行紧缩银根，减少货币供应量时，就会产生与上相反的结果。

（3）信贷融资政策。如是否允许证券公司进入货币市场进行融资，证券公司信用融资或质押融资的条件和比例等，都直接影响股票市场资金的松紧程度，影响股票的供求，从而影响股票行情。

3. 财政政策。财政政策直接或间接地对股票市场产生一定的影响。这主要表现为：

（1）财政收支因素。其主要是指财政收入和支出增减对股价所产生的影响。一般来讲，财政支出增加，社会总需求也会相应增加，会促进经济扩张，从而会推动股价上涨；反之，如果财政支出紧缩，社会总需求也将相应萎缩，经济景气会下降，由此会推动股价有所下跌。财政收入增加或下降，会起到与上相反的影响。

（2）税收政策。一方面，提高税率，从短期看有可能不利于经济扩张和经济景气上升，但从长期来讲，有利于实现财政收支的平衡，有利于经济的健康增长，有利于形成对股票价格有利的心理预期。另一方面，税率的调整，将影响企业投资的积极性以及利润在国家与企业之间的分配，进而影响股票的收益；股票交易印花税的调整将直接推动股票市场价格的变动。

4. 对外经济及国际市场因素。这主要表现在以下几个方面：

（1）国际收支。一般来讲，国际收支出现持续顺差，外汇储备增加，本币投放增加，由此会刺激投资和经济增长，同时有利于形成促使汇价和股价上升的心理预期，推动股价的上浮；反之，当国际收支出现严重逆差，外汇减少时，会影响人们的心理预期，减少对股票的需求，从而促使股价下跌。

（2）汇率。在一个开放的经济环境中，在货币可自由或相对自由兑换的条件下，汇率变化直接对股价形成冲击。在一个完全开放的市场经济环境内，外汇市场与证券市场是连通的，进行投资或投机的资金会在这两个市场上流动，资金流动的方向主要受利率、汇率的引导。当预期贬值、外币升值时，人们会进入外汇市场，将本币换为外币，资本从本币证券市场流向外汇市场，股票市场需求会减弱，股价会下跌；当预期本币将升值、外币将贬值时，人们会抛外币换本币，外汇持有者购买股票的需求会增加，资金会流向股票市场，促使股票价格上浮。

（3）国际金融市场。随着经济金融全球化的进一步深化，金融市场的开放度不断提高，各市场之间的影响也日益扩大，一国股票市场的走势往往直接受其他市场的影响，其风险传递也呈"多米诺骨牌"效应，如1997年发生的东南亚金融危机，引起全球主要股票市场不同程度的动荡。

（二）政治因素与自然因素

政治因素及自然因素将最终影响经济，影响股票上市公司经营，从而会影响股票价格波动。

1. 政治因素。一是战争因素。例如，海湾战争使英美等国与军工有关的公司股票价格上升，但使与石油相关的公司股票价格下跌。在中断运输或受战争侵扰的国家，因公司经营受阻，股票价格也会受影响。二是政局因素。政权的转移、领导人的更替、政府的行为、社会的安定等均影响人们对未来前景的预期，从而影响股票价格的波动。国际政治形势的变化对股票市场会产生较大影响，当国际政治舞台上有较大风波时，股票市场的价格也会随之波动。三是劳资纠纷。国外经常发生的劳资纠纷，因妨碍公司生产，甚至引发罢工风潮，都将引起股价的波动。

2. 自然因素。其主要指自然灾害。一旦发生自然灾害，经济和生产受损，股价也会下跌，其波动幅度与受损害的影响程度呈同方向变化。

（三）行业因素

行业因素影响某一行业股票价格的变化，主要表现在两个方面：一是国家对该行业政策的变化；二是该行业自身的发展。行业因素主要包括行业寿命周期、行业景气循环因素。行业寿命周期主要是指从开创到衰落的全过程，一般包括三个阶段：开创期、扩张期和停滞期。在开创期，整个行业的成长比较迅速，国家常常采取鼓励发展的优惠政策，此时公司利润比较丰厚，但竞争也相当激烈；到扩张期，通过联合或合并等方式，使整个行业只剩下少数几家实力雄厚、经济效率较高的企业，公司利润也趋于稳定；到停滞期时，国家对其发展往往采取限制措施，行业成长出现了停顿、衰落，有的行业甚至被淘汰。

股票发行公司的经营状况与所在行业的发展周期紧密相关。在行业开创期，公司发展前景良好，公司利润很高，其股票价格逐步上升；到扩张期，公司利润稳定上升，股价也涨到较高的水平并保持相对稳定；而到了停滞期，公司经营状况日趋艰难，利润也出现下降趋势，其股票价格也趋于下跌。

行业景气变动也同整个经济景气变动一样，会影响一个行业的股票价格变动。当一个行业处于景气上升时，该行业的股票价格也会出现上涨；反之，则会下跌。

（四）心理因素

心理因素是指投资者心理状况对股票价格的影响。影响人们心理状况的因素很多，有客观的，也有主观的，特别是当投机者信息失误或缺乏预期判断能力时，心理波动很大，往往容易跟风，出现急于抛出或买进状况，形成抢购风潮或抛售股票，引起股价的猛涨或暴跌。例如，1986 年 9 月 11 日，由于美国传闻里根总统心脏病发作和利率要涨，人们产生了恐惧心理，纽约股票交易所出现抛售风潮，由此引起了股市混乱，造成股价暴跌。

（五）公司自身的因素

我们知道，某股票价格与该公司股票的预期收益率成正比，因此公司本身的经营状况以及发展前景，直接影响到该公司所发行股票的价格。公司自身因素主要包括公司利润、股息及红利的分配、股票是否为首次上市、股票分割、公司投资方向、产品销路以及董事会和主要负责人调整等。

1. 公司利润。公司利润的大小，直接影响到股息、红利的多少，从而会影响该公司的股票价格。一般来讲，二者的变动方向是一致的，而且，股价的升降往往在收益变动之前发生。但是，现在西方国家的股票市场中，股价变动常常表现得与公司盈利无关，因为，股价要受其他一系列因素的相互影响。但无论如何，投资者在判断股价时，要考虑到公司的盈利水平，特别是公司未来的盈利可能。

2. 公司的分配方案。股价与股利的关系很密切，在一般情况下，股价与股利呈同方向变动。公司分发股利的消息，对股票价格会发生显著的影响，公司宣布红利，将会引起股价上升，公司宣布取消红利，股价将会下跌。公司的股本扩张特别是无偿转增对该公司股票价格的变化影响较大，往往引起股价的大幅攀升。

3. 股票的分割。一般在公司进行决算的月份，宣布股票分割。在股票分割时，股票持有者所保持的股份，能得到和以前相同的股利，因而会刺激一些人在公司决算期间，因指望得到分红和无偿支付而增加购买股票。在这期间，会有大量的股票过户，这些过户的股票退出股票市场，使市场股票量减少，股价就会相应上升。分割和过户手续结束后，这部分股票又回到股票市场，价格又将趋于稳定。

4. 股票是否为初次上市。股市存在这样一种情况，即新股上市时，股价常会逐步上升。这可能是因为：一是发行时承销价偏低；二是上市初期，购买者持续地高估股票价值。另外，有的专家研究发现，新上市股票的报酬率大于市场上一般股票的报酬率。

5. 公司重大变动事项。如人事变动、投资项目的变更、资产重组等，也往往引起股价变动。

此外，影响股票价格变动还有其他因素，如股票买卖的投机因素、技术性因素等。

三、股票价格指数

（一）股票价格指数的种类及作用

股票价格指数是指用以表示多种股票平均价格水平及其变动并衡量股市行情的指标。股票价格指数包括"股价指数"指标和"股价平均数"指标。股价指数是用来反映不同时点上股价变动情况的相对指标，通常是报告期的股票价格与选定的基数价格相比，并将二者的比值再乘以基数的指数值即为该报告期的股票价格指数。人们通过观察股票价格指数的变化，可以衡量出报告期股价与基期相比的变动方向及其幅度。股价平均数是用来反映一定时点上多种股票价格变动一般水平的指数，通常用算术平均数或修正平均数表示。股价平均数与股价指数的区别是：前者是反映一定时点股票价格水平的绝对数，是所有上市股票价格的平均数；后者是反映不同时点上股价变动水平的相对数，是通过不同时点股价平均数的比较计算出来的。因为股价指数的计算本身就包含了股价平均数的计算，因此，人们所指的股票价格指数就是指股价指数。

目前，世界上著名的股票价格指数有：

1. 道·琼斯股票价格平均指数，简称道·琼斯指数，是美国道·琼斯公司编制并公布的，用以反映美国纽约股票交易所行市变化的一种股票价格平均指数。道·琼斯股票平均指数以1928年10月1日为基期，并令基期指数为100。通过与基期平均指数的比较，可以计算出以后各期的平均指数，并以"点"来表示。该指数的成分股股票代表纽约股票交易所中股票市场价值的5%～20%。

现在的道·琼斯股价平均指数由工业、运输业和公用事业65家公司股票价格混合而成，包括美国企业中最著名的几十家公司，共有四组分类指数：道·琼斯工业平均指数，由30种有代表性的大工商业公司的股票组成，且随经济发展而变化，大致可以反映美国整个工商业股票的价格水平；道·琼斯运输业平均指数，包括20种有代表性的运输业公司的股票，即8家铁路运输公司、8家航空公司和4家公路货运公司；道·琼斯公用事业平均指数，由代表着美国公用事业的15家煤气公司和电力公司的股票所组成；道·琼斯综合平均指数，是综合前三组股票价格平均指数65种股票而得出的综合指数，这组综合指数显然为优等股票提供了直接的股票市场状况。

2. 标准普尔500种股价指数。它是标准普尔公司编制发表的股票价格指数，标准普尔500指数于1923年开始编制。1957年，该指数包括了500种股票，其中工业股40种，公用事业股40种，交通运输股20种，金融股40种。该指数的基期为1941—1943年500

种股票的平均价格,并将其定为 10。这样,如果该指数现为 256.00,则意味着当前的 500 种股票价格为 1941—1943 年的 25.6 倍。标准普尔指数的特点是样本股覆盖面广,股票市值大,是当今世界金融期货主要的交易对象。

3. 纳斯达克指数。它是反映美国纳斯达克股票市场的股价指数。纳斯达克指数已成为反映高科技企业和中小企业股价走势的风向标,在国际金融市场上的影响日益扩大。

4. 金融时报股价指数。金融时报股价指数全称为"金融时报工业普通股股价指数",是英国《金融时报》编制的反映英国股票市场股价行情变动的股价指数。该指数采用平均法计算股价,它以 1935 年为基期,且设定基数为 100;有 30 种股票、100 种股票及 500 种股票三种形式,其中影响最大的是金融时报 30 种股票指数,也称 30 种股价指数。

5. 日经道琼斯股价平均数。日经道琼斯股价平均数。简称"日经道平均数"。它是日本经济新闻社编制的反映东京证券交易所上市股票股价行情变动的股价平均数,其计算方法与美国道·琼斯股价平均数相同,按东京证券交易所登记交易的 225 家公司股票价格算出的平均股价,现已广泛为世界各国关注。

6. 香港恒生指数。香港恒生指数是亚洲著名的股票价格指数之一,从 1969 年 11 月起由中国香港恒生银行编制。其成分股由 33 种股票构成,约占香港上市股票市场总值的 75%,其中包括 4 种金融业股票、5 种公用事业股票、9 种地产业股票及 15 种工商业股票。最初的基期指数值被定为 100,以 1964 年 7 月 31 日为基期。指数的计算以成分股的发行数为权数,采用加权平均法。

7. 上证指数。上证指数是上海证券交易所编制的反映该所上市的股票行情变化的股价指数。上证指数从 1991 年 7 月 15 日起编制和公布,它以全部股票当时价格为依据,以 1990 年 12 月 19 日(上海证券交易所开业)为基期,以股票发行量为权数,用加权平均法编制。目前上证指数共分四类:一是 A 股指数和 B 股指数;二是行业分类指数,即工业类指数、商业类指数、房地产业类指数、公用事业类指数和综合类指数;三是综合股价指数,即以所有 A 股、B 股为计算对象的上证综合股价指数,它也就是每日公布的即时和收盘时的上证指数;四是 30 指数,即以 30 种具有代表性的上市公司作为样本的指数。

8. 深证指数。深证指数是深圳证券交易所编制的反映在该所上市的股票行情变化的股价指数,包括深证综合指数和深证成分指数。深证综合指数于 1991 年 4 月 4 日开始编制并公布,以 1991 年 4 月 3 日为基期,记为 100。深证综合指数以深圳证券交易所所有上市股票为样本股,以发行量为权数,用加权平均法计算。深证成分指数从 1995 年 5 月 5 日起公布,这是我国第一个由证券交易所发布的成分股指数。深证成分指数是选择 40 家有代表性的公司作为成分股编制而成的一种指数,它有成分股指数、成分股 A 股指数和成分股 B 股指数。每天三个成分股股价指数与深证综合指数同时发布。三个成分股股价指数分别以上市的成分股的市价总值加权平均方法编制,其中 B 股的市价总值一律用港元计算,与每次的汇率调整无关。成分股股价指数以 1994 年 7 月 20 日为基期,记为 1 000 点。

（二）编制股票价格指数的基本要求

要使股价平均数和股价指数符合客观性、准确性、代表性、敏感性的要求，在编制过程中：（1）要正确选择若干种股票作为对象（即样本），这些采样股票必须还有典型性或代表性，或者有一定的影响力。在选择作为计算对象的样本股票时，必须综合考虑其行业分布、市场影响力、股票等级、适当数量等因素。（2）要采用恰当的计算方法进行科学的编制计算。计算方法应具有高度的适应性，能对不断变化的股市行情作出相应的调整或修正，使股价指标有较好的敏感性。（3）需要有科学的计算依据和手段。计算依据的口径必须一致，一般均以交易所的收盘价作为计算依据，但随着计算频率的增加，有的以每小时价格，甚至更短的时间价格来计算。因此，计算依据一般与计算时间间隔相适应。随着科学技术的发展，计算手段也需不断改善，使股价指标能更准确、更客观地反映股市行情。（4）在计算股价指数时须选好基期，基期应该有较好的代表性和均衡性，即能够代表正常情况下股票市场的均衡水平，基期只有定得合适才有可比性，据此计算出来的股价指数才能如实地反映股市变动情况。

（三）股票价格指数的计算方法

目前，世界上股票价格指数的计算方法主要有以下几种：

1. 算术股价指数法。以某交易日为基期，将采样股票数的倒数乘以各采样股票报告期价格与基期价格比之和，再乘以基期的指数值。其计算公式为

$$算术股价指数 = \frac{1}{采样股票数} \times \sum \frac{报告期股价}{基期股价} \times 基期指数值$$

【例1】某股票市场以 A、B、C 三种股票为样本，基期价格分别为 20 美元、45 美元、25 美元，报告期价格分别为 32 美元、54 美元、20 美元，基期指数值为 100，则

$$该股市平均股价指数 = \frac{1}{3} \times \left(\frac{32}{20} + \frac{54}{45} + \frac{20}{32} \right) \times 100 = 114$$

这说明报告期的股价比基期上升了 14 个点。美国股票交易所股价指数就是采用这种方法进行计算的。

2. 算术平均法。采用算术平均法计算股价指数就是求得这一股价指数中所有组成样本的算术平均值。其计算公式为

$$I = \frac{\sum\limits_{i=1}^{n} \dfrac{P_m}{P_0}}{n} \cdot I_0$$

式中：I 为股票价格指数；P_m 为第 m 报告期股票价格；P_0 为基期股票价格；I_0 为基期股票价格指数；n 为组成股票指数的股票种类。

【例2】在所计算的股价指数中包含四种股票，报告期价格分别为每股 10 元、15 元、20 元、25 元，基期股价平均每股 7 元，基期指数为 100。代入公式，可以计算出股价指数为

$$I = \frac{(10 + 15 + 20 + 25) \div 7}{4} \times 100 = 250$$

早期美国的道·琼斯股价指数以及英国《经济学家》杂志所刊载的股票指数，就是

用这种简单算术平均方法计算出来的。

3. 加权平均法。在利用加权平均法计算股价指数时，赋予每种股票一定的权数。通常权数是根据每种股票当时交易的市场总价值或上市总股数来分配，权数就是分发"选票"的依据。其计算公式为

$$I = \frac{\sum_{i=1}^{n} P_m \cdot W_i}{\sum_{i=1}^{n} P_0 \cdot W_i} \cdot I_0$$

式中：I 为股票价格指数；P_m 为组成股价指数的各种股票报告期价格；P_0 为组成股价指数的各种股票基期价格；I_0 为基期股票价格指数；n 为组成股价指数的各种股票种类数；W_i 为组成股价指数的各种股票的上市总数或其市场总值，即权数。

仍然以前面四种股票为例，它们在报告期的权数分别为 100、150、200、250，则股价指数为

$$I = \frac{10 \times 100 + 15 \times 150 + 20 \times 200 + 25 \times 250}{7 \times (100 + 150 + 200 + 250)} \times 100 = 275$$

如果将上述四种股票权数位置颠倒过来，分别为 250、200、150、100，其他各项仍不变，再代入公式，计算出新的加权股价指数为

$$I = \frac{10 \times 250 + 15 \times 200 + 20 \times 150 + 25 \times 100}{7 \times (250 + 200 + 150 + 100)} \times 100 = 225$$

通过上述两个简单的例子我们可以得出这样的结论：利用加权法计算股价指数，权数的分布不同，股价指数也随之发生变化，股价指数总是趋向于权数较大的那一种股票。而运用算术平均法计算出来的价格指数，则丝毫体现不出权数的这种影响作用。

世界上大多数国家的股票交易所中，股价指数都是采用加权平均法计算出来的，比较著名的有美国标准普尔指数、巴黎证券交易所指数、德国商业银行指数、意大利商业银行股票价格指数、多伦多 300 种股票价格指数以及东京股票交易所指数等。

4. 除数修正法。除数修正法，又称道式修正法，是美国道·琼斯公司为克服单纯平均法的不足，在 1928 年发明的一种计算股票价格平均数的方法。此法的核心是求出一个常数除数，去修正因有偿增资、股票分割等因素造成的股价总额的变化，以便如实反映平均股价水平。具体方法是：以发生上述情况变化后的新股价总额为分子，旧的股价平均数为分母，计算出一个除数，然后去除报告期的股价总额，所得出的股价平均数就称为道式修正平均股价。其计算公式为

$$道式除数 = \frac{变动后新的股价总额}{旧的股价平均数}$$

$$道式修正平均股价 = \frac{报告期股价总额}{道式除数}$$

【例3】昨天 A 股票为 260 美元，B 股票为 140 美元，其单纯平均股价为 200 美元 [（260 + 140）÷ 2]。今天 A 股票发生股份分割，面额减半，则分割后的股价为 130 美元，此时若不进行修正，平均股价变为 135 美元 [（130 + 140）÷ 2]，比昨天下跌 65 美

元，但事实上股价并没有下跌，故有修正的必要。方法是，设 x 为除数，$x = $（130 + 140）÷ 200 = 1.35，以此数除今天的股价，仍为 200 美元。如果明天其他情况不变，只是股价发生变化，A 股票升为 145 美元，B 股票升为 152 美元，则其修正平均价为 220 美元 ［（145 + 152）÷ 1.35］，比前一天上升 20 美元，符合股票升值的实际，这说明修正平均股价更接近于现实。目前世界上著名的美国道·琼斯股价平均数和日本的日经平均股价均采用除数修正法计算。

5. 基数修正法。此法修正的对象为基期数值。由于发生有偿增资、新股上市或上市废止等情况后，将引起上市股数改变并导致时价总额的变动，为了使报告期与基期的统计口径基本一致而具有较好的可比性，必须对基期的时价做相应的调整。方法是求出上市股数改变前后的时价总额之比，将原基期时价总额乘以这个比率即为基期修正值。其公式为

$$基期修正值 = 原基期时价总额 \times \frac{上市股数改变后的时价总额}{上市股数改变前的时价总额}$$

目前，日本东京证券交易所股价指数在编制时就是采用此法来修正基期时价总额的。

四、股票的收益率

衡量股票投资收益水平的指标称为股票收益率。股票收益率是指一定时期内所得收益与投入本金的比率，一般以年率为计算单位。股息红利、资本损益和清算资产的分享构成股票投资者整个投资的收益。

（一）股票收益基本概念

由于股票价格是不断变动的，股息红利也随着公司经营状况而不断改变，因而股票投资的收益率是不断变化的。投资者进行股票投资，就必须关注公司的财务状况。通过表 10 - 1，我们来计算上市公司的几组财务指标。这些指标，不仅常用来分析股票价值并将其与股票价格相比较，而且直接关系到投资者股票投资收益率的高低。

表 10 - 1 　　　　　　　　　　　某上市公司的主要财务指标

税后利润	2 000 万元
优先股股本（每股面值 1 元）	1 000 万元
普通股股本（每股面值 1 元）	4 000 万元
优先股股息	10%
普通股分配方案	每 10 股送 5 股，转增 5 股，派 5 元

1. 收益。收益是指一个股份有限公司在某一税收年度中的税后总利润，它是从公司毛收入中减去经营成本而得出的。在西方国家，经营成本中包括了公司在该税收年度对公司债权人的利息支付和向税务部门缴纳的税款。公司在分配税后利润时，首先提留一部分作为公积金，剩下的部分即所谓剩余利润，用来支付股息。

2. 每股收益。股票市场上称该指标为 EPS，是每股收益的英文缩写。每股收益是用

收益额除以在发股票的股数，也就是每股平均分摊到的收益。

为什么要计算每股收益呢？这是因为，仅仅用收益指标还不能判定两个公司的股票哪一个可能分派更多的股息。例如，在某税收年度，A 公司的收益为 2 000 万元，而 B 公司的收益为 1 000 万元。如果仅凭收益指标，必然得出 A 公司的股票能分得的股息高于 B 公司股票，因而 A 公司和 B 公司都决定用收益的 50% 派发股息，再假设 A 公司的在发股票为 5 000 万股，而 B 公司的在发股票却只有 1 000 万股，则 A 公司股票每股能获得股息为 0.2 元，B 公司股票每股能获得股息为 0.5 元。可见，在这种情况下，尽管 A 公司的收益超过 B 公司 1 倍，但其股票所能得到的股息却大大少于 B 公司的股票，因此其股票价格也必然大大低于 B 公司的股票。

如果公司有优先股，则普通股的每股收益等于收益减支付优先股股利除以流通中普通股的平均数。在表 10 - 1 中，普通股的每股收益为 0.475 元〔（2 000 - 1 000 × 10%）÷4 000〕。

3. 市盈率。市盈率也称价格收益比，通常称为 PE 比率。它是用每股股票的现行市场价格除以该股票的每股收益得出来的。这个指标我们在前面已经做了介绍。

4. 每股股息。股票市场上称该指标为 DPS，是每股股息的英文缩写。每股股息是股东手持股票中每股实际分得的公司利润额。

每股股息这个指标，比每股收益指标更直接地反映着股票的价值。因为每股收益毕竟只是说明股票可能分得多少股息，如果一个公司决定只用少部分收益派息，更大部分用来扩大生产规模或更新技术，则在某一时期完全有可能出现一种股票每股收益很高而每股股息很低的现象。每股股息却体现了股票实际分得多少股息，它是股票现行市场价格的基础指标之一。股票投资者把这个指标作为衡量股票价值和价值与现期价格是否相符的最重要的标准之一。

（二）优先股收益率

1. 优先股当前收益率。如果不能赎回而永久地持有优先股，股息红利是唯一的收入，其当前收益率等于红利收入除以购买价格或当前价格。用公式表示：

$$Y = \frac{D}{P}$$

式中：Y 为优先股当前收益率；D 为股息红利收入；P 为购买价格。

如某股票的价格是 50，股息红利为 3.5，则其当前收益率为：3.5÷50 =7%。

2. 持有期收益率。对于可赎回的优先股，持有期限和赎回价格将会影响优先股的收益率。可赎回的优先股的收益率称为持有收益率。其计算公式为

$$Y_n = \frac{D + (R - P) \div n}{\frac{R + P}{2}}$$

式中：Y_n 为持有收益率；D 为每年股息红利；P 为购买价格；R 为赎回价格；n 为持有年数。

如某优先股购买时价格为 80，赎回时是 100，平均每年的股息红利收入为 10，持有 2 年，则赎回时的持有收益率为

$$Y_n = \frac{10 + (100 - 80) \div 2}{\frac{100 + 80}{2}} = 22.2\%$$

而其当前收益率为

$$10 \div 80 \times 100\% = 12.5\%$$

从上面计算的结果可以知道,投资者投资可赎回的优先股,赎回日股票的赎回价格和持有期限等因素会使其收益率发生变化。

(三)普通股的收益率

衡量普通股股票投资收益水平的指标主要有:

1. 股利收益率。它是指股份公司以现金形式派发红利与股票市价的比率。其计算公式为

$$Y = \frac{D}{P}$$

式中:Y 为当前收益率;D 为红利收入;P 为购买价格。

2. 持有期间收益率。它是指投资者持有股票期间的红利收入与买卖差价占股票购买价格的比率。股票没有到期日,投资者持有股票的时间长到数年,短到数天,持有期间收益率是投资者最为关心的指标。其计算公式为

$$Y = \frac{D + (P_1 - P_0 - C)}{P_0}$$

式中:Y 为持有期间收益率;D 为现金红利;P_1 为股票卖出价;P_0 为股票购入价;C 为股票买卖的交易费用。

第五节　二板市场

一、二板市场的概念与分类

二板市场,即第二股票交易市场,它是相对于主板而言的。所谓主板市场是指传统意义上的为大型成熟企业提供融资服务的证券市场,是一个国家或地区证券发行、上市和交易的主要场所。而二板市场则是指主板之外的专为暂时无法上市的中小企业和新兴公司提供融资途径和成长空间的证券交易市场,是对主板市场的有效补给,在资本市场中占据着重要的位置。二板市场作为近年出现的新型市场,与主板市场的根本差异在于其不同的上市标准,并且上市对象多是具有潜在成长性的新兴中小企业,因此,二板市场又称创业板、小型公司市场或新兴公司市场等。

【专栏 10-1】

我国创业板市场的诞生与发展

我国创业板市场的建立，经历了十年磨一剑的坎坷历程。早在1998年12月，国家发展改革委就提出"尽早研究设立创业板块股票市场问题"，但直到2004年5月17日，中国证监会才同意深交所设立中小企业板块。至此，我国创业板市场的雏形——中小企业板块终于得以投入运作。2008年席卷全球的次贷危机，使我国大批中小企业陷入困境，推进经济结构调整、优化产业升级已经迫在眉睫，成为加快创业板建设步伐的助推器。2009年10月23日，随着中国创业板开板仪式的举行，创业板市场正式启动。10月30日，首批28家创业板公司集中在深交所挂牌上市，标志着我国创业板市场的正式建立。截至2012年7月8日，创业板市场上市公司家数达到333家，总市值达到8 721亿元。

创业板市场的建立对我国的经济和金融发展有着重要意义。创业板市场首先为高成长性的中小企业提供了新的融资途径。中小企业由于规模小、风险高，很难通过信贷途径获取资金。创业板的推出能够为优秀的中小企业解决融资困难的后顾之忧，保障其快速发展。中小企业通过在创业板上市，有助于增强信息透明度、完善公司治理结构、规范经营行为，并在一定程度上扩大知名度。改革开放以后，中国的民营经济得到了快速发展，保守估计目前中小企业至少有5 000万家以上，其中不乏成长性好、创新性强的优质企业，创业板的推出将进一步助推其发展速度并因此影响整个中国经济的发展。另外创业板市场的建立也有利于完善我国的资本市场结构。创业板的推出，能够拓展我国资本市场深度与广度，形成主板、创业板、场外市场的多层次市场体系，从而得以服务于不同规模、不同性质和不同发展阶段的企业，进一步优化金融资源的配置。

创业板市场中的上市企业主要是高科技企业和中小企业，这些企业一方面具有高成长性的预期，同时这种高成长性又带来较高的不确定性。在未来的发展过程中，第一，应该建立完善的信息披露制度，并且加强监管。股市监管及其风险防范的核心是减轻股市信息的不对称状况，为此，创业板市场应该建立完善的信息披露制度，从而弱化基于信息的市场操纵对股票价格的影响。第二，合理把握监管力度，"宽进严出"。如果创业板市场的上市标准过于严格，将削弱其对高科技中小企业的支持力度，同时加大市场的流动性风险。而上市标准过于宽松则可能诱发以次充好行为，加剧市场波动，不利于创业板市场的长期发展。因此合理把握上市企业的审核和监管力度，是监管机构需要考虑的重要内容。由于相比我国主板和中小板市场，创业板市场的上市标准要宽松得多。因此，在宽松的上市标准后跟进严格的监管和退市标准就显得十分重要。必须建立起完善的预警指标体系，对出现问题的公司进行重点监管，针对亏损倒闭企业，也应设置较高的退市门槛，以保证投资者的权利。

总之，我国的创业板市场作为一种新兴事物，其运作虽已初见成效，但市场中积聚的风险也不可小视。如何在保证创业板效率的同时，最大限度地化解风险，既防止创业板市场因投机过盛出现"泡沫化"，又防止创业板市场因监管过严产生"边缘化"，都需要进一步的探索和实践。

纵观各国的二板市场，可以从以下几个角度进行分类。

1. 从市场的运行方式来看，分为一体式和分体式两种模式。

一体式模式是指利用现有的证券交易场所和规则，在此基础上再设立一个二板市场，形成"一所两板"的模式。这种模式下的二板市场主要作为主板市场必要和有益的补充，它与主板市场采用相同的交易系统和组织管理系统，甚至采用相同的监管标准。而与主板市场的区别则在于上市标准的高低，以及较高的监管要求和更为严格的信息披露原则。一体式创业板市场以香港的增长板（GEM）市场、新加坡的 SESDAQ 市场和伦敦证券交易所的"另类"（AIM）市场为代表。

分体式模式是指独立于已有的证券交易系统，另外设立一个不同于主板市场的交易体系。该交易市场拥有自己独特的组织管理系统、监管系统和报价交易体系。分体式二板市场上市门槛低且属于全新设立、独立运作，受已有证券市场的不良影响较小，能够采用较新的电信手段为证券投资服务，因而发展迅速，效果良好。这类市场最成功的例子是美国的 NASDAQ 市场，此外还有日本的 OTC EXCHANGE 市场、欧洲的 EASDAQ 市场及我国台湾的 OTC 市场。

2. 从市场监管主体来看，分为自律型和他律型两种模式。

自律型模式是指由证券行业自律性组织对二板市场进行监督和审核，制定二板市场的各项规则，而不是由证券交易所直接开设。美国 NASDAQ 市场是这种模式的典型代表。NASDAQ 市场隶属于全美证券交易商协会（NASD），该协会是在美国证券交易委员会注册的券商自律性组织，几乎包罗所有的美国证券商。NASDAQ 市场通过协会的自动报价系统运作。

他律型模式是指由证券交易所直接设立的，由证券交易所规定二板上市的条件和标准，将二板市场上市公司的股本大小、经营状况、盈利能力及股权分散程度等与主板区分开来。这种类型的二板市场其上市公司的股本规模、交易活跃程度都弱于主板。

3. 从上市公司的发展前景来看，分为并行式和升级式两种模式。

并行式二板市场是指二板市场作为与主板平行的市场而设立，它与主板的区别主要在于上市标准的高低，而不存在主板与创业板的升级转换关系。这种模式以新加坡的 SESDAQ 市场和马来西亚的创业板市场为代表。

升级式二板市场是作为主板的预备役来进行资金融通的。该市场除负有满足创业企业融资需求的责任外，还负责为主板市场提供良好的新鲜资源。在二板上市的中小企业运作一段时间后，通过自身实力的壮大，达到标准后即可升级到主板市场挂牌交易。这种模式一方面促进了上市企业的发展，另一方面对资本市场的整体稳定和成熟起到良好作用。伦敦证券交易所的"另类"（AIM）市场采用的就是这种模式。

二、二板市场的特点

1. 在服务对象上，二板市场是以新兴高科技公司为主的市场，满足进行高科技、高风险投资的中小型企业的融资需要。

2. 在上市标准上，由于高科技公司的自身特点，对其上市条件要求相对较低，如对上市公司经营业绩水平和资产规模的要求，都显著低于主板市场。

3. 在交易方式上，二板市场既可以按照主板市场的交易模式，通过证券交易所来进行交易，也可以没有交易大厅、没有固定地点，完全依托计算机网络交易系统，按照场外市场方式进行交易。

4. 在投资者构成上，由于二板市场具有较高的交易风险，一般不宜成为一个向所有投资者开放的大众市场，而是以专业机构投资者为主要参与者，个人投资者则通过投资基金间接参与二板市场。

5. 在监督与管理上，由于在二板市场上市的企业规模小、设立时间短、业绩要求不高等，所以二板市场投资风险和交易风险都大于主板市场，因此对二板上市公司的信息披露等要求更加严格。

6. 在保荐人制度上，二板市场对保荐人的要求往往高于主板市场。二板市场保荐人的主要职责在于以独立专业机构的身份确保申请上市的公司符合二板市场的上市要求，所有的上市文件均完全符合二板市场的上市规定，并且上市公司已对所有重大事项和必要信息做了充分披露。

7. 在报价制度上，由于风险较大，二板市场的交易往往不如主板市场活跃，如果采用指令驱动制度容易造成市场流动性的不足。因此，绝大多数国家的二板市场采用报价驱动制度，即做市商制度，做市商（证券商）连续报出证券交易的买卖价，所有投资者根据做市商的报价与其进行交易。

三、二板市场的保荐人制度

（一）保荐人的概念

保荐人，又称上市推荐人，是申请上市人依据证券交易所规则的规定，委任的作为其上市推荐的机构或人士。由于二板市场的不确定性远远大于主板市场，对于上市公司重点强调以信息披露为本，而对其经营能力、市场前景和投资风险不做审查和评估，因此创业板市场的整体风险相当大。这就要求通过聘任那些信誉良好、实力雄厚的大型券商来作为上市公司的保荐人，为二板市场选择优良上市资源、对创业板市场整体运行发挥其专业作用。

（二）保荐人的保荐方式

保荐人的保荐方式主要分为上市前保荐、上市保荐、上市后保荐，下面我们参照香港创业板对保荐人的要求对保荐人在三个过程需要承担的职责做简要介绍。

1. 上市前保荐。在发行前，保荐人主要承担以下职责：（1）协助企业进行资产重组，剥离非经营性资产，突出主营业务，以满足二板市场的发行和上市要求；（2）与会计师事务所等中介机构协调资产评估和报表审计；（3）对拟上市企业开展尽职调查并起草招股说明书，根据企业的实际情况和资金需求安排企业的发行结构，协助拟上市企业提交上市申请并完成招股说明书；（4）根据企业特点对企业进行适度包装并确定促销策略，协助拟上市公司的高管准备上市推介工作。

2. 上市保荐。在发行时，保荐人承担的主要职责有：（1）作为主承销商组织承销团，签署承销协议；（2）在股票正式发行前发表上市公司系列研究报告；（3）开展国际巡回推介，接受订单和初步配售；（4）根据全球路演和初步配售情况，协商最终的发行价格，实施股份的最终配售。

3. 上市后保荐。在发行后，保荐人主要承担以下职责：（1）继续承担保荐责任，督促保荐对象按照有关规定发布定期报告，敦促保荐对象就重大事件作出信息披露；（2）为上市公司和投资者提供持续的股票研究方面的支持，以提高投资者的投资热情，活跃股票交易。

四、二板市场的做市商制度

（一）做市商制度的概念

为了解决二板市场的股票流动性不足的问题，大多数国家引进了做市商制度。做市商是指证券市场上具有一定实力的证券经营特许交易商，它不断向公众投资者报出证券的买卖价格，并在该价位上接受公众投资者的买卖要求，以其自有资金和证券与投资者进行证券交易。通过做市商的不断买卖增加了市场的流动性，满足了公众投资者的投资需求，而做市商通过买卖报差来获取利润。

（二）做市商制度的特点

做市场制度有两个重要特点：（1）做市商先于客户委托单进行买卖报价，投资者只有在看到买卖报价后才会给出委托单；（2）客户委托单之间不能直接进行交易，做市商必须用自己的账户买进或卖出所有的客户委托单。

（三）做市商制度的优势与不足

采用做市商制度的优势主要体现在以下几方面：

1. 能够保持市场的流动性。由于做市商必须维持其做市证券的双向交易，所以投资者不用担心没有交易对手。做市商既是卖方的买方又是买方的卖方，即投资者随时都可以按照做市商的报价买入、卖出证券，不会因为买卖双方不均衡（如只有买方或卖方）而无法交易。

2. 能够保持市场价格的稳定性和连续性。由于做市商是在充分研究做市证券价值后，结合市场供求关系报价的，又承诺随时按报价买卖证券，因此可减少价格波动，缩小价格振幅，因而保持了价格的稳定性和连续性。

3. 提高了市场的运作效率。市场运行中的均衡是相对的均衡，做市商通过其做市服务活动能够在非均衡出现之前就限制失衡出现的机会，相对于指令驱动系统通过价格的变动实现均衡，做市商制度能够有效消除非理性波动，从而提高市场的运作效率。

4. 抑制价格操纵。做市商对某种证券做市，一般具有较强的资本实力和后续融资能力，具有较高的价值分析和判断能力，并在此基础上进行报价和交易，从而使得操纵者有所顾忌，一方面操纵者不愿意"抬轿"，另一方面也担心做市商的行为会抑制市场价格。

5 价格发现功能。实行做市商制度，每个品种合约都有若干个做市商提供价格，价格会向真实标准靠拢。由于做市商在市场交易中具有信息优势，也为其他市场参与者提供更好的价格信息，从而促进了整个市场价格发现机制的形成。

而做市商的不足则体现在：一是对做市商进行监管的成本高。做市商特别是场内做市商，由于掌握特殊信息如止损指令的价格和数量、未成交委托报价和数量等，加上其自营和代理的双重身份，使它们有利用掌握特权优势为自己谋利或操纵市场的可能。因此，对做市商的监管十分困难，监管的成本过高。二是做市商的利益取向减弱其稳定的作用。做市商是自负盈亏的经济法人，必然会追求个人经济利益的最大化。做市商制度尽管能够稳定市场，相应减小价格波动，但是作为谋利性的机构，能否有力组织市场值得怀疑。

【本章小结】

1. 股票是股份有限公司发给股东以证明其向公司投资并拥有所有者权益的有价证券。普通股股票指每一股份对公司财产都拥有平等权益的股票，它是公司资本构成的最基本成分，风险最大的股份，也是人们最常见、最典型的股票种类。优先股股票，又称特别权股票，是指在分取股息和公司剩余资产方面拥有优先权的股票。

2. 股票发行价格是指公司在发行市场上出售股票时所采用的价格。它一般分为平价发行、市价发行、中间价格发行和折价发行四种价格。股票发行方式根据发行的公开程度，可分为私募和公募两种；根据承销状况的不同，股票发行方式可分为直接发行和间接发行两种。股票承销按公司委托程度的不同，可分为全额包销、余额包销和代销三种方式。

3. 公开发行的股票，经证券交易所批准在交易所里作为交易的对象，叫做股票上市。股票发行公司向证券交易所提出在交易所内进行该种股票买卖的申请，经证券交易所批准注册后的股票称为上市股票。

4. 股票流通市场是已经发行的股票按时价进行转让、买卖和流通的市场。相比而言，股票流通市场的结构和交易活动比发行市场更为复杂，其作用和影响也更大。股票流通市场的组织形式可以分为两种：场内交易和场外交易。

5. 股票的市场价格也称做股票行市，是股票在证券市场上买卖交易的价格。从理论上看，股票行市的形成主要取决于两个因素：一是股票预期收益率；二是市场利率。股票价格与预期收益率成正比，与市场利率成反比。股票价格指数是指用以表示多种股票平均价格水平及其变动并衡量股市行情的指标。股票价格指数包括"股价指数"指标和"股价平均数"指标。

6. 衡量股票投资收益水平的指标称为股票收益率。股票收益率是指一定时期内所得收益与投入本金的比率，一般以年率为计算单位。股息红利、资本损益和清算资产的分享构成股票投资者整个投资的收益。

7. 二板市场又称创业板、小型公司市场或新兴公司市场等，是指主板之外的专为暂时无法上市的中小企业和新兴公司提供融资途径和成长空间的证券交易市场，是对主板市场的有效补给，在资本市场中占据着重要的位置。二板市场从市场的运行方式来看，分为一体式和分体式两种模式；从市场监管主体来看，分为自律型和他律型两种模式；从上市公司的发展前景来看，分为并行式和升级式两种模式。

【本章重要概念】

股份　股单　认股证　普通股股票　优先股股票　国有股　法人股　个人股　外资股　A股　B股　蓝筹股　红筹股　市盈率　股票上市　股票的票面价值　股票的账面价值　股票的清算价值　股票的内在价值　股票的市场价值　股价平均数　股价指数　道·琼斯指数　标准普尔指数　纳斯达克指数　金融时报指数　日经指数　恒生指数　上证指数　深证指数　二板市场

【思考题】

1. 简述股票的含义、特点及种类。

2. 简述股票发行方式的种类。

3. 股票发行价格的确定应考虑哪些主要因素?

4. 中国公开发行股票的主要方式有哪些?

5. 简述股票发行程序。

6. 简述股票上市的条件与程序。

7. 简述股票交易过程。

8. 影响股票价格的因素有哪些?

9. 某股票市场以 A、B、C、D 四种股票为样本，基期价格分别是 5 元、6 元、8 元、9 元，报告期价格分别为 10 元、15 元、20 元、25 元，基期指数为 100，报告期权数分别为 100、150、200、250，分别用算术股价指数法、算术指数法、加权平均法计算股价指数。

10. 某优先股购买时价格为 78 元，购买价格为 100 元，每年红利为 8.25 元，持有期两年。请计算该优先股票的当前收益率和持有期收益率。

11. 什么是做市商制度? 做市商制度存在哪些优势与不足?

12. 与主板市场相比较，二板市场的特点是什么?

【本章参考书】

1. 路透金融培训系列:《股票市场导论》，中文版，北京，北京大学出版社，2001。

2. 吴晓求:《资本市场解释》，北京，中国金融出版社，2002。

3. ［美］安东尼·M. 桑托莫罗、戴维·F. 巴贝尔:《金融市场、工具与机构》，中文版，大连，东北财经大学出版社，2000。

4. ［美］弗兰克·J. 法伯兹等:《金融市场与机构通论》，中文版，大连，东北财经大学出版社，2000。

　　5. 谷秀娟：《金融市场：理论、机制与实务》，上海，立信会计出版社，2008。

　　6. 张亦春：《现代金融市场学》（第二版），北京，中国金融出版社，2007。

第十一章

金融衍生工具市场

前面几章介绍了传统的金融工具及其交易，这些金融工具是金融市场交易的基础工具或原生工具。这一章介绍在传统或原生金融工具基础上衍生的金融工具及其交易。

第一节 金融衍生工具概述

什么是金融衍生工具，它是怎样产生和发展的，有哪些参与者，金融衍生工具有哪些种类和功能等，是本节要讨论的主要内容。

一、金融衍生工具的概念和特征

（一）金融衍生工具的定义

金融市场中的"衍生工具"（financial derivative instrument），也叫做衍生产品，通常是指其价值依附于某个更基础的标的资产价格及价格指数的一种金融合约，这里的标的资产可以是商品、利率、汇率、证券或是指数的值。

根据标的物的性质，衍生工具可以分为商品衍生工具和金融衍生工具。商品衍生工具就是以商品（如原油、铜等）作为标的资产的衍生工具；而金融衍生工具就是以金融产品或金融工具（如股票、汇率、利率等）作为标的基础资产的衍生工具，是市场中主要的衍生工具，也是本章主要的介绍对象。实际上，衍生工具自诞生以来，其内涵和外延就无时不处在动态的变化和发展当中，尤其进入 20 世纪 80 年代之后，金融创新的蓬勃发展使得衍生工具市场得以通过进一步的衍生、分解和组合，形成新的工具。但总的来说，所有的衍生工具大都可以用远期、期货、期权和互换等基本衍生工具框架进行解释。

（二）金融衍生工具的主要特征

1. 价值依赖于标的资产的价值变动。金融衍生工具的价值从基础资产的市场价格中变化衍生出来，因此金融衍生工具的价值主要受基础工具价值变动的影响，这是衍生产品最为独特的性质，也是其具有避险作用的原因。

2. 衍生工具一般具有财务杠杆作用。衍生工具在交易时多采用财务杠杆方式，即采用交纳保证金或期权费的方式进入市场交易衍生工具市场，签订远期性的合约。合约到期后，交易双方一般不进行实际交割，而是根据合约规定的权利与义务进行清算。这样，衍生工具市场的参与者只需动用少量的资金即可控制资金流量巨大的交易合约。财务杠杆的作用将显著提高资金利用率和经济效益，当然另一方面也无可避免地带来了巨大的风险。

【专栏 11 -1】

金融衍生工具投资风险大事件

表 11 -1 列出的是 20 世纪以来引发人们广泛关注的金融衍生工具投资风险涉及的相关案例。

表 11 -1

时间	交易员	案情	处理结果
1969—1994 年	智利铜业公司 朱安·戴维利亚（Juan Pablo Davila）	在 1989 年到 1994 年期间，未经授权参与多次铜期货交易，导致国有智利铜业公司亏损至少 1.7 亿美元	被公司开除，欺诈和逃税罪名成立
1984—1995 年	日本大和银行 井口俊英（Toshihide Iguchi）	非法从事以美国国债为标的物的交易 11 年，导致 11 亿美元的巨额亏损	被纽约地方法院判处 4 年有期徒刑和 200 万美元罚金，大和银行因此案被美国联邦准备理事会重罚 3.4 亿美元，同时撤出美国市场
1991—1996 年	日本住友商社 滨中泰男	未经授权参与期铜交易，亏损 19 亿美元	因欺诈和伪造罪名被判处 8 年有期徒刑
1992—1995 年	英国巴林银行 尼克·里森（Nick Leeson）	未经授权购买 70 亿美元日本股指期货投资失败，亏损 14 亿美元，致使已有 223 年历史的巴林银行倒闭	被判处有期徒刑 6 年半
1996—2001 年	联合爱尔兰银行 约翰·拉斯纳克（John Rusnak）	大量伪造交易文件，使银行蒙受 7 亿美元损失，败露后导致联合爱尔兰银行市值大幅缩小	被判处有期徒刑 7 年半以及面临 6.91 亿美元的追偿
2004 年	澳大利亚国家银行 大卫·布伦（David Bullen）等 4 人	未经授权参与外汇期货交易，损失 3.6 亿澳大利亚元	被澳大利亚证管机构提出指控，结果不详

续表

时间	交易员	案情	处理结果
2006 年	Amaranth 基金 布莱恩·亨特（Brian Hunter）	压注天然气期货亏损 65 亿美元至基金破产清算	结果不详
2007—2008 年	法国兴业银行 杰洛米·柯维尔（Jerome Kerviel）	私自动用了超过约 728 亿美元对欧洲股指期货投下做空的巨额筹码，创设虚假的对冲头寸，最终让法国兴业银行遭受高达 71 亿美元的损失	因滥用信任、伪造及使用虚假文书和侵入信息数据系统三项罪名被判 5 年监禁和 49 亿欧元赔偿
2008—2011 年	瑞士银行 奎库·阿多博利（Kweku Adoboli）	采用违法虚拟的现金 ETF（指数型基金）头寸，放大实际交易限额，造成瑞银（UBS）20 亿欧元损失	被指控涉嫌欺诈并伪造账目，正在审理

二、金融衍生工具的产生和发展

很多衍生工具都具有非常悠久的历史。例如，早在古罗马、古希腊和古代印度时期就已经有关于远期交易的记载，期权交易的雏形也是最早出现在古希腊和古罗马时期，到 18、19 世纪，美国和欧洲的农产品期货和期权交易已经相当流行。1848 年美国的芝加哥期货交易所（Chicago Board of Trade, CBOT）开始了有组织的期货交易，而芝加哥商品交易所（Chicago Mercantile Exchange, CME）自 1874 年成立以来也一直在从事商品期货交易。1922 年，美国通过了第一部联邦期货法，这标志着商品衍生交易的发展步入了正轨。由于农作物、金属、能源等产品价格变化较大，通过衍生交易可以锁定价格，规避风险。

然而衍生工具，尤其是金融衍生工具实际上直到 20 世纪 60 年代之后才进入了一个空前发展的阶段。因为在 20 世纪 60 年代以前，整个世界的经济大多数时候处于一个比较稳定的状态。然而进入 70 年代以后，许多市场的价格波动的频率加快、幅度增大。这是多种因素综合作用的结果：爆发于 1973 年的石油危机成为商品市场价格波动的重要来源；经济全球化和许多新兴市场国家的迅速兴起，改变了原有的经济格局，带来了经济发展的不确定性；1973 年，以美元为基础的固定汇率制度（布雷顿森林体系）崩溃，浮动汇率成为国际外汇市场的主要汇率制度，导致了汇率的频繁大幅波动。此外，西方国家金融自由化的趋势使得利率波动也相应增大。因此，从 20 世纪 70 年代开始，世界经济环境不确定性的增大使得市场主体所面临的风险增大，对风险管理技术和风险管理工具的需求也相应上升，成为衍生工具产生和发展的重要因素之一。另一方面，通信和计算机技术的飞速发展，也使得人们用低廉的成本来达到规避风险或投机的目的成为可能。

20世纪70年代开始，金融期货逐渐产生和发展。为了转移汇率风险，1972年芝加哥商品交易所成立了国际货币市场（International Monetary Market）分部，并推出了英镑、澳大利亚元、加拿大元、日元、瑞士法郎、德国马克六种货币对美元的外汇期货合约，成为世界上第一家从事金融期货交易的场所，也是金融衍生工具的诞生标志之一。70年代中后期，芝加哥期货交易所相继开办了抵押贷款利率期货以及国债期货，1982年美国堪萨斯州推出了第一份股票指数期货。

1973年，专门从事期权交易的芝加哥期权交易所（Chicago Board Options Exchange, CBOE）宣告诞生；而在同一年，布莱克和斯科尔斯发表了著名的关于期权定价的模型。同时，在70年代末和80年代初，以1979年的货币互换和1981年的利率互换为标志，金融互换产品开始诞生和发展。80年代后，越来越多的证券工具在上述创新的基础上进一步衍生而成，种类越来越多，如货币期货期权、股指期权、欧洲美元期权、互换期权和奇异期权等，这个阶段不仅金融工具的种类急剧上升，金融衍生工具市场的交易量也迅速扩大。

回顾过去40多年的金融衍生工具发展历史，可以看到一些基本的演化规律。首先，在衍生工具市场发展的前二十年中，主要是一些如期货、期权和互换等的基础性衍生工具；进入90年代后，大多数新的衍生工具或者是基于基本衍生工具在某些应用方面的分解与组合。其次，90年代出现的众多衍生工具中有许多是OTC（场外交易）产品，OTC产品往往不像交易所的标准化产品那样容易引人注目，但是却从另一个角度表明了证券创新和衍生工具在整个金融界的普及和渗透。因此，在经历了20世纪的爆炸性发展之后，衍生工具的发展进入了一个更为深入和广泛的历史阶段，并且这个趋势仍将持续下去。

【专栏11-2】

具有里程碑意义的衍生工具创新

1968年，政府国民抵押贷款协会建立，标志着抵押贷款转手证券以及其他抵押贷款衍生产品的诞生和发展。

20世纪70年代开始，金融期货逐渐产生和发展，包括1972年的外汇期货、1975年的抵押贷款利率期货、1976年和1977年的国债期货以及1982年的股指期货等。

1973年，在美国芝加哥期权交易所（CBOE）开始交易世界上第一个标准化的期权产品。

20世纪70年代末80年代初，以1979年的货币互换和1981年的利率互换为标志，金融互换产品开始诞生和发展。

20 世纪 80 年代以后，越来越多的证券工具在上述创新的基础上进一步衍生而成，种类越来越多，如货币期货期权、股票指数期权、欧洲美元期权、互换期权、市政债券指数期货、奇异期权以及一些结构性衍生产品（结构性衍生产品是指一些由金融机构发行的，由期权和其他一些基本金融资产组合而成的组合金融产品）等相继出现。其中最引人注目的当属 20 世纪 90 年代初在美国出现的信用衍生产品。这个阶段，不仅金融衍生工具的种类急剧上升，金融衍生产品市场的交易量也迅速扩大，这个阶段产生的许多证券产品对整个证券市场的发展都具有非常重要的意义。

三、金融衍生工具市场的参与者

金融衍生工具市场的参与者可划分为：套期保值者、投机者和套利者。

套期保值者（hedger）参与市场交易的目的不在于投资获利，而是希望通过买卖相关工具对冲现在或是将来可能面临的风险，以此来锁定将来的收益。如股票和外汇的远期合约，都是采用现时的约定去规避将来市场价格逆向运动时可能会带来的损失。

投机者（speculator）行为类似于赌徒，他们相信自己对未来市场价格走势的预期，打赌价格会上升时在现在买入，而在将来价格真的上升时卖出，获取可观的价差收益；打赌价格会下降时，则作相反操作，仍可获取价差收益。由此可见，投机者参与衍生市场的目的恰好与套期保值者的目的相反，未来不确定性越大，投机者在市场上就越活跃。

套利者（arbitrageur）通过瞬间进入一个或两个市场进行同一种相关工具的交易从而获得一个无风险的收益。当然也可以是基于不同时点利用时间差导致的价格差进行的套利，即所谓的跨时套利。若交易者在伦敦市场上以低价买入与此同时在纽约市场上高价卖出，利用两个地点汇率的不同而进行的套利即是一种跨市套利交易。跨市套利和跨时套利的最终结果都会使不同地点或不同时点的市场价格趋于一致，这便是"一价定理"在金融市场的推广。

四、金融衍生工具的种类和功能

（一）金融衍生工具的种类

金融衍生工具的种类日趋增多和繁杂，因此关于金融衍生工具的种类划分方法也不尽一致。国际清算银行（BIS）将衍生品分为远期协议、期货、互换和期权四类。而按交易地点又可以分为交易所交易品种和场外交易品种。此外，按照衍生产品所依附的基础资产，又可以分为汇率类、利率类、股票类和商品类衍生金融工具。

1. 按交易方式分类。尽管目前已存在有许许多多种金融衍生工具，而且各有特定的，甚至是非常奇异的名字，但是所有这些金融衍生品都可归入远期（forwards）、期货（futures）、期权（options）以及互换（swaps）等几个基本的种类之中。这就好比建筑业最基本的材料是砖块和水泥预制板，不管高楼大厦有多少层，它们都是用这些"建筑积木"组合拼装而成。

（1）远期。远期是最为简单的衍生金融工具，它是指双方约定在未来某一个确定的时间，按照某一确定的价格买卖一定数量的某种资产的协议。也就是说，交易双方在合约签订日约定交易对象、交易价格、交易数量和交易时间，并在这个约定的未来交易时间进行实际的交割和资金交收。金融远期交易主要包括远期利率协议和远期外汇合约。

（2）期货合约。期货合约实际上就是标准化了的远期合约。像远期合约一样，期货合约也是买卖双方之间签订的在确定的将来某个日期按约定的条件（包括价格、交割地点和交割方式等）买入或卖出一定数量的某种标的资产的协议。从原理上来看，远期和期货是本质相同的两种衍生工具，其最大的区别就在于交易机制的设计不同。期货交易通过标准化的合约设计和清算所、保证金等交易制度的设计，提高了交易的流动性，降低了信用风险，从而大大促进了交易的发展。有关远期和期货合约的具体内容，我们将在本章的第二节、第三节进行更详细的介绍。

（3）期权合约。期权合约的实质是这样的一种权利，其持有人在规定的时间内有权按照约定的价格买入或卖出一定数量的某种资产。投资者既可以在交易所进行标准化的期权交易，也可以在银行和其他金融机构的场外市场上找到相应的期权交易对手。

在期权合约中，根据权利义务关系和买卖关系，实际上有四种头寸：看涨期权的买方、看涨期权的卖方、看跌期权的买方和看跌期权的卖方。除此之外，期权还可以根据其交易的标的资产的不同、交易时间的不同有多种分类。但不管期权的变化如何复杂，期权的实质仍然是：在支付了一定的期权费之后，期权赋予了其持有者（购买方）做某件事情的权利，但持有者却不一定要行使这个权利。

（4）互换。互换是两个或两个以上当事人按照商定条件，在约定的时间内，交换一系列未来的现金流的合约。利率互换和货币互换是最重要的两种互换协议。

互换交易是在场外市场上进行的，在互换市场上，交易方之间可以就互换标的资产、互换金额、互换期限、互换利益分享等方面进行具体的协商，从而更能够符合交易者的具体需要，但也因此而必须承担一定的流动性成本和信用风险。

2. 按依附的基础资产分类。

（1）股权式衍生工具。它是以股票或股票指数为基础资产的金融衍生工具，主要包括股票期货、股票期权、股票指数期货、股票指数期权以及上述合约的混合交易合约如股票期货期权等。

（2）货币衍生工具。它是以各种货币作为基础资产的金融衍生工具，主要包括远期外汇协议、货币期货、货币期权、货币互换以及上述合约的混合交易方式。

（3）利率衍生工具。它是指以利率或利率的载体为基础资产的金融衍生工具，主要包括远期利率协议、利率期货、利率期权、利率互换以及上述合约的混合交易合约。

（二）金融衍生工具的功能

在今天的金融市场上，衍生工具非常受欢迎，并获得了巨大的发展，这显然是和衍生工具的功能和作用分不开的。当然并不是说，所有的衍生工具都具有完全相同的应用和功能，它们各有所长，也各有所短，因而在市场中都具有独特的地位和作用。在后面的各节中，我们将对远期、期货、期权、互换、抵押贷款衍生工具和信用衍生工具的具体应用进行详细的介绍。在这里，我们主要从市场完善、风险管理、降低交易成本等方面介绍衍生工具具有的一些基本功能和作用。

1. 市场完善功能。在金融理论中，对于金融市场可能出现的各种情况，如果市场中具备足够数目的独立金融工具来进行完全的套期保值，从而转移风险，则这个市场就是完全的。如果在市场中的金融工具不够多，不够分散，无法实现这个过程，那么这个市场就是不完全的。完全市场是金融市场不断追求的一种理想状态，因为越接近完全市场，经济中的市场主体所获得的福利就越大，市场主体的处境就越能够改善。而衍生证券的存在，可以从分担风险、准确定价和增加信息揭示三个方面促进市场的完善。

（1）市场上的投资者面临着众多的风险，由于这些风险对不同投资者未来收益的影响程度不同，对于一些投资者很糟糕的风险对于另一个投资者而言却可能影响不大甚至是好的结果。因此，市场上可得的产品越多，不同产品所具备的风险收益特征越多，投资者就可以通过这些证券产品的买卖，将对自己不利的风险转让出去，买入对自己有利的风险。所以，衍生工具的开发可以实现对风险的有效分担，从而提高市场主体的效用，促进市场的完善。

（2）资产价格是否合理是市场是否完善的一个重要标志。市场上的证券产品越多，使得市场上复制某种资产的途径就越多，资产的价格就越可能接近准确价格。因此，证券衍生工具的开发和引入，可以有效地发现价格，减少市场上的定价偏误，促进市场的完善。

（3）信息不对称对投资者的投资决策产生很大的影响，尽可能降低信息不对称的程度，通过各种机制最大限度地促进各种信息的揭示，对促进市场完善具有积极的意义。具有不同风险收益特征的金融衍生产品实际上代表着发行者的不同信息，可以有效地帮助投资者了解企业的性质和风险收益状况，促进市场的信息揭示，从而能够有效地降低企业和投资者之间的信息不对称以及由此引起的代理成本，促进市场的完善。

2. 风险管理功能。尽管衍生工具自身的价格波动很大，风险性较高，但衍生工具的重要功能之一就是风险管理，这也是其诞生的原动力。金融衍生工具可以将分散在社会经济各个角落里的市场风险、信用风险等集中到衍生品交易市场中集中匹配，然后分割、包装并重新分配，使套期保值者规避营业中的大部分风险，不承担或只承担极少一部分风险。

归纳起来，利用衍生工具进行风险管理，与传统的风险管理手段相比具有三个方面比较明显的优势：一是它具有更高的准确性和时效性。我们知道衍生品的价格受制于基础工具价格的变动，且这种变动趋势有明显的规律性。以期货为例，由于期货价格就是现货价格的终值，影响现货价格变动的诸因素同样也在左右着期货价格的变动，所以期货价格与现货价格具有平行变动性。平行变动性使期货交易金额相等方向相反的逆向操作可以方便地锁定价格风险。所以，成熟的衍生品市场上的产品交易可以对基础资产的价格变化作出灵活反应，并随基础交易头寸的变动而随时调整，较好地解决了传统风险管理工具处理风险时的时滞问题。二是它的成本优势。这与衍生品交易中的高杠杆性有关。衍生品交易操作时多采用财务杠杆方式，即付出少量资金即可控制大额交易，定期进行差额结算，动用的资金相对于保值的对象而言比例很低，可以减少交易者套期保值的成本。对于在场内交易的衍生品而言，由于创造了一个风险转移市场，可以集中处理风险，大大降低了寻找交易对手的信息成本。而交易的标准化和集中性又极大地降低了交易成本。三是它的灵活性。比如期权交易购买者获得了履约与否的权利；场内的衍生品交易可以方便地由交易者随时根据需要进行抛补。还有一些场外的衍生品，多是由金融机构以基本金融工具为素材，随时根据客户需要为其"量身定做"金融新产品，这种灵活性是传统金融工具无法比拟的。

3. 投机功能。衍生工具往往以高风险著称，其高杠杆的交易特征是主要原因之一。但是，衍生工具的高风险性并不一定是不好的，因为衍生工具的存在向那些希望进行投机、追逐利润的投资者提供了非常强大的交易工具，而适度的投机是金融市场得以存在的重要基础之一。

从经济学的角度上看，投机是建立在预期心理基础上，通过主动承担风险以期获取利润的理性行为。市场上出现的投机活动对经济发展有着正反两方面的作用，不能全盘否定。其最显著的正面作用是可以增加市场的流动性，使各类交易进行得更频繁、顺利，使市场能更有效率地发挥其应有的职能。我们知道，在经济活动中，风险的产生是不可避免的。在市场的参与者中，有些人属于风险回避者，他们不希望承担风险，并且想把已经产生的风险通过交易转移出去。但是，经济整体的风险只能转移而不能消除，既然有人想转移风险，就必定有人来承担风险。假如市场上没有风险爱好的投机者，那么就有可能发生只有买入者没有卖出者，或者反过来只有卖出者没有买入者的情况。所以说，市场上存在一定数量的投机者是至关重要的。对于那些经过认真研究的投资者来说，持有一个或多个衍生工具的相应头寸，可以让他们对利率的涨跌、整体股票市场或单只股票的风险变化、某国货币汇率的上升下跌等进行巧妙的投机，以实现成本最小和收益最大化。当然，投机也有其负面影响，过度投机可能带来市场的剧烈波动，而由于金融衍生工具的投机失败造成的巨大财务损失案例比比皆是，因此衍生工具的投机功能是一个需要把握得当的工具。

第二节　金融远期市场

一、金融远期市场概述

（一）金融远期合约的定义

金融远期合约（forward contracts）是一种最为简单的金融衍生工具。它是指双方约定在未来某一个确定的时间，按照某一确定的价格买卖一定数量的某种金融资产的协议。在合约中，双方约定买卖的资产称为"标的资产"，约定的成交价格称为"协议价格"或"交割价格"，同意以约定的价格在未来卖出标的资产的一方称做"空头"或"空方"，同意以约定的价格在未来买入标的资产的一方称做"多头"或"多方"。

远期市场是商品经济发展的产物，是生产者和经营者在商品经济实践中创造出来的一种规避或减少交易风险、保护自身利益的商品交换形式。也正是由于远期交易具有的避险功能，在金融资产价格出现大幅波动以后，人们很自然地将远期合约也应用于规避金融资产的交易风险，形成当今国际金融市场上重要的金融远期市场。

金融远期最主要的优点在于它是由交易双方通过谈判后签署的非标准化合约，因此合约中的交割时间、交割价格、合约的规模等细节都可由双方协商决定，具有很大的灵活性，可以尽可能地满足双方的需要。但金融远期合约也有明显的缺点：首先，远期合约不在交易所内交易，没有固定集中的交易场所，不利于信息的交流和传递，从而不利于形成统一的市场价格，市场效率较低。其次，由于合约的具体条款都由交易双方协商决定，因此每份远期合约千差万别，给远期合约的流通造成了较大的不便，流动性较差。再次，远期合约到期时必须履行实物交割的义务，而无法在到期前通过反向对冲等手段来解除合约义务。最后，远期合约的违约风险较高，当价格变动对一方有利时，对方有可能无力或无诚意履行合约。

（二）金融远期的种类

金融远期合约可分为远期利率协议、远期外汇合约和远期股票合约等。远期外汇交易已经在第七章中进行了介绍，而远期股票合约实际运用得非常少，故这里只介绍远期利率协议。

【专栏 11 –3】

相关术语

名义本金：许多衍生证券合约（包括远期利率协议和以现金结算的商品远期）中都规定了合约的名义本金。所谓名义本金是指它并不是在合约到期时要付出或收到的实际金额，而只是用它来计算要支付或者收到的现金流。

交易日：远期利率协议成交的日期。

起算日：开始计算远期合约期限的日期。

结算日：名义借贷开始的日期，也是交易一方向另一方交付结算金的日期。

确定日：确定参照利率的日期。

到期日：名义借贷到期的日期。

合同期：结算日至到期日之间的天数，即名义借贷合同的期限。

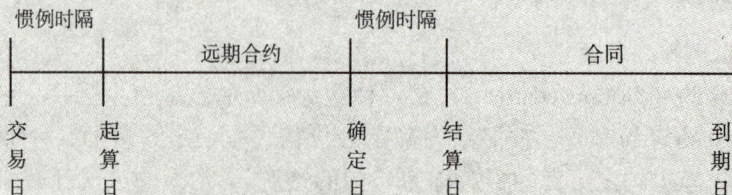

二、远期利率协议

(一) 远期利率协议的定义

远期利率协议 (forward rate agreements, FRA) 是买卖双方同意从未来某一商定的时期开始在某一特定时期内按协议利率借贷一笔数额确定、以具体货币表示的名义本金的协议。远期利率协议的买方是名义借款人,其订立远期利率协议的目的主要是为了规避利率上升的风险。远期利率协议的卖方则是名义贷款人,其订立远期利率协议的目的主要是为了规避利率下降的风险。之所以称为"名义",是因为借贷双方不必交换本金,只是在结算日根据协议利率和实际参考利率之间的差额以及名义本金额,由交易一方付给另一方结算金。

远期利率协议是1983年问世的利率保值创新工具,最早流行于英国。目前,伦敦市场仍然是远期利率的交易中心,其次是纽约市场。远期利率协议的主要使用者为商业银行,它们使用远期利率协议来对现存的远期利率头寸进行套期保值,而不是为了套购赚取利润。银行间签订远期利率协议,能够预先决定投资报酬率或预先决定资金成本。另外,也有非金融机构用户使用远期利率协议来规避远期借款利率上升的风险,而很少用此来固定远期存款利率。非银行金融机构的客户合约大部分也是通过银行来缔结。远期利率协议还可以用来短期防范长期债务的利率风险。

(二) 远期利率协议的定价

远期利率协议报价是以远期利率为基础的,事实上,它真实地反映了报价者能提供的市场的远期利率的一种能力。远期利率协议的市场定价可以通过路透社终端的"FRAT"画面得到。该市场定价仅作参考之用,实际交易的价格由银行报出。如银行报出"美元 3V6 V6.03 – 5.99",说明美元 FRA 3 个月后起息,6 个月后结束;6.03 和 5.99 分别为银行卖价和买价,表示银行愿意以 6.03% 的利率卖出、5.99% 的利率买进 FRA。买价和卖价之差为银行赚取的远期利率协议的差价。

在远期利率协议下,如果实际参考利率超过合同的协议利率,那么卖方就要支付给买方一笔结算金,以补偿买方在实际借款中因利率上升而造成的损失。反之,则由买方支付给卖方一笔结算金。远期利率协议的结算日不是指整个交易期限的最后一天,恰恰相反,该结算日是指协议期限的起息日。由于一般来说实际借款利息是在贷款到期时支付,而结算金则是在结算日支付,因此结算金等于额外利息支出在结算日的贴现值,具体计算公式如下:

$$结算金 = \frac{(r_r - r_k) \times A \times \dfrac{D}{B}}{1 + \left(r_r \times \dfrac{D}{B}\right)} \tag{10.1}$$

式中: r_r 表示参照利率; r_k 表示合同的协议利率; A 表示合同金额; D 表示合同期天数; B 表示天数计算惯例 (如美元为360天,英镑为365天)。其中,分子表示由于合同的协议利率与参照利率之间的差异所造成的额外利息支出,而分母则是对分子进行贴现,以反映结算金的支付是在合同期开始之日而非结束之时。

【例1】假设A公司在6个月之后需要一笔金额为1 000万美元的资金，为期3个月，其财务经理预测届时利率将上涨，因此，为锁定其资金成本，该公司与某银行签订了一份协议利率为5.9%，名义本金额为1 000万美元的6×9远期利率协议。

假设6个月后，市场利率果然上涨，3个月期市场利率上涨为6%，则远期利率协议结算日应交割的金额计算如下：

$$\frac{(6\% - 5.9\%) \times 10\ 000\ 000 \times \frac{90}{360}}{1 + 6\% \times \frac{90}{360}} = US\$2\ 463.05$$

假设此时A公司为配合其财务资金的需求，不得不按此时的市场利率6%借入一笔金额为1 000万美元期限为3个月的资金，则其借入资金的利息成本为

$$10\ 000\ 000 \times 6\% \times 90/360 = US\$150\ 000.00$$

但由于A公司承做了上述FRA避险，可获远期利率协议的利息差价收入2 463.05美元，因此，其实际的财务成本为

$$\frac{150\ 000 - 2\ 463.05}{10\ 000\ 000} \times \frac{360}{90} = 5.90\%$$

即为原FRA设定的资金成本，也就是远期利率协议中的协议利率5.9%。

若6个月后的市场利率下跌，通过类似的分析，可得A公司的实际财务成本仍为5.9%。可见，通过远期利率协议，A公司可以将其筹资成本固定，从而避免了利率波动的风险。而且，由于远期利率协议交易的本金不用交付，利息是按差额结算的，所以资金流动量较小，这就给银行提供了一种管理利率风险而无须改变其资产负债结构的有效工具，也在一定程度上降低了远期利率协议的信用风险。

除了客户出于套期保值的需要与银行进行远期利率协议交易外，远期利率协议交易主要还是商业银行和非金融机构用来进行保值。此时银行由于提供了远期利率协议，面临着利率风险，因此可以通过其他交易，比如利率期货，进行保值。

银行通过期货交易保值，是指持有远期利率头寸的银行可以通过购买或出售一个利率期货，对其因市场利率波动而将发生的不可预测的利率风险进行抵补保值。基本的保值对策是：一个银行需要出售利率期货，对其作为远期利率协议出售者的远期利率风险进行套期保值；相反，另一个银行会购买利率期货对其作为远期利率协议购买者的远期利率风险进行套期保值。

（三）远期利率协议的功能和利弊分析

远期利率协议通过将未来某一时间借入或借出资金的实际利率提前锁定在协议利率上而成为交易者防范利率风险的有效工具。例如，甲公司希望固定其未来借款成本，它可以购买远期利率协议，这样，当利率上升时，甲公司由该协议所获得的收益将抵消因利率上升而导致的成本增加，达到防范利率上升的风险的目的。又如，乙公司希望固定其未来资金的收益，它可以出售远期利率协议，这样，当利率下降时，乙公司由协议所获得的收益将抵消因利率下降而导致的收益下降，达到防范利率下降的风险的目的。但是，甲、乙两家公司在达到规避风险效果的同时，也放弃了利率向有利于己方流动所可

能带来的收益。

远期利率协议的优缺点在前文分析远期时已有所涉及。这里再将远期利率协议的优点概括如下：（1）灵活性强。远期利率协议与金融期货相比较，具有灵活、简便和不需支付保证金等特点。它无须在交易所成交，没有固定的交割日和标准的金额，同时远期利率协议仅凭信用，无须支付保证金即可成交。（2）交易便利。由于远期利率协议的本金小，且利率也是差额结算，故资金流量较小。与同业拆放市场相比，远期利率协议用来削减银行同业往来账面有明显优势，有些银行利用该交易能削减其同业往来账面的40％，这样对增加资本比例和改善银行业务的资产负债率十分有益。同时，远期利率协议作为一种表外业务，使银行能够不改变资产负债表的流动性而调整其利率风险。

当然，远期利率协议也存在一些缺点。比如它作为一种场外交易，与期货、期权相比其信用风险较大。银行对远期利率协议交易一般用本金的5％来测算其信用风险限额。另外，远期利率协议不能进行对冲交易，每笔交易都是相对独立的交易，它仅能与另一笔远期利率协议调换，而不能出售或冲销原协议。

第三节　金融期货市场

一、金融期货市场概述

（一）金融期货和期货市场

金融期货（futures）是在特定的交易所通过竞价方式成交，承诺在约定的将来某个日期按约定的价格买入或卖出一定标准数量的某种标的的金融资产的标准化协议。合约中规定的价格就是期货价格。根据各种合约标的资产的不同性质，通常将金融期货分为三大类：外汇期货、利率期货和股票指数期货。本节的后面部分将简要介绍这三种主要的期货市场。

而期货市场则是专门进行金融期货合约交易的场所，一般是指有组织、有严密规章制度的金融期货交易所，如芝加哥期货交易所、伦敦国际金融期货交易所等。20世纪70年代初，由于经济环境和体制安排的转变使得金融市场上利率、汇率和证券价格也发生了急剧的波动，整个经济体系的风险增大，而原有的远期交易由于其流动性差、信息不对称、违约风险高等缺陷无法满足人们日益增长的需要，于是，金融期货交易也就应运而生了。随着金融市场的发展，金融期货日益呈现国际化特征，世界主要金融期货市场的互动性增强。

目前，在世界各大金融期货市场，交易活跃的金融期货合约有数十种。其中影响较大的合约有芝加哥商品交易所（CME）的日元期货合约，标准普尔（S&P）500股票指数期货合约，芝加哥期货交易所（CBOT）的美国长期国债期货合约，香港交易及结算有限公司（HKEX）的恒生指数期货合约等。

【专栏 11 –4】

世界主要期货交易所

交易所及其建立时间	主要合约类型			
	商品期货	外汇期货	利率期货	股指期货
芝加哥期货交易所（CBOT）1848 年	✓		✓	✓
芝加哥商业交易所（CME）1919 年	✓	✓	✓	
堪萨斯期货交易所（KCBT）1856 年	✓			✓
纽约商业交易所（NYMEX）1872 年	✓			
伦敦国际金融期货交易所（LIFFE）1982 年	✓		✓	✓
伦敦金属交易所（LME）1877 年	✓			
法国国际期货交易所（MATIF）1986 年	✓		✓	✓
多伦多期货交易所 1983 年				✓
悉尼期货交易所 1972 年	✓		✓	✓
东京谷物交易所 1952 年	✓			
东京证券交易所 1949 年			✓	
新加坡国际货币期货交易所（SIMEX）1984 年	✓	✓	✓	✓
香港期货交易所 1977 年	✓	✓		✓

（二）金融期货市场的构成

与现货交易和远期交易不同，期货市场有其特有的构成方式。一个完整的金融期货市场由交易所、清算所、经纪公司和客户构成。

1. 交易所。交易所是专门组织各种金融期货交易的场所，通常是一个自发的非营利性会员组织，只有交易所的会员才被允许在交易大厅内执行交易指令。交易所的会员资格也称做席位，可以被机构也可以被个人拥有，并可以像其他资产那样在市场上交易。期货交易一般在交易大厅内的一个个交易池（pit）内进行，通常每一种商品的期货交易都有一个指定的交易池。同时，与股票交易不同，期货合约的交易仍主要是通过交易场内的公开叫价（open outcry）方式来进行的，交易者们借用长期以来所形成的特定手势来表达他们的买卖指令。但近年来随着电子信息技术的飞速发展，电子交易在期货交易中所占的比重也呈逐年递增的趋势。

2. 清算所。清算所会员账户间借贷双方资金流动和转移的场所，是确保期货合约可以顺利进行交易的一个不可缺少的组成部分。它的主要任务是对每日发生的所有交易进行记录，并对每一清算所会员的净头寸进行结算。由清算所充当所有期货买者的卖者和所有卖者的买者，交易双方就无须担心对方违约，因为清算所同时拥有完全匹配的多头和空头头寸，从总体来看可以说清算所是"完全套期保值的"。也正是由于期货交易中清算所的存在，从而克服了远期交易中存在的信息不对称和违约风险高等主要缺陷。

3. 经纪公司。经纪人是客户进行期货交易的代理人，经纪公司一般来说都是交易所的交易会员，他们负责将投资者的交易指令传递到交易柜台，然后再由经纪公司的场内经纪人进行交易。

4. 客户。这里的客户是指为了套期保值、投机或者套利目的进入期货市场的投资者。

具体交易过程是客户首先选定一家经纪公司，与经纪公司签订有关协议，开设交易账户，并存入保证金。进行交易时客户通过电话、网络方式将交易指令传达给他的经纪公司，经纪公司再传递给出市代表。如果是采用公开叫价交易方式的期货交易所，出市代表用手势与其他公司的出市代表进行公开竞价；如果是采用自动撮合的交易所，出市代表将委托指令输入计算机，由电脑自动完成公开竞价。成交后，再由出市代表将指令执行完毕的确认书和交易价格的通知书传递给经纪公司，再由经纪公司传送给客户。

（三）金融期货市场的交易制度

1. 标准化合约。期货与远期交易的重要不同之处在于期货合约通常有标准化的合约条款。期货合约的合约规模、交割日期、交割地点等都是标准化的，即在合约上有明确的规定，无须双方再商定，价格是期货合约的唯一变量。因此，交易双方最主要的工作就是选择适合自己的期货合约，并通过交易所竞价确定成交价格。期货交易所对期货合约的具体规定包括：

（1）交易数量和单位条款。每种期货合约都规定了统一的、标准化的数量和数量单位，统称合约规模。

（2）最小变动价位条款。期货合约中通常也规定了最小的价格波动值，即最小变动价位。期货交易中买卖双方每次报价时价格的变动必须是这个最小变动价位的整数倍。

（3）交割期条款。期货合约对进行实物交割的月份也会作具体的规定，通常会规定几个不同的合约月份（即交割月份）供交易者选择。同时，交易所还必须指定在交割月份中可以进行交割的确切时间。对于许多期货合约来说，交割日期可以是整个交割月，具体在哪一天交割，则由空方选择。

（4）每日价格最大波动幅度限制条款。为了缓解突发事件或过度投机对市场造成的冲击，防止价格波动幅度过大使交易者蒙受过多的损失，维持市场的稳定性，交易所通常也对期货合约规定了每日价格最大波动限制，即交易日期货合约的成交价格不能高于或低于该合约上一交易日结算价的一定幅度，达到该幅度则暂停该合约的交易。

2. 保证金制度和每日结算制。在金融期货的交易过程中，最重要的交易制度是保证金制度和每日结算制，这也是它和金融远期的不同之处。保证金制度和每日结算制是期货市场交易安全的重要保证。与远期交易不同，期货交易是每天进行结算的，而不是到期一次性进行的，这就是所谓的每日结算制。买卖双方在交易之前都必须在经纪公司开立专门的保证金账户，并存入一定数量的保证金，这个保证金也称为初始保证金。初始保证金可以用现金、银行信用证或短期国库券等交纳。对大多数的期货合约而言，初始保证金通常仅为标的资产价值的 5%～10%。这是因为保证金要求限制交易者的交易活动，为保持市场的活跃性，通常交易所和经纪人都不希望保证金要求不合理地过高。而且在每天交易结束时，保证金账户会根据期货价格的升跌而进行调整，以反映交易者的浮动盈亏，这就是所谓的盯市（marking to the market）。

每日结算制，是指根据当天的结算价格来计算多空双方的盈亏。当天结算价格高于昨天的结算价格（或当天的开仓价）时，高出部分就是多头的浮动盈利和空头的浮动亏损。这些浮动盈利和亏损就在当天晚上分别加入多头的保证金账户和从空头的保证金账户中扣除。当保证金账户的余额超过初始保证金水平时，交易者可随时提取现金或用于开新仓。但交易者取出的资金额不得使保证金账户中的余额低于初始保证金水平。而当保证金账户的余额低于交易所规定的维持保证金水平时（维持保证金水平通常是初始保证金水平的75%），经纪公司就会通知交易者限期把保证金水平补足到初始保证金水平，否则就会被强制平仓。这一要求补充保证金的行为就称为保证金追加通知。交易者必须存入的额外的金额被称为变动保证金，变动保证金必须以现金支付。

【专栏 11-5】

如何逐日盯市

某交易者在6月1日开盘时购买了1份某金融资产的期货合约，每份合约交易单位是100单位的某金融资产，当时期货价格为800元，如果初始保证金比率为5%，维持保证金率为初始保证金的75%，则需要交易者在保证金账户中至少存入4 000元（800×100×1×5%）。如当日交易结束后，该金融资产期货价格跌至780元，则投资者损失了100元；若跌至500元时，投资者损失了1 500元，此时保证金账户余额为2 500元，低于维持保证金3 000（4 000×75%）元的要求，此时需要交易者追加保证金1 500元，即达到初始保证金水平；若价格上升到1 000元时，则保证金账户余额为5 000元，此时可将超出初始保证金的部分1 000元提走或者开新仓。

3. 结清期货头寸。结清期货头寸的方式主要有以下实物交割和对冲平仓两种。

（1）实物交割（delivery）：大多数的期货合约在最初订立时都要求通过交割特定的商品来结清头寸。目前大约只有不到2%的期货合约是通过实物交割来结清头寸的。近年来，期货交易中还引入了现金结算的方式，即交易者在合约到期时不进行实物交割，而是根据最后交易日的结算价格计算交易双方的盈亏，并直接划转双方的保证金来结清各自的头寸。但和实物交割一样，现金结算也是在合约到期时才进行的一种结清头寸的方式。

（2）对冲平仓（offset）：这是目前期货市场上最主要的一种结清头寸的方式。那些不愿进行实物交割的期货交易者，可以在交割日之前就通过反向对冲交易（相当于期货合约的买者将原来买进的期货合约卖掉，期货合约的卖者将原来卖出的期货合约重新买回）来结清自身的期货头寸，而无须进行最后的实物交割。这样，既克服了远期交易流动性差的问题，又比实物交割方式省事和灵活。

（四）金融期货市场的功能

除了前面所讲的金融衍生工具的一般功能以外，金融期货主要有以下功能：

1. 转移风险功能。在日常金融活动中，市场主体时常面临着利率、汇率和证券价格风险（通称价格风险）。由于现货市场上的价格和期货市场上的价格尽管变动幅度不会完全一致，但变动的趋势基本一致。因此，人们可以利用期货市场上的套期保值（hedging），即通过在期货市场上持有一个与现货市场上交易方向相反、数量相等的同种商品的期货合约，进而无论现货供应市场价格怎样波动，最终都能取得在一个市场上亏损的同时在另一个市场盈利的结果，并且盈亏额大致相等，从而达到规避风险的目的。这是期货市场最主要的功能，也是期货市场产生的最根本原因。此外，应该注意的是，对单个主体而言，利用期货交易可以达到消除价格风险的目的，但对整个社会而言，期货交易通常并不能消除价格风险，期货交易发挥的只是价格风险的再分配即价格风险的**转移**作用。

2. 价格发现功能。严格有序的市场管理，迅捷高效的信息通信和国际化发展趋势，保证了期货市场及时吸纳全球范围内的交易和信息，充分发挥其价格发现功能。与现货市场不同，所有成功的期货市场都是辐射面极广的国际性市场。在期货市场上所形成的价格明显地区别于其他市场。通过市场交易来为社会揭示出具有权威性和连续性的价格，这就是期货市场的价格发现功能。

期货价格是不同的交易者对目前市场供求关系的认识和对未来市场的预期的综合反映。与现货市场的价格相比，期货市场价格的形成方式不同。现货市场上的交易价格是由交易双方通过一对一磋商确定，成交价格仅反映了交易双方对市场现状的看法。期货市场上的成交价格则是由交易者共同公开竞价的结果，汇集了所有交易者对市场的看法。此外，与现货价格反映的是若干间断的时间点上的供求关系不同，在期货市场上标准化的合约买卖总是持续地进行，交易者可以根据所获得的最新信息不断修正对市场的看法，形成新的成交价格。因此，期货市场上的成交价格往往具有较强的权威性和连续性，能够综合、动态地反映市场供求状况，可以更好地发现价格。

（五）金融期货和远期的区别

期货合约和远期合约虽然都是在交易时约定在将来某一时间按约定的条件买卖一定数量的某种标的物的合约，但它们也存在着显著的区别，主要有以下几个方面：

1. 交易场所不同。远期交易通常没有固定的交易场所，是一个无组织的效率较低的分散的市场。银行等金融机构在金融远期的交易中扮演了极为重要的角色。期货交易则主要在交易所内集中进行，交易所不仅为期货交易提供了相对固定的交易场所，而且还为期货交易制定了许多严格的交易规则（如涨跌停板制、最小价格波动幅度、最大持仓限额、保证金制度等），并为期货交易提供了信用担保。因此，相对远期市场而言，可以说期货市场是一个有组织有秩序的统一的市场。

2. 标准化程度及履约方式不同。远期交易遵循"契约自由"的原则，合约中的相关条款如标的物的种类、质量、数量、交割地点和交割月份等都可由交易双方根据需要协商确定，具有很大的灵活性，但因此也给合约的转让及流通造成了很大的麻烦，直接导致了远期合约二级市场的不发达。因此，绝大多数远期合约只能通过到期实物交割来履行。期货合约则是由交易所推出的标准化合约。合约中除价格外的其他有关条款均由交易所统一规定。尽管期货合约在灵活性上不如远期合约，但标准化却大大便利了期货合约的订立和转让，使期货合约具有极强的流动性和吸引力。当交易一方的目的（如投机、套期保值和套利）达到时，无须征得对方同意就可通过平仓来结清自己的头寸并把履约权利和义务转让给第三方。在实际中，绝大多数期货合约都是通过对冲平仓来了结的。

3. 违约风险不同。远期合约的履行通常仅以签约双方的信誉为担保，有着极高的信用风险。即便在签约时采取了交纳定金、第三方担保等措施，远期合约交易中的违约、毁约现象仍时有发生，因而签约前一定要对对方的信誉和实力等作充分的了解。期货合约的履行则由交易所或清算公司提供担保。交易双方直接面对的都是交易所，即使一方违约，另一方也不会受到丝毫影响。而交易所之所以能提供这种担保，主要是依靠完善的保证金制度和清算会员之间的连带无限清偿责任来实现的。可以说，期货交易的违约风险几乎为零。

4. 结算方式不同。远期合约签订后，只有到期才进行交割清算，期间均不进行结算。期货交易则是每天结算的。当同品种的期货市场价格发生变动时，就会对所有该品种期货合约的多头和空头产生浮动盈余或浮动亏损，并在当天晚上就在其保证金账户体现出来。因此当市场价格朝自己有利的方向变动时，交易者不必等到到期就可逐步实现盈利。当然，若市场价格朝自己不利的方向变动时，交易者在到期之前就得付出亏损的金额。

二、外汇期货市场

外汇期货是最早出现的一种金融期货，也是目前世界上远期和期货市场同样发达的金融期货品种之一。

（一）外汇期货的概念

外汇期货是指在外汇交易所内交易的，交易双方通过公开竞价确定汇率，在未来的某一时期买入或卖出某种货币的合约。外汇期货涉及的主要币种有美元、欧元、日元、加元、英镑、瑞士法郎等。目前，伦敦国际金融期货交易所和新加坡国际货币交易所都有较大规模的外汇期货交易，但是外汇期货的主要市场仍集中在美国，包括芝加哥商品交易所的国际货币市场分部（IMM）、中美洲商品交易所（MCE）和费城期货交易所（PBOT）。

外汇远期交易是外汇市场上的另一大类交易，这在本书第七章已经进行了介绍。外汇远期交易与外汇期货既有联系又有区别，各有所长。除了上一节提到的期货和远期的一般区别以外，二者还有一些差别，例如，在报价方式上远期外汇交易采用双档价制，即银行同时报出买入价和卖出价；而目前国际金融市场上外汇期货交易多采用某种单一货币报价的方式，例如 IMM 的所有外汇期货均以美元报价，并且买方只喊买价，卖方只喊卖价。而二者的联系在于远期外汇和外汇期货都是约定在将来某一特定时间和地点交收一定金额的某种货币的协议,两者的交易原理与经济功能基本相同,在价格(汇率)上存在着相互影响、相互制约的关系。此外,二者还在一定程度上可以相互替代,相互补充。例如,尽管远期外汇合约非标准化合约,流动性较差,但由于其更加灵活,对一些交易者来说则更具吸引力。

(二)外汇期货交易的操作

外汇期货市场的交易主要有两种:套期保值和投机套利。

1. 套期保值。外汇期货市场上的套期保值主要是指国际经贸交往中的债权人和债务人为防止其预计收回的债权或将要支付的债务因计价货币贬值或升值而蒙受损失,将汇率风险控制在一定程度内,便在金融期货市场上叙做一笔与金融现货市场头寸相反、期限对称、金额相当的外汇期货交易,以达到保值的目的。它可以分为买入套期保值和卖出套期保值。买入套期保值又称多头套期保值,一般应用于在未来将发生外汇支出的场合,因此事先便在期货市场上买入该外汇期货;卖出套期保值又称空头套期保值,一般应用于在未来取得外汇收入的场合,因此可以事先就将这笔外汇收入卖出,避免到期时汇率波动的风险。

【例1】美国某出口企业 A 公司于 2005 年 3 月 5 日向加拿大 B 公司出口一批价值为 1 500 000 加元的商品,用加元计价结算,3 个月后取得货款。为减小到期时加元贬值的风险,A 公司拟在 IMM 做外汇期货套期保值,卖出加元期货,以减小可能的损失。出口时和 3 个月后的加元现货与期货价格如下所示:

	3 月 5 日	3 个月后
CAN 现货价格	CAN1 = USD 0. 8517	CAN1 = USD 0. 8434
6 月份 CAN 期货价格	CAN1 = USD 0. 8520	CAN1 = USD 0. 8440

IMM 外汇期货合约中美元是报价货币,加元是交易标的货币,每手加元期货规模为 100 000 加元。因此可以直接做卖出加元期货套期保值。A 公司的套期保值交易如表11 - 2 所示。

表 11 - 2　　　　　　　　　　　外汇期货空头套期保值示例

	现货市场	期货市场
3 月 5 日	预计 3 个月后将会收到 CAN1 500 000 货款,按照当前汇率 CAN1 = USD0. 8517 计算,货款的价值为1 277 550美元	以 CAN1 = USD 0.8520 的期货价格卖出 15 份 6 月份加元期货合约,总价值为1 278 000美元
3 个月后	收到 1 500 000 加元货款,按当前的现货价格 CAN1 = USD0. 8434 可以兑换为 1 265 100 美元	以 CAN1 = USD 0. 8440 的价格买入 15 份 6 月份加元期货合约平仓,1 266 000 美元
盈亏状况	现货市场亏损: 1 277 550 - 1 265 100 = 12 450美元	期货市场盈利: (0.8520 - 0.8440)×15 × 100 000 = 12 000 美元
总头寸盈亏	净亏损: 450 美元	

因利用期货市场套期保值，该出口商蒙受的损失从 1 万多美元减少至 450 美元。如果到期时加元升值，那么期货市场的亏损就由现货市场的盈利来弥补。最后的结果可能是少量的亏损，或少量盈利，或者持平。

2. 投机套利交易。外汇期货市场的投机是指交易者根据其对未来市场走势的预测和判断，通过买卖外汇期货合约，从中赚取差价的交易行为。投机可以分为做多和做空，做多就是当投机者预测某种外汇的期货价格将会上升，便买入该外汇期货合约，待以后择机对冲，如价格上升便盈利，否则就受损；做空则是当投机者预测某种外汇的期货价格有下跌之势，便先行卖出该外汇期货合约，待以后再择机买进，若价格下跌便盈利，否则就受损。而外汇期货的套利交易是外汇期货投机交易的引申，它比投机交易要复杂，一般是投资者根据对市场的判断，卖出相对高估的期货合约，同时买入价格相对低估的期货合约从而实现套利。外汇期货套利又可以分为跨期套利、跨市场套利和跨币种套利。

三、利率期货市场

(一) 利率期货的概念

利率期货 (interest rate futures)，是指由交易双方签订的，约定在将来某一时间按双方事先商定的价格，交割一定数量的与利率相关的金融资产的标准化期货合约。利率期货交易具有金融期货交易的全部共性，如固定的交易场所、标准化的期货合约、多采用现金交割等。它的独特之处主要表现在它的特殊交易对象。利率期货交易的交易对象并不是利率，而是某种与利率相关的特定的金融证券或支付凭证，如国库券、债券、大额定期存单、欧洲美元存款证等，其标的资产的价格通常与实际利率呈反方向变动。

(二) 利率期货交易的种类

利率期货虽然产生的时间较晚，但由于应用范围广泛及其规避利率风险的有效性，刚投入市场便受到了广大投资者的推崇。目前全球期货市场上的利率期货种类繁多，通常，按照合约标的的期限长短，利率期货可以分为短期利率期货和长期利率期货两大类。短期利率期货又称货币市场类利率期货，即凡是以期限不超过 1 年的货币市场金融工具作为交易标的的利率期货均为短期利率期货，如短期国库券期货合约、欧洲美元期货合约、商业票据期货合约、大额可转让存单期货合约等。长期利率期货又叫资本市场类利率期货，即凡以期限超过 1 年的资本市场金融工具作为交易标的的利率期货均为长期利率期货，如各种中期国债期货合约、长期国债期货合约等。

由于设计、需求等各方面的因素，也并非所有推出的利率期货合约都获得了成功。在现存的众多利率期货品种中，交易呈现集中的趋势。以美国为例，目前几乎所有重要的、交易活跃的利率期货都集中在以下两个交易所：芝加哥期货交易所和芝加哥商品交易所（国际货币市场分部）。这两个交易所分别以长期利率期货和短期利率期货为主。在长期利率期货中，最有代表性的是美国长期国债期货和 10 年期美国中期国债期货，短期利率期货的代表品种则是 3 个月期的美国短期国库券期货和 3 个月期的欧洲美元定期存款期货。

（三）利率期货交易的操作

1. 套期保值操作。套期保值在这里是指在现货市场买入时在期货市场卖出，或在现货市场卖出时在期货市场买入。利率期货的套期保值也可以分为多头套期保值和空头套期保值。

【例2】4月15日，美国现货市场的国库券贴现率为5%，某人预期1个月后可以收到一笔100万美元的款项，他准备将这笔款项投资于3个月期的国库券。但预测1个月后市场利率可能下调。为此，他买进1张同年6月份到期的国库券期货合约，以实现多头保值，其过程如表11－3所示。

表11－3 利率期货多头套期保值示例

	现货市场	期货市场
4月15日	贴现率为10%（国库券价格为90万美元），准备将100万美元投资于3个月期国库券	以88.5万美元的价格买进1张6月份到期的国库券期货合约
5月15日	收到100万美元，以92.5万美元的价格买进3个月期的国库券	以90.8万美元的价格卖出1张6月份到期的国库券期货合约
盈亏状况	现货市场： $1\,000\,000 \times (7.5\% - 10\%) \times 90/360 = -6\,250$ 美元	期货市场：$(90.8 - 88.5) \times 10\,000 \times 90/360 = 5\,750$ 美元
总头寸盈亏	净亏损：500美元	

2. 投机和套利交易。同外汇期货类似，利率期货市场也有投机和套利交易。投机主要是指用单笔头寸进行头寸的交易，它的原理很简单：若投机者预期未来利率水平将下降，从而利率期货的价格将上升，便可先行买入期货合约，做多；否则便做空。而实际上，利率期货市场上大多数的投机行为都是价差头寸投机，我们可以称之为套利，例如利用交割月份不同的短期国库券期货合约来进行套利，或者利用短期国库券期货合约和欧洲美元期货合约的价差来进行套利。

四、股指期货市场

股价指数期货是金融期货家族中最年轻的一员，目前已成为当前国际金融市场上交易最为活跃的期货品种之一，股指期货交易也无愧为20世纪80年代最重要和最成功的金融创新之一。目前，股指期货交易已成为金融期货也是所有期货交易品种中第二大品种，仅次于利率期货。

（一）股指期货的概念

股票价格指数，简称股价指数，是反映股市中总体股价或某类股价变动和走势情况的一种指标。比较著名的股价指数有道·琼斯工业平均指数、日经225股价指数、标准普尔500指数、纽约证交所综合股价指数、香港恒生指数等。

股价指数期货（stock index futures），是指由交易双方通过竞价方式签订的，约定在将来某一特定时间和地点交收特定价格（一定点数的股价指数）的标准化期货合约，也即是以股价指数这种没有实物形式的金融商品作为交易标的的一种期货合约。视不同的股指期货合约，每份合约的规模也不尽相同，例如标准普尔 500 股指期货合约的规模是 250 美元乘以该指数的值，而纽约证券交易所综合股指期货合约规模是 500 美元乘以该指数的值。合约到期时，交易双方只要交付根据结算价与开仓时股指差价折算的一定金额的货币即可，即采用现金结算的方式，而无须也无法进行实物交割。

（二）股指期货的操作

1. 套期保值。股指期货的引入，为市场提供了一条新的对冲风险的途径，而期货的风险转移则主要是通过套期保值来实现的。与其他期货品种一样，股指期货的套期保值也可以分为多头套期保值和空头套期保值。空头套期保值适用的场合主要是手中已持有股票的投资者或准备发行股票的筹资者，他们因惧怕股价下跌而遭受损失，便预先在期货市场上卖出相应的股指期货，利用股指期货的空头与股票的多头相配合，避免总头寸的风险。

多头套期保值则主要适用于当投资者准备投资股票而资金还未到位，又唯恐实际购买时因股价上扬而蒙受损失，便预先买入股指期货，预先锁定将来购入股票的价格，待实际购买股票时再进行对冲，以弥补现货市场可能遭受的损失。此外，在公司重组时，股价一般会大幅上扬，收购方也可以用多头套期保值来减少收购成本。

2. 投机和套利。股指期货的投机性交易也可以分为简单的投机和复杂的价差头寸套利。其中投机是指投机者根据自身对整体股市的预测和判断而采取的先买后卖或先卖后买的"做多"或"做空"的交易行为。

【例3】恒生指数由在香港上市的较有代表性的 33 家公司的股票构成，现成为反映香港政治、经济和社会状况的主要风向标。恒指期货则是以港元为货币单位的标准化期货合约，每份合约的价值等于 50 港元与恒生指数的乘积。

设某日某投机者预测香港股市在短期内将会受利好消息的推动大幅上扬，便于 6 250 点时吃进恒指期货 10 手，半个月后，恒指期货的价格真的上涨到 6 800 点，此时该投机者抛出手中的期货合约，便可获利 275 000 港元 $[10 \times 50 \times (6\,800 - 6\,250)]$。当然，若半个月后，恒指期货的价格没有上涨，反而下跌至 6 100 点，那么该投机者就将损失 75 000 港元。

套利则是利用不同市场、不同月份或不同品种的股指期货间的价差而进行的投机套利行为。套利可以分为跨市场套利、跨月份套利和跨品种套利三种。跨市场套利是指投机者在两个不同的金融期货市场间同时买进和卖出一种股指期货合约，从中套取差价利润；跨月份套利是指投机者利用某种股指期货不同合约月份之间的差价贱买贵卖，从中获取差价利润；跨品种套利则是指投机者利用两种不同但具有替代性的或受供求因素制约的股价指数期货合约间的价差进行贱买贵卖活动，从中套取差价利润。

第四节 金融期权市场

一、金融期权市场概述

（一）金融期权的定义

金融期权（option）是指赋予其购买方在规定期限内按买卖双方约定的价格（简称协议价格或执行价格）购买或出售一定数量某种金融资产（称为标的资产）的权利的合约。期权购买方为了获得这个权利，必须支付给期权出售方一定的费用，称为期权费或期权价格。

（二）金融期权合约的基本要素

为了准确地理解期权这一金融工具，首先需要深刻领会与期权有关的几个基本概念，理清期权交易中的相关权利义务关系。

1. 期权购买方和期权出售方。任何一种交易中都既有购买方也有出售方，期权交易也不例外。期权购买方，也称为持有者或期权多头，在支付期权费之后，就拥有了在合约规定的时间行使其购买或出售标的资产的权利，也可以不行使这个权利，而且不承担任何义务。

相反，期权的出售方，也叫做签发者或期权空头，在收取买方所支付的期权费之后，就承担了在规定时间内根据买方要求履行合约的义务，而没有任何权利。也就是说，当期权买方按合约规定行使其买进或卖出标的资产的权利时，期权出售方必须依约相应地卖出或买进该标的资产。

显然，在期权交易中，买卖双方在权利和义务上有着明显的不对称性，期权费正是作为这一不对称性的弥补，由买方支付给卖方的。一经支付，无论买方是否行使权利，其所付出的期权费均不退还。

2. 看涨期权和看跌期权。按期权买方的权利划分，期权可分为看涨期权（call option）和看跌期权（put option）。凡是赋予期权买方以执行价格购买标的资产权利的合约，就是看涨期权；而赋予期权买方以执行价格出售标的资产权利的合约就是看跌期权。很显然，那些担心未来价格上涨的投资者将成为看涨期权的买方，而那些担心未来价格下跌的投资者将成为看跌期权的买方。

值得注意的是，在期权交易中，存在两重的买卖关系：对期权本身的购买和出售形成了期权购买方和出售方，对期权标的资产的购买和出售则构成了看涨期权和看跌期权。

3. 到期时间。期权合约中的另一个交易要素是期权的到期时间，期权买方只能在合约所规定的时间内行使其权利，一旦超过期限仍未执行即意味着自愿放弃了这一权利。按期权买方执行期权的时限划分，期权可基本分为欧式期权和美式期权。欧式期权的买方只能在期权到期日才能执行期权。而美式期权与欧式期权的唯一区别在于它允许买方在期权到期前的任何时间执行期权。

4. 执行价格。执行价格是指期权合约所规定的、期权买方在行使其权利时实际执行的价格（标的资产的买价或卖价）。与执行价格诞生了期权交易中常用的内在价值、实值、虚值和平价等概念。

所谓内在价值，是指期权买方行使期权时可以获得的收益现值。具体而言，对于看涨期权买方来说，内在价值就是市场价格高于执行价格带来的收益；而对于看跌期权买方来说，内在价值就是执行价格高于市场价格带来的收益。显然，在期权可以执行时，期权有无内在价值，将是期权买方行使还是放弃权利的决定因素。

实值、虚值和平价期权是与内在价值紧密相关的三个概念。所谓实值期权，是指内在价值为正的期权，如果内在价值正值很大，被称为深度实值；虚值期权，是指内在价值为负的期权，如果内在价值负值很大，被称为深度虚值；平价期权，是指内在价值为零的期权。因此，对于看涨期权而言，市场价格高于执行价格为实值，市场价格低于执行价格为虚值；对于看跌期权而言，市场价格低于执行价格为实值，市场价格高于执行价格为虚值。

5. 期权费。由于期权是其卖方将一定的权利赋予买方而自己承担相应义务的一种交易，作为给期权出售方承担义务的报酬，期权买方必然要支付给期权卖方一定的费用，称为期权费或期权价格。与期货的双向保值不同，期权是一种单向保值，一般而言，通过期权保值的市场主体都会选择进入期权的多头方，进一步根据自己买卖的需要选择看涨或看跌期权，多头方享有执行与否的主动权，因而只把风险的不利部分转嫁出去而保留了风险的有利部分。很显然，期权是相对更有利的保值工具。然而，市场是公平有效的，避险者进入期货（远期）合约是几乎无须任何初始成本的，而进入期权多头方则需要支付相应的成本，即期权费。

（三）金融期权市场与金融期货市场的比较

金融期权与金融期货之间既存在必然联系，又有着本质区别。金融期权与期货合约作为买卖契约，其构成要素都是标准化的合约，都是以金融商品作为标的物，都是在正规的交易所里进行，有很好的履约保证。它们的基本功能都可以用于套期保值和投机。

两者的区别主要表现在：

1. 两者的权利与义务的对称性不同。金融期权的买卖双方的权利义务是不对等的，买入方有权利，卖出方只有义务。而金融期货的买卖双方其权利义务是对等的。也因为如此，金融期权的买入方不需要交保证金，只有卖出方才交保证金，而期货的双方都要交纳保证金。

2. 两者的收益特点不同。从理论上说，金融期权的买入方盈利可能是无限的，风险是有限的；卖出方则相反。而金融期货的买卖双方的盈利与亏损的可能性是对等的。

3. 两者的保值效果不同。同样作为避险的金融工具，市场主体在运用期货（或远期）进行保值的时候，直接根据需要进入合约的多头方或是空头方，在他们把亏损的可能即风险的不利部分转移出去的同时，也把盈利的可能即风险的有利部分转移出去了，其最大的优点在于获得了确定的市场价格，因而是一种双向保值。而期权则不同，一般而言，通过期权保值的市场主体都会选择进入期权的多头方，进一步根据自己买卖的需要选择看涨或看跌期权，由于期权多头方享有执行与否的主动权，因而只把风险的不利部分转嫁出去而保留了风险的有利部分，所以是一种单向保值。显然期权是相对更有利的保值工具。然而市场是公平有效的，避险者进入期货（远期）合约是几乎无须任何初始成本的，而进入期权多头方则需要支付相应的成本，即期权费。

二、金融期权的交易

期权市场既包括交易所市场，也包括场外市场。但由于场外市场具有一定的分散性和非标准性，本书将论述的重点放在场内交易的期权上，以交易所期权为主来介绍期权市场的基本特征。

（一）标准化合约

显然，交易所期权的最大特征和成功原因之一就是期权合约的标准化，每个交易所都对每种期权合约的各种规格分别进行了预先规定。

1. 交易单位。交易单位就是指一张期权合约中标的资产的交易数量。标的资产不同，期权合约的交易单位显然是不一样的，但即使是相同标的资产的期权，在不同的交易所上市，其合约大小也不一定相同。例如，股票期权的交易单位是 100 股股票；指数期权的交易单位是标的指数执行价格与 100 美元的乘积；期货期权的交易单位是一张标的期货合约；至于各种外汇期权的交易单位，则视交易所不同和货币种类不同而不同，例如，在 PHLX，一个英镑期权合约的交易单位为 31 250 英镑，而欧元期权合约的交易单位则为 62 500 欧元。

2. 执行价格。期权合约中的执行价格也是由交易所事先选定的。一般来说，当交易所准备上市某种期权合约时，将首先根据该合约标的资产的最近收盘价，依据某一特定的形式来确定一个中心执行价格，然后再根据特定的幅度设定该中心价格的上下各若干级距的执行价格。因此，在期权合约规格中，交易所通常只规定执行价格的级距。

3. 到期日、执行日和最后交易日。交易所会在期权合约中规定期权的具体到期日，即期权买方可以享有期权赋予的权利的最后日期。例如，CBOE 股票期权的到期日为到期月第三个星期五之后紧随的那个星期六。但事实上，CBOE 要求期权买方在到期日的前一个交易日（如果为非营业日，则往前顺延）就必须对其是否打算执行期权作出表示。

执行日是指交易所规定的，期权买方可以实际执行该期权的日期。显然，对于欧式期权来说，执行日就是期权的到期日；而美式期权的执行日则是期权有效期内的任一交易日。

最后交易日是和到期日紧密相连的日期，是期权交易者可以交易期权的最后日期。例如 CBOE 股票期权的最后交易日就是到期月的第三个星期五。如果在这一天期权买方没有进行对冲交易，就面对着放弃或者是执行期权的选择。

4. 头寸限额和执行限额。交易所为每种期权都规定了期权交易的头寸限额，即每个投资者在市场的一方中所能持有的期权头寸的最大限额。与之相关的是期权的执行限额，即一个期权买方在规定的一段时间内所能执行的期权合约的最大限额。一般来说，在连续五个交易日内的执行限额大小往往等于头寸限额。交易所之所以做这样的规定，主要是为了防止某一投资者承受过大的风险或对市场有过大的操纵能力。

（二）保证金制度

期权清算公司采用和期货交易相似的保证金制度来预防期权卖方的违约风险，即在开始期权交易的时候需要一个初始保证金，之后随着市场价格的变化规定维持保证金的水平，在价格出现不利变化时，投资者需要追加保证金。期权保证金的收取方法是由清算所直接向各清算成员收取，再由清算成员向自己所代表的经纪公司收取，最后经纪公司再向具体投资者收取。

（三）对冲与履约

在场内期权交易中，如果交易者不想继续持有未到期的期权头寸，就可以在最后交易日结束之前，随时进行反向交易，结清头寸，这与期货交易中的对冲是完全相同的。相反地，如果最后交易日结束之后，交易者所持有的头寸仍未平仓，买方就有权要求执行，而卖方就必须做好相应的履约准备。当然，如果是美式期权，期权买方随时有权利决定交割。从实际来看，期权交割的比例要比期货高得多。

针对不同的期权，其规定的交割方式也各不相同。一般来说，各种现货期权在交割时，交易双方都直接以执行价格对标的资产进行实际的交收；指数期权是按照执行价格与期权执行日当天交易结束时的市场价格之差以现金进行结算；而期货期权的买方执行期权时，将从期权卖方处获得标的期货合约的相应头寸，再加上执行价格与期货价格之间的差额。

三、金融期权的种类

按不同的划分标准，金融期权有不同的分类。例如，按照期权合约是否标准化可以分为场内期权和场外期权；根据标的资产的性质，可以分为现货期权和期货期权；根据期权执行时间的不同可以分为欧式期权和美式期权；根据合约标的资产来划分，金融期权可分为股权期权、外汇期权、利率期权、互换期权及相应的期货期权等。

（一）股权期权及相应的期货期权交易

股权期权交易包括股票期权交易和股票指数期权交易，相应有股票期货期权交易和股指期货期权交易。

1. 股票期权和股指期权。股票期权是指以单一股票作为标的资产的期权合约，一般是美式期权。股票期权的每个合约中规定的交易数量是 100 股股票，即每个股票期权合约的买方有权利按特定的执行价格购买或出售 100 股股票，而无论是执行价格还是期权费都是针对 1 股股票给出的。由于股票本身通常是以 100 股为单位进行交易的，所以这一规定是非常方便的。

股票指数期权交易是指在约定期限按约定的价格买卖股票价格指数的权利。股指期权是发展最成功的金融期权，其中最著名的是在 CBOE 交易的 S&P100 和 S&P500 指数期权，前者为美式而后者为欧式期权，除此之外还有大量的针对不同行业和市场的指数期权。一般来说，每一份指数期权合约购买或出售的金额为特定指数执行价格的 100 倍。指数期权的最大特点在于其使用现金结算而非真实交割指数的证券组合，也就是说按照执行指数价格与执行日当天交易结束时的指数价格之差以现金进行结算。例如，假设 S&P100 看涨期权的执行价格为 280，如果在指数为 292 时履行期权合约，则看涨期权的卖方将支付买方 1 200 美元 [（292 － 280）×100]。显然，那些管理着复杂的投资组合的机构投资者会是指数期权最主要的交易者，通过现金结算，可以让这些机构投资者以最简单的方式为他们的投资组合进行套期保值。

2. 股指期货期权。大多数的期货合约都有相应的期货期权合约。期货合约的到期日通常紧随着相应的期货期权的到期日。期货期权的重要特点之一也在于其交割方式：期货期权的买方执行期权时，将从期权卖方处获得标的期货合约的相应头寸（多头或空头）。由于交割期货合约比交割标的资产本身往往更为方便和便宜，期货期权产生以后，受到市场的广泛欢迎，成为最主要的期权品种之一。

股票价格指数期权的标的物就是股票价格指数期货合约。通过股指期货期权交易，可以在预计股价指数期货上涨的情况下买入其看涨期权，在预计下跌时买入其看跌期权。也可以通过股价指数期货期权与在手的股价指数期货同时操作，达到保值的目的。例如，某投资者预计股市会上升，便购入 1 份 3 月期的股票价格指数期货合约，但同时购入 1 张看跌期权。如果股市上涨，便放弃期权，从期货方面获取盈利；如果股市下跌，他可利用看跌期权的盈利来弥补期货的损失。

（二）利率期权和利率期货期权交易

利率期权交易是指以各种利率相关资产（如各种债券）作为标的资产的期权，其中利率期货占了相当大的比重。事实上，在交易所内交易的最普遍的利率期权是长期国债期货期权、中期国债期货期权和欧洲美元期货期权，而大部分的利率期货期权合约的运作是与一般的期货期权合约相似的。

利率期权同样分为买入期权和卖出期权，由于利率金融商品的价格标示通常是以 100 为基数减去隐含的利率，所以利率资产价格上升表示利率下降，反之则表示利率上升。也即买入利率看涨期权可以防止利率下降所带来的损失，而买入利率看跌期权可以防止利率上升所带来的风险。由此形成了利率期权交易新的演变：封顶和保底利率期权。所谓封顶期权是指在某段时期内固定某种利率的最高限，从而确定利息成本上限，并定期将市场利率与协议利率比较进行交割。如果市场利率比约定利率高，那么期权出售者将把根据名义本金数量计算出的利率差额付给买入方。封顶期权可以看做一系列欧式卖出期权的组合。同理，保底期权是指通过固定利率最低限，保证购买方获得一个最低利率从而锁定投资收益。保底期权可以看做一系列欧式买入期权的组合。

（三）外汇期权交易

外汇期权，或者称为货币期权，是以各种货币为标的资产的期权，其中以外币作为标的物的称为外汇现货期权，以外汇期货合约作为标的物的称为外汇期货期权。现汇期权指的是，期权买入方在支付一定期权费，购买了某种现汇的期权后，有权决定在该期权到期日之前，是否以协定价格购入或出售一定数量的某种外汇现货。外汇期货期权的交易单位为一张相应的外汇期货合约，履约时一个看涨期权的购买者成为外汇期货合约的购买者，一个看跌期权的购买者成为外汇期货合约的出售者。

现汇期权和外汇期货期权的套期保值方法与外汇期货的套期保值方法类似，在将来需要外汇支出的情况下，保值者可以购买外币看涨期权或本币看跌期权；反之，在将来有外汇收入的情况下，可以购买外币看跌期权或者本币看涨期权。

（四）具有期权性质的金融衍生工具

1. 认股权证。认股权证又称股票认购授权证，这是公司给予股东的一种保证，即权证持有人在公司确定的有效期内，以公司确定的价格向公司认购一定数量股票的权利。持有人可以执行权利，或放弃权利，或将权证转让他人，其实质类似于买入期权。但首先，买入期权是投资者主动购买的权利，而认股权证是股份公司赠送的，属于公司的促销手段；其次，权证与期权在履约时会产生不同的后果，前者会使公司股票总量增加，而后者并不增加发行在外的公司股票总额。

2. 可转换债券。可转换债券简称可转债，是由发行公司发行并规定债券持有人在一定期间内依据约定条件可将其转换为发行公司股票的债券。从筹资者角度看，可转换债券具有债务和权益筹资的双重特性，属于一种混合证券。在国际市场上可转换债券十分流行，尤其受到亚洲企业的青睐。可转换债券的优点是有利于降低资本成本，筹集更多的资金，调整公司的资本结构；其缺点是将增加管理层的压力，以及面临回售风险等。

四、金融期权的损益

（一）看涨期权的盈亏分布

看涨期权买方（多头）的盈亏分布如图 11-1 左图所示。由于期权合约的买方与卖方的盈亏刚好相反，据此我们可以画出看涨期权卖方（空头）的盈亏分布如图 11-1 右图所示。

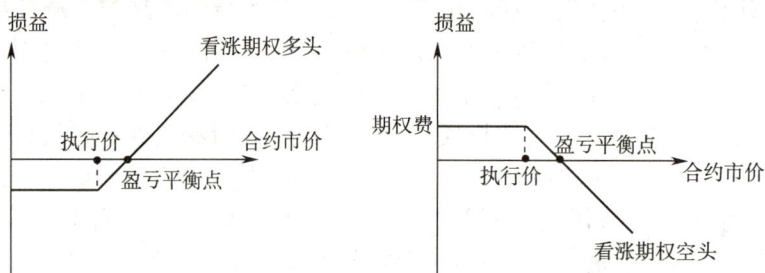

图 11-1　看涨期权多头与空头的损益图

当投资者预期某种标的资产的市价将上涨时，可以通过买进该标的资产的期权进行投资。从图中可以看出，期权到期时的价值（即回报）取决于标的资产市价与协议价格的差距。对于看涨期权多头而言，如果到期标的资产价格大于执行价格，就执行期权，但直到标的资产价格等于执行价格加上期权费（盈亏平衡点）时才能弥补期权费的损失，开始盈利，并且从理论上来说，其盈利可能是无限的；如果到期时标的资产价格小于执行价格，就不执行期权，此时他的损失是有限的，即已经支付的期权费。一般而言，当标的资产的市价上涨时，看涨期权的期权费也随之上涨，此时，看涨期权的购买者既可以通过交割获利，也可以通过转让期权合约获利，就投资收益率而言，通常后者所获收益更高。

而当投资者预期标的资产价格将下跌时他可以卖出看涨期权。当到期时标的资产的价格跌至执行价格以下时，由于期权买方将放弃期权，因此卖方的最大收益为期权费；即使市价高于执行价，但只要市价仍低于执行价与期权费之和，看涨期权的卖方仍有利可图。但是如果市价继续高涨，那么从理论上说，期权卖方的损失可能是无限的。因此，看涨期权的卖方的最大利润为收取的期权费，而其损失则随标的资产市价的涨幅而定。但从实际来看，看涨期权的卖方发生巨大亏损的概率比较小，而小幅获利的概率较大。

（二）看跌期权的损益

看跌期权的盈亏分布如图 11–2 所示。看跌期权多头对于是否要执行期权的决策点仍然是执行价，盈亏平衡点则是执行价与期权费的差。也就是说，当标的资产的市价跌至执行价格点时，执行看跌期权可以开始弥补初期的期权费支出；当标的资产的市价跌至盈亏平衡点以下时，看跌期权买方就可获利，价格越低，收益越大。由于标的资产价格最低为零，因此看跌期权多头最大盈利限度是执行价减去期权费。如果标的资产市价高于协议价格，看跌期权买方就会亏损，其最大亏损是期权费。看跌期权卖方的回报和盈亏状况则与买方刚好相反，即看跌期权卖方的盈利是有限的期权费，亏损也是有限的，最大亏损金额为执行价减去期权费。

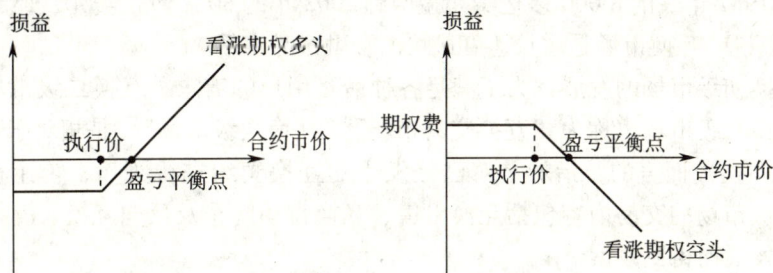

图 11–2 看跌期权多头与空头的损益图

从期权回报和盈亏分布的分析中我们可以看到，根据种类的不同和头寸位置的差异，期权具有多种回报和盈亏状态。因此，对不同的期权品种进行构造，就能形成众多具有不同回报和盈亏分布特征的投资组合。投资者可以根据各自对未来标的资产现货价格概率分布的预期，以及各自的风险收益偏好，选择最适合自己的期权组合，形成相应的交易策略。

由于期权盈亏头寸的多样性，再加上到期日、执行价格的变化，期权的组合策略可谓五花八门，种类繁多，最简单、常见的期权交易策略有标的资产与期权的组合、差价期权组合和差期期权组合等。

第五节 金融互换市场

一、金融互换市场概述

互换（swaps）是两个或两个以上当事人按照商定条件，直接或通过中介机构签订协议，约定在未来交换一系列现金流的合约。

互换交易市场上有两类广义的参与者：客户和中介机构。客户出于经济与财务方面的目的参与互换业务，以避免汇率或利率的敞口风险，中介机构从事互换交易主要是为了获取手续费。互换合约的金额都比较大，一般在 1 亿美元以上。

互换的特点主要在于它具有其他衍生产品所不可比拟的优越性。首先，互换的功能较多，具有降低融资成本、选择币种融资和规避中长期利率和汇率风险的作用，而这些作用是期货和期权合约不具备的；其次，互换为场外交易，具体互换条件可以商定，且期限从几个月到几十年不等，灵活性较大；再次，互换的风险比较小，由于它一般不涉及本金，信用风险仅限于息差；最后，使用互换进行套期保值可以省去使用期货、期权等产品时对头寸的日常管理工作，使用起来非常方便。

互换市场的起源可以追溯到 20 世纪 70 年代末，当时的货币交易商为了逃避英国的外汇管制而开发了货币互换。而 1981 年 IBM 与世界银行之间签署的利率互换协议则是世界上第一份利率互换协议。从那以后，互换市场发展迅速。利率互换和货币互换名义本金金额从 1987 年底的 8 000 多亿美元猛增到 2002 年的 80 多万亿美元，15 年增长了近100 倍。可以说，互换市场是增长速度最快的金融产品市场。

随着互换初级市场的发展，为了满足各种最终用户的需求，互换二级市场在实践中形成了。互换二级市场也称为"互换交易市场""互换次级市场"，是相对于互换的初级市场（融资互换）而言的，指的是对已经发生的互换契约进行买卖、转让和流通的市场。互换二级市场的交易内容包括互换出售、互换自动终止及反向互换。互换市场随着放款市场的发展而得到发展。

互换的原理是英国著名经济学家李嘉图提出的比较优势理论，而互换也是比较优势理论在金融领域最生动的运用。根据比较优势理论，只要满足以下两种条件，就可进行互换：一是双方对对方的资产或负债均有需求；二是双方在两种资产或负债上存在比较优势。上面两点将会在后面的实例中得到具体体现。

二、货币互换和利率互换

互换虽然历史较短，但品种创新却日新月异。除了传统的货币互换和利率互换外，一大批新的互换品种不断涌现，例如股票互换、商品互换，而最常见的仍然是货币互换和利率互换。下面我们主要介绍这两种互换。

（一）利率互换

利率互换（interest rate swaps）是指双方同意在未来的一定期限内，根据同种货币、同样的名义本金以不同利率计算的利息进行现金流的交换。

在利率互换中，初期或到期日都没有实际本金的交换，交易双方只是按照事先商定的本金交换利息的支付。在利率互换市场中，市场浮动利率是以伦敦银行同业拆借利率为基准的，参与交易的各方根据自己的情况在 Libor 上浮动作为自己的浮动利率。名义本金额通常是 5 000 000 美元的倍数，金额更大的交易也很常见。利率互换在一定时间内进行，利率互换标准期限从 1 年到 10 年不等，30 年与 50 年的交易也较常见。

许多因素促进了互换市场的巨大发展。平行贷款、背对背贷款、英国取消外汇管制都对互换市场的发展起到了一定的作用。尽管这些因素与事件十分重要，但互换市场快速发展最主要的驱动力量是各个借款人按不同利率筹资的能力，这种筹资和投资差异性，使商业银行与投资银行能够为客户创造节省借款成本的机会。

利率互换的几种类型有：

1. 息票互换。息票互换是指固定利率对浮动利率互换，这是利率互换最基本也最常见的交易方式。在息票互换中，一方向另一方支付一笔固定利率利息，同时收到对方支付的一笔浮动利率利息；而另一方相应地收到固定利率利息，支付浮动利率利息，双方不交换名义本金的现金流。从经济学的角度看，双方进行利率互换的主要原因是双方在固定利率和浮动利率市场上具有比较优势。

【例 1】假定 A、B 公司都想借入 5 年期的 1 000 万美元的借款，A 想借入与 6 个月期相关的浮动利率借款，B 想借入固定利率借款。但两家公司信用等级不同，故市场向它们提供的利率也不同，如表 11 - 4 所示。

表 11 - 4　　　　　　　市场提供给 A、B 两公司的借款利率

	固定利率	浮动利率
A 公司	10.00%	6 个月期 Libor + 0.30%
B 公司	11.20%	6 个月期 Libor + 1.00%

从表 11 - 4 可以看出，A 的借款利率均比 B 低，即 A 在两个市场都具有绝对优势。但在固定利率市场上，A 比 B 的绝对优势为 1.2%，而在浮动利率市场上，A 比 B 的绝对优势为 0.7%。这就是说，A 在固定利率市场上有比较优势，而 B 在浮动利率市场上有比较优势。这样，双方就可利用各自的比较优势为对方借款，然后互换，从而达到共同降低筹资成本的目的。即 A 以 10% 的固定利率借入 1 000 万美元，而 B 以 Libor + 1% 的浮动利率借入 1 000 万美元。由于本金相同，故双方不必交换本金，而只交换利息的现金流。即 A 向 B 支付浮动利息，B 向 A 支付固定利息。

这样，双方就可根据借款成本与实际筹资成本的差异计算各自向对方支付的现金流，即 A 向 B 支付按 Libor 计算的利息，B 向 A 支付按 9.95% 计算的利息。通过发挥各自的比较优势并互换，双方总的筹资成本降低了 0.5%［11.20% + Libor + 0.30% - 10.00% - （Libor + 1.00%）］。

在上述互换中，每隔6个月为利息支付日，因此互换协议的条款应规定每6个月一方向另一方支付固定利率与浮动利率的差额。假定某一支付日的 Libor 为 11.00%，则 A 应付给 B 5.25 万美元［即 1 000 万 ×0.5 ×（11.00% −9.95%）］。利率互换的流程图如图 11 −3 所示。

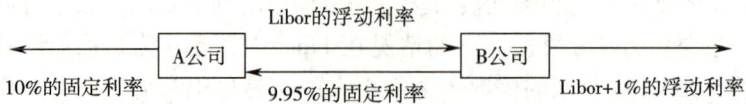

图 11 −3　利率互换流程图

由于利率互换只交换利息差额，因此信用风险很小。

2. 基础互换。基础互换是以某种利率为标的的浮动利率对浮动利率的互换，互换的利息支付额以两种不同的浮动利率指数进行核算，如 3 个月期美元伦敦银行同业拆借对美国商业票据利率进行互换。

3. 交叉货币互换。交叉货币互换是按不同货币以及不同的利率基础进行的互换，如美元浮动利率对日元固定利率的互换。

（二）货币互换

货币互换（currency swaps）是将一种货币的本金和利息与另一货币的等价本金和利息进行交换。实现交换的前提是，交易双方要拥有对方所需的币种、数额和期限。通过货币互换能够降低融资成本，预先锁定汇率和利率风险。货币互换的几种主要类型有：

1. 定息—定息货币互换。它是指两个参与者在交易期间，均按固定利率相互交换利息。固定利率货币互换的合同较为简单，在互换开始时，合同双方按即期汇率互换本金，并且决定两种货币本金在互换期间利息交换的利率，以及将来到期日重新将本金交换回来的汇率。接下来便是一系列的利息交换，在到期日，本金额按照事先决定的汇率互换回来。

2. 定息—浮息货币互换。它是指在货币互换过程中，互换的一方承担按固定利率支付利息的义务，与此同时，其交易对手方承担按浮动利率支付利息的义务。

3. 浮息—浮息货币互换。其过程与前面两种货币互换相仿，只是双方承担的都是按浮动利率支付利息的义务。这一互换形式所产生的背景是国际经济金融一体化的加强以及汇率、利率风险的增大，各国银行、投资公司及跨国企业为了消除汇率和利率变动的风险，发挥各自融资的比较优势而衍生出的货币互换种类。

货币互换的主要原因是双方在各自国家中的金融市场上具有比较优势，它与利率互换的区别在于开始时需要将本金互换，最后又要将本金交换回来。由于货币互换涉及本金互换，因此当汇率变动很大时，双方就将面临一定的信用风险。当然这种风险仍比单纯的贷款风险小得多。

三、金融互换的功能

1. 规避利率和汇率风险。金融互换之所以产生的最主要原因就是为了满足人们规避风险和保值的需求。通过金融互换，投资者可以将难以管理或不愿意承担的风险转移给愿意承担风险并以此获取高额利润的人，这对投资者尤其重要。

2. 降低融资成本。通过互换，筹资者可以发挥各自的优势，同时降低筹资成本。例如可以选择利率低的币种作为筹资的对象，然后在外汇市场上兑换成实际需要使用的币种，再利用货币互换在合适的时间换回需要还款的币种。

3. 加强资产负债管理。互换技术出现以后，企业对于市场汇率和利率的变化有了更强的应变能力，从而可以更有效地管理资产负债，以降低风险。比如，运用货币互换可以优化资产与负债的货币结构；运用利率互换可以使存款机构将资产或负债的现金流量特征从以固定利率为基础转变为以浮动利率为基础或相反。通过这种资产互换或者负债互换，可以优化资产与负债的货币与期限结构，转移和防范中长期利率和汇率风险，实现资产负债的最佳匹配。此外，互换作为表外业务，可以在不增加负债的情况下获取利润，扩充资本，起到提高资本充足率的作用。

4. 规避外汇、利率管制。由于互换多是在场外交易，对于实行外汇管制的国家，货币互换可以逃避管制的壁垒，使资本的国际流动变得方便，从而间接地自由进入国内外金融市场。

【本章小结】

1. 金融市场中的衍生工具是指其价值依附于某个更基础的标的资产价格及价格指数的一种金融合约。其主要特征：一是价值依附于一个标的资产，二是具有财务杠杆作用。

2. 金融衍生工具市场的参与者包括套期保值者、投机者和套利者。金融衍生工具市场可以分为远期市场、期货市场、期权市场和互换市场四大类，其功能包括完善市场以及进行风险管理等。

3. 金融远期合约是指双方约定在未来某一个确定的时间，按照某一确定的价格买卖一定数量的某种金融资产的协议，是非标准化的合约。金融远期主要包括远期外汇协议和远期利率协议。

4. 金融期货市场是专门进行金融期货合约交易的场所。金融期货市场由交易所、清算所、经纪公司和投资者构成，其交易制度包括标准化的合约、保证金和每日清算制、期货头寸了结等。

5. 金融期货具有风险管理和价格发现功能，它可以分为三大类：外汇期货、利率期货和股票指数期货（包括股票期货）。

6. 金融期权是指赋予其购买方在规定期限内按买卖双方约定的价格购买或出售一定数量某种金融资产的权利的合约。金融期权可以分为股票期权、利率期权、外汇期权和具有期权性质的其他工具。

7. 金融期权可以分为看涨期权和看跌期权，又根据期权的购买和出售方，可以得到金融期权的四种基本的交易策略。

8. 金融互换是两个或两个以上当事人按照商定条件，直接或通过中介机构签订协议，约定在未来交换一系列现金流的合约。

9. 金融互换分为货币互换和利率互换。

【本章重要概念】

金融衍生工具　远期利率协议　金融期货　盯市　外汇期货　利率期货　股指期货　金融期权　看涨期权　看跌期权　期权费　利率封顶期权　金融互换　货币互换　利率互换

【思考题】

1. 简述金融衍生工具的特点。

2. 金融衍生工具包括哪些种类？具有哪些功能？

3. 什么是远期利率协议？它有什么优点和缺点？

4. 什么是金融期货？金融期货市场由哪几部分构成？

5. 某日，纽约证券交易所股票价格指数期货 3 个月期价格为 405 点，6 个月期价格为 415 点，某投资者买入 1 份 3 个月期的合约，同时卖出 1 份 6 个月期的合约（500 美元/份）。几日后，3 个月期和 6 个月期的价格分别变为 412 点和 411 点，这时该投资者卖出 1 份 3 个月期合约，同时买入 1 份 6 个月期合约。试计算该投资者交易完成之后的损益状况。

6. 与金融期货相比，金融期权有何优势？目前，国内许多公司都采用期权的方式决定其高管人员的奖金收入，请解释其原理。

7. 什么是看涨期权和看跌期权？请简述买进和卖出这两种期权时的投资策略。

8. 什么是金融互换？它有何优点？

9. 举例说明货币互换和利率互换的交易过程。

【本章参考书】

1. 路透金融培训系列：《金融衍生工具导论》，中文版，北京，北京大学出版社，2001。

2. 杜金富等：《金融市场学》，第三版，大连，东北财经大学出版社，2010。

3. 王益：《资本市场》，北京，经济科学出版社，2002。

4. 弗兰克·J. 法伯兹等：《金融市场与机构通论》，中文版，大连，东北财经大学出版社，2000。

第十二章

资产证券化

与传统的依靠企业自身信用进行融资的方式不同，资产证券化依靠资产的未来收益进行融资，是一种发展迅速、产品丰富的融资方式。本章从阐述资产证券化的基本范畴出发，描述资产证券化的运作方式，包括适应证券化的资产特征，以及证券化市场的参与者及其技术环节，并简要介绍两类主要的资产证券化品种——住宅抵押贷款证券和金融资产担保证券。

第一节　资产证券化概述

这一节主要介绍资产证券化的概念、资产证券化的产生和发展、资产证券化的特点、资产证券化的动因，以及中国资产证券化现状等内容，以期对资产证券化有个概括了解。

一、资产证券化概念

资产证券化是在资本市场上进行直接融资的一种方式。金融机构或其他企业单位凭借其持有的缺乏流动性但又能够产生可预见的、稳定的现金收益的资产为担保，通过对其风险与收益进行重组安排，发行可以在金融市场上销售和流通的有价证券，并以此向证券投资人筹集资金。简而言之，资产证券化就是创立有资产担保的证券的过程。

资产证券化的实质是出售未来可获取的现金流从而获取融资，其核心在于对资产的风险与收益要素进行分离与重组，使其定价和资源配置更为有效，从而使各参与方均能受益。一般而言，单个资产的未来现金流是不确定的，其可能完全按时偿还或完全提前偿付，也可能出现不发生任何现金流的极端情况。但对于一组资产而言，尽管整个组合在很大程度上依赖于组合中每一资产现金流的特性，但由于大数定律的作用，整个组合的现金流却呈现出一定的规律性，这就可以基于历史数据对整个资产组合的平均现金流进行可信的预测。因此，将贷款或应收账款等资产转换为可转让证券工具就成为可能，如将批量贷款进行证券化销售，或者将小额、非市场化且信用质量各异的资产重新组合为新的流动性债务证券。

二、资产证券化的产生与发展

资产证券化起源于美国 20 世纪 70 年代末的住房抵押证券。当时,第二次世界大战之后的婴儿潮产生了庞大的购房资金需求,但美国住房金融制度受到联邦法律的严格限制,只能由地区性储蓄和信贷协会等储蓄机构依靠所在地区居民储蓄存款向个人提供住房抵押贷款,这种政策不仅制约了住房金融业务的发展,而且产生了很大的信用风险,严重影响了储蓄协会的经营。为了获取新的资金来源,转嫁利率风险,美国三大按揭贷款公司,即政府国民抵押协会(Government National Mortgage Association,GNMA)、联邦国民抵押协会(Federal National Mortgage Association,FNMA)和联邦住房贷款抵押公司(Federal Home Loan Mortgage Corporation,FHLMC)[①],以及其他从事住房抵押贷款的金融机构,纷纷将其持有的住房抵押贷款按期限、利率等进行组合,以此作为抵押或担保,发行抵押贷款证券(mortgage backed securities,MBS),实现了住房抵押贷款的证券化。住房抵押贷款证券化一经问世即获得迅速发展。到了 90 年代,美国每年 60% 以上的住房抵押贷款靠发行 MBS 来提供。

在住房抵押贷款证券化之后,证券化技术被广泛地运用于抵押债权以外的非抵押债权资产。在美国,汽车贷款是仅次于住房抵押贷款的第二大金融资产,汽车贷款也是继住房抵押贷款之后首先被证券化的非抵押债权资产。在证券化之前,美国汽车贷款的资金几乎完全由商业银行等金融机构提供,而现在约 80% 的汽车贷款依靠发行资产担保证券(asset backed securities,ABS)来提供。目前,资产证券化已遍及租金、版权专利费、信用卡应收账、汽车贷款、不良贷款、贸易应收款、公路收费、消费品分期付款等广泛的领域。资产证券化市场已成为美国仅次于联邦政府债券的第二大市场,是美国资本市场上最重要的融资工具之一。

20 世纪 80 年代以后,由于世界金融与商业活动的快速成长与全球化发展,资金的需求亦飞快增长,资产证券化在国际金融市场上蓬勃发展。欧洲各国也开始从事证券化的推动,其中以法律体系与美国相近的英国发展最快。在亚洲,以日本的资产证券化发展最为迅捷。1997 年的东南亚金融危机严重削弱了区内企业的融资能力,促使它们转向证券化融资。90 年代以后,各国商业银行为了根据巴塞尔协议的要求提高资本充足率,大量出售贷款等金融资产,成为资产证券化发展的最大推动力。

2008 年美国次贷危机之后,美国政府加强了金融监管力度,以高风险贷款为基础资产的证券化产品大幅减少,资产证券化产品余额和发行量持续下降。据美国证券业与金融市场协会(SIFMA)统计,美国资产证券化产品余额由 2007 年末的 2.95 万亿美元降至 2011 年末的 1.82 万亿美元,占债券市场的比重由 2007 年的 9.2% 降至 2011 年的5.0%。发行量更是急剧衰减,由 2006 年最高的 7 539 亿美元减至 2011 年的 1 248 亿美元。其中,住房权益类证券化产品下降最快,2011 年家庭房产抵押产品仅发行 22 亿美

---

① FNMA 成立于 1938 年,FHLMC 成立于 1970 年,为纽约股票交易所上市公司。GNMA 设立于 1968 年,为联邦机构。

元（2006年最高为4 839亿美元），占比由2007年的42.5%降至1.8%；以汽车贷款为基础资产的产品发行额明显反弹，2011年发行额为681亿美元，占全部产品发行额的54.6%，比2007年占比提高30.1个百分点。

三、资产证券化的特点

与股票、债券和银行贷款等传统的融资方式相比，资产证券化具有如下鲜明特点：

1. 资产证券化是资产预期收入导向型融资方式。传统融资方式凭借资金需求者本身的信用水平来融资，资金供给者是否向资金需求者提供资金或贷款，主要依据的是资金需求者整体的资产负债、利润和现金流量情况，对于该资金需求者的某类特定资产的质量关注较少。在对资金需求者发放抵押贷款时，资金的供给者才可能会更多地关注抵押资产的情况，但是此时它关注的只是资产本身的控制和处置权属，资产抵押只是对资金需求者信用水平的补充。而资产证券化则是凭借原始权益人部分资产的未来收益能力来融资，此时资产池（asset pool，即资产组合）本身的偿付能力与原始权益人的信用水平比较彻底地分离开了。资金的供给者在决定是否提供资金（即购买资产担保证券）时，主要依据的是资产池中的资产质量、未来现金流的可靠性和稳定性，以及交易结构的严谨性和有效性，原始权益人本身的信用水平则被置于相对次要的地位。

2. 资产证券化是资产融资而非产权融资。正是由于上述特点，资产证券化的信用基础是一组特定资产，而非发行人的整个资产，而贷款、企业债券、股票等融资方式都是以发行人的全部资产和信用为支持的。因此，资产证券的持有人对于发行人只有有限追索权甚至没有追索权。

3. 资产证券化是结构性融资（structured financing）方式。资产证券化通过建立一种严谨、有效的交易结构，把资产出售者的部分资产真实出售（true sale）给特设目的的机构，形成了一个"破产隔离"（bankruptcy remoteness）实体，把资产池中的资产偿付能力与原始权益人的资信能力分割开来，从而保证一旦原始权益人发生破产，资产池中的资产不被纳入破产清算资产之列。这种资产真实出售或破产隔离使得投资者更加关注偿付ABS的担保资产（或资产池）本身的质量，而不是发起人的信用。

这种结构性融资出售的是资产预期收入，并不构成负债，使原始权益人获得了所需的资金而并未提高负债率；确保融资活动能够充分享受政府提供的税收优惠；使原始权益人能够通过信用增强机制提高信用级别，改善资产担保证券的发行条件，吸引投资者。

4. 资产证券化是表外融资方式。根据1997年1月生效的美国财务会计准则第125号《转让和经营金融资产及债务清理的会计处理》的规定，鉴于被证券化的资产已经以真实出售的方式过户给特设目的机构，原始权益人也已放弃对这些资产的控制权，允许原始权益人将证券化资产从其资产负债表中剔除并确认收益或损失，这就从法律上确认了以表外方式处理资产证券化交易的原则。

5. 资产证券化是低成本融资方式。传统融资方式中的资金需求者，必须依赖本身的信用向投资人吸收资金，所以借款人本身的信用评级，决定了其获取资金成本的高低。

但经过资产证券化后，由于一般都需要对拟证券化资产进行集合和打包，并辅之以适当的信用增强措施，可以使该证券取得比发起人本身更高的信用评级，从而较大幅度地降低原始权益人（发起人）的融资成本。另外，虽然资产证券化过程不可避免地要支付诸如托管费用、服务费用、承销费用及律师费用等许多费用，但这些交易费用与交易总额的比率很低。

正是由于资产证券化具有以上区别于企业发行股票、债券等传统融资手段不同的特征，其运作机理、融资结构、担保方式等遵循其自身的特殊规律，是一种新的融资方式，其产生和发展是对融资技术与理论的创新。

四、资产证券化动因

对于整体社会而言，资产证券化衍生出来的金融商品提升了金融市场中不同产品之间的竞争，促使借款人的资金使用成本更准确地反映其机会成本，提高资金使用效率。同时，由于资产证券化产品面向全国甚至国外销售，资金来源广泛，使社会上的有限资金能找到更为有效的投资渠道，优化了全社会的资源配置。另外，证券化也使整个经济体系的分工更精细，社会运行更有效率。例如，握有庞大资金、想要投资于不动产抵押贷款的保险公司或退休基金，就不需要自己承做不动产贷款，只需向专门从事抵押贷款的银行收购贷款。除了这些社会效益以外，资产证券化过程能为各参与者带来的益处更是推动资产证券化发展的直接动力。

1. 从发起人（原债券资产持有人）的角度。证券化机制的建立丰富了发起人的资金来源渠道，降低了资金成本，且由于发起人在出售资产后通常仍保有收付款服务的权利，仍会有稳定的服务费收入。除此之外，资产证券化能提升发起人资产负债管理能力，达到资产负债表外化的目的。一般而言，银行以短期的负债融通长期的资产，很容易造成流动性的不足，且长期贷款资产多为固定利率，而短期资金利率变动更为频繁，多为浮动利率资金，一旦短期利率相对于长期利率升高时，银行将承受利率风险。如果银行可以将债权证券化，并在二级市场中出售流通，既减轻银行对流动性不足的担心，又降低了利率变动的风险，自身的资产负债管理能力也得到了提升。同时，从会计的角度看，证券化使表内资产"表外化"后（off - balance - sheet），金融机构风险性资产比例下降，风险性资本准备相应减少，原有资本可以产生更高的收益，资产收益率提升。

2. 从投资人的角度。由于不动产抵押贷款证券所提供的长期投资渠道具有评级优良且回报稳定的特点，因此购买资产担保证券的投资人主要是拥有长期资金来源的机构投资者，如人寿保险公司与退休基金。此外，在担保住宅抵押贷款凭证问世之后所衍生出来的一些短期浮动利率产品，也为一些拥有短期资金剩余者所喜爱。因此，对多数投资人而言，资产证券化可以提供风险与收益特性多样化的金融商品，不但可供投资人选为长、短期资产组合，使理财渠道更为丰富、金融商品更为充实，而且机构投资人可充分利用这些产品，增加其分散风险、追求高收益率的能力。

3. 从借款人的角度。不论是住宅抵押贷款、汽车贷款，还是信用卡的借款人，都希望能够获得充裕而利率较低的贷款，以维持其消费理财的需要，资产证券化正是解决资金来源不足的最好方法。资产证券化之后，贷款银行可以将其债权出售换取现金，并以新取得的现金从事新的贷款，扩张商业性银行的贷款能力。金融机构利用证券化的过程可以开发出新的贷款方式，有利于借款人依其个人财务状况作出抉择。

4. 从投资银行的角度。证券化的过程包含产品的设计、评价、承销以及二级市场交易，持续稳定的资产证券化，代表可观的服务费收入。在资产证券化的制度中，蕴藏着庞大的金融创新机会代表了市场扩张的可能性及高获利性，为投资银行提供了一个庞大的商业机会。

5. 从金融管理当局的角度。资产证券化制度可以提高金融机构的流动性，降低金融机构流动性危机。同时，一个证券化产品在投资人取得之前，受到债权保险、发行承销和信用评级等不同机构的重重评估与风险确认，这些机构还在此过程中分别承担部分风险，这些市场机制所产生的自发监督力量必然能提升金融机构的债权品质，改善整体金融机构质量，减轻金融管理机构的监管压力。

凡事有利有弊，也必须看到，资产证券化的过度繁荣可能导致其产品结构的复杂化，增加投资者对产品风险评估的识别难度，容易积累较多的信贷泡沫，特别是在从紧的货币政策时期，可能导致货币政策实质性的放松，从而削弱货币政策预期效应。

五、资产证券化在中国

在中国，经济的高速发展奠定了资产证券化的市场基础。1996 年 8 月珠海高速公路有限公司以其管理费和过路费收入作为支持，在美国发行了总额为 2 亿美元的债券，成为中国企业基础设施收费证券化的成功尝试。在贸易服务应收款证券化方面，1997 年中国远洋运输公司（COSCO）通过私募形式在美国发行了总额为 3 亿美元的以其北美航运应收款为支撑的浮动利率票据。

2004 年《国务院关于推进资本市场改革开放和稳定发展的若干意见》提出"积极探索并开发资产证券化品种"，政策层面的放开推动证券化法制和实践操作的实质性进展。2005 年 3 月 21 日，经国务院批准，中国人民银行、中国银行业监督管理委员会（简称中国银监会）等有关部门成立了信贷资产证券化试点工作协调小组，着手制定相关政策法规，信贷资产证券化试点工作正式启动。2005 年 4 月 20 日，中国人民银行和中国银监会发布《信贷资产证券化试点管理办法》，这是信贷资产证券化领域第一部全面的规章制度，是制定其他配套政策的基础。其后，建设部、财政部等相关部门陆续发布了相关的政策法规，为国内开展资产证券化业务构建了必要的法律框架。

2005 年 12 月，中国建设银行和国家开发银行分别开发了国内首只 MBS 和 ABS——"建元 2005 - 1 个人住房抵押贷款证券化信托"和"2005 年第一期开元信贷资产支持证券"。2007 年，招商银行等股份制银行参与第二批资产证券化试点，试点额度为 600 亿元。截至 2008 年底，中国共有 11 家境内金融机构[①]先后试点成功发行 19 单累计 667.85

① 分别为国家开发银行、中国工商银行、中国建设银行、浦发银行、招商银行、中信银行、兴业银行、浙商银行、东方资产管理公司、信达资产管理公司、上汽通用汽车金融有限责任公司。

亿元信贷资产支持证券，试点资产池基础资产的种类涵盖普通中长期贷款、个人住房抵押贷款、汽车抵押贷款①、中小企业贷款②和不良贷款③五大类。这些信贷资产抵押证券均在银行间债券市场发行和交易，目前为止还未出现违约情况。

表 12 - 1　　　　2005 年以来中国主要信贷资产证券化相关立法与规范性文件

发布时间	发布机构	名称
2005 - 04 - 20	中国人民银行、中国银监会	《信贷资产证券化试点管理办法》
2005 - 04 - 27	中国人民银行	《全国银行间债券市场金融债券发行管理办法》
2005 - 05 - 16	建设部	《关于个人住房抵押贷款证券化涉及的抵押权变更登记有关问题的试行通知》
2005 - 05 - 16	财政部	《信贷资产证券化试点会计处理规定》
2005 - 06 - 13	中国人民银行	《资产支持证券信息披露规则》
2005 - 06 - 15	中国人民银行	《关于就资产支持证券在银行间债券市场的登记、托管、交易和结算等有关事项的公告》
2005 - 08 - 01	全国银行间同业拆借中心	《资产支持证券交易操作规则》
2005 - 08 - 15	中央国债登记结算有限责任公司	《资产支持证券发行登记与托管结算业务操作规则》
2005 - 08 - 25	财政部	《金融工具确认和计量暂行规定（试行）》
2005 - 11 - 07	中国银监会	《金融机构信贷资产证券化试点监督管理办法》
2006 - 02 - 20	财政部、国家税务总局	《关于信贷资产证券化有关税收政策问题的通知》
2006 - 04 - 04	中国人民银行	《中国人民银行信用评级管理指导意见》
2009 - 12 - 23	中国银监会	《商业银行资产证券化风险暴露监管资本计量指引》

2008 年美国次贷危机暴露出资产证券化等金融衍生产品风险识别困难、杠杆效应过大等问题。出于审慎原则，国内资产证券化试点进程暂缓进行。但从国内情形看，我国银行业打包出去的大部分是优质资产，而不是高风险资产，已发行的资产证券化产品与国外有着本质上的区别。2012 年 5 月，中国人民银行、中国银监会、财政部联合下发《关于进一步扩大信贷资产证券化试点有关事项的通知》，停滞三年的信贷资产证券化正式重启，首期信贷资产证券化额度为 500 亿元，重启试点将有两大方向，一是扩大试点金融机构范围，二是扩大试点资产范围。监管机构有意将资产证券化范围扩大至中小企业信贷、涉农信贷、信用卡和地方融资平台等领域。

除信贷资产证券化外，一些国内企业也开展资产证券化试点工作。发行企业资产证券化产品具有快捷的特点，其融资成本也显著低于企业债和银行贷款，其产品主要是在交易所发行和交易。

---

① 由上汽通用汽车金融有限责任公司试点发行。
② 由浙商银行试点发行。
③ 由中国信达资产管理公司、东方资产管理公司和建设银行共试点发行 4 单。

【专栏 12 –1】

金融危机后中国资产证券化重启

2012 年，中国信贷资产证券化重启，并推出适用于非金融企业的资产支持票据。在银行间市场发行的 2012 年第一期开元信贷资产证券化信托资产支持证券是资产证券化重启后的首单业务。此债券划分为优先 A 档、优先 B 档、次级档证券三个层次，国开证券担任牵头主承销商，国泰君安证券为联席主承销商，采用中信和中债双评级。国家开发银行持有本期资产支持证券发行规模 5% 的次级档证券，自主承担大部分信用风险。资产支持票据方面，有代表性的是上海浦东路桥建设股份有限公司发行的以 BT 建设合同应收债权作为支持资产的票据。该项目通过对支持资产设定资金监管、应收账款质押和账户质押等一系列风险控制手段，确保资产对票据偿债支持的有效性，并通过资产支持有效实现了债项增级（见表 12 –2）。

表 12 –2　　　　　资产证券化重启后发行的代表性资产证券化产品

产品类别	产品名称	产品细类	委托人	发行人	实际发行总额（亿元）	期限（年）	息票利率（%）	债券评级
信贷资产证券化	2012 年第一期开元信贷资产证券化信托资产支持证券	优先 A –1	国家开发银行	中信信托投资有限责任公司	13. 3	5. 34	4. 1	AAA
		优先 A –2			15. 5	5. 34	4. 4	AAA
		优先 A –3			22. 8	5. 34	4. 53	AAA
		优先 A –4			29. 08	5. 34	4. 7	AAA
		优先 B			12	5. 34	5. 68	AA
		次级档			8. 9844	5. 34	—	未评级
资产支持票据	上海浦东路桥建设股份有限公司 2012 年度第一期资产支持票据	一年期	—	上海浦东路桥建设股份有限公司	1. 8	1	4. 88	未公开
		二年期			2	2	5. 25	未公开
		三年期			1. 2	3	5. 35	未公开

资料来源：各资产证券化产品发行公告。

重启后的资产证券化作出了"双评级"和"风险自留"的审慎性规定："双评级"指信贷资产证券化和发行资产支持票据均需引入两家合格评级机构参与评级；"风险自留"指信贷资产证券化发起机构持有的最低档次资产支持证券的比例不得低于总发行规模的 5%，防控发起机构的道德风险。

中国资产证券化的发展具有发起主体逐渐多元化、基础资产多样化、投资人类型更加丰富的特征。推动资产证券化可以盘活银行的存量信贷资产、提升金融市场的深度和广度并有助于推动利率市场化进程。

第二节 资产证券化的机制与结构

在了解资产证券化的概念和特点后，我们就要讨论资产证券化的操作，即哪些资产适合于证券化、资产证券化的交易者有哪些、资产证券化有哪些品种等。

一、适合资产证券化的金融资产特征

理论上讲，可被证券化的资产种类广泛，凡有可预见有收入支撑和持续现金流量的资产，经过适当的结构重组均可进行证券化。但从现实的操作看，一项资产是否适合于证券化，主要取决于证券成本与收益的关系。只有收益大于成本的资产，发起人才有动机对其进行证券化。在证券化初期，证券化资产的品种主要集中于信用特征简单、还款条件明确、期限相对较长的住房抵押贷款。而且这类资产证券化时评估费用较低，发行担保费用也较低，因此成本较低，较易于被证券化。随着资产证券化技术的不断成熟，证券化资产的种类局限也不断被突破，即使那些还款资金流量不易确定、期限较短的资产，如贸易应收款、工商贷款等也被纳入证券化范围。

一般而言，具有下列特征的金融资产比较容易实现证券化：（1）能在未来产生稳定的、可预测的现金流收入。（2）现金流的期限结构清晰，条件易于把握。（3）保持一定时期的低违约率、低损失率的历史记录。（4）本息的偿还分摊于整个资产的存续期内。（5）原始权益人已持有该资产一段时间，且资产达到一定的信用标准。（6）金融资产具有标准化、高质量的合同条款，即资产具有很高的同质性。（7）金融资产的抵押物有较高的变现价值或其对于债务人的效用很高。（8）金融资产的债务人有广泛的地域和人口统计分布。

符合以上特征的主要证券化基础资产品种有以下几类：

（1）消费信贷类。包括居民住宅抵押贷款、汽车销售贷款、信用卡应收款、各种个人消费信贷。

（2）商业抵押贷款类。包括商业房地产抵押贷款、贸易应收款、各类工商企业贷款。

（3）租赁应收款类。包括计算机租赁、办公设备租赁、汽车租赁、飞机租赁。

（4）其他未来有稳定现金流的资产类。包括人寿保单、公用事业费收入、航空公司机票收入、公园门票收入、俱乐部会费收入、债券收入（包括高收益/垃圾债券组合）等。

相反，那些现金流不稳定、同质性低、本金到期一次偿付，付款时间不确定或付款间隔期过长，债务人有修改合同条款的权利且信用质量较差、很难获得相关统计数据的资产一般不宜于被直接证券化。因此，诸如苹果或微软等公司的营运，虽然能产生可观的现金流，但对其现金流的预测相当不容易，只能以股票来表示其资产的价值。

二、资产证券化的交易结构和参加者

资产证券化的基本结构可简述为：（1）原始权益人确定资产证券化目标，组成资产池；（2）组建一个特设目的机构（Special Purpose Vehicle，SPV）；（3）原始权益人向SPV销售或转让应收账；（4）对拟证券化资产进行信用增强和信用评级；（5）由证券承销机构在资本市场发行证券，向投资者募集资金，并用于项目建设；（6）SPV将项目资产所产生的现金流用以清偿投资者的本息；（7）发行后的服务。

图12-1勾画出了资产证券化过程中的几类重要参与机构，其在资产证券化融资结构中承担的角色如下：

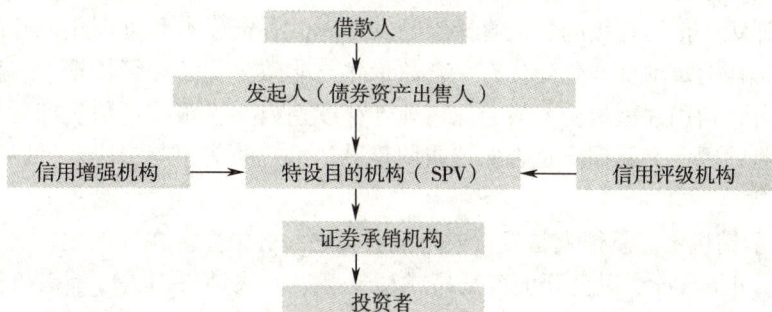

图12-1 资产证券化的基本架构示意图

1. 借款人。借款人向承贷机构举债，形成债券。此后，借款人依合约按时缴纳本金与利息，成为证券化债券的现金流来源。

2. 发起人（服务机构）。发起人（originator）是资产证券化原始资产的权益人，一般由商业银行、储蓄机构、保险公司、财务公司、租赁公司等承担，其职能是确定可证券化的资产，将它作为资产担保类证券的担保品，在真实出售的条件下出让给特设目的机构，获得现金收入。发起人移转资产后，资产即从发起人的资产负债表中移出。

一旦一项金融资产被证券化创立后，发起人常常会成为发行后的服务机构（servicer），继续协助证券化的具体运作，包括向借款人收取到期本金和利息，以支付投资人应得回报；向投资人或社会公告相关资产的业绩数据；在借款人违约时，负责追收逾期债务，处理违约事宜。除了发起人自己担任服务人以外，发起人的附属公司或专业的金融机构也可担任服务人。

3. 特设目的机构（发行人）。特设目的机构代表所有投资人承接债权出售者自资产负债表中移出的资产（债权），通过承销商在资本市场上向投资者发行证券化的受益凭证或证券，用发行所得的现金收入支付资产购买价款，是证券化财务架构的核心。特设目的机构是专门为发行资产担保证券而组建的，业务单一，是一个存在于文件上的法律个体（legal entity），不易破产，实际上可能并无人手来担负证券化的行政工作。由此，

SPV 也担负着隔绝资产出售人与被售资产的关系，并依据各国不同的税法规定，争取合理的会计与税负待遇的功能。特设目的机构的组织形式不一，可为信托、公司或其他形式，视其税法上的避税性而定。其中，尤以信托方式最为普遍，故特设目的机构也常以特设目的信托（special purpose trust，SPT）称呼。

4. 信用增强机构。证券化的主要产品是信用评级优良的债券。为了使债券信用评级优良，大多数资产担保类证券都要经过信用增强（credit enhancement）控制信用风险，优化证券发行的财务结构，以达到发行证券所需的信用水平，提高资产定价和上市能力。信用增强由发行人或者第三方提供，有时候一种资产担保证券的发行有几种信用增强方式来支持。因此，在资产证券化交易结构中必然出现信用增强机构。

5. 信用评级机构。发起人一般都会被法律要求利用信用评级机构对其发行的拟证券化资产进行评级。信用评级的高低直接影响发行人的筹资成本和资产化证券的市场需求前景。评级机构对每项证券化工作有一套数量化与非数量化的评级依据。一种资产担保证券一旦发行，信用评级机构一般会在该证券存续期内一直跟踪评估资产运作业绩，及时发现新的风险因素，并作出是否保持或调整最初给定的信用等级决定，以维护投资者的利益。

6. 证券承销机构。承销人是发行人与投资者之间的中介。在证券发行后，必须交由承销机构（underwriter）以公开上市交易或私下募集方式销售出去，承销机构依据其经验与专业知识分析市场状况，并提供定价的咨询服务。承销人中很重要的一类就是投资银行。投资银行与发行人共同策划、组织，以确保发行过程符合法律、法规、会计、税收等方面的要求，为证券的发行进行有效的促销，确保资产担保类证券发行成功。

7. 投资者。投资者是证券化资产的最终购买者，包括银行、保险公司、养老金、其他的投资基金、公司以及零星的个人投资者。投资者在资产担保证券到期之前，委托服务商根据交易契约约定，向原始权益人收取由证券化资产所产生的现金收入流。

由于证券化交易的复杂性，在整个资产证券化过程中，还涉及许多专业服务机构参与交易活动，主要包括财务顾问、交易安排人、金融担保公司、承销商、会计师事务所和律师事务所等。

三、资产证券化的基本品种

鉴于可证券化资产的广泛性，资产证券化品种繁多，可按不同的标准进行分类。

1. 根据证券化标的资产（基础资产）的不同，资产证券化可分为抵押贷款担保证券（mortgage backed securities，MBS）和资产担保证券① （asset backed securities，ABS）两大类。其区别在于前者的基础资产是住房抵押贷款，而后者的基础资产则是除住房抵押贷款以外的其他资产，资产证券化标的资产包括信用卡贷款、汽车贷款、商业不动产抵押贷款、贸易应收款、基础设施收费、消费品分期付款、商业银行不良贷款、公司应

---

① 从更广泛的意义上讲，ABS 也可以包括发行期限较短（一般不超过270天）、需要循环运作的资产担保商业票据（asset backed commercial paper）。

收款等。

（1）住宅抵押贷款的证券化。住宅抵押贷款是资产证券化中最基本的一种。由于单个住房抵押贷款金额接近，总量规模大，容易组合，且违约率相当低，对其进行证券化的成本较低。

（2）汽车贷款的证券化。由于汽车贷款属于非抵押性债权资产，汽车贷款的证券化属于资产担保证券。汽车贷款具有被证券化的条件，主要是因为汽车贷款还本付息的期限较短，能够吸引短期投资者，又便于按照借方、贷方和地域界限等标准进行划分与组合，还本付息也有很强的可预测性。

（3）应收账款的证券化。应收账款一般没有利息收入，期限短，划分组合比较困难；同时，应收账款的债权人和债务人一般也有长期的买卖关系，不愿轻易出售应收账款，以免损害债务人的利益。因此，应收账款的证券化有一定难度，一般由专门的中介机构进行运作。

（4）信用卡贷款的证券化。信用卡债权证券化的问世把证券化的技术往前推出一大步。信用卡债权的现金流量取决于刷卡额和还款额，不确定性相当高，必须购买新的债权或由现有持卡人的刷卡才能使债权与现金流量不断地产生，这种循环型债权的处理技术远较汽车贷款等还本型债权复杂。

2. 按照证券化所使用的运作架构不同，资产证券化可分为转付证券（pass‑through securities）以及支付证券（pay‑through securities）两大类。这两种类型证券的主要差别在于证券发行的形式与现金流量的特性不同。

在转付证券架构中，仅发行单一组合证券，而且该证券的投资人拥有对证券化资产组合（或其未来产生的现金流）的所有权。由于 SPV 只是将债权所收到的现金流在扣除服务费后转付给投资人，因此，在转付证券架构下，所发行证券的现金流形式与其所表示的资产组合的现金流形式是完全相同的。也正因为转付证券只从事现金流的传递，其经营属于消极性业务，SPV 得以免征公司所得税。下文中将阐述的住宅抵押贷款转付证券即是典型的例子。

在支付证券架构中，通常发行多种类型的证券，各类型证券的差异可以是到期目的不同（或是本金收回的优先顺序不同），也可能是现金流的性质不同。因此，在支付证券架构下，资产组合的现金流被重新安排并分派给所发行的不同类型的证券。证券所接收的现金流形式与其背后担保资产的现金流形式是不相同的。下文中将阐述的担保住宅抵押贷款凭证即为典型的例子。支付证券因为重新安排现金流，被认为是主动经营，在美国的税法规定中，SPV 无法自动享受免征公司所得税的待遇。为了达到免税的目的，支付证券必须从事更细腻的技术安排，如将支付证券视为债务工具，形成超额担保以增强证券信用等。

一项拟证券化的资产是采用转付证券，还是采用支付证券的方式发行，主要的影响因素有资产未来的现金流特性、资产的风险性、税负条件与会计处理规定。有些标的资产，如住宅抵押贷款和汽车贷款这两种的证券化形式可能都适合，这时，市场需求更是证券化最后采用架构的决定依据。对转付证券与支付证券简略比较参见表 12‑3。

表 12 – 3   **转付证券与支付证券的特征比较**

	转付证券	支付证券
证券发行的形式	单一证券组合	多种证券组合
现金流特性	相对稳定	相对不稳定
资产的风险性	适用于低风险资产的证券化	适用于高风险资产的证券化
资产的期限	大多为长期资产	可以为多种期限资产的组合
税负条件（对SPV）	消极性业务，免征公司所得税	主动性业务，课征公司所得税
基础资产的会计处理	基础资产所有权转移，并从发行人的资产负债表中移出	基础资产所有权仍属于发行人，资产保留在发行人的资产负债表中
典型证券品种	住房抵押贷款转付证券	信用卡债权证券

四、资产证券化中的基本技术环节

（一）资产出售方式与资产购买

资产证券化起源于资产出售。从法律上讲，对资产合同的出售转让有三种基本方式：

1. 转让（assignment）。无须更改、终止原合同，发起人把合同上的权利转让给特设目的公司。但需要有原合同的条款支持（即无禁止转让条款等），并且需要以书面形式通知债务人。

2. 更新（novation）。即先由发起人/原债权人与基础资产债务人终止双方之间的债务合约，再由特设目的公司与债务人按原合约主要条款订立一份新合约来替换原来的债务合约。

3. 从属参与（sub – participation）。发起人与基础资产债务人的合约一直有效，不转让基础资产，特设目的公司与基础资产债务人之间无合同关系。特设目的公司发行资产证券后的融资资金交付发起人，发起人将融资资金转贷给基础资产债务人。贷款附有对发起人的追索权，偿付资金来源于基础资产（贷款）的现金流。

在上述三种资产出售方式中，更新形式的替换成本高，只有在基础资产组合涉及少数债务人的情况下适用。从属参与的形式实际上没有真正地出售资产，只是通过特设目的机构进行融资后，发起人运用这笔资金而已，所有风险还是由发起人承担。所以，资产证券化中最常用的资产出售方式是转让。

特设目的机构购买资产分成两种情况：一是整批买进基础资产，主要是期限长的应收款，以组成一个特定资产组合；二是买进一种循环周转应收款的权利。它不限定于特定的资产，随着组合中特定资产的清偿，新资产不断补进，特设目的机构买进的资产也随之周转。这种应收款权利主要适合期限短、周转快的资产组合，包括工商贷款、贸易应收款、信用卡应收款等。

（二）信用增强

信用增强（credit enhancement）的方式很多，既可以是发起人提供的内部信用增强，

326

也可以是独立的第三者提供的外部信用增强。在实践中，可根据资产证券化的不同特点，采用不同的信用增强方法或者混合使用。

1. 直接追索。如果借款者（资产卖方）未能如期偿还应付的本金和利息，拥有对卖者全部追索权的抵押证券的买者可直接向发起人追索的权利。直接追索手续简单，但缺点是资产证券的评级不会高于发起人的资产信用评级。

2. 超额抵押。SPV 拥有的资产价值超过它通过发行证券从投资者那里获得的资产。换个角度讲，发起人并没有收到它出售给 SPV 资产的全部应收资金。此方式操作简单，但成本较高且资产利用上缺乏效率。

3. 资产储备。发起人保留其他储备资产，在出售资产违约时，从储备资产的现金流中对违约资产进行支付。储备基金可以来源于 SPV 最初筹集资金的一定比例，也可以通过设立利差账户，用于持有应收账款的收益超过融资成本的超额利差。超额利差一般为第一线的信用增强，第一个出来吸收亏损。

4. 优先/附属结构（senior/subordinated structure）。此方式将发行证券分成优先证券和附属证券。优先证券持有者对抵押资产产生的现金流和本金拥有优先权。附属证券持有者只有当优先证券持有者被支付后才能行使其收益权利，且在优先证券投资者之前承担损失。这种结构把本来支付给次级证券持有者的本金和利息用来提供信用增级，使优先证券持有者的本金和利息支付更有保证。

5. 超额担保。以超额的抵押品发行较少的债券，它代表业主权益，也代表出售人对证券化的参与，由于不是债券，所以无利息。根据此点，它提供的保护强度优于优先/附属结构安排。

6. 公司担保或信用证。由发起人向信誉较好的公司（一般为银行或专业金融担保公司）寻求一定额度的保证或信用担保，在贷款组合遭遇损失时提供赔偿。此方式的缺点在于成本高昂，且贷款组合的信用评级不会超过提供保证的公司。在证券化后，如果担保公司出现被降低评级的情形，会拖累证券化的评级。

7. 保险。发起人为资产组合购买保险，以保障在某些贷款发生违约时，提供赔偿以确保资产组合现金流量的连续性。

（三）信用评级

与普通公司证券的评级不同，对资产证券的评级有两个突出特点：一是信用评级机构只独立地分析审核拟证券化资产组合进行评级判断，而不重点关注发行人的综合资信水平。这是由资产证券化结构性融资的特性决定的。二是对资产担保证券的评级在很大程度上取决于交易架构的设计。好的融资结构安排，包括基础资产的真实出售、与发起人的破产隔离、发起人及第三方的信用增强等，都有利于提高资产证券评级，所以评级结果有很大的灵活性。

尽管资产证券化的结构千变万化，支持资产的品种多种多样，但信用评估对资产担保证券的风险分析分为以下三个方面：

1. 法律法规风险评估。一是对投资者是否对资产具有"第一完全追索权担保"的判断。这里所谓的"第一"，是指投资者对支持资产享有第一性的优先追索权；所谓

"完全"，是指这种优先追索权已经合法登记，可以从法律上保护投资者对资产的所有权。二是对"真实出售"的判定。"真实出售"是指抵押资产的所有权确实通过证券化交易移给了债券发行人。各国法律判定一项资产是否构成"真实出售"的标准不尽相同。一般而言，如果资产被出售给不相关的第三方，发行人交出资产的任何利益，放弃了对资产的所有控制权，或者是追索权，即可视同"真实出售"。如果发起人保留对证券化资产的控制权，则此交易就被视为融资。三是对"破产隔离"的判定。为了防止发起人破产时，发行人（SPV）的资产可能被用来偿还发起人的负债，使投资者的权益受损，发行人应具有独立的办公场所、独立账册、独立的经营活动，并且董事和财务报表具有独立的公司形式。当原始权益人破产清算时，证券化资产将不归属原始权益人的债权人，不能被列为破产清算范围。

2. 结构性风险的评估。证券化交易的信用质量不仅依靠担保资产的信用质量，而且还取决于整个交易的结构安排是否合理。交易结构提供了向投资者分配由担保资产和信用增强产生的现金流的一种方式，其中的现金流分配方式、获取流动性支持的便利程度、损失发生后的分配方式以及管理和操作风险等因素都会对信用评估结果产生影响。

3. 参股人与第三参与方风险评估。结构性交易需要第三方提供资金支持。因此，不但要评估交易的整体性，而且需要分析参与交易所有方的职能和责任，以及提供资金支持的第三方的信用状况。

（四）会计和税收处理①

证券化交易的核心会计问题是，在会计核算时资产的转让被视为销售还是贷款融资。如果转让被看做销售，则发起人就被视为卖方，资产将从发起人的负债表上消失，对交易的核算方法就是简单地用销售收入（现金）替代原来的资产。这时，发起人的总资产减少，资本/资产比例上升。如果交易被认为是这些资产的贷款，则原始权益人就被视做借款人，会计核算时，交易就被确认为一项由资产作为担保的现金借入，资产将继续保持在发起人的负债表上。发起人的资产负债表上必须反映这项负债，其总资产增加，资本/资产比例下降。

在税收方面，资产证券化交易主要涉及三个方面的问题：一是发起人纳税问题。如果发起人发行转付证券，向 SPV 转移资产在会计上被确认为真实销售，这种交易意味着收入的实现，自然缴纳所得税；如果交易只是融资行为，发起人只是利用支付结构发行债券，债券收入不需缴纳所得税，而债券所支付的利息可以成为利息费用，抵免公司所得税。二是特设目的机构的税收问题。一般而言，如果 SPV 采用公司形式，会面临公司所得税的课征，因此采用不缴所得税的信托形式设立 SPV 是避税的最佳选择。三是证券投资人的税收问题。一般而言，对投资者持有证券的利息收入、证券折扣发行收入、市场溢价收入等视为一般性所得，只需缴纳所得税。

---

① 由于资产证券化在中国还没有充分实践，所以对于资产证券化会计和税务处理的分析主要基于资产证券化市场发达国家，尤其是美国实践的介绍。

第三节　住宅抵押贷款证券

一、住宅抵押贷款的特点

住宅抵押贷款通常是每个家庭一生中所背负的最大债务，是商业性银行主要的消费信贷形式。在美国的证券化产品中，住宅抵押贷款证券（或称为住宅抵押贷款证券）规模最大，占所有证券化债券市场的70%，远高于规模第二大的信用卡债权证券。住宅抵押贷款能成为资产证券化产品最大的基础资产来源，与其自身具有的如下特点密不可分：

1. 贷款的同质性较高。如果住宅抵押贷款的异质性太大，交易成本势必庞大，则贷款无利可图。资产化盛行以后，许多金融机构以出售贷款为目的，对住宅抵押借款人个人资信的评价、不动产的估价及其现金流的分析、提前还本与违约风险的预估等贷款审核发放程序与标准趋于规格化、合约化，使住宅抵押贷款证券化时的风险评价与定价准确性提高，交易成本降低。

2. 贷款期限较长。各国住宅贷款多以长期贷款为主。在20世纪30年代之前，美国住宅抵押贷款市场的主要产品是5年期以下的气球型贷款（balloon payment loans）①。经济大萧条后，此类贷款最普遍的市场主流期限长达30年，且对自备款要求降低。由于银行负债（存款）多为1年以内，住宅贷款的长周期对银行产生资产负债期限结构错配的流动性风险。

3. 以固定利率为主。虽然在20世纪80年代以后，住宅抵押贷款中半年或1年调整一次利率的浮动利率逐渐流行，但固定利率、固定付款贷款仍然是主流。固定付款贷款的主要特点是借款人每期缴纳的本利和相同。

4. 贷款收益的现金流不稳定。基于两种情形，借款人缴纳的住宅抵押贷款本息可能会不稳定：一是借款人可能会因资金紧张而拖欠住宅抵押贷款本息，产生本息偿付的及时性风险；二是借款人可能提前偿还贷款本金，产生提前还本风险（prepayment risk）。现金流的不稳定是住宅抵押贷款证券化的主要障碍。

5. 信用风险突出。所有债权都存在因为违约而无法支付本息的可能性。在银行办理住宅贷款过程中，均要求以该笔贷款的不动产标的物作为抵押担保，并重视对贷款人违约风险的评估与控制，减少放款机构面临的一切可能损失。与之相联系，在住宅抵押贷款证券化之前，必须先理清是住宅抵押贷款出售人还是住宅抵押贷款证券投资人承担贷款违约风险。

---

① 气球型住宅贷款的主要特色是要求借款人自备款达50%以上，在贷款期间借款人只支付利息，不偿还任何本金，贷款到期日一次性还清本金。

二、住宅抵押贷款转付证券

住宅抵押贷款转付证券（mortgage pass through，MPT）是指金融机构将其承做的不动产抵押贷款由自身或中介机构组合成贷款组合，并以此发行股份权益（undivided interest）出售给有兴趣的投资人。这种表示贷款组合股份权益的证券就是住宅抵押贷款转付证券。

1. 住宅抵押贷款转付证券的发行以让与信托为特征。投资人在购买住宅抵押贷款转付证券之后，即拥有该组合贷款，但该住宅抵押贷款的所有权是以让与信托（grantor trust）的方式持有，而其管理则由服务银行（一般为贷款银行）负责。服务银行在每个月收齐借款人所缴纳的本金、利息与提前还本（prepayment）后，扣掉应收的服务费，将所剩现金流按照投资比例分配给投资人。投资人坐享本息现金收入，但须承担提前还本风险。联邦国民抵押协会和联邦住房抵押贷款公司，得到政府的赞助，是全美最大的住宅抵押贷款收购者①，由此也使 MPT 信用接近政府公债。

主要适用于转付证券架构的让与信托虽然只存在于法律文件中，但它在 MPT 发行中担当着关键的角色。让与信托的功能为：（1）代表并保护投资人的利益。投资人所拥有的证券由它发行，投资人买到的抵押债权由它拥有与掌握。（2）对现金流进行转付，由于缺乏具体经营，属于标准的消极经营，在美国税法中，无须缴纳公司所得税。（3）在银行出售抵押贷款给投资人后，让与信托形成一道"防火墙"。倘若该银行发生财务困难，任何债权人无法对该贷款提出追索要求。

2. 提前还本速度与住宅抵押贷款转付证券的收益率。几乎每一个住宅抵押贷款转付证券都会碰到提前还本的困扰。提前还本是住宅抵押贷款转付证券的一大特色，并由此也使得它与其他债券在性质上产生极大的差异。MPT 的提前还本速度对于投资人的收益率有密切影响，而其影响方向则视投资人为溢价还是折价购买该证券。如果投资人购买溢价证券，其目的在于享受高票面利率，故希望提前还本速度减缓；如果投资人购买折价证券，其票面利率显然偏低，故希望提前还本速度加快，以尽快回收本金。由此产生投资人必须关心的另一问题是，标的住宅抵押贷款转付证券是溢价出售还是折价出售。一般而言，如果预期未来的提前还本速度会加快，应该投资于折价证券；如果预期未来的提前还本速度会放慢，应该投资于溢价证券。

3. 住宅抵押贷款转付证券的平均寿命。提前还本速度与 MPT 的平均寿命有密切的关系。提前还本速度愈快，MPT 的平均寿命愈短。住宅抵押贷款转付证券的平均寿命有两种衡量方法：一是存续期（duration）法；二是加权平均寿命法（WAL）。存续期是计算债券寿命时常用的衡量方法，其原理是以债券现金流（包括本金与利息）的贴现值占债券总市值的比例作为权重，计算其加权平均寿命：

---

① 实际上，第一宗 MPT 产品就是美国联邦住房贷款抵押公司（FHLMC）于 1971 年推出的。另外，美国联邦国民抵押协会（GNMA）也参与住宅抵押贷款转付证券化的工作，但其一般只处理经由联邦住宅局（FHA）与退伍军人局（VA）担保过的抵押贷款证券化，这一部分的贷款大约只占美国住宅抵押贷款的 20%。

$$D = \sum_{t=1}^{T} \frac{C_t/(1+i)^t}{\sum_{t=1}^{T}\left[C_t/(1+i)^t\right]} \times t \tag{12.1}$$

式中：D 为存续期；C_t 为债券在第 t 期带来的现金流（包括本金与利息）；i 为该债券反映风险的折现率；T 为贷款年限。

在式（12.1）中，分母将债券的现金流量折现后加总，代表债券的总价值。加权平均寿命法的构造原理与存续期法完全相同，但是其使用的权重不是现金流量的贴现值，而是各期本金占总本金的百分比，其计算公式如下：

$$WAL = \sum_{t=1}^{T} \frac{P_t}{\sum_{t=1}^{T} P_t} \times t \tag{12.2}$$

式中：P_t 为债券在第 t 期所回收的本金。

三、担保住宅抵押贷款凭证

住宅抵押贷款转付证券由于良好的信誉与高于政府公债的收益率而吸引了不少债券投资人，但是，住宅抵押贷款转付证券存在的提前还本风险，使现金流不稳定，让一些传统的债券投资人裹足不前。1982 年，美国不动产随经济好转而复苏，需要大量的资金融资。为了能吸引更多资金投入住宅抵押贷款市场，必须降低提前还本风险。为此，FHLMC 于 1983 年首创担保住宅抵押贷款凭证（collateralized mortgage obligations，CMO）。

1. CMO 的偿还结构与优点。CMO 是以一组抵押贷款为担保而发行的多组期限不同的债券，投资人可以根据其需要而选择不同的债券投资。例如一组本金为 5 000 万元的住宅抵押贷款，分解成 A、B、C、Z 四组到期日不同、利率水平各异的 CMO 债券（见表 12－4）。

表 12－4　　　　　　　　　　CMO 释例资产负债表　　　　　　　单位：元

资产		负债			
	面额		到期日（月）	票面利率（%）	面额
抵押贷款组合	5 000	A 组债券	35	8.00	500
平均利率10.5%，服务费0.5%		B 组债券	72	9.00	1 500
		C 组债券	102	9.50	2 000
		Z 组债券	330	10.00	1 000

这四组债券的现金收入来自于住宅抵押贷款产生的本息。组合债券收到本金与利息并扣除服务费后，即配发利息给予 A、B、C 三组。但是，CMO 是以整个贷款组合的还本，包括应付本金与提前还本，都先拨给 A 组。除此之外，Z 组虽有 10% 的利息可领，但也先拨给 A 组，Z 组的应收利息则以每月复利累计计入本金。这样，A 组本金就被很快清偿，B 组即接手领取整个贷款组合之本金收入，以及 Z 组之应计利息。如此下去，

当 A、B、C 三组皆被清偿后，Z 组才开始领取本金与利息。

显然，CMO 对证券化具有如下贡献：一是明确划分投资期限，为投资人提供短、中、长期的金融商品。CMO 将 MPT 的现金流量切割成数组期限长短不同的债券，不同期限的投资可以分开，使投资人能有更明确的投资方向，克服了 MPT 投资期限不明的困扰。二是虽然 CMO 并未将提前还本风险完全化解，但有效地重组了提前还本风险。发明 CMO 之前，面对提前还本风险，购买 MPT 的投资人能做的就是尽量降低 MPT 中贷款的异质性，使整个资产组合的提前还本速度易于推算。

2. CMO 的法律问题。由于 CMO 由多组债券构成且对现金流的重组分配有周详的安排，因此 1983 年美国首度发行时就被税务局认为属于支付的性质，不符合被动经营的原则，无法享受符合让与信托免征公司所得税的豁免。因为债券的收益率是相当稳定的，如果投资债券必须被课征公司所得税，配息时再课征个人所得税，这一交易势必因成本过高而无法获利。为了解决这一难题，早期的 CMO 都被视为发起人向投资人的举债来融资，而非出售贷款组合给投资人。当 CMO 被视为负债后，发起人所支付的利息即被视为利息支出，可以免缴公司所得税，达到免税目的。但这种安排暴露出两个缺点：（1）资产组合并未独立于发起机构，从而使公司的负债增加无法达成表外融资的目的，也无法形成破产隔离；（2）贷款并未被出售，而是留在资产负债表中，影响公司内增加贷款的额度。

为了使 CMO 能够低成本地顺利发行，美国国会在 1986 年通过《不动产抵押贷款投资渠道法案》（*Real Estate Mortgage Investment Conduit*，REMIC），允许以多重组的方式发行抵押贷款债券，在满足必需条件后 CMO 实体可以免征所得税，扫除了 CMO 发行的法律和税收障碍。

四、住宅抵押贷款衍生性证券

REMIC 法案通过后，CMO 发行顺畅，切割出许多新的衍生性商品，债券种类呈现多样化。在 1986 年 CMO 被引入时，通常的发行只包括一个或两个债券组合，到 1992 年，每次发行平均有 19 个债券组合，1993 年每次发行有大约 24 个，多达 70 种债券组合的 CMO 构架也不足为奇。纷繁复杂的 CMO 衍生金融商品主要分为以下三类：

1. 专门为稳定现金流而设计的组合。为了消除 CMO 由于还本速度变化而导致现金流量不稳定的风险，许多金融机构从 CMO 中分割出现金流量高度稳定的债券，发行成计划性还本组合（planned amortization class，PAC）。当提前还本的速度发生变化时，由 PAC 之外的债券组合先行吸收现金流的波动，保护 PAC 现金流的稳定。由于 PAC 的风险较低，收益率也较低。针对提前还本加速，市场细分更进一步发展，出现了目标性还本组合（targeted amortization class，TAC），以及针对提前还本放慢的反向目标性还本组合（reverse targeted amortization class，Reverse TAC），分别对不同的投资者提供单方面保护。另外，根据 CMO 中 Z 组债券为延息债券（accrual bond），在其他组合都被清偿之前完全没有现金流量，只将应计利息累计到本金上的特点，出现了准确到期日组合（very accurately defined maturity，VADM），将 Z 组前面几年的应计利息配发给 VADM，使

VADM 成为集长、中、短期债券为一体的组合。当提前还本速度放慢时，Z 组合因为是长期债券，其应计利息照常发生，VADM 也照常收取现金流；只有当提前还本加速太快，致使 Z 组合的现金流提前到来时，VADM 的收益才会受到影响。

2. 具有利率避险功能的组合。影响提前还本的重要因素是利率。当利率下降时，提前还本的速度加快；利率上升时，提前还本的速度放慢。由此，住宅抵押贷款产品中出现了防范利率风险的浮动利率组合（floaters）与反向浮动利率组合（inverse floaters），以及本息分立组合。本息分立组合将住宅抵押贷款转付证券应收本息切成两部分，购买纯本金组合（principal only，PO）投资人可得到该住宅抵押贷款转付证券本息中的本金部分；购买纯利息组合（Interest Only，IO）的投资人可得到该住宅抵押贷款转付证券本息中的利息部分。当利率下降时，提前还本加速归还，PO 购买者可以提早拿到现金，对购买 PO 者有利；当利率上升时，提前还本的速度放慢，购买 IO 者可以享受较长时间的利息收入，对购买 IO 者有利。

3. 其他衍生性组合。其他的住宅抵押贷款衍生性商品将 CMO 中的不同债券进行组合搭配，种类更是丰富多彩，例如将延息债券 Z 与 PAC 组合成 Z – PAC，由 PAC 分割出的纯利息发起计划性还本—纯利息组合（PAC – IO），以及剩余价值（residual interest）组合债券等。剩余价值组合债券的收益来自住宅抵押贷款利息扣掉服务费与债券利息之后所剩余的超额服务利差、超额担保以及收支之间的转投资收益。

衍生性商品的齐全与否代表一个市场经济社会的金融发展程度。这些新型衍生性商品纷纷兴起，为市场提供多种投资选择，让金融机构能更灵活地调度资金、规避风险，为金融界带来了无数商机，因而广受金融界的欢迎。在美国，在 1987 年到 1993 年间，CMO 的发行量从不足 10 亿美元遽升到 1993 年的 5 876 亿美元，增长率超过 500 倍。其后，由于在 1993 年到 1994 年间，美国经济景气恢复，利率回升，提前还本大幅减少，许多猜测提前还本增加的投资人遭受损失，许多流动性非常差的投机性衍生性商品价格崩跌。在此之后，简单的住宅抵押贷款转付证券产品随着住宅需求而成长，但是证券化已逐渐应用到其他标的资产，CMO 衍生性商品恢复缓慢。

五、住宅抵押贷款证券定价

一个金融商品具备高度流动性的重要条件之一就在于其定价方式的合理化与透明化。由于大多数债券经常有交易存在，在市场上可以找到价格，这里所谓的住宅抵押贷款证券的“定价”问题主要是寻找其贴现利率，即到期收益率（yield to maturity）。住宅抵押贷款证券在美国市场上的流动性非常高，其定价模式也有了充分的发展，常用的定价方法包括静态现金流量报酬率法（static cash flow yield，SCFY）、静态利差法（static spread，SS）与期权调整利差法（option adjusted spread，OAS）。这里主要介绍前两种方法。

1. 静态现金流量报酬率法。其定价公式可表达如下：

$$P = \sum_{i=1}^{n} \frac{CF_i}{(1+r)^i} \tag{12.3}$$

式中：P 为债券价格；CF_i 为该债券在第 i 期的现金流量；r 为贴现利率，即静态现金报酬率。

一般债券的价格反映该债券所带来的现金流入的折现值，现金流确定，而住宅抵押贷款证券因为有提前还本的问题，证券未来第 i 期所带来的现金流量并不确定。从公式中我们可以看出，现金流量 CF_i 的设算在计算 r 的过程中扮演着十分重要的角色。而 CF_i 的设算必须依赖提前还本的预测模型，多少带有主观成分。

静态现金流量报酬率提供了一个简单而实用的债券价格评判标准，但存在两个缺点：一是它无法反映利率期限结构，只是以单一的贴现率来折现所有现金流量，并未顾及期收益率曲线上所反映的不同期限贴现率不一定相同。为了克服此缺点，引入了静态利差法。二是该方法并未考虑到利率动态变化可能引起提前还本的波动，进而影响到现金流量与报酬率的变化。为了克服此缺点，引入了较为复杂的期权调整利差法。

2. 静态利差法。静态利差法以公债到期收益率曲线上不同期限的折现率加上一个固定的利差作为债券定价的贴现率，考虑到了不同期限贴现率的差异，以反映到期收益率曲线的形状。其定价公式可表达如下：

$$P = \sum_{i=1}^{n} \frac{CF_i}{(1 + r_{0i} + SS)^i} \tag{12.4}$$

式中：r_{0i} 为利用不同期限政府公债求出的即期利率，即静态现金报酬率；SS 为静态利差，反映转付证券与政府公债之间的风险贴水差异。此方法的特色在于每期的贴现率不一定相同。

可以看出，静态利差法是以整条到期收益率曲线来确定债券的价格，静态现金流量报酬率法是以债券的平均报酬率（到期收益率曲线上的一个点）来确定债券价格。这两种定价法在现金流量比较集中的情况下，差异不大。但是，转付证券是典型的还本型债券（amortizing bonds），本金（或现金流）流入平均分布于各期而并不集中于某一期。在这种现金流量分散的情况下，以静态利差法来评估债券价格会更加准确。

第四节　金融资产担保证券

本节主要介绍三种主要的金融资产担保债权：汽车贷款 ABS、信用卡 ABS 和商业性不动产抵押贷款证券（CMBS）。

一、汽车贷款债权证券

与住宅抵押贷款相比，汽车贷款有如下的相似性：（1）都是还本型债权，有明确的贷款起始日与终止日，有预设的本息支付时间表。（2）车贷与住宅抵押贷款都有抵押品，使违约风险较低。（3）都面临提前还本风险，但车贷的提前还本波动较小，受利率波动的影响也较小。另外，虽然汽车贷款的抵押品不如住宅抵押贷款，但是汽车贷款的违约率很低，现金流量十分稳定，很容易预估。可见，汽车贷款债权的证券化是比较容易的，汽车贷款债权证券化能够在 1985 年成为第一个非住宅抵押贷款型的证券化产品，实非偶然。

1. 汽车贷款证券化的发行架构。汽车贷款证券化的类型大致可分为两种：发行单组证券的转付架构与发行多组证券的支付架构。

在转付架构下，只发行单组债券，汽车融资公司收集汽车贷款后，可以将车贷组合转移到一个让与信托，并利用让与信托来发行证券。由于汽车贷款的期限本来就很短，没有必要像住宅抵押贷款一样以 CMO 来发行期限不同的债券，以便区分长、短期的投资人，因此，许多汽车贷款证券化只发行一组债券。

在支付架构下，发起人应市场需求而发行多组债券，此时，汽车融资公司将车贷组合出售给特设目的公司，此特设目的公司以车贷为担保品发行债券出售给投资人，并设立一个业主信托主导经营，以从事证券化工作，同时设立受托机构，负责证券化的一切行政业务。近年来，以业主信托为法律基础所切割出的多组证券也十分流行。

让与信托与业主信托在汽车贷款证券化中的作用与在住宅抵押贷款证券化中的作用相似，主要是负责掌握汽车贷款债权，形成"防火墙"以隔绝 SPC 发生财务困难时的追索，并提供一个免税的个体。让与信托配合转付架构发行单组债券而设，只能转付现金流量，不得改变原来担保品的现金流量。业主信托则可配合支付架构发行多组债券，其现金流量结构已应客户需求而改变。

2. 信用增强与信用评级。由于汽车贷款的违约率低，在美国平均大约只有 1% ~ 2%，汽车贷款证券化过程中信用增强工作相对于循环型债权（revolving debts）而言是比较简单的。车贷证券化所使用的信用增强方法以内部法为主，其中包括超额担保、优先/次顺序、超额利差与准备账户等方法。

汽车贷款及其担保品（汽车本身）的品质影响到信用评级的优劣，从而也影响到信用增强所需要的强度。影响车贷及其担保品品质的因素主要包括贷款的首付款比例、贷款期限分布（在美国的汽车贷款还款年限在 4 ~5 年，超过 5 年的贷款非常少，多为低收入者所需求）、担保品的新旧与折旧速度、地理上的分散（原则上，应尽量将证券化的车贷组合中的车贷分散于全国各地，以避免地区性经济衰退引发过多的违约）、贷款账龄（一般车贷的违约概率集中于贷款的第 6 个月到第 18 个月）、年收益率（反映整个贷款组合的利息收入）等。

3. 提前还本与现金流量。影响住宅抵押贷款提前还本的最重要因素是利差，但汽车贷款的提前还本并不受利差的影响，其主要的影响因素为失窃、车祸与换车。其中，失窃与车祸不会因车龄而有所波动，但换车的可能性就会随着车龄的增加而增加。因此，整个提前还本的速度会依车龄的增加而增加。

汽车贷款的贷款年限一般在 4 ~5 年，车贷的加权平均寿命大约在 2 年，这使车贷成为一个短、中期债券。由于寿命短，现金流量受提前还本速度波动的影响就不如住宅抵押贷款剧烈。但是，这并不意味着车贷投资人对车贷提前还本速度并不关心。车贷债券的报酬率是以一个加权平均寿命相当的政府公债的报酬率再加上一个利差而得，而正因为车贷的平均寿命短，其定价时使用的加权平均寿命一般会落在到期收益率曲线的短期位置，而这些期间一般都是到期收益率曲线最陡峭之处。因此，当出现小的提前还本速度改变时，会引起收益率的较大波动。

二、信用卡债权证券

信用卡债权证券于 1987 年首次推出，其后，由于信用卡业务快速增长，以至于在短短数年间，已经成为最大的非住宅抵押贷款型证券化产品。在此之前，资产证券化产品的标的资产都属于还本型债权，例如住宅抵押贷款、汽车贷款皆属此类。信用卡债权现金流量不稳定，是循环型（revolving type）债权的代表。另外，如住宅权益贷款①（home equity loan，HEL）与应收账款（account receivables）亦属此类。循环型贷款的处理技术远比还本型债权复杂。因此，在证券化的历史中还本型贷款较早推出，而信用卡债权证券化的问世把证券化的技术往前推进一大步。

1. 信用卡债券的现金收入与支配。信用卡持卡人刷卡消费后即产生发卡银行债权。发卡银行可将持卡人的账户与账户中的应收账款组合起来，移转到一个能隔离发起人信用风险的信托（bankruptcy - remote trust）发行债券，出售给投资人。信用卡债权的现金流收入主要来源于信用卡持卡人支付的利息费用、年费、超额刷卡费与透支费，另外，信用卡发行机构也可以向信用卡组织（如 VISA 或 Master Card 当局）收取一定的费用。此财务费用可按顺序配发给证券化参与各方。首先，债券投资人可以收到利息；其次，证券发起人（一般为发卡银行）可以收到服务费；注销坏账；最后，若有剩余，则用于支付各种信用增强的费用与债权人的权益。

由于信用卡的现金流量极不稳定，证券化发起人（一般为债权出售人）必须重新规划其现金分配，才能使证券化顺利运行。其主要的策略就是将所有收到的现金流量分为还本部分与财务费用两部分，并且将债券付款期分为循环期与还本期两期。

（1）循环期。在循环期，信用卡所收到的财务费用部分用于支付投资人的债券票息与其他必需的费用；而还本部分则用于添购新的应收账款，甚至新的账户，以确保往后的现金收入。因此，在循环期，投资人的债券是不会还本的。循环期的期限为两年至十数年不等，由发起人视市场需要自行确定。

（2）还本期。循环期结束后就进入还本期。在还本期中，出售人开始规划偿还债券的本金。本金偿还采取两种方法：控制摊还法与控制累积还本法。控制摊还法是将总本金在一定期间之内分期摊还。例如，以 1 年为期分 12 个月摊还本金。在摊还期间，未偿还本金部分照常支付利息。控制累积还本法是将本金收入存于本金累积账户，从事短期而且几乎无风险的投资，待本金收齐后再一并归还债券投资人。在累积期间，依然对债券投资人配息，因此，债券投资人完全没有感受到债券已经进入还本期，而且债券的付款方式与一般附息公司债并无两样。

---

① 住宅权益贷款房主以其已经抵押的房产，再度向银行抵押贷款。其产生的条件是房主对于已经抵押的不动产（即该房产）有充分的权益，而权益的建立来自两个可能性：其一为屋主在承贷第一顺序抵押贷款之后累积的还本；其二为房屋价格大幅上涨。

（3）提前清偿期。不论是循环期，还是还本期，只要证券化发生财务困难或其他危机，整个证券化立即进入提前清偿期。在此期间，所有收到的本金即用于还本，以提前结束证券化，减少投资人损失。

2. 信用卡债权证券化发行架构：单一信托与统合信托。为了配合循环性债权架构的需要，信用卡债券发行的法律架构也与其他资产证券化不同。早期的信用卡债权发行结构为单一信托（stand - alone trust），债权出售人以单一信托向投资人发行多组证券。其后，若出售人需要发行新的债券则需要设立新的信托。从1991年起，债权出售人以统合信托（master trust）的方式发行债券。统合信托可以在不同时间以同一个信托发行多系列债券，而这些债券背后有一群共同的信用卡债权为担保。统合信托的发行更富有弹性，也利于成本的降低。同时，统合信托的债券是多系列的，有较为广泛的资产组合来相互担保，可以有效达到风险分散的效果。

3. 信用卡债权证券的信用增强与信用评级。由于信用卡债权并没有相关抵押品，而且信用卡的违约率高，盗刷卡问题普遍，因此，与其他证券化业务的信用增强工作相比，信用卡债权证券的信用增强更加重要。同时，因为信用卡债权证券发行的利差大，所以信用增强的方法与其他资产证券不同。依照承受损失的先后次序，信用卡债权证券的信用增强主要依赖以下几种方法：超额利差账户、现金担保账户、担保投资账户和优先附属结构安排。以上内部信用增强方法可以择优搭配使用，若需要进一步增加信用强度，还可借助一些外部力量，如搭配的信用证等。

评级机构对信用卡债权证券评判的重点是债权组合的整体表现。影响整体表现的因素非常多，大体可以归纳为四项：债权组合报酬率、坏账的提取、债务人的月支付率、债权组合余额。债权组合的整体表现直接影响到投资人获取应得现金流量的概率。

三、商业不动产抵押贷款证券

商业性不动产主要是指能产生租金收益的不动产，包括出租的公寓住宅（multifamily house）、办公大楼、购物中心、工业园区、旅馆等。所谓商业性不动产抵押贷款证券（commercial mortgage backed securities，CMBS）是指将融通这些收益性不动产的抵押贷款包装起来，并发行表示其价值的债券。由于商业性不动产抵押贷款的合约差异太大，不容易证券化，而且商业性不动产的融资渠道一向较多，不需特别依赖证券化，因此在20世纪90年代之前，商业性不动产抵押贷款证券化在不动产融资方式中的地位微不足道。为了处理倒闭银行的不良债权，1989年美国国会立法成立清算信托公司（resolution trust corporation，RTC），以证券化技巧大规模地处理商业性不动产抵押贷款的不良债权。其后，金融机构逐渐将不动产不良债权证券化的技巧应用到商业性不动产抵押贷款中，CMBS遂成为重要的筹资工具，帮助许多金融机构清除手上多余的商业性不动产抵押贷款，分散贷款风险。

1. CMBS的特征与组织形式。商业性不动产抵押贷款大多是气球型贷款（balloon payment loans），在贷款期间必须定期缴纳利息，而不缴本金，在贷款到期日，才将本金一笔清偿。若借款人无法清偿本金，必须在到期日之前安排续借或者向其他金融机构贷款。同其他证券化产品相比，CMBS 特征明显：首先，CMBS 背后的抵押品为商业不动产，其违约风险远高于其他证券化标的资产。其次，CMBS 背后的单一债权规模较大，资产组合之中所含的贷款个数较少，每个贷款占整个组合的份额较高。当其中任一贷款发生违约时，对于整体贷款组合的冲击较大。最后，CMBS 贷款组合中各个贷款间的差异，也远高于其他证券化标的资产的差异。

CMBS 的组织形式主要有三种：一是清算型信托。这是专门用来处理不良债权时的一种证券化方式。RTC 在 1992 年开创此类型证券化之先河，其成功经验在近年来为许多金融危机国家在处理不良债权时所借鉴。二是单一借款人多笔贷款，即将同一个借款人的多笔贷款组合起来，以作为证券化的标的资产。三是由金融机构设立的多借款人渠道（multi - borrower conduits），其通过同一个渠道将不同借款人的贷款汇集起来，目的就在于承做商业性不动产抵押贷款以作为证券化资产。

2. CMBS 的发行结构。CMBS 发行结构与其他资产证券化的发行结构大致类似。在整个证券化过程中，发起人、信托与受托机构、服务机构等证券化中的主要角色都参与。CMBS 的发行结构和主要流程为：（1）借款人以商业性不动产抵押向承贷机构贷款，债权产生。（2）承贷机构将商业性不动产抵押贷款移交信托机构，开始证券化的工作。（3）信托机构发行证券，出售给投资人。（4）出售人为信托安排受托机构来处理证券化相关业务。（5）借款人将每月应付贷款本金、利息交付服务机构。（6）服务机构将所收集款项转交受托机构。（7）特别服务机构将处理不良债权的所得转交受托机构。（8）受托机构分配本息给各组证券投资人。

可见，受托机构和服务机构是 CMBS 重要参与机构。受托机构受债券投资人委托，持有并保管所有抵押贷款，定期向投资人报告抵押品的状况，监督服务机构执行其业务，并接受评级机构的评级。服务机构业务比较复杂，一般会有主服务商和特别服务商等多个服务机构共同参与。主服务机构负责监督借款人的还款情况，管理现金流并定期向投资者支付本金和利息。特别服务机构的任务是对违约贷款合约进行修正或对违约后的资产进行重组，以实现未来现金流的最大化。

3. 信用增强。正如发行住宅抵押贷款证券一样，发行 CMBS 时也必须严格控制风险，才能得到优良债券。不同的是，由于商用房产抵押贷款的期限比住房抵押贷款短得多，且对提前还本往往有限制性的处罚，借款人提前还款动力不足，商用房产抵押贷款最重要的风险已经不是提前还本风险，而是与借款人的拖欠和违约行为有关的信用风险。减少信用风险对投资者的影响采用的信用增强方式主要有超额担保、优先/附属债券结构安排、设立储备基金账户等。另外，来自其他机构或者保险公司的担保和保险也会为 CMBS 交易进行外部信用增强。除了这些常用的信用增强方法以外，交叉担保与交叉违约是 CMBS 信用增强的特殊之处。交叉担保是当单一借款人提供多个贷款作为证券化的抵押品时，可以用每一个提供担保的不动产来共同担保所有的贷款。交叉违约则将交叉担保的效果再推进一步，它允许业者在出售抵押不动产时用所得到的收益相互支援。

4. 信用评级。CMBS 的评级工作远比其他各项资产证券化的评级复杂。尤其是

CMBS 的评级机构必须从事现场调查，这是其他证券化所没有的。信用评级机构会根据每笔证券化标的资产的性质、证券化服务机构的素质、信用增级和所发行证券中包含的风险状况等因素作为评级的重要参考依据，但最重要的量化评级依据是商业性不动产抵押贷款的债务保障比（Debt Service Coverage Ratio，DSCR），其算法为

$$DSCR = \frac{净营运利得}{贷款本息支出} \tag{12.5}$$

式中：分母是贷款本息支出，为贷款后每期必须缴纳的本金与利息；分子是净营运利得，为整个商业不动产经营所带来的净收入。DSCR 的倍数愈高，信用风险愈低。DSCR 比率的主要精神是考虑抵押资产是否能产生足够的现金流来配发债券投资人的本息。

另外，除了 DSCR 之外，贷款价值比亦是重要的量化指标。贷款价值比是贷款额度占不动产价值的比例，其中贷款额度清楚易得，但是对不动产价值需要进行评估，或者参考最近同类型不动产的市场成交价。低贷款价值比意味着信用风险较低，在发生违约时，有较高的机会回收较高比例的贷款。

【本章小结】

1. 资产证券化是创立有资产担保的证券的过程。由于资产证券化用资产的未来收益能力来融资，具有融资成本低的优势，大多可以对资产进行表外处理，能使参与主体获益，并由此成为资产证券化自身蓬勃发展的动力。

2. 资产证券化的品种，根据标的资产的不同分为抵押贷款担保证券和资产担保证券；根据运作架构不同，分为转付证券和支付证券，这两种证券类型的主要差别在于证券发行的形式与现金流量的特性不同。

3. 在整个资产证券化过程中，涉及许多参与机构。其中特设目的机构担负着证券化财务架构的主角。

4. 资产证券化需要以下的一种或多种的信用增强方式支持：超额抵押、资产储备、优先/附属结构、超额担保、公司担保或信用证。

5. 不动产贷款是证券化市场的主流基础资产。对住宅贷款可以采取住宅抵押贷款转付证券和担保住宅抵押贷款凭证进行证券化，并有种类繁多的住宅抵押贷款衍生性证券。

6. 最常见的金融资产担保证券主要有汽车贷款债权证券、信用卡债权证券和商业不动产抵押贷款证券。

【本章重要概念】

资产证券化 抵押证券（MBS） 资产担保债券（ABS） 破产隔离 信用增强 真实出售 转付证券 支付证券 住房抵押贷款证券化 本息分立组合 担保抵押贷款证券化 信用卡应收款证券化 让与信托与业主信托 延息债券 循环型债权汽车贷款

证券化　商业不动产抵押贷款证券

【思考题】

1. 与传统的融资方式相比，资产证券化具有哪些优势和特点？

2. 试述资产证券化的一般流程。

3. 资产证券化有哪些主要类型？

4. 从法律、会计和税收的角度讲，具有真实销售的转付证券对证券发行人有什么不同的影响？

5. 还本速度的变化对住宅抵押贷款证券有什么影响？对此应有什么防范措施？

6. 信用卡债券的现金收入与支配有什么特点？为什么循环型贷款的处理技术远比还本型债权复杂？

7. 有观点认为资产证券化使原始权益人实现的所得是以其他人的损失为代价的，是"零和"游戏，对此你如何认识？

【本章参考书】

1. [美] 西瓦兹：《结构金融：资产证券化原理指南》，中文版，北京，清华大学出版社，2003。

2. 陈文达、李阿乙、廖咸兴：《资产证券化：理论与实务》，北京，中国人民大学出版社，2004。

3. [美] 扈企平：《资产证券化：理论与实务》，北京，中国人民大学出版社，2007。

4. [美] 安德鲁·戴维森、安东尼·圣德斯、兰玲·沃尔夫、安妮·钦资著，王晓芳译：《资产证券化：构建和投资分析》，北京，中国人民大学出版社，2006。

5. [美] 弗兰克·J. 法博齐等著，汪涛、郭宁译：《资本市场：机构与工具》（第4版），北京，中国人民大学出版社，2011。

第十三章

证券投资技术分析

这一章我们介绍证券投资技术分析。投资技术分析是证券投资的主要步骤，其目的在于选择最好的投资对象，抓住最有利的投资机会，争取最高的投资收益。证券投资分析的范围很广、内容很多、方法也多种多样。主要有两种分析方法：一是对影响证券价格的社会政治、经济因素进行分析，我们在前面章节中已做了介绍；二是撇开社会、政治、经济等影响证券价值的因素，仅对证券市场的供求关系、证券价格变化的现状和趋势进行分析，这种分析方法称为技术分析。

第一节 技术分析的基本假设与分类

一、技术分析的三个假设

技术分析基于三个基本的市场假设：市场行为涵盖一切信息；价格沿趋势移动；历史会重演。

1. 市场行为涵盖一切信息。这一假设是进行技术分析的基础。其主要的思想是认为影响股票价格的每一个因素（包括内在的和外在的）都反映在市场行为中。这条假设认为，任何一个因素对证券市场的影响最终都必然体现在股票价格的所有因素中，都已经在市场行为中得到了反映。

2. 价格沿趋势移动。这一假设是进行技术分析最根本、最核心的因素。这一假设认为，股票价格的变动是按一定规律进行的，股票价格有保持原来方向运动的惯性。一般来说，一年时间内股票价格一直是持续上涨或下跌的，那么，今后一段时间，如不出意外，股票价格也会按这一方向继续上涨或下跌，没有理由改变这一既定的运动方向。

3. 历史会重演。这是从人的心理因素考虑的，市场总是由具体买卖的人决定最终的操作行为。一个人在某一场合得到某种结果，那么，下一次碰到相同或相似的场合，这个人就会认为得到相同的结果。证券市场也是一样，在某种情况下按一种方法进行操作取得成功，那么以后遇到相同或相似的情况，人们就会按同一方法进行操作；如果前一次失败了，后面这一次不会按前一次的方法操作。

二、技术分析要素

证券市场中，价格、成交量、时间和空间是进行分析的要素。这几个因素的具体情况和相互关系是进行分析的基础。

（一）价和量是市场行为最基本的表现

市场行为最基本的表现就是成交价和成交量。成交价、成交量是技术分析要素。在某一时点上的价和量反映的是买卖双方在这一时点上共同的市场行为，是双方的暂时均势点。随着时间的变化，均势会不断发生变化，这就是价量关系的变化。一般说来，买卖双方对价格的认同程度通过成交量的大小得到确认。认同程度小，分歧大，成交量大；认同程度大，分歧小，成交量小。双方的这种市场行为反映在价、量上就往往呈现出这样一种趋势规律：价升量增，价跌量减。根据这一趋势规律，当价格上升时，成交量不再增加，意味着价格得不到买方确认，价格的上升趋势就将会改变；反之，当价格下跌时，成交量萎缩到一定程度就不再萎缩，意味着卖方不再认同价格继续下降了，价格下跌趋势就将会改变。

（二）成交量与价格趋势的关系

1. 股价随着成交量的递增而上涨，这是市场行情的正常特征性，此一量增价涨关系，表示股价将继续上升。

2. 在一波段的涨势中，股价随着递增的成交量而上涨，突破前一波的高峰，创下新高后继续上涨，然而此波段股价上涨的整个成交量水准却低于前一波段上涨的成交水准，价突破创新高，量却没突破创新水准，则此波段股价涨势令人怀疑，同时也是股价趋势潜在的反转信号。

3. 股价随着成交量的递减而回升，即股价上涨，成交量却逐渐萎缩。成交量是股价上涨的原动力，原动力不足是股价趋势潜在反转的信号。

4. 有时股价随着缓慢递增的成交量而逐渐上涨，随后走势突然成为垂直上升的喷发的行情，同时股价急速下跌。这种现象表示涨势已到末期，上升乏力，走势力竭，显示出趋势反转的现象。

5. 在一波段的长期下跌，形成谷底后股价回升，成交量并没有因股价上涨而递增，股价上涨欲振乏力，然后再度跌落至先前谷底附近，或高于谷底。当第二谷底的成交量低于第一谷底时，是股价上涨的信号。

6. 股价下跌，向下跌破股价形态趋势线或移动平均线，同时出现大成交量，是股价下跌的信号，表明趋势反转形成空头市场。

7. 股价下跌相当长时间，出现恐慌性卖出，随着日益扩大的成交量，股价大幅度下跌；继恐慌性卖出之后，预期股价可能上涨，同时恐慌性卖出所创的低价，将不可能在极短的时间内下跌之后，在低位出现大成交量，股价却没有进一步下跌，价格仅小幅度波动，是进货的信号。

8. 当市场行情持续上涨很久，出现急剧增加的成交量，而股价却上涨乏力，在高位盘旋，无法再向上大幅上涨，显示股价高位大幅震荡，卖压沉重，从而形成股价下跌的因素。股价连续下跌之后，在低位出现大成交量，股价却没有进一步下跌，价格仅小幅变动，是进货的信号。

9. 成交量作为价格形态的确认。如果没有成交量的确认，价格形态将是虚的，其可靠性也就差一些。

10. 成交量是股价的先行指标。关于价和量的趋势，一般说来，量是价的先行者。当量增时，价迟早会跟上来；当价升而量不增时，价迟早会掉下来。从这个意义，我们往往说"价是虚的，而只有量才是真实的"。

时间在进行行情判断时有着重要的作用。一个已经形成的趋势在短时间内不会发生根本改变，中途出现的反方向波动，对原来趋势不会产生大的影响。一个形成了的趋势又不可能永远不变，经过一段时间又会有新的趋势出现。空间在某些意义上讲，可以认为是价格的一方面，指的是价格波动能达到的空间上的极限。

三、技术分析方法的种类

在价、量历史资料基本面上进行的统计、数学计算、绘图表方法是技术分析方法的主要手段。一般说来，可以将技术分析方法分为如下六类：指标类、切线类、形态类、K线类、波浪类和循环周期类。

1. 指标类。指标类要考虑市场行为的各个方面建立一个数学模型，给出数学上的计算公式，得到一个体现证券市场的某个方面内在实质的数字，这个数字叫指标值。指标值的具体数值和相互间关系，直接反映证券市场所处的状态，为我们的操作行为提供指导方向。指标反映的大多是无法从行情报表中直接看到的。

2. 切线类。切线类是按一定方法和原则在由股票价格的数据绘制的图表中画出一些直线，然后根据这些直线的情况推测股票价格的未来趋势，这些直线就叫切线。切线的作用主要通过支撑线和压力线的作用表现出来。支撑线和压力线的往后延伸位置对价格趋势起一定的制约作用。一般说来，股票价格在从下向上抬升的过程中，一旦触及压力线，甚至远未触及压力线，就会转头向下。或者，股票价格在从上向下跌的过程中，在支撑线附近就会转头向上。另外，如果触及切线后没有转向，而是继续向上或向下，这就叫突破。突破之后，这条切线仍有实际作用，只是名称和作用变了。原来的支撑线变成压力线，原来的压力线变成支撑线。切线类分析主要是依据切线的这个特性。切线的画法最为重要，画得好坏直接影响预测的结果。目前，画切线的方法有很多种，主要有趋势线、通道线等，此外还有黄金分割线、甘氏线、角度线等。

3. 形态类。形态类是根据价格图表中过去一段时间走过的轨迹形态来预测股票价格未来趋势的方法。由价格轨迹或者说形态来推测出证券市场处在一个什么样的大环境之中并据此对我们今后的投资给予一定的指导。主要的形态有M头、W底、头肩顶、头肩底等十几种。

4. K线类。K线类的研究手法是侧重若干天K线的组合情况，推测证券市场多空双方力量的对比，进而判断证券市场多空双方谁占优势，是暂时的还是决定性的。K线图是进行各种技术分析的最重要的图表。

5. 波浪类。波浪理论把股价的上下变动和不同时期的持续上涨、下跌看成是波浪的上下起伏。波浪的起伏遵循自然界的规律，股票的价格运动也就遵循波浪起伏的规律。

6. 循环周期类。该理论认为，价格的高点和地点的出现，在时间上存在一定的规律性。正如事情发展兴衰的规律一样，价格的上升和下降也存在某些周期特征，如果掌握了这种规律，对买卖交易显然是有帮助的。

第二节　技术图表的制作与分析

技术图表分析是将股票价格记录和绘制在特定的图表上，通过对图表上股价走势的分析来预测股票价格的变化趋势，从而决定买卖行为的一种技术分析法。主要有 K 线图、支撑线和压力线、趋势线等。

一、K 线图

K 线图源于日本，被当时日本米市的商人用来记录米市的行情与价格波动，后因其细腻独到的标画方式而被引入到股市及期货市场。由于用这种方法绘制出来的图表形状颇似一根根蜡烛，加上这些蜡烛有黑白之分，因而也叫阴阳线图表。

（一）K 线的画法

K 线图是一条柱状的线条，由影线和实体组成。影线在实体上方的部分叫上影线，下方的部分叫下影线。实体分阴线和阳线两种。K 线图表示股票每天、每周、每月的开盘价、收盘价、最高价、最低价等升跌情况。K 线是以纵轴表示价格，横轴表示时间。时间若以日为单位则称为日线图，以周为单位称为周线图，以月为单位称为月线图。

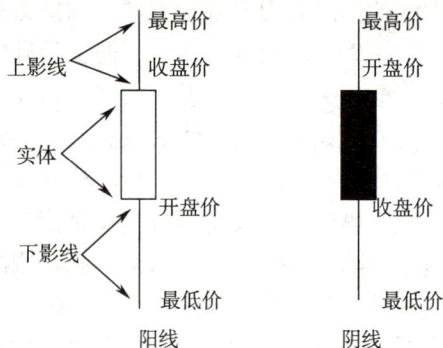

图 13 - 1　两个常见的 K 线的形状图

图 13 - 1 中，中间的矩形长条叫实体，实体向上或向下突出的细线叫上影线或下影线。如果收盘价高于开盘价，实体部分一般用红色画出，称为阳线；如果收盘价低于开盘价，则实体部分涂黑，称为阴线。将开盘价、最高价、最低价和收盘价的价位都在坐标纸上一一画出，然后按图 13 - 1 的方式即可画出 K 线图。

（二）K线的典型形状

1. 秃头光脚阳线和阴线。当收盘价即为最高价，开盘价即为最低价，K线图无上下影线，则K线图称为秃头光脚阳线；当开盘价即为最高价，收盘价即为最低价，K线图无上下影线，则称为秃头光脚阴线。

2. 秃头阳线和秃头阴线。如果收盘价即为最高价，K线图无上影线，则K线图称为秃头线；如果收盘价即为最高价，K线图无上影线，则K线图称为秃头阳线；如果开盘价正好等于最高价，K线图无上影线，则K线图称为秃头阴线。

3. 光脚阳线和光脚阴线。当开盘价正好等于最低价，K线图无下影线，称为光脚阳线；当收盘价正好等于最低价，K线图也无下影线，称为光脚阴线。

4. 十字形。如果开盘价与收盘价处于同一位置，则K线图上没有实体，称为十字形。

5. T字形和倒T字形。在十字形的基础上，去掉上影线则K线图为T字形，去掉下影线，则K线图为倒T字形。这两种图形都没有实体部分，形态像T字形。

K线的几种典型形态如图13-2所示。

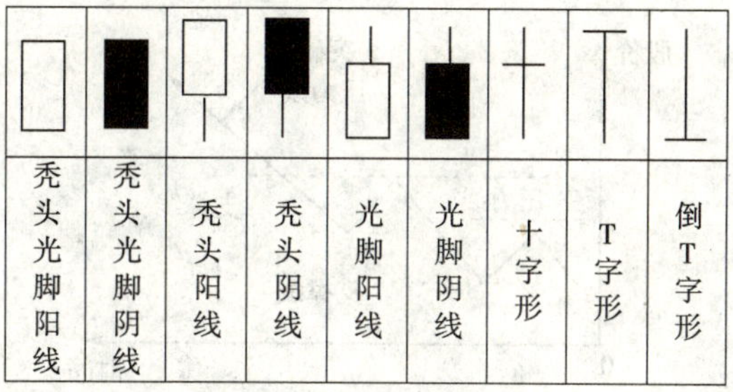

图13-2　K线的主要形态

（三）K线的应用

对K线的判断和应用，可掌握以下几条原则：

1. 分析实体的长短。阳线的实体越长，买方的力量越强，阴线的实体越长，卖方的力量越强。

2. 分析上影线和下影线的长短。上影线长，说明买方将股价推高后遇空方打压，上影线越长，空方阻力越大；下影线长，说明买方在低价位有强力支撑，下影线越长，支撑力越强。

3. 分析两根、三根K线的相互关系。如果紧连的两根或三根K线，分别为阳线或阴线，则要注意分析它们之间的关系，着重比较收盘价的相对关系。

4. 分析K线是否组成某一形态。多根K线组合分析，要注意是否已组成某一反转或盘整形态，若已组成形态，则应按形态特点分析，而不必过于拘泥于K线的关系，但特别要注意突破形态的K线，如以大阳线向上突破或大阴线向下突破，加上量的配合，是明确的信号。

5. 分析K线在一个较大的行情中的位置。特别要注意高价圈和低价圈中出现大阳线、大阴线和十字转机线，要将它们放在整个行情走势中分析判断。

二、支撑线和压力线

支撑线（support line）又称为抵抗线，起着阻止股价下降的作用。当股价下降到某个价位附近时，遇到阻碍，股价停止下跌或减速下跌，主要起着阻止股价继续下跌或暂时阻止股价继续下跌的价位就是支撑线所在的位置。

压力线（resistance line）又称为阻力线，起着阻止股价继续上升的作用。当股价上涨到某价位附近时，遇到阻碍，股价上升趋势减缓或停止上升，甚至回落。这个起着阻止或暂时阻止股价继续上升的价位就是压力线所在的位置。

（一）支撑线和压力线的作用

支撑线和压力线的作用是阻止或暂时阻止股价向一个方向继续运动，这种阻碍作用是暂时的，有被突破的可能。例如，在一个上升行情中，遇到压力线股价会暂时回落，但随后会突破压力线的阻碍而创造出新高；在一个下降行情中，会遇到支撑线的阻碍而暂停下降，但最终会突破支撑线的阻碍而创出新的低点（如图 13 - 3 所示）。

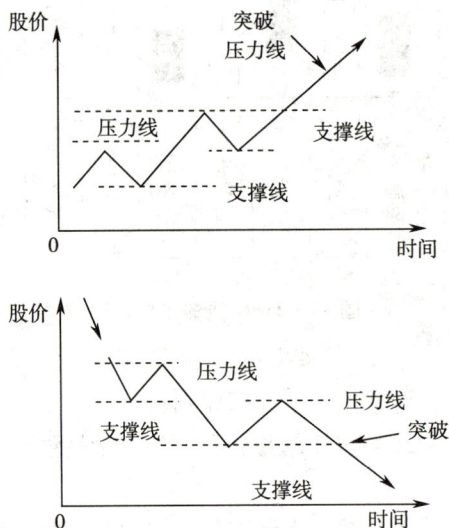

图 13 - 3　支撑线和压力线

支撑线和压力线又有彻底阻止股价按原趋势变动的可能。在一个上升行情中，如果下一次未创出新高，即未能突破压力线，相反股价又向下突破了这个上升趋势的支撑线，这常常是一段趋势到头的信号，通常意味着这一轮上升行情已经结束，下一步的走向是向下跌的过程（如图 13 - 4 所示）。而在下跌行情中，如果下次未创出新的低点，即未能突破支撑线，相反股价向上突破了这个下降趋势的压力线，这常常是这段下降行情将要结束的信号，接下来，将是一段上升行情（如图 13 - 5 所示）。

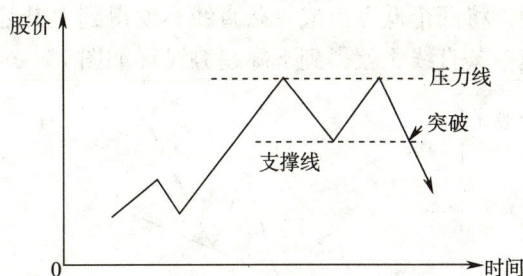

图 13 - 4　上涨行情中支撑线的突破

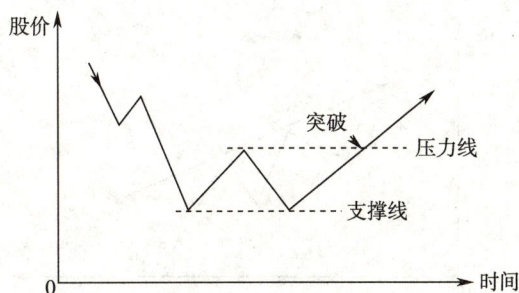

图 13 - 5　下跌行情中压力线的突破

　　影响支撑线和压力线强弱的因素主要有二个：一是股价在这个区域停留的时间的长短；二是股价在这个区域伴随的成交量的大小；三是这个支撑区域或压力区域形成的时间距目前这段时间的远近。股价停留时间越长，伴随的成交量越大，离现在越近，则这个支撑或压力区域的作用就强；相反，股价停留时间越短，伴随的成交量越小，离现在越远，则这个支撑或压力区域的作用就越弱。

　　（二）支撑线和压力线的相互转化

　　支撑线与压力线有互换的特性。前面的顶部线一旦被超越，会变成下一回下跌趋势的底部线。前面的底部线一旦被突破，会变成下一个上升趋势的顶部线。也就是，压力线变支撑线，支撑线变压力线。支撑线和压力线之所以能起支撑和压力作用，很大程度上是同投资者的心理因素决定的。

三、趋势线

　　索罗斯曾说过，经济历史是由一幕幕的插曲构成的，它们都建立于谬误与谎言，而不是真理。这也代表着赚钱的途径，我们仅需辨识前提为错误的趋势，顺势操作，并在它被拆穿以前及时脱身。所谓趋势就是价格波动方向，或者说是市场运动的方向。趋势一般分为：上升方向、下降方向、水平方向。趋势线是衡量股票价格变动趋势的，由趋势线的方向可以明确地看出股价变动的趋势。

在一个上升趋势中，将两个低点连成一条直线，就得到上升趋势线。在一个下降趋势中，将两个高点连成一条直线，就得到下降趋势线（如图 13 - 6 所示）。

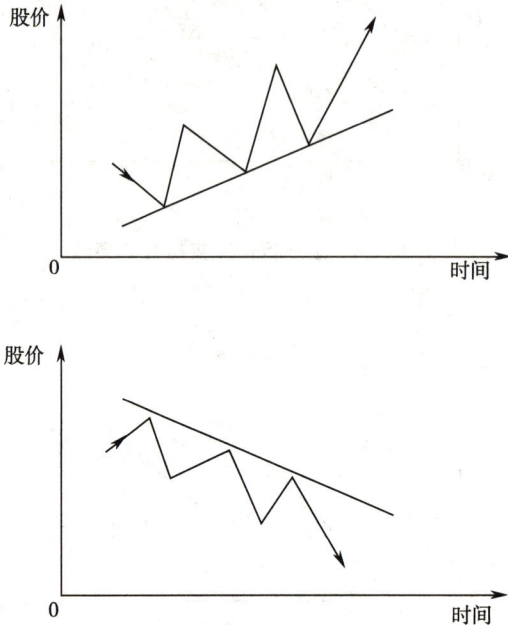

图 13 - 6　趋势线

在上升趋势中，当股价回落触及趋势线时，股价会再次上升，这时的趋势线起支撑作用，是支撑线的一种；在下降趋势中，当股价反弹触及上方的趋势线时，股价遇阻再次下跌，这时的趋势线起压力作用，是压力线的一种。

一般而言，趋势线有两种作用：一是对股价以后的变动起约束作用。趋势线实际起着支撑和压力的作用，上升趋势线使股价保持在这条趋势线的上方变动，下降趋势线表明股价在趋势线的下方变动。二是趋势线一旦被突破，表明股价下步的走势将要反转方向。越是重要、越是有效的趋势线被突破，其转势的信号就越强烈。趋势线一旦被突破后，原来起支撑作用的，现在将变成压力线，原来是压力线的现在将起支撑作用（如图 13 - 7 所示）。

四、柱状图

在柱状图中，以纵轴描述股价与交易量的变动情况，以横轴表示交易时间（如图 13 - 8 所示）。

图 13 - 8 中，上面一排竖直的短棒，其顶端表示股票交易的最高价，末端表示交易的最低价，中间的横线表示收盘价。这种交易价格，可以是每天的，也可以是每周的或每月的。图中下面的一排短棒表示交易的数额。

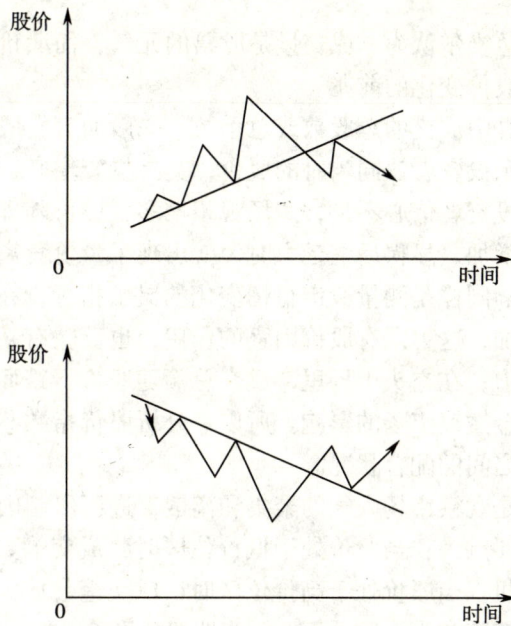

图 13 - 7 支撑和压力地位的转换

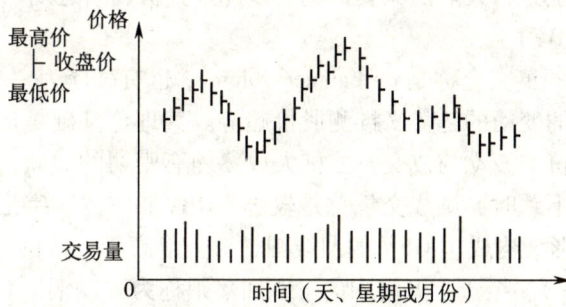

图 13 - 8 柱状图

第三节 证券投资的技术分析指标

一、量价分析指标

量价分析不仅是股市技术分析的基础，也是股市技术分析的立足点和着眼点。对量价的分析可以从股价与成交量、股价指数与成交总额、平均成交量、成交笔数等几个不同角度分析，但它们的原理和意义基本相同。

（一）成交量分析

著名的投资专家格兰维尔认为：成交量是股票的元气，而股价不过是成交量的反映罢了，成交量的变化是股价变化的前兆。

成交量是某一交易日中成交的总股数或总手数。一般而言，股价与成交量是同步同向的。成交量递增，表示投资者认同当时的股价，交易投资增旺，自然将股价进一步推高；成交量递减，表示投资者信心不足，离场观望增多，股价随即回落。当股价持续上升，成交量却没能伴随增加，显得后继乏力时，就出现了量价背离的现象，这往往是股市反转的前兆。成交总额同样是测量股市行情变化的灵敏指标，在多头行情里，成交总额随着股价的上升而增加，这里既有股价因素的作用，也反映有新的资金进入市场，这是推动股价上升的支撑力；在空头市场里，成交总额随股价下跌而减少，除了股价水平降低的因素外，也有资金撤离市场的影响。所以，分析股价指数与成交额的关系，可从资金的变化上反映价量之间的配合状况。

成交笔数分析主要是观察市场人气的聚集和离散，进而研制因人气的变化而可能产生的股价趋势。其分析要点为：当股价处于低价位区时，成交笔数放大，股价上升，表明市场反转，为买入时机。当股价处于高价位区时，成交笔数放大，股价上升，表明仍有一段上升行情；成交笔数放大，股价下跌，表明股价即将下跌，为卖出时机。

平均成交量是每个交易日的总成交量（或成交额）除以成交笔数的结果。平均成交量分析主要用于观察主力和大户的买卖情况，以此来分析判断近期的价格走势。

（二）能量潮（OBV）

能量潮（OBV）的英文全称是 on balance volume，也有翻译为"平衡交易量"，它利用股价与成交量之间的变动的趋势来推测股价趋势。其理论基础是市场价格的变化必须有成交量的配合，股价的波动与成交量的扩大或萎缩有密切的关联。通常股价上升所需的成交量总是较大；下跌时，则成交量总是较小。OBV 以"N"字形为波动单位，并且由许许多多"N"字形波构成了 OBV 的曲线图，对一浪高于一浪的"N"字形波，称其为"上升潮"（up tide），至于上升潮中的下跌回落则称为"跌潮"（down field）

计算 OBV 时所需数据为收盘价与当日成交量，这里的成交量指的是成交股票的手数，不是成交金额。当今日收盘价较昨天收盘价高或持平，今日的成交量为正数（Sgn = +1）；当今日收盘价较昨日收盘价低，今日成交量即为负数（Sgn = −1）。计算 OBV 的公式为

今日 OBV = 昨日 OBV + sgn × 今日的成交量

OBV 的应用：一是 OBV 线下降而此时股价上升，是卖出信号。因为买方购买能力已经减少，股价虽仍然上涨，但"量"的配合不足将使上升有限或就此下跌。二是 OBV 线上升而此时股价下跌，是买进信号。因为由于股价较低，所以买方力量加强，随着"量"的注入，即将产生能量，发动起一段看涨行情。三是 OBV 线从上升转为下降，是卖出信号；从下降转为上升，是买进信号。四是 OBV 线暴涨时，是卖出信号，因为买方以全力买进，能量不可能长久地维持大成交量。OBV 线暴跌时，是买进信号，因为随之将出现卖方回补现象。

（三）成交比率（VR）

成交比率是一定时期内股价上升日交易金额与股价下降日交易额总和的比率，反映了股市买卖的气势并借以预测股市可能的变动趋势。

成交比率的计算公式为

$$成交比率 = \frac{n\,日内股价上涨日的成交值总额 + \frac{1}{2}n\,日成交值总和}{n\,日内股价下跌日的成交值总额 + \frac{1}{2}n\,日成交值总和} \times 100\%$$

成交比率分析要点：一是 VR 值低于 60% 是股价超卖区，特别是 40%～60% 很容易探底反弹。二是 VR 值在 80%～150% 时，股价波动较小。三是 VR 值在 160%～180%，成交量会逐渐萎缩，很容易下降进入调整期。四是 VR 值超过 350% 时，股价进入超卖区。五是股价处于低价位区时，VR 值上升而股价未升，为进货时机；股价处于高价位区时，VR 值上升股价也上升，可考虑出货。六是 VR 值急升，交易金额也突然增加，可能是多头行情的开始。

二、涨跌指标分析

（一）相对强弱指标（RSI）

相对强弱指标是计算某一段时间内股价上涨总幅度平均值占下跌总幅度平均值的百分比。

相对强弱指标的计算，首先需要确定所采用的天数。采用较短天数计算的 RSI，其波动幅度较宽，较为敏感；采用较长天数计算的 RSI，其波动幅度较窄，结论较可靠，但反应速度慢。

n 日的 $RSI(n)$ 计算公式为

$$RSI(n) = 100 - \frac{100}{1 + RS_n}$$

$$RS = \frac{A}{B}$$

式中：RS 为相对强度；A 为 n 日上涨幅度的平均值；B 为 n 日下跌幅度的平均值。

相对强弱指标的应用：一是不同参数的 RSI 曲线的联合使用。参数不同，RSI 曲线不同。参数小的 RSI 成为短期 RSI；参数大的 RSI 成为长期 RSI。一般而言，当短期 RSI ＞ 长期 RSI，则属多头市场；当短期 RSI ＜ 长期 RSI，则属空头市场。二是根据 RSI 的取值来判断买卖时机。将 RSI 的取值范围划分为四个区域，根据实际的 RSI 的值来判断买卖时机（见表 13－1）。

需要注意的是，极强与强的分界线和弱与极弱的分界线并不是明确的，不可能画出一条截然分明的分界线，而是一个区域，这个区域与 RSI 选择的参数和股票本身有关。不同的参数，其区域的划分不同。一般而言，参数越大，分界线离中心线 50 就越近，离 100 和 0 就越远。不同的股票，由于其活跃程度不同，RSI 所能达到的高度也不同。一般而言，越活跃的股票，分界线的位置离 50 就应该越远，越不活跃的股票分界线离 50 就越近。三是背离现象。这是指实际价格走势与相对强弱指标的升幅或跌幅出现背离，实际价格上升幅度大而相对强弱指标上升幅度开始递减，或实际价格下跌急速而RSI 开始出现递减式的下跌，或当价格稍微上升，RSI 则急剧反弹。反映在图上，即为股价一浪低（或高）于一浪，而 RSI 却一浪高（或低）于一浪，显示股价走势即将转向。四是超买与超卖。RSI 可显示市场在何时为超买，何时为超卖。

表 13 –1　　　　　　　　　　　　RSI 应用图

100 ~ 80	极强	卖出
80 ~ 50	强	买入
50 ~ 20	弱	卖出
20 ~ 0	极弱	买入

（二）超买超卖指标（OBOS）

超买超卖指标是通过计算一定日期内的股票涨跌家数来测量市场买卖气势的强弱及趋势，以此作为投资决策的参考依据。一般以 10 日为参数，采用逐日移动方法计算，计算公式为：

OBOS = N 日内上涨家数总和 – N 日内下跌家数总和

开始计算的时候以当日为基准，向前推移 9 个交易日，计算近 10 个交易日的上涨数和下跌数总和大于下跌数总和，OBOS 为正值；反之 OBOS 为负值，以后逐日抽前推移，计算近 10 个交易日的涨跌家数。也可将计算的 OBOS 值画在坐标上并连成趋势线加以分析。

对 OBOS 的研究主要是分析它与股票加权指数的分离现象。当 OBOS 走势与股价指数相分离时，应随时注意大势可能反转。如果加权股价指数持续上升，且位居高档，而 OBOS 开始下跌，显示大盘已是强弩之末，很多小股票已开始下跌而只能靠少数大盘股支撑指数，未来的市场可能转而走向弱势。如果加权股价指数持续下跌，且位居低档，则 OBOS 开始上升，显示上升股票家数已超过下跌股票家数，未来市场即将反转上升。

（三）心理线（PSY）

心理线分析一段时间内投资者的心理是倾向于买入还是倾向于卖出，以此作为买卖决策的参考。一般以 12 日或 24 日作为计算的参数，其计算公式为

心理线（PSY）＝12（或 24）日内股价指数上涨天数 ÷12 ×100%

心理线的研判要点如下：一是 PSY 值在 25% ~75% 变动属正常范围；二是 PSY 值超过 75% 是超买，低于 25% 是超卖，股价回跌或上升的机会增多，可准备卖出或买进；三是当 PSY 值高于 90% 时是真正的超买，低于 10% 时是真正的超卖，是卖出和买入时机；四是一段上升行情展开前通常超卖的低点会出现两次，因此低点密集出现两次为卖出时机。

（四）人气指标（AR）

人气指标又称买卖气势指标，是反映市场当前情况下多空双方争斗结果的指标之一。市场人气旺盛则多方占优，买入活跃，股价上涨；反之，人气低落，交易稀少，股

价就会下跌。

AR 指标的计算方法是，当天股票最高价减去开盘价所得的数为正数，最低价减去开盘价所得的数为负数。将每天的正负数分别累积。开盘价若为最高价时，则该天的正负数均为零，这也需记录计算。但一般股票的价格每天都会有波动，除权或除息日的成交价格不需加以权值修正，只要照平常的方法计算即可。根据上述方法，一般可分别求出 26 天的累积数，再以正数的总和为分子，负数的总和为分母，两者相除即得 AR 指标。

$$AR \text{ 指标} = \frac{\text{正数累积}}{\text{负数累积}} \times 100\%$$

AR 越大表示多方的强度大，AR 越小表示空方的强度大，多空双方谁强谁弱的分界线是 100%，100% 以上表示多方占优，100% 以下表示空方占优，正好是 100% 表示多空双方力量平衡。

由于 AR 指标的位置并不一定以同一步调上下波动，如一个月前的 AR 指标可能是 100%，而一个月后的 AR 指标同样为 100% 时，并不表明两个时间的股价一致，因此我们只能以当时 AR 指标的多少来选择买卖的时机。一般说来，当 AR 指标在 100% 以下时，大都是股价处于低档整理阶段，投资者可考虑吃进。当 AR 指标达到 200% 以上时，就表示股价接近天价，可能要回落，投资者可考虑卖出。上述 AR 指标的应用并不是对所有的股票都有用，投资者宜先对个股以往的资料做个案分析，再结合 AR 指标，运用起来则更能得心应手。

（五）买卖意愿指标（BR）

买卖意愿指标同人气指标一样也是反映当前情况下多空双方相互争斗结果的指标。AR 指标是以买卖的气势去把握走势，而 BR 指标则是以买卖者的意愿来预测股价变动。

BR 指标的计算公式为

$$BR（n）\text{ 指标} = \frac{P_1}{P_2} \times 100\%$$

式中：n 为选择的天数，一般取 26；$P_1 = \sum (H - YC)$，表示多方强度总和；$P_2 = \sum (YC - L)$，表示空方强度总和，H 和 L 为当日最高价和最低价，YC 为前一日的收盘价。

BR 指标越大，表示多方力量越强；BR 指标越小，表示空方力量越大。双方的分界线是 100%，100% 以上是多方优势，100% 以下是空方优势。

BR 指标的应用：当 BR 指标值为 100% 时，表示买卖意愿的强弱呈现出平衡状态。但 BR 值有时会上升到 200%～500%，有时也会降到 30%～50%。当股价从最低价上升时，BR 指标多会随着上涨的行情而呈现增加现象；反之，股价从高点滑落时，BR 指标也会随之下降。当 BR 值达到 300% 以上时，行情便不会再长期持续上涨，即已步入高价（天价）；相反，当 BR 值在 50% 以下时，行情也不再会持续滑落下去（即表示已接近地价）。

【本章小结】

1. 证券投资技术分析，是撇开社会、政治、经济等影响证券价值的因素，仅对证券市场的供求关系、证券价格的变化的现状和趋势进行的分析。

2. 技术分析基于三个基本的市场假设：市场行为涵盖一切信息；价格沿趋势移动；历史会重演。

3. 证券市场中，价格、成交量、时间和空间是进行分析的要素。

4. 技术分析方法有：指标类、切线类、形态类、K线类、波浪类。

5. 技术图表分析是将股票价格记录和绘制在特定的图表上，通过对图表上走势的分析来预测股票价格的变化趋势，从而决定买卖行为的一种技术分析法。主要有K线图、支撑线和压力线、趋势线等。

6. 证券投资的技术分析指标分为量价分析指标和涨跌分析指标两个方面。量价分析指标有：成交量分析、能量潮（OBV）、成交比率（VR）。涨跌分析指标主要有：相对强弱指标（RSI）、超买超卖指标（OBOS）、心理线（PSY）、人气指标（AR）、买卖意愿指标（BR）。

【本章重要概念】

证券投资技术分析　K线图　支撑线和压力线　趋势线　能量潮（OBV）　成交比率（VR）　相对强弱指标（RSI）　超买超卖指标（OBOS）　心理线（PSY）　人气指标（AR）　买卖意愿指标（BR）

【思考题】

1. 技术分析的基本假设是什么？技术分析包括哪些要素？

2. 技术图形分析包括哪些内容？各自的特点是什么？

3. 常用市场分析指标有哪些？它们各有什么特点？

【本章参考书】

1. 弗兰克·K.赖利、基恩·C.布朗：《投资分析与组合管理》，第六版，中文版，北京，中信出版社，2002。

2. 杜金富等：《金融市场学》，第三版，大连，东北财经大学出版社，2010。

3. 张亦春：《金融市场学》，北京，高等教育出版社，1999。

4. 兹维·博迪、亚历克斯·凯恩、艾伦·J.马库斯：《投资学》，第四版，中文版，北京，机械工业出版社，2000。

第十四章

投资基金市场

随着金融创新的发展，新的融资工具和新的金融机构层出不穷。从机构创新上看，投资基金是一种有别于传统的银行金融机构的新型金融机构。它可以深入地介入资本市场的活动，运用资本市场工具来筹集资金，从而可以像银行那样，以零售方式从社会广泛吸收资金。从金融工具创新上看，投资基金发行的证券凭证把股票和债券融合在一起，为资本市场创造出一种新的金融工具。投资基金的出现在传统的间接融资和直接融资之间架起了一座桥梁。

第一节　投资基金市场概述

一、投资基金的概念和特征

（一）投资基金的概念

投资基金是一种集合众多投资者的资金来实现相同投资目的的投资工具。汇集的资金通过专业的投资机构运作，可以投资于各种金融产品甚至于实业，如货币市场上的国库券、商业票据、政府短期债券，资本市场上的股票和中长期债券，以及期货、期权、外汇、房地产、新兴企业等，投资者按比例分享其收益并承担风险。通过投资基金这种工具，可以充分调动社会上的闲散资金，让众多受益人共享投资专家的专业优势，选取合适的投资产品，合理分散风险，获取较为稳定的收益。这章我们主要讨论的是投资于证券市场的证券投资基金。

（二）投资基金的特征

1. 规模投资。投资基金汇集社会上的闲散资金以达到规模经营的效果，并且能够投资于一些小金额受限的投资领域。如在投资证券时，一定规模内，证券买卖的佣金数量是随交易额增大而递减的，因此投资基金这种形式可以相对降低投资成本，获得更多的利润。一些投资领域，如房地产和高新技术企业，分散的投资者即使有投资意愿，也是很难涉足这些领域的，因而投资基金这种工具无疑为中小投资者更广泛地实现其投资目的提供了一个有效途径。

2. 分散投资风险。美国经济学家、诺贝尔经济学奖获得者詹姆斯·托宾（James To-bin）教授说过："不要把鸡蛋都放在一个篮子里。"分散化投资也是投资学的一个基本原则之一，通过建立合理的投资组合，可以有效地减少甚至消除非系统风险。单个投资者由于受自身所有的财富限制，不可能最优化地分散配置自己的投资资金，而投资基金则有这种能力，它能将自己的资金更加合理地配置给不同的投资工具，在实现收益最大化的同时又尽可能地降低风险。

3. 专业化管理经营。基金通常都由有丰富投资管理经验的投资基金管理人来管理经营，他们往往熟悉不同的投资领域，专门从事研究和分析国内外的经济形势和国际市场的发展动态，能对各个领域投资瞬息万变的市场信息作出适当的反应。同时基金公司有发达的通信网络同各个投资市场相连，获得的信息更加及时、充分，分析手段更加先进。因此，投资基金有专业人士在知识、信息和经验上的强力后盾作为支持，避免了个人投资的盲目性。

4. 流动性强。投资基金是一种变现性相当好的投资工具，投资者可以很方便地买卖基金单位。对于开放型基金，投资者可随时直接向基金公司或商业银行等开放式基金销售机构申购和赎回，赎回时还可以按投资者个人提出的支付方式付款。封闭式基金则在证券交易所上市交易，投资者可随时通过证券商进行买卖，手续类似于股票交易。

5. 资产专门保管、安全性高。为了保证投资基金资产的安全，基金资产不能由基金管理人掌管，而必须由另外一家独立的托管公司持有和保管，这使经理人难以谋取私利。而托管公司一般都是大银行或比较大的跨国财团或实力雄厚的投资机构，其资信好，资讯网络范围广阔。同时，基金资产一般作为托管公司的表外项目，严格与托管公司自身资产分离，独立设置账户进行核算，即使托管公司面临破产清算也不能将基金的资产列入清算资产范围。

（三）投资基金与其他金融工具的比较

1. 投资基金与股票、债券的比较。

（1）它们所反映的关系不同。股票反映的是所有权关系，是一种所有权凭证；债券反映的是债权债务关系，是一种债权凭证；而投资基金反映的则是一种信托关系，是一种受益凭证。

（2）它们所筹集资金的投向不同。股票和债券是直接投资工具，筹集的资金主要是投向实业领域。投资基金是一种间接融资工具，筹集的资金主要是投向有价证券和不动产等。

（3）它们的投资收益和风险大小不同。股票收益是不确定的，它取决于发行公司的经营效益，相对而言，股票是一种高风险、高收益的投资品种；债券的收益则是事先确定的，是一种低风险、低收益的投资品种；投资基金主要投资于有价证券，而这种投资选择可以灵活多样，是一种风险适中、收益稳健的投资品种。而且，投资基金能满足那些不能或不便直接参与股票、债券投资的公众或单位的需要。

2. 投资基金与银行储蓄存款的比较。

（1）性质不同。银行储蓄存款表现为银行的负债，是一种信用凭证，银行对存款者负有法定的保本付息责任。投资基金是一种受益凭证，基金财产独立于基金管理人，基金管理人只是代替投资者管理基金，并不承担投资风险。

（2）收益与风险不同。银行存款利率相对固定，投资者几乎没有损失本金的可能性；而投资基金并不保证本金的安全，投资者需要承担一定的投资风险。

（3）信息披露程度不同。银行吸收存款以后，没有义务向存款人披露资金的运行情况；投资基金管理人则必须向投资者公布基金的投资运作情况，如净值公告、各种定期报告等。

二、投资基金市场参与的主体

（一）基金当事人

投资基金的当事人是指参与投资基金活动的关系人。证券投资基金的当事人主要包括：基金投资人、基金管理人、基金托管人以及基金销售机构、基金份额登记注册机构、会计师事务所、律师事务所、基金监管机构等中介服务机构及监管部门。证券投资基金的当事人因基金运作方式的不同会有所不同。

契约型证券投资基金当事人主要包括基金管理人、基金信托人、基金托管人、受益人等，他们之间通过信托契约进行组织管理。公司型证券投资基金的当事人主要包括基金公司、基金管理人、基金托管人、股东等。与契约型基金相比，其核心机构一般是基金公司，它通过发行股票向广大投资人筹资，并选择基金管理人和基金托管人，而且由于需要发行股票，还往往需要承销公司的介入。

开放式投资基金与封闭式投资基金也略有不同。封闭式基金设立后，如果需要上市交易，还会涉及证券交易所和证券承销人等当事人。

这里简单介绍一下主要的当事人：基金投资人、基金管理人、基金托管人，后面的章节还将有详细介绍。基金投资人是基金出资人、基金资产所有者和基金投资收益受益人。基金管理人负责基金资产投资运作，在我国一般为基金管理公司。基金托管人通常由具备一定条件的商业银行、信托公司等专业性金融机构担任，负责保管基金资产。

（二）基金市场服务机构

投资基金市场服务机构主要包括基金销售机构、基金份额登记注册机构、会计师事务所、律师事务所等中介服务机构，对于封闭式基金，还要包括证券交易所。

基金销售机构是指一些为基金管理人提供销售服务，并收取一定的销售佣金和服务费的独立销售机构，一般是证券公司、商业银行及其他一些中介机构。

基金份额登记注册机构负责投资人账户的管理和服务，负责基金单位的注册登记以及红利发放等具体投资者服务内容。基金份额登记注册机构通常由基金管理人或其委托的商业银行或其他机构担任。

会计师事务所和律师事务所作为专业、独立的中介服务机构，为基金提供专业、独立的会计、审计及法律服务，如为基金出具会计、审计报告等。

（三）监管与自律机构

我国基金业的监管与自律机构主要包括有三个：国务院证券监督管理机构、中国证券业协会和证券交易所。由此决定我国基金监管大致可以分为三个层次：国务院证券监督管理机构的监管、中国证券业协会的自律性管理和证券交易所的一线监管。《证券投资基金法》明确规定，除对基金托管人的资格核准及监管工作由国务院证券监督管理机构和国务院银行业监督管理机构共同负责外，国务院证券监督管理机构依法对证券投资基金活动实施监督管理。中国证监会在各地的派出机构根据中国证监会的授权对当地的基金市场履行监管的职责。基金业的行业自律管理由中国证券业协会具体负责组织实施，证券交易所则对基金的上市、基金的投资交易行为履行一线监管的职责。

1. 国务院证券监督管理机构。国务院证券监督管理机构的监管主要是指中国证券监督管理委员会及其派出机构对证券投资基金的监管。中国证监会对证券投资基金的监管包括对基金管理公司的监管、对证券投资基金活动的监管以及对基金托管人的监管等。

（1）对基金管理公司的监管。主要包括：基金管理公司必须按照《证券投资基金法》的规定设立；基金管理公司的业务范围应符合《证券投资基金法》的规定；基金管理公司的法人治理应符合相关规定；基金管理公司的高级管理人员应符合有关高管人员任职资格的规定；基金管理公司的内部机构设置、技术配备及内控制度的建立等应符合有关规定等。

（2）对证券投资基金活动的监管。这主要包括对基金设立、募集与交易的监管和对基金运作的监管，这是基金监管的重点。对基金设立、募集与交易的监管主要包括：基金设立应符合规定的条件，并经中国证监会批准；基金发起人在基金存续期内应持有一定比例的基金份额；基金募集前3天，基金发起人应在指定的报刊上登载招募说明书；有关基金的申购、赎回场所或上市交易安排应符合相关规定等。对基金运作的监管主要包括：基金投资组合应符合有关规定；基金、基金管理公司或基金托管人不得有禁止从事的行为；基金有关费用的核算及支付、基金收益的分配、信息披露、专用交易席位的使用符合规定等。

（3）对基金托管人的监管。主要包括：商业银行从事基金托管业务必须符合《证券投资基金法》规定的条件，并经国务院证券监督管理机构和国务院银行业监督管理机构批准；基金托管银行应设立独立的托管部门专门从事基金托管业务；托管部门内部人员从业资格和任职资格、机构设置、技术配备和管理制度等应符合有关规定等。中国证监会派出机构对辖区内的基金管理公司实施监管，应掌握辖区内基金管理公司的基本情况及每季度的运作情况；同时应密切关注新闻媒体及公众对基金管理公司及证券投资基金的评论和报告；当发现基金管理公司及有关当事人未履行规定义务的，证监会派出机构应视不同情况，采取以下措施：口头谴责并予以记录；书面谴责；辖区内通报批评；向中国证监会书面报告并提出处理意见。

2. 中国证券业协会。中国证券业协会是证券业的自律性组织，成立于1991年8月28日，它的设立是为了加强证券业之间的联系、协调、合作和自我管理，以利于证券市场的健康发展。我国证券投资基金产生的时间并不长，行业自律监管也是在实践中逐渐摸索出适合中国国情的自律监管模式。最初证券投资基金行业是以相对松散的基金业联席会议的形式开展自律工作的。1999年12月，当时的10家基金管理公司和5家商业银行基金托管部共同签署了《证券投资基金行业公约》。随着基金管理公司的增加和基金市场的发展，2001年8月28日，中国证券业协会基金公会成立。基金公会在加强行业自律、协助辅导、服务会员等方面做了许多工作。

2002 年 12 月 4 日，中国证券业协会证券投资基金业委员会成立，承接原基金公会的职能和任务。委员会是中国证券业协会内设的由专业人士组成的议事机构，其主要职责是调查、收集、反映业内意见和建议；研究、论证业内相关政策和方案；草拟或审议证券投资基金业务有关规则、执业标准、工作指引和自律公约；协助开展业内教育培训、国际交流与合作等。其宗旨是推动业务创新，完善行业自律，维护会员合法权益，集中全行业的智慧和资源，为基金业的发展服务。

3. 证券交易所。证券交易所最基本的功能有两个：一是提供交易市场，二是维护市场秩序。从这两个基本功能出发，证券交易所对基金的监管相应地表现为对基金上市的管理和对基金投资行为的监管。我国沪、深交易所均制定了《证券投资基金上市规则》，对在证券交易所挂牌上市的封闭式证券投资基金的上市条件、上市申请、上市公告书、信息披露的原则和要求、上市费用等作出了详细规定。对基金投资行为的监管则主要是根据《证券交易所管理办法》，一方面对投资者买卖基金的交易行为的合法、合规性进行监管；另一方面是对证券投资基金在证券交易所的投资行为进行监督和管理。

三、投资基金的起源与发展

（一）投资基金的起源

投资基金起源于 19 世纪的欧洲，作为一种社会化的理财工具，它最早在英国出现。英国是最早的工业化国家，当时英国的产业革命基本结束，投资机会锐减，投资者纷纷把目光转移到其广阔的殖民地上。但是对于这些新兴的市场，投资者往往没有足够的信息，一些不法分子借机骗取投资者钱财；另外，海外殖民地风险大、监管困难，往往只有相当了解当地情况的专业投资人来操作才能获利；在这种背景下，投资基金应运而生。1868 年 11 月，英国成立了"国外和殖民地政府信托基金"（Forcign and Colonial Government Trust），公开向社会发售认购凭证，它是世界上公认设立最早的投资基金，以投资于设在国外的殖民地公司债为主，其投资地区遍及北美、中东、东南亚以及意大利、葡萄牙等国，该基金类似于现代的封闭式契约基金。其后，从 1870—1930 年的 61 年间，英国共成立了 200 多家基金公司。1931 年，英国出现了世界第一只以净资产价值向投资者买回基金单位的基金，它成为现代投资信托基金的里程碑。1943 年，英国成立了"海外政府信托契约"（Offshore Government Trust Agreement of Indenture）组织，该基金组织除规定基金公司应以净资产价值赎回基金单位外，还在信托契约中明确了基金灵活的投资组合方式，标志着现代投资基金的开端。

（二）投资基金的发展

1. 投资基金在美国的迅速发展。进入 20 世纪后，英国的投资基金业虽得到了长足发展，但是由于英国逐渐失去了其头号政治、军事强国的地位，国内投资基金的发展也受到了影响。这时，投资机会在另外一个新兴资本主义国家——美国不断涌现出来，投资基金的辉煌似乎也就注定在这个国家出现。美国由于幅员辽阔、资源丰富、较少的封建势力束缚、大量吸收工业革命的成果而日益强大起来。尤其是在第一次世界大战过后，美国并没有受到战争侵害，市场发展迅猛，社会财富迅速积累，这些都为投资基金的发展奠定了基础。1924 年 1 月，在素有美国金融"第二城"的波士顿，成立了美国历史上第一家正规的投资基金——马萨诸塞投资信托基金。1929 年的经济危机使欧美等发达国家备受打击，当时的投资基金几乎全军覆灭，直到 30 年代中期，才又开始出现投资基金。这次危机虽然使投资基金的发展出现了暂时的"倒退"，但是从另一个角度来看却为基金业的规范发展埋下了伏笔。在总结经验教训的基础上，为了规范投资基金的行为，强化管理以促进投资基金的健康发展，1940 年，美国颁布实施了《投资公司法》（Investment Company Act），详细规定了投资基金组成及管理方面的法律要件，为投资者提供了完整的法律保护。这部法律也是世界上第一部系统规范投资基金的法律，为美国投资基金的发展奠定了基础。

美国投资基金业的发展在时间上呈现出很强的阶段性，第一阶段大约从其产生到 1940 年《投资公司法》颁布以前的一段时间，这一阶段的主要特点是以封闭型的投资基金为主要形态。例如，1940 年封闭式的投资基金的资产价值达 6 113 亿美元，而开放式共同基金还不到封闭式的 1/4，另一特点是法律法规还很不健全。第二阶段是从 1940 年起至现在的一段时间。在第二阶段，开放式的投资基金逐渐取代封闭式的投资基金而占主导地位，如在 1982 年封闭式投资公司的资产仅为 71 179 亿美元，而同年的开放式投资公司的资产价值则达到了 270 818 亿美元。另外，货币市场基金（money market funds）和创业基金（venture funds）的产生和蓬勃发展也是此阶段美国基金业发展的显著特点。

2. 投资基金在其他一些国家和地区的发展。在所有亚洲国家中，日本投资基金起步最早，起步于 20 世纪 30 年代，但在 50 年代极不规范，如 1937 年证券经纪商藤本创立的"有价证券投资合作社"是比较典型的一例。而 1941 年野村证券创办的信托投资体系，可视为现代意义上的信托投资第一例。第二次世界大战后，日本股市极度萧条，给战后经济复兴和企业融资带来了巨大困难。为了应付这种局势，日本证券界研究通过了利用投资信托吸引大众资金进入证券市场的方案，于 1951 年 6 月公布实施了《证券投资信托法》，确立了以第二次世界大战前投资信托结构为参考的契约型投资信托制度，这时日本四大证券公司野村、日兴、大和及山一率先开展基金业务。1957 年，信托投资行业自律机构"日本投资信托协会"成立，1959 年 12 月基金业务从证券公司分离，四大投资信托公司由此产生。1967 年日本政府颁布了新的《证券投资信托法》，此后又逐步引导基金市场走向国际化，这些举措推动了日本基金业的迅速发展。

印度投资基金机制引进于 20 世纪 50 年代，是发展中国家中最早的。20 世纪 60 年代，其投资基金有了迅速发展，至 1961 年，投资基金的数目已达 1 203 家，基金总额为 1 216 亿卢比，平均基金资产规模为 1 亿卢比。

中国台湾 20 世纪 80 年代才开始引进投资基金机制。由于台湾地区从 1950 年开始，其出口盈余给政府、企业和居民都带来了大量的积蓄，所以投资基金业起步虽晚，但一经发展，就突飞猛进。

中国香港于 1960 年成立第一个单位信托基金，受托人为汇丰银行。1969 年设立了海外投资基金（offshore funds）。1978 年 6 月，香港颁布并实施《香港单位信托及互惠基金守则》，为香港基金业提供了较为完善的监管制度，致使投资基金数目和资产总值都有大幅度上升，新的基金类型不断涌现。

3. 投资基金在中国的发展。我国投资基金的出现是同我国经济和证券市场的发展紧密地联系在一起的。据了解，我国较早接触投资基金业务的单位有中国银行和中国国际信托投资公司。早在 1987 年，它们就开始组建投资基金，不过那时的业务规模比较小，主要以吸引外资为主，但它标志着中国投资基金的诞生。90 年代初期，我国部分地区自发组建了一批组织形式比较完善、投资方向较为明确的投资基金和投资基金管理公司。1992 年中国人民银行批准设立山东淄博乡镇企业投资基金和淄博投资基金管理公司，标志着我国的投资基金业从自发性发展阶段开始进入了规范性发展阶段。此后，我国投资基金业加快发展，种类也日渐丰富。特别是 2003 年 10 月 28 日《证券投资基金法》的通过，为我国基金业进一步健康规范的快速发展奠定了坚实的基础。

从以上几个国家或地区投资基金的发展过程中我们不难看出，投资基金及其市场的兴起是同一个国家或地区经济发展、投资机会多少紧密联系在一起的，特别是与一国金融市场的发展程度有关。当一国的金融市场初具规模，金融工具的种类和数量发展到一定水平，投资基金就会适应市场的需要而出现，之后，金融市场进一步发展并日臻成熟，投资基金也会相应地获得更大程度的发展。当今投资基金种类最多、发展最快的国家美国，其金融市场也是全球最为发达的。

（三）投资基金在金融体系中的地位与作用

投资基金根据其投资对象的不同，促进了一个国家经济体系的不同组成部分的发展，如投资于金融市场的证券、外汇、期权等投资基金，投资于房地产市场的房地产基金，投资于企业的产业投资基金，或是不同程度地活跃了各种投资产品市场，提高了市场运作效率；或是提供了一种新的融资渠道，为企业的发展注入了活力。根据国内投资基金发展的实际，绝大部分的投资基金都是证券投资基金，本章中我们将主要讨论投资于资本市场的证券投资基金。投资基金的作用有以下几个方面：

1. 促进了证券市场的规范化及稳定发展。首先，推动了上市公司的规范化建设。上市公司是股市的基础，上市公司的法人治理结构状况、资金运作和投资状况都牵动着股票的走势和发展。投资基金一般倾向于选择那些运作规范、资产质量较高、盈利能力较强、发展潜力较大的公司的股票。投资基金的这种选择行为会使得部分质量差的企业融资产生困难，起到了间接规范公司运作的作用。而且，投资基金一般作为上市公司的大股东，往往会参与到企业的运作当中去，要求其按照市场规则来运作，这就是其对上市公司的直接规范化作用。其次，投资基金促进了证券市场的稳定发展。成熟的证券投资基金一般都是长期投资者，它们所看重的是公司的基本面，公司的未来。这些投资基金经过审慎的研究分析市场、行业及企业的详细情况，一旦决策投资，只要企业不更弦易辙，不脱离正确轨道，它们经常长期持有企业的股票。投资基金的入市，特别是当基金具有相当规模，占证券市场市值相当比例的时候，对于证券市场的稳定发展具有重要积极意义。

2. 促进了金融体系的发展。首先，推动了直接融资方式的发展。证券投资基金这种形式具有分散投资并保持较高收益的特点，能够吸引较多的社会闲散资金参与其中，投资于股票、债券等有价证券，为直接融资方式提供一笔很大的资金来源。其次，证券投资基金还打破了商业银行的垄断地位，推动了多种金融机构的有序竞争，提高了金融体系的运作效率。最后，推动了金融创新。证券投资基金本身就是一种金融创新，作为一种金融工具，证券投资基金推陈出新，新的基金品种不断出现，满足不同的市场需求；同时证券投资基金高效的运作方式，为投资者带来相对较高的回报，这些都对其他金融领域造成影响。

3. 为中小投资者拓宽了投资渠道。储蓄或购买证券对于中小投资者来说是一种比较稳妥的投资渠道，但是收益率较低。投资于股票能获得较高收益，但是中小投资者往往资金有限，且投资经验不足，直接进行股票投资有一定的困难，风险较大。一方面，购买股票需要一定的资金量，小额资金入市较难；另一方面，在资金量有限的情况下，很难做到组合投资、分散风险。此外，股票市场变幻莫测，中小投资者由于缺乏投资经验，再加上信息条件的限制，很难在股市中获得良好的投资收益。证券投资基金能把众多投资者的小额资金集合起来，进行组合投资，由专业的投资机构来管理和运作，从而为投资者提供了有效参与证券市场的投资渠道。在美国，有 50% 左右的家庭投资于基金，基金占所有家庭资产的 40% 左右，证券投资基金已经成为一种大众化的投资工具。

第二节　投资基金的类型

一、封闭式基金和开放式基金

根据基金规模是否可变，可以分为封闭式基金和开放式基金。封闭式基金是指事先确定发行总额，在封闭期内基金单位总数不变，基金上市后投资者可以通过证券市场转让、买卖基金单位的一种基金。开放式基金是指基金发行总额不固定，基金单位总数随时增减，投资者可以按基金的报价在国家规定的营业场所申购或者赎回基金单位的一种基金。两者的区别详见表 12 - 1。

表 14 - 1　　　　　　　　封闭式基金与开放式基金的比较

	封闭式基金	开放式基金
基金规模	发行规模固定不变	发行规模可随时增减
存续期	有固定的存续期	没有固定的存续期
交易地点	上市，交易所买卖	不上市，销售柜台买卖
定价方法	根据交易所交易价格计算	根据基金资产净值加手续费计算
投资策略	规模、存续期限固定，可以制定长期投资策略，取得长期经营绩效	必须保留一定比例的现金以备投资人随时赎回，一般投资于变现能力强的资产
适合投资的市场	封闭而资金流动性不高的初级发展阶段的市场	规模较大、流动性较高、管理规范的市场
总规模	近年来规模逐年缩小	规模较大，是基金业发展的趋势

二、契约型基金和公司型基金

根据组织形式的不同，可以分为契约型基金和公司型基金。契约型基金也叫信托型投资基金，是根据一定的信托契约通过发行收益凭证而组建的投资基金。该类基金一般由投资者、基金托管人和基金管理人订立信托契约，通过发行受益凭证组成信托资产。基金的发起人通常是基金管理人，基金管理人依据法律、法规和基金契约的规定负责基金的经营和管理运作；基金托管人负责保管基金资产，执行管理人的有关指令，办理基金名下的资金往来；投资者购买基金单位，意味着承认、遵守基金契约并享有基金投资收益。公司型基金，是具有共同投资目标的投资者，依据公司法组成以盈利为目的、投资于特定对象的股份制投资公司。这种基金通过发行股份的方式筹集资金，是具有法人资格的经济实体。基金持有人既是基金投资者，又是公司股东，按照公司章程的规定，既享受权利又履行义务。公司型基金成立后，通常委托特定的基金管理公司运用基金资产进行投资并管理基金资产。基金资产的保管则委托另一金融机构，负责保管基金资产，并执行基金管理人指令，二者权责分明。两类投资基金的区别详见表 12-2。

表 14-2　　　　　　　　　契约型基金与公司型基金的比较

	契约型基金	公司型基金
法律依据	依照基金契约组建，信托法是其设立的依据	依据公司法组建
法人资格	不具有法人资格	具有法人资格的公司
发行凭证	受益凭证（基金券）	股票
投资者地位	投资者是信托契约中规定的受益人，基金契约关系的当事人，对基金运作所做的重要投资决策通常不具有发言权	投资者作为公司股东有权对公司重大决策进行审批，发表自己的意见。可以参加股东大会，直接参与基金资金运用的经营或监督
经营依据	依据基金契约	依据公司章程
融资渠道	一般不能向银行借款	可以向银行借款
基金运营	基金契约期满，基金运营也就终止	除非依据公司法到了破产、清算阶段，否则公司一般具有永久性
资产性质	基金资产是信托财产	基金财产是公司法人的资本

三、股票基金、债券基金、货币市场基金和混合基金

根据投资对象的不同。可以分为股票基金、债券基金、货币市场基金和混合基金。股票基金在各类基金中历史最为悠久，也是证券投资基金的一种最常见的类型。根据股票基金所投资股票特性的不同，可以对股票基金进行进一步的细分。如可以根据基金所持有股票平均市值及价值特性的不同，将股票型基金分为小盘价值、小盘平衡、小盘成长、中盘价值、中盘平衡、中盘成长、大盘价值、大盘平衡、大盘成长型基金九种基本类型。

债券基金是指主要以各种债券为投资对象的基金类型。同样可以根据基金所投资的债券类型的不同对债券基金进行进一步细分，如市政债券基金主要以市政债券为投资对象，公司债券基金则主要以公司债为主要投资对象。货币市场基金是指主要以大额可转让定期存单、银行承兑汇票、商业本票等货币市场工具为投资对象的证券投资基金。混合型基金是指同时以股票、债券为投资对象的基金。根据股票、债券投资比例以及投资策略的不同，混合型基金又可分为偏股型基金、偏债型基金、配置型基金等多种类型。

四、成长型基金、收入型基金和平衡型基金

根据投资目标的不同，可以分为成长型基金、收入型基金和平衡型基金。成长型投资基金是指以追求资本增值为基本目标，较少考虑当期收入的基金，主要以具有良好增长潜力的股票为投资对象。收入型基金是指以追求稳定的经常性收入为基本目标的基金，该类基金主要以大盘蓝筹股、公司债、政府债券等高收益证券为投资对象。平衡型基金则是既注重资本增值又注重当期收入的一类基金。一般来说，成长型基金的风险大、收益高；收入型基金的风险小、收益也较低；平衡型基金的风险、收益则介于成长型基金与收入型基金之间。

五、主动型基金和被动型基金

根据投资理念的不同，可分为主动型基金和被动型基金。主动型投资基金是一类力图取得超越基准市场组合表现的基金。与主动型基金不同，被动型投资基金并不主动寻求取得超越市场的表现，而是试图复制指数的表现。被动型基金一般选取特定的指数作为跟踪的对象，因此通常又被称为指数型基金。

六、在岸基金和离岸基金

根据基金的资金来源和用途的不同，可分为在岸基金和离岸基金。在岸基金，也称国内基金，是指在本国募集资金并投资于本国证券市场的证券投资基金。由于在岸基金的投资者、基金组织、基金管理人、基金托管人及其他当事人和基金的投资市场均处于本国境内，所以，基金的监管部门比较容易运用本国法律法规及相关技术手段对证券投资基金的投资运作行为进行监管。离岸基金，也称海外基金，是指一国的证券基金组织在他国发行证券基金份额，并将募集的基金投资于本国或第三国证券市场的证券投资基金。

七、其他特殊类型基金

(一) 系列基金

系列基金又被称为伞形基金，是指多个基金共用一个基金合同，子基金独立运作、子基金之间可以进行相互转换的一种基金结构形式。在法律上，系列基金并不具有独立的法律地位，各个子基金却具有相对独立性。

（二）基金中的基金

基金中的基金是指以其他证券投资基金为投资对象的基金，其投资组合由其他基金组成。

（三）保本基金

保本基金是指通过采用投资组合保险技术，保证投资者在投资到期时至少能够获得投资本金或一定回报的证券投资基金。为能够做到本金安全或实现最低回报，保本基金通常会将大部分资金投资于与基金到期日相同的债券；同时，为提高收益水平，保本基金会将其余部分投资于股票、衍生工具等高风险资产上；在投资回报较高的情况下，保本基金还有可能进一步加大对风险资产的投资，以期能够进一步提高投资回报。保本基金的投资目标是在锁定下跌风险的同时力争有机会获得潜在的高回报。保本基金只对到期投资提供保本，因此这种基金主要适合中长期的稳健投资者。

（四）交易所交易基金

交易所交易基金（exchange traded fund，ETF）是由基金管理公司发行的，基金单位既可以进行随时创设与赎回，又可以在交易所挂牌上市交易的创新型指数基金。它通过复制指数的投资组合以及一篮子证券与基金单位之间自由交换的运作方式，保证资产净值与指数同步波动。同时，通过二级市场挂牌交易与一级市场申购、赎回之间的套利机制，保证交易价格贴近净值，从而使得交易价格与资产净值一同跟踪市场到这一投资功能，客观上要求 ETF 与标的指数的收益率非常接近，或者说使 ETF 与标的指数之间的跟踪误差足够小。作为一种既可上市交易，又能以实有证券方式申购和赎回的基金，ETF 兼具开放式基金和封闭式基金的优点，既适合长期投资者也适合投机人士与临时性现金管理者。

（五）上市开放式基金

上市开放式基金（list open - ended fund，LOF）——名副其实，它是在交易所进行申购和赎回的开放式基金，是对开放式投资基金产品的创新。它的投资理念是主动型和被动型兼有，这是其与交易所交易基金的最大区别，后者是一种被动型基金产品。上市开放式基金一方面可以像传统开放式基金一样，通过银行等代销机构在场外按基金份额净值进行申购、赎回，另一方面可以像传统封闭式基金那样，通过交易所系统发行并上市交易。场外市场与场内市场的基金份额分别被注册登记在场外系统与场内系统（尽管场外基金份额与场内基金份额被分别注册登记在场外系统与场内系统，但实际上可以通过一卡而实现两个系统的注册登记），并可以通过跨系统转托管（即跨系统转登记）实现基金份额在银行等代销机构（场外）申购、赎回和在交易所（场内）买卖两种交易方式的转换。

八、国内证券投资基金现状

截至目前，国内所有的证券投资基金都为契约型投资基金。截至 2005 年底，全国 53 家获准开业的基金管理公司，共管理公募基金份额 4 982.9 亿份，净资产总额为 5 191.18 亿元。其中，封闭式基金 817 亿份，净资产总额 822.11 亿元，占全部净资产总额的 15.84%；开放式基金 4 165.9 亿份，净资产总额 4 369.07 亿元，占全部净资产总额的 84.16%。在已经发行基金产品的 49 家基金管理公司中，公募基金管理目前主要侧重于开放式基金，这 49 家基金管理公司中，17 家成立时间较长的管理封闭式基金，而其他 32 家基金管理公司，特别是新成立的基金管理公司所管理的均为开放式基金。具体是，开放式基金 169 只，基金资产份额 4 056.86 亿份，基金资产规模 4 179.20 亿元；封闭式基金 54 只，基金资产份额 817 亿份。在 169 只开放式基金中，股票型基金 75 只、混合型基金 44 只、货币型基金 30 只、债券型基金 15 只、保本型基金 5 只。从产品数量看，高风险类型的产品较多，占总数的 2/3 以上。我国现有的 53 家基金管理公司中，合资基金公司 20 家，内资基金公司 33 家。其中，2005 年成立的基金管理公司 8 家，有 5 家是合资基金公司（包括 3 家银行系基金公司），注册资本均为 2 亿元，3 家是内资基金公司，注册资本为 1 亿元。

基于中国证券投资基金业发展的实际，在接下来的讨论中，我们将把重点都放在契约型证券投资基金上，而其他类型投资基金则不再出现在讨论范围内。

【专栏 14 - 1】

老基金改制

1997 年，停滞了四年之久的中国基金业再次启动探索之旅。如果说 20 世纪 90 年代初期我国投资基金的试点是"摸着石头过河"的话，那么从 1997 年开始，我国的基金行业进入了一个"先立法，后试点"的新时期。1997 年 11 月 14 日，是一个在中国投资基金发展史中有里程碑意义的日子，这一天，基金行业首个全国性的法规——《证券投资基金管理暂行办法》（以下简称《暂行办法》）颁布，标志着我国证券投资基金行业从此进入一个规范发展的时期。《暂行办法》拉开了我国证券投资基金初步规范发展的序幕，大幕打开后的第一出戏就是老基金改制。

这是一个艰难而且痛苦的开始。老基金中除了淄博、宝鼎、建业、金龙 4 家为人民银行批准设立外，其他均为各地方设立。老基金名义上为封闭式基金，但大多数没有封闭期，没有托管人，有的甚至还承诺收益率。运作不规范，普遍存在资产质量差、资金流动性不良等缺陷，其中，不少老基金甚至还将大部分投资沉淀在房地产、公司法人股等不易变现的投资上。

对于老基金的清理规范，有关方面不得不采取"非市场手段解决市场问题"，有的甚至由基金管理人或发起人用现金置换原有流动性差的资产，虽然代价昂贵，但是制约市场规范化发展的老基金问题在此后的几年中逐步得到了解决。根据资产流动性的不同，老基金分别被转换成证券投资基金、金融债券或者被清盘，除君安受益、海南银通与广证受益等被清盘以外，大部分老基金都被合并规范为证券投资基金。

伴随着老基金的改制，中国第一批基金管理公司诞生。1998 年 3 月，第一批两家基金公司分别在上海和深圳成立，两只规范运作的封闭式证券投资基金——基金金泰和基金开元相继获准发行，基金业迎来了规范的证券投资基金试点阶段。1998 年，另外 4 家规范运作的证券投资基金管理公司相继成立，并有 5 只基金面世，当年基金行业整体资产管理规模达到 103.64 亿元。1999 年，股市的复苏给中国基金业带来新的生机，也是基金业首次大扩容的一年，基金公司数量增加至 10 个，史称"老十家"。"老十家"所管理的基金迅速扩张至 23 只，总发行规模 510 亿元。

基金以机构投资者的身姿高调入市，被管理层寄予稳定市场的厚望，而在当时庄股流行的证券市场，公募基金的第一步走得如履薄冰般艰难。

资料来源：《上海证券报》。

第三节　投资基金市场运行

一、投资基金的发行

投资基金的发行又称投资及基金的募集，是指基金管理公司根据有关规定向国务院证券管理机构提交募集文件，发售基金份额，募集基金的行为。投资基金的发行一般要经过申请、核准、发售、备案、公告这五个步骤。

（一）投资基金发行申请

基金管理人进行证券投资基金的募集，必须依照《证券投资基金法》及《证券投资基金运作管理办法》的相关规定，向国务院证券监督管理机构提交有关文件材料，具体如下：

1. 承诺函。基金管理公司承诺向中国证监会报送的所有申请材料真实、准确、完整、合规；申请材料原件和复印件内容一致，文字简洁、内容清楚。

2. 申请报告。主要内容包括：拟募集基金的基本情况；拟募集基金符合有关规定条件的说明，拟任基金管理人、基金托管人符合有关规定条件的说明；拟募集基金的可行性；基金管理人签章。

3. 基金合同草案。基金合同草案是基金管理人向国务院证券监督管理机构提交的申请核准的基金合同文本。基金合同是规范基金管理人、基金托管人和基金份额持有人权利义务关系的基金法律文件，依照《证券投资基金法》，应包括以下内容：（1）募集基金的目的和基金名称；（2）基金管理人、基金托管人的名称和住所；（3）基金运作方式；（4）封闭式基金的基金份额总额和基金合同期限，或者开放式基金的最低募集份额总额；（5）确定基金份额发售日期、价格和费用的原则；（6）基金份额持有人、基金管理人和基金托管人的权利、义务；（7）基金份额持有人大会召集、议事及表决的程序和规则；（8）基金份额发售、交易、申购、赎回的程序、时间、地点、费用计算方式，以及给付赎回款项的时间和方式；（9）基金收益分配原则、执行方式；（10）作为基金管理人、基金托管人报酬的管理费、托管费的提取、支付方式与比例；（11）与基金财产管理、运用有关的其他费用的提取、支付方式；（12）基金财产的投资方向和投资限制；（13）基金资产净值的计算方法和公告方式；（14）基金募集未达到法定要求的处理方式；（15）基金合同解除和终止的事由、程序以及基金财产清算方式；（16）争议解决方式；（17）当事人约定的其他事项。

4. 托管协议草案。基金托管协议草案是基金管理人向国务院证券监督管理机构提交的申请核准的基金托管协议文本。基金托管协议是基金管理人与基金托管人签订的，旨在明确各自在管理、运用基金财产方面职责的协议。

5. 招募说明书草案。招募说明书草案是基金管理人向国务院证券监督管理机构提交的申请核准的招募说明书文本，招募说明书是基金管理人向社会公开募集基金份额的主要法律文件，根据《证券投资基金法》，应包括以下内容：（1）基金募集申请的申请文件名称和申请日期；（2）基金管理人、基金托管人的基本情况；（3）基金合同和基金托管协议的内容摘要；（4）基金份额的发售日期、价格、费用和期限；（5）基金份额的发售方式、发售机构及登记机构名称；（6）出具法律意见书的律师事务所和审计基金财产的会计师事务所的名称和住所；（7）基金管理人、基金托管人报酬及其他有关费用的提取、支付方式与比例；（8）风险警示内容；（9）国务院证券监督管理机构规定的其他内容。

6. 基金管理人和基金托管人的资格证明文件。《证券投资基金法》规定，只有经国务院证券监督管理机构批准设立的基金管理公司才能担任基金管理人，只有依法设立并取得基金托管资格的商业银行才能出任基金托管人。

7. 经会计师事务所审计的基金管理人和基金托管人最近三年或者成立以来的财务会计报告。要求提交这些报告，有助于国务院证券监督管理机构了解基金管理人和基金托管人的实际财务状况和经济实力。

8. 基金管理人董事会决议。主要内容应当包括基金管理人董事会有关基金募集申请的决议、对基金经理人选的审核意见等，独立董事的意见应当单独列明。

9. 律师事务所出具的法律意见书。律师事务所及其律师对基金募集申请文件的有关内容出具法律意见书。

10. 基金产品方案，包括：（1）关于基金的投资目标、投资理念、投资策略的说明材料；（2）关于基金目标客户的说明材料，根据基金的风险收益特征说明基金所面对的目标客户及其风险、收益偏好；（3）关于基金投资组合管理方法的说明材料，说明基金以什么原则、方法及评价指标来保证投资组合计划的贯彻和实施；（4）选择业绩比较基准的理由；（5）基金的模拟投资分析或实证分析；（6）基金投资风险的管理工具及防范措施；（7）可行性分析材料。包括同类品种的国际比较、市场需求、流动性分析等。

11. 募集方案，包括：（1）募集方案及基金份额发售公告；（2）销售机构及销售计划；（3）本次募集的合规控制制度。

12. 准备情况，包括：（1）说明基金人员准备及具备基金从业资格的人员在基金运作各环节中的分配情况，并就拟任基金经理及研究人员情况作出专项说明；（2）说明基金的投资、交易、清算等技术准备情况及开放式基金危机处理计划；（3）说明基金为投资人服务的措施，如有关材料送达方式、投资人投诉处理方式等。

13. 拟在证券交易所上市交易的开放式基金，还应当提交相关证券交易所出具的有关意见。

14. 中国证监会根据审慎监管原则要求的其他材料。

（二）募集申请的注册

《证券投资基金法》规定：国务院证券监督管理机构应当自受理基金募集申请之日起 6 个月内依照法律、行政法规及国务院证券监督管理机构的规定和审慎监管原则进行审查，作出注册或者不予注册的决定，并通知申请人；不予注册的，应当说明理由。

（三）投资基金的发售、备案和公告

《证券投资基金法》规定，基金募集申请经核准后，方可发售基金份额。基金份额的发售，由基金管理人负责办理；基金管理人可以委托经国务院证券监督管理机构认定的其他机构代为办理。基金管理人应当在基金份额发售的 3 日前公布招募说明书、基金合同及其他有关文件，文件应当真实、准确、完整，对基金募集所进行的宣传推介活动，应当符合有关法律、行政法规的规定。

基金管理人应当自收到准予注册文件之日起 6 个月内进行基金募集。超过 6 个月开始募集，原注册的事项未发生实质性变化的，应当报国务院证券监督管理机构备案；发生实质性变化的，应当向国务院证券监督管理机构重新提交申请。

基金募集期间募集的资金应当存入专门账户，在基金募集行为结束前，任何人不得动用。

基金募集不得超过国务院证券监督管理机构准予注册的基金募集期限。基金募集期限自基金份额发售之日起计算。基金募集期限届满，封闭式基金募集的基金份额总额达到准予注册规模的80%以上，开放式基金募集的基金份额总额超过准予注册的最低募集份额总额，并且基金份额持有人人数符合国务院证券监督管理机构规定的（其中封闭式基金为 1 000 人，开放式基金为 100 人），基金管理人应当自募集期限届满之日起 10 日内聘请法定验资机构验资，自收到验资报告之日起 10 日内，向国务院证券监督管理机构提交验资报告，办理基金备案手续，并予以公告。

基金募集期限届满，不能满足募集要求的，基金管理人应当承担下列责任：一是以其固有财产承担因募集行为而产生的债务和费用；二是在基金募集期限届满后 30 日内返还投资人已缴纳的款项，并加计银行同期存款利息。

二、投资基金的交易

（一）封闭式基金的交易

《证券投资基金法》规定，申请基金份额上市交易，基金管理人应当向证券交易所提出申请，证券交易所依法审核同意的，双方应签订上市协议。

基金份额上市交易，应当符合下列条件：（1）基金的募集符合本法规定；（2）基金合同期限为 5 年以上；（3）基金募集金额不低于 2 亿元人民币；（4）基金份额持有人不少于 1 000 人；（5）基金份额上市交易规则规定的其他条件。

基金份额上市交易规则由证券交易所制定，报国务院证券监督管理机构核准。

基金份额上市交易后，有下列情形之一的，由证券交易所终止其上市交易，并报国务院证券监督管理机构备案：（1）不再具备本法规定的上市交易条件；（2）基金合同期限届满；（3）基金份额持有人大会决定提前终止上市交易；（4）基金合同约定的或者基金份额上市交易规则规定的终止上市交易的其他情形。

（二）开放式基金的申购和赎回

投资者在开放式基金募集期结束后，申请购买基金份额的行为通常被称为基金的申购。在基金募集期内认购基金份额，一般会享受到一定的费率优惠，除此之外基金申购与基金认购没有本质区别。

开放式基金的赎回是指基金份额持有人要求基金管理人购回其所持有的开放式基金份额的行为。

《证券投资基金法》规定，开放式基金的基金份额的申购、赎回和登记，由基金管理人负责办理；基金管理人可以委托经国务院证券监督管理机构认定的其他机构代为办理。基金管理人应当在每个工作日办理基金份额的申购、赎回业务；基金合同另有约定的，按照其约定。

基金管理人应当按时支付赎回款项，但是下列情形除外：（1）因不可抗力导致基金管理人不能支付赎回款项；（2）证券交易场所依法决定临时停市，导致基金管理人无法计算当日基金资产净值；（3）基金合同约定的其他特殊情形。

发生上述情形之一的，基金管理人应当在当日报国务院证券监督管理机构备案。在第一种情形规定的情形消失后，基金管理人应当及时支付赎回款项。

开放式基金应当保持足够的现金或者政府债券，以备支付基金份额持有人的赎回款项。基金财产中应当保持的现金或者政府债券的具体比例，由国务院证券监督管理机构规定。

基金份额的申购、赎回价格，依据申购、赎回日基金份额净值加、减有关费用计算。

基金份额净值计价出现错误时，基金管理人应当立即纠正，并采取合理的措施防止损失进一步扩大。计价错误达到基金份额净值 0.5% 时，基金管理人应当公告，并报国务院证券监督管理机构备案。因基金份额净值计价错误造成基金份额持有人损失的，基金份额持有人有权要求基金管理人、基金托管人予以赔偿。

三、投资基金主要当事人

（一）投资基金的持有人

投资基金的持有人是基金出资人、基金投资者、基金资产所有者和基金投资收益受益人。《证券投资基金法》规定，基金份额持有人享有下列权利：（1）分享基金财产收益；（2）参与分配清算后的剩余基金财产；（3）依法转让或者申请赎回其持有的基金份额；（4）按照规定要求召开基金份额持有人大会或者召集基金份额持有人大会；（5）对基金份额持有人大会审议事项行使表决权；（6）对基金管理人、基金托管人、基金份额发售机构损害其合法权益的行为依法提起诉讼；（7）基金合同约定的其他权利。

基金份额持有人大会是基金持有人行使权利的重要场所，《证券投资基金法》对基金持有人大会的召集、决定事项、召集方式以及通过都有相关规定。

《证券投资基金法》规定，在正常情况下，基金持有人大会由基金管理人召集，基金持有人大会的开会时间、地点由基金管理人选择确定；在更换基金管理人或基金管理人未能行使召集权的情况下，由基金托管人召集。代表基金份额 10% 以上的基金份额持有人就同一事项要求召开基金份额持有人大会，而基金管理人、基金托管人都不召集的，代表基金份额 10% 以上的基金份额持有人有权自行召集，并报国务院证券监督管理机构备案。召开基金份额持有人大会，召集人应当至少提前 30 日公告基金份额持有人大会的召开时间、会议形式、审议事项、议事程序和表决方式等事项。基金份额持有人大会不得就未经公告的事项进行表决。

基金份额持有人大会可以采取现场方式召开，也可以采取通信等方式召开。

《证券投资基金法》规定，下列事项应当通过召开基金份额持有人大会审议决定：（1）提前终止基金合同；（2）基金扩募或者延长基金合同期限；（3）转换基金运作方式；（4）提高基金管理人、基金托管人的报酬标准；（5）更换基金管理人、基金托管人；（6）基金合同约定的其他事项。

每一基金份额具有一票表决权，基金份额持有人可以委托代理人出席基金份额持有人大会并行使表决权。基金份额持有人大会应当有代表 50% 以上基金份额的持有人参加，方可召开；大会就审议事项作出决定，应当经参加大会的基金份额持有人所持表决权的 50% 以上通过；但是，转换基金运作方式、更换基金管理人或者基金托管人、提前终止基金合同，应当经参加大会的基金份额持有人所持表决权的 2/3 以上通过。

基金份额持有人大会决定的事项，应当依法报国务院证券监督管理机构备案，并予以公告。

（二）投资基金的管理人

基金管理人是指按法律、法规的规定，负责发起设立与经营管理基金的事业性机构。基金管理人在基金的运作中起着关键性作用。《证券投资基金法》规定，基金管理人由基金管理公司或者经国务院证券监督管理机构按照规定核准的其他机构担任。

1. 基金管理公司的设立条件。《证券投资基金法》规定，设立基金管理公司，应当具备下列条件，并经国务院证券监督管理机构批准：（1）有符合《证券投资基金法》和《中华人民共和国公司法》规定的章程；（2）注册资本不低于 1 亿元人民币，且必须为实缴货币资本；（3）主要股东应当具有经营金融业务或者管理金融机构的良好业绩、良好的财务状况和社会信誉，资产规模达到国务院规定的标准，最近三年没有违法记录；（4）取得基金从业资格的人员达到法定人数；（5）董事、监事、高级管理人员具备相应的任职条件；（6）有符合要求的营业场所、安全防范设施和与基金管理业务有关的其他设施；（7）有良好的内部治理结构、完善的内部稽核监控制度和风险控制制度；（8）法律、行政法规规定的和经国务院批准的国务院证券监督管理机构规定的其他条件。

2. 基金管理人的职责。依照《证券投资基金法》的规定，基金管理人的职责主要有：（1）依法募集基金，办理或者委托经国务院证券监督管理机构认定的其他机构代为办理基金份额的发售、申购、赎回和登记事宜；（2）办理基金备案手续；（3）对所管理的不同基金财产分别管理、分别记账，进行证券投资；（4）按照基金合同的约定确定基金收益分配方案，及时向基金份额持有人分配收益；（5）进行基金会计核算并编制基金财务会计报告；（6）编制中期和年度基金报告；（7）计算并公告基金资产净值，确定基金份额申购、赎回价格；（8）办理与基金财产管理业务活动有关的信息披露事项；（9）召集基金份额持有人大会；（10）保存基金财产管理业务活动的记录、账册、报表和其他相关资料；（11）以基金管理人名义，代表基金份额持有人利益行使诉讼权利或者实施其他法律行为；（12）国务院证券监督管理机构规定的其他职责。

《证券投资基金法》规定，基金管理人不得有下列行为：（1）将其固有财产或者他人财产混同于基金财产从事证券投资；（2）不公平地对待其管理的不同基金财产；（3）利用基金财产为基金份额持有人以外的第三人牟取利益；（4）向基金份额持有人违规承诺收益或者承担损失；（5）侵占、挪用基金财产；（6）泄露因职务便利获取的未公开信息、利用该信息从事或者明示、暗示他人从事相关的交易活动；（7）玩忽职守，不按照规定履行职责；（8）依照法律、行政法规有关规定，由国务院证券监督管理机构规定禁止的其他行为。

3. 基金管理人职责终止条件。《证券投资基金法》规定，公开募集基金的基金管理人违法经营或者出现重大风险，严重危害证券市场秩序、损害基金份额持有人利益的，国务院证券监督管理机构可以对该基金管理人采取责令停业整顿、指定其他机构托管、接管、取消基金管理资格或者撤销等监管措施。同时规定，有下列情形之一的，基金管理人职责终止：（1）被依法取消基金管理资格；（2）被基金份额持有人大会解任；（3）依法解散、被依法撤销或者被依法宣告破产；（4）基金合同约定的其他情形。

基金管理人职责终止的，基金份额持有人大会应当在 6 个月内选任新基金管理人；新基金管理人产生前，由国务院证券监督管理机构指定临时基金管理人。基金管理人职责终止的，应当妥善保管基金管理业务资料，及时办理基金管理业务的移交手续，新基金管理人或者临时基金管理人应当及时接收。基金管理人职责终止的，应当按照规定聘请会计师事务所对基金财产进行审计，并将审计结果予以公告，同时报国务院证券监督管理机构备案。

（三）投资基金的托管人

基金托管人是指按法律、法规的规定，承担基金资产保管等职责的专业机构，以防止基金资产被挤占、挪用等时间的发生。《证券投资基金法》规定，基金托管人由依法设立的商业银行或者其他金融机构担任。

1. 基金托管人的条件。《证券投资基金法》规定，商业银行担任基金托管人的，由国务院证券监督管理机构会同国务院银行业监督管理机构核准；其他金融机构担任基托管人的，由国务院证券监督管理机构核准。担任基金托管人，应当具备下列条件：（1）净资产和风险控制指标符合有关规定；（2）设有专门的基金托管部门；（3）取得基金从业资格的专职人员达到法定人数；（4）有安全保管基金财产的条件；（5）有安全高效的清算、交割系统；（6）有符合要求的营业场所、安全防范设施和与基金托管业务有关的其他设施；（7）有完善的内部稽核监控制度和风险控制制度；（8）法律、行政法规规定的和经国务院批准的国务院证券监督管理机构、国务院银行业监督管理机构规定的其他条件。

基金托管人与基金管理人不得为同一人，不得相互出资或者持有股份。

2. 基金托管人的职责。《证券投资基金法》规定，基金托管人应当履行下列职责：（1）安全保管基金财产；（2）按照规定开设基金财产的资金账户和证券账户；（3）对所托管的不同基金财产分别设置账户，确保基金财产的完整与独立；（4）保存基金托管业务活动的记录、账册、报表和其他相关资料；（5）按照基金合同的约定，根据基金管理人的投资指令，及时办理清算、交割事宜；（6）办理与基金托管业务活动有关的信息披露事项；（7）对基金财务会计报告、中期和年度基金报告出具意见；（8）复核、审查基金管理人计算的基金资产净值和基金份额申购、赎回价格；（9）按照规定召集基金份额持有人大会；（10）按照规定监督基金管理人的投资运作；（11）国务院证券监督管理机构规定的其他职责。

3. 基金托管人职责终止条件。《证券投资基金法》规定，国务院证券监督管理机构和国务院银行业监督管理机构对有下列情形之一的基金托管人，依据职权责令整顿，或者取消基金托管资格：（1）连续三年没有开展基金托管业务的；（2）违反本法规定，情节严重的；（3）法律、行政法规规定的其他情形。

依照《证券投资基金法》的规定，有下列情形之一的，基金托管人职责终止：（1）被依法取消基金托管资格；（2）被基金份额持有人大会解任；（3）依法解散、被依法撤销或者被依法宣告破产；（4）基金合同约定的其他情形。

基金托管人职责终止的，基金份额持有人大会应当在 6 个月内选任新基金托管人；新基金托管人产生前，由国务院证券监督管理机构指定临时基金托管人。基金托管人职责终止的，应当妥善保管基金财产和基金托管业务资料，及时办理基金财产和基金托管业务的移交手续，新基金托管人或者临时基金托管人应当及时接收。基金托管人职责终止的，应当按照规定聘请会计师事务所对基金财产进行审计，并将审计结果予以公告，同时报国务院证券监督管理机构备案。

（四）投资基金主要当事人之间的关系

我国目前的证券投资基金都是契约型投资基金，契约型基金以信托原理为基础，构成信托法律关系的当事人主要是与信托活动有直接关系的委托人、受托人、受益人，这三方当事人必须同时具备，缺少任何一方信托关系都不能成立。

基金持有人与基金管理人之间是委托人与受托人的关系。作为受托人，基金管理人必须按《证券投资基金法》和基金合同的约定履行受托职责，负责基金财产的投资运作，为基金份额持有人的利益服务。基金管理人管理、运用基金财产，应当恪尽职守，履行诚实信用、谨慎勤勉的义务。

基金持有人与基金托管人之间同样是委托人与受托人的关系。作为受托人，基金托管人必须按《证券投资基金法》和基金合同的约定履行受托职责，负责基金财产的保管，为基金份额持有人的利益服务。基金托管人必须对基金持有人负责，监督基金管理人的行为，使其经营行为符合法律法规的要求，为基金持有人勤勉尽职，保证资产的安全，提高资产的回报。

基金管理人同基金托管人是基金的共同受托人，两者分别履行基金财产的投资运作和基金财产的托管职责并实行相互监督。任何一方有违规之处，另一方都有权制止，直至请求更换违规方。基金管理人、基金托管人违反基金法或基金合同约定，给基金财产或基金份额持有人造成损害的，应当分别对各自行为依法承担赔偿责任；因共同行为给基金财产或基金份额持有人造成损害的，应当承担连带责任。

第四节　投资基金的投资、价格与评价

一、投资基金的投资

(一) 投资目标

投资基金的投资目标的基本目的是为了使基金的资产保值、增值，通常选择其认为最能取得投资效益的资产组合和经营运作方式。根据对风险和收益的比较，投资基金的运作目标可分为三种类型。

1. 高风险—高收益型目标。高风险—高收益型目标强调为投资者提供最大可能的资本获利机会，而一般不在乎复利的收入。因此，持这种运作目标的投资基金在运作过程中一般不注重投资的多样化和投资资产的经常收入，而往往选择有高成长潜力的股票。追求这类投资目标的基金主要是成长型基金。

2. 低风险—高收益型目标。低风险—高收益型运作目标重视投资资产的安全性和成长潜力的平衡，在选择投资的股票时，通常是选取记录优良，尤其是股息逐年增加的股票作为投资对象。这样既可以获得股息和红利这种经常性收入，又可在股票价格变动时，采取有利于投资基金的价值买卖股票以获得资本利得。追求这类投资目标的基金主要是平衡型基金。

3. 低风险—低收益型目标。低风险—低收益型目标更加注重投资的安全性，以获取股息、红利和利息等经常性收入为主要目标，一般不追求股票交易的资本利得。所以这类投资基金在运作时通常选取固定利率债券和优先股，以及股息持续增长、红利水平较高的普通股为投资对象。追求这种运作目标的基金主要是收入型基金，与成长型基金相比较，收入型投资基金具有明显的波动性小、投资风险低、投资收益低，但收益水平稳定的特点。

（二）基金投资范围

《证券投资基金法》规定，基金财产应当用于下列投资：（1）上市交易的股票、债券；（2）国务院证券监督管理机构规定的其他证券品种。

同时，《证券投资基金法》还规定，基金财产不得用于下列投资或者活动：（1）承销证券；（2）向他人贷款或者提供担保；（3）从事承担无限责任的投资；（4）买卖其他基金份额，但是国务院另有规定的除外；（5）向其基金管理人、基金托管人出资或者买卖其基金管理人、基金托管人发行的股票或者债券；（6）买卖与其基金管理人、基金托管人有控股关系的股东或者与其基金管理人、基金托管人有其他重大利害关系的公司发行的证券或者承销期内承销的证券；（7）从事内幕交易、操纵证券交易价格及其他不正当的证券交易活动；（8）依照法律、行政法规有关规定，由国务院证券监督管理机构规定禁止的其他活动。

《证券投资基金运作管理办法》规定，基金管理人运用基金财产进行证券投资，不得有下列情形：（1）一只基金持有一家上市公司的股票，其市值超过基金资产净值的10%；（2）同一基金管理人管理的全部基金持有一家公司发行的证券，超过该证券的10%；（3）基金财产参与股票发行申购，单只基金所申报的金额超过该基金的总资产，单只基金所申报的股票数量超过拟发行股票公司本次发行股票的总量；（4）违反基金合同关于投资范围、投资策略和投资比例等约定；（5）中国证监会规定禁止的其他情形。

完全按照有关指数的构成比例进行证券投资的基金品种可以不受前款第（1）项、第（2）项规定的比例限制。

（三）基金投资组合管理

任何一种投资都伴随着风险，投资基金也不例外。总的来说，投资基金的风险一般可以分为两类：系统风险和非系统风险。系统风险是指整个经济的或者说是市场环境的风险，它是投资基金不可避免的风险，且无法通过分散化加以消除。非系统风险则通常是由于局部因素如个别投资对象所具有的个别风险所造成的，这种风险一般可以通过建立合理的投资组合来给予降低或消除。

基金管理公司在进行证券投资组合投资决策时，主要面临下面两个方面的选择问题：

1. 证券组合选择问题，就是证券组合应包括哪些证券的问题。

2. 当确定了值得投资的证券后，接下来就应该确定在这个组合中各个证券的比例如何。

投资基金组合管理这两个方面的问题主要依赖于现代证券投资组合理论，这里我们给予简单介绍。在20世纪50年代以前，传统的证券投资理论带有明显的经验化、定性化色彩，与其说是理论，不如说是方法。现代证券投资理论的起点是哈里·马柯维茨（Harry M. Markowitz）1952年发表的具有里程碑意义的论文《证券组合选择》和1959年出版的同名专著。继马柯维茨之后，它的学生威廉·夏普（William F. Sharp）在1963年发表了《对于"证券组合"分析的简化模型》一文，提出了对马柯维茨模型的监护形式，大大节省了模型的计算量，目前这一简化形式已发展成为指数模型。沿着马柯维茨模型逻辑的发展，夏普、林特和摩森同时独立提出了著名的资本资产定价模型；随后，罗斯（Stepen A. Ross）于1976年提出了套利定价模型。这些模型运用计量经济学的方法，通过建立一些数学方程式，从不同角度对证券组合理论进行了丰富和完善，使现代证券组合理论在近几十年得到迅速发展并逐步走向成熟。这部分内容读者可以参阅一些投资学方面的教材，这里就不再介绍了。

二、投资基金的收益、费用和分配

（一）基金收益来源

投资基金的收益是基金资产在运作过程中所产生的超过本金部分的价值。收益主要来源于投资所得红利、股息、债券利息、买卖证券差价、存款利息以及其他收入。

1. 利息收入。基金的利息收入来自两个方面：一是存款利息收入；二是投资于有价证券的利息收入。

基金管理公司为了保证资产的流动性，以备随时赎回基金单位时付现，或者及时抓住有利的投资机会，一般都会保留一定比例的现金资产。由此，基金每隔一段时间，就会有一定的利息收入。一些保守或持稳健风格的基金，会追求稳定的利息收入，主要投资于政府债券、企业债券以及商业票据、可转让大额存单或其他短期票据等具有稳定利息收入的金融品种。这些金融品种构成基金的第二个利息收入来源，也是基金最主要的利息收入来源。利息收入占总收益的比例因基金的类型和投资目标的不同而不同，对于货币市场基金来说，其收入基本上来自利息。

2. 股息收入。投资基金的股息收入是指基金通过公司优先股的投资而在年中或年末分配时获得的收入。股息通常是按照一定的比例事先确定的，这是股息与红利的主要区别。股息的支付形式有现金和股票，或是两种形式的组合。不管上市公司采用何种方式发放股息，都构成基金的股息收入来源。现金股息可直接增加基金的现金收益，基金可将这部分收益按份额分配给投资者。股票股息可增加基金的资产总额，从而给未来带来更多的股息收入。

3. 资本利得。资本利得是大部分投资基金的一项最重要的收益来源。资本利得是指股票和其他有价证券的卖出价高于买入价的那部分差额。资本利得的多少取决于基金管理公司的操作水平。基金管理公司具有一批投资专家进行操作，他们对何时买进卖出，买卖何种证券进行判断，并且把这些指示传达给指定的基金托管人执行。

基金管理公司一般都会将已实现的资本利得分配给投资者。对于尚未卖出的那部分已增值资产的增值部分，则作为账面资本保留在基金内，不予分配。待以后卖出这部分资产，使账面资本利得成为现实资本利得后，才对这部分资本利得进行分配。

4. 其他收入。指运用基金资产而带来的成本或费用的节约额，如基金因大额交易而从证券商那里得到的交易佣金优惠、新股手续费返还、发行费结余等杂项收入。这部分收入通常数额很小。这些收入项目一般根据发生的实际金额确认。

对于基金的投资者来说，其获得的收益由两方面构成：一是投资基金对基金投资者分配发放的现金；二是基金投资者获得的资本增值。资本增值是指基金现有资产净值高于初始资产净值的那部分增值额。

投资者投资于基金是通过按当时每基金单位的价格购买若干数量的基金单位而完成的。这部分购买基金单位的资金便构成基金的资本。基金管理公司操作基金的营运，基金的资产净值会随着基金运作情况发生变动。当基金经营良好时，其资产净值会随着投资对象的增值以及投资收益的上升而不断增长。当资产上升到一定程度，投资者卖出自己所持有的基金单位，就可以获得资本增值收入。

资本增值收入与资本利得不同。资本利得是由基金通过低价买入证券后伺机高价卖出而赚取的，其大小取决于基金管理机构的操作是否得当。资本增值则取决于两个因素：一是投资基金的经营状况，二是投资者何时买入基金与卖出基金，即加入基金与退出基金的时机是否适当。能否在基金价格较低时买入，而在基金价格上升到一定高度时及时卖出，这依赖于投资者对基金的识别与判断能力。若投资者识别不清，判断失误，那么不仅没有资本增值，相反会造成资本损失。

（二）投资基金的费用

在基金的运作过程中，基金要承担一些必要的费用，这些费用主要包括：基金管理费、基金托管费、基金交易费、基金运作费等。

1. 基金管理费。基金管理费是指基金管理人管理基金资产而向基金会收取的费用。为了激励基金管理公司更加有效地运用基金资产，有的基金还规定基金在支付基金管理费后可向基金管理人支付基金业绩报酬。我国证券投资基金发展初期，曾允许基金管理人提取基金业绩报酬。2001年，为了进一步规范证券投资基金管理激励机制，监管部门下发了《关于证券投资基金业绩报酬有关问题的通知》，规定基金管理公司不得再提取基金业绩报酬。

基金管理费费率通常与基金规模成反比，与风险成正比。基金规模越大，基金管理费费率越低；基金风险程度越高，基金管理费费率越高。不同类别及不同国家或地区的基金，管理费费率不完全相同，但从基金类型看，证券衍生工具基金管理费费率最高，如认股权证基金的管理费费率为 $1.5\% \sim 2.5\%$；股票基金居中，为 $1\% \sim 1.5\%$；其次为债券基金，为 $0.5\% \sim 1.5\%$；货币市场基金最低，管理费费率为 $0.25\% \sim 1\%$。

基金管理费通常按照基金资产净值的一定比例逐日计提。在我国，基金管理费是按前一日的基金资产净值的一定比例逐日计提的。计算方法如下：

$$H = \frac{E \times R}{365}$$

式中：H 为每日应计提的管理费；E 为前一日基金资产净值；R 为年费率，在基金契约中应作出明确规定。

按照我国有关规定，基金成立 3 个月后，如基金持有现金比例高于基金资产净值的 20%，超过部分不计提管理费。

基金管理费每日计算，逐日累计，按月支付。由基金托管人于次月数个工作日内从基金资产中一次性支付给基金管理人，若遇公众假期，则支付日期顺延。具体支付的时间要求在基金合同中列明。

2. 基金托管费。基金托管费是指基金托管人为托管基金资产而向基金收取的费用。

基金托管费收取的比例与基金规模、基金类型有一定关系。通常基金规模越大，基金托管费费率越低。目前，我国封闭式基金按照 0.25% 的比例计提基金托管费；开放式基金根据基金合同的规定比例计提，通常低于 0.25%。

基金托管费通常按照基金资产净值的一定比例逐日计提。在我国，基金托管费是按前一日的基金资产净值的一定比例逐日计提的。计算方法如下：

$$H = \frac{E \times R}{365}$$

式中：H 为每日应计提的托管费；E 为前一日基金资产净值；R 为年费率，在基金契约中应作出明确规定。

基金托管费每日计算，逐日累计，按月支付。由基金托管人于次月数个工作日内从基金资产中一次性支付，若遇公众假期，则支付日期顺延。具体支付的时间要求在基金合同中列明。

3. 基金交易费。基金交易费指在进行证券买卖交易时所发生的相关交易费用。基金交易费在核算时并不直接计入费用类科目，而是主要反映在相对应的证券投资成本中。目前，我国证券投资基金的交易费用主要包括印花税、交易佣金、过户费、经手费、证管费。

4. 基金运作费。基金运作费是指为保证基金正常运作而发生的应由基金承担的费用，包括审计费、律师费、上市年费、信息披露费、分红手续费、持有人大会费用、开户费等。根据有关规定，发生的这些费用如果影响基金份额净值小数点后第五位的，即发生的费用大于基金净值十万分之一，应采用预提或待摊的方法计入基金损益，如果达不到这个影响程度，应于发生时直接计入基金损益。

（三）基金的收益分配

1. 基金净收益。基金净收益为基金收益扣除按照国家有关规定可以在基金收益中扣除的费用后的余额。基金净收益是基金收益分配的基础。

2. 基金收益分配的原则：（1）基金收益分配比例不得低于基金净收益的 90%；（2）基金当年收益应先弥补上一年度亏损，然后才可进行当年收益分配；（3）若基金投资的当年发生亏损，则不进行收益分配；（4）每一基金份额享有同等分配权；（5）基金收益分配每年至少一次，成立不满 3 个月，收益不分配；（6）基金收益分配后每基金份额净值不能低于面值。

3. 基金收益分配的方式。基金收益分配的方式，一般是下面三种方式中的一种或几种方式的结合：（1）以现金形式发放，这是基金收益分配的最普遍形式。（2）派送基金单位，把应分配的净收益折成等额的新的基金单位。这种分配形式实际上是增加了基金的资本总额和规模。（3）不分配。既不派现金，也不送基金单位，而是将净收益列入本金进行再投资。体现为基金单位净资产值的增加，同样增加了资本总额。

4. 收益分配方案的确定与公告。基金收益分配方案应由基金管理公司拟定，由基金托管人核实后确定，公告前报中国证监会备案。

三、投资基金的绩效评价

基金绩效衡量是对基金经理投资能力的衡量，其目的在于将优秀的投资经理鉴别出来。绩效衡量有多种方法，这里我们只简单介绍一下三种风险调整绩效衡量指标。现代投资理论研究表明，风险的大小在决定组合的表现上具有基础性的作用，这样直接以收益率的高低进行绩效衡量就存在很大问题。表现好的基金可能是由于所承担的风险较高使然，并不表明基金经理在投资上有较高的投资技巧；而表现差的基金可能是风险较小的基金，也并不必然表明基金经理的投资技巧差强人意。风险调整绩效衡量指标的基本思路就是通过对收益加以风险调整，得到一个可以同时对收益与风险加以考虑的综合指标，以期能够排除风险因素对绩效评价的不利影响。

（一）詹森（Jensen）指数

美国经济学家詹森认为，基金投资组合的额外收益可衡量基金额外信息的价值，其额外收益的计算公式为

$$PI_j = E(r_p) - [r_f + \beta_p(r_m - r_f)]$$

式中：r_p 为基金组合的实际收益；PI_j 为詹森指数；β_p 用于计算承担相同系统风险时，基金组合收益高于投资者期望收益的大小。

根据回归模型：

$$r_p - r_f = \alpha_p + \beta_p(r_m - r_f) + \varepsilon$$

所以 α_p 就是 PI_j 的大小。根据证券市场线分析，詹森指数衡量了证券组合获得的高于市场平均回报的那部分风险溢价，即投资组合总收益与位于证券市场线上的证券组合收益之间的差额。根据法玛（Fama）基金组合收益分解可知，詹森指数恰恰衡量的是投资组合的选择收益，也就是市场时机把握（证券选择）能力。詹森指数奠定了基金绩效评价的理论基础，是迄今为止使用最广泛的评价方法之一。

（二）特雷诺（Treynor）指数

特雷诺指数是采用基金的组合收益与证券市场的系统性风险对比的方法来评价投资基金的绩效。计算公式为

$$PI_t = \frac{E(r_p - r_f)}{\beta_p}$$

式中：PI_t 为特雷诺指数。

很明显，特雷诺指数在衡量收益时未考虑市场因素。实际当中，由于人们往往不能战胜市场，市场因素有可能在收益中起很大的作用，如果市场的牛、熊状况不同时，用特雷诺指数进行绩效评价是毫无意义的；另外，特雷诺指数采用的收益是基金的整体收益，而基金管理人选择承担的是系统风险水平，现实中，基金所选择的风险并非完全分散化，因而系统风险与总体风险存在较大误差。故采用该指标评价基金绩效很可能与实际情况不符。

（三）夏普（Sharpe）指数

夏普指数利用资本市场线（CML），通过基金的组合收益与总风险（系统风险与非

系统风险）的对比来衡量基金的绩效。计算公式为

$$PI_s = \frac{E(r_p) - r_f}{\sigma_p}$$

式中：PI_s 为夏普指数。

夏普指数在考虑风险因素时，不仅考虑了系统风险，还考虑了非系统风险，夏普指数优于特雷诺指数；但在衡量收益时，它同特雷诺指数一样，也没有考虑市场因素，因此，它也不合理。夏普指数和特雷诺指数都只能对相同市场状况下，同一时段的基金收益作横向比较，而不适宜对基金收益进行纵向比较或对所处不同的市场状况作比较。尽管使用不同的风险度量指标，许多国外的实证研究表明，分别采用夏普指数和特雷诺指数评价基金的管理业绩，结果没有显著的差异。

另外，用詹森指数和特雷诺指数评价基金整体效益时隐含了一个假设，即基金的非系统风险已通过投资组合彻底的分散掉。也就是说，这两种方法忽略了基金投资组合中所含证券的数目（即基金投资组合的广度），只考虑了获得超额收益的大小（即基金投资组合的深度）；通过对这三种风险调整收益计量模型历史数据进行 Speraman 等级相关检验，发现各模型均具有连续显著性，但严格而言，詹森指数最具有区别力。

【本章小结】

1. 投资基金是一种集合众多投资者的资金来实现相同投资目的的投资工具。

2. 投资基金的当事人是指参与投资基金活动的关系人。证券投资基金的当事人主要包括：基金投资人、基金管理人、基金托管人以及基金销售机构、基金份额登记注册机构、会计师事务所、律师事务所、基金监管机构等中介服务机构及监管部门。

3. 投资基金的多种分类方法：根据基金规模是否可变，可以分为封闭式基金和开放式基金。根据组织形式的不同，可以分为契约型基金和公司型基金。根据投资对象的不同，可以分为股票基金、债券基金、货币市场基金和混合基金。根据投资目标的不同，可以分为成长型基金、收入型基金和平衡型基金。根据投资理念的不同，可分为主动型基金和被动型基金。根据基金的资金来源和用途的不同，可分为在岸基金和离岸基金。

4. 投资基金的发行一般要经过申请、核准、发售、备案、公告五个步骤。

5. 投资基金的收益是基金资产在运作过程中所产生的超过本金部分的价值。收益的主要来源是投资所得红利、股息、债券利息、买卖证券差价、存款利息以及其他收入。

6. 投资基金的费用是指在基金的运作过程中，基金要承担的一些必要的费用，这些费用主要包括：基金管理费、基金托管费、证券交易费、基金运作费等。

7. 基金净收益为基金收益扣除按照国家有关规定可以在基金收益中扣除的费用后的余额。基金净收益是基金收益分配的基础。

8. 风险调整绩效衡量指标主要有三种：詹森（Jensen）指数、特雷诺（Treynor）指数和夏普（Sharpe）指数。

【本章重要概念】

投资基金　基金投资人　基金管理人　基金托管人　封闭式基金　开放式基金　契约型基金　公司型基金　混合基金　成长型基金　收入型基金　平衡型基金　主动型基金　被动型基金　在岸基金　离岸基金　系列基金　基金中的基金　保本基金　交易所交易基金　上市开放式基金　开放式基金的申购　开放式基金的赎回　詹森（Jensen）指数　特雷诺（Treynor）指数　夏普（Sharpe）指数

【思考题】

1. 什么是投资基金？它与股票、债券及银行存款有何不同？
2. 投资基金的主要当事人有哪些？他们之间的关系是什么样的？
3. 投资基金主要有哪几种分类方法？按照不同分类方法，具体可分为哪几种？
4. 交易所交易基金同上市开放式基金的联系和区别是什么？
5. 投资基金的发行的一般过程包括哪几个步骤？
6. 投资基金的收益主要包括哪几个部分？
7. 试简述风险调整绩效衡量的三种指标。

【本章参考书】

1. 杜金富等：《金融市场学》，第二版，大连，东北财经大学出版社，2005。
2. 霍文文等：《金融市场学教程》，上海，复旦大学出版社，2005。
3. 中国证券业协会：《证券投资基金》（证券业从业资格考试统编教材2011），北京，中国财政经济出版社，2005。
4. 陈卫东等：《投资基金管理》，北京，科学出版社，2004。

第十五章

金融市场风险与金融市场监管

本章主要讨论金融市场风险和金融市场监管的问题。在金融市场风险部分，主要介绍金融市场风险的概念、分类、度量及管理。对于金融市场监管，我们从监管原理出发，探讨了金融市场监管的必要性和基本要素，介绍了三种主要的金融监管理论，并结合当前国际上主流的三种金融监管模式和主要发达国家的金融市场监管体系，介绍了中国金融市场监管体系从统一监管到分业监管的演变。

第一节　金融市场风险

本节从金融市场风险的定义出发，按照风险产生的原因和能否被分散将风险划为不同类型，并阐述风险对微观经济和宏观经济产生的影响。随后说明金融市场风险的度量方式，介绍相关的概念和几种主要的衡量金融市场风险的模型。最后介绍如何管理金融市场风险，说明风险管理的目标、组织体系、管理程序和应对策略。

一、金融市场风险概述

（一）金融市场风险定义

金融市场中存在各种基础经济变量，例如利率、汇率、通货膨胀率、股价等。由于市场参与者的相互作用，上述基础经济变量时刻发生变动，市场参与者将可能因此遭受损失或获取收益。从经济学角度来讲，风险是指由于各种不确定因素的出现和变化，影响了经济活动的方式和方向，给经济主体带来损失或获利的机会。广义而言，所谓金融市场风险，是指在金融活动中，由于金融市场中各种经济变量的变化，从而使市场参与者蒙受损失或获利的可能性。但本书采用相对狭义的金融市场风险定义，即金融市场风险是指由于金融市场中各种经济变量的变化，从而使市场参与者蒙受损失的可能性。

（二）金融市场风险的类型

为了深入认识金融市场风险，并对金融市场风险进行有效管理，我们应对金融市场风险进行分类。按照风险产生的原因，金融市场风险可分为汇率风险、利率风险、信用风险、流动性风险、购买力风险和国家风险等；按照风险是否可被分散，金融市场风险可分为系统性风险和非系统性风险。

1. 根据风险产生的原因，金融市场风险分为以下几种：

（1）汇率风险。汇率风险，又称外汇风险，指经济主体在持有或运用外汇的经济活动中，因汇率变动而蒙受损失的可能性。汇率风险可分为交易风险、折算风险和经济风险。交易风险是指在运用外币进行计价收付的交易中，经济主体因外汇汇率的变动而蒙受损失的可能性；折算风险又称会计风险，指经济主体对资产负债表的会计处理中，将功能货币转换成记账货币时，因汇率变动而导致账面损失的可能性；经济风险又称经营风险，指意料之外的汇率变动引起实体未来一定期间收益或现金流量减少的一种潜在损失。

（2）利率风险。利率风险是指市场利率变动的不确定性给实体造成损失的可能性。由于受到宏观经济环境、货币政策、价格水平、投资者预期以及其他国家或地区利率水平等多重因素的影响，利率时常发生变动。利率风险有两个显著特征：一是导致现金流量（净利息收入或支出）的不确定，从而使收益和融资成本不确定；二是导致资产（或负债）的市场价值不确定，从而导致收益的不确定。

（3）信用风险。信用风险，又称违约风险，是指交易对手未能履行约定契约中的义务而蒙受经济损失的可能性。信用风险和汇率风险、利率风险的一个显著区别在于，信用风险在任何情况下都不可能产生意外收益，只可能造成损失。

（4）流动性风险。流动性风险是指经济主体所持有的资产或证券无法以合理的价格在市场中流通、交易或者变现而蒙受损失的可能性。流动性风险出现在当一方有意愿交易某项资产而在市场中无法找到交易对手的情况。流动性风险是一种综合性风险，一般与信用风险等其他风险一同出现。

（5）购买力风险。购买力风险也称通货膨胀风险，是指因一般物价水平的不确定变动而使人们遭受损失的可能性。通货膨胀的影响主要有两点：一是造成单位货币购买力的下降，即货币贬值；二是导致实际收益率的潜在变动，当名义收益率一定时，通货膨胀率越高，实际收益率越低。

（6）国家风险。国家风险，又称政治风险，是指由于一国政策、法规的变动或主权行为而对相关经济主体造成损失的可能性。例如，开展国际银行业务时，由于东道国的外汇管制或资本流动管制，出现银行在东道国的存款、收入等可能无法汇出或贷款本金无法收回的情况。

2. 根据风险能否被分散，金融市场风险分为以下几种：

（1）系统性风险。系统性风险，是指整体政治、经济、社会等环境因素的变动对金融市场的影响。系统性风险包括经济周期性波动风险、利率风险、汇率风险、购买力风险、国家风险等。由于这种风险无法通过分散投资进行消除，因此又称不可分散风险。

（2）非系统性风险。非系统性风险，是指发生于个别实体的特有事件造成的风险。这类事件的发生是随机的，并只影响一个或少数实体，不会对整个市场产生大的影响。可以通过多样化投资来分散非系统性风险，因此非系统性风险又称可分散风险。

（三）金融市场风险的影响

金融市场风险与金融市场相伴而生。尽管金融市场风险有时会给市场主体带来一些收益，但多数情况下，它更可能造成非常严重的后果。金融市场风险不仅会影响市场主体的收益，使其遭受损失，还可能影响整个宏观经济的运行和发展，甚至发展成为金融危机，给国家和地区带来动荡与混乱。

1. 金融市场风险对微观经济的影响。

第一，金融市场风险给市场主体带来直接的经济损失。市场主体投资固定利率债券后，市场利率却大幅上升；持有外汇后，外汇汇率却不断走低；购买股票后，股价却连连走低，这些情况都会给市场主体带来损失。

第二，金融市场风险还会给市场主体带来潜在的损失。购买力风险不仅导致投资者的实际收益率下降，甚至还会降低投资者持有货币余额的实际购买力；贷款是银行持有的主要资产，如果银行持有的贷款质量降低，其偿债能力也将下降，存款人出于对存款安全的考虑转移其存款，最后导致银行存款减少、业务萎缩。

第三，金融市场风险通过影响投资者的投资成本而影响其投资收益。当市场风险增大时，投资者取得资金的成本将会提高，资金成本的提高会影响投资决策，也会侵蚀投资产生的收益。

第四，金融市场风险会降低资金的使用效率。由于风险普遍存在，且具有造成严重损失的可能性，市场主体不得不持有一定的风险准备金以备不时之需。银行业金融机构就是典型的例子。由于需要防范信用风险、市场风险等，银行需要持有一定数额的准备金，降低了资金的使用效率并减少了经营收益。就个人投资者而言，当市场风险较大时，一般不敢投资而持观望态度，造成社会上大量闲置资金，同样降低了资金的使用效率。

此外，金融市场风险还增加了经营和交易成本。为了规避风险，市场主体往往需要搜集大量信息，以便对风险进行更好的预测和分析，做好应对措施，这无疑增加了市场主体的经营成本。金融市场风险还使得一些金融资产的价值难以准确计量，增加了市场交易的摩擦，从而加大了交易成本。

2. 金融市场风险对宏观经济的影响。

第一，金融市场风险会造成产业结构发展不平衡，降低整个社会的生产力水平。由于资金的趋利避害，大量资金会流向风险较小的部门，造成资源配置的不均衡，使得一些在经济中占有重要地位的部门得不到足够的发展，成为宏观经济中的短板。

第二，金融市场风险还可能引起金融市场秩序混乱，破坏社会正常的生产和生活秩序，可能对宏观经济造成极大的破坏。例如，一家大投资公司的倒闭很可能引起信用危机，使整个金融体系面临崩溃的危险。

第三，金融市场风险不但增加了制定宏观经济政策的难度，也影响了宏观经济政策的实施效果。由于风险使得市场供求频繁发生变动，政府往往难以及时、准确地制定相应的宏观经济政策。而各市场主体为了规避风险，会充分利用可得信息，对政府未来的政策及其可能产生的后果进行预测，进而采取应对措施，导致政府制定的宏观经济政策难以达到预期效果。

第四，金融市场风险会影响一国的国际收支。汇率的变动直接关系着一国的贸易收支，当一国货币币值被低估时，往往出现贸易顺差；反之则易出现贸易逆差。利率风险、购买力风险及国家风险的大小还影响一国的劳务收入；利率风险和汇率风险还会引起国际间的资本流动。因此，金融市场风险直接关系着一国经常项目和资本项目的进行和发展，直至影响实体经济的运行。

第五，一国的金融风险转化为金融危机可能迅速影响周边的国家和地区，甚至引发全球金融危机和经济危机。2009 年，希腊爆发主权债务危机，随后危机迅速蔓延至整个欧元区，形成愈演愈烈的欧债危机便是典型例证。

二、金融市场风险的度量

（一）概率和均方模型

概率指在特定条件下，发生某一事件的可能性，可用于反映资产在运营中遭受损失的可能性，即金融风险的大小。发生损失的概率越大，风险也就越大；损失概率越小，风险也就越小。如果将资产发生损失的事件视为一个随机变量，那么引入分布函数可对事件发生的概率进行完整的描述。分布函数表示随机变量在各个范围内取值的概率。在事件的取值为离散的情况下，也可用事件的可能结果与对应概率来对事件进行描述。

期望是随机事件的每一个可能取值的加权平均数，它可以反映一项资产的预期收益。方差是指事件取值偏离平均值的程度，从而可以用来揭示金融资产收益的变动幅度，即金融风险的大小。方差越大，说明事件可能发生结果的分布越分散，资产收益波动越大，风险越大；反之，方差越小，金融市场风险越小。

（二）β系数和 CAPM 模型

由于只有在风险收益概率密度函数分布对称时，才能根据均方模型评价所有风险与收益分布，因此方差法具有很大局限性。1965 年威廉·夏普提出了资本资产定价模型（capital assets pricing model，CAPM），使用标准差 α 与 β 值计量风险的大小，其中标准差 α 用于计量证券品种的特有风险，β 则主要用于计量系统风险。某一资产 i（或资产组合）的 β 值表示其相对于所在市场的风险程度，即

$$\beta = \frac{\text{资产 } i \text{ 的风险程度}}{\text{整个市场的风险程度}}$$

β 值的大小反映了资产对市场因子变化的敏感程度，从而说明了风险的大小。一般而言，若一种证券（或证券组合）的 β 系数小于 1，则表明该证券（或证券组合）的风险小于整个证券市场的风险；反之，若一种证券（或证券组合）的 β 系数大于 1，则表明该证券（或证券组合）的风险大于整个证券市场的风险。这部分内容我们在第四章已经做了介绍。

（三）暴露和缺口模型

1. 暴露和简单缺口模型。暴露是指市场参与者持有的具有金融风险的产品头寸。暴露不等于金融风险，但它与金融风险的大小存在着一定的正相关关系。金融风险除了与

暴露大小有关，还与产品到期期限有关。期限越长，面临的不确定性越多，金融风险越大；反之，金融风险越小。

单纯考察某一种产品的暴露，并以此衡量风险往往并不全面。资产和负债的搭配也是决定金融风险大小的重要因素。因此，在度量金融风险时，人们通常考察各种产品的净暴露。更一般地，对于一个市场参与者，其在某一时期内的产品或交易总可分为两类，当某种市场因子发生变动时，其中一类产品或交易将蒙受损失，而另一类却获得额外收益，两相抵消后，两类之差的绝对值才是实际存在的金融风险。这一绝对值被称为"缺口"，这种方法被称为"简单缺口模型"，它常用于汇率风险、衍生产品价格风险、证券价格风险的衡量。

简单缺口模型估计金融风险比较简便和直观，但由于该模型未考虑产品的期限，因此对金融风险的度量往往不够准确，只适合粗略评估风险。为了克服简单缺口模型的缺点，一些银行开发出了能较准确衡量金融风险的到期日模型和持续期模型。

2. 敏感性分析和到期日缺口模型。在一定的时期内或机构的计划期内，一家机构的资产负债表上的一些资产或负债可能会到期或者重新定价，这些资产和负债通常被称为敏感性资产和敏感性负债。敏感性界定取决于机构的计划标准，机构通常将一定的时间段划分为若干个时间区，比如将1年划分为1~7天、8天至1个月、1~3个月、3个月至半年、半年至一年等若干时间段，然后确定每个时间段到期或可重新定价的资产和负债数额。由于敏感性资产和敏感性负债的到期日、数量等不一致，市场因素的变动必然导致资产和负债的价值或收益的变动，两者变动值的相对大小直接影响机构收益的稳定性。每个时间段的敏感性资产和敏感性负债的差额即敏感性缺口。通过监测敏感性缺口，可以分析每个时间段的风险。一般来说，缺口的绝对值越大，说明风险越大。

这种根据到期日来考察缺口并分析风险的方法，称为"到期日缺口模型"，它可以较好地用于分析资产和负债的匹配状况。由于该模型多用于分析利率风险，因此，它也常被称为"利率敏感性缺口模型"。运用该模型，人们可较方便地分析净利息收入和净利息支出的变化，从而分析利率风险的大小。一般而言，利率敏感性缺口越大，利率风险越大。在实践中，银行可根据经验制定缺口的目标区间值或其他指标（如净利息率）来评估风险的大小和严重程度。

3. 持续期。持续期的概念是麦考林在1938年首次提出，是一种针对债券等利率性金融产品，衡量其有效到期日的工具。其基本计算公式如下：

$$D = \sum_{t=1}^{T} t\, W_t, \quad W_t = \frac{CF_t / (1+y)^t}{P_0}$$

式中：D 代表持续期；t 为产生现金流的不同时期；W_t 表示 t 期的时间权重；T 为金融产品最后一次现金流的时期；CF_t 表示 t 期的现金流量；y 表示金融产品的到期收益率；P_0 表示金融产品的初期价格。

由定义式可以看出，所谓持续期，实际是从投资中取得预期现金流量的时间的加权平均数，权重是每笔现金流量的现值在现金流量总和中的比重。持续期比期限或到期日更能衡量金融工具的利率敏感性，且持续期越长，金融工具对利率的敏感性越大。

（四）VaR 方法

在险价值（Value at Risk，VaR）是指在一定时间内，在一定的置信水平下，由于市场的不利变动导致投资组合可能遭受的最大预期损失。这里的投资组合可以是针对机构中的某一个个体交易，用 VaR 来度量其在运用公司资金过程中承担的风险；它也可以指整个公司的投资组合。

假设一名投资组合经理希望在接下来的 7 天内存在 99% 的概率其所管理的组合价值损失不超过 1 000 000 元人民币。则可以将其写做：

$$Prob（\Delta V < -1\,000\,000）=1\%$$

其中 ΔV 为投资组合价值的变动，用符号表示，即为

$$Prob（\Delta V < -VaR）=1-X\%$$

其中 $X\%$ 为置信度，在上述例子中为 99%。变量 ΔV 是有价证券组合的 VaR，它是时间长度 N 和置信度 $X\%$ 这两个参数的函数。VaR 法说明的问题是"我们有 $X\%$ 的信心在接下来的 T 个交易日中损失程度将不会超过多大的 ΔV"。

在计算 VaR 中通常使用的置信度为 95%、97.5% 或 99%。95% 置信度的含义是我们预期 100 天中只有 5 天的损失会超过对应的 VaR 值。但是，VaR 不能表示出在可能超过 VaR 损失的时间内（如 95% 置信度的 5/100 天中）的实际损失会是多少。

三、金融市场风险的管理

金融市场风险的存在可能给经济主体带来损失，在过去的四十多年时间里，世界经济和金融市场的环境和规则都发生了巨大变化。金融市场大幅波动的频繁发生，催生了对金融市场风险管理理论和工具的需求。

（一）金融市场风险管理的目标

金融市场风险管理的目标是在识别和衡量风险的基础上，对可能发生的金融风险进行控制和准备处置方案，以防止和减少损失，保证金融和经济的稳健运行。金融市场风险管理的目标分为风险控制目标和损失控制目标。

（1）风险控制目标。经济主体为避免金融市场风险的产生或其可能造成的不良后果，尽量避免金融风险的产生或将风险控制在一定可接受的范围内。往往可用一些定量指标表示，如资本充足率、风险度、单项资产占比及资产负债中的各种缺口等。

（2）损失控制目标。由于某些风险无法避免，经济主体可根据实际情况，通过转嫁、保值等手段，将损失控制在某一限度内。

（二）金融市场风险管理的组织体系

完善的内控机制是有效防范金融市场风险的必要条件，只有建立科学的内部治理结构，才有可能将风险控制在能够忍受的程度。

1. 董事会和风险管理委员会。董事会是股东大会的业务执行机关，负责公司和业务经营活动的管理，对公司股东大会负责并报告工作。董事会是公司的决策机构，由董事构成，确定公司的经营目标和经营政策。在董事会中，通常由三到五名董事组成"风险

管理委员会",承担董事会的日常风险管理职能,并定期向董事会报告风险管理方面的有关问题。

2. 风险管理部。风险管理部是风险管理委员会下设的、独立于日常交易管理的实务部门,它通常设战略组和监控组。战略组的职责是制定公司的风险管理政策和风险管理战略,并确保这些政策和战略得以实施。监控组则负责贯彻风险管理战略。

3. 业务系统。市场主体的业务系统一方面与风险管理部相分离,具有一套完整的内控制度,形成一个相对独立的金融风险管理体系;另一方面又与风险管理部有机联系,执行风险管理部制定的有关风险管理制度和战略,并协助和配合风险管理部的工作,及时向风险管理部汇报和反馈有关信息。

（三）金融市场风险管理程序

金融市场风险来源广泛,不同种类的风险具备相应的特点。为对风险实施有效的管理,首先需要识别风险的类型,依据风险的特点对其进行定性和定量的分析,然后制定风险应对措施,对风险实施控制。

1. 风险的识别和度量。

（1）风险的识别。金融风险的识别是指运用有关的知识和方法,系统、全面、连续地对市场参与主体所面临的各类风险因素进行认识、鉴别和分析的行为。

金融风险识别是金融风险管理的第一步。实际上它是一个搜集并研究有关金融风险因素和金融风险事故的信息,发现潜在损失的过程。及时、准确、全面、深入并且连续系统地对金融风险进行识别,有助于提高风险管理的主动性和反应速度。金融风险的识别途径主要有两种:一是借助经济行为主体的外部力量,利用外界的风险信息和资料来识别风险;二是依靠经济行为主体自身力量、内部信息及数据来识别金融风险。金融风险的一般识别方法包括风险清单分析法、现场调查法、财务报表分析法和流程图法等。

（2）风险的度量。风险度量就是对风险存在及发生的可能性,风险损失的范围与程度进行估计和衡量,其基本内容为运用概率统计方法对风险的发生及其后果加以估计,得出一个比较准确的概率水平,为风险管理奠定可靠的数学基础。风险度量的具体内容包括三个方面:首先,确定风险事件在一定时间内发生的可能性,即概率的大小,并且估计可能造成损失的严重程度;其次,根据风险事件发生的概率及损失的严重程度估计总体损失的大小;最后,根据以上结果,预测这些风险事件发生次数及后果,为决策提供依据。

2. 风险的应对。风险的应对主要包括风险管理策略的选择以及风险的应对措施。根据对金融市场风险的识别和度量,市场主体需要考虑金融风险的管理策略,制定行动方案。针对不同类型的金融市场风险,需要采取不同的风险管理策略。如,对于证券投资风险,可以采用分散的策略进行管理;对于信用风险,可采用规避的策略加以管理。对于金融风险管理策略,后文将详细介绍。

但在很多情况下,即便是同一种金融风险,市场主体也需要在多种不同的策略中进行选择。如对于利率风险,既可以通过订立有关协议加以预防或转嫁,又可以通过负债比例管理来加以规避,还可以通过套期保值来加以补偿,甚至可以用资产、负债的多样化来加以分散等。因此，在金融风险的应对中，市场主体要根据风险的特征和大小，选择一种适当的应对策略，或将多种不同的策略做适当组合，加以配合运用。

3. 风险控制。金融风险管理的应对策略确定后，需要付诸实施。所谓风险控制就是指市场主体采取制定的策略和方法，消灭或减少风险事件发生的各种可能性，或者减少风险事件发生时造成的损失。如一家银行运用期货对冲交易来减少利率风险，它必须根据风险管理方案中所确定的期货合约的品种、数量以及所要求的买卖时机等买进或卖出合约，直至对冲交易完成。在实施策略后，需要对风险继续进行监控，并根据环境的变化，对风险管理方案进行必要的调整，以降低金融风险管理的成本。

（四）金融市场风险管理策略及方法

在现代经济社会中，可选择的金融市场风险管理策略很多，依据其特点可将它们主要归纳为六种，即预防策略、规避策略、分散策略、转嫁策略、保值策略以及补偿策略。

1. 预防策略。预防策略是指在金融风险尚未发生时人们预先采取一定的防备措施，以防范金融风险发生的策略。预防策略是一种常用的传统策略。在商业银行和其他各种金融机构中，它主要被运用于信用风险和流动性风险的管理。例如，为了预防流动性风险的发生，保证日常业务的正常进行，商业银行必须保存一定的准备金，这是一种预防策略。风险往往与收益成正比，因此，人们在利用预防策略来避免金融风险时，就难免以牺牲一定的收益作为代价。

2. 规避策略。规避策略是指人们根据一定的原则，采用一定的技巧，来自觉地避开各种金融风险，以减少或避免这些金融风险所引起的损失。规避策略常用于各种投资活动以及外汇风险的管理中。

3. 分散策略。在证券投资中运用得比较普遍的投资分散化，就是分散策略的典型。通俗地讲，分散策略就是不要把鸡蛋放在一个篮子里。所谓投资分散化是指投资者在进行证券投资时，并不把其全部资金集中投资于某一种特定的证券，而是将其资金分散地投资于多种不同的证券。通过分散投资，投资者可用其中一些证券的收益来抵补另一些证券的损失，从而可在总体上达到将风险抵消的目的。

4. 转嫁策略。所谓转嫁策略是指人们利用某些合法的交易方式或业务手段，将自己所面临的金融风险转移给其他经济主体承担的一种策略。在外汇风险管理中，转嫁策略是一种较常用的策略。例如，在对外贸易或对外金融活动中，人们可通过提前或推迟外汇的收付来转嫁外汇风险。转嫁策略也被广泛地应用于各种投资活动中。例如，在资产定价中，投资者通过提高名义利率，即可将风险转嫁给买者。

5. 保值策略。保值策略有广义和狭义之分。广义的保值策略可包括各种金融风险管理策略，而狭义的保值策略一般只指其中的套期保值策略。所谓套期保值一般是指人们通过一定的金融交易方式，来冲销自己所面临的某种金融风险的一种策略。自从20世纪70年代以来，随着金融风险的日益严重，人们越来越多地运用各种套期保值策略，来管理他们所面临的外汇风险、利率风险、购买力风险及证券市场的系统风险。在各种套期保值策略中，人们运用得最普遍的主要有远期交易、掉期交易、金融期货交易及金融期权交易。

6. 补偿策略。补偿策略是指人们通过一定的途径，对已发生或将要发生的金融风险损失寻求部分或全部补偿，以减少或避免实际损失的一种策略。补偿策略常用于外汇风险管理、信用风险管理、利率风险管理当中。同时，保险也是补偿策略的一种形式。

第二节 金融市场监管原理

本节介绍金融市场监管的动因、监管要素、监管理论基础和监管原则。

一、金融市场监管概述

一般来讲，市场意味着竞争与效率，然而公共品的供给不足、外部性以及市场本身出现并存在的"不完全竞争"与"不完全信息"等现象表明市场也会出现失灵。金融领域中存在的垄断、外部性、信息的不完整性、过度竞争所带来的不稳定性以及分配的不公平性都会导致金融产品和金融服务价格信息的扭曲，这种情况被称为金融市场失灵。金融市场失灵会导致社会资金配置效率低下，因此政府必须通过一定的手段避免、消除或部分消除由金融市场机制本身所引起的金融产品和金融服务价格信息扭曲，以实现社会资金的有效配置。

（一）金融市场监管的内涵

金融监管是金融监督和金融管理的复合词，是指一国的货币当局或该国政府依法设定的金融监督管理部门，依据国家法律法规对金融机构实施的各种监督和管理的行为，包括对金融机构市场准入、业务范围、市场退出等方面的限制性规定，对金融机构内部组织结构、风险管理和控制等方面的合规性、达标性的要求，以及一系列相关的立法和执法体系与过程。

（二）金融市场监管的动因

从金融监管的内涵可以看出，金融市场监管的动因主要体现在下列三个方面：

1. 维护信用与支付体系的稳定。金融是现代市场经济的核心，在市场经济中，金融机构作为信用中介和支付中介，发挥着调节资金余缺、促进资源有效配置的桥梁作用。因此，对金融机构进行监管，有助于维护信用、支付体系的稳定，有效地防范和化解金融机构的风险，保障金融体系的安全稳健运行。

2. 保护存款人和投资人的利益。由于存款人和银行之间、证券投资者与经营者之间存在信息不对称，前者对市场信息的了解程度远低于后者，因此，为了保证存款人和证券投资者获得足够的信息，金融监管制度设定了金融机构信息披露的各项规定和要求，使存款人和投资者可以全面了解金融机构的资本状况、资产运用、内部控制及管理能力，防止和避免金融机构的过度投资和投机行为，保护存款人和投资人的合法权益。

3. 提高金融市场的运行效率。竞争是市场经济的重要特征之一，为了维护金融机构之间合理公平的竞争，避免因无序竞争引发的金融秩序混乱与金融市场动荡，从而达到维持金融市场高效运行的目的，政府有必要对金融机构实施监督和管理。金融监管机构通过一系列的审慎监管法规，可以使金融机构在平等条件下开展竞争，促进金融业降低成本、提高效率，为存款人和投资人提供高质量的金融服务。

（三）金融市场监管的要素

1. 金融市场监管的主体。金融监管的主体指负责实施监管行为的监管部门。从世界各国的金融监管实践来看，金融市场的监管主体可以分为两类：一类是由政府授予权力的公共机构，即通常所谓的"金融监管当局"；另一类是非官方性质的民间机构或私人机构，它们的权力不是来自政府，而是来自其成员及社会的普遍认可。

金融监管当局负责制定和实施金融监管的各种法律法规及规章制度，并有权对违反法律法规的金融机构进行处罚制裁。可见，官方监管机构的监管行为具有行政性、强制性和权威性的特点。各国的中央银行就是典型的官方监管主体。也有部分监管活动是由非官方性质的民间机构或私人机构来完成的。例如银行间市场交易商协会对银行的自律监管、证券商自律组织对证券商的自律监管以及证券交易所对上市公司的监管等。由于没有政府授权，所以当其成员违规，并不承担法律责任，只是可能会受到机构的纪律处罚。

2. 金融市场监管的对象。20 世纪早期的商业银行在金融体系中占绝对优势，对经济影响巨大，因此金融监管对象主要为商业银行。随着金融体系结构日趋复杂，非银行金融机构（如证券公司、保险公司、信托投资公司、财务公司、基金管理公司等）得到了空前的发展，在金融市场中的地位日益重要，而且随着其存款业务和创新业务的增加，货币定义变得模糊，因此，金融监管当局逐渐加强了对非银行金融机构的监管。20世纪 70 年代以后，金融市场尤其是金融衍生品市场的发展，使得金融监管的对象更加丰富。近年来，经济金融全球化浪潮使得跨国银行和其他跨国金融机构也成为各国金融监管当局日益重视的监管对象。而对于非金融机构和个人，当其从事金融市场交易时便成为金融监管的对象。

因此，金融监管的对象是指从事金融业务的一切金融机构，以及参与市场交易的非金融机构和个人。金融监管的对象主要包括银行、证券公司、保险公司、信托投资公司、财务公司、信用合作社、基金管理公司、金融租赁公司等金融机构，以及从事金融市场业务的会计师事务所、律师事务所、资产评估机构、投资咨询机构、信用评级机构等服务机构，机构投资者和个人投资者。

3. 金融市场监管的内容。金融监管的内容主要包括三方面：市场准入、业务运营和市场退出。

（1）市场准入监管。是指金融监管当局对具备资格的机构进入金融市场、经营金融产品、提供金融服务的审批过程。市场准入监管是金融监管的第一道关口，因为它直接关系着一个国家金融业的结构和规模，以及风险监管和业务监管能否顺利进行等一系列问题。金融机构的市场准入监管主要包含机构准入、业务准入和高级管理人员准入。机构准入是指依据法定标准，批准金融机构法人或其分支机构的设立；业务准入是指按照审慎性标准，批准金融机构的业务范围和开办新的业务品种；高级管理人员准入是指对金融机构高级管理人员任职资格的核准或认可。

（2）业务运营监管。是指金融机构经批准开业后，金融监管当局对其的运作过程进行的监管，目的是促使金融机构始终保持稳健经营的良好状态。业务运营监管一般对以下七方面进行监管。

①业务经营的合规性。该项监管的目的旨在督促金融机构严格遵守金融法律、法规及各项金融规章制度，维持良好的金融秩序和金融机构之间的适度竞争。

②资本充足率。该项监管的目的是限制金融机构风险资产总量的过度扩张，减少金融风险，如《巴塞尔协议》关于资本与风险资产的比例的规定是银行资本充足率的最关键的监管标准。

③资产质量。它是判断一家金融机构经营情况好坏的最重要的依据，同时也直接影响金融机构的资本充足率和盈利能力。因此，资产质量是重要的监管内容之一，如我国在对商业银行的资产质量监管时，通常把贷款划为五个类别进行监管。

④流动性。该项监管是指监管金融机构到期支付债务的能力。由于流动性不足可能引发金融危机，因此各国金融监管当局非常重视对金融机构流动性的监管。

⑤业务范围。金融监管当局对金融机构可以开展的业务范围进行监管，限制其业务经营范围，如在许多国家商业银行与投资银行是分业经营的，商业银行不得从事信托投资和证券经营业务。

⑥盈利能力。合理的盈利是增强金融机构抵御风险、扩展业务规模的基础，所以盈利能力也是金融监管的基本内容之一。

⑦内部控制。金融机构内部控制是金融机构对内部职能部门及其工作人员从事的业务活动进行风险控制、制度管理和相互制约的方法、措施和程序的总称，该项监管旨在通过完善内部控制，以规范金融机构经营行为，有效防范风险，提高金融机构经营管理水平。

（3）市场退出监管。是指监管当局依法对金融机构退出金融业、破产倒闭或合（兼）并、变更等实施监督管理。

①对金融机构破产倒闭的监管，即如果金融机构在经营过程中出现严重亏损导致资不抵债，金融监管机构则按照有关程序取消其经营资格，对其实施关闭处理。

②对金融机构实施变更、合（兼）并的监管，具体是指濒临破产倒闭的，或出现章程规定的解散事由需要解散或重新变更的，或因其他事由需要合（兼）并的所有金融机构都必须在金融监管机构的监督下依法进行变更或合（兼）并，避免引发金融动荡。

③对违规金融机构终止经营的监管，即对违反国家法律、法规，违法经营的金融机构，金融监管当局有权要求其停业整顿，对其资产负债情况、业务开展情况、违规性质等进行审查、核准，并提出相应整改措施。

二、金融市场监管理论基础

金融市场监管理论是对金融监管实践的提炼和升华，又对金融监管实践发挥指导作用。主要的金融监管理论包括以下三种。

（一）公共利益论

公共利益论是出现最早，也是发展得最为完善的金融监管理论。该理论认为，金融监管通常发生在市场失灵的领域，其目的是为了保护公众的利益。该理论有两个假设：一是市场本身是脆弱的和有缺陷的。公共利益论认为，由于金融市场存在垄断、外部性和信息不对称等因素，会导致市场失灵，即金融市场自身无法以有效的方式和最低可能的成本生产其特定的产品和服务。二是政府的干预可以提高市场的运行效率。当市场无法在完全竞争的状态下运转，或者完全竞争的市场机制不为社会所需要时，作为社会公众利益代表的政府就要对市场进行干预和监管，以弥补市场的缺陷。公共利益论认为，监管是政府对公众要求纠正某些社会个体和社会组织的不公正、不公平，以及无效率或低效率做法的一种回应。

（二）俘获论

20世纪70年代中后期，由于公共利益论难以解释的困惑，经济学家开始把注意力从研究"市场失灵"转向决策的具体过程，尤其是公共政策的制定过程，在此基础上产生了一种新的监管理论——俘获论。该理论认为，随着时间的推移，监管机构越来越被监管对象所支配，监管者会越来越迁就被监管者的利益而非保护所谓的"公共利益"。有的经济学家甚至认为，有些监管机构的产生本身就是某些利益集团活动的结果，认为这些利益集团为了逃避市场竞争和保护自己的利益，而要求政府提供监管。俘获论有一个生命周期模型，它将监管过程分为四个阶段：产生期、初期、成熟期和老化期。在产生期，由于出现损害公共利益的行为，结果在社会各方支持下建立了新的监管机构，此时的监管机构虽经验不足，但很有信心。到了第二阶段，被监管者开始通过各种手段来限制监管机构的权力，并对其施加影响，而公众对新监管机构的支持也逐渐变弱，因此，监管机构开始变得孤立起来。当进入成熟期后，监管机构与被监管者的对立和冲突开始淡化，合作成为主流；监管机构开始安于现状，行为也趋于保守，不再以公共利益为重。当进入最后的老化期后，监管机构已严重老化，反应迟钝，不再关心公共利益，越来越趋向于保护被监管者的利益。

（三）监管经济学

监管经济学是基于公共利益论和俘获论而发展起来的一种新的监管理论，它保留了公共利益论关于市场失灵的假设，同时又利用了俘获论关于监管需求原因的观点。监管经济学认为，监管是一种商品，并且这种商品的分配同样受供求关系的支配。该理论认为，监管的供给来自千方百计谋求当选的政治家，因为他们需要选票；而监管的需求，则来自那些希望通过监管能使自己的经济地位得到改善的利益集团；监管就是在这种供求关系的相互作用下产生。监管经济学还分析了监管作为产品的生产成本，该理论认为，监管的成本除了维持监管机构的行政费用外，还有四种看不见的成本：道德风险、合规成本、社会经济福利的损失和动态成本。监管经济学认为，既然监管是市场中由政府提供的一种产品，所以也不可避免地会出现监管失灵的现象，其中主要的失灵就是因监管带来的高额成本和对竞争条件的破坏，该理论称之为政府失灵。由此，监管经济学得出结论：因为存在政府失灵，所以政府监管无法解决一切由市场失灵带来的问题。

三、金融市场监管的目标与原则

（一）金融市场监管的目标

金融监管的目标主要是确保金融机构安全稳定运行，保证金融体系整体运行效率及维护金融市场主体公平参与交易。概而言之，金融监管目标包含以下三个方面：

1. 金融安全。金融安全是保证金融机构正常运营，从而保障金融体系的安全。金融体系为现代社会经济创造和配置货币资金，相当于人体的血液循环系统，金融安全不仅关系金融机构的正常运行，也关系整个社会经济体系的安全运行。金融安全是金融监管的首要目标，监管当局通常以政府担任最后贷款人和建立存款保险制度作为金融安全的保证。

2. 金融效率。金融效率是指以经济的方式对有限的金融资源进行配置，即以尽可能低的成本对金融资源进行最优配置以实现最大化利用。鉴于货币和货币资本的功能，优化社会资源配置的前提是优化金融资源配置。通过限制和防止垄断，保护合理的充分竞争是实现金融效率目标的保证。

3. 金融公平。金融公平不仅指各类市场参与者均有平等的机会参与金融交易、分享金融资源，各自的合法权益能够得到公平的保障，还特别强调对中小投资者合法权益的保护。由于信息不对称，中小投资者在金融市场上处于弱势地位，保护中小投资者的合法权益是金融监管的重要目标，建立完善的信息披露制度和必要的法律诉讼制度是金融公平目标的保证。

（二）金融市场监管的原则

1. 合法性原则。合法性原则是指金融监管必须有充分的法律依据和法律保障。金融市场监管的合法性有双重含义：一是要求金融监管当局必须依据相关的法律进行监管，做到依法监管、严格执法，保护市场参与者的合法权益；二是要求金融市场参与者要在国家法律、法规允许的范围内活动。

2. 公开、公平、公正原则。该原则简称"三公"原则。其中，公开原则是指金融监管当局要督促参与金融市场交易活动的有关各方及时、完整、真实、准确地披露必须披露的各种信息和资料，任何参与者不得利用内幕信息进行金融活动，监管者应努力营建一个信息透明的投资环境；公平原则是指以社会公众为主体的市场参与者在参与金融活动过程中，机会均等、平等竞争，具体是指各市场参与者具有平等的法律地位、均等的交易机会、平等的获取信息的机会、遵循相同的交易规则，各自的合法权益都能得到公平的保障，该原则要求金融监管当局应力求为市场营造公平竞争的氛围，使市场参与者尽可能处在同一起跑线上；公正原则是指金融监管当局在公开、公平原则的基础上，对一切被监管对象给予公正待遇，恰当地掌握监管尺度，既不袒护市场中的违法违规行为，也不凌驾于法律法规之上，做到立法公正、执法公正、仲裁公正。

3. 适度性原则。该原则要求金融监管行为必须以保证金融市场调节的基本规律为前提。监管过严，会导致金融系统失去活力和效率，抑制金融业的创新和发展；而监管过松，则又会导致金融系统不注意控制风险，引发金融危机。因此，金融监管的力度要适当，既要严格监管，维护金融业的安全与稳定，又要保证金融系统的创新和适度竞争，增强一国金融业的竞争力。

第三节 金融市场监管体系

本节介绍三种金融市场的监管模式，全球及美英日主要发达国家的金融市场监管体系，以及我国金融市场监管体系。

一、金融市场监管模式

按是否对金融业内不同行业分业监管，金融市场监管的模式可分三种，即分业监管模式、混业监管模式和混合监管模式。

（一）分业监管模式

分业监管模式要求针对金融市场的不同行业建立不同的监管机构来分别进行监管。具体而言，即在银行、证券、保险三大行业内分别设立一个专职的监管机构，负责各行业的监管事务。目前，分业监管模式较为普遍，实行分业监管较为典型的国家有美国、加拿大、法国和中国等。

分业监管模式的优点主要体现在两方面：一是有监管专业化优势。由专业监管机构负责不同的监管领域，不仅能明确职责，使分工更细致，还有利于提高监管效率。二是有监管竞争优势。各种专业机构尽管监管对象不同，但彼此之间存在竞争压力，也有利于提高监管的效率。

这种监管模式的缺点在于：一是各监管机构间协调性较差，相互推诿，使得被监管对象能够利用多重机构之间存在的监管真空来逃避监管；二是分业监管的监管成本较混业监管的成本高，因此，很难享受到规模经济带来的好处；三是分业监管不能综合评估混业经营的金融机构，尤其是金融集团的经营风险。

（二）混业监管模式

混业监管模式是指对于不同的金融机构和金融业务，无论是审慎监管还是业务监管，都由一个机构负责监管。该模式的典型代表是金融监管体制改革后的英国。1996年后，日本和韩国也转向这种模式。

这种模式的显著特征是，金融监管权限集中在某一个中央机构，一般都由中央银行或金融监管局负责。混业监管的优点体现在：一是成本优势。混业监管可节约技术和人力投入，更重要的是它可以大大降低信息成本，改善信息质量，获得规模效益。二是改善监管环境。避免由于监管水平和监管强度不同，使不同的金融机构或业务面临不同的监管制度约束；避免监管重复、分歧和信息要求上的不一致，降低成本；可以使消费者在其利益受到损害时，能便利地进行投诉，降低相关信息的搜寻费用。三是适应性强。金融业务创新层出不穷，混业监管模式可迅速适应新业务，避免监管真空，降低金融创新形成新的系统性风险，同时也可减少多重监管制度对金融创新的阻碍。四是责任明确。由于所有的监管对象被置于一个监管者的监管下，监管者的责任认定非常明确。

混业监管模式的优点虽多，但也有不少缺陷：第一，金融业中的不同子行业具有不同的特点和风险，而混业监管并未对其进行细致的区分，因此，其监管效果未必理想；第二，缺乏监管竞争，容易导致官僚主义。

（三）混合监管模式

混合监管模式是介于混业监管模式和分业监管模式之间的一种中间类型的监管模式。该模式吸收了上述两种模式的优点，并加以改进。这种模式可按监管机构混合和监管目标混合划分。具体形式有牵头监管和"双峰式"监管模式。牵头监管即在多重监管主体之间建立及时磋商和协调机制，特别指定一个牵头监管机构负责不同监管主体之间的协调工作。巴西是比较典型的采用牵头监管模式的国家，国家货币委员会是牵头监管主体，负责在中央银行、证券和保险等监管机构间进行磋商和协调。"双峰式"监管模式，是指根据监管目标设立两类监管机构，一类负责对所有金融机构进行审慎监管，控制金融体系的系统性风险；另一类负责对不同金融业务经营进行监管，从而达到双重"保险"作用，所以该模式被称为"双峰式"模式。澳大利亚是"双峰式"监管模式的典型。澳大利亚历史上由中央银行负责银行业的审慎监管。1998年开始混合监管模式改革。新成立的澳大利亚审慎监管局负责所有金融机构的审慎监管，证券投资委员会负责对证券业、银行业和保险业的业务经营监管。

混合监管模式的优势在于：一是与分业监管相比，它降低了监管机构之间相互协调的成本和难度，同时，在审慎监管和业务监管两个层面内部，避免了监管真空或交叉重复监管。二是与混业监管模式相比，它在一定程度上保留了监管机构之间的竞争和制约关系，各监管主体在其监管领域内保持了监管规则的一致性，既可发挥各个机构的优势，还可将多重机构的不利最小化。三是可通过牵头监管机构的定期磋商协调，相互交换信息和密切配合，降低监管成本，提高监管效率。四是在各自领域保证了监管规则的一致性。

需要指出的是，金融监管模式并非必须与金融经营体制一一对应。事实上，实行分业经营的国家可能实行混业监管，采用混业经营体制的国家也可能仍坚持分业监管。

二、主要发达国家金融市场监管体系

（一）美国金融监管体系

1. 美国金融监管体系的历史沿革。美国自1782年出现第一家银行——北美银行以来，一直实行自由银行制度，没有统一的调节银行行为规范的法规，而是由各州自行制定，从而造成银行券过度发行，加之各银行的信用风险差异较大，有的银行倒闭后，因银行券无法兑现而给社会带来混乱。在这种情况下，为了对银行券的发行和银行资产的流动性等进行规范，美国国会于1863年通过了《国民银行法》。

但由于当时没有统一的货币发行和监管机构，造成货币供应混乱，使得美国每隔数年便会发生一次信用危机。因此，美国政府认为必须建立中央银行以解决货币发行和银行管理的问题。1913年12月23日，国会通过了美国第一部中央银行法——《联邦储备法》。该法规定，全国划分 12 个联邦储备区，设立了 12 个联邦储备银行，并将首都华盛顿的联邦储备局（后改为联邦储备委员会）作为联邦储备银行的最高决策机构，用以协调 12 个联邦储备银行的活动，从而形成一个完整的联邦储备系统，即美国的中央银行系统，这是美国最重要的金融监管机构。

1929 年爆发的世界性经济衰退最终演变成美国历史上最大的经济金融危机。银行大量倒闭、美国公众丧失了对银行的信心，整个美国充斥着金融恐慌。许多监管者和立法者认为《国民银行法》和《联邦储备法》没有涉及 30 年代出现的严重问题从而导致公众对银行体系丧失信心。在这种背景下，1933 年美国国会通过了《格拉斯—斯蒂格尔法》，美国金融业逐步形成了分业经营和分业监管的体制，银行、证券和保险分别由不同的机构实施监管。

2. 美国现行的金融监管模式。在 20 世纪 70 年代后期和 80 年代初期，为创造一个更开放、更富竞争的环境，美国政府通过了一系列法案，如 1979 年《金融机构放松管制和利率控制条例》、1978 年《国民银行条例》和 1980 年《存款机构放松管制和货币控制法案》。金融业的自由化最终导致了 1999 年《金融服务现代化法》的出台。随着金融混业经营的发展，美国的金融监管体制也发生了一些变化，形成了典型的分权型多头监管体制模式。

联邦储备银行（FRB）、财政部货币监理署（OCC）、联邦存款保险公司（FDIC）、储蓄性金融机构监管局（OTS）以及州银行局（SBD）共同负责美国银行业的监管。财政部货币监理署负责监管在联邦政府注册的国民银行和外国银行分支行；州政府批准设立的商业银行由州一级金融监管部门负责监管；参加联邦储备体系的银行由联邦储备银行理事会进行监管；未参加联邦储备体系但参加了联邦保险存款制度的银行由联邦存款保险公司负责监管；银行控股公司由联邦储备银行理事会负责监管；按照联邦法批准设立的储蓄性金融机构由储蓄性金融机构监管局和联邦保险公司共同监管；经州法律批准成立的并参加存款保险的储蓄性金融机构受储蓄性金融机构监管局、联邦存款保险公司、州银行局三方监管；经州法律批准成立的但未参加存款保险的储蓄性金融机构只接受储蓄性金融机构监管局和州银行局两方监管。

证券交易委员会（SEC）负责证券业的监管，它对证券经营机构、证券信息披露、证券交易所、柜台交易和证券业协会等履行监管职能，混业经营后，银行所从事的证券业务也纳入证券交易委员会的监管范围；商品期货交易委员会（CFTC）负责对期货经纪机构、期货市场信息披露、期货交易所等实施监管；美国的保险机构由所在各州的保险监管局负责。

（二）英国金融监管体系

1. 英国金融监管体系的历史沿革。在 1979 年之前，英国基本上没有正式的金融监管体系和金融监管机构，金融监管以金融机构自律监管为主，以英格兰银行的监管为辅，其监管不是依据严格的正式的法律法规，而是通过道义劝说的方式，建立在监管者与被监管者之间的相互信任与合作的基础上。英格兰银行、英国证券与投资理事会、英国贸易与工业部共同组成监管主体。其中，英格兰银行负责对银行业进行监管，证券与投资理事会负责对从事证券与投资业务的金融机构进行监管，贸易与工业部负责对普通保险公司和人寿保险公司进行监管。

在经历了 1973—1974 年的银行危机后，1979 年英国政府重新颁布了银行法。《1979年银行法》是英国第一部完整的银行法，它规定凡在英国经营金融业务的银行都必须受英格兰银行的管辖。

20 世纪 90 年代以来，金融业掀起并购浪潮，银行、保险、证券、信托实现了跨行业的联合，银行与非银行金融机构间的业务界限愈加模糊。混业经营的日益发展，使英国成为全球金融业混业经营程度最高的国家之一，同时也使英国金融业的风险急剧上升。

为适应金融业发展的变化，2000 年 6 月，英国女王正式批准了《2000 年金融服务和市场法》。该法明确了新成立的金融监管机构和被监管者的权利、责任及义务，统一了监管标准，规范了金融市场的运作。

根据《2000 年金融服务和市场法》的规定，英国成立了世界上最强有力的金融监管机构——金融服务局（Financial Services Authority，FSA）。FSA 是英国整个金融行业唯一的监管局，继承了原由 9 个金融监管机构分享的监管权力，英国对金融机构、金融市场及服务于该市场的专业机构和个人、清算和支付系统、有问题的金融案例进行审慎监管的全部权力，都由"唯一"的金融监管机构 FSA"统一"行使。

FSA 成立后，英格兰银行对银行业的监管职能被整体移交，独立制定货币政策的职能被强化。新的形势下，英格兰银行负责英国金融和货币体系的整体稳定，并对支付系统等基础设施发挥独特的支持作用。鉴于货币政策与金融监管之间的密切联系及相互影响，监管职能从英格兰银行分离出去后，法律规定英格兰银行与 FSA 负责人交叉参加对方的理事会，实行互相介入，以保证二者之间的有效协调。

2. 英国现行的金融监管体系。2008 年以来的全球金融危机暴露出英国金融监管体制的内在缺陷。2011 年 6 月，英国政府正式发布《金融监管新方法：改革蓝图》白皮书（以下简称《白皮书》），对金融监管体制进行全面改革。从基本格局看，"准双峰"式监管模式将取代既有的三方监管体制（英格兰银行、FSA 和财政部），英格兰银行下新设金融政策委员会（Financial Policy Committee，FPC）将专门负责宏观审慎监管，监控和应对系统风险；而 FSA 原有的微观监管职能则将分别由新成立的审慎监管局（Prudential Regulation Authority，PRA）和金融行为监管局（Financial Conduct Authority，FCA）承担，这两者在与宏观审慎监管方面都将接受金融政策委员会的指导。审慎监管局作为英格兰银行的子公司，负责对各类金融机构进行审慎监管；金融行为监管局，负责监管各类金融机构的业务行为，促进金融市场竞争，并保护消费者。改革后的英国监管体系，宏观审慎监管正在加强，监管协调机制的重要性也更加凸显。

《白皮书》所构建的监管模式既不是单一监管模式，也不是基于机构监管或功能监管理念的多头监管模式，而是更加接近基于目标监管理论——按照不同监管目标（如审慎目标和消费者保护目标）来相应设立监管机构和划分监管权限的澳大利亚"双峰"模式。当然，在 PRA 和 FCA 这"双峰"之上，还有作为总体监管者的英格兰银行来统摄全局，从而形成有英国特色的"双峰"模式，或者说"准双峰"模式。

（三）日本金融监管体系

1. 第二次世界大战前日本的金融监管体制。第二次世界大战前，混业监管的体制在日本初步形成。19 世纪 60 年代，日本模仿英国建立了货币发行制度；1872 年，仿照美国颁布了《国立银行条例》，设立国民银行；1881 年，颁布《日本银行条例》，并于 1882 年建立了类似英格兰银行的中央银行——日本银行；1937 年，随着《临时资金调整法》的颁布，日本银行成为实施金融监管的机构；1942 年，颁布《日本银行法》，较明确地规定了日本银行在金融管理和监督方面的内容。

2. 第二次世界大战后日本金融体制的变化。第二次世界大战后，日本追随美国建立金融分业经营体制，与此同时，也开始实行金融业分业监管。这一时期，日本金融监管体制的最大特点是将金融业务与金融行政区分开来，金融业务的决策权属于中央银行货币政策委员会，但金融行政工作则由大藏省（政府）掌管，实际上大藏省才是金融业的最高统帅。日本金融业的最高管理机构是大藏省和日本银行。法律规定，大藏省特设监理官，监视日本银行的业务运营。

3. 1998 年以来的日本金融监管。20 世纪 70 年代以来的金融全球化、自由化的趋势使日本政府开始重新安排金融经营和监管的体制。

1997 年 6 月，日本政府正式出台了金融机构大改革的实施计划。其中日本金融监督管理体制的改革主要侧重于两方面：一是修改银行法，提高中央银行的独立性和决策透明度；二是改革大藏省，分散其权力，将金融监管职能从大藏省中独立出来。1998 年 4 月，日本通过了修改后的《日本银行法》。该法使日本银行与大藏省的关系发生了实质性的变化，日本银行的独立性增加。1998 年 6 月，日本成立金融监督厅，负责民间金融机构的检查与监督。1998 年 12 月，日本成立金融重建委员会，该委员会作为临时机构，负责执行金融重建法、早期健全法以及金融机构破产和危机管理等方面的立案，并负责处置日本长期信用银行等几家大型金融机构的破产案件。同时，将金融监督厅归并到金融重建委员会下，但仍继续行使其原有的检查和监督职能。2000 年 3 月，中央政府从地方政府收回对中小金融机构的监管权，并交由金融监督厅负责。2000 年 7 月，在金融监督厅的基础上正式成立金融厅，并将大藏省负责的金融制度决策权（包括金融制度的规划、提案以及金融机构的破产处置和危机管理等）、企业财务制度检查等职能转移至新成立的金融厅，大藏省仅保留与金融厅一起对存款保险机构的协同监管权，以及参与金融机构破产处置和危机管理的制度性决策。2001 年 1 月，日本撤销金融重建委员会，由金融厅独立地全面负责金融监管事务。

三、中国金融市场监管体系

（一）计划经济时期

新中国成立后，经过社会主义改造，建立起计划经济体制，到 1978 年期间，与高度集权化的计划经济相适应，我国实行高度集中的金融管理体制。这个时期我国金融业有两大突出特点：一是金融市场结构单一。中国人民银行集储蓄、工商信贷与发行货币于一身，除银行和一些农村信用社以外，基本上不存在其他金融机构。二是金融业务单一。当时我国除了银行信用以外几乎没有任何其他的信用形式。中国人民保险公司只有一些海外业务，基本上没有国内业务，证券业被视为资本主义的产物而被取缔。中国金融业不存在分业经营和混业经营的问题，金融监管主要以上级银行对下级银行执行统一的信贷计划和现金计划进行管理为主要方式。

（二）中国人民银行统一监管时期

在经济体制转轨时期，我国金融业开始尝试混业经营。这个阶段我国金融业混业经营的主要特点有：一是银行兼营信托业和证券业；二是信托公司兼营银行业务；三是证券公司介入银行业参与短期融资；四是金融企业大量从事非金融业务；五是非金融部门也通过各种方式介入金融业务。而这一时期的金融监管能力较弱。

1983 年 9 月，国务院决定中国人民银行专门行使中央银行职能，主要负责制定有关金融法规和政策，制定金融规章制度，管理金融机构与金融市场，全面管理股票和债券。同时，中国人民银行作为国家证券主管机关负责证券发行、上市的审批。保险监管职能也由中国人民银行承担。

（三）分业监管时期

1990 年，在中国人民银行设立了八个部委共同参加的国务院股票审批办公室，即股票市场办公会议制度。1992 年 6 月，国务院证券管理办公室成立。统一的证券市场管理体制正初步形成。此外，中国证券业协会和国债协会两个民间证券业自律组织成立。1992 年 10 月，国务院决定成立国务院证券委员会（简称证券委）和中国证券监督管理委员会（简称证监会）。证券委作为证券业的主管机构，主要负责证券市场的宏观政策制定。证监会是证券委的执行机构，它对证券业、证券市场实施全过程、全方位的监管。中国人民银行不再是证券市场的主管机关，但仍然负责审批金融机构。1998 年，国务院决定撤销证券委，其工作改由中国证监会承担，并决定其对地方证券管理部门具有垂直领导权，同时，中国人民银行对证券机构的审批监管权也划给中国证监会，这样就形成了以中国证监会为主和集中统一的证券监管体系。

1998 年，中国保险监督管理委员会（简称中国保监会）成立，标志着保险监管正式从中国人民银行金融监管体系中独立出来。

2003 年，中国银行业监督管理委员会（简称中国银监会）成立，分业监管体制最终确立。中国银监会负责统一监督管理银行、金融资产管理公司、信托投资公司及其他存款类金融机构，维护银行业的合法、稳健运行。

【专栏 15 –1】

中国参与国际金融监管治理的情况

2008 年美国次贷危机爆发，引起世界经济体系连续动荡，各国为应对经济危机对本国的冲击及寻求风险缓释的办法，纷纷参与到多方合作与交流中，巩固了全球金融监管治理三大机制和框架（自上而下分别是 20 国集团、金融稳定理事会和巴塞尔委员会）。随着中国经济的快速增长，中国对世界经济的影响力不断扩大，逐步参与到国际金融监管治理机制中。

（一）20国集团（G20）：确定国际金融监管改革的方向，审议金融监管改革进展。

G20于1999年12月16日在德国柏林成立，属于布雷顿森林体系框架内非正式对话的一种机制，由原八国集团以及其余十二个重要经济体组成。该组织的宗旨是为推动巳工业化的发达国家和新兴市场国家就实质性问题进行开放及有建设性的讨论和研究，以寻求合作并促进国际金融稳定和经济的持续增长。国际货币基金组织与世界银行列席该组织的会议。中国自2008年G20第一次领导人峰会起即成为G20的正式成员。G20自成立至今，其主要活动为财政部部长及中央银行行长会议，每年举行一次。会议主要讨论如何避免经济危机的爆发等问题，对确定国际金融监管改革的方向发挥了至关重要的作用。

（二）金融稳定理事会（FSB）：主导国际金融监管改革。

FSB的前身为金融稳定论坛（Financial Stability Forum，FSF），是七个发达国家（G7）为促进金融体系稳定而成立的合作组织。2009年4月2日在伦敦举行的G20金融峰会决定，将FSB成员扩展至包括中国在内的所有G20成员国，并将其更名为FSB（Financial Stability Board，FSB）。人民银行、银监会、财政部和香港金管局为我国的成员代表。

（三）巴塞尔委员会（BCBS）：在银行业监管改革中发挥核心作用。

巴塞尔银行监管委员会（The Basel Committee on Banking Supervision）简称巴塞尔委员会，是为应对德国赫斯塔特（Herstatt）银行倒闭的危机，由十大工业国的中央银行于1974年底共同成立的，以各国中央银行官员和银行监理当局为代表，总部在瑞士的巴塞尔。从1979年开始，由巴塞尔委员会牵头举办国际银行监督官大会，它是多边银行监管论坛，每两年举行一次，旨在促进各国（地区）银行监管当局的交流和合作。2009年，巴塞尔委员会也相应扩大，吸收中国、巴西、印度、俄罗斯等新兴经济体代表作为其正式成员。人民银行、银监会和香港金管局为我国的成员代表。

【本章小结】

1. 金融市场风险是指由于金融市场中各种经济变量的变化，从而使市场参与者蒙受损失的可能性。按风险产生的原因，金融市场风险包括汇率风险、利率风险、信用风险、流动性风险、购买力风险和国家风险等；按风险是否可被分散，金融市场风险可分为系统性风险和非系统性风险。

2. 金融市场风险可用多种方法进行度量，包括概率和均方模型、β系数和CAPM模型、暴露和缺口模型以及在险价值（VaR）等方法。

3. 金融市场风险管理程序包括对风险的识别和度量、选择风险管理策略及应对措施以及对风险进行控制。

4. 根据金融风险特点，金融市场风险管理策略主要归纳为六种，分别是预防策略、规避策略、分散策略、转嫁策略、保值策略和补偿策略。

5. 金融市场监管是指一国的货币当局或该国政府依法设定的金融监督管理部门，依据国家法律法规对金融机构实施的各种监督和管理的行为，包括对金融机构市场准入、业务范围、市场退出等方面的限制性规定，对金融机构内部组织结构、风险管理和控制等方面的合规性、达标性的要求，以及一系列相关的立法和执法体系与过程。

6. 金融监管的主要目的有三个：一是维护信用与支付体系的稳定；二是保护存款人和投资人的利益；三是提高金融市场的运行效率。

7. 金融监管的内容主要包括三方面：市场准入、业务运营和市场退出。

8. 金融监管理论是对金融监管实践的提炼和升华，对金融监管实践发挥着指导作用。金融监管理论主要包括公共利益论、俘获论以及监管经济学等。

9. 金融监管的原则主要包括合法性原则，公开、公平、公正原则和适度性原则。

10. 金融市场监管模式按是否对金融业内不同行业分业监管，主要分为分业监管模式、混业监管模式和混合监管模式。三种模式各有利弊，世界各国根据本国经济金融发展情况形成了不同的金融监管模式。

11. 我国现行的金融监管模式为分业监管。中国人民银行、中国银监会、中国证监会和中国保监会各司其职并协调配合共同对我国金融业实施监督和管理。

【本章重要概念】

汇率风险　利率风险　信用风险　流动性风险　购买力风险　国家风险　系统性风险　非系统性风险　预防策略　规避策略　分散策略　转嫁策略　保值策略　补偿策略　市场准入　业务运营　市场退出　分业监管模式　混业监管模式　混合监管模式

【思考题】

1. 金融市场风险包括哪些？它们各自有什么特点？
2. 简述金融市场风险对微观经济和宏观经济的影响。
3. 简述金融风险管理的程序以及金融风险管理策略的内容。
4. 简述金融市场监管的内容。
5. 分析和比较三种不同的金融监管模式的利弊。
6. 简述我国现行的金融市场监管制度。

【本章参考书】

1. 杜金富等：《金融市场学》，第三版，大连，东北财经大学出版社，2010。

2. 戎生灵：《金融风险与金融监管》，第一版，北京，中国金融出版社，2007。

3. 张亦春等：《现代金融市场学》，第二版，北京，中国金融出版社，2007。

4. 霍文文：《金融市场学教程》，第二版，上海，复旦大学出版社，2010。

5. 谷秀娟：　《金融市场：理论、机制与实务》，第一版，上海，立信会计出版社，2007。

6. 张金清：《金融风险管理》，第二版，上海，复旦大学出版社，2011。

21 世纪高等学校金融学系列教材

一、货币银行学子系列

货币金融学　　　　　　　　　朱新蓉　　　　　　主编　　50.00 元　2010.01 出版
（普通高等教育"十一五"国家级规划教材/国家精品课程教材·2008）

货币金融学　　　　　　　　　张　强　乔海曙　主编　　32.00 元　2007.05 出版
（国家精品课程教材·2006）

货币金融学（附课件）　　　　吴少新　　　　　　主编　　43.00 元　2011.08 出版

货币银行学（第二版）　　　　夏德仁　李念斋　主编　　27.50 元　2005.05 出版

货币银行学（第三版）　　　　周　骏　王学青　主编　　42.00 元　2011.02 出版
（普通高等教育"十一五"国家级规划教材）

货币银行学原理（第六版）　　郑道平　张贵乐　主编　　39.00 元　2009.07 出版

金融理论教程　　　　　　　　孔祥毅　　　　　　主编　　39.00 元　2003.02 出版

西方货币金融理论　　　　　　伍海华　　　　　　编著　　38.80 元　2002.06 出版

现代货币金融学　　　　　　　汪祖杰　　　　　　主编　　30.00 元　2003.08 出版

行为金融学教程　　　　　　　苏同华　　　　　　主编　　25.50 元　2006.06 出版

中央银行通论（第三版）　　　孔祥毅　　　　　　主编　　40.00 元　2009.02 出版

中央银行通论学习指导（修订版）孔祥毅　　　　　主编　　38.00 元　2009.02 出版

商业银行经营管理　　　　　　朱新蓉　宋清华　主编　　46.00 元　2009.03 出版

商业银行管理学（第二版）　　彭建刚　　　　　　主编　　44.00 元　2009.04 出版
（普通高等教育"十一五"国家级规划教材/国家精品课程教材·2007）

商业银行管理学（附课件）　　李志辉　　　　　　主编　　45.00 元　2006.12 出版
（普通高等教育"十一五"国家级规划教材/国家精品课程教材·2009）

商业银行管理学习题集　　　　李志辉　　　　　　主编　　20.00 元　2006.12 出版
（普通高等教育"十一五"国家级规划教材辅助教材）

商业银行管理　　　　　　　　刘惠好　　　　　　主编　　27.00 元　2009.10 出版

现代商业银行管理学基础　　　王先玉　　　　　　主编　　41.00 元　2006.07 出版

金融市场学（第二版）　　　　杜金富　　　　　　主编　　48.00 元　2013.03 出版

现代金融市场学（第二版）　　张亦春　　　　　　主编　　46.00 元　2007.08 出版
（附课件）

中国金融简史（第二版）　　　袁远福　　　　　　主编　　25.00 元　2005.09 出版
（普通高等教育"十一五"国家级规划教材）

货币与金融统计学（第二版）　杜金富　　　　　　主编　　37.00 元　2006.09 出版
（附习题光盘）
（普通高等教育"十一五"国家级规划教材/国家统计局优秀教材）

金融信托与租赁（第三版）　　王淑敏　齐佩金　主编　　36.50 元　2011.09 出版
（普通高等教育"十一五"国家级规划教材）

| 金融信托与租赁案例与习题 | 王淑敏 | 齐佩金 | 主编 | 25.00 元 | 2006.09 出版 |

（普通高等教育"十一五"国家级规划教材辅助教材）

现代信用管理学

| 金融营销学 | 万后芬 | | 主编 | 31.00 元 | 2003.03 出版 |
| 金融风险管理 | 宋清华 | 李志辉 | 主编 | 33.50 元 | 2003.01 出版 |

金融信息系统

| 网络银行（第二版） | 孙 森 | | 主编 | 36.00 元 | 2010.02 出版 |

（普通高等教育"十一五"国家级规划教材）

房地产金融

| 银行会计学 | 于希文 | 王允平 | 主编 | 30.00 元 | 2003.04 出版 |

金融稽核学

二、国际金融子系列

| 国际金融学 | 潘英丽 | 马君潞 | 主编 | 31.50 元 | 2002.05 出版 |
| 国际金融概论（第三版） | 王爱俭 | | 主编 | 29.00 元 | 2011.07 出版 |

（普通高等教育"十一五"国家级规划教材/国家精品课程教材·2009）

国际金融	刘惠好		主编	30.00 元	2007.04 出版
国际金融管理学	张碧琼		编著	36.00 元	2007.09 出版
国际金融与结算（第二版）	徐荣贞		主编	40.00 元	2010.08 出版

（附课件）

| 国际结算（第五版）（附课件） | 苏宗祥 | 徐 捷 | 著 | 60.00 元 | 2010.11 出版 |

（普通高等教育"十一五"国家级规划教材）

国际资本市场

| 各国金融体制比较（第二版） | 白钦先 | | 等编著 | 43.50 元 | 2008.07 出版 |

三、投资学子系列

投资学	张元萍		主编	45.00 元	2007.09 出版
证券投资学	吴晓求	季冬生	主编	24.00 元	2004.03 出版
现代证券投资学	李国义		主编	39.00 元	2009.03 出版
投资银行学教程	郑 鸣	王 聪	著	33.00 元	2005.04 出版
证券投资分析	赵锡军	李向科	主编	30.50 元	2003.06 出版
组合投资与投资基金管理	陈伟忠		主编	15.50 元	2004.07 出版

风险资本与风险投资

| 投资项目评估 | 王瑶琪 | 李桂君 | 主编 | 38.00 元 | 2011.12 出版 |
| 项目融资（第三版） | 蒋先玲 | | 编著 | 36.00 元 | 2008.10 出版 |

四、金融工程子系列

| 金融经济学教程 | 陈伟忠 | | 主编 | 35.00 元 | 2008.09 出版 |

金融工程学

金融工程案例

固定收益证券

衍生金融工具　　　　　叶永刚　　　　主编　28.00元　2004.01出版
公司金融（第二版）　　陈琦伟　　　　主编　28.00元　2003.06出版
公司金融案例
现代公司金融学　　　　马亚明　田存志　主编　44.00元　2009.06出版
金融计量学　　　　　　张宗新　　　　主编　42.50元　2008.09出版
数理金融　　　　　　　张元萍　　　　编著　29.80元　2004.08出版

五、金融法子系列

金融法　　　　　　　　甘功仁　黄　欣　主编　34.50元　2003.03出版
金融法教程（第三版）　刘定华　　　　主编　46.00元　2010.07出版
　（普通高等教育"十一五"国家级规划教材/司法部优秀教材）
保险法学（第二版）　　魏华林　　　　主编　31.50元　2007.09出版
　（教育部法学专业主干课程推荐教材）
证券法学　　　　　　　符启林　　　　主编　31.00元　2003.08出版
票据法教程　　　　　　刘定华　　　　主编　30.00元　2008.05出版
信托法学　　　　　　　徐孟洲　　　　主编　27.00元　2004.01出版
　（北京市高等教育精品教材立项项目）

六、金融英语子系列

金融英语阅读教程（第三版）沈素萍　　主编　42.00元　2011.11出版
　（北京高等学校市级精品课程教材）
金融英语阅读教程导读（第二版）沈素萍　主编　16.00元　2007.02出版
　（北京高等学校市级精品课程辅助教材）
金融英语教程
保险英语教程
保险专业英语　　　　　张栓林　　　　编著　22.00元　2004.02出版
财经英语教程
金融英语函电

21 世纪高等学校保险学系列教材

保险学	胡炳志 刘子操	主编	20.00 元	2002.10 出版
保险精算（第三版）	李秀芳 曾庆五	主编	36.00 元	2011.06 出版
人身保险（第二版）	陈朝先 陶存文	主编	20.00 元	2002.09 出版
财产保险（第四版）	郑功成 许飞琼	主编	43.00 元	2010.01 出版

（普通高等教育"十一五"国家级规划教材/2011 年普通高等教育国家级精品教材）

财产保险案例分析	许飞琼	编著	32.50 元	2004.08 出版
海上保险学	郭颂平 袁建华	编著	34.00 元	2009.10 出版
责任保险	许飞琼	编著	40.00 元	2007.11 出版
再保险（第二版）	胡炳志 陈之楚	主编	30.50 元	2006.02 出版

（普通高等教育"十一五"国家级规划教材）

保险经营管理学	邓大松 向运华	主编	42.00 元	2011.08 出版
保险营销学（第二版）	郭颂平 赵春梅	主编	28.00 元	2007.09 出版

（教育部经济类专业主干课程推荐教材）

保险营销学（第二版）	刘子操 郭颂平	主编	25.00 元	2003.01 出版
风险管理（第四版）	许谨良	主编	28.00 元	2011.03 出版

（普通高等教育"十一五"国家级规划教材）

利息理论

保险会计学

保险产品设计原理与实务	石 兴	著	24.50 元	2006.09 出版
社会保险（第三版）	林 义	主编	32.00 元	2010.08 出版

（普通高等教育"十一五"国家级规划教材）